U0552511

增補高島易斷（上）

[日]高島嘉右衛門◎著
[清]王治本◎譯
鄭同◎點校

華齡出版社

中央民族大學道教與術數學研究中心文獻整理成果

责任编辑：薛　治
责任印制：李未圻

图书在版编目（CIP）数据

增补高岛易断 / (日）高岛嘉右卫门著 ；(清）王治本译.
—— 北京 ：华龄出版社，2017. 10
ISBN 978—7—5169—1104—4
Ⅰ. ①增…　Ⅱ. ①高…　②王…　Ⅲ. ①《周易》—研
究　Ⅳ. ①B221. 5
中国版本图书馆 CIP 数据核字（2017）第 255036 号

书　　名：增补高岛易断
作　　者：(日）高岛嘉右卫门著　（清）王治本译

出版发行：华龄出版社
地　　址：北京市东城区安定门外大街甲 57 号　　邮　　编：100011
电　　话：(010）58122246　　传　　真：(010）84049572
网　　址：http://www.hualingpress.com

印　　刷：三河市九洲财鑫印刷有限公司
版　　次：2017 年 12 月第 1 版　2022 年 12 月第 3 次印刷
开　　本：710×1020　1/16　　印　　张：44.25
字　　数：580 千字　　印　　数：5001～7000
定　　价：198.00 元(全二册)

序 言

人虽有智愚、贤不肖、贵贱、贫富之殊，其处世也，各劳精神于思虑，一日无有间断。而其所志，或有为一家者，或有为一国者，或有计宇内之公益者，虽因各人天赋之能力不齐，而有大小轻重之差，泛大观之，则无非希望国家之富饶，世界之泰平也。何则？假令能得一家之治齐，而所居之国乱，则不得独保其安也；又能得一国之治平，邻国扰乱，则亦不得独晏然于局外也。是理之所易睹也。方今世运，益趋文明，学艺技术之进步，非复昔日之比也。博学高才之士，不乏其人；治化之隆，如可翘足而待也。虽然，熟观今世之现状，皆以厚于己而薄他为常。甲邦常思吞噬乙国，乙国亦常以抗之为事，人心益流于邪僻，仁义之风几扫地，优胜劣败之势日甚，弱肉强食之情益著。自王侯以至于庶人，如有不安于身后之计者也。夫贤智之士，日夜劳心力，而思虑计画，尚且不自安，所以如此者，何也？抑思虑之不足，而误其方邪？不可不顾虑也。余谓是由人人忘失至诚通神之道，为使神人之间隔绝也。夫不通神，则不能禀天命；不禀天命，则不能前知将来；不知将来，则不能知人事之极，故其志望无所归著。志望无所归著，而妄劳心力，是犹盲人而弄铳器，不能定标的而放弹，彼此偕受其害，岂不危险之甚乎？所谓不知天命而不畏之所致也。今日之势，既已如此，余为是惧，而悯人生之不幸，将济之于迷途也。然而救济之术，惟在于介神人之间，而通其意而已。人若知神明之德不晦于今，则英雄豪杰之士，亦方其有疑惑也，必请教于神明，畏惮天命之严肃；博识高才之人，亦破想像之迷梦，知人生志望之所归著，则人心常有所戒惧修省，而自可生博爱之念也。于是风教亦自匡正，可得使天下之人，浴造化之恩泽也。是余之所希望，故今传人以至诚通神之术，欲使得神人冥会也。然既业有术，则不可无书，《易》则通神之书也。虽然古昔圣人之所述，后世学者未能得其真意，而用之于实际也。今以国文译之，附以所见，欲使世人普前知将来也。是所以述此书之大要也。

《易》之为书，明天地阴阳奇偶之理，以阐发造化之秘蕴。六十四卦，而网罗万象。盖宇宙间之事物，未有不阴阳相对者。有日则有月，有寒则有暑，有男则有女。且既有形而下之物，则必不可无形而上之道，亦犹人有可见之肉体，又必有不可见之心魂。心魂一脱去人身，则名之曰“鬼神”。鬼神虽不可见，人得以至诚通之，则依冥助而前知将来，凡庸之徒，亦可知神之有在也。惟太古草昧之世，往往有能通神之术者，故人皆知有鬼神也。方今称文明之盛，人之智识，凌驾古人，人事之便益进，为天涯比邻之观，然却不知感通于如在之鬼神，遂至有夸张无神论者。其故何也？盖治世之方，古今一变；人之气质，亦随之而变。夫接神之道，由精神气力之单纯；穷理之道，由智识思想之致密。今人之智识思想，以致密故，能穷物理，而却不能通神明也。古人之精神气力，以单纯故，能通神明，而不能穷物理也。是所以至诚之道，行于上古；而巧智之术，盛于后世也。请详述其变迁之所由。夫阴阳之精气交而万物生焉。人之生也，禀受虚灵之心魂，而为万物之长。然裸体而无护身之蹄角，又无害他之爪牙。方其穴居野处也，与猛兽毒蛇之类，互相竞争，胜之则食其肉，衣其毛，不胜则为其所食。于是偶有捷智者，取火于火山，用以驱除猛兽毒蛇，始得为人类之世。尔来生民殖而禽兽减，乃至食料缺乏，数人以争一禽，斗争自是而起，其极至人相食，谓之优胜劣败，弱肉强食之世。方是时，天悯生民，降斯大人，使之救济一世。大人见此状况，恻怛之心不能自禁，求救世之道最切。其至诚通神，感得畋渔之法，乃谕众曰：汝等今食他人之肉，而取快于一时，汝等之肉，他日又得不为人食乎？诚如此，则悲惨之状，有不忍言者。思之，勿复同类相食，如夫食料，吾能供之。乃作网罟，使之捕禽于野，渔鱼于水，众皆利之；又剡木磨之以石，名曰耒耜，以垦荒芜，播以草木之实；且教以火食，众皆德而服之，事之如神。自是之后，衣食足而知礼节，令行禁止，于是统御之道始举，建国之基斯立，君臣之分长定，父子、夫妇、兄弟、朋友之伦渐备。以我邦观之，则皇祖琼琼杵尊天降之时，而在支那，则伏羲氏之世也。伏羲氏之王天下也，幽赞于神明，而创占筮之法，使人得问神决疑，前知将来，《易》曰“昔者圣人之作《易》也，幽赞于神明而生蓍”是也。夫《易》以八卦，表万物之原子，盖万物成于八原子之集合，故画八卦而现形而上之原子于形而下，重之以为六十四卦，以应万象者也。“易”之为字，重合

“日”“月”，并书之则成“明”字，谓从斯道，则万物无不明也。是《易》之所以名也。故《大传》曰：《易》以“知幽明之故”，“知鬼神之情状”，“知神之所为”，见“万物之情”，见“天地之心”。盖人亦与万物同成于八原子之集合，故性情动作，共不离其序次也。故一知造化之理由，则知其性之所基。若死生之说、进退存亡之机、阴阳消长之理，默识冥合而活用之，得防祸乱于未萌，消灾害于未发。是以羲圣以下数圣人，以《易》为世世相承之神宝，以为王道之基础。夫尧舜之禅天下于舜禹，其语曰：“人心惟危，道心惟微，惟精惟一，允执厥中。”忧人之所思虑，臆测想像而易违，故各卦第五爻，示得中正而施政之方。然至夏殷之世，气运渐变，人人专赖智力与劳力以营生计，无复如上古，赌身命于危险之境而求食之要，是以精神气力，亦不能如上古之强壮，所关于精神气力之道术，渐趋衰颓，则势之所使然也。及周而文王出焉，恐世人专信想像之理，失闻神智之道，紊人智之天真，乃崇奉神《易》，系以《彖辞》，以明羲圣之意。其辞穷幽明之蕴奥，拨造化之秘机，因天、泽、火、雷、风、水、山、地之八原子配合之理，以说及人事之吉凶悔吝，行以通神之术，造化之理，及神人交通之道，两相完也。其子周公旦，亦继文王之意，通观天下，感想事物之理，虽甚错杂，或有一定之规则而运转之。征夏、殷《连山》、《归藏》之二《易》中感鬼神、适事理之占例，与众学士从事其纂辑，果不违其所预想，知天下万象之起灭终始，不出于三百八十四爻之外。于是始照三百八十四爻于实际之事物，看以易情之变化，因卦时、卦义、卦象与刚柔之应比，与阴阳消长之气运，系辞于各爻，以大成《易》道。故周官太卜居八政之一，至春秋之世，尚重太卜之官，卿大夫掌之，上智远识之士，效而行之。而周公之爻辞，多涉于比拟譬喻者，少直指善恶者，考其所由，是不拟以其才之美，成斐然之章，亦有所深忧而然。盖人之资质有善不善，故善人与不善人相待而为群，更互流行，中人从其流行，而左右上下。是阴阳消长之常理，恰如四时之循环，昼夜之交代，而当其暗黑之时，不可不揭灯火而照之，是教学之所以由兴也。夫一明一暗、一顺一逆如此者，即阴阳消长之理也。故遭“君子道长”之气运，善人得时，则天下治平，而《易》道自明；然遇小人道长之气运，不善人得时，若使善人占事，因彖爻之辞，明陈不善人隐微之心术，发露其奸恶，则其人羞耻之余，加害于善人，亦不可知也。故周公特用隐语而系辞，例如以凶暴者为虎，以狡猾者为狐，以愚钝者为豕，婉曲其辞，使不善人反省而无所愤恨，其用心也深矣。是以孔子之圣，犹曰："加我数年，五十以学《易》，可以无大过矣。"韦编三绝，以研究斯道垂教万世，受业弟子三千人，固不乏聪明之士，然通道者，其果几何？乃叹曰："道之不行，吾知之矣，智者过之，愚者不及也；贤者过之，不肖者不及也。"盖弟子中，或恃其才，以为天下之事，无足为者；迂远之道，不足学也，于是中道而废。智者过之者，盖婉辞也，惟颜回独优，入圣域，不幸短命而死。宏才能辩如子贡者，未能与闻性与天道也。斯道之至大而难传，有如此者。抑孔子所主，在与尧舜同用《易》之中正，以行之于人事，故常用其中正，谓之中庸。中庸得天命之中正，而则神智，以行之于人事，是虽圣人，所难实践也。故《中庸》曰："天下国家，可均也；爵禄，可辞也；白刃，可蹈也；中庸，不可能也。"虽有达观远识，脱名利者，不至至诚通神之域，未能得之也。故曰："中庸其至矣乎？民鲜能久矣！"夫行《易》有三要：明易理，一也；通世事人情，二也；至诚通神，三也。而其一、二，虽在深思推勘，至其三，则属精心气力，自行以至者也。所谓"自诚明，谓之性，自明诚，谓之教"，"诚则明矣，明则诚矣"，是尽性之诚，禀神智之教也。羲、文、周、孔之四圣，各有天赋之能力，举毕世之力，忧后世而述作，虽然，后世学者乏解释之力，二千有余年，冥冥晦晦，如存如亡，无复实用之者，不堪慨叹也！

《易》之为书，东洋之理学，而其卦六十有四；然而西洋化学，亦有六十四原素，其数如合符节，可谓奇矣。惟举其所异。西洋穷理之学，即物而穷其理，故分析其组织之要素，以知其性质功用之所在。东洋理学则不然，不问动植，天地间有形之物，各寓心魂于其中，有适当之性情者也。故**复**《彖传》曰："**复**，其见天地之心乎？"**大壮**《彖传》曰："天地之情可见"；**咸恒**二卦《彖传》曰："天地万物之情可知"；又《中庸》曰："能尽其性，则能尽人之性；能尽人之性，则能尽物之性；能尽物之性，则可以赞天地之化育，而与天地参矣。"当知日月星辰及大地，皆大动物，而各有心魂，达其性情，保数万岁之寿，其效用亦极大也。若其他万物，小动物而其寿则短，亦各有心魂达性情者也。盖宇宙间，一切万物之心魂，皆造物主之分子，而无不至精至纯者也。而问此无数万物以何组织，则物质原子有八，即谓之天、泽、火、雷、风、水、山、地。其中天、雷、风、火，气体而无形状；山、地、水、泽，实体而有形状。此有形无形八原子，互相抱合结晶，而能组成万物也。而由其原子之精粗灵顽各异物质，其物质能薰染其心魂，各异其性；其性能因缘外物，而各异其情。故虽如天地万物各分裂，而彼此不相关，是至精至纯，万物同体之心魂，暗暗里为物质所薰化。洞察斯真理而不疑，谓之知天地万物之情；洞察斯真理，而去各自为物质薰染之私欲，以赞天地之性，以遂万物之情，谓之能尽物之性，赞天地之化育。而人之心魂，离肉体之后，不合同本原者有二：其一，致诚尽忠，计国家之幸福，死而后已之精神，其身死而心魂犹未复归本原，永在幽冥，而守天下后世者，谓之鬼神，《中庸》所谓"鬼神之为德，其盛矣乎"即是也；其一，生涯欲逞自己之私欲，焦思苦虑之私心，其身死而心魂亦未能复归本原，彷徨于空中而为灾变者，谓之游魂，《易》所谓"游魂为变"即是也。然而鬼神感善人，而降祯祥于国家，游魂寄托恶人，而为妖孽于世间，所谓同声相应，同气相求者。是飨阳神以火，飨阴神以水，盖因此理也。凡通此理而不迷者，由《易》而知鬼神之情状者也。东洋理学之高尚如此，故从来学《易》者，概不能得肯綮。不征之于人事之实际，故不能知人情之错杂；或单为义理之学，不复解占筮之妙，拘泥字句之间，遂废其实用。且其称通《易》学者，则曰："《易》教君子以常道，卜筮以谕权道"；曰："伏羲之象，文王之辞，依卜筮以为教，孔子之赞《易》，以义理为教，其施为虽异，道则一也"；曰："从性命之理，尽变化之道"；曰："探赜索隐，以定天下之吉凶；钩深致远，预谕人事之悔吝"；曰："《易》者，圣人所重之道，而为君子设者，后世以卜筮列之于技艺，大悖圣人之旨"；曰："天下之理，无不包罩《易》中，开物成务之学，只赖有此也"；曰："圣人以《易》研几，示人向背，系吉凶悔吝之辞鼓舞天下，托天佑于贞悔，是知其一而未知其二也。又或一二熟卜筮者，亦惟玩象而逞臆测而已。"要之和汉未有尽圣人之深意者，又未有用圣人之辞而占者也。用《易》如此，犹以干将莫邪而代菜刀，岂可不慨叹乎？余之所讲，则异于是。照之于事物之实际，发明圣人之深意于彖爻之辞，觉知鬼神之威灵常现于上下左右，畏敬之念，无有须臾之间断。盖余之于斯学也，其始非由师傅之教也。当读《中庸》之书，至“至诚之道，可以前知”，悄然而思：凡人之处世，莫善于前知百事。乃考索至诚之道者十有余年，茫乎而无所得。当时情怀，如怀方书而失良药之感。然当横滨开港之初，因过犯禁下狱，实安政六年十二月也。其在囹圄也，不堪幽囚之苦闷，或悔悟任血气误生涯，万感辐辏于一身。转觉怅然之际，偶得《易经》下卷一本于席间，乃执而读之；以为吾闻《易》之为书，儒者千百人中，能讲之者仅不过二三辈，而犹多不能通晓者。夫《易》者，四圣人各极天授之能，竭毕生之力而所述作，其不易解，虽固当然，古昔圣人非故用不可解之秘语，作此怪谲之书，以欲窘后人也。由是观之，其难解也，非书之难解，由吾精思之未至也已。今狱窗无聊，吾幸以往日所闻于师之西洋理学，穷其理之所在，则或得通之乎？尔来每日课一卦，昼则玩读之，夜则暗诵之，四阅月而卒业。自是之后，叮咛反复，精思熟考，造次颠沛，未尝暂废也。涉数月之久，觉于《系辞》、《彖传》等，少有所通晓，乃益勉励不辍。既而得略解全体之理，因假捻纸片以代蓍，即事而占之，其事或中或不中，苦其不恒。于是沉思默读之余，幸思“至诚无息”之语，感悟“无息”二字，非单无止息之义，则无发气息之谓也。方揲筮之时，全止息吸呼而捧蓍于额上，以专念其将占之事；不得不发气息之际，分蓍而为二，此间不容发。自是之后，百占百中，以爻辞拟之，了如指掌，有悚然而接神之想。于是始知《易》之为用，全精神气力上之术，而至诚之道，一在无息之间；且悟六十四卦，则造化之理，即万物之根本、八原子之结晶学，而推原子遇不遇之性情，及之于一切之事物，自国事之大，以至于人事之小，细大不漏，得悉指之于掌之学；又并知三百八十四爻之别，即示时之缓急，事之难易者也。诗曰：“神之格思，不可度思；矧可射思，中庸引之。”盖圣人说神，三以“思”字为助语者，即自占筮之适中，而观识之可知也。余亦当易占之适中，而又同其感，确信圣人曰神者，与余之曰神者，亦无分毫之异也。“神”字从“示”从“申”者，盖神虽视而不见，听而不闻，人能以蓍筮问之，则无不示申也。亦可以证余神人交通之说焉。

熟俯仰今古，而观察世态人情，如上文所述。古之人淳朴而富精神气力，故能得交通于神；今之人狡智而专利欲，故不能交通于神。是以唯推测谋事，智者劳精神，竭思虑，而图国利民福，亦动辄陷权谋术数，以利己为主，不顾他人之害，常窥他邦之衅隙，欲以并吞疆土。盖彼等固以优胜劣败、弱肉强食为各人天赋之情性，不啻生存竞争，毕竟不知天命而不畏之所致也。请试论之。今日如欧美各邦，以理制人心，斗巧智以争生存，则我制百吨之炮，则彼制二百吨之炮；我备钢铁舰，则彼抗之以水雷。益进而益巧，愈出而愈奇，其势不知所底止，遂至驾气球而自天空投下爆裂弹，则再复太古之穴居乎？然则口倡文明，望开化，至其所行，则非却趋野蛮耶？当今文明开化之竞争者，全期优胜劣败；优胜劣败，即期弱肉强食；弱肉强食，即野蛮未开之风俗也。而欧美各邦进步之方针，正向此点而进者也。宇内各国之情势，业已如此，而其所以未恣虎狼之吞噬者，赖耶稣教之力，而才抑制之；亚细亚诸国，赖神、儒、佛三道之力，而防遏之也。我皇祖及孔子、释迦、耶稣等，各圣人通神设教，示以神者佑人，人以至诚禀神惠，神人相应，致国家之福祉，是国教及宗教之所因起也。然从生活之变迁，而气质之变化也，精神衰而至诚之道不明，故方今虽在神、儒、佛、耶之教职者，通神者几希。可知神虽欲保护国家，保佑民庶，以人失通之之道，神亦悯其愚而焦虑也。盖自不通神，则不能详听神意，而妄说神德者，毕竟不过袭蹈古人之套语，此辈不足与语道，然亦一由斯道之衰颓，未可专咎此辈也。且无智之小人，为其说之所诱而信之者，亦虽属妄信，或以生近善远恶之心，未必无益也。惟中等以上之人，修形而下之学者，为无神论，而置神于疑惑之间，不知天命之可畏，圣言之可尊，或恣我意而蹂躏众庶，或乘威权而横行世间，弄才智而装豪杰，其死也以树巨大之纪念碑，为无上荣誉。此辈终身不知道，唯以名为真理，以利为现理，终名利之二途耳。虽偶有信神者，不能直得神意，止其自信，而不能以神益世利人，是皆非完全者也，故其力终不能制止一般情势之炽盛也。然则人间生活上之快乐，其在何所乎？要之，其弊在不会神人交通之道也。夫天之生斯民也，岂以同类相食为其主旨乎？宜优劣互相扶助，强弱互相提携，以各安其业，乐其分也。若夫邦国之于交际，亦犹个人之于交际也，有无互通，利便互计，相携相扶，不可不各享其天幸，全其天福也，否则如何而达人心和乐之世运乎？今世形而下肉体之便利日益进，而不能安形而上之心，则如何而得称真成之文明开化乎？而其进文明开化之方，不在欧美各邦形而下之穷理，在东洋形而上之道，其载道之书，实以《周易》为最也。是以余曩著《易断》十册，以六十四卦三百八十四爻应用之于实事，解释其辞，附以经验之占断，绍介神人交通之妙理。尔来七年，世人未醒觉迷梦，顽乎而不畏天命，狎大人，侮圣言，不知鬼神之在冥冥，前知祸福而示之。见祯祥妖孽，以为偶然，不尝有所省察儆戒。世道人心之衰颓，日以益甚，盖为我书之所说，未尽其精微乎？余年已越六十，疾病亦且时至，若迨今而不完斯学之中兴，则其将期何世耶？是余不独为斯道忧，实所为天下后世忧也。乃不自揆，再补正《易断》，寄六十四卦以国政之组织、君臣之奇偶、人心之兴败，就实地所经验之活断三百八十四爻而述之，明神人交通、天命严肃之证，以使初学之人易悟易理之妙；进使后世学者继经验之序，终成就人间圣学；且欲使宇内智者学者辈，省臆测推量之徒劳，以《易》为神人交通之媒。且夫我邦维新，当初之为国是也，在取彼长，以补我短，然欧美各邦之交际益频繁，而其所倾向，苟为彼之事物，不择利害而输入之，我所固有，不问长短而废弃之，遂至有非变我道德国而为彼法治国不止之势。呜呼！亦可谓惑矣。夫撰取利害长短，人世之通谊也，况欲弃我国粹之道德乎？抑方今最大急务，在使彼国人，知我固有道德之为何物。而为之之道，无过于平易说示《易》道。《易》者，道德之本原也，故早晚译此书以英文，传之于欧美各邦，欲使彼知我国方今有神人交通之术，又知人间统理之方法，不单在法律，而尤在道德也。欧美各邦，专研究形而下之理，奏其实效者，如利用电气蒸气，皆无不巧妙，交通之利便，实古人所不梦见也。然如此，是利人间相互之交通而已，乌如我《易》道之神人相交通，而前知将来之吉凶祸福哉！是实东洋神奇之瑰宝也。今余不敢秘之，欲以传之于海外者，唯一片诚忠，在将为宇内开万世之太平耳。凡百君子，谨而思之，余之所希望如此，著此书之主旨，亦全在此。慧眼达识之士，幸谅微衷，大讲究斯学，圣圣相承之瑞珠，再放光彩；神随之皇道，得大明于世。而众人知希望之所归著，宇内万世之太平，亦可期而俟也。

明治三十四年一月高岛吞象识

序 二

余之幼也，家大人教之曰："先哲所著之书，不啻汗牛充栋，然六经所载，则圣人之道。圣人者，天之所降，以为亿兆之君师也。"余于是读四书五经。业务之暇，手不释卷，积年之久，略谙诵之。窥圣贤之旨，探道德之原，颇有所自得。以为圣人之道，教庸人以仁义，教君子以《易》，使得至诚通神，预知将来，使在上君子，无误亿兆之休戚也。故君子因《易》以知有鬼神，"戒慎乎其所不睹，恐惧乎其所不闻"，善笃善行，虽赏之不为不善，盖知天命而常行仁义，故谓之道德。然而神者专，祖先之灵是合人之颜色气血而可知，然则人之于父子，非啻身体教育之恩，父母殁而为灵，亦大而保国家之安宁，小而护子孙之幸福也，明矣。是孝道之所以贵重，而五伦天之所媒介也。

至诚者，圣人所谓"尽其性"也。《说卦传》曰："穷理尽性，以至于命。"所谓性者，心之所活动；命者，与"受命如响"之命同，吉凶所定也。言穷其义理，尽心之活动，以感得天命于筮数之义也。要之，人智所不及，而听神之教者也。卦爻之辞皆照于实用，不余一字，故《易》者不外圣人救世之意焉。盖庸人之所见，人之一身，以统括四肢五官而应事物为能，惟圣人不然，尽性至命，遣活动心魂以通鬼神，感得神意于筮数之方，以益后世。然世之读《易》者，拘泥文义，而远于实用，可不浩叹乎！

释氏之道，以明心见性为主；老子之道，以修心练性为要。故释老之道专于心性，而疏于治国家。唯吾圣人之道，以尽性命为极。苟人智所不及，听命于鬼神，小而可修一身，大而可治家国天下，岂如释老独善其身者乎？方今宇内各邦，互竞其力之时，舍此而可复他求哉！

祖先之灵，虽导国家及子孙以避凶趋吉之方，人不知尽性之道，故神灵不能通其意，见其陷于不幸，亦不堪忧虑也。人皆以为将来之事不可预知，余窃忧之，述此书以明圣人之旨，通鬼神之意，媒妁幽明，欲使天下后世，得至大之幸福也。

此编原余所讲述，使友人柳田几作笔记者也，今请清国人王治本氏，更补正之，便清国诸彦阅读。但序言以达意为主，故文辞鄙野，语无伦次，览者谅之。

余尝著《易断》、《易占》二书，先辈序跋文颇多，其中副岛种臣、中村敬宇、栗本锄云三君之文，尤得我心之所然者。今不忍去之，因录于左。

高岛吞象又识

神易堂易断序

《周易》筮法，肇始于《洪范》，散见于《春秋》内外传，宿官世业，掌在筮人，由来久矣，迄今几失其传。岁庚子，余重游东海，得阅《神易堂易断》，为高岛吞象所著。卷首自叙揲蓍之法，并追述生平因事系囚，于犴狱中得残《易》半本，朝夕参玩，独得神解，遂即自筮休咎。爻象所示，一时莫得其解，既而脱罪，其应如响，此其始筮之验也。厥后凡值岁首，或家国大事，悉皆取断于筮，而他人之有疑欲决者，亦咸来请筮。岁积一岁，以其所筮之经验者，钞录成帙，每卦或一筮焉，或再筮三筮焉，随机判决，各得神解，订为六十四卷，付刊行世，知与不知，皆奉之如神。一日，余于友人处，获晤高岛翁，谈及《易断》之妙，翁曰："惜此书纯用和文，不克流传海外，请君一绎[①]汉文。"友人亦相与劝说，余遂应命。卦首先释象义、字义及阴阳变动、参互错综之旨，后系所筮断验。余为之循其意绎其词，从事于笔砚者八阅月乃成。嗟乎！钱卜之法，创自京房，专以五行生克，决人休咎，而于爻象爻辞，概不究论，求所谓"大衍用九"之法，判若两歧。兹得《易断》之书一出，俾揲蓍古法再见于今，筮人之掌，得复于古，皆高岛氏之功也。

余幸删绎事竣，为叙其颠末如此。

光绪辛丑岁三月上浣谷旦

浙东萘园王治本鄂撰于食研斋

① 郑同注：此"绎"字及下文两处"绎"字，非"译"字，原文如此。王治本先生不用"译"字而用"绎"字，可能是指汉文版《增补高岛易断》一书虽然主体是依据《易断》和《易占》二书编译而成，但每章节前的象义、字义及阴阳变动、参互错综之文，均为王治本先生在编译时新加入；而正文亦是依据新定的体例，删繁就简，编译而成。是书的成书，有别于纯粹的文字翻译工作，因此用"绎"字而不用"译"字。

高岛易占初篇序

文王之《易》，文王之易也；高岛嘉右卫门之《易》，高岛嘉右卫门之易也。人固不能无才性高下之殊，而《易》从其人，各为见解，不得言管窥之天，非彼苍苍者。譬犹不龟手药，一以洴澼絖，一以水战制胜，自人见之，则其用虽殊；自药见之，则齐为善用者。[①] 抑高岛氏系在囹圄，幽郁七年之久，所亲唯《周易》一卷，反复玩读，验之自家经历，大有所感。尔来每事必与《易》谋而决趋避，终至为一家占断，此书即是也。夫煤灯铁路，煌耀于横滨之衢，而蜿蜒于东京之道者，虽不过取于彼而施于我之事，创为之业，得丧不可判。众方在逡巡疑惧中，而高岛氏独奋当之，其胆勇非《易》鼓之而谁居？

匏庵栗本鲲撰

① 郑同注：文见《庄子》。“宋人有善为不龟手之药者，世世以洴澼絖（píngpìkuàng）为事。客闻之，请买其方百金。聚族而谋曰：“我世世为洴澼絖，不过数金；今一朝而鬻技百金，请与之。”客得之，以说吴王。越有难，吴王使之将。冬与越人水战，大败越人，裂地而封之。能不龟手一也，或以封，或不免于洴澼絖，则所用之异也。”

高岛易断序

高岛氏，深乎《易》者也。其言显而密，邃而理。自云吾未得神助而得鬼助，其占得**咸**四爻。贤哉！高岛氏也。其真如云乎鬼者，周公之鬼乎？文王之鬼乎？孔子之鬼乎？庖牺之鬼乎？其或子平生所梦寝，别有其鬼乎？余惟于良德，则宜或天助。是使鬼咸于子乎？抑余谓鬼者，魂未伸者，故不神？若此者，咸于其外体，或有之也。**咸**四爻为“贞吉”，则果天助也，不鬼咸也。所著书类，虽未读尽，所趋浩大，故书以赠也。余亦近来有著书，殊觉于精义未悉，动多糊涂，将择吉日一日相会，以纵论余平生。时下无恙是祈。

副岛种臣撰

高岛易断自叙

张捷◯译[①]

余之《易》者，感通学也，与所在世之普通书籍不同。凡学问之道，虽万殊也，然其要义乃实地之经验，不过思想上穷究其理尔，可称之谓考察学。而余之感通学，直抵神明，用以感通辨析身受神明之示教，而以此欲使人有所感通也。是所以谓与世间寻常书籍不同也。若辨其感通学之起因由来，夫有天地而后有万物。万物者即由天地之精气所成。吾人者亦其一也。而人者，乃由肉体与心魂二物所相辅相成。而其肉体者，虽传承自祖先之形，推本究原，则可知由天地之精气化生而来。肉体之遗传如斯，其虽悠久，而其心魂则为直截禀受自灵元之一分子，神明与其灵德同一。然吾人之心性甚不灵明，其所以与神明相悬隔者何也？乃由肉体之私欲所牵制，壅蔽本然之明之故尔。然吾人心魂之实体者，其灵明未曾缺损，故能洗涤一时之私欲，恢复天赋之本心，假之以蓍策之神物，直抵神灵，可禀受得天命也。已然与神灵相通，则所问之处，无所不语；未然之事，无不了然。而其所语之辞，即《易经》是也。

《易》之辞者，每一卦每一爻，天象地形，幽冥人事，会通于万物万理之变化，其所含道理真理，无不发挥其时用。虽《易》之发端于殷之末世与周之盛德，时值国家兴衰之际，严格戒律谗言毁谤之时世，故文辞甚为诡谲，不易通晓。故后儒只讲究文义，苦于章句之穿凿，而将之用于国家之实事者，未多有也。今此书者，平文辞之诡处，易文辞之险处，使《易》辞与世事密切相接，用以感通辨别所禀受之神命，所知晓之未然也。夫感通学与普通之考察学相较，则恰如写实与手绘。其画工耗费年月，劳苦精神，描摹山水人物，巧妙逼真，只可视之为艺术尔。彼之写实细微宏

① 郑同注：《高岛易断自叙》、《凡例》、《易卜筮仪》三篇，王治本先生编译的汉文本未收入，今据日文本初版补入。译者张捷女士，现就职于中国社科院。

大无所遗漏。与将实物瞬间描出相较，则其优劣得失，不待辨而可知也。是感通学之所以世上不可缺之，而其功德之所以深远广大也。

抑余之所以自己习得感通学者，非由所谓学问，可谓毋宁由来于经验也。其过程如下。余禀性谫劣，固无有长于人者。幼时从父之教，虽学四书五经之句读，不辨其义理之为何。然十四岁之时，有肥前人（译者注：今日本佐贺县）兰学者曰武弥右卫门者，就其初闻西洋理学之端绪，心中暗自忖度，认为凡天下之事理，皆不外于此。于是以短见偏识，臆断天下之理，不曾疑之。夫之如神道佛说，不过乃以假说矫正世道人心之方便物。迩来左袒无神论。然横滨方始开港，余为商法而过失触及幕府之禁，遭牢狱之灾。实为安政六年（译者注：1859 年）十二月也。身陷囹圄愈久，愈不堪楚囚之苦闷，或听凭壮年血气，悔悟误己之生涯，或抱恨无有一物，用以慰藉长日永夜之百无聊赖，万感交加辐辏于一身。辗转怅然之际，一日于狱内古席之间偶得《易经》坤本一册。盖为囚徒遗弃之物也。手执并读之，想来，吾辈所闻《易》之书者，儒者千百人之中能讲之人仅不过二三，尤且不能快畅讲之。夫《易》者，亚洲数千年来几亿万人之中称为杰出之四位圣人者，各自穷极天所授予之能，竭尽毕生之力，以之所制作之书也。其解固虽难尔，然圣人刻意用不可解之暗语，作此怪谲之书。必非欲以之窘后世也。由是观之，其难者，非此书之难，乃以吾辈之精思所未至尔。今狱中无聊，余幸而将所闻之西洋理学一并讲求究明之。《易经》虽难于理解，亦非不可得而通之。迩来一日一卦，昼则玩味读之，夜则暗自诵之，阅四月后其业乃毕。是《易经》坤本一册印刻于吾脑内之初也。

自是以后，郑重反复，精思熟虑，虽于起居寝食之间，未曾一时荒废。积功数月之久，对《系辞》、《彖传》等稍觉通晓。因之愈加勉励不措也。遂涣然释然，略得了解其全体之理。乃尝试捻纸片作筮竹。每每同囚上法庭，必占卜其吉凶。然对其拷问判定，有能中者，有不中者。中则感慨称赞，不中则亦不诋毁嘲笑。于是余窃思，有中不中者，乃所谓存疑诡诈之物，非男子应耗费精神之要物。然虽断然抛弃之，历来之苦学皆付诸东流，无不有遗憾之情。心魂踯躅，恰如彷徨于五里雾中。然而对其客观考量，实有人智所不能及者。思考再三，或以初学之理学，考究中不中之理由，亦毫无所得。遂余之偏向实理之心，或受幽冥中神灵之指引，一时顿悟此乃感格之物。余幼时所学经传之中，尚有当时记于胸中之文，即忆得《中庸》所谓“至诚之道，可以前知。国家将兴，必有祯祥。国家将亡，必有妖孽。见乎蓍龟，动乎四体……故至诚如神”之语。因之余大有感悟。神、人间实有感格之理，人若竭尽至诚，精诚为一，则占卜问卦之时，如云“神之格思，不可度思”，此虽不洁之牢狱，鬼神感其诚信，必体现于蓍龟以动其肢体。于是凝萃精心，镇定气息，捧蓍策于额头之上，心中默念所欲占卜之事项，津津有感应于指头处。乃分策揲之，方始百占而无违，到达直接禀受神旨之境。盖圣人之道，若语其蕴奥，曰天命，曰天道，曰天性，曰“质诸鬼神而无疑，知天也”，曰“可以与天地参”，其极皆归于感通学。然世之学者，仅以天则之一部分—即道德—解说《易》理，可谓未尽也。然感通之事，若不巧妙引导之，入其道者甚不易。以子贡之智亦然，犹云“不可得而闻性与天道”。其深远广大亦可想也。

于是回顾向来所闻之理学，《易》学乃感通之真理也。余有所感悟，事物固分两途，宛如人有肉体与心魂，如国有政法与宗教，《易》之阴阳奇偶之理亦不外之。且《易》者感通之学也，习诵寻常章句者流所不可得而知之。又知占筮而有中不中者，全乃源自精神之至与不至，满腔之迷雾廓然消散。更如排得青云，观得白日，其畅快不可言说，以致不觉身仍处于囹圄也。至获释出狱，实为庆应元年（译者注：1865 年）十月也。迩来每每有事，必占卜问卦而后行之。顷者编纂余之所占，名之曰《高岛易占》，赠与诸位知己，以证余所言不妄。今又将六十四卦三百八十四爻用于占卜实事并解释之，其间加入曾于实地所得经验之占断，题之曰《高岛易断》，庶几使世人知晓感通学之至妙且有益于世者。

抑以余之《易》学，获得感通，德位相配，则可考泽山**咸**之初六。辞曰“咸其拇”，应爻之九四曰“憧憧往来，朋从尔思”。所谓咸拇，极致至诚，分揲筮竹，言神灵感格于其大脚趾。“憧憧往来，朋从尔思”者，云神灵感格占者之至诚，于幽明之间数度往来，直截揭示天命也。意即占者天赋之心魂与天地精气之神灵彼此冥合，所谓神与人之感应犹如响与声之相应也。盖四爻者为人位，灵明之游魂也，云之鬼。至于五爻则为天位也，云之神。余所感通，止于感通四爻之鬼，所谓神通之最下等者也。夫磁石吸铁，晶玉引水，物之相感，玉石犹然，何况人者敬神，神者爱人，爱敬二者于此密接。加之以蓍策之神物，神人幽显之迹，虽于此有别，至于其相感，其间非可容毫厘之疑也。余性不敏，其感仅在拇指；而犹且于未然之事，略得知其大体，何况至于二三爻上位之感，其妙用究竟若何，盖不难想象。

以是思之，彼之如孔子、释迦、耶稣，乃所谓禀得优等之感通学之人，可断而知之也。故见其所说，深玄幽远，庶几乎非后世考察学所可得之。是以孔子之后无孔子，释迦之后无释迦，耶稣之后无耶稣。以余之不才，幸得初等之感通学。若有英才俊杰之人，勤勉而得此学，直得二三爻上位之感通，不止与孔子、释迦、耶稣并驰，亦或凌驾其上，又未可知。若然岂非天下后世之一大幸事哉？是余乃著此书，所以望祈后进也。世之读此书者，切勿将之视作寻常考察学为幸尔。

明治十九年九月

吞象高岛嘉右卫门谨识

赐砚堂成濑温书

凡例

一、余之《易》者余之《易》也。与模仿蹈袭、徒粉饰体裁者不同。故题云《高岛易断》。

一、本文于解说时，以经传与注释并举。经传者，列举本文之象义；注释者，敷衍解释之。非别有意义。又以之可知得《易》象之精妙与《易》义之广大。

一、每卦爻附以占卜断事。多为余之实际经验。读者勿以之为率略。

一、卦爻之下间或附以占例。乃自行占筮国之重事，或决自己之进退，或为相识朋友占卜断事、揭示教诲者也。今将之列举于各卦之下，以之作为占断初学者之佐助。

一、古来说《易》者，浸淫于象数之末流，沉溺于纳甲、飞伏、六亲等之陋，却忘《易》理之真髓者，往往有之。如此者，虽固不足言，然《易》之书亦实以象数为本，与他经之专言义理者不同。但若穿凿甚过，泥于奇僻者，非本书之所取也。

一、古来读《易》者，或以之为圣人明理之书，或以之为圣人卜筮之书，皆偏于一端，共不免有所未尽之处。余断言，《易》者本于天象，示教修身道德，以卜筮闻于神明求吉凶悔吝，是之为二道并备之书。故如此书之注释，于说理、卜筮之二道，专竭力使初学者易于理解。欲扩展斯道，裨补世道人心尔。

一、《易》者利刃也。读之者若不善，则自伤。《易》者感通学也。不以精神见之，则于己无益。故欲读此书者，其要乃以大人之儒量读之。非小人之儒见所能至。

一、余之《易》者，于此未能尽言。且匆猝竣工，恐不免误谬遗漏。待他日可有所增订修补。

明治十九年九月

著者谨识

易卜筮仪

凡《易》占之筮法者，古来虽有种种之异说，未有定论，但今世所现行之筮法者，大别而有本筮（十八变）中筮（六变）略筮（三变）之三种。其本筮之法，虽详于《系辞传》，尚有小异而不同。且就《系辞传》之云“十有八变而成卦，八卦而小成”者，十八变而成者，所谓三画卦重叠后乃画成六爻之卦，不可不三十六变等说，虽不可容易辨其黑白，是等之谈当且不论，今吾辈之常用者，三变之略筮法最为适当。毕竟筮者，竭尽己之至诚，禀受神命之器，无论依照何法，至于能受得神命，即一也。然常人不能全然断绝妄念杂虑，占卜十八变之长时间内，必不得不妄动念虑。精神稍动，则决不能感通。故虽略筮也，毋宁至诚专一，占筮之间能精神充盈，以无丝毫念虑为贵也。故余依数十年来之实地经验，断然而用略筮，不敢多求也。因之今虽非谓赐教有识之士，为初学者示诲略筮之大要。

凡有欲占卜之事项，执筮之时，可先洗手漱口，净身静心，端坐于闲室，谨执筮竹。筮竹之数，五十本也，即大衍之数。此五十本之筮竹，成数理上之变化，所以感通鬼神之神物也。而分揲筮竹之法，自其全数五十本之中除去一本不用，以太极象之，立于中央之筮椟，将剩余四十九本之根部握于左手，将其末端稍展开成扇形，以右手拇指按于筮竹之稍展开之中部，其余四指自外抱之捧于额上，而将其欲占问之事项默念于心，闭眼收息，诚意正心，恰与神明合于额前，住滞于如受教时之观想，将精神凝一，不挟一点之私，于其至诚之极处之时，以右手拇指，随手平分为二。（自注：至诚之极处则感通于鬼神之时也。感通之事，如四肢感受电流，非可名状。其感格之机会，于间不容发之机，以分筮为紧要。盖感通之事者，难以言语，难以笔记，虽师徒之口传面授，非可得而教之者也。惟占者自行修炼，可达得此妙境尔。彼之如禅僧之曰以心传心，不立文字，亦谓如此之境也。）既分为二，是象天地阴阳之两仪也。其次将右手之竹束置于桌上，自其中取出一本，夹于左手小指之间，以象天地人之三才也。再次以右手数左手所执筮竹也。其计数方法为每次两本，四次四次数之，即每次数八本。渐剩余数，再加之前夹于小指间之一本，数毕。

剩一本为乾卦☰，剩两本为兑卦☱，剩三本为离卦☲，剩四本为震卦☳，剩五本为巽卦☴，剩六本为坎卦☵，剩七本为艮卦☶，剩八本为坤卦☷。（自注：八本之满数，无所剩余时。）

乃如此序，天、泽、火、雷、风、水、山、地之八象也。如是，将初始之剩余所得之卦，称为内卦置于下，再重复如前，分筮而数之，其余数中所得之卦称为外卦置于上，成为初始重叠六爻之卦。六十四卦中卦何其多也。无所不现。假设最初剩一本为乾，置之于下，其次剩五本为巽，置之于上，上下相合成为风天**小畜**䷈之卦。又最初剩两本其次剩六本，成为水泽**节**䷻之卦。最初剩三本其次剩七本，为山火**贲**䷕之卦。最初剩四本其次剩八本，为地雷**复**䷗之卦也。可知六十四卦皆以此例为准。

已如前述，得卦象之后，其次见爻之变也。其分揲筮竹之法虽皆如前，但数筮之时，拂八本得前卦，卦有八卦之故也。今爻者有六爻之故，每次两本，三次三次数之，拂六本，取其余数也。乃剩一本为初爻，剩两本为二爻，渐次数毕余六根满数，视为上爻也。其一二三之位者，自下逆向上计数。故最下曰“初”，向上数为“二、三、四、五”，云第六本为“上爻”也。于此方才确定与何卦何爻相当之卦。

爻之图

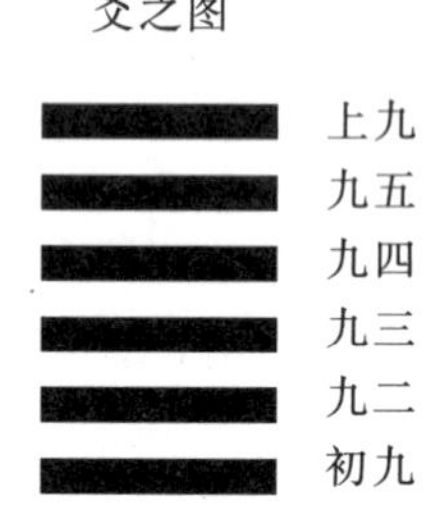

下为初爻，上为上爻。

如上，于定卦之上有卦辞（自注：乾为天卦，谓“乾：元、亨、利、贞”云云之辞也）与彖辞（自注：谓“大哉乾元。万物资始”云云之辞也）与大象（自注：谓“天行健，君子以”云云之辞）之辞，观其所占筮事项之大体，于其所得之爻辞，断一时之吉凶悔吝也，则就本文之解释可判断也。

高岛嘉右卫门考略

郑 同

高岛嘉右卫门生于1832年（天保3年）12月24日，卒于1914年（大正3年）10月16日），日本横滨的实业家及易学家。父亲是远州屋嘉卫门（旧姓药师寺）。母亲“くに”。姐姐2人。弟弟高岛德右卫门。高岛乳名“清三郎”，后继父艺名，称“高岛嘉卫门”，后又改名为“高岛嘉右卫门”，号“吞象”。①

一、实业巨子

1. 入狱始末

高岛嘉右卫门出生于江戸三十堀間町（现东京都中央区银座），是家中第六个孩子。父亲药师寺嘉卫门，生长于常陆国新治郡牛渡村，后在江户发展，开了一家名为“远州铺”的木材店。后来，哥哥们全部夭亡，因而成为家中长子。高岛幼承庭训，颖悟绝人，过目成诵，熟习《四书五经》和《六谕衍义》之学。14岁时，其父药师寺嘉卫门经营的木材行因兼营土木建筑业和盛冈藩②制铁事业而获得了巨额利润。此后，高岛与父亲和弟弟共同度过了七年幸福的时光。

22岁的时候，父亲去世。由于幕府颁布《弃捐令》③的影响，以及二姐继子的放荡所带来的莫名其妙的大笔债务，木材铺的生意陷入困顿，高岛不得不为返还债务而奔走。正是在这个时候，高岛继承了父亲的艺名“嘉卫门”，担负起了经营木材铺的重任。安政大地震时，江户出现大火灾，木材

---

① 据后来被默许使用“吞象”为号的小玉卯太郎讲到，“吞象”一词来源于胜海舟号常使用的俚语「どうしよう」→「どんしよう」（“怎么办”→“打鼓吧”）的谐音，因而可信度相当高。

② 盛冈藩是日本江户时代位于东北地方陆奥国一个藩属领地（相当于现今岩手县中北部及青森县东部），藩主是南部氏。俗称南部藩。石高10万。盛冈藩的支藩是八户藩及七户藩，藩主同样是南部氏家族的成员。

③ 弃捐令，是为了救济江户时代幕府陷入财政困难的旗书和府上人，幕府命令债权人放弃对他们的债权债务的一项武士救济法令。同时，在松江藩、加贺藩、佐贺藩等诸藩也实行了这项法令。

铺通过修缮受灾的佐贺藩藩邸和出售木材，本可获得2万两的赢利。然而，盛冈藩藩邸修缮时，由于遭受暴风雨的灾害，木材漂流损失惨重；同时，盛冈藩拒绝支付给木材铺应得的报酬，木材铺反倒积下了两万两的负债。困顿之中，高岛得到了佐贺藩家臣之长田中善右卫门的帮助，1859年（安政6年），在横滨开张了经销伊万里烧瓷器和拥有白蜡独家销售权的肥前铺。

在当时，欧美利用日本对《国际法》疏远的时机，与日本缔结了不平等条约，欧美金币（小金币）和日本银币（硬币）的兑换率存在着极大的差价。高岛利用这种差价进行了私人的货币兑换而从中牟利。此年，因争夺某矿山的开采权，被外国竞争方以扰乱经济、秘密出售小判①的罪名举报而被捕入狱，是为“小判卖渎事件”。1860年（万延元年）入狱，1865年（庆应元年）获释，同一天更名为高岛嘉右卫门。

2. 开拓横滨

出狱后，高岛迁转到横滨发展，在那里建起了他的高岛屋木材店。通过美国公使的介绍，高岛从英国公使 Hally Pakusu 承包了公使馆建筑工程（Richard Burijensu 设计）。因为建筑英国公使馆大获成功，大受好评，被外国人们誉为“日本第一木商”，其他外国人的定单纷至沓来。当时，横滨的发展极其落后，1867年（庆应3年），高岛在尾上町建立起横滨最大的豪华旅馆“高岛屋”，这也是横滨唯一的一家能够供政府高官以及外国人交际的高级社交场所。在这里，高岛与政治金融界的领导者们有了亲密的交往。关系特别深的，是日后曾出任日本首相的伊藤博文②，高岛的女儿日后成为了伊藤博文长子的妻子。及其事业有成，家资巨万，仍秉乘了乃父乐善好施的家风。为了抵抗官军和人民饥荒的问题，当年拒不向高岛付款而导致其财务困难盛冈藩，不得不折节向高岛嘉右卫门请求了70万两的捐助，高岛本着

① 小判金是日本江户时期通用金币之一种。薄圆形。为标准金币，一枚为一两。战国时期尤其是安土桃山时期虽有铸造但并未流通。1595年（文禄四年）德川家康征得丰臣秀吉的许可，延清京都的后藤光次（山崎庄三郎）于江户、骏河始铸多用含有黄金颗粒的红竹石溶化后制作，称为“武藏判”、“骏河判”，重量为4.7匁（1匁＝3.759克）。

② 伊藤博文（日语：いとうひろぶみ，1841.10.16—1909.10.26），日本长州（今山口县西北部）人。德川幕府末期长州藩士出身。幼名利助，字俊辅，号春亩，后改名博文。日本近代政治家、长州五杰之一、明治九元老中的一人。他还是日本第一个内阁总理大臣、枢密院议长、贵族院院长，首任韩国总监，明治宪法之父，立宪政友会的创始人。

“至诚奉公”的高尚精神玉成其事，救助了盛冈藩的人民。

横滨的填海造地事业，主要也是由他进行。1870年（明治3年），伊藤博文与大限重信就京滨间铁路铺设的必要性，知会了地方政府。后来，大限事业参加勘探。为了缩短线路，横滨港需要进行填海造地工程，由于无利可图，没有企业愿意接手。新政府提出，所造之地，凡位于铁路线外的部分，永久为开发人所有。于是，高岛接手了这项伟大的工程。现在的“高岛町”地名，就是为纪念他的而命名的。

当时，德国商会申请神奈川县的煤气公司建设权，为避免本国权益被剥夺，数名日本人组成了一个小班子，四处争取本国优先权。1872年，高岛得到煤气公司建设的权利，聘任法国人工程师建设煤气工厂（横滨瓦斯公司）。1872年10月31日（明治5年9月29日）黄昏，在横滨燃起了日本第一盏煤气灯。10月31日的日本煤气纪念日，即来源于此。利用煤气灯为光源的戏棚港座，开始出现。1874年（明治7年），开始了东京的煤气灯建筑计划。同年，横滨港与函馆港间的定期轮渡通车，由于经济上不合算，翌年宣告中止。

1871年（明治4年），高岛创办了以语言教学为主的蓝谢堂（俗称“高岛学校”），雇佣西洋人为教师。原拟聘任福泽谕吉[①]出任校长，未能实现，不过福泽推荐庆应义塾的弟子海老名晋、庄田平五郎、小幡非常三郎等高足们替代自己负责其事。该校对贫困生给予经济援助，同时人材辈出，著名校友有寺内正毅、[②] 本野一郎、[③]。宫部金吾[④]等人。1873年（明治6年），因成立学校有功，被明治天皇赐予三个一组的银杯，以示表彰。

---

① 福泽谕吉，日本近代著名的启蒙思想家、明治时期杰出的教育家、日本著名私立大学庆应义塾大学的创立者。他毕生从事著述和教育活动，形成了富有启蒙意义的教育思想，对传播西方资本主义文明，对日本资本主义的发展起了巨大的推动作用，因而被日本称为“日本近代教育之父”、“明治时期教育的伟大功臣”。

② 寺内正毅（1852年2月24日—1919年11月3日），日本军事家、政治家，第一次世界大战期间的日本首相（1916. 10—1918. 9），陆军元帅。山口县人。宇田多正辅的第三子，后为寺内勘右卫门的养子，曾参加戊辰战争。《日韩合并条约》的实行，大韩帝国告此灭亡，朝鲜总督府之后开始进行长达三十五年的殖民统治，第一任总督就是寺内正毅。

③ 本野一郎（1862年3月23日—1918年9月17日），是明治和大正年间的政治家与外交家

④ 宫部金吾（1860年4月27日—1951年3月16日），日本著名植物学者。北海道札幌市名誉市民。

明治初期，高岛嘉右卫门不辞辛劳，勤于作事，能乘机会，性又忍耐，凡事亲历亲为，为横滨港的填拓事业做出了巨大贡献，因而有“横滨之父”之称。数年之间，获金巨万，然其秉承乃父遗风，凡有所入，尽用诸义举，不蓄私财。敬利于人，则进而当其劳苦；每见善事，则必著之先鞭。因而又与吉田勘兵卫、苅部清兵卫二人一起被称为“横滨三士”。

3. 隐居后也

1876年（明治9年），隐居于纲要山庄（现横滨市神奈川区高岛台）。在1887年（明治20年），因捐献海防费1万日元，得授从五位[①]功勋四等爵位。此后，创建爱知水泥株式会社。1888年，将纲要山庄让居于亡命日本的朴泳孝[②]。1892年（明治25年）就任北海道炭礦鉄道株式会社社长之职，在石狩、十胜进行开垦和殖民事业。1893年，将全部财产更名到高岛嘉兵卫之下，举家迁往北海道。后历任了东京市街铁路株式会社社长，购买了清水次郎长的开拓的富士山。1896年，出席帝国储蓄银行的开业仪式。

高岛嫡妻无子，与妾生有六子。弟德右卫门。长子高岛长政是继子，德右卫门的三男。嘉右卫门的长女，嫁于伊藤养子博邦。

二、易圣之路

高岛嘉右卫门不仅是一位非常有名的实业家，更是一位不世出的著名易学家，在日本，现在也被尊称为「易圣」。

安政大地震[③]的数日前，嘉右卫门周围异兆频生，其弟无故听闻釜鸣。

---

① 日本古代的官阶一共分8品16阶，从正一位到从八位不等。五位官阶在日本古代算是中等级别的官职，同时也是官僚体系的分水岭。在日本古代，官员觐见天皇是有严格的身份限制的，从从五位开始，官员可以直接觐见天皇。

② 朴泳孝（1861年—1939年），朝鲜近代史上著名的政治家、改革家，朝鲜日治时期的贵族，开化党及亲日派的代表人物之一。初名无量，字子纯，号春皋、玄玄居士，本贯潘南朴氏。早年迎娶朝鲜哲宗之女永惠翁主，封锦陵尉。他深受开化思想熏陶，与金玉均、洪英植等组成开化党，并在1884年发动甲申政变，失败后流亡日本。1888年发表开化上疏，阐述其对开化的主张。1894年归国，官至内部大臣，主导甲午更张，次年即遭排挤，再度亡命日本。1907年重新回国，日韩合并后被日本封为侯爵。朴泳孝还是韩国国旗——太极旗的设计者。

③ 安政2年十月二日（1855年11月11日），江户发生大地震。震级达6.9级，余震持续20天，并引发了大火灾，死亡人数达6641人。

因按幼年熟习的《易经》进行占断，以釜鸣方位“离位”起卦，预知当发生极大的火灾，因而提前囤积了大量的木材。数日后江户果有大地震发生，一如所卜。

1860年，高岛在横滨开设了一家小型物产店“肥前屋”，售卖瓷器及白蜡，由于经营得当，生意颇为繁盛。因违规与外国人通商，并私下进行货币兑换牟利，因此被告扰乱经济，导致被捕入狱。当时的监狱不仅环境极度恶劣，而且管理混乱非常，经常有犯人由于在狱中打架斗殴而被杀，入狱意味着极大的人身风险。然而，恰恰是这次入狱的经历给高岛嘉右卫门的人生带来巨大的人生转折。

偶然之间，高岛在监狱内老旧的榻榻米之间，发现了一部被不知何人何时留下的《易经》，这本阐述了人生哲学的圣贤之书，成为了他艰苦的牢狱生活中唯一的心灵安慰。由于无事可做，高岛埋头苦读了这部神奇的著作，背诵如流，制作纸捻以代蓍草为狱友们进行占卦，皆称灵验。1863年，日本发生了下关事件，[①] 高岛准确地用易占预测了事件的发展以及列强索赔的结果，连监狱看守长也对其另眼相看，最后助其提前出狱。

狱中的预测实践，不仅奠定了高岛的易学功底，而且助他日后逃过了狱中的生死劫难。1862年，与他相处良好的的囚犯，提出了越狱的计划。高岛拒绝参与，并用《易经》占卜，预言此事必败。果然最后越狱失败，囚犯们被包围，极度绝望之下，高岛也被怀疑告密，被袭击而受伤。当此危难之际，遂依易占之指引，缘晾衣绳爬上而逃入衣服中隐藏，得以逃生。为纪念此事，每年此日，高岛家族均食牡丹饼以为纪念。[②]

1965年，出狱后的高岛迁转到横滨发展，开始了他不平凡的实业之路。高岛在商业上每事必卜，多以《易经》为指引，犹如有神助一般，迅速积累了巨额资产。到达横滨之初，先是开设了高岛屋木材店，因为建筑英国公使馆而被外国人誉为“日本第一土木建筑商”，国内外定单纷至沓

① 1863年9月5日，长州藩武士在下关炮击外国船只，史称“下关事件”。事后列强进行了报复。1863年英国以生麦村事件为借口，驻兵横滨，炮击鹿儿岛，索取赔款。1864年列强又以下关事件为借口，组成英法美俄联合舰队．占领下关炮台，索赔300万美元。

② 《实业家奇闻录》（http：//dl. ndl. go. jp/info：ndljp/pid/777995/54）（实业之日本社，1900）。

来。继而在横滨建立了当地最豪华的宾馆“高岛屋”，与政商领袖们建立了超乎寻常的亲密友谊，与伊藤博文结为亲家。拿到横滨港填海造地权，设立了日本最早的煤气公司。参与建造了东京至函馆之间的铁路，投资北海道开荒事业。创办类似于公立学校性质的高岛学校，受到天皇表彰。他说自己之所以在事业上取得巨大成功，多受益于易占之指引。不论是开创实业，还是买入卖出，前进中止，合作与否，凡有疑惑，无不取决于易占。虽然，占测之结果与目前之表象多有不符，时人往往难以理解，颇多讥讽之言，但是高岛始终对《易经》抱有坚定不移的的信仰和信赖，从而使他在商业上获得了巨大的成功。

1876年（明治9年），年富力强的高岛嘉右卫门突然从实业界引退，他的理由，为了是专心致志于易经的研究。他在高岛台立起宏大的府邸，内设神易堂，开始了对《易经》不懈的研究。除善于易占的授课和著述外，他也接待络绎不绝的求卜者，上至高车驷马的政府高官，下到引车卖浆的市井平民，在嘉右卫门神易堂里，无不受到认真的接待，不要任何报酬。他说，“占卦不是买卖，沟通神明本是易占者的本职工作，学易者不应为了得到人们金银之类的礼谢而占卜”，这是他的价值观。

明治维新后的日本，政治、经济、军事、民生，无不获得长足的发展。在当时军国主义思潮的影响下，狂热的日本政府和民众，均希望对外出兵，以宣示日本国力。为此，高岛对中日之战进行了前后五次预测，兹录如下：

1、1894年（明治二十七年），中日甲午战争之结果。

2、1894年，威海卫之战之结果。

3、1895年，刘公岛之战之结果。

4、1894年至1895年，《马关条约》之签订。

5、1895年，法德俄三国干涉，但不会出兵。

出狱后，高岛几乎所有的事业都以易占为指引，并且获得了巨大的成功。日本侵韩、中日战争、日俄战争等重大事件，高岛均有所占卜，准确预测了结果，广为国民报纸和新闻报纸所刊载。亡命日本的朝鲜官员金玉均和朴泳孝，亦执弟子礼随高岛学易，由此名声鹊起，在日本为尊称为“易圣”。

1914年的秋天，高岛闭上了双眼，结束了他传奇的一生。临终前3个月，知交相学大师樱井大路前来慰问，病床上的高岛告知其世寿10月中旬为止，并自书灵牌，“大正三年十月十七日没享年83岁”。高岛墓在葬泉岳寺，法号是“大观院神易吞象居士”，与著名的赤穗四十七浪士为邻。

三、高岛著作

1893年，高岛即把所有财产更名到家族名下，分给了弟子或家人，不再以财金钱为念。无形的资产，就是《高岛易断》这部名著，这部书包含了高岛对易经的注释和他一生的占例，体现了高岛易学的思想和特色。其中弥足珍贵的，就是这部书中收录的占例。时至今日，《高岛易断》仍然是学易之人的必读之书。

明治19年11月（1886年），高岛整理了先前自己记录的易案，结合自己研究易学的心得，出版了《高岛易断》，一函，按经文顺序分为10册，排印本。明治27年（1894年），出版《增补高岛易断》，按经文顺序分为17册，由熊田活版所排印。1901年（明治34年），邀请旅日宁波学者王治本先生编译补正，出版汉文本《增补高岛易断》四卷，对日文本多有增删和修订，由东京印刷株式会社横滨分社承印。铅字排印本，一函，分元亨利贞四册。此版本经当时日本驻华机构，分赠大清诸政要。1906年（明治39年）3月，将未公开之卦例39例辑为《增补高岛易断占例之部》一书出版，书前收有大清国广立、联芳、瞿鸿禨、刘坤一、荣禄、袁世凯、李兴锐、许应骙、邓华熙、俞廉三、陶模等政要之题辞、函件。同时，日文本《增补高岛易断》五册出版，排印本，一函，分仁仪礼智信五册。增收初版未收之卦例，并修订文义，多所增删。日本政要纷纷作序题跋，并将前述大清政要之题辞、函件影印附于书末。6月，出修订版，另有增益。

民国以降，神州烽火连天，汉文本《增补高岛易断》在我国未能广泛传播，我国学者鲜有研究者。唯有杭辛斋先生在其《学易笔谈》中提到：“近出之《高岛易断》，于明治维新以后五十年间，内政外交诸大事，均有占验论断，亦可觇彼国之所尚矣。”镇江袁树珊先生修订《历代卜人传补遗》中，作《高岛嘉右卫门小传》，曰：

高岛嘉右卫门，（字）吞象，神奈川县士族也。幼受庭训，辄读四书五经。业务之暇，手不释卷。积年之久，略谙育之。窥圣贤之旨，探道德之原。及安政六年十二月，当横滨开港之初，因过犯禁下狱，偶得《周易》一册，喜曰："此天赐也！"昼读夜思，烂熟贯通。七年而出狱，君如身生羽翼，奋曰："吾出万死而得一生矣！自今我唯当勇于行善而已。"乃开廛于横滨。勤于作事，能乘机会，性又忍耐，四年间获金巨万，然其所入，尽用诸义举，不以丝毫自为退守计。敬利于人，则进而当其劳苦；每见善事，则必著之先鞭。始造铁路，自横宾至神奈川，以纳于官。尝有洋商谋将设街灯于横滨，君先机而造之，终不使赢利归于彼。常留心观天下之变，预卜其将来，故当其处事孔棘，他人惴惴，束手无措，而君智谋横发，游刃有余。当事之难决则筮之，其解说奇中，揆诸人事，大小皆验。尝著《易断》、《易占》二书，副岛种臣、中村敬宇、栗本锄云三君，皆为序赠之。明治三十四年，君又将旧著重订，别为六十四卷，名曰《增补高岛易断》，特请我国浙东王君治本代为补正，译作汉文，俾可流传海外。君早晚又以此书译成英文，使之传于欧美各邦。其愿宏力毅，诚有非常人所可企及者。（《高岛易断》自序，敬字中村后跋）

上世纪九十年代，辽源学者孙正治先生在京偶阅汉文本《增补高岛易断》，遂发心点校刊行，以嘉惠学人。是书名《高岛易断》，上下二册，简体横排，于 1997 年 2 月由北京图书馆出版社出版，国内学者始由此而得识高岛易学真义。孙正治先生实乃推广高岛易学第一人。囿于当时技术条件，此版未能尽善。后国内其他出版社又有出版，均因袭自孙正治先生点校本，讹误一仍其旧。2014 年，孙正治先生与其子奥麟在九州出版社出版《白话高岛易断》一书，上下二册，对于国内学者的研究多有帮助。

高岛一生，著作极多，除《高岛易断》外，另计有：《高岛周易讲义：占断自在》、《运气活断口传书》、《易占大意》、《高岛易占》（全五编）、《风雨阴晴前兆早知考象秘鉴》、《神人交话》、《祭政一致》，合着有：《易学明弁：卦象问答》、《周易活断：通俗详解》、《易学字典》、《宗教论》等。

高岛殁后，神易宫由其弟子与家人继承，一直进行活动，在日本有着广泛的影响。虽然高岛先生在日本易坛有着崇高的地位，但今天的日本卜人，虽多冒称高岛，实少有人知其筮占之法。高岛是一位纯正的易学家，认为易学乃“洁静精微”之教，反对单纯地拜神抽签。

1998年7月，高岛易断总本部在其后人高岛成龙率领下，到淮阳太昊陵祭拜人祖伏羲，第二年又来拜谒，并在陵墓之旁敬立“华夏伏羲书八卦，扶桑易人探精微”的石碑，2002年再次参拜太昊伏羲陵庙。

四、筮法考辨

高岛筮法的一个最重要特征，就是首先认为《易经》是来自神的启示，也是神和人之间进行沟通的桥梁。凡筮之前，务须屏心静气，消除妄念，至诚归一，方能达到易占之境。如果稍微有所杂念，即使一依古法，亦无所作用，不能通神。高岛自谓曰：“至诚之极处，则感通于鬼神之时也。感通之事，如四肢感受电流，非可名状。其感格之机会，于间不容发之机，以分筮为紧要。盖感通之事者，难以言语，难以笔记，虽师徒之口传面授，非可得而教之者也。惟占者自行修炼，可达得此妙境尔。彼之如禅僧之曰以心传心，不立文字，亦谓如此之境也。”

《高岛易断》凡504例，皆为一爻变。因汉文本未收入其详细筮法，国内学者不知其筮法由来，苦思不得其解，多年来妄求穿凿，错误百端。兹据日文版所收《筮仪》一节，介绍如下。

在高岛看来，易占之筮法，古来虽有种种之异说，但一直未有定论。在明治时代，日本所流行的筮法，大概有本筮（十八变）、中筮（六变）、略筮（三变）三种。本筮之法，虽《系辞传》“十有八变而成卦，八卦而小成”，但过程繁杂，筮者难以集中精力，克尽己诚。依高岛数十年来之实地经验，最有效的，当属略筮之法，占筮之间能精神充盈，至诚专一，无丝毫杂念。略筮之大要如下。

大衍之数五十，其用四十有九。

凡欲占卜，执筮之时，必先洗手漱口，净身静心，端坐于闲室，谨执筮竹。筮竹之数五十本，即大衍之数。此五十本之筮竹，成数理上之变化，所以能感通鬼神。分揲筮竹开始，自其全数五十本之中，取一本而不用，以太象极，立于中央之筮椟。

分而为二以象两。

将剩余四十九本之根部握于左手，将其末端稍展开成扇形。以右手拇指，按于筮竹之稍展开之中部；其余四指，自外抱之，捧于额上，将其欲占问之事项默念于心，闭眼收息，诚意正心，恰与神明合于额前，住滞于如受教时之观想，将精神凝一，不挟一点之私，于其至诚之极处之时，以右手拇指，随手平分为二。左手象征天，右手象征地，置于案上。

挂一以象三。

既分为二，是象天地阴阳之两仪也。其次将右手之竹束置于桌上，自其中取出一本，夹于左手小指之间，以象天地人之三才。

揲之以四，以象四时。

以右手数左手所执筮竹。每次两本，四次四次数之，即每次数八本，以象四时。渐剩余数，为零至七，再加之前夹于小指间之一本，得一至八数，数毕。按先天卦数，一本为乾卦☰，两本为兑卦☱，三本为离卦☲，四本为震卦☳，五本为巽卦☴，六本为坎卦☵，七本为艮卦☶，八本为坤卦☷，乃如此序，对应天、泽、火、雷、风、水、山、地之八象。此第一变，得卦为内卦，即下卦。

归奇于扐，故在扐而后挂

将四十九根筹策合在一处，重复如前，进行分二、挂一、揲四，其余数中所得之卦，称为外卦，置于上卦。上下相合，则得重叠六爻之卦。

假设最初剩一本为乾，置之于下，其次剩五本为巽，置之于上，上下相合成为风天**小畜**䷈之卦。又最初剩两本其次剩六本，成为水泽**节**䷻之卦。最初剩三本其次剩七本，为山火**贲**䷕之卦。最初剩四本其次剩八本，为地雷**复**䷗之卦。六十四卦，皆以此例为准。

是故，《易》逆数也。

《易》知以察往，因此得卦从下到上。求变爻所得之数，亦亦从下至上对应六爻。

再得变爻。

如前所述，得卦象之后，其次求爻之变也。其分揲筮竹之法虽皆如前，分二，挂一，但数筮之时，每次两本，三次三次数之，得余数为零至五数；加挂一之一数，则得一至六数。《易》逆数也，故从下至上，得一数为初爻变，二数为二爻变，三数为三爻变，四数为四爻变，五数为五爻变，六数为上爻变。

以定爻辞。

如筮得乾卦，爻得初爻变，则得卦辞（“乾：元、亨、利、贞”云云）、大象（“大哉乾元。万物资始”云云）、象辞（自注：谓“天行健。君子以”云云）爻辞（初九“潜龙勿用”云云），观其所占筮事项之大体，于其所得之爻辞，断一时之吉凶悔吝，就本文之解释即可判断。

五、结语

高岛起于市井，仗义疏财；精于筮占，多谋善断；忧国忧民，不失天真；进退随时，乐天知命，粹然君子气象。然而，任何学者，因为其具有民族性，则必然具有局限性。通观《高岛易断》504 占，军国之占近六分之一强，其于侵略朝鲜、侵略中华的日本军国主义，积极献言献策，时时大唱赞歌；其儒者气象和人文情怀，是仅限于对日本国民的。汉文本《增补高岛易断》一书，并没有收入关键的《筮法》一节，这绝不是偶然，而是高岛不愿自己的绝学为中国人所知。这也从侧面可以看到高岛对于中国的真正态度。然当时我国的当政者，对于日本亡我中华的心态，并无正确的认知，仍然依例为其书题诗题辞，这或许正是甲午战争的失败原因。这也提醒我们，“非我族类，其心必异”，这句话到现在还远没有过时。披着文化包装起来的学者，因其具有迷惑性，比起全副武装的侵略者，危害更大。从纯易学的观点来说，高岛远绍汉易遗风，成就斐然；然而从历史的角度来看，高岛是明治时期日本军国主义智囊团的重要成员。我们在研究高岛易学的同时，必须要正视这一点。

点校凡例

一、关于底本。本书之点校整理，以日本明治三十四年五月和刊汉文本《增补高岛易断》一书为底本，并参校日文本三种：明治19年（1886）《高岛易断》、明治27年（1894）《增补高岛易断》、明治39年（1906年）《增补高岛易断》。

二、关于内容。日文本所收而汉文本所无之序、跋、题辞等，本次出版，统归入《卷首》中，按原次序排列编入，以存原貌。本书仍以原本《增补高岛易断》为名，不作改动。原文占例之后，断辞之前，底本原收有本爻爻辞。因王治本先生译本已将占例一一编入本爻之下，似嫌重复，故本次整理时不再保留。

三、关于校勘。本书整理工作包括标点、分段和勘误。异文之处，出校记。本次整理工作，多得吉林辽源孙正治先生指点，个别之处，采用其《高岛易断》一书之整理成果，在此特别致谢。

四、关于字形校理。本书采用简体字，但繁简并存者、异体字、避讳字、通假字、俗字等，一仍其旧。

五、关于文字讹误。明显错字、漏字径改正之，不出校记。日文旧译，如露国（俄国）、孛国（德国）等，一律改为今译。

六、关于标点符号。采用逗号、分号、句号、冒号、问号、叹号、书名号、双引号、单引号、圆括弧、省略号等，不用破折号，亦不用人名号、地名号、职官名号。

目 录

周易上经 …… 1

䷀乾为天 …… 1

䷁坤为地 …… 14

䷂水雷屯 …… 27

䷃山水蒙 …… 40

䷄水天需 …… 52

䷅天水讼 …… 65

䷆地水师 …… 74

䷇水地比 …… 84

䷈风天小畜 …… 93

䷉天泽履 …… 103

䷊地天泰 …… 113

䷋天地否 …… 123

䷌天火同人 …… 133

䷍火天大有 …… 144

䷎地山谦 …… 153

䷏雷地豫 …… 163

䷐泽雷随 …… 173

䷑山风蛊 …… 183

䷒地泽临 …… 193

䷓风地观 …… 201

䷔火雷噬嗑 …… 213

目录

䷕山火贲 …… 222
䷖山地剥 …… 232
䷗地雷复 …… 240
䷘天雷无妄 …… 249
䷙山天大畜 …… 259
䷚山雷颐 …… 269
䷛泽风大过 …… 280
䷜坎为水 …… 290
䷝离为火 …… 299

周易下经 …… 307
䷞泽山咸 …… 307
䷟雷风恒 …… 315
䷠天山遁 …… 232
䷡雷天大壮 …… 331
䷢火地晋 …… 339
䷣地火明夷 …… 349
䷤风火家人 …… 357
䷥火泽睽 …… 365
䷦水山蹇 …… 376
䷧雷水解 …… 384
䷨山泽损 …… 393
䷩风雷益 …… 402
䷪泽天夬 …… 412
䷫天风姤 …… 423
䷬泽地萃 …… 433
䷭地风升 …… 441
䷮泽水困 …… 449
䷯水风井 …… 458

䷰泽火革 …… 468
䷱火风鼎 …… 476
䷲震为雷 …… 485
䷳艮为山 …… 495
䷴风山渐 …… 503
䷵雷泽归妹 …… 512
䷶雷火丰 …… 519
䷷火山旅 …… 528
䷸巽为风 …… 536
䷹兑为泽 …… 544
䷺风水涣 …… 551
䷻水泽节 …… 560
䷼风泽中孚 …… 569
䷽雷山小过 …… 577
䷾水火既济 …… 586
䷿火水未济 …… 595

序　跋 …… 603

中村正直《高岛易断》跋 …… 603
元田永孚《高岛易断》序 …… 604
中村正直《高岛易断》序 …… 605
栗本鲲《高岛易断》序 …… 606
斋藤真男《高岛易断》跋 …… 607
杉浦重刚《高岛易断》跋 …… 608
栗本鲲《高岛易占》初编序 …… 609
中村正直《高岛易占》第二编序 …… 610
藤野正启《高岛易占》第二编序 …… 611
栗本鲲《高岛易占》第二编序 …… 612
中村正直《高岛易占》第三编序 …… 613

目录

北畠道龙《高岛易占》第三编跋 …… 614
中村正直《高岛易占》第四编序 …… 615
日文本《增补高岛易断》横井忠直跋 …… 616

大清国名人题辞 …… 617
恭亲王生母赫金里氏之弟广立 …… 617
外务部右侍郎联芳题辞 …… 618
外务部尚书瞿鸿禨题辞 …… 619
江西总督刘坤一题辞 …… 620
内阁大学士宰相荣禄题辞 …… 621
直隶总督袁世凯题辞 …… 622
江西巡抚李兴锐题辞题辞 …… 623
闽浙总督许应骙题辞 …… 624
大清扶黔使者岭南邓华熙题辞 …… 625
湖南巡抚俞廉三题辞 …… 626
江西总督陶模题辞 …… 627

高岛易断占例索引 计504占

周易上经

☰乾为天 …………………………………………………………………………… 1

001 明治二十二年，某贵显占气运。**乾之姤**。

002 明治之初，自占一身之方向。**乾之同人**。

003 明治二十七年，占我国与清国战争之结果如何。**乾之同人**。

004 明治十六年某月，松方大藏卿占年谷之吉凶。**乾之履**。

005 明治二十四年二月，占鸠山角田二氏选举胜败。**乾之小畜**。

006 二十八年冬至，占明年我国外交之气运。**乾之小畜**。

007 明治十八年二月二十八日，占与清廷议事结局。**乾之大畜**。

008 明治十九年十二月，占明年铁道局气运。**乾之大有**。

009 明治十九年，占某贵显翌年气运。**乾之夬**。

☷坤为地 …………………………………………………………………………… 14

010 明治二十一年冬，占男爵某氏采矿事业。**坤之复**。

011 明治三十一年冬至，占明年我帝国气运。**坤之复**。

012 明治二十三年一月，占伊藤伯气运。**坤之师**。

013 明治三十年六月，为书记官占县会之赞否如何。**坤之师**。

014 明治十九年，占知友柳田某气运。**坤之谦**。

015 明治十二年一月，占邂逅大阪五代友厚氏本年商务。**坤之豫**。

016 明治二十二年，占贵显某之气运。**坤之比**。

017 明治六年，占政府气运。**坤之剥**。

018 明治二十七年冬至，占明年之丰歉。**坤之剥**。

䷂水雷屯 ………………………………………………………………………… 27

019 明治二十六年十二月，某贵显占气运。**屯之比**。

020 为秋田县士根本通明占明人某翁所画真伪。**屯之比**。

021 占普法战争之胜败。**屯之比**。

022 明治二十五年，占某贵绅之气运。**屯之节**。

023 明治十八年应某显官之招，占显官进谋成否。**屯之既济**。

024 大仓喜八郎氏请占气运。**屯之随**。

025 明治十九年初夏，为某法官占某银行盈亏。**屯之复**。

026 二十七年九月，占倡使全国富豪献纳军费之议成否。**屯之复**。

027 明治二十四年，占内阁之气运。**屯之益**。

䷃山水蒙 ………………………………………………………………………… 40

028 余亲族田中平八氏将以某托余家。**蒙之损**。

029 友人药师寺氏来占养子及家产事。**蒙之剥**。

030 某贵显欲娶妻，占其良否。**蒙之蛊**。

031 乌尾得庵居士，占其气运如何。**蒙之未济**。

032 明治二十七年冬至，占二十八年贵族院院议。**蒙之未济**。

033 友人福原实君占前途吉凶。**蒙之涣**。

034 明治二十七年冬至，占明年众议院之形势。**蒙之涣**。

035 某氏为朋友调排事务，恐反生枝节，请占一卦。**蒙之师**。

036 明治二十七年冬至，占二十八年我国与英国交际。**蒙之师**。

䷄水天需 ………………………………………………………………………… 52

037 友人左右田金作氏将谋入社，占前途吉凶。**需之井**。

038 友人永井泰次郎氏，占收贷事。**需之既济**。

039 佃岛在监之时，占西村三濑及余三人之身事。**需之节**。

040 明治二十七年五月，占与清国开战事。**需之节**。

041 明治十九年，知友占其女产难事。**需之夬**。

042 某氏欲谒某贵显，占贵显之待遇如何。**需之泰**。

043 明治二十二年十二月，占神保长兵卫之妻生死。**需之小畜**。

044 占中野梧一氏自杀之由。**需之小畜**。

045 为友人伊东贞雄氏占小儿消息。**需之小畜**。

046 明治三十一年，占陆军之气运。**需之小畜**。
☰☵**天水讼** …………………………………………………………………… 65
047 友人占请托谋事成否。**讼之履**。
048 友人北泽正诚氏，欲与长官辨白，请占。**讼之否**。
049 友人欲谋转官，占成否，并卜日后气运。**讼之姤**。
050 友人某占前程。**讼之涣**。
051 北海道厅官占得失。**讼之未济**。
052 明治二十三年，爱知县某占可当选否。**讼之困**。
☷☵**地水师** …………………………………………………………………… 74
053 某人占其社之成否。**师之临**。
054 明治二十五年十二月，占第五议会。**师之坤**。
055 明治三年，横滨商人三名请占损益。**师之升**。
056 陆军中将某、陆军少将某为亩傍舰占吉凶。**师之解**。
057 明治十八年一月，占使命之任。**师之坎**。
058 占某贵显疾病。**师之蒙**。
☵☷**水地比** …………………………………………………………………… 84
059 某氏之子占气运。**比之屯**。
060 某县知事占气运及升迁。**比之坎**。
061 友人请占商业成否。**比之蹇**。
062 明治二十一年，占某贵显之气运。**比之萃**。
063 明治二十四年三月，占政府如何处理日俄、日美关系。**比之坤**。
064 占明治三十一年内务省之气运。**比之坤**。
065 占往求引援，诺否如何。**比之观**。
066 明治三十二年，占我国与德国之交际。**比之观**。
☴☰**风天小畜** ……………………………………………………………… 93
067 占面谒贵显成否，如何。**小畜之巽**。
068 占前途得失。**小畜之家人**。
069 明治二十四年，东京丸搁浅，占是船之利害。**小畜之家人**。
070 明治六年，某贵显占朝议归结。**小畜之中孚**。
071 明治五年，占某贵显气运。**小畜之中孚**。

072 明治四年三月，冈田平藏氏占创业成否。**小畜之大畜**。

073 明治二十二年某月，占政党首领某氏之气运。**小畜之需**。

☱天泽履 …………………………………………………………………… 103

074 横滨商人某氏占前途吉凶。**履之讼**。

075 贵显请占盗之就捕与否。**履之无妄**。

076 副田虎六氏将谋政府采矿许可，占其利害。**履之乾**。

077 贵族院议员某占仲裁适意否。**履之乾**。

078 明治十七年十二月，占朝鲜之动静。**履之中孚**。

079 某会社社长，来占命运之吉凶。**履之睽**。

080 明治二十三年十月，占候补代议士成否。**履之兑**。

081 明治三十年，占我国与德国交际。**履之兑**。

☷地天泰 …………………………………………………………………… 113

082 明治二年，占从事商业之可否。**泰之升**。

083 东京友人欲在常陆开垦沼地，请占吉凶。**泰之明夷**。

084 明治十八年，占公气运。**泰之大壮**。

085 东京豪商某氏甲欲建维持之策，不得方向，请筮。**泰之大壮**。

086 豪富某占家政气运。**泰之需**。

☰天地否 …………………………………………………………………… 123

087 明治二十二年春，亲友某氏占其得失。**否之讼**。

088 敬宇先生患中风，困卧褥中，书卜字而示。因占。**否之遁**。

089 秋田县人根本通明占其编述可否。**否之观**。

090 明治十八年五月，千家尊福筮神道之气运。**否之晋**。

091 明治十五年某月日，某贵显欲代谋士族安置之策。**否之晋**。

092 横滨商人某占目下商业大事成否如何。**否之萃**。

☰天火同人 ……………………………………………………………… 133

093 友人某氏占气运。**同人之遁**。

094 明治三年，自占气运与将来之方向如何。得**同人**。

095 明治二十四年，某贵显占当年气运。**同人之无妄**。

096 友人可请占兴业成败。**同人之家人**。

097 明治二十五年三月，同事诸君预问余之诺否。**同人之离**。

098 明治二十八年，法、德、俄三国联合迫我，占得**同人之离**。

099 明治二十九年，筮前农商务大臣白根专一疾患。**同人之离**。

100 役员某氏占前途之气运。**同人之革**。

☲☰火天大有 …………………………………………………………………… 144

101 佐贺县士族深江某占后来气运。**大有之鼎**。

102 永井某占气运。**大有之鼎**。

103 明治二年，友人来请占某贵显气运。**大有之离**。

104 占明治三十二年，占德国之气运。**大有之离**。

105 大阪友人某请占某豪商时运。**大有之睽**。

106 明治五年，土州人渡边小一郎占气运。**大有之睽**。

107 浅野侯爵罹大患，占休咎。**大有之睽**。

108 亲友某氏筮失金。**大有之家人**。

109 亲友某来，占气运。**大有之乾**。

110 明治十五年，占某贵显气运。**大有之大壮**。

☷☶地山谦 …………………………………………………………………… 153

111 某县劝业课长某筮后日劝业功效。**谦之明夷**。

112 明治二十二年，卜代请成否。**谦之升**。

113 一书生占其气运。**谦之升**。

114 明治二十二年，某贵显占某院气运。**谦之小过**。

115 明治二十七年，占国家气运。**谦之蹇**。

116 明治十年，某贵显嘱余占本年国运。**谦之蹇**。

117 明治二十九年冬至，占三十年台湾之施政。**谦之蹇**。

118 明治九年，应某贵显之嘱，为占一事。**谦之艮**。

☳☷雷地豫 …………………………………………………………………… 163

119 客求余一占。**豫之震**。

120 明治二十二年，某局属官占后来气运。**豫之解**。

121 某县官吏请占气运。**豫之小过**。

122 缙绅某请占某贵显气运。**豫之坤**。

123 明治二十八年四月九日，占我国与清国和议之谈判。**豫之坤**。

124 富豪某请占其气运。**豫之萃**。

占例索引

125 明治二十八年十月以来，占本宅侍女疾病。**豫之萃**。

126 友人某占一事成否。**豫之晋**。

䷐泽雷随 …………………………………………………………………… 173

127 占友人某就官。**随之萃**。

128 熊本县人尾藤判事，占婚姻吉凶。**随之兑**。

129 辨真和尚占学易成否。**随之革**。

130 明治二十七年六月，岩谷松平占补请恩给准否。**随之屯**。

131 某缙绅占某贵显气运。**随之屯**。

132 明治三年某月，某贵显占一事。**随之震**。

133 元老院议官某氏占施政准则。**随之震**。

134 南部山本宽次郎占其本命。**随之无妄**。

135 明治三十一年十月，策士三人占内阁之提携成否。**随之无妄**。

䷑山风蛊 …………………………………………………………………… 183

136 和歌山县材木商某为其子一筮。**蛊之大畜**。

137 明治二十五年，熊田某养子某，占家政得失。**蛊之大畜**。

138 友人某之亲族某殁后，亲族意见未决，请筮。**蛊之艮**。

139 占明治三十年教育气运。**蛊之艮**。

140 某会社社长某占会社之盛衰。**蛊之蒙**。

141 友人某占富豪某氏之家政。**蛊之鼎**。

142 友人某占某豪家改革。**蛊之巽**。

143 友人某占某贵显之气运。**蛊之升**。

䷒地泽临 …………………………………………………………………… 193

144 友人某占气运。**临之师**。

145 友人占某贵显气运。**临之复**。

146 明治二十七年，友人金原明善占归故乡吉凶如何。**临之复**。

147 明治五年，友人某占某商人气运。**临之泰**。

148 友人某氏占某贵显气运。**临之归妹**。

149 明治二十二年，占某贵显气运。**临之节**。

150 明治三十年五月十二日，占买卖约券成否。**临之节**。

151 友人某氏来请占谋事。**临之损**。

䷓**风地观** ………………………………………………………………………… 201

152 某石炭会社员占购入石炭胜败如何。**观之益**。

153 友人占集会景况如何。**观之益**。

154 明治二十三年，占贵族院。**观之涣**。

155 友人占创始渔业前途吉凶。**观之渐**。

156 明治七年，占某贵显渡航清国。**观之否**。

157 友人某占会社之盛衰。**观之剥**。

158 明治十八年岁杪，乌尾得庵请占。**观之比**。

159 亲友某占构造三层房屋可否。**观之比**。

䷔**火雷噬嗑** ………………………………………………………………………… 213

160 明治二十三年春，友人某占合兴一业成否。**噬嗑之晋**。

161 明治二十五年十月二十五日，占解停之期。**噬嗑之睽**。

162 亲友某占一商业成否并吉凶。**噬嗑之睽**。

163 友人某占刑事裁判。**噬嗑之离**。

164 占明治三十年秋丰歉。**噬嗑之离**。

165 相识某，占商业纷议结果如何。**噬嗑之颐**。

166 占明治二十二年之米作。**噬嗑之无妄**。

167 明治二十七年十二月，占威海卫战况。**噬嗑之无妄**。

168 平川町盲人铃木孝伯，占失亡事。**噬嗑之震**。

169 明治三十二年四月，占分娩。**噬嗑之震**。

䷕**山火贲** ………………………………………………………………………… 222

170 明治十九年，占某贵显气运。**贲之艮**。

171 明治十四年四月占国会。**贲之大畜**。

172 友人某占气运。**贲之颐**。

173 有人占某缙绅气运。**贲之离**。

174 友人占气运。**贲之家人**。

175 占下村氏之疾如何。**贲之明夷**。

䷖**山地剥** ………………………………………………………………………… 232

176 相识某商占气运。**剥之颐**。

177 有一绅士占气运。**剥之蒙**。

占例索引

178 明治十七年冬，横滨洋银商某气运。**剥之艮**。
179 富商某占气运。**剥之晋**。
180 明治十四年春，横滨境町森锭太郎腹内疼痛，请占。**剥之观**。
181 明治三十二年三月廿八日，占晴雨。**剥之观**。
182 明治二十三年，为国家筮元老院。**剥之坤**。
䷗地雷复 …………………………………………………………………… 240
183 占马良否。**复之坤**。
184 明治二十四年春，占某贵显辞表后之举止。**复之临**。
185 一商人占气运。**复之明夷**。
186 明治二十二年六月，友人某占解约允否。**复之震**。
187 某局长占气运。**复之屯**。
188 明治二十年六月，占板垣君，得地雷**复**上爻。
䷘天雷无妄 ………………………………………………………………… 249
189 明治十七年某月，友人请占毛谷村之进步。筮得**无妄之否**。
190 明治十四年一月，占俄清两国和战。**无妄之履**。
191 东京青山富商以家产事占吉凶。**无妄之履**。
192 友人某筮商业事。**无妄之同人**。
193 某贵显占气运。**无妄之益**。
194 明治二十二年，占某贵显气运。**无妄之噬嗑**。
195 明治十五年八月，占德右卫门施截解术之适否。**无妄之噬嗑**。
196 占明治三十年海军之气运。**无妄之噬嗑**。
197 明治二十二年一月，关口隆吉君占当岁气运。**无妄之随**。
䷙山天大畜 ………………………………………………………………… 259
198 某县士族某占气运。**大畜之蛊**。
199 亲友某县人某占气运。**大畜之贲**。
200 占明治三十年国家财政。**大畜之贲**。
201 占马之骏驽如何。**大畜之损**。
202 士族某占气运。**大畜之损**。
203 占明治二十三年摄绵土贩卖之商机。**大畜之大有**。
204 占明治三十一年韩国与俄国之交际。**大畜之大有**。

205 明治二年，占形势如何。**大畜之小畜**。

206 明治十四年，占国会开设，请愿成否。**贲之大畜**。

☶☳山雷颐 …………………………………………………………………………… 269

207 占友人某面谒某贵显其成否如何。**颐之剥**。

208 占友人医师伊藤某之子终身运限。**颐之损**。

209 明治二十五年，占国家之气运。**颐之贲**。

210 友人某请一占。**颐之贲**。

211 内务省参事官松本郁郎请占任命事件。**颐之噬嗑**。

212 友人某请占某贵显。**颐之益**。

213 明治十年中秋，福田行诫占间佛殿之建筑何时完成。**颐之益**。

214 明治二十二年冬至日，占翌岁事物之吉凶。**颐之复**。

☱☴泽风大过 …………………………………………………………………………… 280

215 明治元年，藩士下村某，因兵事请占。**大过之夬**。

216 明治二十二年，友人来请占某家气运。**大过之咸**。

217 明治二十七年十二月，占海城兵事。**大过之咸**。

218 明治三十一年，占我国与清国交际。**大过之咸**。

219 明治二十三年某月，占某甲选举市长之成败。**大过之困**。

220 甲社社长某占商业。**大过之井**。

221 明治十七年，因朝鲜滋事，占日清关系。

222 明治十八年夏，占置别墅事。**大过之恒**。

223 明治三十一年，占国民协会气运。**大过之恒**。

224 某县人谋新创一事业，占其成否如何。**大过之姤**。

225 明治二十八年，占我国与法国交际。**大过之姤**。

☵☵坎为水 …………………………………………………………………………… 290

226 友人某来请占气运。**坎之节**。

227 有东京某富商甲干占其店气运。**坎之比**。

228 某氏来请占气运。**坎之井**。

229 明治三十年占外国交际。**坎之井**。

230 缙绅某占气运。**坎之困**。

231 明治三十年，占我国与韩国交际。**坎之困**。

232 相识商人某占气运。**坎之师**。
233 明治十七年十月，占崎玉县秩父郡暴徒结局如何。**坎之涣**。
234 占日本与俄、法、德三国同盟交际。**坎之涣**。
☲离为火 …………………………………………………………… 299
235 友人某占气运。**离之旅**。
236 某来请占某贵显。**离之大有**。
237 友人某占娶某女吉凶。**离之噬嗑**。
238 明治三十年，占我国与法国交际。**离之噬嗑**。
239 明治二十三年春，友人某占本年气运。**离之贲**
240 占某豪商时运。**离之同人**。
241 明治七年三月，佐贺乱，陆军大佐某将出师，请占。**离之丰**。

周易下经

䷞泽山咸 …………………………………………………………… 307
242 明治二十三年，占某贵显运气。**咸之革**。
243 华族某君占新创之技果得广行否及资金损益如何。**咸之大过**。
244 友人某占运气。**咸之萃**。
245 明治二十二年，某缙绅占某贵显气运。**咸之蹇**。
246 明治二十一年，缙绅某占某贵显气运。**咸之小过**。
247 明治二十五年，佐藤昌藏氏占院议结果。**咸之遁**。
䷟雷风恒 …………………………………………………………… 315
248 明治十五年七月，朝鲜变起。余筮之。**恒之大壮**。
249 某会社社长占社运。**恒之小过**。
250 明治二十六年，植村登三郎欲改就官职，请筮。**恒之小过**。
251 某贵显占索债。**恒之解**。
252 明治二十八年，占清国国运。**恒之解**。
253 明治二十三年，某缙绅占某贵显气运。**恒之升**。
254 豪商某占气运。**恒之大过**。

255 某商人占气运。**恒之鼎**。

䷠天山遁 …………………………………………………………………… 323

256 友人某占气运。**遁之同人**。

257 友人某占气运。**遁之姤**。

258 明治二十九年，占皇国气运。**遁之姤**。

259 友人某占商业之盛衰。**遁之否**。

260 亲友某占气运。**遁之渐**。

261 杉浦重刚氏占千岛舰事。**遁之渐**。

262 予亲友永井泰次郎，其妻有娠，请卜男女。**遁之旅**。

263 明治十八年三月，占和战。**遁之咸**。

䷡雷天大壮 …………………………………………………………………… 331

264 友人某占事业之成否。**大壮之恒**。

265 某会社社长占气运。**大壮之丰**。

266 友人某占商业盛衰。**大壮之归妹**。

267 明治二十七年五月中旬，占驻英国公使病。**大壮之归妹**。

268 明治二十七年，大元帅陛下将发亲征。恭筮一卦。**大壮之泰**。

269 占友人屯积居奇成否。**大壮之夬**。

270 明治二十七年十一月，某贵显占旅顺口形势如何。**大壮之夬**。

271 杉君占失盗。**大壮之晋**。

䷢火地晋 …………………………………………………………………… 339

272 某县人占志愿成否。**晋之噬嗑**。

273 明治五年，福原氏占我国形势前途。**晋之未济**。

274 九州商人某占购买某大会社物品成否，如何。**晋之旅**。

275 商人某占家政。**晋之剥**。

276 子爵五条将迁居西京，占其吉凶如何。**晋之剥**。

277 华族某占气运。**晋之否**。

278 明治三十一年，占内阁气运。**晋之否**。

279 友人某占其会社盛衰。**晋之豫**。

䷣地火明夷 …………………………………………………………………… 349

280 友人某甲占气运。**明夷之谦**。

占例索引

281 明治二十八年，占我国气运。**明夷之谦**。

282 明治二十二年，占某贵显气运。**明夷之泰**。

283 明治十六年，某商人占气运。**明夷之复**。

284 明治二十七年八月二十六日，占平壤进军。**明夷之复**。

285 缙绅某占气运。**明夷之丰**。

286 明治十八年五月，筮佛教之气运。**明夷之既济**。

287 明治二十三年春，占摄绵土所之景况。**明夷之贲**。

䷤风火家人 …………………………………………………………… 357

288 二十三年十二月，友人某占商法成否。**家人之渐**。

289 某缙绅占气运。**家人之小畜**。

290 明治三十年，占递信省气运。**家人之小畜**。

291 某缙绅占气运。**家人之益**。

292 余与友人谋创一业，占其成败吉凶如何。**家人之同人**。

293 友人某占气运。**家人之贲**。

294 明治二十年，占某贵显气运。**家人之既济**。

䷥火泽睽 …………………………………………………………… 365

295 友人某来请占气运。**睽之未济**。

296 明治二十三年，占文部省教育准则。**睽之噬嗑**。

297 友人某氏曰某贵显托仆以一事，占其吉凶。**睽之大有**。

298 明治二十九年冬至，占三十年农商务省施政实况。**睽之大有**。

299 明治二年十二月，晦，占运米。**睽之损**。

300 明治二十三年春，占众议院。**睽之履**。

301 东京大家某氏夫人，占良人病及家事。**睽之归妹**。

302 明治二十四年四月十日，将赴近县，偶试一筮。**睽之归妹**。

䷦水山蹇 …………………………………………………………… 376

303 友人某来，因一事进退未定，请卜以决之。**蹇之既济**。

304 明治十三年某月，占友人子债务事。**蹇之井**。

305 明治二十三年，占国运。**蹇之比**。

306 明治元年四月，友人某占前途气运。**蹇之比**。

307 明治二十四年，某友占某国枢密院气运。**蹇之咸**。

308 明治三十一年，占众议院气运。**蹇之咸**。

309 明治二十年，占某贵显气运。**蹇之谦**。

310 友人某占气运。**蹇之渐**。

䷧雷水解 …………………………………………………………………… 384

311 明治二十四年三月，占郑永宁与清国书函虚实。**解之归妹**。

312 某商人占气运。**解之豫**。

313 明治二十五年，余患鼻痔，欲求治。**解之豫**。

314 大仓组与高岛嘉兵卫因商业事不睦，俱受其困。**解之豫**。

315 某人占某区长品行。**解之恒**。

316 群马县高崎市乙某不知去向，请占，以卜吉凶。**解之师**。

317 横山孙一郎氏将为福地氏筹一解救之方，请烦一占。**解之困**。

318 占访高僧志趣同否。**解之未济**。

319 左右田金作氏占利根运河株式高低。**解之未济**。

320 明治三十一年，占伊藤内阁气运。**解之未济**。

䷨山泽损 …………………………………………………………………… 393

321 友人某占出借资金可否。**损之蒙**。

322 友人某占商业事。**损之颐**。

323 明治六年，贵显某占气运。**损之颐**。

324 明治二十五年四月，占改正处分如何。**损之大畜**。

325 明治二十五年，石炭堆聚不售，占之。**损之大畜**。

326 友人某占事业之成否。**损之大畜**。

327 明治三十二年一月，某议员占自由党之意向。**损之大畜**。

328 明治十五年二月某日晨，杉氏罹急疾，筮之。**损之睽**。

329 东京豪商某家甲干某欲转任，占之。**损之中孚**。

330 明治九年，长崎商人大浦阿启占商业事。**损之临**。

䷩风雷益 …………………………………………………………………… 402

331 明治二十四年，占秋收丰歉。**益之观**。

332 友人某占某富绅家政。**益之中孚**。

333 友人某占气运。**益之家人**。

334 明治二十五年四月，占疾病。**益之家人**。

335 友人来请占某贵显气运。**益之无妄**。

336 友人某来曰：欲以某氏子为养嗣，占前途吉凶。**益之颐**。

337 明治二十八年，占我国与清国交际。**益之颐**。

338 友人某占气运。**益之屯**。

339 明治二十六年某月，占银货涨落之结局。**益之屯**。

䷪泽天夬 …………………………………………………………………… 412

340 丰岛某来，曰余近有所谋，请占其成否。**夬之大过**。

341 某豪商家甲干某以犹豫事，请为一占。**夬之革**。

342 明治二十二年某月，占印幡沼开凿。**夬之兑**。

343 横滨洋银仲买雨宫启次郎意获巨资，欲谋度此后基业。**夬之需**。

344 某华族家仆占其老主人气运。**夬之大壮**。

345 藩士佐久间象山先生，应将军之召，揲筮占之。**夬之乾**。

䷫天风姤 …………………………………………………………………… 423

346 明治十八年，保加利亚、罗马尼亚两国暴动，占其结果。**姤之乾**。

347 某甲来请占气运。**姤之遁**。

348 有友请占一事，以决成否。**姤之讼**。

349 明治二十八年六月，三浦中将占问朝鲜交际政策。**姤之讼**。

350 明治三十年，占伊藤侯爵气运。**姤之讼**。

351 有友人来占气运，得之**姤之巽**。

352 明治二十二年某月，横滨辩护士占争讼胜负。**姤之鼎**。

353 友人占某贵人疏远之因。**姤之大过**。

䷬泽地萃 …………………………………………………………………… 433

354 明治十五年十月，占修桥。乃得**萃之随**。

355 友人某占气运。**萃之困**。

356 友人占气运。**萃之咸**。

357 某家支配人，请占气运。**萃之比**。

358 一日友人占气运。**萃之豫**。

359 明治二十一年六月，占祈雨。**萃之否**。

䷭地风升 …………………………………………………………………… 441

360 缙绅某占气运。**升之泰**。

361 友人某占气运。**升之谦**。

362 明治二十九年，某贵显占设立农工银行成否。**升之谦**。

363 明治十六年，某县令占任事吉凶。**升之师**。

364 明治廿八年，占开垦北海道十胜国利别原野成否。**升之师**。

365 明治三十一年，占司法省气运。**升之师**。

366 某商人占气运。**升之恒**。

367 某氏占其女气运。**升之井**。

368 明治二十四年，占国运。**升之蛊**。

䷮泽水困 …… 449

369 明治十九年七月，占疫病。**困之兑**。

370 板垣伯占气运。**困之萃**。

371 明治十九年七月，占死生如何。**困之大过**。

372 友人某占气运。**困之坎**。

373 缙绅某占气运。**困之解**。

374 友人某占气运。**困之讼**。

䷯水风井 …… 458

375 友人某占气运。**井之需**。

376 友人某占气运。**井之蹇**。

377 明治三十年，占司法省气运。**井之蹇**。

378 明治二十五年十月间，占众议院议会结局。**井之蹇**。

379 明治二十三年七月，富田祯次郎详述从前求卜。**井之三爻**。

380 占横滨港町商人争论。**井之大过**。

381 占清法二国争据安南事由。**井之大过**。

382 明治二十二年，占山县伯气运。**井之升**。

383 明治三十年，占贸易景况。**井之巽**。

䷰泽火革 …… 468

384 占摄绵土生意合业盈亏事。**革之咸**。

385 缙绅某占气运。**革之夬**。

386 某旧藩士占藩政方向。**革之随**。

387 友人某占气运。**革之既济**。

388 明治二十八年二月五日，占威海卫战事。**革之既济**。

389 占某诸侯归藩事，乃得**革之丰**。

390 缙绅某占气运。**革之同人**。

䷱火风鼎 …………………………………………………………………… 476

391 缙绅某占伊夫人之病。**鼎之大有**。

392 明治十二年夏，占祸福。**鼎之旅**。

393 占娶女。**鼎之旅**。

394 明治三十一年，占英国与德国交际。**鼎之旅**。

395 明治二十年春，占某公年运。**鼎之未济**。

396 明治十五年七月，占朝鲜国京城内变。**鼎之蛊**。

397 某商人占气运。**鼎之姤**。

398 明治三十一年，占改进党气运。**鼎之姤**。

399 缙绅某占气运。**鼎之恒**。

䷲震为雷 …………………………………………………………………… 485

400 友人某占气运。**震之豫**。

401 某占目前米价输赢。**震之豫**。

402 知友益田孝氏不告而遁，余深忧之，为卜一课。**震之归妹**。

403 占华族隐居某君吉凶。**震之归妹**。

404 明治二十五年冬至日，占问摄绵土制造社运。**震之丰**。

405 友人某占气运。**震之复**。

406 友人某占承嗣者气运。**震之随**。

407 明治十八年某月，友人茂木充实氏卜所从。**震之噬嗑**。

408 明治二十八年，占我国与朝鲜交际。**震之噬嗑**。

䷳艮为山 …………………………………………………………………… 495

409 明治二十四年，占某大臣气运。**艮之贲**。

410 应友人石坂氏之请，为占矿山事。**艮之蛊**。

411 明治二十七年冬至，占战后形势。**艮之蛊**。

412 某氏来请占某贵显气运。**艮之剥**。

413 明治二十年，占某贵显气运。**艮之旅**。

414 明治二十三十二月，占议院之兴败。**艮之渐**。

415 明治二十七年三月，某贵显占气运。**艮之谦**。

䷴风山渐 …… 503

416 友人某来请占事业成否。**渐之家人**。

417 明治二十三年，占某贵显气运。**渐之巽**。

418 明治三十二年，占北海道厅气运。**渐之巽**。

419 自占气运。**渐之观**。

420 占户田氏之母之疾病。**渐之遁**。

421 某商人来请占气运。**渐之艮**。

422 明治十九年，判事尾藤某来状占气运。**渐之蹇**。

䷵雷泽归妹 …… 511

423 明治十六年，藤野正启先生占气运。**归妹之解**。

424 某官员来请占气运。**归妹之解**。

425 华族某欲卜生命，请为一筮。**归妹之震**。

426 明治三十一年，占台湾总督府气运。**归妹之震**。

427 某县人携亲友书来，占求官之成否。**归妹之大壮**。

428 某商人占买卖之机会。**归妹之临**。

429 有友来访，请占某氏赴任吉凶。**归妹之兑**。

430 友人某欲与友谋兴一业，请为一筮。**归妹之兑**。

䷶雷火丰 …… 519

431 明治三十一年，占英法两国交际。**丰之小过**。

432 明治三十一年，占自由党气运。**丰之大壮**。

433 友人某来，为加入某会社，请占会社之吉凶。**丰之震**。

434 豪家支配人某占气运。**丰之明夷**。

435 亲友某富翁占气运。**丰之革**。

436 本年六月，传闻岩手县海啸，心深忧之，乃为一筮。**丰之革**。

437 明治十五年某月，晤西村氏等三人筮减税。**丰之离**。

䷷火山旅 …… 528

438 友人某占气运。**旅之离**。

439 明治十七年，占炭坑之业。**旅之鼎**。

440 明治十八年夏初，高僧云照律师占宗教之盛衰。**旅之晋**。

占例索引

441 明治十八年某月，占官禄。**旅之艮**。
442 明治二十四年，占某贵显气运。**旅之遁**。
443 明治廿四年五月，占大津事变。**旅之小过**。
☴巽为风 …………………………………………………………………… 536
444 友人某占气运。**巽之小畜**。
445 某缙绅占方今时势。**巽之渐**。
446 友人某占气运。**巽之涣**。
447 明治三十年，占贵族院气运。**巽之涣**。
448 横滨某商欲谋一事，占其得失。**巽之姤**。
449 明治二十四年，占某贵显气运。**巽之蛊**。
450 明治二十四年，占国运治乱。**巽之井**。
☱兑为泽 …………………………………………………………………… 544
451 友人某占谋事成否。**兑之困**。
452 友人某占气运。**兑之随**。
453 明治二十八年，占我国与美国交际。**兑之随**。
454 明治二十四年，有友某来，代占某氏气运。**兑之夬**。
455 某氏占某缙神之气运。**兑之节**。
456 明治二十二年，友人某占气运。**兑之归妹**。
457 明治二十二年，占某贵显气运。**兑之履**。
䷺风水涣 …………………………………………………………………… 551
458 友人某占气运。**涣之中孚**。
459 友人栀尾某占纠纷事处置如何。**涣之观**。
460 友人某占气运。**涣之巽**。
461 占长崎女商大浦阿启乘船出行事。**涣之讼**。
462 明治二十七年六月，朝鲜人朴泳孝流寓我邦，请占。**涣之蒙**。
463 明治二十七年六月，山田德明氏占与朝鲜开战否。**涣之蒙**。
464 友人某占气运。**涣之坎**。
465 三十一年，占英国与俄国交际。**涣之坎**。
䷻水泽节 …………………………………………………………………… 560
466 友人某占家宅。**节之坎**。

467 有警吏某氏占借贷偿债事。**节之屯**。

468 明治二十年十一月，户田氏共伯占海上平安。**节之需**。

469 官吏某占官位升迁。**节之兑**。

470 某商人占商业盈亏。**节之临**。

471 有商友某氏，请占株式高下。**节之中孚**。

472 三十一年，占北海道厅之治象。**节之中孚**。

473 三十一年，占外交形势。**节之中孚**。

☴☱风泽中孚 …………………………………………………… 569

474 友人某占商业。**中孚之涣**。

475 友人欲为某贵显执斧，恐不从，先为一筮以决之。**中孚之益**。

476 明治三十年，占我国与美国交际。**中孚之益**。

477 知友某占升迁事。**中孚之小畜**。

478 缙绅某占谋事。**中孚之履**。

479 缙绅某占婚。**中孚之损**。

480 一日有自称天爵大神者请占气运。**中孚之节**。

䷽雷山小过 …………………………………………………… 577

481 友人某占谋事成否。**小过之丰**。

482 二十七年冬至，占二十八年我国与俄国交际。**小过之丰**。

483 明治十八年，其角堂主人占上俳谐天览之议成否。**小过之恒**。

484 二十九年六月，朝鲜人朴泳孝占归国。**小过之恒**。

485 三十年，占我国与英国交际。**小过之恒**。

486 占逃亡。**小过之豫**。

487 友人某占借贷钱财。**小过之谦**。

488 三十年，占陆军省气运。**小过之咸**。

489 友人某占其子疾病。**小过之旅**。

䷾水火既济 …………………………………………………… 586

490 明治二十一年，缙绅某占气运。**既济之蹇**。

491 贵显以未赐勋章为憾，请为一占。**既济之需**。

492 某商人占谋事成否。**既济之屯**。

493 三十年，杉浦重刚氏请占足尾矿毒事件结果如何。**既济之屯**。

占例索引

494 一日西村舍三氏来，占治水事。**既济之革**。

495 知人阪田春雄氏愆期未归，其母请余一占。**既济之革**。

496 占收债事。**既济之明夷**。

497 友人某占行运。**既济之家人**。

䷿火水未济 …………………………………………………………………… 595

498 友人某占制造物品生业如何。**未济之睽**。

499 明治八年九月，朝鲜国炮击我舰。陆军大佐某氏请占。**未济之晋**。

500 三十年，占众议院气运。**未济之鼎**。

501 友人某来请占气运。**未济之蒙**。

502 明治二十七年冬至，谨占二十八年圣运。**未济之蒙**。

503 某缙绅占官阶升迁。**未济之讼**。

504 二十八年七月廿七日薄暮，占号外所报何事。**未济之解**。

周易上经

凡人临大事，欲前知吉凶成败于未来，非人所能臆测也，于是用至诚无息之术，质之鬼神，鬼神感之，发现其意象于筮数，以示休咎，以定从违。《易》曰："卜以决疑"，此之谓也。今得乾下乾上之卦，其义如左，余卦仿之。

☰乾为天

"乾"字本作[illegible]，即此卦三奇，一连纯阳，圆满之形也，后假作三数字。左旁从**𠦝**，**𠦝**，古文作[illegible]，中⊙象日，上下[illegible]，象其光线，即太阳放光彩之象。《诗》"暵其乾矣"，亦通作干燥之义。暵，曝也，自日光而来也。乾之性，在人则气力圆满，刚健之义也。《说卦传》曰："乾健也。"天之性至刚，其德至健，其体圆满盈实，其运动强进而无有间断，故以此卦此字充之。

乾：元亨利贞。

此五字文王所系，谓之《彖辞》。**乾**之为天，上文既述之，在人则君也，父也，夫也。盖天包地，君抚民，父育子，夫帅妻，其理一也。"元亨利贞"四者，乾之德也。乾秉纯阳之性，而兼此四德，故其为气也，充满宇宙，无瞬息之间，是即健而无息之谓也。人能法乾之健，自然气力充实，俯仰无愧，孟子所谓浩然之气，"至大至刚，配义与道，无是馁也"。此即与天命德之圣人也。

"元"者始也，大也，仁也，不朽不坏，天地之大德，所以生万物也。元字从二从人，仁字天字亦然，盖在天为元，在人为仁，犹仁者推爱己之心以及于人也。

“亨”者通也。物始生而成之义也。在人为礼，人之处世，以礼让为贵，便可使人生爱好之情，即与仁之博爱同。

“利”者宜也，吉也，万物发达而遂其生也。在人为义，见利思义。利与义若相反，而实足以相成，以义为利，利即义也。“义”字从羊从我，我牧羊而衣其毛，食其肉，是自食其力，不慕夫外也。“义”者宜也，利之得其正也。利字，《说文》云“从刀从和”，和然后利，字本从和省文，故曰“利者义之和也”。

“贞”者正也，兼贞正、贞常、贞固之义。在人为智，盖内有神明在抱之姿，外有坚贞不拔之操，斯有守有为，自得保其终也。故曰“贞固足以干事”。

盖“元亨”，物之始通也，言其时则自春而夏，言其日则自旦而昼，在人则自幼而壮，在草木则自萌芽而至繁盛也；“利贞”，物之成而又复其本也，言其时则自秋而冬，言其日则自映而夕，在人则自壮而耋，在草木则自实而陨也。为人君者，以乾天为法，故御天下之道，莫大于仁育万物，君能体仁，则天下莫不被其德。《文言传》曰：“君子体仁，足以长人。”且此卦爻象，亦非专止君上，下至匹夫匹妇，为父为夫者，其卦象、卦义、卦用亦复相同，宜推类而扩充之。“元亨”二字，专就乾之全体德性上说，“利贞”二字，更含圣人教戒之旨。何则？“贞”者正也，“利”者宜也，是贵行其所宜，守其所正也。以人事推之，必有其刚健进取之性，然自恃其勇毅果敢，或将侮人之弱，凌人之柔，欺人之愚，是自陷于过失也。唯贞正而可以克其终也，因深警之，曰“利贞”。

《彖传》曰：大哉乾元，万物资始，乃统天。云行雨施，品物流形。大明终始，六位时成，时乘六龙以御天。乾道变化，各正性命，保合太和，乃利贞。首出庶物，万国咸宁。

六十四卦，始于**乾**，终于**未济**。**未济**之卦，**离**火之性上升，**坎**水之性下降，为水火不相交之象。刚柔失位，事犹未成，故曰**未济**。夫**未济**非不济也，有待而济也。六十四卦，循环不已，是未济之终，即复而为乾天之始。乾为日，阳光所照，万物发育，故坤舆得其照临而水气蒸发，腾而为云，降而为雨，寒暑燥湿，四时循环，而无须臾之间。精气凝结，万物流形，是皆始于乾元一气之功德。故孔子赞之曰："大哉乾元，万物资始，乃统天。云行雨施，品物流形。""乾元"者，包括阴阳之称也。凡物必有始，又必有终，今以六爻之位示其理，则初爻生也，始也，上爻死也，终也。各由其物之性，而不误其时命，谓之"大明终始，六位时成"。夫资始万物者，乾元之功，而乾元亦不自以为功，必使雷、风、水、火、山、泽六子相辅而成，六子亦能承袭天意，以行天之所欲为，而不违其道。天以父道而御六子，谓之"时乘六龙以御天"。乾坤与六子协心，以行变化之道，其间功用无穷，而分量有定。乾坤六子，各全其命，生生变化，谓之"乾道变化，各正性命"。八卦协心，以能保合此造化，谓之"保合太和"。"乃利贞"者，谓日月星辰与四时事物之消长，各不愆其运转，不违其次序，得保此元气之常存，是以利且贞也。圣人体天立极，以一人而统理万机，是曰"首出庶物"。一时庶物沐圣人之化，又得发育繁殖，各得其所，《书》曰"黎民于变时雍"，万邦协和，即此可见。圣功王道，乾元一德包括尽之矣。

此《传》自"大哉"以至"统天"，专说乾天纯阳之德体；自"云行"以至"流形"，专说天地阴阳和合交感之妙用；自"乾道"以至"性命"，专说阴阳变化之功德；至"保合太和"，扩充之于人道，始见教戒劝化之本领，于是三才之大义具备。盖人效法夫天，天之为道，以公明正大为主，则为人君、为人父、为人夫之道，亦宜以公明正大也。

此卦纯阳在上，自有君临万邦之象。圣天子体乾出治，布化宣猷，登进贤良，授之以职，又仰其德如龙者，崇以师傅，参与庶政，如汤之于伊尹，文王之于太公，一时庶职咸熙，风流令行，所谓"保合太和"。君令而臣行，上倡而下和，君臣合德，上下通志。盖君子秉纯阳之德，适当休明之会，虽有不善人，伏于里卦之坤，不敢复露头角，是以四海靖宁，国家安康，万民咸沐浴于深仁厚泽之中，无一夫不得其所；于是品物丰饶，国富民裕，兵强食足，兆民输爱国之忱，四国动会归之化，熙熙皞皞，共乐泰平，是乾之时也。

溯昔仁德天皇亲察下民之疾苦，敕百官曰："夫天子犹太阳之照临下土，发育万物，宜代天而布化。天子为天之子，而敬承上天之志，以施行之于下民者也，故朕视众庶犹子，众庶视朕犹父也。今朕尊为天子，万福无极，众庶有或未得其所者，若鳏寡孤独，穷而无告，或孝子而侍父母之疾，不得医药，或遭逢水火之难，而不能抚育妻子，或罹疾病，不得药饵，朕岂忍晏然漠视哉！凡尔百官，是朕众子中最年长而有德者也，其怜恤子弟，固当与朕同心。今后三年，除天下租税，救万民之疾苦，尔百官其共体此意，所谓一夫不获是予辜。朕实不胜饥渴之忧，愿汝等三年之内，与朕同此艰苦，以实行救荒之政。”百官谨而奉命，皆感戴君恩之厚，于是世风一变，上自权贵，下至贱民，济贫恤穷之风盛行，有余财者，赈济穷民，贷土田者，不收田租，贷家屋者，不征家税，惟以博爱为荣誉。是以兆民无不蒙王泽者，如大旱之得甘雨。迨三年之后，天皇登楼，远见炊烟之飏，欣然则咏《高屋》之御制。迄今追诵敕文，讽咏歌谣，无不感怀圣德也。

盖乘乾御宇之世，风同道一，明良相庆，无复所间；然气运迭更，极盛必衰，或潜龙而不用，或亢龙而有悔，运会之升降，阴阳消长之理，古今同然。故君子之处世，辨六爻之时，玩其辞，即可知天命之向背。凡人筮得此卦，法太阳之循环而不暂息，一切动静之为，要皆奉乾以为法。其宏量卓识，以见龙飞腾得力，正可进而有为之时。然气运之通塞进退，各有其宜。初爻虽见其才德如龙，而时机未会，未可进而当事也。二爻可进之时既来，而应以九五，二五各以阳德应之，犹非阴阳相亲也。三爻更近上位而在下，拮据黾勉，颇劳思虑。至四爻，则五爻之盛运将来，察上下之情，审进退之机，待时而动，尚未决也。五爻得盛大之气运，百绩考成，正乘时得位之际也。上爻以乾之气运既过，要宜速退而无悔。九二之“利见大人”，由初九确乎不拔之志操；九三之无咎；由九二之谨慎不伐；九四之无咎，由九三之乾乾惕若；九五之“利见大人”，由九四之能疑能审。故积功累行在于人，而成德达才在于天。至九五，则潜龙之精神既竭，忧疑之念虑全消，无思无为，惟有“同声相应，同气相求”之乐而已，则亢龙之悔，不必待至上九而后知也。是所谓理之不可违，数之不可逃，几之不可不豫者也。

《大象》曰：天行健，君子以自强不息。

“天行健”，一言以断定乾天全卦之德。行者运也，进也，为也，往也，道也；谓天道运行，犹如太阳日日运行，循环不息，无一刻之停止也。君子体天行之刚健，天理浑然，无一毫人欲之间，自强不息，自足当天下万般之事业。然此自强者，亦非暴戾猛进而不知止，妄用健强之谓也。玩索“潜龙”、“亢龙”及用九“无首”之辞，而可知其义也。

占 得此卦者，要临事刚健，自强不息，犹天行也。又要包括“元亨利贞”之四德。乾有施德而不计利之意。〇女子：筮得此卦，以阴居阳，有刚强过中之嫌。宜慎重也。〇天候：二三四五之中，变则必晴也。〇买卖：不利买而利卖也。〇祸福：谓积善余庆，积不善余殃，恐有不在当代而在后裔也。〇常人：有高其身而不知鄙事之虞。〇贤者：有知天命而独行是道，恐群阴潜伏，有群小构谗之惧。

初九：潜龙勿用。

《象传》曰：潜龙勿用，阳在下也。

初九以阳居阳。龙之为物，神灵不测，能大能小，能飞能潜，应时而变化者也。爻之取象于龙者，以喻人具灵明之德，变通之才也。“潜龙勿用”四字，周公所系，谓之爻辞，以下仿之。“潜”者隐伏之称，此爻在纯乾之时而居最下，未得遽用，犹龙之时运未来，而隐伏于深渊也，故谓之“潜龙勿用”。占得此爻者，以不得其时，虽有才德，未可进用也。然龙之潜，非终于潜者也；“勿用”者，非竟不用也。龙有神灵之作用，不得其时，蛰而不腾，潜而不见，寂然以养其心神，君子亦待时而动，善成其用。当此勿用之时，晦其才，韬其德，不干进而取祸，亦不迟疑而失机，乐天知命，俨如神龙之蛰而待伸也。盖天地之气有升降，君子之道有行藏，孔子曰“舍之则藏”，正得此卦之旨也。若以小事筮得此卦，宜用妇人而成事，盖以此爻变则为**姤**，**姤**以“女壮”故也。

占 问战征：乾为武人，有战征之象。初爻阳气始动于黄泉，犹是潜伏，故曰“潜龙”。在军事，为威令初发，大军未集，宜按兵以待也。吉。〇问营商：龙而潜，曰“勿用”，虽是一种好贸易，只可株守，未可骤动也。〇问功名：龙本飞腾发达之物，初爻曰潜，是未得风云之会也。故曰位在下也。〇问婚姻：**乾**初变**姤**，**姤**曰“女壮，勿用取女”，是宜戒之。〇问家宅：按震为龙，震在东方，是宅之东，必有渊水，闭塞不济，宜修凿之。〇问六甲：生男。

占例 明治二十二年，某贵显占气运。筮得**乾之姤**。

断曰：**乾**者纯阳之卦，具“元亨利贞”之四德，刚健笃实，而六位不失其时，升降无常，随时应用。处则为潜龙，出则乘飞龙，静则专，动则直。初九曰“潜龙勿用”，盖以阳居阳，其位伏而在下，虽有龙德，未逢飞跃之会，宜潜藏勿用。《文言传》赞之曰：“龙德而隐者也，不易乎世，不成乎名，遁世无闷，乐则行之，忧则违之，确乎其不可拔，潜龙也。”又曰：“潜之为言也，隐而未见，行而未成，是以君子弗用也。”今君占得此卦此爻，夫君当维新之始，以武功有勋劳，现升陆军中将之职，且精儒释二典，所谓学究天人，道兼文武，识见之高朗，学问之深奥，可谓当世无比者也。今当退而不用，正龙德潜伏之时，以君才兼文武，仿诸葛卧龙，是有握乾旋坤之略，但恐阳刚独用，未免意气凌人，议论率直，以致疑谤交集，不容于朝。然此卦所谓“勿用”者，非终不用也。以龙之象，失时则潜，得时即飞。君当韬光匿彩，“遁世无闷”，以待其时之来也。此爻变则为**巽**，**巽**者风也，顺也，入也，俚谚曰“入人之气”即是也。君能以刚方而济以巽顺，使人有坐我春风之想，则上下悦服，而望闻日隆，自得飞龙上升之象。虽今年之气运未亨，至明年，爻进九二，恰值“见龙在田，利见大人”之时，腾达变化，德泽普施，可拭目俟之。

九二：见龙在田，利见大人。

《象传》曰：见龙在田，德施普也。

此爻阳处二位，故曰九二，阳气发见，有龙出渊，见于地上之义也。在圣人，潜不终潜，有屈而将伸之机。曰“在田”，盖有其德，而犹未居其位也。“大人”者，以其有人君之德，故称大人。此爻变则为**离**，**离**文明之象，卦变为**同人**，以文明之人而与人同，故曰“利见大人”。盖刚健者，性之德；文明者，学之成；中者居之宜；正者位之得。然有其德，而犹不自以为足，欲见九五之大人，盖期勉进其见识，相与赞成天下事业，是龙德始见于世，立身显名之时也。五者君上之定位，二者臣下之定位，此卦二五皆以阳刚相应者，盖有故也。**乾**之为卦，其体则纯阳圆满，其时则刚健日进，其爻则二五共备刚中之德，同德相助，谓之两刚相应之例。

乾之卦，处九五之位，以明德御众贤，九二之臣，承奉君意，以尽力于国家，并法天德，以治国家，以其志望之同，而两阳相应如是。上下之大人，合志而济世，则其德化之所及，无有穷极也。又此爻备三才之妙义，“见龙”者，谓得天之时；“在田”者，谓得地之利；“利见大人”者，谓得人之和也。

占 问战征：龙本灵物，初爻曰“潜”，是谓伏兵；二爻曰“见”，则发见而出也。“在田”则必列阵于田野空旷之地。《传》曰“德施普也”，是必战胜而行赏也。○问营商：爻曰“见龙在田”，知其货物大般是米麦丝棉之类。见者，谓物价发动升涨；“利见大人”者，谓当有官场出而购买也。○问功名：谓伏处田间者，当乘时而进用也，且得贵人之助，故曰“利见大人”。○问婚姻：二五相应，五居尊位，婿家必贵。曰“见龙”，必是新进少年也。大吉。○问六甲：生男，且主贵。

占例 明治之初，自占一身之方向。筮得**乾**之**同人**。

断曰：**乾**者纯阳之卦，六爻皆取象于龙，群贤在朝之时也。我国自德川氏治世以来，殆三百年，积弊之极，世运一变，得见今日维新之盛业。虽由气运之消长，实赖此龙德大人，各振其材力，匡辅王朝，致此中兴之伟业者也。是则今日之政治，即乾为天之世也。余曩得罪罹狱者七年，后遂获释，尔来黾勉拮据，四年而得十余万金，余不敢自恃亿中，亦幸逢一时之气运，克获资产。然聚散离合，理之所不免，若聚而不散，谓之守财奴，即贻之子孙，往往徒供骄奢，何能久守？余惟当今在位之君子，在昔尊王室，废藩政，皆出万死而得一生者也。历今三十年来，王事鞅掌，莫敢或遑，孜孜以襄国是，余虽不肖，亦岂敢犹耽安逸，徒望富有哉？今筮得九二之辞曰“见龙在田”，谓余曩时出幽囚而再见天日，得以振兴家业也；“利见大人”，谓余尝占筮国家大计，得与当路大人交接，并得领其议论，往往外使归朝，投宿余邸，藉是得悉海外形势。凡此皆足针砭余之固陋，启迪知识，为益洵不尠也。余乃法**同人**之卦意（**同人**之占载同卦之附录），创成铁道、瓦斯、学校、邮船四大业，其原实得于此也。盖**乾**之为卦，以天行之健，有自强不息之象，人能刚健而无须臾之怠忽，惟曰孜孜，自有成功之日也。

占例 明治二十七年，占我国与清国战争之结果如何。筮得**乾**之同人。

断曰：**乾**者，两“乾”相接之象，以人事观之，有刚健纯粹之大人相接之象。今两国战争，清国之败机已见。往日清男曾遣员议和，我国不应，而战争愈久，彼国虑生内乱，必将遣首相李鸿章东来，与我伊藤首相相盟。谓之“见龙在田，利见大人”。**乾**者纯阳，四月之卦也，和议之成，其在明年四月乎？乃以此筮呈之伊藤首相。

二十八年四月，李鸿章果来我长门下关，与伊藤首相相见，和议始成。先是明治十七年，伊藤伯奉钦使之命，差遣清国。筮得**乾**之五爻，渡清之后，与李氏会，全命而还。今得二爻，知李氏之必来。天命不违如此，岂可不畏乎？

九三：君子终日乾乾，夕惕若，厉无咎。

《象传》曰：终日乾乾，反复道也。

九三以阳居阳，故才强而志亦强，具刚健之性。然位不得其中，居内卦之上，奉外卦而治下，任大而责重。若违上意，必得谴责；若失下情，必受众怨。上下之际，祸福之交，成败之所由决也。盖九三所居之地，正当危惧之时，惟“终日乾乾”，戒慎恐惧，可以免咎。六爻之中，三爻配三才而为人位，此爻以乾德居六十四卦人道之首位，君子之象也，故不称大人，而称“君子”。初之“潜”，二之“见”，四之“跃”，五之“飞”，皆有待于此爻也。故修我德，勤我业，“终日乾乾”，如临危地，戒慎畏惧，而修之于身，施之于事，能通天下之志，能虑天下之变，则虽身居危地，处置得宜，可变危而为安也，故曰“厉无咎”。所谓“反复道”者，即反复叮咛，重复践行之意。又此爻变则为**履**，**履**之六三曰“履虎尾”，可以见危殆之地位也。三者日之终，故曰“夕”；此爻变则为**兑**，**兑**者西也，日之在西，即夕之象也。

占　问战征：危事也。爻曰“终日乾乾，夕惕若”，是能临事而惧者也，故虽危无咎。〇问功名：九三处下卦之极，其位犹卑，功名未显也，故称君子；在忧危之地，故曰乾乾惕若，斯可免咎。〇问营商：居不中之位，履重刚之险，度其贸易必是危地，须日夜防备，可脱险而获利也。〇问家宅：观爻象，必须谨慎持身，勤俭保家，斯无灾害。〇问婚嫁：三以六为应，三位卑，六位尊，尊则不免亢而得悔，是不宜攀结高亲也。〇问六甲：生男。产时恐稍有危惧，恐终无咎。

占例 明治十六年某月，谒松方大藏卿，卿曰：今春以来，深雪霖雨，寒气殊甚，余窃恐年谷之不登，子幸占其丰凶。筮得**乾**之**履**。

断曰：**乾**者纯阳之卦，故曰乾为天，是乾者天也。取象于太阳，且六爻皆阳无一阴，其辞曰"终日乾乾"者，乾乾犹干干也，即旱魃之义也。今九三变而互卦见**离**之日，是全卦无雨水之象，可知本年必旱。"夕惕若"者，谓炎热至夜而不去也。虽人民多畏久旱，而五谷丰熟，故曰"厉无咎"也，且二爻曰"见龙在田"，即田稻丰登之象；今三爻变**离**，见离火照彻田面，纵旱不为虐，是以无咎。

卿曰：占之验与否姑舍是，其于活断，可谓老成练熟者也。

九四：或跃在渊，无咎。

《象传》曰：或跃在渊，进无咎也。

九四以阳居阴，且近君位，其将进者阳之情，其将退者阴之志，故疑而未决也；然阳气方进，龙之一跃，自有升天之象。"或"者，疑而未定之辞。"或跃"者，将进而未进也。"在渊"者，欲进而复退。渊为空虚之地，上与天通气，且渊有水，龙得水便易于腾跃，与二爻"在田"不同。兹虽一跃而后在渊，知终必跃而升天，故曰"无咎"。《象辞》加一进字，益见乘时进必无咎也。人能审时势之可否，察人心之向背，待时而出，见可而动，其进也非贪位，其退也非沽名，可以投事机之会，可以免失身之辱。所谓无咎者，亦勉人之不失其时也。四爻越内卦迁外卦之处，故有进之意。又此爻变，外卦为**巽**，《说卦传》曰"巽为进退，为不果"，故有犹豫之象。

占 问战征：观爻象，军行前进，必有渊水阻隔，宜设筏飞渡；或临渊有敌军埋伏，宜预设备，乃得无咎。〇问营商：爻曰"或跃在渊"，若在贩运海货，恐罹波涛之险，或者物价一时腾涨。爻曰"无咎"，可保无害。〇问功名：有一举成名之象，大吉。〇问家宅：渊者水也，跃者飞升也，必家道有一时振兴之象。〇问六甲：生男。

占例 明治二十四年二月，门人清水纯直来告曰：今府下第十五区代议士之选举，鸠山角田二氏，旗鼓对竖，竞争未决。余久知鸠山氏，因请占其胜败。筮得**乾**之**小畜**。

断曰：此卦六爻皆取象于龙，群龙聚集之时也。以此爻阳气旺盛，进而应选，本可必得。然九阳爻，四阴位，阳主进，阴主退，显见进退未定，明明将进而复退也。且上卦变而为**巽**，**巽**为疑，为不果，为进退；四属阴位，变则互卦含**离**明，应爻初九有渊之象，见此人学术渊深，具刚强之德，然其心怀迟疑，亦未尝冀望必选也。细玩《爻辞》，所谓"或跃"者，固不能不应其选；所谓"在渊"者，恐此番必不能得其选也。某氏哑然而去。

后果如此占。

占例 二十八年冬至，占明年我国外交之气运。筮得**乾**之**小畜**。

断曰：**乾**之为卦，阳气循回，无一息之间断，纯全刚健之时也。今我国与清国交战，席卷辽东，其势已盛。是欧美各邦所注视，此后各邦必将窥我举动，群相猜忌嫌恶，亦势所必至也。故我国与各邦，益当熟察彼我情形，揆度内外时势，使彼绝觊觎之念，敦和好之情，蓄势审机，正在此时也。《爻辞》曰"或跃"，曰"在渊"，示我法神龙之变化，或进或退，神化莫测，乃得无咎也。

九五：飞龙在天，利见大人。

《象传》曰：飞龙在天，大人造也。

五爻刚健中正而居尊位，下与九二之臣，同德相应，见大人而助其治化，谓有圣人之德，而居天子之位，恩泽被于生民者也。盖"大宝曰位"，虽有其德，苟无其位，不能利济天下。"飞龙在天"者，谓龙飞上天，云行雨施，神变化而泽及万物。圣人在位，天下被其泽，万物遂其生，故取象于此。所谓大人者，"与天地合其德，与日月合其明，与四时合其序，与鬼神合其吉凶"。以其备龙之德，腾跃而居天位，为万物所瞻抑，故天下利见。《象传》曰"飞龙在天，大人造也"，造犹作也，即所谓"圣人作而万物睹"也。

占 问战征：九五尊位，必是天子亲征，王师伐罪，故曰"大人造也"。〇问营商：九五辰在申，上值毕，附星咸池。咸池者苍龙之舍，咸池亦名五车，主稻黍豆麦，度其贸易，定在五谷之属。曰“飞龙”者，知物价之飞升也；曰“利见大人”，知其贩运或出自政府之命也。〇问功名：有云宵直达之兆。〇问疾病：有上应天召之象，不吉。〇问六甲：生男，主贵。

占例 明治十八年二月二十八日，伊藤伯奉命赴清，发横滨港，为昨年朝鲜事件，与清廷议事也。余为问结局如何。筮得**乾**之**大畜**，临行欲呈之于伯，因阻道者众，遂不得呈，乃更使人赍之于天津。

断曰：九五之大人，与九二之大人，其位相应。《易》以阴阳相应为例，二五共属阳爻，必两国情意相同，其势不得不应也。今以我国之大人，与清国之大人相会论事，其必能深虑远谋，两国平和。且本卦五爻之背，即**坤**之五爻，其《爻辞》曰“黄裳，元吉”，是含彼我大人之心忧，关黄色人种之安危，互相扶持，为计亚细亚独立之意。两国大人留心于此，是即两国人民之幸庆也。

乾之《大象》曰：“君子以自强不息。”凡筮得此卦者，要知太阳之运行，无须臾之间断，故以进为先，可以制胜也。今我国先派使臣，则先鞭在我，我进而论事，以法乾之健行，故其胜在我，必可得好结果也。

时横滨商人立川矶兵卫，以事赴天津，乃托以此占，就书记官伊东氏，呈之于伊藤伯。时因国议不协，伊藤伯将整装归朝，偶见此占，大有所感，再开和战一决之议，乃得如议，不辱使命而旋。

占例 明治十九年十二月，占明年铁道局气运。筮得**乾**之**大有**，呈之于铁道局长井上胜君。

断曰：**乾**三奇一连，纯阳之卦，五爻又属阳位，卦德莫盛于此，铁道局长之气运，可谓盛矣。此爻得天时、地利、人和者三，足见世人注目于铁道。凡物产之繁殖，运输之交通，军事之防护，人民之往来，均沾利益，其盛运诚无可比也。“飞龙在天”者，喻汽车之飞行也；汽车通行，无分贵贱，即在大人之尊，亦同登乘，故曰“利见大人”。先是明治十四年，占未来之国会，豫判二十年铁道可以盛行，今得此卦，适与相合，此后铁道事业之盛大，可期而待也。

上九：亢龙有悔。

《象传》曰：亢龙有悔，盈不可久也。

上爻以阳居**乾**卦之极，极则太过，龙飞过高，故曰“亢”，以高致危，故“有悔”。此卦言龙始而“潜”，继而“见”，中而“跃”，终而“飞”，飞则已当全盛，过此则宜复潜，则不特可免此日之悔，即可冀后日之再飞。犹人臣居势位之极，当知退避之意，斯富贵可以长保也，否则，知进而不知退，则鲜有不蒙咎者矣，故曰“盈不可久也”。此爻变则为**夬**，**夬**者，决也，日中则昃，月盈则亏，天理之必然也。故当斯之时，宜因悔思改，见机而退，斯得之矣。若夫尧舜之禅让，范蠡张良之功成身退，皆不极亢而善其终者也。

占 问战征：上九居**乾**之极，阳极于上，故“亢”；亢则因胜而骄，是以“有悔”也。故《传》曰“盈不可久”，知不能持久也。○问营商：“亢”者，太过也，凡卖买之道，不可过于求盈也，过盈则必有亏，故曰“不可久”也。○问功名：上九之位已极，宜反而自退，否则必致满而遭损。○问家宅：是必宅基太高，太高则危，亦可惧也。○问疾病：是龙阳上升之症。《传》曰“盈不可久”，知命在旦夕间矣。可危。○问婚嫁：不利。○问六甲：生男，恐不育。

占例 余以每年冬至，占庙堂诸贤进退，及亲属知己等来岁气运，送致之于其人为例。明治十九年，占某贵显翌年气运。筮得**乾**之**夬**。

断曰：**乾**者至大至刚至健，为纯阳之卦，在人则居高位，膺显爵，声名洋溢，正当功成身退之候。今阁下筮得此卦，譬如飞龙升天，高出云霄，反不能布施雨泽，故曰“亢龙有悔”。阁下英雄达识，老练世事，前日之功名赫耀，今盛运已过，惟宜急流勇退，救目前之亢，再期他日之飞，辞职谢荣，遵养时晦，斯无咎也。

后果如此占。

用九：见群龙无首，吉。

《象传》曰：用九，天德不可为首也。

“用九”者，为六十四卦阳爻之变，示阳刚之用例，即《易》中百九十二阳爻之通例也。“用”者变动之象，“九”者阳数之终，**乾**卦全体皆阳，阳极则变，故曰“用九”。“见”者，**乾**六爻皆取象于龙，曰“潜”，曰“跃”，曰“飞”，显然昭著，故曰“见”。“首”者上也，《易》以**乾**为首，“无首”者，言无有出夫其上者矣。卦以得变为吉，**乾**卦纯阳无变，故六爻未尝言吉；用九则动而将变，故曰吉。《象传》曰“用九天德”，以**乾**卦纯阳，不杂阴柔，浑然天德，亦即乾为天之义。“不可为首”者，言无以尚之也。夫**乾**以六龙各有行云布雨之势，在人则谓群贤汇萃，同心翊赞，以匡国家，以显功名，各宜谦让巽顺，不矜不伐。若互竞才智，争夸首功，便是凶象。《易》曰“群龙无首，吉”，正所以垂诫之也。《象传》曰：“用九，天德不可为首也。”要必如舜之玄德升闻，而好问察迩，卑牧自下，其斯以为至矣。

䷁坤为地

坤字本作☷，此卦三偶六断，纯阴虚阙之象。古文作巛，顺字偏旁及川字，亦巛之象形也，故《象传》曰“及顺承天”，又曰“柔顺利贞”。《文言传》曰：“坤道其顺乎？”《系辞传》曰：“夫坤，天下之至顺也。”皆可见“坤”顺之义。后以其混“山川”之“川”，改从土从申，古文作𡊬，言坤地也。地土也，于方为申也。地之为体，安静而至柔至顺，以承乾也。《说卦传》曰“坤为柔”，《杂卦传》曰“乾刚坤柔”，柔顺之义可知矣。

坤：元亨，利牝马之贞。君子有攸往，先迷后得主，利西南得朋，东北丧朋。安贞吉。

坤者乾之对，万物之气始于天，万物之形生于地。其为义也，在人为卑，在物为雌，在事为静，在学为能，在时为秋。其为道也，可为人用而不可自用，小人自知其柔弱，而能顺从刚明之君子，则得矣。然易象变动，亦未可执一而论，非谓君父不得占**坤**，臣子不得占**乾**也，又非谓**乾**六爻无小人，**坤**六爻无君子也。但君子筮得此卦，则当知其气运在坤，要法坤顺之义，柔顺以处事也。

坤为地，顺承太阳之乾。天有象，地有形，天虚地实，地为土壤积累而成，仰承天施而化成万物，无所不持载也。在人则为臣为妻，臣之事君，母之育子，妻之随夫，皆法地道之至顺，其义一也。坤之德，柔而顺，含弘光大，笃实厚重，即《中庸》所谓“宽裕温柔，足以有容”之大德也。

此卦六画皆偶，顺之象；内外重偶，厚之象；内虚，中之象，又含之象，又通之象；两两相比，行之象，又明之象；彬彬均适，文之象，又美之象；六偶，十二方之象，又大之象；秩序不紊，理之象；左右分布，体之象，又业之象。《爻辞》及《文言传》所述，皆依是等之象而系辞也。

元亨利贞之义，见**乾**卦下。惟乾者形而上，主天地之道；坤者形而下，主阴阳之功，是乾坤之别也。**坤**之“元亨”，即**乾**之“元亨”，犹月之得日光而有光也。马之性，柔顺而能服于人，牝马者，性尤柔顺。北地马群，每以十牝一牡而行，不入他群，“牝马之贞”，取象于此。然**乾**卦曰龙，**坤**卦曰马，以龙飞天上，变化自在，马行地上，驯服于人。牝对牡，为柔，故曰“利牝马之贞”。乾上坤下，即乾先坤后，坤先夫乾，是逆天也，必所往皆迷；坤从乾后，乃“顺承天”，斯“得主有常”，无往不利矣。是即阳倡阴和，阳施阴受之道。“攸往”者，谓有所行也。坤以得乾为主，君子以得君为主，君先臣后，从令而行，是以所往咸宜。“西南”阴方，属巽离兑，坤之本方；“东北”阳方，属坎艮震，为乾之本方。“西南得朋，**坤**以阴卦往同朋阴卦之方；“东北丧朋”，**坤**以阴卦往东北阳卦之方。以阴往阴，则与阴为类；以阴往阳，则从阳有庆。是以《彖传》曰“西南得朋，乃与类行；东北丧朋，乃终有庆”也。“安贞”者，安于坤顺，以配乾健，故“君子有攸往”，惟法坤之顺而已矣。一说读“主利”为句，谓在家则生殖勤俭以致富，在国则利用厚生以富国，不知当以孔子《文言》为据，“利”字属下二句读。“得朋”、“丧朋”，正与上“得主”相对。

《彖传》曰：至哉坤元，万物资生，乃顺承天。坤厚载物，德合无疆。含弘光大，品物咸亨。牝马地类，行地无疆，柔顺利贞。君子攸行，先迷失道，后顺得常。西南得朋，乃与类行；东北丧朋，乃终有庆。安贞之吉，应地无疆。

乾元坤元，皆根于太极之一元，无二元也。坤以承乾，故坤亦称元。乾元在阳，故曰“大”；坤元属阴，故不曰大而曰“至”。“至”者，谓既到极尽处，阳之极尽处为阴，阴即坤，故曰“至哉”。

坤舆随太阳而圆转活动，外面以水为衣，受太阳之光热，而蒸发水气，雨露下降，而为资生之功，谓之阴阳之作用。阴阳者，天地之大气，而万物皆乘此二气以生成也。《系辞传》曰：“天地絪缊，万物化醇；男女媾精，万物化生”者，即是也。盖乾元之大气，与坤元之精气相交，万物森然而兴发，生育之功，无所不至，谓之“至哉坤元，万物资生，乃顺承天”。乾为天之积气，其德在始施也；坤承天之气而为体，其德在受育也。资生之“生”，与**乾**之《彖传》“始”字相对，不可轻看。此卦上下皆**坤**，有重厚之象，故载山岳而不重，振河海而不泄，应天之施无疆，以生成万物，无不包容，无不发育，谓之“坤厚载物，德合无疆，含弘光大，品物咸亨”。按地精为马，马变阴类，牝马则阴而又阴，以其性柔顺，而又能行远，故曰“行地无疆”。法坤之君子，所行正当如是。“牝马”一言，圣人怀有深意，读《易》者，所宜留心玩索。盖此卦纯阴，阴主成，以得乾为主，宜从乾而动，为人臣为人妻者，固不可争先而成事也。故君子筮得此卦，其行事宜安静，不宜躁进，若先事而动，必取败也。夫阴，暗也，昧也，不宜主事也，必以从阳为主。此卦皆阴，故先人而当事，必迷而多误可知；承阳而后人，则顺而得常，故谓之“先迷失道，后顺得常”。西南退也，东北进也，且西南阴位，东北阳位，坤之时，退西南则得朋，进东北则丧朋。然人多喜其得朋则往西南，不知以阴而往阴位，不啻无一毫之益，见柔益柔而暗益暗矣。虽往东北而曰丧朋，以我之暗，往求高明之地，以为补救，则暗往明来，其道顺而得益多，故谓之“西南得朋，乃与类行；东北丧朋，乃终有庆”。如此而安其本分，确乎常道，故谓之“安贞之吉”。盖贞之为德，有所守而不变，以全万物之终，故谓之“安贞之吉，应地无疆”也。

按：《易》因“三天两地”之数，设天地之位，定刚柔之位。䷾即“天一，地二，天三，地四，天五，地六”，而阴阳悉交也。六十四卦中，得定位之整正者，独有水火**既济**而已。凡《易》中所言，当位不当位者，皆因此理也；天下大小之事，其合道理，或不合道理，皆由是而出者也。又地中有天者，以二与四谓之两地，以一与五谓之两天，三谓之地中之天，总谓之三天。上爻一阴，表地球之外犹有世界也。此“三天两地”之位，于《易》最为枢要，故天位有地，地位有天，皆谓之不当位。《易》之于时处位，其精密如此。

通观此卦，初爻阴之微也，小人汲汲于营利，不顾灾害，有陷入匪僻之象，履霜坚冰，戒之深矣。二爻得**坤**之纯体，卦中惟这一爻最纯粹，然第曰“无不利”，与**乾**之九五，得天位行天道而致太平之占者迥别。三则不中，且不正，是赏罚不明之时也。四则不中，以致君子缄默避祸。五则不正，以致尊卑失序。上六则群阴交战，有以血洗血之象，阴之极也。要之，**坤**者纯阴之卦也，故六爻概以小人言之，与**乾**之君子相对也。以其小人故，《彖辞》曰“主利”，上爻曰“战”。以“履霜”戒其始，以“永贞”

慎其终，虽或取象于君子，与乾之君子，自异其趣。乾之君子贤者也，坤之君子能者也，贤者用人，能者用于人；贤者在位，能者在职者是也。盖乾之时，贤者在位而施德化，坤之时，能者在职而计利益也。

《大象》曰：地势坤，君子以厚德载物。

坤之为象，两**坤**相重，一下一上，如地形之高下相仍。天以气运，故**乾**曰"天行"；地以形载，故**坤**曰"地势"。盖地有高低，而丘陵山岳之起伏，由地中火气之作用也。地球原来以水为衣，故其低处潴而为海，《易》谓之泽，其四面所缠之水，为太阳所吸引。至地形见于水上，虽地之形势，互有高低，各随其形而延出者也。延者伸也，故曰"地势坤"。夫人之有智愚贤不肖，犹地形之有高低，地质之有肥脊也。农夫不为脊土废其耕作，君子不为愚不肖止其教育，教之以事物之所以然，导之以道义之所以贵，以示社会之标准。然人性有上智，有中材，有下愚，上智修己以及人，中材自修而已，下愚不能自修，而待治于人。凡天地间有形之物，莫厚于地，莫不载于地，故君子法坤之象，以厚德而待人，无智愚贤不肖，悉受包容，亦犹坤之无不持载，故谓之"厚德载物"也。

占 问战征：坤为地，为众，"势"者有力之称。在行军，既得其地，复得其势，又得其众，宜乎攻无不克矣。〇问功名：上者能法坤德之厚，积厚流光，自得声名显远。〇问营商：**坤**为富，为财，为积，为聚，皆营商吉兆也。曰"厚德载物"，德者得也，可必得满载而归也。〇问家宅：知此宅必胜占地势，大吉。〇问婚嫁：**坤**顺也，柔顺而已，地道也，即妇道也。大吉。〇问六甲：生女。

初六：履霜，坚冰至。

《象传》曰：履霜坚冰，阴始凝也。驯致其道，至坚冰也。

初爻居纯阴之初，阴之始凝也，虽其端甚微，其势必渐至于盛，故取其义于霜之将至坚冰也。盖谓履霜之初，宜察阴气之渐长，终至坚冰而豫防也。在人则阴邪之萌犹微，如霜之易消，然积累之势，终至坚冰，其恶逆不能复，如之何？故大而治国，小而修身，皆宜谨之于微。《文言传》曰："积善之家，必有余庆；积不善之家，必有余殃。臣弑其君，子弑其父，非一朝一夕之故，其所由来者渐矣。"可谓能解此义者也。抑此卦，全卦皆阴，小人知利欲而不知道义。当其初，由于父教不谨，日深月久，愈趋愈下，遂致利欲薰心，不孝不悌，极至犯上作乱，而亦无所忌惮，其祸实始于教之不谨所致。抑阴扶阳，防微杜渐，圣人所以谆谆垂诫也。坤道虽至顺，然至顺之变，流极而至于大逆，圣人因坤顺之流害，以戒坚冰之驯致，履霜防冰，履尾防虎，其训诫一样深切。《传》曰："其所由来者渐矣。"来也者，即在过去、未来、现在三般中。《彖传》曰"刚来而得中"（**讼**），曰"柔来而文刚"（**贲**），皆言来之意。往往固执之士，以因果报应，为释氏之说，圣人所不言，可谓误矣。《象传》曰"阴始凝"者，即小人之欲念始萌，则驯者顺也，随自然之势，不复留意，习而至于盛也。阴邪之萌，其初虽微，自履霜而至坚冰，渐渐而来，不可遏抑，遂至灭身丧家，不复可救。谚曰"窃针者窃钟"，即此义也。是以圣人于其过怠之未大戒后来，欲其速改也。此爻变则为**复**，**复**之初九曰"不远复，无祇悔，元吉"，即所谓速改其过，不贻其悔也。

占 问营商：初六阴气犹微，曰"履霜，坚冰至"，是由微而推至于盛也，犹商业由小至大，积渐而至于富大。〇问功名：初爻是少年新进之时，由卑而尊，犹履霜以至坚冰，随时而来，未可躁进也。〇问战征：初爻阴之始，"履霜"之象，至上爻"龙战"，阴之极也，"坚冰"之象。曰"其血玄黄"，是两败也。所当先慎其始。〇问家宅：**坤**纯阴之卦，初爻阴气尚微，故曰"履霜"，"至坚冰"，则阴气盛矣。阴盛则衰，不吉之兆。〇问婚嫁：**坤**卦纯阴，曰霜，曰冰，皆阴象。纯阴无阳，不利。〇问六甲：生女。〇问疾病：恐是阴邪之症，初起可治矣，久则难医。

占例 明治二十一年冬，男爵某氏来告曰：余顷日欲从采矿之事业，其矿山为矿学士某所保证，其为有利无疑，虽然，子幸占其得失。筮得**坤**之**复**。

断曰：此卦纯阴而无一阳爻，是无统一事业者，是众人各谋私利之时也。且初爻为阴初凝，有小人贪而不知餍足之象。乾阳为金，此卦无一阳爻，是不能获金也，虽有矿学士保证，未可遽信。阴卦属小人，小人趋利而不顾君父，况朋友乎？君宜谢绝其谋。某氏从之，后得所闻，矿学士某，与外国人交通，谎言其矿山金产之盛，造作骗局，诱获多金，凡入其局者，皆大失利。因是谈矿业者，虽实有利益，往往人多不信，是阻人起业之心，绝人进取之气，皆此等小人贻之害也。

某氏因此占，不入其局，不致失利，可谓幸矣。

占例 明治三十一年冬至，占明年我帝国气运。筮得**坤**之**复**。

《易》例，阳为君子，阴为小人。所谓君子者，忠心谋国，不挟私曲者也。圣上聪明睿智，临御天下，亦当以君子为法，小人为戒。若小人则惟利是务，不顾国家之隆替，孟子所谓“上下交征利”，不夺不餍，优胜劣败，弱肉强食，亦势所必至也。幸当圣明之世，文化日隆，虽比美欧美各邦，亦不多让，无如世道人心，日益颓败，惟利是重，求其敦尚古风，讲论道德，喻义而不喻利者，百无一人焉，岂不可慨乎！夫**坤**之为卦，纯阴而无阳，是小人行世，君子退藏之时。今得初爻，地变为雷，即小人擅权，专博私利之兆。其辞曰“履霜，坚冰至”，言方当履霜，小人之机心乍萌，犹霜之易消，至坚冰固结，有不可复动之势。孔子曰：“积善之家，必有余庆；积不善之家，必有余殃。臣弑其君，子弑其父，非一朝一夕之故，其所由来者渐矣，由辨之不早辨也。《易》曰：‘履霜坚冰至’，盖言顺也。”如此不祥之辞，他邦征诛之朝，时或有之，至我帝国，为万世一系之天子，下亦不乏忠君爱国之辅弼，故无虑此。今占国家气运，而得此爻，岂可不戒慎乎？

按二爻变而为**师**，“师”者以身为仪表，教导万民之象，是为明年及明后年之气运也。其辞曰：“直方大，不习无不利。”此爻以阴居阴，备坤厚之德，居大臣之位。直者廉直而温，方者刚方而严，大者大光，谓其功也。君子秉直、方、大之德，虽无其位，天爵之贵者也；小人无直、方、大之德，一味徇私，虽贵为公卿，人爵之贱者也。君子小人之判如此，是以小人而在高位，往往借公济私，不顾国家安危，徒作子孙之计，窃自以为得计，是亦不思之甚也。夫大臣而殉利，必至贿赂公行，是非颠倒，祸乱自此而起，不知祸乱之来，富者必先罹其毒。然则小人所为肥家，实酿败家之患，履霜坚冰而不知戒，小人之为计，不亦愚乎？

今我国家，幸得贤明之君子在上，秉正直刚方之德，行公明博大之政，正躬率物，师表群伦，庶几阳刚来复，阴邪退避，移风易俗，太平之治，其在斯乎？**坤**卦以十年为数，其纯阴而无一阳，为统御不全之象，今而不知所戒，恐因循以及十年，或者有上六龙战之祸，亦不可不豫访也。

“龙战于野”者，龙者谓上，野者谓野心之徒，反击而至流血也。自“履霜”而至“龙战”，国家之不祥莫大焉。今时大臣及各党首领，皆廉直公正，固无患此，但占筮如此，思其终局，颇切杞忧。夫爻所谓“龙战”者，所指何事，有识者，自能辨之。

六二：直方大，不习无不利。

《象传》曰：六二之动，直以方也。不习无不利，地道光也。

二爻以阴居阴，即**坤**之主爻，故有上人之势也。盖**乾**之九五，**坤**之六二，各居阴阳之本位，而合中正之德者。**乾**以君道，故以九五为主；**坤**以臣道，故以六二为主。六二具地道之全德，在内则无私曲，在外则事皆当理，称之曰“直方大”。“直”者，无些邪曲也。“方”者圆之对，纯阴之象也。圆者动而不静，阳之道也，“方”者止而守常，阴之道也，故曰天圆而地方。“大”者广大也，谓坤地生育之功德广大也。“直”则其心无私，“方”则其事当理，“大”则谓其功也。“直方大”，则配天之刚，而合自然之德。天理虽至直至方，人欲则邪曲也。人之性虽善，人欲蔽之，百岐横出，反致害天理之直也，此卦本非凶，惟为私欲所蔽，则陷于凶。然此爻得坤道之纯，其中直、方正、广大之全德，凡学之有待于习者，由于未晓其理，未谙其事也矣，亦何习之为？故曰“不习无不利”。“不习”者，谓其自然而能也，《大学》所谓“未有学养子而后嫁者也”之意。**乾**之六爻，莫盛于九五，**坤**之六爻，莫盛于六二。《象传》之意，谓六二柔顺中正，居本卦之主，动容周旋，皆中其规矩，又有“不习无不利”之功德，阴道、地道、臣道、妻道，皆得其当，德行光大之故也。盖此卦纯阴，初、三、五三爻柔顺而不正，四上两爻，柔顺而不中，惟此爻柔顺中正，独得坤道之粹者也。

占　问营商：六二**坤**之本位，“直方”者地之性，“大”者地之用，知其营业必是地产，如谷米、木材、丝棉之类是也。“不习无不利”，习与袭通，谓不烦重筮而知其获利也。〇问功名：二爻居中得位，动而获利，言不待修营而功自成，其成名也必矣。〇问战征：战之一道，以得地势为要，动以其方，势大力强，可一战而定也。〇问家宅：六二中正，居宅得宜，故曰“地道光也”。〇问嫁娶：“直方大”，地道也，妻道通于地道，故婚娶亦利。○问疾病：爻曰“直方大”，知其素体强壮，不药有喜。○问六甲：生女。

占例 明治二十三年一月，占伊藤伯气运。筮得**坤**之**师**。

断曰：**坤**者地也，地之德顺也，顺者臣之道也。此爻中正而为一卦之主，夫地之为物，载华岳而不重，振河海而不泄，禀天气而生育万物者也。今占大臣而得此爻，是其负世务之重，而能堪其位，奉至尊之命，而能尽其职。且此爻柔顺中正，具臣道之全德，故称赞之曰“直方大”。直方者，即所谓“敬以直内，义以方外”，而终之公明正大，是功之全也。伯有此器识，而复有此德性，循夫自然，故“不习无不利”也。此爻变则为**师**，**师**之为卦，九二一阳为全卦之主，统御众阴之象。本年两议院之开设，必当推为议长，以统督众议员，用以奏整理之功。故曰“六二之动，直以方”，盖不待习而无不利也。

后果如此占。

占例 明治三十年六月，余趋爱知摄绵土制造所，该制造所，属小儿嘉兵卫所担当，因赴爱知县厅，晤江本知事及吉田书记官。书记官曰：今者，将兴筑埠头于治下热田，以图名古屋市之便利，其费凡二百四十万元。欲提出此议于县会，为其大业，知事及余，深疑县会之赞否如何，踟蹰久之，子幸占其成否？筮得**坤**之**师**。

断曰：**坤**之为卦，上下皆柔顺而无一毫间隔，况**坤**卦主利，而此事尤属平直方正，大有利益，事成之后，不特当县获利，即他县亦得利便，后必得县会众员赞成，不容疑也。

知事及书记官闻之大喜，速附之于县会之议，议员中四十四名，不合议者，不过三人，立议决之云。

六三：含章可贞。或从王事，无成有终。

《象传》曰：含章可贞，以时发也。或从王事，知光大也。

三爻不中不正，而居内卦之极，改革之地，其心术行为，不能无不中不正之失；且柔顺之臣，与六五之君，皆阴柔而不相应，是人臣不得于其君者也。大抵六三之爻，多不得时位，即有才识之士，只宜韬德匿采，以待时至，若妄露才能，必招疑忌，故戒之曰“含章”。刚柔相杂曰文，文之成曰章，含者含而不露也。惟其静而能守，故曰“可贞”。大凡为人臣者，不问其遇与不遇，当有守其常而不可变之志操，纵无干进之心，亦未尝无进用之日。如或出而从事，则仍含其章，而不自居其功，从君之令，以终君之事而已。事即不成，必使后人得续以成之，谓之“无成有终”。六三居下卦之上，有“从王事”之象，盖**乾**之九四，**坤**之六三，皆居进退未定之地，曰“在渊”，曰“含章”，故皆加曰“或”，示以将进未进之意。当此进退之际，亦宜不失时宜，以从王事也。《象传》“知”字与“时”字相对。含蓄才能，未敢吐露，谓其能审时而发。“时发”者，即吐发其含章之光，退则能含，进则能发，是以其光大也。此爻变则为**谦**，**谦**之九三曰：“劳谦，君子有终，吉。”《系辞传》曰：“劳而不伐，有功而不德，厚之至也。”下卦为艮，艮者止也，有含之象，亦得含章之义也。

占　问战征：爻曰“含章可贞”，言平时含蓄才智，敛藏不露，一旦从事，自能制胜，即不成功，亦无大败。故曰“无成有终”。○问营商：**坤**地也，百货皆生于地，商能蓄积百货，故曰“含章”。凡从事营商者，贸迁百货，以时发售，故曰“时发”。**坤**内卦至三而极，正盛满之地，故曰“光大”。是以一时虽或未成，知必有终也。吉。○问功名：凡求名者，最宜待时，时未当发，“含章可贞”；时而当发，出从王事。知此道者，必能保功名以终也。吉。○问疾病：玩“无成有终”句义，知不可药救矣。凶。○问六甲：生女。

占例　明治十九年，占知友柳田某气运。筮得**坤**之**谦**。

断曰：坤之时，柔顺而亨也。《彖》曰“利牝马之贞”，牝马负重而为人用，即劳而无功之意也；又曰“君子有攸往，先迷后得主，利”，谓不能得名誉，惟得俸给。三爻值有为之地，《爻辞》曰：“含章可贞，或从王事，无成有终。”“含章可贞”者，是足下包含文章，藏器于身，以待其时，今时会既来，当有从事于文章也。虽主管者知足下文才，欲任以事务，授以官职，其余属官，不得不出足下之下，以其势有不可也，只可酬报而已。此卦全卦皆阴，无自主之权，虽殚劳心力，苦无知之者，事成之后，其功亦必为人所夺，不能得分毫名誉，不劳者却得褒赏，或邀升进。以**坤**之卦纯阴，阴人得势，惟以主利，故笃实之人，反为彼所笼络，而不行于世。足下之时运如此，惟宜修德而待时。“或从王事，无成有终”，

"或"之云者，今日无事，他日必将从事也。

其后同氏果受某局嘱托，从事编辑五年，早出晚退，事极繁剧。终了编辑，于是属官关其同事者，皆有升级，或受褒赏，氏以不登仕籍，不得邀恩典，止解其嘱托而已。

六四：括囊，无咎，无誉。

《象传》曰：括囊，无咎，慎不害也。

四爻虽柔顺得正，而居失其中，故不足以有为也。四居近五之位，而两柔不相得，上下闭隔，是大臣不信于君之象也。当此之时，宜慎重缄默，晦藏其智，如括结囊橐，杜口不露，默默隐忍，以守其愚，如此则"无咎，无誉"，斯得远于灾害矣。故谓之"括囊，无咎，无誉"。"无咎"者，在避害，"无誉"者，在逃名。若因括囊而得誉，则有誉即有咎，必深藏不露，并泯其括囊之迹，故《象传》曰："括囊，无咎，慎不害也。"此爻变则为**豫**，卦形有括囊之象。

占　问营商：四巽爻，巽为商，为利，巽"近利市三倍"之谓也。兹爻曰"括囊"，是明亦以闭囊之象，知必昔日得利，财已入囊，不使复出也。故曰"括囊，无咎，无誉"。〇问战征：六四重阴，当闭塞之时，虽有智，囊其才，无所施其计谋也，是宜闭关不战，如囊之括其口也，斯无咎矣。〇问功名：四重卦，动当否位，《文言》曰"天地闭"，"括囊"者，闭口也。天地且闭，何有于功名？若妄意干进求名，适足致祸，有誉反有咎矣。宜慎。〇问家宅：六四以阴居阴，履非中位，是宅必在山谷幽僻之处，宜隐遁者居之。〇问六甲：生女，或得孪生二女。

占例　明治十二年一月，邂逅大阪五代友厚氏，氏请占本年商务。筮得**坤**之**豫**。

断曰：**坤**主利之卦，有群聚争利之象。四爻以阴居阴，不可进而为事也，故本年宜退守，不宜扩张商业。《爻辞》曰"括囊"者，括财囊之口，不可出财货也。故括囊则无损益，开囊便多失，嘱慎勿着手商事。

五代氏有感此占，然商业之势，虽知不利，只可小做，不能不做，偶有营业，果致亏败。

六五：黄裳，元吉。

《象传》曰：黄裳，元吉，文在中也。

黄属中央，土色也；裳下服。黄中色，守中而居下，为臣下之象。盖此爻以柔德居五尊位，或女后南面听政，或如伊周之辅主摄政者也。然**坤**者纯阴，六爻皆臣事，未可以六五直为人君。占此爻者，为当乘中和之盛德，维持朝宪，辅弼国君，终复退守臣职。此尊位所以为尊，阴爻不失其常，故曰“黄裳，元吉”，否则，居尊而为天下，必大凶也。《左传》昭公十二年，南蒯筮得此爻，以不守“黄裳”之义，败家丧身，可为征矣。圣人以裳字系此爻者，恐有权臣乘势位，擅威福，失臣下之道，蔑视君上，其垂诫也深矣。《象传》曰“文在中也”，坤为文，五居中，言美积于中而形于外，为能柔中而克守节也，故为元吉。

占 问战征：**坤**臣道，五居尊位，为人臣之极贵者，如舜之摄位诛四凶，周之摄政诛二叔。爻曰“黄裳，元吉”，是以文德而发为武功者也，故《传》曰“文在中也”。〇问功名：六五辰在卯，得**震**气，**震**有功名奋兴之象。五又**离**爻，**离**为黄位，近午，上值七星，七星主衣裳文绣，故曰“黄裳”。**离**又为明，有文明发达之象，故曰“文在中也”。〇问营商：**坤**五变**比**，比吉也，辅也，商业必得比辅而成。**比**卦下**坤**上**坎**，**坤**为裳，故曰“黄裳”；**比**为美，故曰“文在中”，知其经商必是锦绣章服之品。曰“元吉”，必获利也。〇问疾病：**坤**为大腹，又黄为中色，裳下饰，可知其病在中下两焦。〇问六甲：生女。

占例 明治二十二年，占贵显某之气运。筮得**坤**之**比**，乃呈之三条公及伊藤伯。

断曰：**坤**之为卦，纯阴而无一阳，五爻虽属君位，而**坤**卦皆臣事。“黄裳，元吉”者，如周公位冢宰，辅成王以摄政，畏天命不敢服黄衣，惟着黄裳，以严君臣之分者是也。惟其忠信笃敬，虽持朝宪，辅弼国君，故曰“黄裳，元吉”，否则，其凶可知也。今贵显某，幼而有神童之誉，及长拔擢藩中，久留于欧洲，不特博学，又通晓海外各国之政体风俗，其归朝也，立要路而鞅掌职务，隐然负众人之望。然今筮得此爻，不堪骇异，盖此人久居欧洲，虽通君民同治之政体，或不明本邦建国之治法。安危之所系，殆见于此筮数乎？甚难其判。

其后宪法发布之日，某氏为凶暴者所害，于是始叹此占之有验也。

上六：龙战于野，其血玄黄。

《象传》曰：龙战于野，其道穷也。

上爻居全卦之终，是阴邪极盛之时，变而为**剥**，则有一阳与五阴相战之象。是以初六履霜之始，圣人谆谆警其将至坚冰，夫阴邪之势过盛，必将剥阳；其剥之甚也，势遂至于相战；及其战也，阴虽盛大，阳虽减退，终必两被其伤。血者伤害之甚也。玄者天色，黄者地色，天地即阴阳，故血色玄黄，为阴阳共伤也，故曰“龙战于野，其血玄黄”。近推之于一家之事，为人父兄者，其初误子弟之教育，遂养成不肖，其结果遂致骨肉相残，同类相害，争斗杀伤，势穷而始止。《象》曰“其道穷也”，其字即指阴阳君臣而言；道字亦指君臣；穷者穷困窘迫也。夫至君臣相战，其臣之横逆无道，固不竢论，其君亦未为无过。《系辞传》曰：“上慢下暴，盗思伐之矣”，“慢藏诲盗，冶容诲淫”，使其臣下至此者，君道之穷，亦即臣道之穷也，故曰“其道穷也”。龙本乾之象，今此爻言龙者，示阴极而抗阳也。又曰野者，以在外卦之外也。《爻辞》不言凶者，其凶不待言也。

占　问战征：象已明示是两败也。〇问功名：上处外卦之极，是穷老入闱，抑塞已久，一战复北，刘蕡落第，可哀也。〇问营商：上六**坤**卦之终，其道已穷，是资财既竭，血本又耗，商道穷矣。〇问疾病：必是阴亏之症，阴极抗阳，肝血暴动，命已穷矣。〇问六甲：阴尽变阳，可望男孩。

占例　明治六年，占政府气运。筮得**坤**之**剥**。

断曰：**坤**之为卦，纯阴而无一阳，是君德不耀之时。今者明君在上，俊杰在位，占得此卦，窃怪与时事不合。盖在朝诸公，远忧深思，襄理国是，同心同德，厥躬尽瘁，何至有龙战之象？既而思之，龙之为物，神化不测，古者豪杰之士，才能卓绝，往往以龙称之，或者大臣之中，各怀忠愤，因意见之不同，以致议论之过激，始而相忌，继而相仇，终至相斗，各分党与，互相攻击，不奉朝旨，是谓野斗，故曰“龙战于野”，如曩昔源平之争权是也。此爻之象如是，然度今日在朝诸公，必不出此，犹疑莫决，乃呈之于三条相公。

先是，维新伟业略得整顿，大臣参议，多经历欧美各邦，视察实地，将取彼之长，更定国政。岩仓右大臣以下，木户大久保、伊藤山县诸公，远赴欧美，盖行者居者，各尽厥职，以匡中兴。约以一行未归之间，不启别议，岂图事出意外，缘我云扬舰测量朝鲜国仁川港，彼国轰炮击之，庙议纷起，谓宜兴师问罪，以雪国辱，电信达于欧洲。大久保公先归，欲停此议，西乡以下诸公不从，议论愈激。未几，岩仓右大臣等皆归，征韩之论，为全国之一大问题。物议嚣嚣，人心恟恟，终归议和，而主征韩者，各怀不平，纷纷去官，于是七年有佐贺之变，九年有长州之乱，十年有鹿儿岛之役，国家之不祥连臻，“龙战于野”之辞，实不虚也。

《易》之前知事变，大抵类此。

占例 明治二十七年冬至，占明年之丰歉。筮得**坤**之**剥**。

断曰：坤地有生育万物之性，受太阳之光热，以奏其功者也。然此卦纯阴而无一阳，为多雨少晴之象。《爻辞》“龙战于野”者，谓阴阳不和，气候不顺，恐难望丰熟，故《象传》曰“其道穷也”。愿当路者，预知年谷之不登，宜讲救荒之策，以备之也。

果是年诸国有洪水之害，暑气亦比他年稍薄，秋收止七分。

用六：利永贞。

《象传》曰：用六永贞，以大终也。

用六之义，已示之卷首。永者长也，远也。**坤**卦之象纯阴，为臣妻之义，在人事则柔顺贞正，而悠久有恒，不变其志，可以从君从夫矣。忠臣不事二君，贞女不更两夫，即“永贞”之义也。为人臣为人妻者，从“永贞”之义，则大吉而有终，若少变之，则大凶大恶之道也，故深诫之曰“利永贞”。盖阴之性，柔躁而难守其常，有易进易退之弊。《象传》曰“以大终也”，谓其不变坤道之顺，而全其终也。若变动则阴侵阳，臣侵君，妻凌夫，逆理背常，乌得全其终哉！又阳为大，阴为小，阴者柔也，暗也，小也，然勤而不怠，必强学而不懈，终明，是以有大终之义也。

按：**乾**之用九，以过刚强，宜守无首之道；**坤**之用六，以阴道、臣道、妻道，宜守恒常之德，不可变动。是警戒之辞也。

䷂水雷屯

屯，篆书作屯，上一象地，中屮象草，下乚象草根之屈曲，即草木穿地始出，欲伸而未能即伸之形。内卦**震**，**震**雷也，能以鼓动发育万物；外卦**坎**，坎水也，能以滋润养成万物。按：卦为雷在水中，当冬至之候。雷欲发于地下，而地上之水，冻冰凝结，为所压抑，不能遽出于地，其象艰难郁结，如物之勾萌未舒也，故名之曰**屯**。

屯：元亨利贞。勿用，有攸往，利建侯。

“元亨”二字，概括全卦之终始而言也，非谓屯之时即亨通也。凡天下之事，创业伊始，必有屯难，惟能耐其辛苦，勉强不已，自然脱离屯难，终得大亨通之时也，故曰“元亨”。夫人处屯难之会，所当动性忍心，坚贞自持，安于“勿用”，不敢先时妄动，又陷于险。虽明知后日利有攸往，自得亨通，要不可轻用其往也，故曰“勿用有攸往”。此卦阳爻惟二，九五为坎险之主爻，初九为震动之主爻。九五之君，当艰难之日，欲以征伐初九有为之人，必反致招祸也，不如优待之，以为侯伯，斯得共济时艰也，故曰“利建侯”。侯者震之象，故**豫**之《彖辞》，亦曰建侯也。

《彖传》曰：屯，刚柔始交而难生，动乎险中，大亨贞。雷雨之动满盈，天造草昧，宜建侯而不宁。

乾纯阳也，**坤**纯阴也，此卦内初九，外九五，二爻之刚，与四爻之柔，始相交也。内卦之震雷欲出地，而外卦之坎水遏阻之，以成屯难艰险之势，故曰“刚柔始交而难生”。《说卦传》曰“震一索而得男”，即始交之象也。又曰“震动也，坎陷也”，**震**以阳动之性，在**坎**阴之下，动而未能出也，故曰“动乎险中”。然在险难之中，能守贞正而不滥，他日自得大亨，故谓之“大亨贞”。**震**雷者，阳气之奋劲，**坎**雨者，阴泽之普施，故曰“雷雨之动满盈”。盖初九**震**之主，九五**坎**之主，故教之以无相敌害，仿雷雨之作用，使得相亲相助也。阴阳始交，故曰“天造草昧”。《说卦传》曰：震为萑苇，草字出于此；坎为月，天未明也，昧字出于此。当是时也，六四之宰相，礼遇初九之臣僚，相与辅相，使之共济时艰也，故曰“宜建侯”也。时方创业之世，非升平守成之日，岂可优游逸乐哉？故曰“不宁”。夫当此天地始创，阴阳始交，以精与气交媾，生物成象。震为崔苇，生长于互体坤地，以巩固地盘之组织，继而胎卵孵化，介类繁生。初九、九五二爻，并属阳刚，其中却含柔软坤体，为蚌蛤之象。盖万物之生，各具心灵，自能飞潜动跃，此自然之理也。我国旧俗谓主泥土之神，曰泥土煮尊，谓主沙土之神，曰沙土煮尊，主动物之神，曰面足尊，主植物之神，曰惶根尊，犹是生人之命，相传南斗主生，北斗主死者是也。故凡一物一命，皆有神主之。大凡始生之时，恰如草木逢春，其繁殖，一雨多于一雨，即“雷雨之动满盈”者也。人类繁殖，不可无大德之君以统御之也；君犹不能独治，必使贤者以为辅弼，是所谓“宜建侯”也。惟天地闭关未久，尤当无教逸欲，自耽安宁逸乐也，故戒之曰“不宁”也。

以此卦拟人事，则为阳刚之君子，与阴柔之小人始交，互异气质，彼此辄生争论，谓之“刚柔始交而难生”。何者？内卦我也，有雷厉之性，欲奋发而立志；外卦彼也，有水濡之性，挟下流之邪计，以妨我行为。凡我所欲振兴者，彼皆阻扰之，使不得成就，欲进不能进，欲往不能往，是谓之屯，故曰“勿用有攸往”。是以百事困难，恰如陷落水中，而不得自由，谓之“动乎险中”。虽然，气运变迁，困极必亨，犹冬去春来，冰冻自解，雷气发生，屯变为解，则屯难解散，而气运一新。故不宜急遽而图功，惟当固守以俟命，待气运一转，阳升阴降，自见君子当权，小人退位，是出屯而入亨也。当屯之时，要不忘此义也。

以此卦拟国家，则以下卦为人民，有暴雷上轰之象，蓄异谋，倡异论，欲以撼动上卦之政府；上卦为政府，下令如流水，以遏止下民之妄动，甚至以刑法制之。刑字古作刑，从刀井，谓犯法之人，如陷入井中也，是下卦之屯也。政府虽有政刑，或不能遏止下民，而反为下民所困，以阻国运之进步，是上卦之屯也，谓之“刚柔始交而难生”也。初九者，下卦雷之主，即一阳之微动乎地下坎水之中。夫天下无事，英雄亦与凡庸无异，今当屯难之时，初爻一阳，以君子刚健之才，将奋发而有为，岂可晏然处之乎？在上位者，惟尊其位，重其禄，以礼遇之，使之济世之屯难，不然，欲以威力压之，却生不测之祸乱，争功者并起，人心愈形扰乱矣，谓之“天造草昧，宜建侯而不宁”也。“天造”，犹天运也；草者，谓人心之草乱而失其伦序；“昧”者，谓冥顽而不明，是即**屯**之象也。

《易》有四难卦：**屯**、**坎**、**蹇**、**困**是也。**屯**者，“刚柔始交”，不知其意之所在，故生猜疑之念，为初酿困难之时。**坎**者，二人溺水之象，彼我共陷困难之中，惟能耐守当日之困，而得后来之亨也。**蹇**者，知彼构危险，乃止而不进，犹跛者之不得寸步也。**困**者，泽中无水之象，恰如盆栽之草木，滋润之气已竭。**屯**者难之始，**坎**者难之连及者，**蹇**者难之央，而**困**者难之终也。

通观此卦，初九，虽有建侯之才力，以当屯难之时，磐桓不进，居贞正之位，遇险而能自守其正。六二，居九五之应位，而为初九所挑，不能与九五共事，犹贞操之妇，拒强暴者之挑，经十年之久，始归其正应之夫。六三，为喻利之小人，乘此不明之时，欲独博其功。六四，应初九，亦比九五，因有所忌惮而不能共事，虽有“乘马班如”之屯难，终归正应初九之吉。九五，中正而并有位德，然介居二阴之间，不能沛雷雨之泽。上六，居屯难之终，无能为也。盖三与上无应之屯，二与四有应之屯也。六爻共动，当陷险之时，务要谨慎持重，经过屯难之气运，自有得志之日。曰“大亨贞”，大亨者，正屯难已解之时也。

《大象》曰：云雷，屯，君子以经纶。

不言雨而言云者，屯之时，云开于上，雷动于下，未能成雨；未能成雨，所以为屯。君子法此二气之动作妙用，以经纶政教之组织。“经纶”，犹言匡济也。经者机之纵丝，纵丝之不可易也，犹国家之大经，政教人心相合而不可紊也；纶者，机之横丝，犹取宇内各国之所长，见其时宜，而组织政体也。“经纶”者，即综理庶政之谓也。

占　问功名：内**震**外**坎**为**屯**，**震**为雷，**坎**为云，故曰“云雷”；**震**为出，**坎**为入，欲出而复入，故曰**屯**。又**震**为人，为士，**坎**为经，为法，故曰“君子以经纶”。是君子施经纶之才，而运当其屯也，宜待时而动。○问战征：勒兵而守曰屯。“云雷”者，蓄其势也；“经纶”者，怀其才也。然当其屯，宜守不宜进。○问营商：《彖》曰“刚柔始交而难生”，是必初次营商也。凡事始创者，多苦其难。经纶，治丝之事，知其业必在丝棉之类。〇问家宅：**震**东方，**坎**北方，**震**动也，**坎**陷也，恐是宅东北方有动作，宜经理修治之。〇问婚姻：雷阳气，云阴气，“刚柔始交而难生”，是初婚时，必不和洽，宜正人劝解之。〇问六甲：生男，恐始产不免有险难。

初九：磐桓。利居贞，利建侯。

《象传》曰：虽磐桓，志行正也。以贵下贱，大得民也。

每卦有主爻，皆具本卦之德，例之如**乾**之九五，具乾之德，**坤**之六二，具坤之德。**屯**以初九为内卦之主，故《爻辞》全类《彖辞》，他卦主爻，都依此例。“磐”者，大石也，“桓”者，柱也。此爻以正居刚，处险能动，虽有济屯之才，今居众阴之下，上应坎水之险，深虞陷入危险，未足以自持，惟守其身，贞固而耐困难，以待时机之来也。故如磐桓之居下，为柱石之臣，撑持艰难之象。如因对抗之敌而占之，则有强敌坚固而不可摇动之势，在此时我惟固守持重，不可妄动，若妄进则不啻不得其志，却取其败，故曰“利居贞”。《彖辞》所云“勿用有攸往”，亦磐桓难进之意。盖言功业非容易可成，磐桓趑趄，不进不退，以待时会，即所谓“在下位而不获乎上，民不可得而治”之意。必明善诚心信友，而后乘时得位，则功业可得而成，故有大亨之利也。曰磐，曰居，皆震足之象。“利建侯”三字，与《彖》同而其义异也。《彖辞》属九五之君而言，《爻辞》属初九之人而言，故彼训为建侯，此训为所建之侯。侯之于王，臣也，能安其臣职，而为下不悖，即居贞也。

《象传》之意，贵谓阳，贱谓阴，此爻以一阳居三阴之下，为“以贵下贱”之象。虽时蹇位卑，而不得用其力。犹之江海居下，而百川归之，君主能下人，则众庶归之。屯难之世，江山易主之时也，此爻以刚健之德居下，大得人望，为他日立身之基，故曰“以贵下贱，大得民也”。第以磐桓观之，似失阳之德，要在内心坚确而不失其正也，故曰“虽磐桓，志行正”也。此爻变则为**比**，**比**之初六曰：“有孚比之，无咎。有孚盈缶，终来，有他吉。”其不遽求成功之意，可推而知也。

占　问战征：磐桓，不进之貌，曰“利居贞，利建侯”。盖当屯难之时，内则居正以守，外则求贤以辅，斯民心归向，众志成城，而终无不利矣。〇问营商：初九爻，辰在子，北方，上值虚宿，曰元枵，枵之为言耗，虚亦耗意，不利行商。能以守贞任人，尚有利也。〇问功名：初爻是必初次求名也，“磐桓者”，是欲进不进也。要当志行正直，谦退自下，终有得也。〇问家宅：磐字从石，所谓安如磐石，知其宅基巩固也；曰“利居贞”，知其居之安；曰“利建侯”，知必是贵宅也。〇问婚嫁：曰“以贵下贱”，知为富贵下嫁之象，吉。〇问六甲：初爻生男。

占例 明治二十六年十二月，某贵显占气运。筮得**屯之比**。

断曰：**屯**者雷动水中之卦，为冬春之候，雷将发于地下，地上之水，结而未解，不能直升，必待冰冻融解，而后能发声也。以未得其时，故名曰**屯**，屯者难也。然及其时，水气蒸发而为雨，雷得时而升，雷雨和合，发育万物，成造化之功，谓之“元亨”。时之未至，利艰难贞固，若妄动轻进，则必陷乎险中，故戒之曰“利贞，勿用有攸往”。此卦以拟草昧之初，在上位者，宜用在下之志士，以济屯难而安生民也；在下者，不宜侵凌上位，宜奉戴元首，以祈国家之安宁也，谓之“利建侯”也。今某贵显占得此卦此爻，贵显于维新之始，整理财务，使无缺乏，以开富强之基，犹萧何之于汉高也，丰功伟绩，焜耀当今。谚曰“功成者堕，名盛者辱”，某因与同列议论不合，一朝罢黜，然报国之忱，未尝一日忘也。兹由此占观之，曰“利贞，勿用有攸往”，所谓“利贞”者，盖利贞守，不利躁进；所谓“勿用”者，即今舍藏之时也；所谓“有攸往”者，即可知后日之再用也。至若组织政党，以冀有为，恐党员中邪正混杂，转致酿祸，且**屯**之六二、六三，皆为坤阴主利之徒，可以鉴矣。**屯**之初九，以阳居阳，足见才志刚强，以上有坎水之险，阳陷乎险中，故曰“磐桓”。“磐桓”者，犹以磐石为柱，未可动摇，言难进也。待至气运一变，春冰解而雷雨作，“百果草木皆甲坼”，屯难去而嫌疑自释，九五之君，以礼聘之，幡然而应君命，得以经纶国家，大显其才德，故曰“利建侯”也。某贵显气运如此，彼既不信此占，余亦不复言矣。

占例 秋田县士根本通明，邃于经学，诲人不倦，亦余之益友也。一日访之，出示一轴曰：是轴相传为明人某翁所画，以其无款识，未能辨其真伪，子请鉴之。然余素昧鉴识，乃为筮其真伪，遇**屯之比**。

断曰：此卦内卦**震**，龙也；外卦**坎**，云水也，此其画为云龙乎？《爻辞》"磐桓"，磐，地之磐石也，谓坚固而不可动易也，不可动易，则非伪物可知矣。且曰"利居贞"者，贞者真也，是谓之真品矣。"以贵下贱"者，贵重之物，无人知之，而为所贱也。

迨出画展观，果为云龙之图，笔力遒劲，其非凡笔可知，余即以此卦语为鉴定之。

占例 占普法战争之胜败。友人益田者，尝留学欧洲，通晓西洋各邦事情。明治三年，普法两国交战，益田氏来谓曰：普法开战之电报，昨夜至自欧洲，仆尝久在法国，具知其国强，因与英人某赌两国之胜败。仆期法之胜，今朝互托保某银行以洋银若干，君请占其胜负。余曰：子已期法国之胜，何须占筮？氏曰：请试筮之！恳之不已。筮得**屯之比**。

断曰：吁！法国必败，子必亡失若干元。子意以法为主，故以法定为内卦，法以内卦初爻为卦主，居**屯**之初，有雷之性，欲动而为上卦**坎**所阻，故不能进，是**屯**之义也。"磐桓"，难进之貌，以敌军坚刚，如岩石不可当也。"利居贞"者，谓不可轻举大事，然今法军妄进，将伐普国，详玩此占，其不能胜也必矣。《象传》曰："以贵下贱，大得民也。"初变为阴，为"以贵下贱"也，法帝其将降敌军乎？国君降，则震一阳，变而为**坤**，**坤**为臣，为众，为民，国无君主之象。后其将为民选大统领，开共和国而治乎？内卦**震**为动，外卦**坎**为险，是"动乎险中而难生"，今内卦先动，遇外卦之险，法先开战端，为普兵所阻。又阳为将帅，阴为兵卒，外卦普将，居九五中正之位，有兵士护将之象，普国君民之亲和可知。内卦法将居初九，其位不中，法国君民之不亲和亦可知。大将居互卦**坤**后，身接军事，其心先以国家人民为赌物也，亦明矣。问其战略，见于内卦初爻，应外卦四爻；外卦五爻，应内卦二爻，是互有内应者之象。然应外卦普者，内卦二爻，即法之中正者，故为有效；应内卦法者，外卦四爻，即普之不中者，故为无效。初阳变而为阴，是失将之象，法之败已决矣。原来论两国之交涉，自法见之，自负为**震**长男，以普为**坎**中男，因此开战端者也；自普见之，以己虽为**坎**中男，以法为**艮**小男而应之者也。**屯**卦反为**蒙**，《爻辞》曰"击蒙，不利为寇，利御寇"。夫酿战者法，而御之者普，是法为**蒙**，普击**蒙**而惩之者也。普御法寇，而非为寇者也，普之必胜亦可知矣。又内卦**坎**险，不易犯也，外卦**艮**止，不能进也，更可知法之不能胜普也。

言未毕，益田氏噱然冷笑曰："卦乃凭空之论，犹呓语不足听也。"余曰："余凭象数而推算，以决胜败之机。子虽久留法国，目击富强，信其必胜，是见外形，而未见其骨髓者也。《易》者，示天数豫定者也，今既推究此占，又复细论时事。三世拿破仑之升帝位也，初千八百四十八年之乱，与民政党而有大功，遂选而为大统领。乘其威福，破宪法，弄权力，而登帝位。今则富国强兵，殆如欧洲列国之盟主，且与英国联合，而伐露国，陷西边士卜之坚城，实足继第一世拿破仑之豪杰，予之期其必胜，盖在于此。余观拿破仑之英豪，乘时践祚，睥睨欧洲列国，所向无敌，凭藉威势，欲使子孙继承帝位。知有不能如志之兆，与普国构兵，以国赌之，将决存亡于一举，是绝伦之英豪，亦为私利所诳谩，遂兴蒙昧之举，陷屯难之险。卦象时事，历历相符，然子何必疑之?"

其后普王以六十万众，击法军于来因河畔，连战败衄，终退塞段城，普围益急，殆不可支，至八月三世拿破仑举军而降普。因录以证易象之不爽云。

六二：屯如邅如，乘马班如。匪寇婚媾，女子贞不字，十年乃字。

《象传》曰：六二之难，乘刚也。十年乃字，反常也。

凡《易》三百八十四爻中，首揭卦名之字者，多言其卦之时也。"屯如"者，难进之貌；"邅如"者，行而不进，转辗迟回之貌；"班如"者，半欲进，半欲退，进退不决之貌。"匪寇婚媾"者，盖六二乘初爻阳，六四之阴应之，谓彼乘马不进者，非逼于寇难，乃我之婚媾。然当此屯时，虽明知为正应，不能直行而遇也，故曰"女子贞不字"。《易》中言"匪寇婚媾"者凡三，此爻及**贲**之六四、**睽**之上九是也。"女子贞不字"者，此爻中正而应九五之阳，其义可从，然以阴柔，不能往而解**屯**之厄，救九五坎险之苦，故初九乘其隙来逼，此爻居中履正，执义守节，不敢许也。变则为**兑**，以少女配坎之中男，故托女子而系辞。曰"字"者，许嫁也，言女子有正应之夫。屯之时，内外相隔，不得从之，进退踌躇，是以"屯如邅如"也。"乘马班如"者，以震坎皆有马之象，故称"乘刚"曰"乘马”。时以初九之男子比我，虽欲娶我，不敢应其求，忌之避之，犹寇雠也。然初九实非寇我者，乃欲与己共事，特本婚媾耳，而我守正而不失其道，即贞而不字之象也。互卦有**坤**，坤数十，数之极也。又**震**为卯，**坎**为子，自卯至子，其数十。十干一周，而地数方极，数穷事变，星移物换，十年之后，其妄求者自去，屯难已解，而始得许嫁九五之应，谓之“十年乃字”。此爻犹太公居渭滨，伊尹居莘野，孔明在南阳也。屯难之时，群雄并起，不独君之择臣，臣亦择君，六二之“屯如邅如”，又非无故也。《象传》曰：“六二之难，乘刚也”，六二之艰难忧苦如此者，谓乘初九之刚故也。“难”字释“屯如邅如”之义。凡爻以刚乘柔为顺，以柔乘刚为逆，逆则其情乖而不相得，犹下有强刚之臣，我实艰于制驭。《象》曰“十年乃字，反常也”，十年之久，尚守其贞操，而从九五，复女子之常道，何者？女子生而愿为之有家，人伦之常也。女子二十而嫁，十年乃字，故曰“反常也”。

占 问婚嫁：爻曰“匪寇婚媾”，是明言佳偶，非怨偶也。但曰“女子贞不字，十年乃字”，知于归尚有待也。〇问战征：六二以柔居柔，有濡滞之象，故曰“屯如”。《春秋传》：“有班马之声，齐师乃遁。”古者还师称班师，故曰“班如”，知行师未可遽进也，必养精蓄锐，十年乃可获胜。〇问营商：“媾”与“购”音同，义亦相通。以货物求购，有迟回不决之意，故曰“屯如邅如”。又曰“十年乃字”，十者据成数而言，货物未可久积，或者十日十月乎？〇问功名：士之求名，犹女子之求嫁也，曰“屯如”、“邅如”、“班如”，皆言一时未成也。“十年乃字”，此其时也。〇问六甲：生子。

占例 明治二十五年，占某贵绅之气运。筮得**屯**之**节**。

断曰：此卦阴阳始交，为万物难生之时，故名曰**屯**。**屯**者难也，大抵事物之初，未有不艰难者也。草木之自萌芽而至繁盛，必先经霜雪之摧折而后得全也，况君子之经纶天下，谈何容易！此卦以**震**之动，遇**坎**之险，进必陷于险。凡一事之未成，一念之未遂，皆**屯**也。然事未有不始于**屯**，而得成者也，匡世救难，其大者也，《彖》曰“元亨利贞”，即是也。人能守利贞之诫，可遂获元亨之时，是以曰“勿用有攸往”。今某占得此卦，在某识见卓越，才高智邃，维新之始，既有大功于国家，后虽辞职挂冠，其志要未尝须臾忘君也。今又奉敕当大任，行将出而有为，《爻辞》则曰“屯如邅如，乘马班如”。**屯**者，屯难之义；邅者，迟回不进之貌；“乘马班如”者，乘马将进而复退之意也。此爻居辅相之位，上应九五之君，而以阴居阴，不能解屯难之厄，恐将出而仍不能遽出也。犹女子之思嫁，虽有正夫，因其内外相隔，不得从之，故有此象。盖阴者阳之所求，柔者刚之所凌，时当其屯，六二之柔，固难自济。又比以初九之刚，恐不能免于嫌疑，可不戒慎乎？

后某因与政党首领某相会，致生政府疑忌，遂复辞职。《易》爻之著明如此。然今虽不遂其志，十年之后，则屯极必通。夫以女子之阴柔，能守其节操，久而必得其亨，况贤人君子之守其道，中正以匡家国者乎？

六三：即鹿无虞，惟入于林中，君子几不如舍，往吝。

《象传》曰：即鹿无虞，以从禽也。君子舍之，往吝穷也。

“即鹿”，谓逐鹿也。鹿禄同音，又通乎禄利之义。鹿指九五而言。“虞”，掌山泽之官，犹土地向导者也，盖指初爻而言。初爻人位，故曰君子，与**乾**之九三同例。“几不如舍”，舍者，止也，谓知其功之不成，不如见几而止也。“往吝”者，吝，鄙吝贪吝之义，谓欲往而遂其志，必致辱名败节也。互卦为**艮**，**艮**者，止也。此爻以阴居阳，有阴柔而躁动之性，且乘应皆阴，无贤师良友训导，犹猎者无虞人之向导，而独入林中，虽冒险而进，不能获鹿，日倾西山，马困身疲，不可复如何也。且林中之险，非必入而后知之也，无虞人之向导，在即鹿之初，其机已见，然以其贪于从禽，往而不舍也。夫舍与入林，均不获鹿，舍则为君子，入则为小人，君子小人之分，无他，利与义之间而已。《象传》“以从禽也”者，谓为贪心所使也。又《爻辞》曰“几不如舍”，《象传》曰“舍之”者，决去之辞也。此爻变则为**既济**，**既济**之九三曰：“高宗伐鬼方，三年克之。”建国之意，可并见也。

占 问战征：爻曰“即鹿无虞，惟入于林中”，犹言行军而无向导，冒进险地也。当知几而退，否则必凶。〇问营商：玩《爻辞》，知其不谙商业，不熟地理，前往求货，不特无货，反有损失，舍而去之，尚无大害也。〇问婚嫁：是钻穴隙以求婚也，其道穷矣。〇问功名：梯荣乞宠，士道穷矣。〇问六甲：六三阴居阳位，生男。

占例 明治十八年应某显官之招，显官曰：予今将为国家进有所谋也，请占其成否如何？筮得**屯之既济**。

断曰：**屯**者物之始生也，为勾萌未舒之象。阴阳之气，始交未畅，谓之屯；世间有难而未通，又谓之屯；又遇险不遽进，又谓之屯。以人事拟之，则内卦之雷有动之性，欲奋发而有为，以外卦坎水之性，陷下而危险，有动而陷险之象，人苟欲有为，以前有危险，必不能如志也。非其才之不足，实运当其屯之象也。“即鹿无虞”者，欲入山中猎鹿，而无向导，致迷其途，必无所获。盖言此卦无阳爻之应比，其入于林中者，犹言贪位而前往，终不免羞吝也。《象》曰“君子舍之”，为能见几也，小人反是，“往吝穷也”。二爻辞曰“十年乃字”，今得三爻，九年之后，气运一变，必可达志也。

当时显官不用此占，往干要路，终至辞职，不得其志，至二十五年，果后见用，再登显要，计之恰好九年云。

六四：乘马班如。求婚媾，往吉，无不利。

《象传》曰：求而往，明也。

“乘马班如”，解见六二下。六四之位，与九五之君，刚柔相接，然以阴居阴，其才不能救天下之屯，故欲进而复止，“乘马班如”也。夫大臣不患无才，患不能用才，苟能求贤自辅，可谓贤明也。其取象与六二同，盖以初九为刚明有为之才，求之偕往，相与共辅刚中之君，庶几“吉，无不利”，谓其有知贤之明，而无嫉贤之私也。故《象传》曰：“求而往，明也。”初九亦然，若不待其招而往，不知去就之义，岂得谓之明哉！此爻变则为**随**，**随**之九四曰：“有孚在道以明，何咎”，可以知婚姻之正道也。

占 问战征：“乘马班如”者，不明其进攻之路故也，明而前往，则所向无敌，故曰“往吉，无不利”。〇问功名：士者藏器待时，不宜躁进，迨干旌下逮，出而加民，“无不利”也。〇问婚嫁：《诗·关雎》云，“窈窕淑女，君子好逑”，逑，求也，必待君子来求，始为往嫁，故吉。〇问六甲：生女。

占例 大仓喜八郎氏斡人某来，请占气运。筮得**屯之随**。

断曰：屯之为卦，我欲奋进为事，彼顽愚而妨之，故不能奏功，是屯之义也。今以四爻观之，四者比五，而在辅翼之位，但以五之不用我策，当变志而应初爻之阳爻。《爻辞》曰“乘马班如”者，谓欲进而犹未定也；“求婚媾，往吉”者，谓当求阳刚之初爻，以相辅也。

后依所闻，彼大仓之幹人与支配人，共趋广岛为镇台商务，继与支配人不合，意气不平，直辞大仓氏，自行大阪，开店于同镇台之侧。用从前同业某支配人，盖即卦中求初爻相助之兆也。

九五：屯其膏。小贞吉，大贞凶。

《象传》曰：屯其膏，施未光也。

膏者，膏润，坎水为雨为云之象。“屯其膏”者，谓时当屯难，不得下膏泽于民，致财政涩滞，有功而不能赏，有劳而不能报也。五爻中正而居尊位，得刚明之贤臣以辅之，则能济屯矣，以无其臣也，故“屯其膏”。初九备公使之选，在下而遵时养晦，六四应之，民望归之。九五居尊，而陷坎险之中，失时与势，其所应六二之臣，才弱而不足济屯，小事守正则可得吉，所谓“宽其政教，简其号令”，可使之徐就统理也。惟至大事，则不可也，若夫遽用改革，恐天下之人，将骇惧而分散，是求凶之道也。自古人君，时当叔季，往往愤权柄之下移，遽除强梗，而为权奸反噬者不少，谓之“小贞吉，大贞凶”也。夫天子亲裁万机，其中所尤急者，在于抚育教化万民，各使之沐浴泰平之德泽，无一夫不得其所。今九五之君，陷坎险之中，屯难之世，左右股肱之臣，亦皆阴柔，而无免险之力，不得施膏泽于下，故《象传》曰：“屯其膏，施未光也。”

占 问功名：士之所赖以显扬者，全望上之施其恩膏也，若上“屯其膏”，而士复何望焉！〇问战征：上有厚赏，则下愿效死，若恩泽不下，势必离心离德，大事去矣。凶。〇问营商：膏者谓商业之资财也，“屯其膏”，谓蓄聚而不流通也，小买卖犹可固守，大经营未免困穷矣。凶。〇问疾病：膏者在人为脂血，屯而不通，是闭郁之症，初病治之尚易，久病危矣。〇问六甲：九五居尊，生男，且主贵。

占例 明治十九年初夏，某法官来访，曰：仆常在某任所，该地有一银行，颇称旺盛。仆偶听友言，为该行株主，购入株券若干，今犹藏之，顷闻该银行生业不佳，若将颠蹶，仆甚忧之。请君占该行盈亏如何？筮得**屯**之**复**。

断曰：屯者，屯难之甚。五爻在天位，而不能施雨泽，谓之“屯其膏”，《诗》曰“芃芃黍苗，阴雨膏之”是也。以政府言，公债之利子，不能下付之象。据此则如该银行，必会计窘缩，未能获益于株主。然**屯**之《彖辞》曰“元亨利贞”，又《传》曰“君子以经纶”，故今虽陷困难，待时值元亨，必能经纶而奏救济之功。试为之推其数：二爻曰“十年乃字，返常也”，自二而数之，至下卦**蒙**之五爻，是为十年，今该行既过四年，再后六年，自当偿今日之损亡，必大有起色也。且**蒙**之五爻曰“童蒙，吉”，是株主犹童稚之无意无我，而受父母之爱育，师范之训示，不劳神思而得利润之象也。请君不患今日之窒滞，拾袭株券，可以待他日之兴隆也。

某氏拍手，感余言之奇，且曰：易占诚神矣哉！余之所言，则福岛银行也，该行头取某，曩在东京，窃染指于株式市场，大取败衄，余殃波及该行会计，以至不能配赋利润。今得此明断，余心安矣。

占例　二十七年九月，我国有讨清之举，涩泽荣一氏以下，东京及横滨富豪，倡使全国富豪献纳军费之议，报之于余，余乃占其事之成否。筮得**屯**之**复**。

断曰：此卦内卦则首倡者，有雷之性，欲发声而震起百里；外卦则其他富豪，为水之性，就下不能应上，如雷动水中，不得如响斯应，曰**屯**。**屯**者事之滞也。今当国家需用孔急而募饷未集，有如密云不雨之象，故曰“屯其膏”。富豪者或能致少额，不能输巨额，故曰“小贞吉，大贞凶”，此举恐难如愿也。夫国家当大事，求微细之资于有志者，犹疗巨创以膏药，物之大小不相适可知，使他人谋之，不免笑我识见之陋劣。余谓国事，当以公议谋之。尔后闻集议员于广岛，立决一亿五千万元公债募集之议也。

上六：乘马班如，泣血涟如。

《象传》曰：泣血涟如，何可长也。

“乘马班如”，解见六二下。“泣血”者，悲泣之切，泪竭而继之以血也。**坎**为血卦，故曰“泣血”。“涟如”，泪下之貌，此爻变则为**巽**，以坎水从巽风，涟如之象。上六以阴居阴，在全卦之终，坎险之极，运尽道极，而不能济；三阴而不我应，虽下比五，以屯膏贞凶，不足归之，故困穷狼狈，不堪忧惧，其求救之切，犹欲乘马而驰者也。悲泣之甚，涕泪不绝，真有不堪其忧矣。然物穷则变，时穷则迁，如因忧而思奋，不难转祸为福，则屯可济矣。此爻与三四两爻，有济屯之志，而无其才，其占不言凶者，盖因时势使然，非其罪也。《象传》“泣血涟如，何可长也”者，谓其不久而时运将变也。此爻变则为**益**，**益**之上九曰：“莫益之，或击之，立心无恒，凶”，又可以见其穷之甚也。

屯之经纶国家也，初爻公而忘私，国而忘家，为水地**比**之世，建侯辅治，可得安泰。四爻往而求贤，与初爻建侯同，为泽雷**随**之世，亦得安泰也。上爻居于上位，奋发有为，为风雷**益**之世，国运可进步也。然初四二爻，相疑而不相让，上爻欲进复退，则屯难无复解之日也。

占 问战征：上居屯之极，进退维谷，穷戚已甚，而至泣血，是军败国亡之日也。凶。〇问营商：“乘马班如”一句，上已三复言之，是商业之疑惑不决，已至再至三矣。极之泣血，知耗失已多，故曰“何可长也”。〇问功名：上居**坎**终，更无前进，得保其身幸矣。〇问疾病：知必是呕血之症。凶。〇问六甲：生女，又恐不能长大。

占例 明治二十四年，占内阁之气运。筮得**屯之益**。

断曰：**屯**者，雷将奋出于地中，为地上之水所抑制，不得出而踌躇之象，故名曰**屯**。以国家拟之，下卦之人民，有雷之性，欲奋进激动以长势力；上卦为政府，以水之性陷于坎险，压制下卦之雷，不能发动。现时政府，一为条约改正之事实，二为第二议会之准备，舆论喧扰，事务涩滞，国运正值屯难也。又见上卦之阴，应下卦初爻之阳，恐有在朝之人，与下民之有力者，隐相引援，以致滋事。今占内阁，得此爻，上爻近在君侧，但时当屯难，欲尽辅弼之任，苦无应爻之援，为首相者切思辞职，为侯辅者亦欲避位，正是“乘马班如”，进退未决也。追思曩时木户、大久保二氏，任天下之重，而能济其艰，今无其才，回念及之，不堪叹息忧闷，有“泣血涟如”之象。然他日天运循环，至下卦山水**蒙**二爻，则政府犹教师，人民犹子弟，可得互相爱敬，有豪杰者兴，自能出险济屯，经纶天下也。

䷃山水蒙

“蒙”字古篆作𦿆，从艹，从冖，从豕。艹者草昧，冖者掩覆之形，豕者众之本字。“众”三人，《国语》曰：“三人为众”是也。众民未得义方之训，智识未开，昧而不明，犹为物所掩覆之象，是为童蒙之“蒙”。此卦内坎水而外艮山，山下有水，水气成蒸为雾，昏不见山之义，故名曰蒙。

蒙：亨。匪我求童蒙，童蒙求我。初筮告，再三渎，渎则不告。利贞。

“蒙亨”之亨，与屯之“元亨”同，非谓即蒙即亨，谓蒙昧者能以先觉为师，以启其聪明，斯蒙者亨矣，故谓之亨。“我”指师言，“童蒙”指子弟言，外卦艮少男，故有童蒙之象。童蒙而求聪明，莫善于求师，其得师也，宜以至诚请益。《礼》曰：往教者，非礼也，是师无往教之礼，故谓之“匪我求童蒙，童蒙求我”。盖弟子之求师，与揲筮求神者同，故谓之“初筮告”。初则其发心也，诚一而不杂，迎其机以告之，其道亨也。若至“再三渎”，则私意起矣，杂而不纯，故不告，即《少仪》所谓“毋渎神”之渎。“不告”，即《诗·小旻》所云“我龟既厌，不我告犹”之义。《说卦传》曰：艮为手，自二爻至四爻，互卦有震，震为草，即以手揲蓍，“初筮”者，其象取此。且六五有颐口之互象，以虚中之孚而问也。“告”者以九二坎之舌，与震之声应之也。“再三”者，三爻四爻为颐口之象，连渎不已，亨贞之道胥失矣。拒以不告，教者之道正，而求者亦不敢不正，故曰“利贞”。

《彖传》曰：山下有险，险而止，蒙。蒙亨，以亨行时中也。匪我求童蒙，童蒙求我，志应也。初筮告，以刚中也。再三渎，渎则不告，渎蒙也。蒙以养正，圣功也。

屯之后次以蒙，谓山川之位既定，万物繁茂，然犹是蒙昧初启。卦象艮山之下，有坎水之险，水自山上而下，流而为坎。其初为雨为水，不知所自来也。**艮**止也，故“险而止，蒙”；**坎**通也，故“蒙亨，以亨行”。**艮**止则阴气闭结，故暗；**坎**通则阳光透发，故明，有由蒙生明之象。此卦自三爻至五爻而为**坤**，坤为地；自二爻至四爻而为**震**，**震**为崔苇，山下之地生崔苇蒙茸，是**蒙**之象也。

以此卦拟人事，有蒙昧无知之象。人幼而智识未发，谓之“童蒙”；不学而不知道义，谓之“困蒙”。六五“童蒙”柔中，天姿本美，幼而无知，功宜养。六四“困蒙”重柔，气禀本昏，而又不知自勉，利宜发，故谓之“山下有险，险而止，蒙”也。九二以刚中而应六五，六五为主，九二发其蒙。以阳爻为师，阴爻为弟子，故师得二爻之阳，以应弟子之求，谓之“匪我求童蒙，童蒙求我，志应也”。弟子得五爻之阴，以求师之教，当致其精以叩之，谓之“初筮告”，若再三请益，渎慢不敬，则不告也。《易》之理如此。盖师教通于神道，凡人于未来之事，不得不问之于神，神之教之，所谓“受命如响”也。故告蒙亦曰“初筮”，言神之与人，犹师之与弟，应以诚求，不应以渎慢，谓之“再三渎，渎则不告，渎蒙也”。是以“困蒙”者，圣人所欲启发，“童蒙”者，圣人所欲养正也。养正之道，非由外加，亦即葆其固有之天真而已。凡人之受生于天也，耳自聪，目自明，父子自有恩，君臣自行义，莫不自具也。人能不失赤子之心，则亲亲长长而天下治平。且“童蒙”者人生之初也，“童蒙”而无所养，他日欲望其圣，不可得也，谓之“蒙以之正，圣功”也。

以此卦拟国家，上卦之政府，有山之性，傲然而在高位，固守而不动，乏奋进之精神，怠于政事，而不眷顾下民，惟以刚重镇压之；下卦之人民，有水之性，犹水之就下，陷于困难之中，苦其生活，忘教育之道，不知国家为何物。故**屯**、**蒙**二卦，皆为洪荒之世，人民逸居而无教，争夺以谋生，弱肉强食，知己而不知有人。夫天下之人，当其智识未开，而导之于善，则其教易行，及其嗜欲既炽，天良已汩，则其教难行。政府当此时，宜开导斯民，使之就产业，待其衣食之丰足，而后可教以礼义。得此卦知政府之施政，未得其宜，国家之教育，亦误其方，人心激昂，不保无冒昧之举动也。政府既导之以德，齐之以礼，而下犹不从，不得不出之以政刑，击而除之，亦势所不免也，是以上爻有“击蒙”之象焉。

蒙之时，君子小人，皆不得其位，是非颠倒，邪正混乱，六四一爻，独得其正，亦不容于世，君子为小人所排挤，而不得于世，是国家之蒙也。蒙之世，六五之君，阴柔而顺良，异日聪明大启，必将为圣明之君。以尚在幼稚，其德不普于天下，幸有九二之大贤，与之相应，是朝廷之师傅，而负发蒙之重任者也。此爻非以臣求君，而君求臣也，犹太甲之于伊尹，成王之于周公，谓之“匪我求童蒙，童蒙求我”也。且以此治国家之蒙，包容蒙昧之民，诱掖扶导之，可以全教育之功，若犹有不奉教益，懒惰放恣，不知悛改，初六所谓“利用刑人”者，戒之深矣。

通观此卦，初六与上九，治蒙之始终也。九二当启发众蒙之任，六五“童蒙”之主，六三则女子之蒙也，六四“困蒙”之下愚者也。故初六蒙昧之民，而不知受教，不勤民业，以致陷于困难，处之刑辟，以惩其非，是以曰“发蒙，利用刑人”。九二为师，具顺良宏涵之德，善容众蒙，训导得宜，得继祖先之志，使之守其业，故曰“包蒙吉”，“子克家”。六三，其性奸邪，不从教导，故曰“勿用取女”。六四有顽固强慢之性，不听师教，自陷困苦，故曰“困蒙，吝”。六五犹是赤子，天性纯正，但智识未开，童稚而居君位，克顺九二师傅之教，遂成达识，此圣人之蒙，所谓聪明睿智，而守之以愚者也，故曰“童蒙，吉”。上九师教不得其正，不以德化，而以刑驱，是招寇也，故曰“击蒙，不利为寇，利御寇”也。

《易》中六爻之义，初爻对上爻，三爻对四爻，其义自易明也。例如此卦初爻用刑，上爻用兵以击之；二爻“包蒙”以应五爻，五爻“童蒙”以从二爻；三爻见二爻而失身，四爻远二爻而失利。诸卦之例，大凡如此。

《大象》曰：山下出泉，蒙。君子以果行育德。

坎为水，今不言水而言泉，《易》之例，以水概取险难之义，故避之，取象于泉之始出也。泉之始出于山下，涓涓清澈，不染尘汙，犹童稚之性，自具天良，得勃然发育之势，故取其义，而名之曰“蒙”也。得于心曰德，见于事曰行，山有生育之德，泉有流行之状，山之生物无限，水之行地不避险易，注诸于江，朝宗于海。君子法此象以果决其行，养育其德，所谓义所当为，勇往直前，无因循畏缩之弊；理之得于心者，优柔厌饫，无虚骄急迫之患。彼世人之不得实用者，辄云思而不能行，当因此而反省也。此卦自二至四为**震**，**震**为行，**艮**为果；又自二至上为**颐**，**颐**为养，即育也。

占 问战征：《象》曰“山下出泉”，是潜伏之水也，有伏兵之象。君子谓军中之将帅也。“果行育德”，果者果敢也，育者蓄养也，谓当蓄其锐势，而果决以进也。〇问营商：玩《象辞》，想是开凿矿山生意。当果决从事，吉。〇问功名：是士者素抱德行，伏处深山之象。曰“山下出泉”，终将出而用世也。〇问家宅：知是宅坐向坎艮。曰“山下”，必近山也；曰“出泉”，必有泉流出其下也。君子居之，其宅必吉。〇问婚嫁：坎辰在子，上值女，《圣冷符》曰：“须女者主嫁娶”。**艮**下**兑**上为**咸**，二气相感，故曰“取女吉”。“山下出泉，蒙”，是婚姻之始也。〇问疾病：**艮**止**坎**险，病势必热邪过止，渐陷于内，待初爻发蒙，邪气外发，可保无虞。〇问六甲：生男。

初六：发蒙，利用刑人，用说桎梏，以往吝。

《象传》曰：利用刑人，以正法也。

凡人而不喻道理，不通事情者，皆谓之蒙，“发蒙”者，启发蒙昧，使之明晓也。“刑”者，所以治违教犯法之人。“桎梏”刑具，在足曰桎，在手曰梏。“说”，脱也。初爻阴柔而失中正，居六爻之最下，陷坎险之底，如入幽暗之地，不见明光，是爻之象也。“发蒙”者，非不欲诱掖之，劝勉之，无如教之不从，则不得不以刑罚齐之，一经悔悟，便脱刑具，不敢或猛，亦足见发蒙者之苦心也，故曰“利用刑人，用说桎梏”。古圣人之治民也，教化以导其俗，刑罚以齐其众，圣人虽尚德不尚刑，而亦未尝偏废也。按，**艮**为手，互卦**震**足，手足交于坎险，有桎梏之象。又**坎**通也，**艮**止也，如能通达，遂即罢止，有脱之象也。若执法过严，下既改过，上复苛责，不特阻其自新之路，或激而成变，故谓之“以往吝”也。盖治民之蒙，不可太宽，亦不可太急，戒之以刑，改则脱之，所谓“恩威并行，宽猛相济”者，发蒙之道，斯得之矣。用刑固非圣人本意，然国家设法，所以齐不齐以致其齐也，若使有罪者皆脱网而去，则法将安用？顾刑法所主，宜大公至正，罚一人而使千万人知畏者是也，故曰“利用刑人，以正法也”。此爻变则为**损**，**损**之初九曰：“已事遄往，无咎。酌损之”，其斟酌适宜之义可见也。

占 问战征：爻曰“发蒙”，是为伐暴讨罪之师，如大禹之征有苗，格则罢师而还，故曰“以正法也”。〇问营商：初居内卦之始，是必初次谋办也。**坎**为难，爻曰“发蒙”，曰“用刑”，知营商必有阻碍，殆将兴讼，得直理宜即止，若欲穷究，恐有害也，故曰“往吝”。〇问功名：欲往求荣，恐反受辱，宜自休止。〇问嫁娶：初居始位，爻曰“发蒙”，必在少年订婚。既多事变，罢婚可也。〇问六甲：初爻阴居阴位，生女，又恐生产有难。

占例 余亲族田中平八氏来，以其弟某放荡，欲使之悔悟，将以某托余家。筮得**蒙**之**损**。

断曰：**蒙**之卦象，山为水气所蒸，朦胧不明，故谓之**蒙**，在人为邪欲所蔽，以致事理不明也。某之为人，才智胆力，悉类其父，但年少失教，竞习纨绔，不知艰难，故浪费货财，好与匪僻为伍。今使暂居余家，当先谕以处世之道，禁止他出，使之悔悟前非，是亦“发蒙，利用刑人”之义也。至其兄虽托于余，其母未免溺爱，恐有怨余教诲过严者，谚曰“人莫知其子之恶”，此之谓也。

既而果如此占，教之一年，因其伶俐之性质，遂生后悔，可望后来之成人也。

九二：包蒙吉。纳妇吉。子克家。

《象传》曰：子克家，刚柔接也。

“包”者，包容之义。“包蒙”者，包容众蒙而为之主也。“纳妇”者，受众阴而为妇也。“包蒙”，言其量之能容；“纳妇”，言其志之相得；“子克家”，言其居下而能任事，故曰“吉”。二爻以阳居阴，具刚明之才，中和之德，当启蒙之任，能以宽严适宜，训导有方，可为君蒙之师也。**蒙**一卦，只有两个阳爻，余爻皆阴。上九之阳过刚，至于“击蒙”，惟九二之阳得中，故能“包蒙”。且二爻之位，臣也，子也，在臣则与六五柔中之君，阴阳相应，斯内为同僚所悦服，外为众人所归向，虽妇人之性柔暗难晓，能以柔纳之，自得亲睦，故谓之“包蒙吉，纳妇吉”也。在子则能事六五之父，统众阴之子弟，以修齐家道，故曰“子克家”。夫子能治家，则家道日隆，父之信任专矣；臣能敷教，则民德日新，君之信任专矣。《象》曰“刚柔接也”，即所谓上下合德也。《象传》之意，以二为臣，则以五为君，以二为子，则以五为父，事虽异，义则一也。刚指九二，柔指六五，九二与六五，阴阳相应，以刚中之子，继柔中之父，能治家道，谓之“子克家，刚柔接也”。以阳刚爱阴柔，故有“纳妇”之象；居下位而能任上事，故有“子克家”之象。互卦为**震**，**震**为长子，有主器成家之象。

占 问战征：二爻以阳居阴，爻曰“包蒙”，有包括群阴之象。《象》曰“刚柔接也”，刚柔者两军也，“接”，接战也，“克家”，犹言克敌也。占例妇为财，子为福，既克敌军，又纳其财，并受其福，大吉。〇问营商：二上以两阳包三阴，一阳在内，一阳在外，有包罗财物，出贩外地之象，故曰“包蒙吉”。“纳妇”者，是必旅居纳妇也，有妇复有子。“克家”者，必其子能继父业也。〇问功名：想不在其身，而在其子也，故曰“子克家”。〇问家宅：曰“包蒙”，以**艮**包**坎**，是必山环水抱之地。曰“纳妇”，曰“克家”，是宅必有佳妇佳儿，克振家业，吉。〇问婚姻：玩《爻辞》，有二吉，明言有妇有子，吉莫大焉。〇问六甲：生男，主富贵。

占例 友人药师寺氏来告曰：余自少努力，业务励精之久，渐兴家产，然不幸无子，因养亲族之子，以家产托之。故亲族中皆欲为吾子之想，务辅助之，使之各就产业，各营一家。无如彼多不知处世之苦，不思余之家产，出于焦心竭力之余，洵非容易。而一族中互怀不和，颇生嫉妒，余之所言，亦皆阳顺之而阴背之，恐余之殁后，必至亲族敌视，余心所不安也。处之如何而可？为请一筮。筮得**蒙**之**剥**。

断曰：人当幼稚之时，首宜求师就学，教以道义，启其聪明，长则自能兴事立业，克成家道。若弃而不教，不得诿其咎于子弟，谚云“养不教，父之过，教不严，师之惰”，可为戒矣。然教之道，有严有宽，严则致怨，不如宽而有恩，故曰“包蒙吉”。且此卦上互**坤**，**坤**母也，下互**震**，**震**子也，是教其震子并坤母，而亦容纳之，是以吉也。迨其子长成，克治其家，斯不负教者之苦心矣。在足下智识活泼，勉强起家，能分财以抚育亲族，使之各居其业，继承祖先，其情可谓挚矣。而欲使亲族，咸知奋勉，一如足下之经营，其望未免过奢也。亲族中既无足下之才，又无足下之运，殊难相强。今占此爻，明示“包蒙”二字，盖劝足下惟以包容为量，不须苛责。人之至亲，莫如父子兄弟，往往父子兄弟之间，性情不同。父不能使其子皆为肖子，兄不能使其弟皆为悌弟，况于亲族者乎？惟一一以包容待之，斯明者必能知恩，而不明者亦将感而自化，斯彼此可以无忧矣。

六三：勿用取女，见金夫，不有躬，无攸利。

《象传》曰：勿用取女，行不顺也。

“金夫”，犹曰丈夫也，金者，阳爻之称，取刚坚之义，指九二。九二包群蒙，故有富之象。曰“金夫”者，为别上九正应之夫。三爻阴柔而不中正，暗昧而居坎险之极，不能守贞而待时，故求而不止，欲而不择，其行偏僻，其事暧昧，见九二为群蒙所归，得时之盛，因舍上九正应之夫，欲从近比之九二。操行不正，不能复持其身，娶此多欲之女，必无所利也，故曰“勿用取女，见金夫，不有躬，无攸利”。艮山止而不动，坎水流而不止，可见“不有躬”之象。又**坎**为盗，此爻变则为巽，**巽**为近利，见人之有金，破节败名，不复知有躬。此爻又变而为**蛊**，以**巽**之长女，从**艮**之少男，惑乱之象。《爻辞》虽指女与夫言，亦喻辞耳，凡阴柔多欲者，皆可类推。九二有刚中之德，必不比六三而为不义之行，惟六三以不中正，欲自比九二，故系辞于六三，以见罪在六三也。《象传》之意，谓阳倡而阴和，男行而女随，顺也。以女求男，于理已悖，况舍正应之夫，而从比近之金夫乎？故曰“勿用取女，行不顺也”。

占　问战征：爻曰“勿用取女”，女阴象，凡占书以女爻为财，金亦财也，言行军宜散财以容众，不宜敛财以取怨。如掳掠财物，必致师败身亡，曰“勿用”，戒之深矣。○问营商：六三以阴居阳，阴内阳外，是必行商出外也。行商最忌贪色，男恋其色，女图其财，一入骗局，小则破财，大则伤身。《象》曰“行不顺也”，顺与慎音同义通，可不慎哉！○问家宅：玩《爻辞》，所谓“牝鸡司晨，惟家之索”，是宜深戒。○问功名：妇道通于臣道，见财忘义，必致声名破败，为女不贞，即为臣不忠也。○问六甲：生男。

占例　某贵显当维新前脱藩，而与诸藩浪士交，共倡大义，奔驰东西，偶归乡里，遂为藩吏所忌。亲族多疏散，以致妻女亦不善遇，正如苏秦归来，裘敝金尽，妻不下机，嫂不为炊时也。既而维新之世，仕升显职，设邸东京，招致家族，彼糟糠之妻，性质朴野，容貌动止，多不适意。加以前日疏己之嫌，遂去之，外狎一妇，情好最密，谋纳为妻。一日来谓曰："予将娶妻，请占其良否？"筮得**蒙**之**蛊**。

断曰：**蒙**者，物之蒙昧而未发达之称，为幼稚之义。然非专指童蒙，凡人无道义之教者，总谓之"蒙"。今足下欲娶情妇，占得此爻，《爻辞》曰"见金夫，不有躬"，此女必有淫行，想是艺妓之女。"金夫"者，谓将以金赎其躬矣。恐品格不正，难谐永好。此女以一时之举动，投足下之意，足下将欲娶之，若娶此女，后来恐别生葛藤，系累不绝，其有悔必也。足下阀阅家风，素守清白，如娶艺妓，必不适堂上之意，而彼妇暂时忍耐，未必能永守清规，足下即不去之，彼亦将下堂求去也。

某遂不用余言，纳之，后果如此占。

六四：困蒙，吝。

《象传》曰：困蒙之吝，独远实也。

四爻以阴居阴，其位不中，如**艮**下山足，牢不可移，谓顽固而不知迁善也。近六五之君，才拙而任重，无贤者以辅导，故不堪困苦，而终为鄙吝之行，所谓"困而不学，民斯为下"者也。盖**艮**之少男，柔弱不中，昏蒙未启，与群宵为伍，是自困也。况上有**艮**山而不能进，下有**坎**险而不能退，应比皆阴，无刚明之亲援，凡亲我者皆阴柔不正之徒，则聪明无自发，昏昧无由开，是以其为事也，无不困也，谓之"困蒙，吝"。窒而不通曰困，纳而不出曰吝，困犹病者之忌医，吝犹过者之讳师，如此者，教之虽以其道，不能从也，其吝甚矣。《象传》之意，此卦初爻比九二，三爻应上九而比九二，五爻应九二而比上九，各有阳刚之应比，得贤师良友之辅导，独此爻陷三阴之中，而不得刚实之师友，故曰"困蒙之吝，独远实也"。独者，无助之谓，阳以生为主，故称实也；"远实"者，自我远道之义也。人而远道，孟子所谓自弃者。

占　问战征：行军宜深入显出，曰"困蒙"，是入阴险之地，而不能出也，故困。足以济困者，在初爻之阳，六四距初间隔二爻，阳为实，故

“远实”。是知救兵在远，不能及也。凶。〇问营商：经商之道，宜亨不宜困，宜通不宜吝。“实”资本也，“远实”则伤其资矣。困蒙之吝，其道穷矣。〇问时运：“蒙”，暗昧也，“困”，厄穷也，蒙而困，其终困矣。〇问家宅：据《爻辞》观之，家业困苦，宅地亦幽僻，《象》曰“独远实也”，是必孤村而乏邻居也。〇问六甲：生女。是女必少兄弟，故曰独。

占例 乌尾得庵居士，余素所敬信也。明治二十三年十二月，与古庄嘉门氏等数人访余，曰：明年以国会开设之期，吾辈立一主义，欲有所倡导，请占其气运如何？筮得**蒙**之**未济**。

断曰：此卦山前水气蒸发，朦胧不明之象。《易》有**屯**、**困**、**蹇**、**坎**四难卦，其当之者，不能容易脱险，如**蒙**则否，虽陷坎险，由其爻之所居，有智识者，自得免险也。今以四爻观之，承乘应皆阴柔，无助吾之力，在人则无贤师良友，不得启发其蒙之时也，故曰“困蒙，吝”。君学通古今，才兼文武，其所欲倡导之主义，为天下之公道，加之以卓绝之识见，豪迈之胆力，故以理论之，如天下无敌者。然得蒙卦则天下之人，总如童蒙，不识是非邪正，犹暗夜不辨乌之雌雄，是以君虽说得中正道理，终不能开发其悟。“困蒙”者，是无其效也，然过此一年，至五爻“童蒙吉”之时，下有九二阳爻之应，得以辅导，自可大遂其志也。

后果如此占。

占例 明治二十七年冬至，占二十八年贵族院院议。筮得**蒙**之**未济**。

断曰：此卦山下有水之象，水自山上流下，前途不知所之。人亦如此，故虽贤哲之士，得此卦则固有之智识，为物所蔽，为言行蒙昧之时也。今以贵族院见之，若不觉自己之蒙昧，而焦虑国事，犹瞽盲之人，不见全象，而评其形状，谓之“困蒙之吝，独远实也”。为明年院议不举之占也。

六五：童蒙，吉。

《象传》曰：童蒙之吉，顺以巽也。

五爻以阴居阳，柔顺谦虚，下应九二；**艮**之少男，得柔中之德，而居尊位，幼主临下之象。九二之贤臣，有刚中之德，能辅佐六五之君，在幼主自知年少，委政贤相，无为而治，如成王之于周公是也。人主能不挟威权，舍己从人，任贤不二，如“童蒙”之得贤师，专心听受，故曰“童蒙，吉”。《象传》之意，以人主之尊，生长富贵之中，不知处世之艰苦，往往疏忠言，远耆德，以致败乱国家，在所不免。今六五能顺九二，故曰“童蒙之吉，顺以巽也”。此爻互卦为**坤**，**坤**为顺，变则为**巽**，顺、巽二字，出于此。

《易》中以九居五，以六居二者，虽当其位，其辞多艰；以六居五，以九居二者，虽不当其位，其辞多吉。盖君贵以刚健为体，在虚中为用，臣贵以柔顺为体，以刚中为用，斯上下交而其志同也。是卦之通例也。

占 问战征：五互**坤**，辰在未，值井，弧矢九星在井东南，主伐叛。又东为子孙星，爻曰“童蒙”，是帅子弟以从军也，故吉。〇问营商：五为卦主，爻曰“童蒙”，是必店主尚在童年。五应二，《正义》云“委物以能”，谓委付事物于有能力之人，是委二也。盖五爻店主，自知年少，顺从二爻，以为经纪，故曰“童蒙吉”。〇问功名：年在“童蒙”，功未成，名未就，惟能顺听二爻师教，则成就未可量也，故曰“吉”。〇问婚姻：**蒙**上体**艮**，**艮**为少男，是以幼年定姻也，故曰“童蒙吉”。〇问六甲：生男。

占例 友人福原实君，一日来访，告以荣转冲绳县知事，且请占前途吉凶。筮得**蒙**之**涣**。

断曰：此卦事物之理未明，蒙昧幼稚之象，故谓之**蒙**。按此卦以阳爻为师，以阴爻为弟子，今六五阴而应阳，以位得中正，犹童蒙之天禀本美，绝无私欲，故吉。足下之性质温厚沉实，余之所知也，赴任之后，接待僚属，宜磊磊落落，不挟一私，豁达大度，虚怀听受，自然上下同心，彼此相待，公私皆有益也。以**蒙**卦见之，足下初莅其任，风俗人情，未免蒙昧无知，择属官中通达事务者委任之，藉彼之明，启我之蒙，是为紧要。此占有实与足下之性质符合者，足下能体认事理，而从事县务，后必奏实功也。是所以曰“童蒙吉”也。

占例 明治二十七年冬至，占明年众议院之形势。筮得**蒙**之**涣**。

断曰：**蒙**者山下有水之象，在人为智识不明，不知事理之方向也。先是众议院创议，节省政费，每年减之，不详度政府之动为，不留意各国之形势。此议纷起，政府颇以财费不足为忧，后忽有征清之敕，于是众议员辈，皆作青天霹雳之想，在广岛集议，不终日而决公债一亿万元募集之议，是谓“发蒙”也。蒙也者，非谓愚也，幼而智识未开之谓，故曰“童蒙”今得五爻，有“童蒙”受教，启迪聪明之意，故曰“童蒙吉”，为明年院议之占也。

上九：击蒙。不利为寇，利御寇。

《象传》曰：利用御寇，上下顺也。

“击蒙”者，谓不能“包蒙”，面杖作教刑，怒而出之以击也。此卦四阴二阳，四阴皆蒙昧，二阳均有刚明之才德，足以击蒙也。九二有刚中之德，训导中节，宽严适宜，其于蒙能包之，所谓“董之用劝”；此爻以阳居阴，刚极失中，其于蒙也，乃击之，所谓“戒之用威”。此击字，比“包蒙”之包，“发蒙”之发，凌厉严刻，不言可知矣。然“童蒙”而不从教，初发之而不知感，继发之而不知悟，教之术亦几穷矣，上九亦出于势之不得止也。至击之太甚，未免过于凶暴，是击之者，反为寇也，故曰“不利为寇”。然因其蒙顽不灵，一味优容而不惕之以威，将恐蒙极而流为寇，是宽之适以害之。击之者，治蒙虽严，正所以御其为寇也，故曰“利御寇”也。曰“为寇”者，寇在我也；曰“御寇”者，寇在彼也。**艮**为手，有击之象；**坎**为盗，有寇之象；**艮**止于上，有御寇之象。上九虽应于三，三之行不顺，是寇也，非婚媾也，故利御之也。此爻变则为**师**，**师**又有击之象，乃寇之象。《象传》之意，此卦有刚明之德，比六五而辅翼之，应六三而训导之，且自上九至六三，其应比之间，无有一阳之障碍，是为柔顺之极，故曰“利用御寇，上下顺也”。

占　问战征：上辰在戌，上值奎，奎主库兵，禁不违时，故曰“利御寇”。〇问营商：商业一道，全在利用，又贵顺取。逆取为寇，顺取则为御寇。“上下”者，卖买两家。卖买和洽，则上下顺矣。吉。〇问婚姻：“击蒙”，马郑作“系蒙”，恰合月下老人红丝系足之意。**屯**卦两言“匪寇婚媾”，是佳偶为婚，怨偶为仇之谓也。利用御寇，必为佳偶。妇道贵顺，《象》曰“上下顺也”，是必家室和平也。吉。〇问六甲：生男。此男童年，必宜严教。

占例　某氏为朋友调排事务，恐反生枝节，请占一卦。筮得**蒙**之**师**。

《爻辞》曰："上九：击蒙。不利为寇，利御寇。"

断曰：此卦内卦为水，外卦为山，山被水气所蒙，故有朦胧不明之象。水阴也，山阳也。君之朋友，想为阴柔者所蒙，以致多事，君将居间而处置之，则必去其蒙，而后其事得以就理。始君举正理而婉说之，彼等蒙顽性成，固非可容易了解，于是君乃盛气相争，直摘其奸，攻击太甚，在朋友不特不感其情，反将以寇雠视君也，故曰"不利为寇"。不知朋友之所以不悟，实被阴柔者所蒙，彼阴柔者乃真寇也，君当击而御之，斯其事可理，故曰"利御寇"。某氏谢而从之。

○明治二十七年冬至，占二十八年我国与英国交际。筮得**蒙之师**。

断曰：此卦山下有霭，朦胧不可远望之象，故名此卦曰**蒙**。人得此卦，为彼我之情不通，而不知所为也，国家之交际，亦犹是耳。夫智识未明者，谓之"童蒙"，此卦各爻有教蒙之义。阳爻为师，阴爻为弟子，上爻阳而失中，持之过激，未免薄于情义，甚至反招其怨，故谓之"击蒙，不利为寇，利御寇"。今得此卦，以我国拟纯良之弟子，以英国为傲慢之师，当我国与清国交战得胜，彼因之起妒忌之念。上爻幸居无位之地，故不须劳心，即不以师视之亦可，惟敬而远之，温言宽容，以敦交谊。彼虽有干涉之举，婉辞谢之，不可结寇也，谓之"不利为寇，利御寇"也。

䷄水天需

"需"字，篆书作𩂣，古文作𩂣。本从天。天即篆书"天"字，非"而"字，即下卦**乾**天，上卦**坎**云之象形也。《大象》曰"云上于天，需"是也。音须，从雨得声，此字训待之义。详《彖传》下。

需：有孚，光亨，贞吉，利涉大川。

九五以阳陷阴中，待三阳之进；三阳亦欲进而未进，是以得同心之孚。虽在少时阴暗未消，而乾阳方升，自能光显亨通，而安贞有吉也。险莫如大川，上下相孚，阳长阴衰，往而涉之，必有利，惟在需其时而已。**坎**、**乾**两卦，其中实，故曰"孚"；互卦**离**，为光为舟；坎水为川，以**乾**健临之，故"利涉"也。

《彖传》曰：需，须也，险在前也。刚健而不陷，其义不困穷矣。需有孚，光亨，贞吉，位乎天位，以正中也。利涉大川，往有功也。

此卦水气蒸发为云，云升于天，则大雨之来可立待也，故曰**需**。又**乾**为老父在内，**坎**为中男在外，倚闾之望，待子归来；又**乾**为进，**坎**为川，欲进而遭大水，必待水退而进，皆"需"之义也。凡需之为象不一，而莫急于饮食，外卦**坎**为饮食，而互**兑**口，是以九五曰"需于酒食"，《象传》曰："需，君子以饮食宴乐。"盖万物必需雨泽而得生，人则需饮食而养生，是**需**之义也。

以此拟人事，内卦为我，具刚健才力以求进也，外卦为彼，设危险之策略以阻我也。进则必陷于险，未可妄动，惟宜需时，或需彼之奸计败露，或需我之气运亨通，斯进而谋事，方无险阻之患矣。然世人往往虚浮轻躁，不待时机，而任气直前，未有不身陷祸患者也。此卦下卦为**乾**，惟"刚健而不陷"，故"其义不困穷"也。上卦为**坎**，**坎**互卦为**艮**；**艮**止也，故能止而不进。至九五之时，危险解释，得志尤易，自可成就大事，谓之"需，有孚，光亨，贞吉，位乎天位，以正中也，利涉大川，往有功也"。

凡《易》中曰“光”，曰“光大”者，皆谓其光明正大，能奏成功也。六十四卦中，曰“利涉大川”者凡七，**需**居其首。自古创造舟楫，以济涉川，然时或风涛凶恶，多以不能忍耐，致遭覆溺，**需**卦故首戒之。惟其能需，是以“利涉大川”也。谚曰“急行者要迂回”，此之谓也。大凡人之为事，皆不当顾虑目前，与其速进而有悔，何如后时而圆功？大而求功名，以匡济国政，小而谋财产，以振兴家业，无不当待时而动也，故曰“往有功也”。

以此卦拟国家，下卦**乾**为人民，挟刚健之才力，欲进而参与政事；上卦**坎**为政府，禁下卦人民之暴进，示以法律。人民恐陷于危险，而不敢进，必待法网稍宽，斯可谋进矣。上卦政府，知下民有待泽之意，怜其陷于困难，布施雨泽，以苏民生，或减其租税，或谋其衣食，或开垦荒田，以资耕种，或赈发米粟，以济凶歉，故《系辞》曰：“需者，饮食之道也。”下卦之人民，具健行之德，非不思进谋国是，因时运未通，不得不隐居求志。是上下共守需道，庶几可得幸福，谓之“需，有孚，光亨，贞吉，利涉大川”也。

通观此卦，初九从二阳之后，有进行之志，虑遇险而难为，未敢轻进。九二，为三阳之主，本可进行，但以坎险在前，恐进而有咎，是以从容待时，即所谓“君子居《易》以俟命”也。九三，重刚而不中，独进而涉坎险，以致酿灾，惟能敬慎，尚可不败。六四，位邻九五，虽能尽其忠诚，而乏匡济之才，为下三阳所疑，未免受伤，仅得以身免而已。九五，秉刚健中正之德，以待天命，是能尽需之道也，故曰吉。上六，当爻之终，险陷已极，无复可需，虽有非意之来，“敬之终吉”。乃知需之为时，能含忍守敬，皆可免祸。需之时义大矣哉！

《大象》曰：云上于天，需。君子以饮食宴乐。

坎云在上，**乾**天在下，阴阳之气未交，而不成雨。盖云在天上，虽有雨兆，或散而复晴，犹之君子养其才德，虽欲出而济世，而风云未会，不得施其膏泽。若怨天尤人，梯荣干进，是小人不知时命者之所为也。所谓“饮食”者，非侈意醉饱之谓，如孔子之饭蔬饮水，颜子之一箪一瓢也。所谓“宴乐”者，非溺情逸娱之谓，如考槃之足以悲歌，衡门之可以栖迟是也。以其能素位而行，不愿乎外，故曰“饮食宴乐”。余谓我国商人，以当地经营不合，出游外国，劳心劳力，自谋衣食，及一旦报内地凶歉，在外洋贩运米谷，赈济饥馑，藉以获利者，亦需之道也。

占 问战征：需，待也，云在天上，阴阳未交，未可战也。**乾**为君子，又为武人，属主帅言。**坎**为酒，故曰“饮食宴乐”，盖言行军先备军粮也。○问营商：玩《爻辞》，想是贩运粮食，或开设酒馆之业也。曰“云上于天”，是云在上而雨未下，想是资本未集也，故曰**需**。○问功名：是风云未际其会，尚有待也。○问疾病：宜以饮食调剂，安乐自遣，遣久自愈。○问六甲：生男。

初九：需于郊，利用恒，无咎。

《象传》曰：需于郊，不犯难行也。利用恒，无咎，未失常也。

“郊”者，偏鄙之地；**坎**者，水也，险也。“需于郊”者，前途为坎水所阻，必待川减退，故需。又**乾**为金，如旅客怀金，中途被水，以致滞留者。以**乾**三爻，对外卦之**坎**，各以所居远近系辞，曰“郊”，曰“沙”，曰“泥”，取渐次近险之象。此爻去水最远，不敢进而冒险，故曰“需于郊”，所谓“危邦不入，乱邦不居”之义也。躬耕郊野，无求于世，历久而不改其节，故曰“利用恒”。“恒”，不变动之义，“用恒”者，始终不变也。初九之患，相去尚远，然思患豫访，恒守其贞，可以免祸矣，故曰“无咎”。此爻体**乾**，**乾**者刚健，其道以上行为常，且以初九与六四正应，苟急其应，则必有冒险之虞。今僻处远郊，以待时机，是以《象传》曰：“不犯难行也。”

占 问战征：爻曰“需于郊”，是必屯营于郊也。**坎**为险，为难，是必前进有险，故《象》曰“不犯难行也”。初为卦之始，知初次出军；曰“恒”，曰“需”，知宜久待。恒而后进，必无咎也。○问功名：卦属初爻，知为初出求名也。郊为草莽之地，“需于郊”，谓宜退居于野也。恒久也，“利用恒”，谓宜久待而后可利见也。《象》曰“不犯难行也”，谓其不涉于难；“未失常也”，谓其能守其恒，故无咎。○问营商：行商之道，以恒久为利。“需于郊”，知必前途有险，暂以货物堆积于郊，以待时而行也。

《象》曰“未失常也”，知货物无损失也。〇问疾病：“郊”者田野空旷之处，谓宜就野外，幽居以养病也。“无咎”，即病无害之谓也。〇问六甲：生男。

占例 友人左右田金作氏来告曰：有一会社，咸云利益甚多，将谋入社，请占前途吉凶。筮得**需**之**井**。

断曰：此卦内卦**乾**，**乾**纯阳属金，外卦**坎**，**坎**属水，有去高就下之性。且**坎**为险，谓彼设危险之计，募株主之金，将使入者皆陷之于险。然能察彼社之举动，审彼社之虚实，待其险陷既平，而后入之，是**需**之作用也。《彖传》曰“需，须也，险在前也，刚健而不陷”也。初爻之辞曰“需于郊”，郊者，郊外之地，幸去危险尚远，足下不被其所诱，不陷于奸策，持重不变，可谓能守其常也。至五月之后，该社必有祸难，斯投机者皆退，株券亦当下落，此时买株券而入社，其后此社运必当盛大。爻象如此，是宜暂待时机也。

后果如所占。

九二：需于沙，小有言，终吉。

《象传》曰：需于沙，衍在中也，虽小有言，以吉终也。

“沙”者，近水之地，比九三之“泥”尚远，**比**初爻之“郊”近矣。“小有言”者，谓有言论之争。凡《易》之辞，患难之小者曰“小有言”。二爻进初九一等，渐近于险，有“需于沙”之象。虽有刚阳之才，足以济险，以上无君长之应，中无同僚之助，惟居柔守中，宽裕自处，是需之善也。然以去险渐近，虽未至大害，已有小言矣，故曰“小有言”。互卦为**兑**，**兑**者口也，悦言之象，**坎**者舌也，怒言之象，谓彼出怒言，而我能和解之，故曰“终吉”。“衍”，宽绰也，谓胸中宽衍，又能忍耐，终得济焉。故《象传》曰：“需于沙，衍在中也，虽小有言，以吉终也。”凡《爻辞》变而之成曰终，为原始以要终。“终吉”者，前凶而后吉也。此爻变则为**既济**，其《爻辞》曰“妇丧其茀，勿逐，七日得”，亦可以见终吉之义也。

占 问战征：**坎**为隐伏，玩爻象，谓宜伏兵于沙漠之地。或因间谍致误，小有挫折，终必吉也。〇问营商；二爻辰在寅，上值天江四星，石氏云，“天江明动，大水不具，津梁不通”，因之货物不能通运，故“需于沙”，沙，水岸也。虽小有口舌，无害商业，故“终吉”。〇问时运：沙从水从少，是少有水之处，不能通舟楫也。“需于沙”，犹言时运之不通也。二爻辰在寅，又上值箕，《诗纬》云：“箕为天口，主出气。”小有言，是谗言也。然需以待之，故“终吉”。〇问六甲：生男。

占例 友人永井泰次郎氏，贷与金于北海道商人，某逾期未返，发信督促，未得回报，因欲自赴彼地，请占一卦。筮得**需之既济**。

断曰：**需**者，坐而待时之卦也，不宜自进而赴彼地。于《彖》曰“有孚”，见之知彼非故意延缓，因商业上有意外纷纭，为之奔走不遑也，谓之“小有言”。今后四月，即至第五爻之时，彼必可返还其金，谓之“终吉”。

永井氏守此占，而不行，后至四月，果如所占。

九三：需于泥，致寇至。

《象传》曰：需于泥，灾在外也。自我致寇，敬慎不败也。

“泥”者，水际湿土，即水际之地也；“寇”者，**坎**之象，灾之大也。初九之郊险尚远，九二之沙险渐近，九三之泥，身已接险，祸在目前。此爻居**乾**卦之极，过刚而不中，故当险难在前，不复介意，恃己刚强，见上位之应我，不辨时机，不察事情，一意妄进，将以救在前之险，故非坎险来迫人，人自进而逼险，譬如水不溺人，人自冒险狎水，以致其溺，故曰“致寇”也。然当此时，能操谨思持重之心，戒轻举妄动之失，及早悔悟，犹得免于灾也。《象传》曰“灾在外也”者，**坎**险在外卦之义。又外者，谓意外之事也。我欲救彼而却为彼所害，九三之意外也。且非灾之来害我，自我去招致其灾，故曰“自我致寇”。若能敬慎自持，量宜而进，虽坎险围绕，亦不能如我何，我自得以不败，故曰“敬慎不败也”。凡争名者毁，争利者夺，是皆非寇之罪，自招之孽也。此爻变则为**节**，其辞曰“不节若，则嗟若，无咎”，可以见敬慎之义矣。又如九三、六四虽阴阳相比，不相为助，而却相为害，《易》中此类之比，谓之害比。

占 问战征：九三居内卦之终，逼近外卦，**坎**为寇，亦为灾，故曰“灾在外也”。有敌来寇者，谓寇至，有我自去招敌者，谓“致寇至”。必谨慎自持，先立于不败之地也。〇问营商：“泥”拘泥也。行商之业，宜流动，不宜拘泥，若拘泥不化，内有疑忌，遂致外生变端。慢藏诲盗，即以致寇也，可不谨慎哉！〇问功名：爻曰“需于泥”，泥水际污泥也，需于此，则必将下流而难期上达矣。其不败也亦仅免焉。〇问婚姻：《易》以寇与婚媾并言，谓寇则必非婚媾，是怨偶也。“需于泥”，不进之象，于婚事则必不成。〇问六甲：生男。

占例 佃岛在监之时，占西村三濑及余三人之身事。余之谪佃岛也，与同囚西村胜藏、三赖周藏，最亲密。一日二人叹曰：我侪有一大难事，须相与计划之。余问故，曰：昔役所有大会议，吾二人为所驱使，事繁议长，入夜渐散，因窃叩所议何事。或曰狱官等议，谓方今菜油价低，菜种价贵，购贵价菜种，制低价菜油，徒劳役徒，反遭损失。今后废制油之业，用此役徒，从事于横须贺船渠之造筑。役徒中有嘉右卫门者，长于指挥，委以指挥之任；胜藏者，长于计算，委以计算之任；周三者，善医，使以诊视役徒之病。亦今日之良策也。且熟见此三人，皆有一癖，非可以寻常视之，他日放免，恐生他事，再罹刑狱，使渠等罪上累罪，是亦可悯，不如长拘留驰使工事，免生他祸，是亦仁术也。会议如此，盖狱官等为此议者，凡幕府之例规，官所收入，以其半额称役得，吏员取之半额贮蓄之。此事若行，吾三人之灾害非浅，子请筮之。乃先为胜藏占之，遇**需**之**节**。

断曰：需，须也，**坎**险在前，**乾**健临之，将涉水而不轻进之卦也，辞曰“需于泥，致寇至”。九三居内卦之终，最近外卦之**坎**险，可谓危地也，《象传》解之曰“灾在外也”。按此灾非横须贺之事，曰“在外”者，必别致之者。吾子有远虑，非犯法而脱役，亦必不复犯他罪者。然则吾子之灾，其或病乎？若有罹病，吾子须自爱，《象传》曰：“自我致寇，敬慎不败也。”

次占周三，遇**鼎**之**旅**。

《爻辞》曰：“鼎有实。我仇有疾，不我能即。吉。”

断曰：吉也。**鼎**者，重器而不可容易动者也，况其中有实乎？且风变而为山，山者止而不迁者也，可知其身依然不动。又欲动我者，即“我仇”也。今曰“我仇有疾，不我能即”，“有疾”者，无力，其不能动我可知也。横须贺之事，不足忧也。

终乃占余，遇**艮**之**渐**。

《爻辞》曰："艮其辅，言有序，悔亡。"

余惑之，熟考者久之，既而乃得其悟曰：辅者，口颊也，"艮其辅"者，不妄言也。其下曰"言有序，悔亡"，余他日必有得言语之秩序，为在上者所赏识，可得免罪也。

断虽如是，当时尚不知后日应验如何。后胜藏果罹脚疾，殆陷危笃，得周三敬慎看护而愈。周三由当任吏员免职，横须贺之事遂废，皆得赦免。余为占吏员和田十一郎氏身事，以事能中理，许期半而赦。

占例 明治二十七年五月，朝鲜国东学党乱起，我国与清国有《天津条约》，为保护朝鲜，六月六日，我国派军前往，至二十三日，朝鲜兵与我兵争斗。其事专依清国政府之命，于是有与清国开战之兆。筮得**需**之**节**。

断曰：此卦有水在天上之象，黑云在天，势将降雨，待时而举，必能奏功也。以内卦为我，乘阳健而将进，外卦为清国，设坎险而陷我，惟我刚健不陷，故不至困穷，待五爻之时，可以进师，谓之"需，有孚，光亨，贞吉，位乎天位，以正中也"。"天位"指九五之时；"利涉大川"者，谓海军必能获利；"往有功也"者，谓陆军必得成功。盖此卦五爻六爻阴阳各得其位，谓得天时之象；三爻以阳就阴，四爻以阴后阳，谓得人和之象；惟二爻阳在阴位，于地利大有所缺。今占得三爻，是本年六月，已将向危险之地，谓之"需于泥"，《传》曰："自我致寇，敬慎不败也。""需于泥"者，谓进退不得如意；"自我致寇"者，谓自我进入也。四爻当七月，辞曰"需于血，出自穴"，此爻居三与五之间，有火，谓穴出火而见血，当豫访地雷。按凡四十日间，须择屯营要地，使敌不能袭我，八月上旬，持五爻之气运，一举可以奏大功也。

反是而观，此卦于清国气运，"将转入**需**之下卦为**讼**。如左：

《彖辞》曰："讼：有孚，窒惕，中吉，终凶。利见大人，不利涉大川。"

《彖传》曰："讼，上刚下险，险而健，讼。讼有孚，窒惕，中吉，刚来而得中也；终凶，讼不可成也。利见大人，尚中正也；不利涉大川，入于渊也。"

此卦上卦天为日本，下卦水为清国，天气上腾，水流陷下，以卦象见之。天者刚健而威力圆满，无所亏缺；水者陷下而危险困难，其势已极。然困而思奋，欲藉公言而争是，是以得占**讼**卦也。清国遭此逆运，计谋筹策悉龃龉不达，谓之“讼，有孚窒”。天运如此，故曰“惕中吉，终凶”。中者，谓安于困难，不起希望。若不能自知逆运，而犹强费策画，则困难愈重，必蒙非常之大难也。故曰“终凶”。且讼之时，非成事之时，故曰“讼不可成也”。但至五爻之时，从大人之意而处事则可，故曰“利见大人”。又于此卦用海军则大败，有军舰覆没之患，故曰“不利涉大川，入于渊也”。

呈此占于大本营某贵显，是月二十八日，《国民新闻》及《报知新闻》皆揭载之。我国得需之盛运，凡四十日后，陆军胜牙山及成欢之役，海军于丰岛及黄海得大捷。清国遭**讼**之逆运，陆军大败牙山及平壤，军舰至沉没，“入渊”之辞，为不虚也。就占后四十日计之，恰于三十九日得大胜也。又此战终局，**需**之上六，“有不速之客三人来，敬之终吉”，后果俄、英、美三国公使来议和，敬而容纳，则终吉也。

六四：需于血，出自穴。

《象传》曰：需于血，顺以听也。

坎阴为血之象，坎险为穴之象。此爻与上六同言穴者，以体**坎**也。血者杀伤之地，穴者险陷之所，此爻入坎险杀伤之地，为寇所伤，故曰“需于血”。“需于血”者，承前爻“致寇”而言也。盖六四重阴才弱，居坎险之初，以一阴柔之资，为三阳所迫，临大难之冲，惟能顺以从时，不竞于险难，虽受小伤，不至大凶，终得出险。六四上比九五，为九五所救，出九死而得一生，故曰“出自穴”，犹孔子解匡人之围，文王脱羑里之难也。夫云出于地，升于天，无不由穴，故有“出自穴”之义。且此爻居外卦之始，又有出之象，变则为夬，有决出之义。《象传》“顺以听也”者，谓能顺从九五之训诲也。**坎**为耳，有听之象。

占　问战征：四为**坎**之始，**坎**为血卦，“需于血”，是战之受其伤也。“出自穴”，是虽伤而犹能出于险也。其所以出险者，盖不在强争，而在顺听也，顺斯免害矣。〇问家宅：曰需血，曰出穴，有出幽谷迁乔木之象。顺者家道顺也，吉。〇问营商：玩《爻辞》，想必是采取矿产也。“出自穴”，斯得利矣。〇问功名：所谓呕尽心血，方得出人头地，故有需血出穴之象。〇问疾病：想是呕血之症，必须调养气血，使阴阳和顺，自可出险得生。〇问六甲：生男。虽小有险难，终获安产。

占例 明治十九年，知友英国人工学博士某来告曰：余有一女，为法国公使馆书记官某氏之妻，今将分娩，适遭难产，命迫旦夕，愿一筮而卜吉凶。筮得**需**之**夬**。

断曰：需者，待也，万事以待为义。今临难产，惟待其分娩之速也。《爻辞》曰需，是不能速产也。九五，尚有可待，至上六无可复待矣。知此易理，以应其事变，当别求施治之策而已。以全卦象产妇之妊体，九三居阴门之位，阳爻变阴，即得安产之意。今筮得六四之阴，以阴柔而处于险，显见难产之象。且四爻位属腹部，有截开母腹之象。何者？《爻辞》“需于血”之血，非产血，乃鲜血也；“出自穴”之穴，非阴门，乃截开之穴。宜延外科，别施妙术，若夫侥幸九五之酒食，因循姑息，以延待分娩之期，恐至上爻“入于穴”之时，母子俱难保矣。爻象如此，宜速施应急之术，以图妊妇之安全也。

某氏闻此占断，大喜，速告医师，截开腹部而产，其子虽死，其母幸得生全。

九五：需于酒食，贞吉。

《象传》曰：酒食贞吉，以中正也。

五爻阳刚而居尊位，居中得正，克尽其道，以此而需，何需不获？《纂言》曰：“万物需雨泽，人需饮食，天下需涵养，需之时义大矣哉!”饮食者，人各需以养生，惟人君不需自养，而需饮食以养天下。斯休养生息，使天下之民，人人乐其乐，利其利，咸餍袄于深仁厚泽之中，故曰“贞吉”。然或狃于豆区釜钟之小惠，逸乐自耽，不知警戒，则堕其成业者，往往有之，是谓失其中正也。《象传》曰“酒食贞吉，以中正也”，戒之深矣。且九五君德，尚在险中，需人共济。初爻乐躬耕以求志，二爻惕人言而复退，三爻守敬慎以免灾，至四爻则出穴而进也，上爻则不速而来也，五爻数来时可，众贤并进，斯时人君适馆授餐，礼隆养贤，贤才亦各效才能，以匡济天下。教稼明农，画井授田，首为民生谋衣食之源，不复使天下有一夫冻馁，即遭荒凶，亦必蠲赈周济，倍切人饥己饥之忧。是王道之久而成化者，其即在需之道乎？《象传》曰“需，有孚，光亨，贞吉，位于天位，以正中也”，此之谓也。此爻变则为**泰**，天下泰平之象也。

占 问战征：《爻辞》曰“需于酒食”，是得胜旋师，有犒赏策勋之象，故曰“贞吉”。〇问功名：是为鹿鸣宴乐之时也，吉。〇问营商：五互**离**，辰在午，上值柳，附星有酒旗，有外厨，主宴享饮食，知必是酒馆粮食等业。又**坎**为入，为纳，知其商业必输入有余也。故“贞吉”。〇问婚嫁：**需**四爻为**泰**，**泰**六五曰“帝乙归妹，以祉元吉”；又九三曰“于食有福”，此即“需于酒食”之义也。“有福”，故“贞吉”。《象》曰“以中正也”，是谓得婚嫁之正也。〇问六甲：生男。得子必置酒设席，古今皆然，故爻曰“需于酒食”。

占例 某氏来自某县，曰：今欲谒某贵显，有所恳请，请占贵显之待遇如何？筮得**需**之**泰**。

《爻辞》曰：“九五：需于酒食，贞吉。”

断曰：**需**者，须也，待也。凡疏远未晤者，偶然相会，必多欢乐。卦象如是。由是观之，足下访贵显，贵显必悦而迎之，加意厚待，淹留京中，屡得招待飨宴，共话旧事，可受敬爱也。故曰“需于酒食，贞吉”。

其后某氏来谢曰：依君之占筮，往访贵显，甚为厚遇，且得达志愿。神易妙机，甚灵！

上六：入于穴。有不速之客三人来，敬之终吉。

《象传》曰：不速之客来，敬之终吉，虽不当位，未大失也。

上与四共**坎**阴，有穴之象。上爻居外卦之终，出而无可行，故曰“入于穴”。“有不速之客三人来”者，谓内卦三阳，不招而皆来也。惟柔顺不拒绝，无妒嫉争竞之心，一以敬礼相待，彼三阳虽刚断，无争夺之意，故曰“敬之终吉”。“敬之”二字，暗含前爻“酒食”之意；“终吉”之义，与九二同。上六阴而居险，无复可需，然能敬而下贤，是无失也，故《象辞》曰：“虽不当位，未大失也。”

按：位者六爻六位，位当者，谓得正位，位不当者，谓不得正位也。是《易》之通例也。然其中亦有差别，《象传》曰位者，多指九五之君位。

又《象传》中为生卦法而说位者，六爻之正位也，**小畜**、**同人**、**大有**、**噬嗑**、**家人**、**归妹**、**渐**、**涣**、**既济**皆是也。又《象传》中说位亦有数义。说六爻之正不正者，**履**之六三，**否**之六三，**豫**之六三，**噬嗑**之六三，**晋**之九四，**蹇**之六四，**解**之九四，**震**之六三，**丰**之九四，**旅**之九四，**兑**之六三，**中孚**之六四，**小过**之九四，**未济**之六三，皆是也。于三四两爻说之者，盖二五之位虽不正，有刚中柔中之义。又以初上为无位之地，不主说位。位当者吉，位不当者凶，然又有以位不当之为吉者，**大壮**六五之《传》、**萃**九四之《传》是也。又有以位正当为不吉者，**履**九五之《传》、**兑**九五之《传》是也。又于九五有专说君位者，**比**、**否**、**巽**、**节**之《传》是也。又有系不当位之辞者，**需**上六之《传》、**噬嗑**之《象传》、**困**九四之《传》是也。盖不当位与位不当，其义稍异。不当位者，本非正不正之谓也，故**需**之上六，以阴居阴，虽得正者，尚有不当位之称。位者谓五之君位也，故**需**之上六及**困**之九四，共于君位比近之爻说之。又按此卦中曰"难"，曰"败"，曰"寇"，曰"血"，曰"穴"，曰"陷"，曰"有言"，曰"孚"，曰"入"，曰"酒"，曰"食"，曰"宴"，曰"乐"，曰"郊"，曰"沙"，曰"衍"，曰"听"，皆**坎**之象，可知圣人观象，自有妙用也。一说"不速"，谓非不召而来也，需待也，谓需缓之意。观初、二、三、四诸爻，曰"于郊"，曰"于泥"，曰"于沙"，曰"出穴"，皆渐渐而进，不速而来，谓其迟缓而来也。"三人"者，即**乾**卦三阳。此说亦通。

占 问战征：**需**三之六为**既济**。**既济**九三曰："高宗伐鬼方，三年克之。"有战争之义。上为**坎**之终，穴谓坎险，"入于穴"，谓凭险以自守也。"三人"者，谓内卦三阳；"不速"者，自来也，谓有敌兵三面来围。既入险地，不宜再战，宜以礼貌相接，以和解之，故曰"敬之，终吉"。○问营商：**坎**劳卦，万物之所归也，故曰入穴。穴，窟也，谓贮藏货物之地。"三人来"者，买客也，敬礼以接之，是得价则售，故"终吉"也。然**坎**为水穴，不宜藏货，幸而客来即售，故曰"虽不当位，未大失也"。○问家宅：此屋必幽暗潮湿，幸有三面阳光来照，故曰吉。○问婚姻：**需**六变**小畜**，**小畜**上九曰"妇贞厉"。称妇谓已嫁之女，故曰"不当位"，以其"贞厉"故"终吉"。"入于穴"，有生同室死同穴之义。"三人来"者，媒人也。○问疾病：曰入穴，凶象也；曰"终吉"，终而后吉，于病亦凶。

○问六甲：生男。曰“终吉”，必少男乃吉。

占例 明治二十二年十二月，友人神保长兵卫之妻，罹胃癌而卧，余占其生死。筮得**需**之**小畜**。

断曰：**需**者待之意，又为游魂之卦。游魂者，即人之魂魄离其体而出游之谓也。是天命既绝，然需缓有待，暂时犹可保余命也。

此占以上爻居全卦之终，无所可往，往则复也，故病不愈而死，魂魄复其本也。《爻辞》“入于穴”者，埋葬之兆；“有不速之客三人来”者，谓僧之来而送葬也；“敬之终吉”者，谓安心坚固，得成佛也。此卦虽原来非归魂之卦，由《爻辞》而知其必死也。

后不日果殁。

占例 中野梧一氏，向住大阪，余之所知，偶新闻纸报其自杀，众说纷纷。余惊其事之意外，以为斯人之俊才，何至穷迫如斯？若生前闻之，尚代为处置，今无如之何也，亦可惜矣！适友人来谈，又及此事，讶其致死之由未明，友人请余筮一卦。筮得**需**之**小畜**。

断曰：中野氏从事于商业，商业中所谓“入于穴”者，其矿山采掘之事乎？“有不速之客三人来”者，以事业不如心愿，得失不相偿，资金之负债，迫其偿期，屡受财主苛督，无策可出，遂忍心而自灭也。**坎**为加忧，为心病，互卦**巽**为风，是疯癫病之象也。又此卦为游魂之卦，是神魂不定也。

其后传闻事实，果如此占。

占例 一日友人伊东贞雄氏来告曰：余小儿自幼为京都吴服商某之斡人，近来久绝消息，余甚忧之，幸请一筮。筮得**需**之**小畜**。

断曰：**需**者待也，内卦**乾**为老父，待外卦**坎**中男，消息之象。今得上爻，其辞曰“入于穴”，想必令郎与同僚三人，流连花柳之巷，耽女色也。然此爻变则为**巽**，**巽**为风，为入，是本月之末，可必与同僚归宅也。果如此占。

爻神之验，随时随变，不可拘执。如此卦“入于穴”一语，皆当活用，方见灵变。读者宜玩味之。他各爻亦皆如此例，《爻辞》得豕字，小为鼹鼠，大为象，就其形而活用之类是也。考易象者，不可不知此义也。

占例 明治三十一年，占陆军之气运。筮得**需**之**小畜**。

断曰：需者，险在前，故有待时而进之象，是以曰需。我国与清国战胜之后，为三国同盟。我虽还付辽东，憾兵备之不足，将扩张军备，充实国防。在欧洲各邦，赞我进步之速，而益知将来之可畏，尝遣海陆军参谋，屡来观我兵备。故内则要整顿兵备，外则礼遇来宾，使邦交益密，不启猜疑，谓之“有不速之客三人来，敬之终吉”也。

䷅天水讼

“讼”字从言，从公，《说文》曰：“争也。”《六书通》曰：“争曲直于官有司也。”盖**坎**为言，为平，**乾**为公，为决，为争，为直，故取**乾**刚**坎**险之义，名此卦曰**讼**也。

讼：有孚窒，惕中吉，终凶。利见大人，不利涉大川。

《彖传》曰：讼，上刚下险，险而健，讼。讼有孚窒，惕中吉，刚来而得中也；终凶，讼不可成也。利见大人，尚中正也；不利涉大川，入于渊也。

此卦上卦为天，气清有上升之性，下卦为水，流动有下降之性，一升一降，各自为行而不相得，则有所争而至于分辨也。故占人事而得此卦，则彼上我下，彼我互异，互不相容，遂各上言于公，以求分别，是**讼**之卦名所由起也。盖下卦伏坎险之性，上卦挟刚健之行，其心既忍于害物，其力又足以遂奸，谓之“上刚而下险，险而健，讼”。且上位得占乐地，下位陷于困难，居困者必致势穷力竭，既羞且怒，不得已而反唇相争，争之不已，不得不诉之于官，此**讼**之所由来也，故曰“讼有孚窒”。“有孚”者，必其中有可信之实，无其实，即是虚妄。然在我有可信之实，而为彼所窒塞，则可信者不能自伸，是以有讼。至既讼矣，虽有可信之实，亦当惕厉恐惧，得伸而止，尚可获吉也；若健讼不已，终极其事，则必凶也，故曰“惕中吉，终凶”。讼有原告被告两造，有实者直也，无实者曲也。当讼之时，直者固直，即曲者亦必饰曲为直，且用巧辩之辩护士，为之架辞以饰其非，据律以辨其诬。听讼者一不明察，必致堕其计中，而曲直每多颠倒，甚或曲者行贿，听者受贿，势必以曲为直，则直者受冤难伸，是不利也，故曰“利见大人”。“大人”者，刚健中正，居九五之尊位者也，刚而能察，健而能决，中则无偏，正则无私，故能是非立判，曲直无枉也。盖利者利矣，其不利者即陷于危险之地，如涉大川而遇风波。讼为口舌之风波，故**讼**亦曰“涉”。《彖传》曰：“不利涉大川，入于渊也”，其戒之深矣。**讼**之为事，大则为战斗，故**讼**继之以**师**。一以口舌争，一以干戈争，皆危事也，凶象也，故以惕为吉，以终为凶。玩《易》者宜知所惧焉。

通观此卦，初爻以柔弱居下，不永其事，虽“小有言”，终得吉也，故曰“讼不可长”。二爻刚健，将讼者也，与五爻相应，以卑讼尊，势不能敌，知其不克，归而逋窜，尚“无眚”也。三爻以柔从刚，能安分守贞，处危知惧，故初之“不永”三之“从上”，皆终吉也。四爻与初爻对讼，初以“不永所事”，四亦复而即命，故不克，必将敛其欲讼之心，以守其安贞之道，斯无不吉矣。五爻明主当阳，用其中正，以断枉直，辟以止辟，刑期无刑，在斯时乎？吉莫大焉。上九，**讼**之终也，即使善讼能胜，得邀命服之荣，然悖得悖失，其能久保乎？至“终朝三褫之”，故《象传》曰：“以讼受服，亦不足敬也。”读初、二、三、四《爻辞》，惕之吉可征；读五爻之辞，见大人之利可征；读上九之《爻辞》，所谓终讼之凶，与涉川之不利，又足征也。讼者能幡然而悔，惕然而省，斯有吉而无凶矣。盖惟上有元吉之君，初六之**讼**，可无以永；九二九四之**讼**，不以克；六三可食旧而守贞；终**讼**如上九者，虽胜终败。是使民无讼者，权在君上。讼之占尽此矣。

《大象》曰：天与水违行，讼，君子以作事谋始。

上卦为**乾**，天阳上行，下卦为**坎**，水性就下；上下异其性，各进反对之方向。在八卦中刚健充实者，无如**乾**，艰难忧苦者，无如**坎**，其行相背，是相违也。相违必至相争，讼之所由起也。君子见于此象，察其为争为讼之因，在事物之行相违，彼我之情相背，相违相背，不在于成讼之后，而在于作事之始，故曰“作事谋始”。言交朋友者，慎之于相知之始，结条约者，审之于立券之始。盖作事必慎于先图，斯不遗后患；必精其智虑，斯不启祸端，如此则讼自无也。孔子曰：“听讼我犹人也，必也使无讼乎!”是知使讼之无者，全在听讼者之默移潜化也。九五曰“讼元吉”，其庶几乎？

占 问战征：天**乾**也，**乾**为刚武，水**坎**也，**坎**为寇盗，故主讼事，亦主军事。两军相违，以致相战，而其所以相违者，则在未战之始，故曰

"君子作事谋始"，即孔子慎战之旨也。〇问营商：**讼**卦内互**离**，**离**为资斧，外互**巽**，巽为商，有营商之义焉。营商之道，相合则成，相违则败，且**乾**为始，**坎**为谋，故曰"作事谋始"。善其始，乃可图其终，斯商业得久大矣，吉。〇问功名：**乾**健也，**坎**险也，是**乾**欲进而陷于**坎**险，此功名之所以难也。〇问婚姻：婚姻者，合两姓之好而成，有相合，无相违也。男有家，女有室，为人伦之始，故君子必求淑女，是谋始之道也。〇问疾病：病之始起，必由阴阳不和，不和则行违，行违即成疾。治之者，宜先慎夫始。〇问六甲：生男。〇问失物：此物在高处，坠落水中，不可复得。恐大有口舌之争。

初六：不永所事，小有言，终吉。

《象传》曰：不永所事，讼不可长也。虽小有言，其辨明也。

"事"，即讼也，以其事之小，故不曰讼而曰事。"有言"者，即诉讼之言；"小"者，与需之九二"小言"之小同，谓言论之伤，灾之小者也。此爻阴而居下，其身微贱而无诉讼之势，其性柔暗而乏辩论之才，且畏上怖官，虽内实吞恨，不能遂讼而止。以其力弱，却不至凶，终得吉也。初六事之始，争讼未深，止之亦易，故曰"不永所事"。虽有小伤，以不遂讼得吉，谓之"小有言，终吉"。此爻变则为**兑**，**兑**者，悦也，不永所事，变而有悦也。此卦六爻中，惟九五刚健中正，为听讼之君，余五爻，皆讼者也。其中九二、九四、上九三阳，才逞而志强，贪必胜而遂讼者也，故直指其辞曰"讼"；初六、六三二阴，柔弱无才，虽一旦起讼，不遂其终者也，故初六曰"事"，六三曰"旧德"，并不指其为讼。此可知《易》爻扶阴抑阳之义矣。又《彖辞》曰"终凶"，此爻曰"终吉"，同一"终"字，显分吉凶之异，《彖》为讼者言，爻为不讼者言也。讼本凶事，既得辨明，可止即止，若永讼不已，仇怨日深，必至贻累身家，故《象传》曰"讼不可长也"，又曰"其辨明也"。盖以初六之**讼**不为讼，先是被告也，且不为九二所笼络，虽为六三所疑，小有言语之伤，以上有九四之应，乃得辨明利害，故得"不永所事"也。

占 问战征：讼者两人相争，战者两国相争，故终讼与穷兵，皆凶事也。爻曰"不永所事"，是谓一战而胜，不复黩武，益见圣人不得已而用兵也，非好战也。〇问疾病：初爻者，初病也，“不永所事”，谓不久即愈也，故曰“吉”。久病则凶。〇问功名：初爻居卦之始，是初出而求名也。“不永所事”，谓不久困于人下也，故曰“终吉”。〇问营商：爻曰“不永所事，小有言”，谓商家贩售货物，宜即售脱，或卖买小有争论，亦无大碍，故曰“终吉”。

占例 友人某来告曰：仆意欲求仕，向托某局长引援。某局长者，与仆有旧好，且必为仆尽力，请试占其成否？筮得**讼之履**。

断曰：此卦天气上升者属彼，水性下降者为我，彼我心思，两不相合，取象曰**讼**。我虽有孚实之诚，彼则绝不相顾也，事必难就，宜作变计，谓之“不永所事”。在足下未免心有不平，稍出怨言，转而他求，却可望成也，谓之“小有言，终吉”。

后果如此占。

九二：不克讼，归而逋，其邑人三百户，无眚。

《象传》曰：不克讼，归而逋，窜也。自下讼上，患至掇也。

“不克讼”者，不遂讼而止也；“归而逋”者，以归窜而避眚也。“眚”者，灾也，自为孽曰眚。九二自外来，以刚处险，为讼之主，与五为敌，五居尊位，自知不免，归而逋避，故曰“不克讼，归而逋”。“其邑人”者，附讼者也，主讼既逋，附讼者皆得免灾，故曰“其邑人三百户，无眚”。虞氏曰：**坎**为隐伏，有逋窜之象；李氏曰：**乾**为百，**坤**为户，下卦三爻，故曰三百户。二变而之正，则**坎**化为**坤**，故曰“无眚”，是《彖辞》所谓“中吉”也。若归逋而据强地，虽不克讼，尚有相抗之势。至“三百户”，邑之小者也，下既悔罪，上亦免穷。《象传》曰“归而逋，窜也”，按窜字从穴，阴柔之物也，窜之义，曰入穴，可知必窜入阴柔以求免也。项氏曰：“一家好讼，则百家被灾。”今起讼者既逋，余党亦无连坐之患矣。《象传》曰：“自下讼上，患至掇也。”以二讼五，五居尊位，故谓之“以下讼上”；“掇”，自取也，言下讼上，势既不敌，祸患之至，犹自取之耳。一说掇作惙，即《诗》“忧心惙惙”之意，言下与上讼，深为可忧。**坎**为加忧，与《爻辞》“惕中吉”惕字意同。此说亦通。凡爻曰“不克”者，皆就阳居阴位者而言，以阳讼阴，故不克。如此爻示人当见机而止，退而避祸，虽非君子所为，处浊世亦足以保身，并可为邑人免患也。此爻内卦变则为**坤**，**坤**顺也，有柔顺而止讼之义。

占 问战征：二应在五，五在尊位，大国也，二势弱，自知不克，**坎**为隐伏，故“归而逋”也。三百户小邑，二既归逋，五亦罢战，故三百户得以无眚。〇问营商：九二爻辰在寅，上值尾箕斗，附星天弁，主列肆阛阓，有营商之象。二变为**否**，**否**败也，故曰“不克”，有耗败之象。外互**巽**，**巽**为归，故曰“归逋”。三百小数也，故曰“无眚”。〇问疾病：玩爻象，是必在外得病，宜速归家调治。病人既归，病气不致传染，故曰“邑人无眚”。〇问功名：爻曰“不克”，是一时不克成名也，退归隐居，亦无害也。〇问婚嫁：二五相敌，尊卑不相偶，宜罢婚，无眚。〇问六甲：生男，恐不举。

占例 友人北泽正诚氏，信州松代藩士，维新之际，奔走国事，与当时名士相交。氏精坤舆之学，尤长汉学，后任外务省某官，居数年，转任华族女学校干事。一日来告曰：予顷因事故罢职，颇不满意，欲与长官辨白其事，请烦一筮。筮得**讼**之**否**。

断曰：此卦上卦乾气上升，下卦坎水下降，是反对之象，主彼我情意不通也。不问事之曲直，论之当否，讼必不克也。惟宜静以处身，不然不特自身有灾，恐祸及他人也。足下幡然中止，无复口舌相争，退藏于密，斯无害矣，谓之“不克讼，归而逋，其邑人三百户，无眚”也。余为之细绎爻象曰：“三百户”，小邑也，邑之小者，称岩邑。又《象传》曰“归而逋，窜”，按窜字从穴，穴，岩穴也。且卦秉**乾**阳，必非凡民，意其为岛民之长乎？

北泽氏首肯而去。未几，北泽氏果有任伊豆岛司之命。

六三：食旧德，贞厉，终吉。或从王事，无成。

《象传》曰：食旧德，从上吉也。

“旧”，昔也；“德”，业也。“食旧德”者，犹曰食旧业也。此爻以阴居阳，志强而才微，从九二而起**讼**，九二以不克而归逋，六三亦归旧居而食旧业，守分安常，不敢复与竞争也。“贞”固守也，“厉”危也，谓虽处危地，能知危惧而贞固自守，终必获吉也。“或从王事”者，上九为此爻正应，或将与之共从王事，然上九“终朝三褫”，是无成也，谓以阴柔不中而无功也。“或从王事”一语，与**坤**三同，**坤**以地道，故代而有终。此以讼故，不言有终，即讼不可成之意。此爻以柔从刚，以下从上，有功而不自居，故能不失旧德。盖有退让之心，无忿争之念，忧危惕厉，自知才力柔弱，一惟从上所为，即有成功，不敢自居，故“无成”而终得吉也。此爻内卦变则为**巽**，**巽**者顺也，即从上之象。夫讼凶事也，观初三两爻，以柔不克讼者曰“终吉”，可知刚而好讼者必凶也。

占　问战征：六三居**坎**之终，逼近**乾**位，所谓“阴阳相薄”，“战乎**乾**”也。**坎**本为**乾**再索之男，**乾**为旧，为德，“食旧德”，是子食父遗禄，安常守分，保其旧业，无事争战也，故吉。若欲兴动王师，**坎**为破，为灾，必无成功也，故曰“无成”。〇问营商：爻曰“食旧德”，知其商业为先世遗产，谨慎固守，终得吉也。〇问功名：宜继守先人旧业，或欲出而求仕，必无成也。〇问疾病：须仍服前医方剂为吉。〇问家宅：宜守居旧宅，不须别建新居，恐无成也。〇问六甲：生男。此子长成，亦以继承父业为吉。

占例　友人某来告曰：仆向奉仕某局，黾勉职务，不获长官之意，同僚中皆有升级，仆独屈而不伸，不堪惭愧。因欲谋转他官，既恳请于某长官，请筮一卦，以占成否，并卜日后气运。筮得**讼之姤**。

断曰：占得此卦，显见气运否窒，一时难期如愿，惟宜顺时安分，以俟时运。所谓“食旧德”者，明明言当仍安旧业，不必谋转他任，坚贞固守，终必获吉。“或从王事，无成”，或，疑词，谓即或改谋别事，虽殷勤恳请，终难成功也。

九四：不克讼，复即命，渝，安贞吉。

《象传》曰：复即命，渝，安贞，不失也。

四爻承五履三而应初，初既“不永所事”，四虽刚健欲讼，无与对敌，亦即得中止。且所谓“不克讼”者，与二爻同，然二爻以势不敌而归逋，四爻以理不足而自返。“复”者，返也；“即”者，从也；“命”者，正理也；“渝”者，变也；“贞”者，正也。祛其刚忿好讼之心，以复改过迁善之念，一就定命，变不安贞为安贞，故曰“渝，安贞，吉”。此爻以阳居阴，在**乾**之初，有“潜龙勿用”之义。外卦变则为**巽**，《说卦传》曰：**巽**为不果，有踌躇之象。《象传》曰“不失也”者，谓能量终始之势，复就正理，虽讼犹不失君子之道也。

占 问战征：四与初为敌，初既“不永所事”。四亦克无可克，故曰“不克”。**乾**为君，“命”，君命也，凯旋而复命于君。战，危事也，变危而安，故吉。〇问营商：玩爻象，知其商业必与初爻合办，初既“不永所事”，四亦复而“即命”，复命犹言罢事也，故吉。〇问婚姻：内卦**坎**为女家，外卦**乾**为男家，**坎**初曰“不永所事”，**乾**四亦复而“即命”，是变计改婚也。《象》曰“不失也”，谓不失其道也。〇问疾病：至致不克，是凶象也。“复”谓重生也。**坎**为疾，为炎，**乾**为生，为庆，复命即复乾也。变而得安，故吉。〇问六甲：生男。

占例 友人某，商店甲干也，一日来告曰：余自主人开店之始，拮据勉励，以兴主人之家产，近来主人因世运变迁，改其面目，别兴新事业，又雇聘学士等，给之以过分之金，某则依然甲干而已，其给金亦不及学士等。某屈居人下，不堪遗憾，意欲向主人诉此情实，冀达平素之志愿。若不见许，余请以此数年来之勤劳，求相当之恩给，欲独立而营商业。请筮一卦，以卜成否。筮得**讼之涣**。

断曰：此卦上卦强健，为主人，下卦困难，为足下。足下虽欲陈述苦情，恐未必许可，宜依旧从事，百般忍耐。《爻辞》所谓“不克讼”者，言足下即向主人陈说，必不伸理。所谓“复命”者，劝足下返而自审，安命守常。所谓“渝，安贞”者，劝足下变其不安贞而为安贞，则得吉也。细绎《爻辞》，是明明教足下无**复**多言，安常俟命，他日主人，自有优待，必获吉也。

九五：讼元吉。

《象传》曰：讼元吉，以中正也。

此爻为一卦之主，五居尊位，中正刚健，能听天下之讼，辨是非，析曲直，《彖辞》所谓“大人”也，讼者得此，吉莫大焉。自来无讼，固匪易期，而听讼亦难。其人听讼而不刚，则威轻而民不服；听讼而不中，则意见多偏，而讼必多枉；听讼而不正，则性情固执，而断不当理。今五爻具刚健中正之德，居**乾**之中，**乾**健也，变体为**离**，**离**明也，健以致决，明以察几，听讼之能事尽矣。《爻辞》曰“讼元吉”，《象传》曰“讼元吉，以中正也”，元吉者，吉之尽善者也。

此卦初爻不永讼，六三不讼，九二九四“不克讼”，九五以“元吉”化讼，是此卦虽名曰**讼**，意在化讼，实即“使无讼”之圣训也。

占 问战征：五居尊位，是主战之大君也，师出有名，得其中正，是王者之师，无敌于天下者也，故曰“元吉”。〇问商业：**乾**为利，**坎**为平，商业固在谋利，亦要公平正直，斯不致于争夺，商业乃得其正矣，故吉。〇问功名：**讼**字从言从公，五为主爻，求名者，盖以言而求主公之知也。“元”谓三元，是功名之魁首也，吉莫大焉。〇问婚姻：五为卦主，与五结姻，是以贱从贵，以贫从富也，故曰“元吉”。〇问六甲：生男。此儿品貌端正，且有福泽。

占例 北海道厅官某来告曰：长官常忧土人之户口，逐年减少，必由内地人民，役使土人，过于苛酷。今后许内地人民，与土人婚姻，使彼此亲睦，以冀蕃殖，愚意亦然。请筮一卦，以占得失。筮得**讼之未济**。

断曰：此卦上卦为政府，阳气上升，下卦为人民，水性下流，显见上下之意隔绝不相合。以不相合之甚，极而出之于讼，斯土人之情，藉得上达，以求伸理，故谓之“讼元吉”。于是上官感土人之情，悯其穷苦，改其条教，乃颁内地人民，许与土人婚姻之令。

后闻酋长等相集会议，颇以为难，上官招酋长问之，曰：美妇与丑妇孰好？吾知好美而恶丑者，人情相同也。吾土人中非无美女，内地之人求之，喜而许之，至土人欲取内地美女，恐内地人而不之许，是土人有失而无得也。且美者为内地所娶，则我同族中，丑者益多，为之奈何？长官亦服其理，遂废此令。

上九：或锡之鞶带，终朝三褫之。

《象传》曰：以讼受服，亦不足敬也。

“或”者，不必然之辞；“鞶带”者，命服之饰也；“终朝”者，自旦至暮，一日间也；“褫”者，夺也。彼讼而得胜，非理之本直者，无非以机诈遂其谋，以私曲济其奸，是理不可胜者而幸胜之，其曲直真伪，固不待辨也。《爻辞》所谓“锡之鞶带”，不必实有此荣，而若或有之；所谓“终朝三褫”，不必实有此辱，而若或有之。盖极言虽得胜，终必败，虽膺荣，终必辱。盖见荣骤者，夺之速也。“终朝”者，暂时之义；“三褫”者，多数之象。《象传》曰“以讼受服”，言其受服不正，如沐猴而冠，何足敬哉！故曰“亦不足敬也”。“亦”字，深可玩味。《彖辞》所谓“终凶”者，于是可见矣。**乾**为敬，为衣，上九变则**乾**体坏，即不足敬之象；**兑**为毁折，即褫之象。此爻不系讼字者，与初爻之不系讼字同。初爻不言讼，杜其始也；上爻不言讼，恶其终也。益见圣人“使无讼”之微意也。

占 问战征：上居**乾**阳之极，阳极而战，胜已难矣，至一日而三胜三败，败固为辱，即胜亦不为荣也。○问功名：“锡”赐也，“褫”夺也，“或”者未然之辞。而设言赐之，至终朝而三夺之，是亦一患得患失之鄙夫也，何足敬哉！○问商业：玩《爻辞》，是屡得屡失，终至得不偿失。且问其所得者，尚非正路之财，所谓悖入悖出，非其财者也，亦可鄙矣。○问疾病：是必其病乍愈乍发，一日之间，病势不一。在上爻，处卦之极，势极难返，恐终凶矣。○问六甲：生男。恐生男多不育，必至四胎可育。

占例 明治二十三年，爱知县某来告曰：今当名古屋市长选举，有候补者三名，余不识可当选否，请占之。筮得**讼之困**。

断曰：此卦上卦为天，上升也，下卦为水，下降也，性情不合，故名曰**讼**。讼者以意不合，诉之于公，以待判也。今际市长之选举，市中人情，互生轧轹，是非莫定，今虽一旦得之，恐人心不服，难以永保，谓之“或锡之鞶带，终朝三褫之”。是求荣而反辱，不如不得。

某因感此占，遂辞职云。

䷆地水师

“师”，篆书左旁为阜；右旁为巾。巾上加一者，为能一人指挥众人也。**师**承**讼**来，**讼**必有众，**师**者，众也，故**师**继夫**讼**。顾**师**有二义，一为教导子弟，一为统领军旅，是皆有率众之象。以九二为成卦之主，统率五阴而济坎险。**坤**上**坎**下，地中有水，水依地而安居，地得水而滋润，生育万物，相助为功。水土之性，原来相亲，此卦水在地下，是至险起于至顺之下，为聚众据险，扰乱不定之象。**师**者，以一人统众而平定之也。盖未乱之先，以师道训导之，格其非心，可戡乱于未形。既乱，则统师旅以征伐之，枭其元恶，可戡乱于方作，皆为师也。此卦初爻，柔而不得其正，为起难之首；二爻在险难之中，能率众以平难，故为一卦之主。

师：贞，大人吉，无咎。

《爻辞》皆系以军旅之义，故《彖辞》亦从之，读者当以类推。夫军旅者，起大众，动干戈，伤人命，糜国帑，国家不得已而用之也。其得已而兴者，是谓穷兵黩武，无道之甚者也，故戒之曰“师贞”。“贞”者，正也，谓师道而以正为本也。兴师动众，以毒天下，苟不以正，民不从也。“大人”，坊本误作“丈人”，独《子夏传》作“大人”，与**困**卦《彖辞》同。以大人为元帅，谓必能拨乱反正，除暴安民者也，故曰“大人吉”。兵者凶器，战者危事，本属有咎，“大人”者，应天顺民，为天下除暴，是王者之师也，纵有杀伤，亦无害天地生生之道，故吉而无咎。

《彖传》曰：师，众也，贞，正也，能以众正，可以王矣。刚中而应，行险而顺，以此毒天下，而民从之，吉，又何咎矣。

“以”，《春秋传》：“能左右之曰以”，以犹用也。元帅能以严正而用众，可谓王者之师矣。“刚中”者，谓一阳居内卦之中，上应六五之君。内卦**坎**为险，外卦**坤**为顺，故曰“行险而顺”。“毒”，马云“治也”，王云“役也”，又古毒育二字，音义通，亦作育解，盖谓以此治天下，以此役天下，于义均顺。汉儒释毒为害，是以此害天下，民必不从，何以能王？若谓以民治乱，犹以毒药攻疡，说之牵强。夫众以正举，民以顺从，顺则获吉，正则复有何咎？“吉”者主事而言，“无咎”者主理而言也。

以此卦拟人事，则**坎**为中男，宜在外而在内，**坤**为老阴，宜居内而在外，母子位置，颠倒失伦，不安之象，是必启家乱也。当于家长内得刚中者，以贞正而治之，斯家道齐矣。

以此卦拟国家，上卦为政府，得**坤**之顺，阴弱而少威严，不能箝制下民；下卦为人民，得**坎**之险，阴险而好生事，动欲上抗政府，譬如水在地下，泛滥无归，有聚众据险，扰乱不顺之象。此卦五爻皆阴，惟九二独秉阳刚，当以九二受六五之君命，膺元帅之专任，率众兴师。以此毒天下，谓之“刚中而应，行险而顺”，“而民从之，吉，又何咎矣”。

通观此卦，九二为元帅，五阴从之。初六为师众，九二为主帅，六三六四为褊裨，六五为临敌，上六为赏功之时。又以内外卦见之，九二为将帅，六五为君主，将帅承君命而出征，所谓“礼乐征伐，出自天子”。将帅者，佐主成王，相与有成者也。故“能以众正”者，属九二之将帅言之；“可以王矣”，属六五之君言之也。

屯以下六卦，有坎者，何也？盖水为资生之源，且国家草创之始，必有险难，自屯至师五卦，皆圣人济险之业，天下之事，未有不先难者也。《序卦》曰：“**讼**者必有众，**师**者，众也，故受之以**师**。”以**坤**众，履**坎**险，即兵凶之象，九二一阳率五阴，行师之象。人或曰**师**、**比**两卦，均是地水相遇，而爻象大异者，何也？曰：**比**者一阳在上，是人君居尊临下者也；**师**者一阳在下，是人臣奉命出征者也。**坤**卦曰战，而此曰**师**者何也？**师**者民也，国以民为本。天道好生而不杀，圣人容保如伤，然欲恶形而相岐，五兵作而相戕，是天地之闰数，不得已而用之者也。故卫灵公问陈，孔子不对，子路问子行三军则谁与，曰“必也临事而惧，好谋而成”。曰“惧”，曰“好谋”，何等郑重！知圣人未尝轻言兴师也。此卦九二为刚中之贤将，六三贪功而取败，六四无功而守常，六五为君任将不专，挠权偾事，是卦可备观军旅之情形矣。大抵三军和，将帅贤，褊裨奉令，委任专一，班师行赏，崇德报功，是帝王之举也。要旨所归，全在“容民畜众”，以六爻不取全胜，其义可知也。

《大象》曰：地中有水，师。君子以容民畜众。

坎在**坤**内，故曰“地中有水”，水藏地中，无地非水，犹兵藏民中，无民非兵。藏兵于民，有兵之利，无兵之害，犹水藏于地，有水之利，无水之害也。“水在地中”，显见地能包水，有容民畜众之象。又**坤**为民，**坎**为众，“容”者，保也，“畜”者，养也，兼养育教化之义。九二将帅，德量宏大，能包容亿兆，养育众庶，故无事之日，散兵为农，有事之日，集农为兵。其不曰治民，而曰“容民”者，治之则尚严，容之则尚宽也；其不曰动众，而曰“畜众”者，动之则劳，畜之则在逸也。所谓兵可百年不用，不可一日不备，“容民畜众”，盖讲兵于平时之道也。师旅本残民害众之事，然圣人取象，曰“容民畜众”，不杀为武之意，即此可知矣。

占 问战征：卦以**师**名，爻义甚明，可就各爻推究，吉凶自验。○问营商：**坤**为财，为聚，**坎**为入，为纳，自有容保之量。坎水在地中，为地所包容，财源如水，流而不息，可知商业之富有也。吉。○问功名：水在地中，犹士尚伏处，未显达也，而其德量，自能包容民物，一经进用，如水之朝宗于海，敷施甚广。“君子”者，有德有位之称也。吉。○问婚嫁：按**坤**、**坎**互用，地水相亲，是必旧亲联姻也。大吉。○问疾病：是必水满腹胀之症。**坎**为心，为忧，宜息心调气，解忧取乐，自愈。○问六甲：生男。

初六：师出以律，否臧凶。

《象传》曰：师出以律，失律凶也。

此卦内**坎**外**坤**，自内而外曰出。“以”，犹用也。**坎**为律，“律”法律，即号令节制之谓也。初为爻之始，即为出师之始。所谓临事而惧，言当谨其始也。师旅之事，率大众而临危地，国家之存亡，人民之安危系焉，苟纪律不严，人心不协，三军覆败，凶莫大矣。“否”，不也；“臧”，善也，与《诗·卫风》“何用不臧”同训。盖“师出以律”，胜负尚未可预决，故不言吉；至不善用其律，则陷于危险，势必凶矣。《象传》曰“失律凶也”，“否臧”即失律之谓也。一说否，塞也，谓军心隔塞，不得和协；臧藏古字通用，臧即藏字，谓深臧不发，是畏敌也，即使纪律严明，亦必取败。况“否臧”者，必不能“以律”，其凶必矣。此说亦通。

此爻居坎险之始，故以失律为戒，所谓“作事谋始”也。此爻内卦变则为**兑**，坎水变而为泽，停止而不流，是纪律不行之象。

占 问功名：初爻者，初出而求名也。“出师以律”为正，犹士之以道为重，失其道，虽荣终辱，凶。〇问营商：初爻，知为新立之业，水在地中，知为海运商务。总之谋利以义者吉，失义为凶。〇问家宅：**师**卦内**坎**外**坤**，是宅必坐子兼丑，向午未也。宅中人口最多。出师有律，犹言治家当以法也。否不也，臧善也，不善治家，家道必凶。〇问疾病：**师**卦一阳五阴，是必寒多热少。症在初起，宜延良医调治，否则凶。

占例 或人以有组织工业会社，募集株金，设定款，请占其社之成否。筮得**师**之**临**。

断曰：此卦九二，一阳统众阴，是必有刚健之人为社长，指挥众人之象。今定款既完全无间，即见规律整肃也。然依此《爻辞》，此社之盛衰，全在作事之纪律。我国方今集合株金兴会社者，皆以欧美各邦为模范，欧美各邦舟车之便，非本邦之比，是以贩运各种货物，最为适当。凡合众资，购备器械，人力既省，制费亦廉，大得胜利，至于小本营生，独立工业者，无不取败。今我国仿之，欲设立会社，然集合众资，洵非易易，且役员从事营业，亦难得其人。故立会社，第一在社长得人，社长得人，则事可成，业可兴；不得其人，即成亦败。今初爻居事之始，未可以定款判吉凶，必俟社长选举既定，方可卜工业之兴废也。

九二：在师中，吉，无咎。王三锡命。

《象传》曰：在师中吉，承天宠也。王三锡命，怀万邦也。

师卦，九二为五爻正应，以一阳为众阴所归，乃师中之主将，得专主战伐之权。“在师中”者，谓居军阵之中，又得中正之道；“王三赐命”者，命者恩命，谓邀荷宠遇也。“三”者，言宠赐之频也。此爻以阳居阴，在**师**之中，当互卦**震**之主爻，为居将帅之位。**坎**为智，**震**为勇，以阳爻之德居中，智勇兼备，威信并行，洵足膺元帅之任，即《彖辞》所称“大人”者是也。承六五之君命，统率师众，且得六三之同僚比亲之，初六之众庶比顺之，上下咸相比应，并为参谋，所谓战必克，攻必胜者，惟在此九二之师也。六五之君，倚任既专，宠赐又厚，九二自得专制其权，所谓阃外之事，一以委卿者。其任既隆，其令必行，故成功也易。古来权臣在内，即有韩、岳之将，未能克敌者，皆由信任之不专故也。此爻曰“王三赐命”，可见任之专，宠之渥也。《象》曰“承天宠也”，“天”即王也，王而曰天，可知王之明于任贤。《象》曰“怀万邦也”，谓王之所赐命，不在用威，而在用怀，即怀保万民之意也。

此爻变则全卦为**坤**，去**坎**险，就**坤**顺，有拨乱反正之象。地水**师**忽变**坤**为地，有拓地开疆之象，此爻为成卦之主，故以《象辞》“吉无咎”属之也。

占 问功名：九二以一阳统率五阴，爻曰“在师中，吉”，是鸡群一鹤，杰出之才也。“王三赐命”，谓以能授爵，显膺王命也。○问营商：九二为一卦之主，必其人谋为出众，在商务中称为老成练达，可举为商社之长者也。吉。○问家宅：曰“师中吉”，是家必为一乡之巨室，即为一乡之善士也。○问婚姻：九二变为**坤**，坤地道也，妻道也，水土之性相合，故吉。○问疾病：知为水气停积中宫，必使水气流动，中焦宽舒，病无害也。吉。○问六甲：生男。

占例 明治二十五年十二月，占第五议会。筮得**师**之**坤**。

断曰：此卦九二以一阳统五阴，以人事拟之，则阳刚之教师，教导众阴之子弟，故名此卦曰**师**。以国家拟之，九二为阳刚大臣，入则为相，出则为将，国家有事，则受王命以专征伐，权无旁落，威信并行，谓之“师众也，贞，正也，能以众正，可以王矣”。《易》六十四卦，三百八十四爻中，教导人民，用其威严，保有国家，惟此一爻而已。天命所归，宜上承君令，下顺民心，正大人致身报国之时也。今筮议会，得此《爻辞》，亦当上承君令，下顺民心，斯议得其中矣。若其议上不能见信于君，下不能见信于民，议必不能行也。

翌二十六年十二月，议会使议长退，是二爻阳变为阴，再次有停止之命；至三次，遂有解散之命，果符此“王三赐命，怀万邦也”之占。呜呼！天命之严确如此，可不畏敬乎！

六三：师或舆尸，凶。

《象传》曰：师或舆尸，大无功也。

“舆尸”者，谓军败而战死者多，载尸于车而归也。此爻内卦变则为

巽，**巽**为进退，有疑之象，故曰“或”。古语曰：三军之灾，生于狐疑，疑者行军之所大戒也。六三以阴居阳，不中不正，进而无所应，退而无所守，居内卦之极，对外卦之敌，正当交锋接刃之际也。三以柔居刚，如小人之才弱志刚者，窃二之权，而恃强妄进，遂致失律丧师，舆尸而归，谓之“师或舆尸，凶”。《象传》曰“大无功也”，犹曰大败也。军旅之事，信任宜专，二为主帅，三为偏裨，偏裨擅权致败，主帅亦不能辞咎，故曰“大无功也”。如城濮之战，左师右师败，子玉不败，然子玉帅也，故败师之罪，子玉不免。盖以全卦言之，六爻皆师徒也，独以三言，内卦为先锋，外卦为敌，外卦**坤**为众，敌兵众多也。至四则又以五上为敌；五君位而非敌，是卦爻之变例也。《易》之取象，概如此，学者不可不知。

占 问商业：**坎**为舆，舆所以载货物也；**坎**又为陷，为破，舆而遇隘，则舆破而货覆矣。人死谓尸，犹车败物亡也。“或”者未然之辞，“大无功”者，大失利也。行商未必遇此凶险，亦不可不防此凶险也。爻象戒之如此。〇问功名：“君子得舆”，得为德，舆所以载德而行也。君子有德位之称。或曰：“舆尸”是无德而尸位者也，故凶。〇问家宅：阴阳家称堪舆，堪天也，舆地也，舆尸是地有尸气，安得不凶！〇问婚嫁：三爻居**坎**之终，得乾气，**乾**下**巽**上为**小畜**，**小畜**三爻曰“舆脱辐，夫妻反目”，《象》曰“不能正室”，其凶可知。〇问六甲：虽生男，凶。

占例 明治三年，横滨商人三名，搭载舶来物品于蒸气船，贩赴箱馆。适际舶来物品匮乏，获利三倍，因再购巨额物品，将往得大利。其一人某氏来，请占损益。筮得**师之升**。

断曰：此卦有自水上投土之象，例之商业，其目的未定，混杂不可言也。况今得三爻，足下等以廉价购入目下在东京横滨不通销物品，贩卖于边鄙之地，将得大利。在他商闻之，亦谋置各种物品，多欲争著先鞭。然此不适时之物品，当众人竞争贩运，转必抬价，至箱馆各自竞卖，已为彼地商人所料。将来货到不售，势必跌价，极之贱亦不售，则必转运而归。往复装运，费耗殊大，及至售得，不特无利，反致伤本。其舆物而返，恰如载尸而归也，故不如止。

某氏闻之，大感，遂止北地之行，后果如此占。他商人赴箱馆者，皆多损失。

六四：师左次，无咎。

《象传》曰：左次，无咎，未失常也。

左者右之对，不用之地。人手右为便，左为僻，故称不正之术，曰左道，称谪官曰左迁，画策不适，曰左计。“左次”者，谓退舍也。左氏曰“不进曰次”，又曰“凡军三宿为次”，又《易》阳为右，阴为左，六四以爻位俱阴曰左。此爻阴柔而不中，志弱而不能克敌者也。自知不能克敌，量宜而退，克保全师，愈于三爻之覆败者远矣，故“无咎”也。《象传》曰“未失常也”，谓不违“左次”之常道。古语所谓见可而进，知难而退，军政之善也。若可进而退，何得无咎？《易》之发此义，为后世行军不量力而妄进者戒。

占 问家宅：四出**坎**历**坤**，**坤**西南，是宅必朝西南。吉事尚左，是宅逼近东方，青龙主喜，吉无咎也。〇问功名：凡官职下降称左，所谓左迁是也。曰“左次”，不吉。〇问营商：有高左下，次亦为下，占此爻，知其货财必非高品。然货虽次，尚可获利，故曰“未失常也”。〇问婚姻：男尚有，女尚左，爻曰“左次”，或者入赘于女家乎？然赘亦无咎。〇问疾病：按春生于左，得其生气，疾必无咎。〇问六甲：生女。

占例 余在热海，会陆军中将某、陆军少将某来游，为亩傍舰归港过迟，占其吉凶如何。筮得**师**之**解**。

断曰：**师**者以一阳统五阴，众阴从一阳之卦也，故曰**师**。六四以在阴位，退避战地而休息，爻曰“无咎”，《象传》曰“未失常也”者，谓其如平常而无事也。今占亩傍舰得此爻，**师**即军舰，“左次”者，有暂退航路之外，而休泊之象；“无咎”者，补过之义，谓修缮舰体，想是此舰，现在碇泊而修理舰体也，不可不速探而谋救助。来月为第五爻之时，其辞曰“长子帅师，弟子舆尸”，长子即大夫，可保无事，弟子谓舰中杂役，恐有灾害。又此爻外卦变则为**震**，坎水之上，见**震**木之浮，亦可知舰体之无事也。

此占一时流传于世，其后以不得该舰踪迹，政府定为沉没者，征保险金百三十万弗于法国保险会社，以救恤金给我海军士官及水夫等同舰者之遗族。

余占往往历数年而经验，百占百中，未尝或失。惟《易》三百八十四爻之活断中，独水雷屯之上爻，尝不用辞，用变而偶误也。又此爻虽受不中之评，或由探索之未至邪？又两月间无事，而其后遭遇事变，亦不可知，故此占尚在中不中之间。如此爻，非当今浅学之士所可容喙，后世有笃志易学如余者出，始可判断其是非矣。

六五：田有禽，利执言，无咎。长子帅师，弟子舆尸，贞凶。

《象传》曰：长子帅师，以中行也；弟子舆尸，使不当也。

"田"者，艺禾之地；禽者，鸟兽之总称。"田有禽"者，谓有禽兽来害稼，犹言寇贼来害人民也，故驱逐之，捕获之，不可以不保持防御也。此爻五居尊位，其德柔顺，见有寇贼来犯，执言下命，委任将帅，以主征伐，故曰"利执言"。此爻互卦，变则为**艮**，**艮**为手，又为执，即执言之象。九二秉刚中之德，上承天宠，奉辞讨罪，所谓"师出以律"，必有功也，故曰"无咎"。奈何既任长子帅师，复任弟子，以分长子之权，是六五之君，信任不专也。长子指九二，弟子指六三。盖九二刚中有才，其出师也，纪律严明，故吉；六三阴柔不中，无智无谋，是以一败涂地，舆尸而归，故曰"长子帅师，弟子舆尸"。此长子即《彖辞》所谓"大人"也。自《彖》称之曰"大人"，自君命之曰"长子"。《纂言》曰："凡次子以下，皆长子之弟，曰弟子。"此卦九二为主帅，六三、六四分将一军，举九二、六三，不及六四者，以九二大吉，六三大凶，六四能不失其常，故无咎也。"贞凶"者，谓命将出师，必宜择贤而任，所谓"贞"也，反是则虽贞亦凶。此"贞凶"二字，包括一章之要。此爻因彼来寇，而我讨之，是曲在彼也，是以"无咎"。《象传》"以中行也"者，谓九二之长子，具中行之才德，能奏征讨之功也；"使不当也"者，谓六三阴柔不中之弟子，失律丧师，是任使之不当其才也。

占 问营商：爻曰"田有禽"，犹言农有谷，商有利也。"执言"者，谓约证之券也。在商业一道，总宜以老成练达者为主，则利，否则凶。○问家宅：此宅想是立约新售者，利在长房，不利众子。○问功名：知其人才能素著，有一朝获十禽之技，然要在德长于人，若德劣于物，虽正亦凶。〇问婚姻："有禽"者，奠雁之仪；"执言"者，媒妁之书。所约之婚，当以长子长女为吉。〇问六甲：生男，是**震**之长男也。

占例 明治十八年一月，余以避寒游浴热海，时有朝鲜京城之变，政府将对清廷有所诘责。朝野汹汹，人皆注目使任之谁属，并论辩之何如。余为之占其使命之任。筮得**师**之**坎**。

断曰："田有禽"者，谓禽来害我禾稼；今朝鲜之事，清国兵商害我良民，故往而诘责，理无不可，谓之"利执言"。所谓"长子帅师"者，或者长州男子任其选乎？一曰"长子"，一曰"弟子"，皆使任之人也。当今庙堂中，称老练政事家者，莫如伊藤伯，伯者长州之男子也，"长子"之占，其在此人乎？今回之谈，依"帅师"之言考之，其实际原期平和，然亦不可不预整备，非我有和战两备意，到底难讲平和。此议实一大关系，若让却一步，其破裂也必矣，能弥缝之，使两国不陷于厄难，惟在遣使得其人而已。伊藤伯而当此大任，缓急得宜，必能平和于樽俎之间，毋复疑虑，故曰"以中行也"。"中行"者，《易》之所尚，谓能守中正，得其宜也，即赞美之言。若以他人任之，恐有"使不当"之虞。一"使"字，是民命之生死，国家之安危所系，由其当否，而吉凶成败，实有霄壤之别。今得此卦如此，知《易》之垂诫深矣。现却未可详说，惟推察《爻辞》，可知其吉凶也。

未几伊藤伯果膺遣清大使之命。

上六：大君有命，开国承家，小人勿用。

《象传》曰：大君有命，以正功也。小人勿用，必乱邦也。

"大君"指六五之君；"有命"谓论功行赏；"开国"，谓新封建诸侯也；"承家"，谓使之为卿大夫也。此爻外卦变则为**艮**，**艮**为门阙，有家之象；**坤**为土，有国之象。上爻居上卦之极，在师武功之终，即战定功成，旋凯行赏之时也。九二主帅，首功也，以"开国"封之；六四"左次"与有功也，以"承家"赏之；六三以柔居阴，舆尸败北，是小人也，戒勿复用；上六在大君左右，于师无所事，然在内而参赞王命，以尽将将之道，功亦大焉，故赏亦同之。审其功之大小，辨其罪之轻重，赏必公，罚必行，是皆大君之命也，故曰"以正功也"。若夫汇缘以邀功，遮饰以免罪，则非九五之命，是失其正矣。至于小人在军旅中，或以驰驱而效力，或以勇敢而获胜，未始无功也。但当赏以金帛禄位，不可使“开国承家”，以杜后患。《象传》曰：“小人勿用，必乱邦也”，戒之深矣。此爻居上卦**坤**之极，伏卦为**乾**，大君之象。下卦**坎**为盗，盗即小人，故以“勿用”警之。

占 问家宅：爻曰“大君有命，开国承家”，知是家必是阀阅巨室也。“小人勿用”，为其后嗣戒也。○问营商：上六辰在巳，得**巽**气，**巽**为商，“近利市三倍”，此家必由商业兴家。**巽**又为命，爻曰“大君有命”，又将因富致贵，家道日隆。但因富生骄，比昵小人，所宜戒也。○问功名：上六居卦之终，谓当论功用赏之时，正见功名显赫。在**震**之长子，自能克家，惟**坎**中男为不可用也，故曰“小人勿用”。○问婚姻：**师**三至六为**坤**，**坤**妻道也。爻曰“开国承家”，两姓俱是巨室；曰“大君有命”，媒妁必是贵人。吉。○问六甲：生男，主贵。

占例 某贵显罹胃癌之病，余访问之，适有元老院议官三人在坐。议官问余曰：此君维新际与元老诸公，同有伟功，他人俱邀爵位恩典，此君独未得其荣，今患大病，恐罹不测，我辈以朋友谊，将以此有请于君，未知得达其愿否？请占一卦。筮得**师**之**蒙**。

断曰：此公有功于国家，人之所知，朝廷必有以酬之，固不俟言。今此卦曰“大君有命”，知爵位之赐，即在此数日内也。

后果六日，承赐男爵恩典。

附言 六十四卦中，**师**、**比**、**同人**、**大有**、**随**、**蛊**、**渐**、**归妹**八卦，谓之归魂，人若占命数，而得此卦，上爻为命尽之时。《系辞传》曰“原始反终，可知死生之说”，由此卦而知其终也。盖人之生死，有正命非命之别。心魂之依附肉体，譬如人身之寄寓家宅也。心神脱离肉体，犹家宅之借限已满也，魂去身死，谓之正命；限期未满，或家宅破坏，遂致疾病，其他非常灾眚，肉体已殪，心魂遽绝者，谓之非命。欲救此非命之死，恐良医亦无可如何也。三百八十四爻中，得正命而死者，惟此八爻而已。呜呼！人之死生，亦可哀矣。

䷇水地比

“比”字篆书作□，二人相比之象。比则亲，亲则相辅，相辅则乐。又作□，以联属一体为义。又作□，弼蔽切，二人反而相竝，有相昵谋私之意。从□者，盖为小人之比。从□从□者，是为此卦之比。此卦坎水在坤地之上，水得地而流行，地得水而滋润，故相亲辅而和合，因名此卦曰**比**。《彖传》曰“比，辅也”，《序卦传》曰“比者，亲也”，《杂卦传》曰“比乐”，皆同义也。以卦象言之，九五一阳位中正，上下五阴爻皆比而从之。

比：吉。原筮，元永贞，无咎。不宁方来，后夫凶。

此卦**坎**上**坤**下，惟五爻一阳主全体，五柔皆归，故曰**比**。“原”，推原也，谓原其所始也。“筮”者，分析辨别之意，或作筮蓍解，然皆所以决疑，意亦相通，不必拘泥。“元”，即坤元之元。“永”者长也，有坎水长流之象。“贞”谓道得其正。上之比下，要必有此三者；下之从上，亦必求此三者，斯无咎矣。“原筮”者，谓推原诸柔来从，果得此“元永贞”之道否。**坎**为加忧，“不宁”之象，民有不宁，必从君以求安，君有不宁，必得民而共保，上下相应，则来者自宁。四柔既比，其比在前，六来独后，故曰“后夫”，五不受之，其道穷矣，是以凶也。

《彖传》曰：比，吉也。比，辅也，下顺从也。原筮，元永贞，无咎，以刚中也。不宁方来，上下应也。后夫凶，其道穷也。

“辅”者，助也，九五一阳居尊位，与五阴亲比，有下助上之象，孟子所谓“多助之至，天下顺之”是也，吉莫大焉，故曰“比吉也，比辅也，下顺从也”。“原筮”以下七字，主九五而言，九五为成卦之主，具阳刚之德，居中正之位，故曰“以刚中也”。“不宁方来”一句，就初、二、三、四四阴言，九五以刚中施亲比之道，则天下众阴，皆服从而来，故曰“上下应也”。“后夫凶”一句，就上六而言，上六处阴之极，刚愎不逊，是为顽梗之夫，归附独后，为众所疏，故曰“其道穷也”

以此卦拟人事，父子兄弟夫妇，彝伦之中，自然亲比。朋友以义合，有贵贱、长少、亲疏、贤愚之等差，择之最宜分明。别其是非，辨其邪正，谚曰“近朱者赤”，交之不正，相昵而并入歧路，所谓小人比也。故当推原筮决，必其人有“元永贞”之德，然后相与亲比。“原筮”者，筮之于相亲之始，慎之至也；“元”者，统万善也；“永”者，谓能久于其道也；“贞”者，谓得正道而固守之也。比非其人，后必有咎，故曰“原筮，元永贞，无咎”。如孔子所云，晏平仲善与人交，久而敬之是也。夫人心莫不欲求友，比得其正，虽疏远之人，亦感其德义，自求亲睦，谓之“不宁方来”。然君子小人，各异其趣，往往有顽梗之夫，不服德化，虽后亦归附，其来已迟，是比道穷也，故谓之“后夫凶”。

以此卦拟国家，九五之君，施膏泽于下，六四、六二，皆奉戴九五君意，尽力于国家，于是亿兆之民，感其威德，上下亲比。此卦**坎**上**坤**下，恰如水土相济，融洽为一。以上比下，为一人而抚四海，以下比上，自四海而仰一人，上下相助，君民一体，谓之“比吉也，比辅也，下顺从也”。“比辅”者，臣亲其君也；“顺从”者，民亲其上也。然上非有刚中之德，不足当下之亲比，下非有“元永贞”之德，不足当上之亲比，是以必当推原而占决之也，谓之“原筮，元永贞，无咎，以刚中也”。**比**之初，上下之情或犹未通，不来者不宁，来者自宁，谓之“不宁方来，上下应也”。“方”者，来而不已之辞，取下四阴顺从也。当此时有不服风教，不服德义，刚愎负气，自取困难者，是为顽夫，其凶可知也。穷而后求比，其谁亲之！上六居**比**之极，以不得比，穷无所归，谓之“后夫凶，其道穷也”。郦生所谓“后服者先亡”是也。

通观此卦，初爻为远人，二爻为贤士，三爻为求进之士，四爻为在位之宰相，五爻为君，上爻为化外之民。此皆莫非王民，而休咎不同者，物情自不能齐也。此卦次**师**，**师**、**比**二卦，同是一阳五阴。《易》中一阳之卦凡六，其最吉者莫如**比**卦，以其九五一阳居天位，而“上下应之”也。又**师**、**比**共为得位之卦，得君位者为**比**，得臣位者为**师**。“**师**者，众也”，众不能无争，争则乱，靖乱以武，孚之以德，所以**比**次于**师**。**师**之群阴来而居下，载九五阳刚中正之君，有乱后得明主，各安其位之象。

《大象》曰：地上有水，比。先王以建万国，亲诸侯。

水之性平，地之道顺，水在地上，散则为万，合则为一。先王见此象，而分封有功之臣于各地，以为王室之藩屏，亲抚战后穷民，轻减其租税，平均其法律，沛其恩泽，如水之润物，无不浃洽。夫天下之大，可以一人统之，不可以一人治之，必建国置侯，有朝聘往来之礼，以结其欢，有巡狩述职之典，以通其情。天子犹大海朝宗之众水，其亲诸侯，犹身之使肱，则诸侯服顺君德之渥，其于民犹肱之使指。是封建之制，虽与方今郡县之治异其体，君主统治臣民之意，无有差违。谓之"先王以建万国，亲诸侯"，内卦为**坤**，万国之象，初爻变则为**震**，建侯之象。

占 问战征：玩爻象，其军威之盛，有如水就下，沛然莫御之势。一战平定，即当列土分封，建立屏藩。〇问营商：水在地上，无处不流通，商业亦以流通为利。**比**，亲比也，得亲比之人以共事，斯商业可垂永远矣。〇问功名：建国封侯为士生荣显之极品；**比**反**师**，**师**上六曰"大君有命，开国承家"，此之谓也。〇问家宅：是宅必低洼近水，亦比近贵人之宅。宅基大吉。〇问婚姻：**比**，比好也，地与水，本相亲比，占婚得此，必卜百年好合，且主贵。〇问疾病：坤为地，亦为腹，**坎**为水，亦为心，恐是心腹水肿之症。诸侯能治国，犹医能治病，宜切近求治。吉。〇问六甲：生女，主贵。

初六：有孚比之，无咎。有孚盈缶，终来有他吉。

《象传》曰：比之初六，有他吉也。

"有孚比之"者，谓诚信充实于中，如物之盈满于缶中。缶者，上古之土器，郑云："缶，汲器也。"此卦以五阴比九五一阳为义，与他卦应比之例不同。**比**之道以诚信为本，若中无信实，虽欲亲人，人谁与之！此爻居比之初，与九五犹远，本非其应，然**比**之道在初，初能积诚于中，率先三柔而从五，五比由初而始，故"无咎"也。譬如以诚事神，神必来格，有酒盈击，神必来享也。"缶"指六二，中虚能受之象；"之"字指九五而言。缶者质朴而无文饰，喻人之质朴正直，不事虚饰，以此交人，人亦乐推诚相与，即素未识面者，亦将乐与比助，共得欢心。谓之"终来有他吉"，"终来"者，谓将来也；"他吉"者，谓意外之吉。九五本不相比应，而亦比之，是意外之吉也。《象传》一“也”字，示其心之不可疑。此爻变则为**屯**，其辞曰：“磐桓，利居贞，利建侯。”磐与盘通，有缶象。“磐桓”、“居贞”、“有他吉”者，建侯也。

占 问战征：有如禹征有苗，干羽来格之象，故曰“有孚比之，无咎”。〇问营商：商业专以信实为主，斯远近商客皆亲比而来，贸易广，而获利亦厚矣。吉。〇问功名：“有孚比之”，即中孚卦所云“信及豚鱼”之谓也。**中孚**九二曰：“我有好爵，吾与尔靡之”，靡共也，言我与尔愿亲比而共升荣也。故曰：“比之初六，有他吉也。”〇问婚姻：玩《爻辞》，谓既得相孚，又复相比，亲之至也，以是订婚，吉无咎也。〇问家宅：**比**，比邻也，近者既信义相孚，往来亲密，远者亦闻风愿来比邻，故曰“终来有他吉”。〇问六甲：生女。

占例 某氏之子，多年留学英国，归朝之后，奉职某省，一日来访，请占气运。筮得**比**之**屯**。

断曰：**比**卦地上有水，水土和合，故曰**比**。**比**者亲也，占得此卦，可知足下家庭完好，和乐无间；且天性温和，久游英国，而熟谙外交之道，**比**之为卦，可谓适合足下焉。所谓**比**者，以亲好为立身之本，持躬以诚而无伪，交友以信而无虞，则人亦将推心置腹，和好无尤，故曰“有孚比之，无咎”。盖人必真诚积于中，而后光辉发于外，犹缶之必有酒醨盈于中，而后芬香达于外，此谓之“有孚盈缶”。“终来有他吉”者，谓足下以孚信待人，斯上信下效，他日禄位升迁，不特得意中之吉，且更有望外之喜也。可为足下预贺之。

六二：比之自内，贞吉。

《象传》曰：比之自内，不自失也。

“自内”者，自心也。古称中心曰内，书多其例，如《大学》“诚于内必形乎外”之类是也。此爻为内卦之主，柔顺中正，与五为正应，能以中正之道相比者也。盖其抱道在躬，而不愿夫外，故曰“比之自内，贞吉”。若急于用世，出而求君，虽有其道，已自失矣。必其秉中正之德，贞固自守，以待上之下求，而斯出而相辅，如商汤之三聘伊尹，刘先主之三顾诸葛，斯谓“不自失也”。此爻之辞为士之抱道者劝，即为士之失身者戒。

占 问战征：士卒同心，上下一体，战无不克，故曰“比之自内，贞吉”。〇问功名：“内”，我也，以我有实学，足以感孚于人，所谓实至而名归也。吉。〇问营商：一店伙友，性情比洽，自然百为顺从。以此出而贸易，人皆信服，无不获利，故《象》曰“比之自内，不自失也”。〇问疾病：“内”谓心腹也，凡病总宜心平气和。中藏通利，外邪自消，故吉。〇问六甲：生女。〇问婚姻：必是内亲重联姻，吉。

占例 某县知事，将荣转某省，请占其气运及升迁。筮得**比之坎**。

断曰：此爻以柔顺中正之德，应九五刚健中正之主，阴阳相应，其吉可知。足下为某省次官，负任省中巨细之政务，与某大臣相辅为理者也。是足下为某大臣素所亲信，今又将转任某省，可期而俟也，故《爻辞》曰“比之自内，贞吉”。

未几，某知事果荣转某省次官。

六三：比之匪人。

《象传》曰：比之匪人，不亦伤乎！

此爻阴柔，居**坤**之终，不中不正，承乘应皆阴，有远君子而比小人之象。所交非其友，所事非其君，不以正道相助，而以私谊相亲，是巧言孔壬之小人也。初应四为比，比得其人；二应五为比，比得其人，皆正人也。三乃应上，上处卦之终，是为“后夫”，即“匪人”也。上比“无首”，“无首”，有伤之象。例如范增之从项羽，不能展其才力，忧辱而死。故《象传》曰“不亦伤乎”，谓其意之可悯也。此爻变则为**蹇**，**蹇**九三辞曰“往蹇来反”，可以知“比之匪人”之凶也。

占 问战征：观军而任用阉寺，参谋而偏听佞人，《爻辞》所云“比之匪人”是也，安得不败！〇问营商：商业之盛衰，惟在其人，其人而日与市井无赖之辈，征逐往来。匪人日亲，正人日远，不特其业立败，其人亦不堪问矣。〇问功名：交道不正，士品日下，不特声名破裂，祸亦随至。〇问婚姻：女贵贞洁，男效才良，人伦正道，苟非其偶，致误终身，不亦伤乎！

占例 友人某来告曰：仆近与友某相谋，兴一大商业，请占其成否。筮得**比之蹇**。

断曰：**比**者，地上有水，有往来亲洽之意也。然依其所亲，其中显分利害，与善人亲则吉，与不善人亲则凶。此爻曰“匪人”，显见非善人也。今足下共谋之友，余却不知其人，就《爻辞》而论，三与上爻既相应，三之所云“匪人”，即上爻所云“无首”，人而无首，恐难免祸。足下与之共兴商业，凶莫甚焉，谓之“比之匪人”，故《象传》曰：“不亦伤乎”。

友人闻而大惊，未几而西国乱起，此友果处重罪云。

六四：外比之，贞吉。

《象传》曰：外比于贤，以从上也。

四本应初，不内顾初，而外比五，谓之“外比”。二之应五，在卦之内，故曰“比之自内”；四之承五，在卦之外，故曰“外比之”。内外虽异，而皆得比于五，五刚阳中正，贤也；居尊位，上也；亲贤从上，比之正也，故曰“贞吉”，如夫周公之吐哺握发，以下天下之士，辅翼君德，下亲贤人，此爻之义也，《象传》曰“外比于贤，以从上也”。此爻于九五，象则为外，德则为贤，位则为上也。变则全卦为**萃**，九四之辞曰“大吉无咎”，可以见此爻之吉也。

占 问战征：爻曰“外比之”，得外夷归服之象，故曰“贞吉”。○问营商：想是海外营业，货物流通，无远不届之象，故曰“外比之，贞吉”。○问功名：四外比五，五居尊位，有简在帝心之象，功名之显赫可知也。○问家宅：二居内卦，四居外卦，皆曰“贞吉”，自得内外亲比，一家和睦。○问婚嫁：玩《爻辞》，想在外地订亲。吉。○问六甲：生男。

占例 明治二十一年，占某贵显之气运。筮得**比**之**萃**。

断曰：**比**者，地上有水，亲和之象。今得四爻，此人在九五君侧，以尽精忠，大得君宠，上下亲比之占也。某贵显任宫内大臣之职，其《爻辞》适合。

九五：显比。王用三驱，失前禽，邑人不诫，吉。

《象传》曰：显比之吉，位正中也。舍逆取顺，失前禽也。邑人不诫，上使中也。

“显比”者，明亲比和顺之道于天下也。“三驱”者，《礼》所谓“天子不围”，天子之畋，合其三面，开其一面，使之可去，不忍尽伤物命，即好生之德也。“失前禽”者，以禽之前去者，失之不追也，商汤之祝网，即是此义。“邑人不诫”者，谓王者田猎，与民同乐，不烦告诫，如归市不止，耕者不变之意，故吉。诸爻之比，皆以阴比阳，五爻则以阳比阴，以阳故曰“显”。且九五阳刚中正，为**比**之主，阳刚则光明而不暗，中正则公直而无私。此其所以为“显比”也，**比**之至中而至正者也，故《象传》曰“位中正也”，位即九五之位。顺逆以去就言，前去之禽，任其失之，不复穷追，来者抚之，去者不追，谓之“舍逆取顺”也。“上使中也”者，言上之使下，中平不偏，是下民熙皞之象也。**比**、**师**二卦，五爻皆取田之象，然**师**喻除忧，**比**喻同乐，故《杂卦传》曰“**比**乐，**师**忧”也。又**师**自二至五，**比**自五至二，**师**曰“三赐”，**比**曰“三驱”。**师**、**比**皆禽，**师**之禽在内害物，为境内之寇，故“执”之，王者之义也；**比**之禽在外而背己，为化外之民，故“失”之，王者之仁也。

按：六十四卦中，有**坎**者十五，**屯**、**蒙**、**需**、**讼**、**师**、**比**、**坎**、**蹇**、**解**、**困**、**井**、**涣**、**节**、**既济**、**未济**是也。其中虽有轻重大小之别，皆不免艰难劳苦，以**坎**有险难之义，惟**比**之一卦，独无艰难劳苦之象，得为最上之吉。卦全由九五为主，爻具阳刚之盛德，读者玩索其义，可自得也。

占　问战征：有降者不杀、奔者不禁之恩威，故曰“王用三驱，失前禽也”；有耕者不变、归市不止之德化，故曰“邑人不诫，吉”。○问营商：玩《爻辞》，不贪目前小利，不图意外资财，舍逆取顺，虽前有耗，后自得盈余也。○问疾病：症象已显，前服驱邪之剂，邪已若失，不必警戒，病自愈也。吉。○问功名：驰驱生事，前功虽失，后效自必显著。吉。○问六四：生男。

占例　明治二十四年三月十四日，众议院议长中岛信行、前长崎县知事日下义雄两氏来访，谈及横滨《每日新闻》所译美国勃斯顿府新闻所载美国猎船一事，言所雇美国人四人，与日本人二十四人，在亚细亚俄领海岸，为俄国人所捕，充当苦役，数年内死几人未明，惟有美国二名，最耐苦役，已得无事归国。俄国者目下宇内强国也，美为民主之国，亦称强大，本邦介立两国之间，政府不知将如何处置？请占之。筮得**比**之**坤**。

断曰：此卦地上有水之象，水与土两相比辅，故曰**比**也。维新以来，我国与欧美各国，订盟联约，通商往来，正两相亲比之时。今为美国猎船被捕之事，占得此卦，曰“王用三驱，失前禽”，见俄国政府，未尝有捕之之令；“邑人不诫”，或者出于俄国土人所为也。考俄国西比利亚地方旷远，万里只有督统御之，为政府政令所不及，前欧美各邦人民，每每滋事，虽各国政府责问俄国，俄政府答曰：彼地有总督统理，我当谕令总督查办，终至迟延几月，迄无结局。今回之事，不过北方边陬之一琐务，即今责问俄国，彼之所答，亦必如前所云，谕令该地总督查办而已。况此卦曰“显比”，是明言光明正大，与万国相亲比，我国亦何必以此一小事，伤国家大体之亲睦也？惟今后须议定西比利亚海，两国人民互渔之规则，凡两国人民，非得其国政府免许，勿论港内，连络其国所属两岬线内，禁渔业，在线外，无论何国人，任其渔猎，亦可谓之“王用三驱，失前禽”也。

中岛氏等为之感服易理之妙。

占例 占明治三十一年内务省之气运。筮得**比之坤**。

断曰：**比**者，地上有水之象，水得地而流行，地得水而滋润，是两相亲比，故名此卦曰**比**。**比**者亲也。今占得五爻，以奉戴九五之君意，抚育万民，行公平之政，五阴之臣民，顺从阳刚之君也，谓之“显比”。在众民中或有不从教化者，宜举直错枉，使之自化，谓之“王用三驱，失前禽，邑人不诫，吉”。本年内该省之措置，必得善良之结果也。

时板垣伯为内务大臣，既而辞职，西乡侯代之。当时内阁，颇为政党纷扰，内务省之施政，独无一毫之障碍。

上六：比之无首，凶。

《象传》曰：比之无首，无所终也。

此爻阴柔不才，居**比**之终。阴以阳为首，诸阴皆比五，上居五上，不下从五，是无阳也，无阳，即“无首”。胡氏云“无首者，无君”，是所谓“后夫凶”。至众阴皆比，比道已成，于是欲比于五，不可得矣，故曰“无所终也”。天下有其始而无其终者，往往有之，无其始而有其终者，未之有也，是以“比之无首”，至终则凶也。

占 问战征：“首”，军中之首领，谓元帅也。“无首”者，亡其主帅也。凶。〇问营商：五为卦主，上不与比，犹营商之伙，不与店主相亲比，是“无首”也。凡有所谋，必无所终也。凶。〇问功名：凡求名以高等者为首，曰榜首，曰魁首，“无首”则名于何有？凶。〇问家宅：恐丧家主，凶。〇问婚姻：不知何以无主婚之人？婚家来历，不甚明白。凶。〇问六甲：生女，恐有奇疾。

占例 某县人携友人某氏绍介状来，告曰：生今有志上京，某贵显者，为生同县人，素所相知，欲往求引援，请占诺否如何？筮得**比之观**。

断曰：**比**者地上有水，水土相亲，显见有同乡之谊。今得上爻，曰“比之无首”，想是未尝谋面也。足下虽云与贵显有旧谊，平生之交际，恐不信实，或疏阔已久，今往请托，未必见许，故《爻辞》曰“比之无首，凶”。

后闻往见，果如此占。

占例 明治三十二年，占我国与德国之交际。筮得**比之观**。

断曰：**比**者地上有水，水之在地，遍处流行，无远不届，有万邦亲睦之象。德国财力，并臻富强，与各国素敦亲好，此爻《爻辞》曰“比之无首，凶”，殊为可疑。既而思之，我国与德国交际，所称首领者，惟在该国驻在公使，或者此人近将易任乎？故曰“无首”。

☴☰风天小畜

“畜”字从玄，从田。玄者，水也。田中蓄水以养禾，兼有蕴藏含养等义。“小”者大之反，谓物之微细者也。此卦六爻，惟六四一阴，能畜五阳，为成卦之义。阳大阴小，以阴畜阳，故谓小。卦体下**乾**上**巽**，**乾**者刚健，**巽**者柔顺，**乾**下三刚，**巽**一柔二刚，**巽**以一柔为主，蓄藏群刚，故谓之**小畜**。《序卦传》曰：“**比**必有所畜，故受之以**小畜**。”凡物相比附，则必聚积，是卦之所以次**比**也。

小畜：亨。密云不雨，自我西郊。

“畜”者，止也，“亨”者，通也，其义相反。然此卦二五皆阳而得中，有健行之象，虽一时为六四所止，终得亨通也，故曰“**小畜**亨”，犹**屯**曰“元亨”。“密云不雨，自我西郊”，此二句专就六四成卦之主而言，**乾**者天也，**巽**者风也，内卦为天，太阳热气，照射大地，水气感触，阳气蒸腾为云，**乾**为密，故曰“密云”。天上有风，云欲为雨，为风吹散，故“不雨”。凡云气自东而西则雨，自西而东则不雨，今云气虽密，不自东而自西，故不成雨。云，阴气，西，阴方，阴倡而阳不和，且自二至四，互卦有**兑**，**兑**为西，**乾**为郊，故曰“密云不雨，自我西郊”。当时文王囚于羑里，歧周在其西，故称“我西郊”。是小畜之象也。

《彖传》曰：小畜，柔得位而上下应之，曰小畜。健而巽，刚中而志行，乃亨。密云不雨，尚往也；自我西郊，施未行也。

六四者阴柔之正位，即为阳爻之正应。此卦六四为主，上下五阳皆应之，以一柔而畜五刚，故曰“柔得位而上下应之，曰**小畜**”，是所以释卦名也。内爻虽健，外爻居**巽**，是以健而能**巽**，且二与五居内外卦之中，其志能行，故谓之“刚中而志行，乃亨”。刚健者，内卦之象；**巽**者，外卦之象。五阳为一阴所畜，故不成雨，然其前进之气，岂能终已？至上九变为坎水之雨，故曰“密云不雨，尚往也”。此时密云自西而起，是阴先唱而阳不和，不能成雨，故曰“自我西郊，施未行也”。“往”、“行”、“施”

三者，皆得阳刚之气，**乾**之象也；“未”者，阴柔之气，**巽**之象也。盖阴之畜阳，以柔克刚，其畜虽小，而牵制殊巨，譬如三寸之键，可以闭阨险之关，一丝之纶，可以掣吞舟之鱼，不可以其小而忽诸。且**巽**为长女，象妇，九三曰“夫妻反目”，上九曰“妇贞厉”，皆以阳受制于阴。历观夏桀以妹喜亡，殷纣以妲己诛，幽王以褒姒灭，一妇为累，祸延宗社，阴之累阳，夫岂在多哉！

以此卦拟国家，六四居辅相之位，仰膺君宠，然秉性阴柔，器识不大，不能任用贤才，惟以巽顺畜阳，以致膏泽不下于民，谓之“密云不雨”。**小畜**之象，国运如此。然以一阴止五阳，毕竟不能持久，至上爻阴极则亢，风变为雨，遂有“既雨既处”之象。若其时犹未至，而强欲施行，不能也，谓之“自我西郊，施未行也”。盖九二之大臣，与九五之尊位，两阳不相应，上九与九五，两阳亦不相比，故意见不和，是气运使然，不复如之何。是以五阳并为一阴所畜，谓之“柔得位而上下应之，曰**小畜**”。凡君子之行事，小人得以扰之，大事之将成，小物得以阻之，皆**小畜**之义也。国家然，即拟之人事，亦无不然。

通观此卦，六四以柔虚孚于九五，专以优柔抑制群阳。初九与六四，阴阳相应，阳为阴所畜，不宜躁动，是以自复于道，潜伏下位，故“无咎”而又“吉”也。九二以阳居下体之中，能与初九牵连而复，亦吉道也。九三与六四相比，刚而不中，止于阴而不得进，如车之脱辐，而不可行也。始则相比，而终则相争，则不和，如“夫妻反目”，而不安于室也。六四处近君之位，以信实相孚，是能畜君者也，而众阳亦并受其畜；然以一阴敌众阳，因循姑息，势或攻击致伤，于是六四逃避而去，故有“血去惕出”之辞。九五在君位，任用六四，今见六四之去，怜其诚孚，有所赐与，故有“有孚挛如，富以其邻”之辞。至上九之时，处畜之终，六四之一阴已退，**巽**风变为**坎**雨，是为畜道之成也。

《大象》曰：风行天上，小畜，君子以懿文德。

宇宙之间，太阳热气，彭薄郁塞，充满太虚，不能复行，冷气来而填其后，其气之流动，谓之风。此卦风在上而得位，故在下之气，亦受太阳之热，而欲上升，然为上卦之风所畜止，不能复进，谓之“风行天上，**小**

畜”。君子见此象，能于潜伏之时，修文学，勉德行，以立身命。“懿”者修饰而示章美之意，容仪之温恭，言辞之和婉，皆德之文饰也。君子言语有章，威仪有度，以风动天下，犹风之鼓动万物，无所远而不届。盖文德之所化，无有穷极也。

占 问时运：目下平平，有动作被人牵阻之患。〇问商业：有外观完美，内多耗失之象。〇问出行：主有风波之患。〇问家宅：主小康之家，防有口舌之祸。〇问战征：虽有雷厉风行之势，而恩泽不孚，只可小捷，难获大胜。〇问六甲：生女，又防小产。〇问行人：恐舟行阻风，迟日可归。无咎。〇问婚姻：主得懿美淑女，吉。〇问年成：主多风少雨，收成平平。〇问疾病：主风火之症。小儿吉，大人凶。

初九：复自道，何其咎？吉。

《象传》曰：复自道，其义吉也。

“复自道”者，谓知时之不可进，而自复于道。此爻居**乾**卦之初，是君子隐于下位者也。以阳居阳，位得其正，才力俱强，志欲上行，为六四之正应所畜，故返于本位，而复守其正。虽为彼所畜，而终不失其道，是不降其志，不辱其身，乃吉之道也，故曰“复自道，何其咎？吉”。“何”者，谓不复容疑之辞，叹美初九之能明道义，不吝改过，中途而复也。“何其咎”而后言“吉”者，谓不待其事之吉，而其义自吉也。

占 问时运：目下平常，宜退守，无咎。〇问商业：宜稳守旧业，不宜创立新基。〇问家宅：所谓“士食旧德，农服先畴”，返而求己，不愿夫外，家道自亨。〇问疾病：宜静心自养，自可复原。〇问六甲：生男。〇问行人：即归。〇问年成：佳。

占例 某县学务课长，常谈论国事，意气慷慨，以志士自任。顷日怀一书来，告曰：仆近日将面谒贵显，为国家述一意见，请占其成否，如何？筮得**小畜**之**巽**。

断曰：**小畜**之卦，犹利刀切风，腕力虽强，无所见其効也。知足下往告，必不能达其意趣，故不若止。何则？上卦为政府，当维新之际，执兵戎以定乱，其后事务多端，各守职任，断不容下僚妄参末议。且上卦为风，有进退不定之象，足下以刚健之意气，欲达其素志，风主散，散则不成，若强行之，不惟不得面谒贵显，恐为门街巡查所拒，激昂之余，或反受警察之诫谕。至此而悔其事之不成，不若中止，谓之“复自道，何其咎？吉”。

某不信余占，乘气往叩某大臣之门，强请不已，果受其辱，悉如此占。

九二：牵复，吉。

《象传》曰：牵复在中，亦不自失也。

“牵复”者，谓与初九牵连而复也。此爻亦秉**乾**体，具阳刚之性，上进而为六四所止。然以阳居阴，位不得正，故欲进而有障；见初九之复，亦即牵连而复本位，故曰“牵复”。盖以刚中从容之德，自审进退，不失其宜，是以吉也。《象传》曰：“牵复在中，亦不自失也”，谓其有中正之德，能适进退出处之宜，自不失其节操也。“亦”字，承初爻《象传》而言。

占 问时运：因人成事，自得获利。大吉。〇问商业：宜创立公同社业，或旧业重振，皆得吉也。〇问家宅：主兄弟和睦，恢复先业，必致家道兴隆，大吉之象。〇问疾病：必主夙疾复发，小心调治，无妨。〇问行人：即日偕伴同归。〇问战征：主连日得胜。〇问六甲：生女。〇问年成：丰收。

占例 余有熟知商人某氏，以某局有购售罗纱之命，乃至横滨外国商馆，先取样品进呈某局。时适有他商二名，亦进呈样品，某局员以某氏所进为良品，以他二名所进为劣等。二商人愤愤不平，来告曰：同一物品，而局员妄以一心之爱憎，漫评货品之高低，其中不无贿嘱，余将告发于长官，请占前途得失。筮得**小畜之家人**。

断曰：此卦君子为小人所止，有屈而不伸之象。今二爻与五爻，虽同秉阳刚，本非正应，恐告于长官，未必能达，以止为可。夫商人贩售货物，同业相妒，亦事之常。在该局员以买主妄评货品，与之争论究亦无益，足下即使议论得宜，物未必得售，不如中止。劝二商牵连而归复其本业，谓之“牵复在中，亦不自失也”。“不自失”者，谓思后日之利益，忍而归也。

占例 明治二十四年，邮船会社汽船东京丸，值朝雾昏迷，误搁房州洋之浅洲，以军舰并他汽船，极力牵引，毫不能动。或来请占是船之利害。筮得**小畜之家人**。

断曰：依此占，今东京丸，已得他汽船引出，其船体无所损，可安全而还也。《象传》曰“不自失也”者，即无所损之谓也。

后果如此占。

九三：舆说辐，夫妻反目。

《象传》曰：夫妻反目，不能正室也。

“舆”者，人所乘以行远也；“辐”者，轮中之直木，或作輹；“说”者，脱也。“夫妻反目”者，谓妻瞋目而视夫，夫亦瞋目而视妻，故曰“反目”。此爻以阳居阳，刚而不中，才强而志刚，其性躁妄而不能自守，先众阳而锐进，为六四所止，故比之车之运行，脱辐而不能进，曰“舆说輹”。九三之阳，比六四之阴，有夫妻之象，但夫为妻所制，阴阳不和，致夫妻不睦，则其妻之不顺不敬，固不俟论，其夫亦不为无罪也。何则？夫之素行，苟能庄重笃实，闺门之内，相敬如宾，夫何反目之有？反日之来，实由于夫之素行有缺：始则溺于私爱，继则疏于自防，终则为妻所制。阴柔渐长，而阳刚无权，此家之所以不齐也，故《象传》曰：“不能正室也”。盖妻正位夫内，夫正位夫外，今以妻制夫，出而在外，是闺门之不正也。九三至九五，互卦为**离**为目，巽为多白眼，皆反目之象。

占 问时运：阴盛阳衰，内外不安，最宜慎守。○问商业：有积货，急宜脱售，凡众所争售者，切勿售，众所不售者，急进售之。此谓反其道而行之，得利。○问家业：阴阳颠倒，家室不和。○问疾病：防医士不察，以寒作热，以虚作实，药不对症，是阴阳相反也。宜急别觅良医，病必脱体，吉。○问战征：军心不和，防有辙乱旗靡，倒戈相向之虑。○问行人：即日可返。○问出行：恐中途有险。○问六甲：生男，主有目疾。○问年成：不佳。○问婚姻：不利。

占例 明治六年，岩仓右大臣及木户大久保、伊藤山口诸君，奉命使欧美各邦。当派遣之初，使臣不得与各邦擅订条约。在朝者，为三条太政大臣西乡副岛后藤、板垣大隈、江藤大木诸君，使臣未归之先，不得创议新政。后因海军省所辖云扬舰，测量朝鲜仁川海岸，彼国炮台突然炮击我舰。庙议将发问罪之师，以雪国耻。欧美派遣诸君，亦遽相继归朝，共参朝议，遂分为征韩、非征韩二派。某贵显来，请占朝议归结。筮得**小畜**之**中孚**。

断曰：此卦下卦三阳，欲牵连而进，为六四一阴所止，而不能进，乃以大为小所畜，故名曰**小畜**。下卦三阳，有锐进之性，在主征韩者，谓我国三百年来，以锁国为国是，故致文化后于欧美各邦，今模仿欧美之进化，非力图进取，恐难独立于东洋，其奋激锐进，殆有不可遏之势。在主非征韩者，目击欧美之文化，与夫陆海军之全备，专画远大之策，戒轻举之生事，辩征韩之不可，大反其议。盖谓征韩之举，虽一旦遂志，在朝鲜人，或逃赴清国，与清国政府谋恢复，或脱走于俄，乞俄国之救援。又清俄两政府，受朝鲜再兴之依赖，不无责问我政府之由；至英、法、德各邦坐视我东洋有事，亦将藉生口实，皆可预料也。此番出使诸臣，归而作是议者，洵有见而言之。后朝旨一从罢征之议，主征韩者愠其言之不用，群相辞职，谓之“舆说辐”也。征韩、非征韩二派，至相仇视，恰如夫妻不睦，谓之“夫妻反目”。

后果主征韩者，悉辞其职。

六四：有孚。血去惕出，无咎。

《象传》曰：有孚惕出，上合志也。

“血”者，恤也，恤字古文作血。曰恤，曰“惕”，皆忧惧之甚也。“血去”者，远伤害也，“惕出”者，免危惧也，皆所以解脱忧患。此爻成卦之主，以一阴之微弱，止五阳之刚强，盖畜得其时，又得其位，故能畜止众阳。自全卦言，为以小人畜君子；以一爻言，为以孤柔敌群刚。五为君位，四与五相比，是以臣而畜君者也。始如不足，终乃有济，有因人之功，无偾事之失。但在下三阳，为柔所制，欲锐进以害柔，亦势所不免；惟六四阴而中虚，能以**中孚**感君，君臣契合，以至诚相畜，故五阳亦终服六四之制。非其力能止之，实本乎信有以感之也。且六四不以获君为荣，转以位高为惕，退避三阳，而不妨贤路，如六四者诚辅相之贤者也，谓之“有孚，血去惕出，无咎”。《象传》曰“上合志也”者，以六四之大臣，比于九五之君，尽心谋国，上下交孚；又以九五之君，爱庇六四之臣，恩遇优渥，始终无间，故曰“上合志也”。

占 问时运：目下不免忧虑，切忌与人争斗，防有损伤。宜出门远避，斯无咎也。〇问仕途：必得上官契合，即有升迁，大吉。〇问战征：利于出军进攻，可以获胜。〇问家业：姬妾仆从，御之宜得其道，否则防反受其制。〇问行商：利西北，不利东南。〇问疾病：是寒裹热之症，治之宜宽解，不宜燥烈药品。〇问谋事：有得邻里相助之力。〇占行人：恐中途遇险，宜微服潜行，忍而避难。〇占六甲：此胎生女。后胎可连举五男。

占例 明治五年，占某贵显气运。筮得**小畜之中孚**。

断曰：此卦六四一阴，在九五之下，奉戴君德，制伏上下四阳之锐进。一阴之势力本孤，惟以真诚相孚，能使群阳受畜。然阳亢则变生，不无可虑。曰“血去惕出”，其虑患也深矣，故“无咎”。因呈此占于贵显，贵显惟首肯而已。

后闻某贵显驾过赤坂，果罹暴徒之难，被轻伤而免。“血去惕出”之占，可谓先示其兆也已。

九五：有孚挛如，富以其邻。

《象传》曰：有孚挛如，不独富也。

“挛”与孪通，“挛如”者，相连之意。“富以其邻”者，邻指六四，谓九五之君，能信任六四，与之合志而畜乾。六四之臣，积诚以格其君，九五之君，推诚以待其下，上下相孚，而畜道成。九五之富，皆六四之功也。此爻中正，以阳居尊位，而密比六四之宰相，惟其有孚，则群阳亦牵连以相从也。九五居尊，所谓贵为天子，富有四海，与上爻、四爻同居巽体，并力畜乾，以御众阳锐进之锋、方张之势。曰“富以其邻”，是以四爻为邻也。然九五之君，当以大赉天下，泽被群生，若第挛如六四之宰相，其富厚之泽，未免偏而不公，故曰“有孚挛如，富以其邻”。指臣位而称邻者，可见君德之不满。又《爻辞》不系吉凶者，亦以君德之未美也。《象传》曰“不独富也”者，以《爻辞》“以”字读为助之义也。

此卦初九、九二二爻，虽复道，不过独善其身；九三与六四为敌，遂至反目；独九五终始信任六四，以共天下之富，是**小畜**之所以亨也。

占 问商业：有百货辐辏，群商悦服之象，大利也。〇问时运：一生气运亨通，无往不利。〇问仕途：主连得升迁，禄位双全。〇问家业：主累代忠厚，惠及邻里，不独富有，且得贵显。〇问战征：主军士同心，有国境日辟之象。〇问六甲：有孪生之象。〇问疾病：主麻痹不仁，手足挛拘之症。〇问失物：宜从邻近寻觅，自得。〇问出行：宜结伴而行，不宜独往。

占例 明治四年三月，友人冈田平藏氏来曰：余今将创一业，请占其成否。筮得**小畜**之**大畜**。

断曰：此卦有畜积货财之象，定可得商利之满足也。但必得一信实伙友，以主其事，获利之后，当分肥及之，庶几相与有成也。

后果如此占。

上九：既雨既处，尚德载。妇贞厉，月几望，君子征凶。

《象传》曰：既雨既处，德积载也。君子征凶，有所疑也。

“既”者，事之既成也。“既雨”者，此爻外卦变**坎**，前之“密云不雨”者，今则既雨矣。“既处”者，止也，谓阴阳相和，各得其所。阴之畜阳，不和则不能止，既和而止之，畜道成也。“尚德载”者，尚即《论语》“好仁者无以尚之”之谓，美六四之孚信充实，众阳感孚，明**小畜**全卦之成功也。九五、上九，同属**巽**体，知**乾**难畜，故积德而共载之。“望”者，满月也，“月几望”者，喻阴德之盛。此爻以阳居阴，**小畜**之终，畜道已成之时也。《彖辞》曰“亨”，即指上爻而言。盖此卦一阴，以巽顺为性，顺者妾妇之道，且巽为长女，象妇，故以妇为喻。六四阴象为女，九五信任不疑，六四之威权已重，恰如月之几望，满盈而敌九五之尊。“妇贞厉”之贞，谓以阴制阳，即以妇止夫。妇宜贞固自守，若以此道为常则厉。当此时，虽有贤人君子，不能复如之何，故曰“君子征凶”。且阴之既胜，固无可为之道，方其将盛未盛之间，君子所最宜警戒。此爻“月几望”、“凶”者，阴之疑阳也；**归妹**之六五，“月几望，吉”者，阴之应阳也；**中孚**之六四，“月几望，无咎”者，阴之从阳也。“妇贞厉”者，以理言之，戒小人也；“月几望”二句，以势言之，戒君子也。《象传》曰“有所疑也”者，盖以阴敌阳则必消，犹言小人抗君子则有害，君子安得不疑之？一说，疑者碍也，谓于道义有所碍塞，义亦通。雨与月皆有**坎**象，此爻外卦变为**坎**，故有此辞也。

占 问时运：有昔时希望不遂，今得如愿之意。〇问家业：有前困后亨之象。〇问营商：宜得利则止，若贪得无厌，终恐盈满致凶。〇问战征：既得战胜，宜即罢军，若复进攻，不利主帅。〇问年成：旱，不为灾。〇问六甲：生女。〇问行人：即归。〇问出行：不利。

占例 明治二十二年某月，某贵显来访谈时事，请试占政党首领某氏之气运。筮得**小畜**之**需**。应其请而讲**小畜**全卦之义。

断曰：此卦上爻。**乾**天，天气上升，有云随之，被风吹散，不得为雨，谓之“密云不雨”。以风之小，止天之大，故名此卦曰**小畜**。以国家拟之，四爻一阴，得时得位，上下五阳，牵连应之。阳大阴小，以一阴止五阳，是小畜之义也，故曰“柔得位而上下应之，曰**小畜**”。

此占为政党首领所关，其所从来者久矣，请推其原而说之。

明治之始，某缙绅为众所推，奉敕令为相，奉侍九五之君，尽见信任，一时群僚皆受其畜，诚千载一时之会也。就**小畜**之卦言之，以某贵显当六四之位，下卦三阳，牵连被畜，虽众阳有健行之性，欲进而谋事，六四虑其躁动，悉被抑止，独以孚信感君，巽顺行权，谓之“健而巽，刚中而志行”也。明治元年三月，虽有万机公论之敕命，究未施行，谓之“密云不雨”。

初九：“复自道，何其咎？吉。”

此爻以阳居阳，虽有才力，未得信用，与六四之阴相应，见六四专权，难与共事，中途而返者也。

九二：“牵复，吉。”

此爻亦虽欲进，见初爻既复于道，是以牵连亦复，进退审详，不失其宜，以中正也。

九三：“舆说辐，夫妻反目。”

此爻与六四，同居重职，先众阳而锐进，为六四所抑止，志不能行，辞职去官，谓之“舆说辐”。“夫妻反目”者，以九三阳爻为夫，六四阴爻为妇，阳为阴制，犹夫为妻制，愤懑而争，故曰“反目”。

六四："有孚，血去惕出，无咎。"

此爻为全卦之主，以一阴止五阳，独得权势。然阴孤阳众，抑亦可危，惟在六四能以孚信感君，故九五之君，爱护六四，不使群阳得以相犯，故曰"血去惕出，无咎"。

九五："有孚挛如，富以其邻。"

此爻居尊位，与六四之阴，挛系而御**小畜**之世。九五六四，皆曰"有孚"，是以积诚相感，上下交孚也。下卦三爻，同为**乾**体，故曰"挛如"，赏赐之厚，如富人之以财产分赐邻里也。今以某贵显拟之，朝廷录维新之功，恩赐优渥，且政府以数万元，买置其第宅，即是也。

上九："既雨既处，尚德载。妇贞厉，月几望，君子征凶。"

"既雨既处"者，**小畜**之终，风变雨为水。前之"密云不雨"者，今"既雨"也。明治创业以来，某首领有功于国家，人所皆知，但政令随时更变，惟在积德累仁，励精图治，国家大权，不容旁落，亦不可偏任。明治十四年，请开国会，至今二十三年，有众议院开设之议，谓之"尚德载"也。在大臣谋划国计，未免擅权，以臣制君，犹之以妻制夫，谓之"妇贞厉"。"月几望"者，月满则亏，几望则将近于亏，是即阴阳消长之机。"君子征凶"者，谓当戒其满盈也。

☰天泽履

"履"者，冠履之履。篆书作履，从尸，从彳，从舟，从夊。尸者，象人身；夊者，足也；舟者，载也；彳者，行也。即所谓步履而行，可以运动人身者也。故此卦以此取名，《彖辞》曰"履虎尾"者是也。转而为礼，礼者，人之所践行也，故《序卦传》曰："物畜然后有礼，故受之以履"；《大象》曰："以辨上下"。又转为福之义，《诗》曰"福履绥之"是也。人能守礼，则天赐之以福。此卦外**乾**内**兑**，**乾**天，**兑**泽，天在上，泽居下，上下尊卑之分正，故有礼之象。又**乾**为行，**兑**为和，《论语》曰："礼之用，和为贵。"《彖》有"履虎尾"之辞，故即取其首字以名卦也。

履：履虎尾，不咥人，亨。

《彖传》曰：履，柔履刚也。说而应乎乾，是以履虎尾，不咥人，亨。刚中正，履帝位而不疚，光明也。

此卦**乾**上**兑**下，**乾**为老父，前行，**兑**为小女，追随在后。凡以刚健践柔弱之后易，以柔弱践刚健之后难。就卦面观之，以六三一阴之柔弱，介五阳刚强之中，有欲行难行之象。以至弱之质，蹑于至刚之后，犹"履虎尾"，最是危机。文王就其难行之道，系其辞曰"履虎尾"，危之也。**乾**为虎，虎指刚健者。人者对虎而言，"不咥人亨"者，谓人能柔顺和悦，循理而行，虽遇强暴，不为所害，故《彖传》曰："履，柔履刚也。说而应乎乾，是以'履虎尾，不咥人，亨'。"此卦二五两爻，皆得阳刚之中正，九五尊位，居至高至贵，而能不疚于心，必有光明之德也，谓之"刚中正，履帝位而不疚，光明也"。《彖传》三句，专就五爻而言，此爻卦变则为**离**，**离**为火，为日，为电，有光明之象。

以此卦拟人事，内卦**兑**为我，外卦**乾**为彼，我柔弱而彼刚健。例之古人，如上杉谦信、织田信长等，刚毅果敢，为其臣仆者，一不顺从，每遭惨祸，谚云"伴君如伴虎"，此之谓也。嗟乎！世路险阻，无往而非危机，虎之咥人，不独山林，凡一切利害所关，即为危机之所伏，皆可作虎观也。惟以不敢先之心，后天下之人，以不敢犯之心，临天下之事，以不敢轻进之心，处天下之忧患，敬以持己，和以接人，以此履虎，虎虽刚猛，必不见咥。由是观之，人能行己卑逊，何往而不亨通哉！行于强暴则强暴服，行于蛮貊则蛮貊化，行于患难则患难弭，皆和悦之效也。以卦体言，初爻虎尾，至九五之时，危险既去，身安心泰，自具光明之德也。故履之时，柔能制刚，弱能胜强，虽刚暴难制者，皆可以柔和之道制之。若欲以刚制刚，必有大咎，此**履**卦所以贵和悦而应上也。

以此卦拟国家，上卦为政府，下卦为人民，上刚强，下卑屈，名分悬隔，刚强者进于前，卑屈者随其后，谓之“履，柔履刚”也。上下之秩序如此，下以和悦爱敬，服从夫上，上亦乐其柔顺，不复以强暴相凌，谓之“悦而应乎乾，是以履虎尾，不咥人，亨”。九五之君，德称其位，垂拱而天下治，上不愧祖宗之鉴临，下不负臣民之瞻仰，何疚之有？于是功业显著，德性光明，谓之“刚中正，履帝位而不疚，光明也”。

通观此卦，高者无若天，低者无若泽，上下尊卑之分，昭然若揭。六三以一阴，介在五阳之间，为全卦之主，才弱而志刚，体暗而用明，不自量力，而敢于前进，致蹈危祸也。初九在下，素位而行，不关荣誉，虽涉危险之世，行其固有之业，而自得其安乐也。九二居内卦之中，不萦情于名利之途，坦然自乐，不陷于危险也。九四上事威猛之君，下接奸佞之侣，处危惧之地，小心翼翼，位尊而主不疑，权重而人不忌，终得遂其志也。九五居尊位，雄才大略，独断独行，以刚猛而御下者也。上爻熟练世故，洞悉人情，建大业，奏伟功，而克享元吉者也，是**履**之终也。

《大象》曰：上天下泽，履，君子以辨上下，定民志。

此卦“上天下泽”，尊卑贵贱之等级分明，是不易之定理也。君子见此象，“辨上下，定民志”，使之各居其所，各安其分，不相紊乱，自无僭越，礼制之要也。夫宇宙间，莫低于泽，莫高于天，譬诸在人，莫尊于冠，莫卑于履，上下之分如此。**履**者，礼也，君子体**乾**之强，庄敬而日强，所以行礼也。**兑**之德悦也，悦者和也，礼以退为让，履以下为基，故曰“履，德之基也”。天而不下交于泽，则江河无润；泽而不上交于天，则雨露无滋。惟天高而能下，故水土草木之气，蒸而为云雨，而天益高；

惟君尊而能卑，故亿兆臣民之分辨，而为礼让，而君益尊。若上下不辨，民志不定，则等威无别，民情骚动，天下纷然，乱自此起，如之何其能治也？此卦上自天子，下至庶人，安尊卑之分，联上下之情，君怀明德，民无二志，天下所由治也，谓之“君子以辨上下，定民志”。

占　问家业：有门庭肃穆，仆妾顺从之象。〇问任官：有品级渐升之象，若攀援干进，反致不利。〇问营商：宜辨别货品，实察商情，待时而售，必得高价。〇问出行：利于滨海之地。〇问六甲：得女。〇问疾病：宜疏通中焦。〇问遗失：一时为物所掩，久后自出。

初九：素履，往无咎。

《象传》曰：素履之往，独行愿也。

“素”者生帛，取天然之色而无饰也。“素履”者，谓直行本分之性质。此爻以阳居阳，虽得正位，上无正应，在下位，不援上，《中庸》所谓“君子素其位而行，不愿乎其外”者也。以居**履**之初，去虎犹远，守当然之本业，独善其身，不求闻达，一旦得位，亦不改其“素履”之守，所谓“穷不失志，达不离道”，故曰“素履，往无咎”。《象传》曰“独行愿也”者，谓己之所愿，不在乎外也。此爻无正应，故曰“独”也。

占　问功名：宜安居乐道，待时运亨通，往无不利。〇问营商：宜守旧业，久后必获利。〇问谋事：宜缓待，不宜急迫。〇问战征：宜独行潜往，刺探敌情，无咎。〇问家宅：“福履绥之”，门庭吉祥。〇问六甲：生男。

占例　横滨商人某氏来告曰：近来商业不振，得不偿失，欲移居于东京，别创事业，请占前途吉凶。筮得**履**之**讼**。

断曰：此卦**兑**之少女，履**乾**父之后，明明教人以谨守先业。商务之通塞，未可拘一时而论，物价高低，随时变换，前失后得，亦事之常，何必遽作改计？不如守旧，久必享通也，故曰“素履，往无咎”。某氏闻之，随绝改图之念，仍在横滨，从事旧业，未几而商机一变，大获利益。

九二：履道坦坦，幽人贞吉。

《象传》曰：幽人贞吉，中不自乱也。

“坦坦”者，道之平也；“幽人”者，谓隐居山林之士也。此爻当履之时，得刚中之位，中则不偏，不偏则不危，履行其道，犹行平坦之道路也，故曰“履道坦坦”。夫行道者，履于旁则危险，履其中则平坦，必其中心淡泊，忘情荣辱，以道自守，斯得幽人之贞也，故曰“幽人贞吉”。若欲急进而从事，恐履虎而招祸也。盖此爻虽有才德，以上无应爻之助，故未得出而用世，惟其穷居乐道，遵时养晦，故吉。《象传》曰“中不自乱也”者，谓不降其志，不辱其身，是不以利达乱其心者也。一说“幽人”为幽囚之人，如文王之囚羑里而演《周易》，文天祥之囚土室而作《正气歌》之类，虽在患难，不乱其志也。此爻内卦变为**震**，**震**为大途，有道之象；又以**兑**泽，有幽谷之象，故曰“幽人”。

占 问功名：有高尚其志之象。○问营商：一时物价平平，可得微利。○问出行：平稳，获吉。○问终身：有恭敬修身之意。○问家宅：有分析财产之意。○问失物：有意外损耗之虑。

占例 一夕有盗入某贵显邸宅，窃去衣服若干，贵显请占盗之就捕与否。筮得**履**之**无妄**。

断曰：此卦**兑**之少女，履**乾**父之后，老父为盗，少女者改造其赃品，或变其体裁，而转卖之，是父女共为盗者也。一时不得显露者，盗中之最狡者也。然互卦有**离**火，火之明，即探索吏也，互卦之主爻，即六三之探索吏。《象传》所谓“眇能视，不足以有明也”，故现时不能捕获；至上爻有“视履考祥，其旋元吉”之辞，自此爻至上爻，爻数五，必在五月之后，依赃品而暴露，盗贼即可就缚。后五月，此盗就缚，果如此占。

六三：眇能视，跛能履。履虎尾，咥人，凶。武人为于大君。

《象传》曰：眇能视，不足以有明也；跛能履，不足以与行也。咥人之凶，位不当也。武人为于大君，志刚也。

“眇”者，目之偏视也；“跛”者，足之偏废也。“武人”者，文官之对；“大君”者，尊贵之称。此爻以阴居阳，不中不正，无才无德，以刚暴取辱者也。盖于履为成卦之主，欲恃其势而统辖群刚，不自度才德之微，不足负担大事。目之眇，自以为能视，足之跛，自以为能履，不避危险，勇往直前，自蹈履虎受咥之祸，故曰“眇能视，跛能履，履虎尾，咥人，凶”。曰“眇”曰“跛”者，示六三之柔暗，能视履者，谓恃九二而冒险躁进。九二者，虎也。虎之不咥我，以我背后有**乾**也。六三见虎之畏**乾**，以为畏己也，去**乾**而自用，遂为虎所咥。《象》曰“不咥人”，爻曰“咥人”，其义相反，盖《象》取内卦**兑**之柔和爱敬而立义，爻主中正，以六三阴柔不中正，独与上九之一爻相应，上九虎之首也，履尾而首应，故有“咥人”之象。六三不自知其量，放肆横行，武人而干犯九五之大君，其强暴而无所忌惮如此，大凶之道也。《象传》曰“眇能视，不足以有明也；跛能履，不足以与行也”者，谓其识暗，故视不能明，谓其才弱，故行不能远。“位不当也”者，谓以阴居阳；“志刚也”者，谓其阴柔而不中正，志刚而触祸也。**兑**为毁折，互卦**离**为目，巽为股，**离**目为**兑**所毁折，有眇之象；**巽**股为**兑**所毁折，有跛之象。又**兑**为口，有咥之象；“武人”**巽**之象，**巽**之初六“利武人之贞”可见也。“武人”，武士也，如《诗》所咏“赳赳武夫”是也，其职掌专主军政，奉王命以讨伐不庭，效忠于疆场者也。“武人为于大君”，刚强自用，干犯名分，孔子所谓“暴虎冯河，死而无悔”之徒，其甚者窃弄兵权，不奉朝命，如北条义时足利尊氏者也。我国维新以来，军政严肃，海陆两军，类皆桓桓武士，干城之选，好谋而成，固不徒以志刚为武也。《易》之垂诫，或不在当时而在后世，其虑远矣。

占　问家宅：有暗昧不明，以小凌大之象。〇问商业：有被人欺弄，急切不能脱售之虑。〇问战征：宜退守，不宜进攻，妄动者凶。〇问行人：恐中途遇险。〇问失物：就近寻觅，自得。〇问六甲：生男，但婴儿防有残疾。

占例　友人副田虎六氏，从佐贺县来告曰：某所矿山，工学士最所称赏，矿质极良，余将请政府之认可，着手采掘，请占其利害。筮得**履**之**乾**。

断曰：此卦刚健之乾父前进，柔弱之少女随后，足下继续先辈所开之矿山。今此爻以阴居阳，气强而智昏，其所计划，必有与实际相龃龉者也，故谓之“眇能视，不足以有明也”。凡商办之业，与官办之局，大异其趣。如彼矿山，固乡间无赖人所集合，能设其规则，而统制得宜，斯众人服从；且指挥众役，必用老成谙练之人，乃能成其业，若指挥不得其人，彼矿夫纷扰，非易箝制，懒惰虚喝，百弊丛生。足下纵精明强干，而于矿业，究属生手，譬如行路，此程非熟悉之途，故《爻辞》又曰“跛能履”，不足以与行也。足下又谓“不入虎穴，焉得虎子”，是以决意担当，但恐入虎穴而为虎所咥，其危险实可寒心。爻象如是，足下宜断念也。

氏不信余占，用某学士为甲干，使之赴矿山，为不谙实业，部下不服，终以不克成事而罢。

按：古人有言金银矿者，政府可直辖而采掘者也。何则？例如每年以五万元费用，采掘二万元金银，虽得失不相偿，其所费消，即在民间；其所采掘，乃为新出。是所耗在政府，而获得在人民也。所谓百姓足，君孰与不足？其益大矣。铜矿，夫役众多，指挥更难，非执生杀之权，宽猛兼施不可。故非政府不能开采。

铁山者，利益平均。铁价之高下，与米谷之高低相准。凶年而营开采，足使矿夫，借以糊口。铅山者，密卖之弊最多，必一村豪农，与村民素相亲信者，斯可从事采掘。

外国人某曰：金银矿山，百人营业中，九十九人损失，得一人之获大利，即足偿九十九人之损失而有余矣。故金银山者，犹富籤也。实可味之言也。

占例　贵族院议员某，福岛县多额纳税者也，自去年（三十一年）冬，至本年春，蚕丝输出外国者，时价益腾，本年养蚕之成绩，颇好结果，预料他日蚕丝，辐辏横滨，势必低价。乃于横滨四品取引所，期五月与六月，约卖蚕丝若干，与买者同纳付保证金数万元于取引所。至期，蚕丝之入横滨者稀少，时价看涨，不能交现，买者知蚕丝之不足，数人联合，益倡高价，于是有介卖买两间而谋为仲裁者。某来曰：“此仲裁适余意否？请为一筮。筮得**履之乾**。

断曰：此卦以**兑**之柔，随**乾**之刚，犹少女与暴夫同行，其危险如“履虎尾”。今占得三爻，足下测度蚕丝出产与时价，是诚以管窥天，谓之“眇能视，不足以有明也”。横滨商人，自产地贩集蚕丝，向以贷金收买，故转运往往不速，谓之“跛能履，不足以有行也”。卖者乘其虚，而益倡高价，殆将食没足下之保证金，谓之“履虎尾，咥人，凶”。足下不自揣其不能，不知卖家之不良，欲博一时巨万之利，反生大损；犹以匹夫之勇，望为武将者也。谓之“武人为于大君”。今仲裁难行，过六月中旬，可得协商，然大损不免也。

后果如此占。

九四：履虎尾，愬愬，终吉。

《象传》曰：愬愬终吉，志行也。

“愬愬”者，畏惧之貌。此爻以阳居阴，逼近九五尊位，才强志弱，以九五为虎，常怀危惧，故有“履虎尾”之戒。若以其危惧故，而退身远引，亦非为臣之道。此爻处大臣之位，有可未常不献，有否未常不替，亦非避其威而不履也。但小心谨慎，常若愬愬，故曰“履虎尾，愬愬”。是以位虽高而主不疑，权虽重而上不忌，终免忧危，而得保全之吉，故曰“终吉”。此卦全卦以柔为吉。“终”字对初而言，有始于危，终于不危之义也。《系辞传》曰“四多惧”，此爻多惧，惟其防患周密，终得免害。《彖辞》曰“不咥人，亨”者，谓此爻也。《象传》曰“志行也”者，谓履行其道也。“志”者，为平日期望之志也。

占　问时运：以温和接人，以笃实当事，虽临危险，终得免祸，是气运平稳之时也。○问商业：不宜急切脱货，宜谨慎耐守，终获利益。○问战征：宜临危固守，遇救得捷，可转败为胜。○问六甲：平稳得男。

占例　明治十七年十二月，朝鲜京城有政党纷扰，时国王遣特使来我公使馆，请我办理公使竹添君护卫王宫，公使因率兵前进。清国将官某氏，亦率部下兵迫王城，遂抗我兵，并屠戮我商民。此报达我国，朝野骚然，朝旨派外务卿井上伯，奉使朝鲜责问，是国家之重事也。某贵显使余占其动静。筮得**履**之**中孚**。

断曰：此卦上卦**乾**，为父，下卦**兑**为少女，有少女随父之象也，故名曰**履**。夫我国之于朝鲜，以我既行欧美之开化，欲使彼国速从时势之变迁，我导其前，彼履其后，以同行改革也。万一朝鲜为欧人所占领，不啻为我国之赘疣，实为亚细亚全洲之障碍。奈彼国冥顽不悟，妄以嫌忌外人，遂起今回之乱。戕害我人民，是有目而不能见当前之形势，有足而不能履奋进之地步也。《象传》谓之“眇能视，不足以有明也。跛能履，不足以有行也”。彼之杀害我国人，犹儿童之履虎尾。今外务卿井上伯奉使前往责问，彼必自知微弱，恐触我怒，唯有谨惧恭顺，唯唯诺诺，惟命是从。四爻变而为**中孚**，结局终归平和，谓之“履虎尾，愬愬，终吉”。于时十七年十二月二十五日也。

附言 是月二十七日，交询社传福泽谕吉氏之言，邀余演说朝鲜易占。余因趋其席，社员满室，干事诸氏谓余曰：今回朝鲜之事，甲论乙驳，或和或战，群议纷纷，不知归的，君玩易象，必获先机，幸为开陈《爻辞》。余曰：《易》道，通天机而知未来者也，与凭空议论者不同也。余凭易占，已预知结果，在外人或未之信也。遂应其请，详述前说。在席自福泽氏以下，皆不解《易》，脸如怪讶。余归后，福地源一郎氏，寄书请示占象，因更记前说以自送之，翌十八年一月一日揭之于东京《日日新闻》。当时《时事新报》记者痛嘲余说。彼昏昏者不解易理，亦无足怪，彼闻井上大使，与朝鲜政府开论，即在一月二日。易理之定数，不差分毫；余之易占，不失一语，不亦可畏敬哉！

九五：夬履，贞厉。

《象传》曰：夬履贞厉，位正当也。

夬者，决也。“夬履”者，谓其一任刚决以履行也。此爻刚健中正，体**乾**卦，**履**尊位，下无应爻，自恃刚明，果于任事，多威武猛断之政，未免有果敢而窒之弊，故曰“夬履”。古圣人居天下之尊位，虽明足以照，刚足以决，势足以专，未尝不博取天下之议，以广其见识，此圣人之所以为圣人也。此爻不患不刚明，而患在躁急，一任己见，以刚行刚，不审时机，不察群情，遂致上下不通，内外阻隔，急切之甚，激成祸变，是危殆之道也，故曰“贞厉”。“贞”者，贞固也，谓固执而不变也；“厉”者，危也，谓当常存危惧之心也。《易》中用“厉”字之例皆然，**噬嗑**之九五，“贞厉无咎”，亦犹是也。盖**履**之道，尚柔不尚刚，九五以刚居刚，是决于履也；以其中正之德，又能危厉自惕，斯得动无过举。《书》曰“心之忧危，若蹈虎尾”，国君能常思蹈虎之危，可谓“履帝位而不疚”也。《爻辞》“贞厉”者，固见其厉也。《象传》曰“位正当也”者，与**兑**之九五及**中孚**之九五同义。盖有不满于君德之旨也，谓刚决之君，似于宽仁温和之德有阙，所宜反省而加勉也。

占 问时运：前苦后甘，目下正当披云见日之时，犹宜毋忘曩时苦境，兢兢业业，斯能长保其富也。○问商业：宜和衷共济，有货不宜急售，久后必得厚利。○问失物：有不待寻而自得之象。○问官途：目下已得升迁，惟宜谨慎，斯可永保。○问疾病：危而后安。

占例 某会社社长，来占命运之吉凶。筮得**履**之**睽**。

断曰：此卦以**兑**之少女，继**乾**父之后。今君富学识，温和而长于交际，由株主选举而为社长，地位中正，固无可疑。但既任职权，不能不竭力谋事，一或刚决独行，凡事难保无失，谓之“夬履，贞厉”。在足下精明果敢，胜任社长，固余所深信也，惟从占筮之意，尚宜时时警戒。劝足下注意而已。

后果如此占。

上九：视履，考祥其旋，元吉。

《象传》曰：元吉在上，大有庆也。

“视履，考祥其旋”者，谓自视其履行之迹，能考祸福之祥兆。此爻居**履**之终，即践行之终，凡人之所践行，善则得福，不善则得祸，治乱祸福之所歧，悉由于履行。人之所履，亦难保始终皆善，有始不善而终善者，有始善而终不善者，必观于终，然后见也。若周旋无亏，终始如一，则其吉大矣，故曰“视履，考祥其旋，元吉”。《象传》曰：“元吉在上，大有庆也。”谓君上能行此道，则大有吉庆也。元即大，吉即庆也。凡六十四卦之中，上爻系“元吉”者，不过二三卦，此爻居其一，盖上爻者，极地而多危殆也。

占 问时运：目下正得安乐之时，其人必素行无亏，晚运亨通，福寿双全，大吉也。○问商业：往返经营，俱得大利。○问家宅：祸福无门，惟人自招，若能积善，必有余庆。○问疾病：恐天年有限。○问失物：不寻自得。○问六甲：必产贵子。○问战征：大获胜捷，奏凯而旋。

占例 明治二十三年十月，东京府下第十五区选举，代议士有候补三名，其一人为某豪商也。一日友人某氏来，请占其成否。筮得**履**之**兑**。

断曰：此卦以**兑**柔弱之少女，随行**乾**刚之老父，其势不相匹敌，固不待论。**履**之上九，**履**之终也，必其人经履几多艰难危机，渐奏事功，以至今日之盛运也。然应不中不正之六三，依偏视之眇者，与偏废之跛者，与刚猛之武人，共相竞争，孙子所谓下驷与上驷，其不能必胜可知矣。上爻处位之极，无可复进，悟前非而鉴既往，幡然回头，可得大吉也。若谋不出此，欲强遂初志，其凶有不可言也。

后依所闻，某豪商果察机自退，不复与争云。

占例　明治三十年，占我国与德国交际。筮得**履**之**兑**。

断曰：**履**者以柔顺而履刚健之迹，有周旋无亏之象，故名此卦曰**履**。曰“履虎尾，不咥人，亨”，以柔蹑刚，恭顺而不失其正，故不见咥，而反见亨也。见之本年我国与德国交际，彼国夸其武威，非无虎视眈眈之意，然我国当路之重臣，处置得宜，且彼国驻劄公使得人，能两得平和，故彼此无事。从战胜清国以来，博强国之称，比之从前交际，自然不同。在彼具猛虎之性，搏噬之志，固未尝一日忘也；且因我之强，亦不无嫉妒。在我惟宜以柔克刚，随时应变，斯得矣。

䷊地天泰

“泰”字，篆书作[illegible]，从大，从水。𠂇者，左手；又者；右手之象。形以两手决水，取水从中分，流通无滞，水去而民得安居也。自昔中土，大禹治水，疏通九河，则土壤，教稼穑，奠厥民居，斯地平天成，而万民得生活于其间，永享泰平之福，是**泰**之义也。此卦**坤**上**乾**下，**坤**阴也，**乾**阳也，是天地合气，阴阳爻和，资生资始，而民物咸亨，故名此卦曰**泰**。

泰：小往大来，吉亨。

《彖传》曰：泰，小往大来，吉亨，则是天地交而万物通也，上下交而其志同也。内阳而外阴，内健而外顺，内君子而外小人。君子道长，小人道消也。

此卦**乾**天在下，**坤**地在上，就天地之形体言之，上下颠倒，如不得其义，然此卦所取，不在形而在气。乾为天之气，坤为地之精，天地之形，高卑隔绝，以气相交，乾气上腾，**坤**气下降，二气来往，能成雨泽，雨泽成而万物生育，因名此卦曰**泰**。泰者，通也，又安也，宽也。故《彖传》曰：“天地交而万物通。”《易》例下卦为内，上卦为外，乾为大，坤为小。此卦在下之坤往上，在上之乾居下，故曰“小往大来”。其所以吉而亨之理，如《彖传》所言也。

以此卦拟人事，**乾**为夫，**坤**为妻，阴阳交和，定然家室和平安乐。**乾**阳**坤**阴，阴阳二气，包括甚广，天地间一物一事，莫不各有阴阳。就人身体而言，气为阳，血为阴，阴阳齐则血气自平；就人起居而言，静为阴，动为阳，阴阳交则动静自定。此卦以**乾**下**坤**，似乎阴阳倒置，然《彖传》曰“内阳而外阴”，盖以退阴进阳，重君子而抑小人也。易理于阴阳消长，防维甚严。人生涉世，是宜推崇阳刚，抑止阴柔，斯二气各得其正，而万事泰然矣。

以此卦拟国家，政府体天地造化之原理，公明正大，以布人民化育之政。**乾**者，君也；**坤**者，臣也。君礼其臣，推诚以任之；臣忠其君，尽诚以事之。圣主得贤臣，以弘功业；贤士得明主，以展才猷。于是万民感其德化，和亲康乐，一道同风，是诚天地交泰之世也，谓之“上下交而其志同”也。以上下二体言之，阳为君子，阴为小人，君子在内，布政施令，小人在外，安分服教，谓之“内君子而外小人”。盖天地之间，有阳即有阴，有君子即有小人。泰和极盛之世，不能无小人，但君子能善化夫小人，小人亦乐从夫君子，两不相害，而其情相通。自我出去者阴之小，自彼入来者阳之大，小人往而各安其生，大人来而乐行其道，是泰道之成也。道有消长，即时有否泰，总括天地阴阳之交，可见世运升降之会。“君子道长，小人道消”，消长之极，正国家治乱之大防也。此卦下三爻为天下治平之时，上三爻为自**泰**趋**否**之时，君子当玩味《爻辞》，深察气运之变迁，维持泰运于不替也。

圣人之序《易》也，以**乾**、**坤**为始，**乾**之后凡十有一卦，而后始得**泰**。盖君之以**屯**，教之以**蒙**，养之以**需**，理之以**讼**，正之以**师**，和之以**比**，约之以**小畜**，礼之以**履**，而后始**泰**。故**乾**以下十卦，奇数之爻，凡三十；**坤**以下九卦，偶数之爻，亦三十，而后始得**乾**、**坤**相交。开泰之运，其难如是，圣人之所以垂诫于后者深矣！

通观此卦，天气下降，地精上升，天地之气相交，始开造化之功。初九，君子得位，拔擢同气之贤者，共立朝廷，以勤劳国事，谓之“拔茅茹以其汇，征吉”。“汇”，类也，盖以同类而并进也。九二有刚健中正之德，为济泰之大臣。“包荒”，谓能包容群才，即所谓“尊贤而容众”是也。然亦一于“包荒”，又必济以果决。“用冯河”取其勇敢，足以任事；“不遐遗”，谓其思虑之诚实，不惟留心于目前，且远及僻陬之域；不惟顾虑于方今，且远图长久之谋。至为国家选择人才，不涉私情，其可进者，虽仇怨而不弃，其不可用者，虽亲近而不举，谓之“朋亡”。九二之行为，公明正大，中正以应尊位，宜六五之信任不疑也，谓之“得尚于中行”。九三居阳之极，其位不中正，且值盛极将衰之时。以卦体见之，天气不能久居下，地气不能久居上，有各将复其本位之象，谓之“无平不陂，无往不复”。夫阴阳之消长，如寒暑之往来，时运使然，无如之何；然天定胜人，人亦足胜天，将陂而豫访其陂，将复而预虑其复，克艰其心，贞固其守，尽其人事，以挽天运，是保泰之道也。如此则可永食其福矣。六四以阳居阴，逼近尊位，上三爻皆以虚谦接下，下三爻皆以刚直事上，四当上下之交，故“翩翩”相从，乐与共进，是以不待富而从邻，不持戒而相孚也。志同道合，正《象传》所谓“上下交而其志同”也。六五温顺之君，虚已而信任九二，降其尊而从臣，有“帝乙归妹”之象焉。用此道而获福祉，则大吉而尽善矣。上六，**泰**之终，泰极而变，有“城复于隍”之象。当九二九三之时，尽人事之孚，可以维持泰运，然怠其道以至于是，虽天运循环之自然，亦人事之所自招。上六之时，失泰之道，上下睽隔，民情离散，以兵争之，盖乱之时耳，故曰“勿用师，自邑告命”焉。盖将守其城邑，明其政教，以挽天心，拨乱而返正，亦足以保泰之终也。“平”、“陂”、“城”、“隍”，其机甚捷，其象甚危，垂诫深哉！

《爻辞》，初曰“茅”，地之象；二曰“荒”、曰“河”，亦地之象。三曰“陂”，地之形也。以内卦皆阴，为主**坤**而客**乾**也。四曰“富”、曰“实”，五曰“帝乙”，上曰“城”，皆阳之象。外卦皆阳，为主**乾**而客**坤**也。客迁而主常住，其义可见矣。

《大象》曰：天地交泰，后以裁成天地之道，辅相天地之宜，以左右民。

此卦天地二气交通之活象，万物即受天地之化育也。圣人见此象以赞天地之化育，为天地之所不能为。盖天地之生万物，笼统无别，圣人能历象日月星辰，分别分至启闭而成岁功，相度东西南北山川道路，以定城邑，察天之时，辨地之利，春夏耕耘，秋冬收获，无非尽致泰之道也，谓之“裁成天地之道，辅相天地之宜，以左右民”也。人民之生，必赖君上，斯得遂其生成。“裁成”所以制其过，“辅相”所以补其不及也。

附言　近年卫生之道普及，医学之研究，日益进步，种痘之法盛行，生民免夭折之患，皆足以燮理阴阳，参赞化育也。欧罗巴诸国，以土地之硗瘠，人畜之繁殖，众民生活之艰难，创举移民之略，还殖人民于南北亚米利加、亚弗利加、濠斯太剌利亚及亚细亚诸岛，维日不足。即如我国以土地与人口比较，统计前后数年，每年得四十万口之增加，生活不告不足者，抑有故也。我国之土地膏腴，全国中得米麦两作之暖地，殆居其半；维新以前，两作之地，不满十分之三，今渐增加，既居十分之七。是以人口虽见增加，而生活有资，故不忧其不足。然由今以往两作之地，所余仅居十分之三，人口增加，岁多一岁，朝野贤士，晏然犹未知预筹，不亦可忧？现今开铁路于北海道，渐次移住凡一千万人口，得减内地人民增加之半数，五十年间，犹可保国家之安泰也。其间当设殖民之地于海外各邦，以计国家永远策，谓之“左右民”。

占 问国家气运：正当君明臣良，黎民安泰，是全盛之时也。然盛之极即衰之渐，否泰在天，回挽在人，所当深虑，家道亦然。○问谋事：事必可成，后败须防。○问婚嫁：阴阳合体，大吉之象。○问商业：买卖均吉，然卖出利微，买入者利大，其象于“小往大来”见之。○问年成：雨水调和，丰登之象。○问六甲：有男女孪生之象。○问失物：须就左右近处，寻觅自见。

初九：拔茅茹以其汇，征吉。

《象传》曰：拔茅征吉，志在外也。

“茹”者，草根牵连之貌；“拔茅茹”者，谓拔茅之一根，其牵连者与之皆拔也。此爻具刚明之才德而居下，六四之大臣，阴阳相应，是在野之贤才，为大臣所荐举者也。以三阳同体，一阳进而众阳共进，犹拔一茅而其茹连类而起也，故设其象曰“拔茅茹”。自古君子得位，则贤士萃于朝廷，同心协力，以成天下之泰；小人在位，则不肖者并进，以启天下之乱，是各从其类也。今初九之“拔茅”，能引荐九二九三之贤士，相共并进，故曰“以其汇”。“汇”者，类也。初九为**泰**之始，得其正位，克履怀德之道，是以吉也，故曰“征吉”。《彖》曰“来”者，谓天气之下降；爻曰“征”者，谓君子之上进。卦以气交，自上而降；爻以位升，自下而升。凡君子之学道也，修之于身，以待其时。居天下之广居，立天下之正位，行天下之大道，欲使其君为尧舜之君，使其民为尧舜之民，是学者之夙愿也。然天命不佑，不得其志，曲肱饮水，独居陋巷，是独善其身也。然其心要未尝一日忘天下也，《象传》“志在外也”者，谓初九贤士，身虽在下，志在泽民。“外”者，指天下国家也。此爻变则全卦为**升**，**升**初六之辞曰“允升，大吉”，可以卜贤者之升进也。

占 问时运：有因人成事之象。○问家宅：有家室团圆，人口平安之吉。○问营商：得主伙合志，货财汇萃之象。○问功名：有逐渐升迁之喜。○问战征：以进攻获胜。○问失物：宜于从草处寻觅。○问六甲：初胎者生女，三四胎则男。

占例 明治二年，某藩士氏来，请占从事商业之可否。筮得**泰之升**。

断曰：此卦其象为天气透彻地下，地气升腾天上；以人事言之，是彼我相合，上下相通之会也，故谓之**泰**。今得初爻，其辞曰“拔茅茹”，夫茅之为物，其茎虽分生，其根则相连。想足下旧交，必有奉职宦途者，就其人而谋仕途，事可必成。余观足下之貌，适于为官，不适于为商。余据易理断之，知足下之人品才力，宜从友人而谋进身也。

后此人果从事仕官，渐得升迁。

九二：包荒，用冯河，不遐遗，朋亡，得尚于中行。

《象传》曰：包荒，得尚于中行，以光大也。

“荒”，如洪荒之荒，又兼荒野之义。“包”者，容也；“凭河”者，徒涉也；“不遐遗”者，不忘远也；“朋亡”者，犹坤为地之“丧朋”也；“中行”，犹曰中道也。此爻具刚明之才，秉中正之德，与六五之君，阴阳正应，匡王佐霸，是有猷有为之荩臣也。盖其雍容大度，能包容荒远之细民，抚育教诲，使无一夫不得其所；且有冯河之果断，不流文弱，故曰“包荒”、“用凭河”。自来圣贤之心无弃物，非包荒不足示天地之慈祥，非冯河不能发天地之威怒，雨露雷霆，宽严兼济，而又不弃幽遐，不私习近。九二能体此刚中之德，光明正大，符合中道，故曰“不遐遗，朋亡，得尚于中行”。治泰之道，有此四者，所谓宽则得众，信则民任，敏则有功，公则众悦；诚不失中行之德也。而其要首在于宽，故《象传》统举“包荒”二字以括之，谓其得配中行，以光大也。旨深哉！

为活用占筮，姑就开拓之事而言之。“包荒”者，谓荒野也。“用冯河”者，谓开垦荒地，诱导无业贫民，开道架桥，以从公役。“不遐遗”者，谓极至深山幽僻之地，越险犯阻，而开拓之也。“朋亡，得尚于中行”者，谓无朋比之私，率众而举事，得天下之爱敬者是也。盖“包荒”，仁也；“冯河”，勇也；“不遐遗”，智也；“朋亡”，公也。备此四德治天下，尚有余力，若夫有包容而无断制，则非刚柔相济之才也。不遗遐远，而或阿私党类，则偏重而失公正之体。故必包容荒秽，而又果断刚决；不遗遐远，而又不私昵朋比，则不忘远，不狃迩，是合于中道者也。《象传》“以光大也”者，谓胸次宽阔，有容人之量。“光”则其明足以有照也；“大”则其器足以有容也。

占 问时运：目下正当功名显达之时，可以远游海外，创兴事业。〇问仕途：有奉使远行，或从事军征之兆，均获吉也。〇问商业：利在行商，贩运外物。〇问失物：定坠落水中，恐难寻得。〇问疾病：不吉。〇问家宅：用人宜宽，处事宜决，不可专信仆从，致损家业。〇问战征：有怀柔远人，征伐不庭，疆宇日辟之势。〇问六甲：生男。

占例 东京友人某氏，在常陆欲开垦沼地，请占吉凶。筮得**泰**之**明夷**。

断曰：“泰”古字**㚘**，象人以左右手决大水之形。凡洲泽之地，由大雨骤降，山岳砂土，冲激崩坠，随流壅积而成，其中低所，或为湖水，或为沼陂。足下今欲开垦沼地，其有利益于社会，以助国家之经济，可知也。《爻辞》“拔茅茹”者，谓芟除芜草，播种五谷，开垦之好结果也。又“包荒”，谓买荒地之象；“用冯河”，谓尽力乎沟洫也。盖人有巨多之财产，往往以安乐送世为目的，使子孙可永享素餐，以为上策，而不知此真失策之大者。何则？凡世间富者，不计公益，贫者无由得衣食；贫者不得衣食，必至不顾礼义，败坏廉耻，其极至犯禁令而罹法网，谓之国家乱民，乱民之起，皆由游手坐食而来也。足下能包容此辈，奋发而抛资财，欲为众人开垦沼地，藉以赈济饥寒，其志气操行，光明正大，诚有超绝于朋侪者也，故谓“朋亡”。足下之为此事业，利己利人，谓之“尚于中行”，必光大也。友人曰：“谨奉命。然余年老，不能亲至其地，监督工业，目今紧要事务，欲余所信任某氏为代理，委以此事，请筮以决之。”筮得**坤**之**豫**。

《爻辞》曰：“六四：括囊，无咎无誉。”

断曰：此卦全卦纯阴，无一阳爻。《易》之道，阳为尊，阴为贱，今筮得此卦，恐其人为卑贱之小人也。世之皮相者，皆就人之阶级，以别贵贱，余则专论心术。第一不为己谋而为人谋，众人之所喜，己亦喜之，众人之所恶，己亦恶之，其性情之所发，公正而无丝毫之私，是为上。第二，己之所欲，望人亦有之，万事以和衷相济，不任己之自由，是为其次。第三，专顾利欲，不顾亲戚朋友，苟所得利，遑知廉耻，是为最下。

此余之平素所持论也。自来上智之人，生性完善，不见异而思迁，谓之贵人；下愚之人，其心残忍卑鄙，偏于不善，谓之贱人。**坤**之初爻曰“履霜，坚冰至”，谓争利而至犯上作乱；上爻曰“龙战于野”，谋利而至相争相战，两家俱伤。如委此人以任事，犹售盗以键也，宜括财囊之口而戒于心焉，谓之“括囊，无咎无誉”。此事必当自任，未可委人也。

友人乃从予言。

九三：无平不陂，无往不复，艰贞无咎。勿恤其孚，于食有福。

《象传》曰：无往不复，天地际也。

“无平不陂，无往不复”者，时运变迁之常，犹月满则亏，花开则落。此爻以全卦见之，正当泰运全盛之时，然玩占爻位，为阳穷阴逼，**泰**之时将终，**否**之时将至也。凡物中则平，过中必倾，天数人事皆然。**泰**至九三，天道复其上，地道归其下，君子抚泰运之极，惟当尽人事以挽回天运，是以思患豫访，常惕艰危，如是则可以无咎。此爻过刚不中，互卦有**震**，居健动不止之体，健进一步，即为陂复之象。是**乾**本上也，**坤**本下也，下交上，故**乾**居内而**坤**在外。**乾**苟不安于下，必上而迫**坤**；**坤**苟不得安于上，必下而夺**乾**，故曰“无平不陂”。复而不听其复，持其平，守其往，防微杜渐，用保厥终，凡小人欲乘怠而入者，君子则弥思其难，小人欲伺隙而攻者，君子则必保其贞。其操心之危如此，则举动措置，必无有过咎也，故曰“艰贞无咎”。夫天下之事，未有不戒惧而能保其终者也，《易》之垂诫，于始终消长之机，最为深切。世运之陂复，犹日月之食也，当食霎时晦冥，过时而复光明，故曰“勿恤其孚，于食有福”。“食”即蚀也。以日月之食喻祸，而以食终而光明喻福。

按：六十四卦中，不拘爻之阶级，专以内外卦分时运之转迁者四卦：**泰**、**否**、**既济**、**未济**是也。此卦以内卦三阳，为**泰**中之**泰**，以外卦三阴，为**泰**中之**否**，盖以阳为有余，为实，为富，阴为不足，为虚，为贫。九三居内卦之极，遇六四而当**乾**、**坤**二体之会，为**泰**中之**泰**将终，六四居外卦之始，为**泰**中之**否**将来，故于三四两爻，示时运之转变。《象传》曰“天地际也”者，“际”即交际之际，是阴阳之两交接也。

占　问时运：谨慎者昌，逸欲者败，最宜留意。〇问商业：现虽失意，后必大利。○问战征：须防敌兵埋伏，宜固守，不宜进攻。○问失物：不久即得。○问生产：虽危无咎，必生福泽之儿。○问家业：宜谨守先业，可以永保富也。○问疾病：少者无咎，老者大限有阻。

占例 明治十八年，奉故三条相公之命，占公气运于滨离宫。筮得**泰**之**大壮**。此时陪从者，为武者小路君、福泽重香君两氏。

断曰：此卦太阳之火气，透彻地下，地精为之蒸发，天地之精气相交，万物发育，国家安泰之象也。拟之国家，政府之恩惠，透彻下民，下民之情志，上达政府，君能信任臣，臣能服从君，故曰**泰**。然**泰**之极，变而为**否**，是阴阳消长，自然推移之运也，故有自**泰**趋**否**之时，又有自**否**趋**泰**之时。此卦内卦三阳，泰平最盛，外卦三阴，自**泰**趋**否**。今筮得三爻，第三爻内卦之极，**泰**中之泰既去，将移外卦之阴，将转入**泰**中之否也，故《爻辞》曰：平者无不遂陂，往者无不复返，喻时运变迁之义。在时运使然，原非人力所能争，然保其固然，防其未然，惕以艰危，矢以贞诚，人定亦可胜天，故谓之"艰贞无咎，勿恤其孚，于食有福"。阁下声名显赫，勋业崇隆，可媲尹周，小心翼翼，持盈保泰，自有鬼神默相呵护也，故《象传》曰"天地际也"。

后相公解显职，就内大臣之闲位，永矢荩诚，克光辅翼之业。

六四；翩翩不富，以其邻，不戒以孚。

《象传》曰：翩翩不富，皆失实也。不戒以孚，中心愿也。

"翩翩"者，鸟刷羽之貌；"邻"者，指六五、上六而言。此爻在泰之时，上与二阴在外卦，皆与下应。阴柔之质，宜在下位，今居上体，志不自安，故上三爻相连，同欲下行，是上者以谦虚接下，不待告戒而自信孚，谓之"翩翩不富，以其邻，不戒以孚"。"不富"者，阴虚之象。此爻时运过中，**泰**将转**否**，为小人合志，谋害正道之时，君子所当戒也。五上皆阴，不富识量，故《象传》曰"翩翩不富，皆失实也"。"皆"者，指**坤**之三阴；"实"者，指阳爻。阴之从阳，犹贫之依富，今三阴在外，失所依也。然当泰之时，阴气上升，阳气下降，上下不相疑，兴国利，植民福，谓之"不戒以孚，中心愿也"。

占 问时运：喜得朋友同心相孚，诸事可谋。○问商业：外则场面甚好，内实空虚，全赖同业相助，可以成事。〇问战征：粮饷缺乏，当劫掠敌粮，以供军需。众心坚固，有胜无败。〇问家业：本一富家，目下外强内弱，幸亲戚邻里，皆得有无相通，不忧匮乏。〇问失物：主遗落比邻之家，问之即得。

占例 东京豪商某氏甲干某来，告曰："维新以来，商况大变，主家遂赴衰运，欲建维持之策，不得方向，如何而可?"请筮一卦。筮得**泰**之**大壮**。

断曰：此卦天气下降，地精上升，上下安泰，共守旧规而耽安乐，无事之时也。足下今所占问，无论主人及经理伙友，皆惟知株守旧法，依向来之规则，不知随时而变迁。近今宇内各国通商，商业亦随而更新，彼家信用旧人，不谙新法，又不雇用能才，于是商业日居人后，将数代之积产，遂至艰于接续。**泰**之四爻，泰既过半，将渐入衰运，正合彼家之运也。此时欲谋立维持之策，想旧时伙友，不富于经验，宜代以适任之人，委之事权，使众人投票推荐，以定其人，悉从其指挥。旧时伙友，亦不宜恋恋旧态，勤勉从事新业可也，谓之"翩翩不富，以其邻，不戒以孚"。如此则彼家之衰运，尚可得而维持也。

某氏从余言，奋然改革其家风，至仓监辈，使之投票推荐，果得适任之人。其家至今益致繁盛。

六五：帝乙归妹，以祉元吉。

《象传》曰：以祉元吉，中以行愿也。

"帝乙"者，殷纣之父也。此爻阴柔而居尊位，下与九二之刚，阴阳正应，恭己无为，虚心下贤，是当位之君，开太平之治者也。九二成卦之主，辅弼六五之君以成乃治，故引"帝乙归妹"，下嫁从夫，以喻圣君虚己，下礼贤臣，开国承家，永保福祉，故曰"帝乙归妹，以祉元吉"。"元吉"者，谓大吉而尽善者，即所以成治泰之功也。夫帝女之归也，非求胜其夫，将以祉之；**坤**之复下也，非欲侵**乾**，将以辅之，《象传》曰"上下交而其志同"者是也。又互卦有**归妹**，故与**归妹**之六五，《爻辞》相同。《象传》曰"中以行愿也"者，当**泰**之时，君虑**泰**极变**否**，谨慎恐惧，所愿保持之终，永享有至治之福，是所谓"中以行愿也"。

占 问时运：目下亨通，宜谦虚柔顺，万事皆吉。〇问商业：宜贸迁海外。吉。○问家宅：得内助之贤。○问婚嫁：宜远嫁远娶，吉。○问六甲：主生贵女。○问疾病：必得神佑，吉。○问失物：拾者必自来归还。

占例 有相识豪富某来，请占家政气运。筮得**泰**之**需**。

断曰：此卦上下通气之象，主从相应，家政安泰之时也。今筮得第五爻，尊府之财产，相承旧业，足下性质良善，家教完全，但于方今之时势，未免碍于通达。今得第二爻为之经理，能负担一切事务，忠实可靠，故家政整理，商运益盛。然旧时伙友，不免有阴相嫉妒，潜生谗毁者，好在二爻经理人，能如新婚之妇，柔顺相从，谗毁自消，得以十分尽力，克保其家，谓之“帝乙归妹，以祉元吉”。

上六：城复于隍。勿用师，自邑告命。贞吝。

《象传》曰：城复于隍，其命乱也。

“隍”者，城壕也，无水为隍，有水为池。“城”者，筑土所成；“隍”者，辟土所成。“城复于隍”，谓其高城崩而复旧隍也。“自邑告命”，谓从下邑发命令，而告上国也。此爻**泰**之终，将转而为**否**，其象取阴弱之君，不能制阳刚之臣，而以时运之变革为辞，以示盛衰消长之机，曰“城复于隍”。当时运既衰，天命将革，君倦于政，臣工于谗，取民无制，贿赂公行，其极必起逆乱。且军旅之要，以人和为主，上六之时，世运方否，人心不和，犹冰炭之不相容也，若以兵争之，成败难知。且城已坏而不修，岂可据此以战斗乎？故戒之曰“勿用师”。至是而君德既衰，威权尽废，武功不可用，惟退而修文，远略不可图，惟退而治近，故曰“自邑告命”。盖固守城邑，明示政教，如孟子所谓效死勿去，冀得民心，以挽天运也。“贞吝”者，圣人谓其不告命于未否之前，而告命于将否之际，惜已晚矣，虽正犹可羞也，故曰“贞吝”。《象传》曰“其命乱也”者，是上下俱乱也。彼守成之君，生长深宫之中，与妇寺为伍，虽有师傅，多非正士，君则骄奢淫佚，臣则阿谀逢迎，无所不至，于是下情抑郁，不通于上，君泽涸滞，不流于下，鬼蜮奸贼，惑乱其间，终至人心离散，国家倾覆，是之谓“其命乱也”。

占 问时运：目下气运颠倒，宜谨慎自守，须防小人播弄。○问商业：宜就小做，以待时运。○问战征：攻夺城地，必胜。○问家宅：防有颠覆破败，宜牢稳守旧。○问生产：生女。○问失物：恐难复得。

䷋天地否

“否”字篆书作𠰻，从不，从口。不者弗也，弗与茀通。茀者车后之蔽障，以茀蔽口，呼吸蔽塞之会意。医书“心下痞硬”之“痞”亦同，即取此义也。

否：否之匪人，不利君子贞。大往小来。

《彖传》曰：否之匪人，不利君子贞，大往小来，则是天地不交而万物不通也，上下不交而天下无邦也。内阴而外阳，内柔而外刚，内小人而外君子。小人道长，君子道消也。

此卦**乾**天在上，**坤**地在下，自天地实体见之，在上在下，位置自然得宜。然此卦所取，不在形而在气，谓天气不降，地精不升，阴阳呼吸，否塞不通之象，名之曰**否**。盖天地阴阳之气，不相交通，虽造化亦无能作用。其交通不正，以致上下否塞，数十百年中时或有之。（尝闻天明年中，夏大旱，太阳之色，赤如丹砂，五谷不登，天下饥馑，即天气不降，地精不升，**否**之时也。“否”字分之为不口，即谓凶荒，万民不得口食也。）《彖传》曰：“天地不交而万物不通也”。**泰**、**否**二卦，《彖传》始用“则是”二字，犹曰其故不过如是，非有他故也。

以此卦拟人事，凡一家之中，上卦为父兄，下卦为子弟，父兄过于刚猛，子弟过于愚柔，上下性情不合，以致动辄相左，百事乖张，往来悉是奸邪，仆妾敢行背逆，或凭空而启狱讼，或无故而陷飞灾，钱财耗损，声名破裂，家道之日替，实由时运之否而来也。推否运之极，年时则风雨不调，疾病则胸膈不通，经商则有货难销，求名则历试被黜，虽有善者，亦无如何也，故曰“不利君子贞”。君子亦惟顺守其变，以避患而已。故当初爻，君子唯连类而退，汇守其贞。二爻唯以道自处，不肯屈己从人；三爻则以尸位素餐为羞；四爻则否极泰来，方可乘时而动；五爻否已将止，又惕“其亡”之戒；上爻则“否倾”矣，故曰“后喜”。处否之难如此，苟一不慎，祸必随之，是所谓“小人道长，君子道消”之时也。凡人值此否运，终当守道安命，以俟时运之亨，斯不失为君子也。

以此卦拟国家，**乾**在上，**坤**在下，阳气上浮而不降，阴气下沉而不升，上下二气隔绝，是君臣之志不通也。小人柄政而在内，君子退居而在外，一时乘时得势者，皆非君子也，故曰“匪人”。国家值此否运，君骄臣谄，国事日非，正道日坏，内则权臣擅政，外则强敌压境，岁时不登，而饥馑洊臻，兵役不息，而疆土日蹙，故曰“天地不交而万物不通，上下不交而天下无邦”。国家将奚由得治哉！此时君子惟居《易》俟命，独善其身，所谓邦无道则隐，故曰“不利君子贞”。小人则洋洋得意，诡计百出，其巧者或将内挟奸邪，外托正真，掩其不善，以著其善，谓之“内阴而外阳，内柔而外刚”。又或收罗君子，以张羽翼，如王莽之礼贤下士，藉以文奸，即二爻之“包承”是也。是以小人日进，君子日退，谓之“小人道长，君子道消”也。“道”字中，包括天之阴阳，地之刚柔，国家之治乱，内外之处置，进退得失，其义甚广，所以明**否**之运，皆由阴阳不交和而来。《易》之系辞，**泰**则归之于天，否则责之于人，故**泰**之《大象》曰“财成辅相”，不敢贪天功，**否**之《大象》曰：“君子以俭德辟难，不可荣以禄”，圣人垂诫之意，可谓深也。

通观此卦，下三爻者**否**之时，为小人用事，上三爻者否运已极，为趋**泰**之渐。初六虽小人并进之时，亦未尝无君子，君上亦未尝不求士也。在下之君子，不忍忘君，见可进而进，故曰“贞吉”。六二，当否之时，君子固当退避，然或有枉道行权，屈身济世，如汉陈平之于诸吕，唐狄仁杰之于诸武，亦足以救否也，故曰“包承”。又：“包”者，苞也，“包承”者，受苞苴也。君子处浊世，往往独立廉介之节，为小人所畏忌，不啻不能保身，且不利于国家，故有姑受小人之苞苴，以晦清节也。是随流扬波之士，谓之“包承”。又有痛恨小人，而欲去之，因势有不可，姑以利啗之，以潜销其凶焰，即枉道行权之计，亦谓之“包承”。在小人而能“包承”君子，是小人中之君子也；君子受小人所“包承”，是君子中之小人也。大人当否，必不受其包，故亨。六三，小人之尤者，本欲伤害君子，尚蓄而未发，今感君子之德，内省而羞耻，故曰“包羞”。盖君子遇凶顽，使之畏，不如使之耻。九四，当阳来之初，为转**泰之渐**，上近九五，君子见泰机之已动，方将出而济否，故曰“有命无咎，志行也”。九五，明君在上，从容而休否，即中兴之君也，故曰“休否”。上九，否运倾销，已及泰来之时，故曰“倾否”。“休否”之后，又恐其正之复陷于邪，治之复入于乱，故有“系于苞桑”之戒。夫天地以好生为德，圣人以思治为心。人君而知此，必思所以杜祸患之端；人臣而知此，必思所以严邪正之辨；小人而知此，当亦知所以变也。

此卦**泰**之反，而次于**泰**，盖人情安乐，则生骄惰，骄惰则生凶咎，是自然之势也。故《序卦传》曰：“**泰**者通也，物不可以终通，故受之以**否**。”然人能畏天命，应时而守中庸之道，纵令时运之否，可使转而趋泰。故否而泰，保泰而期其不否者，君子之心也；泰而否，任否而不期复泰者，小人之心也。此卦天气归天，地气归地，隔塞而为否，否运之来，虽为天运之使然，而君子不敢委之于天，必欲尽其道以济其否。盖**泰**卦先言往来，以时而言；**否**卦先言“匪人”，属人而言。**泰**者时为之，**否**者人为之。益知天道未尝不欲长泰，人实为之。谓之何哉？惟君子为能以人胜天，故天与人常相因者也。

《大象》曰：天地不交，否。君子以俭德辟难，不可荣以禄。

“天地不交”，即阴阳二气闭息之会也。此时君臣乖睽，上下离叛，内政不修，外乱交迫，是无道之极也。所谓“天地闭而贤人隐”，君子于此，惟当潜身修德，隐居避祸而已，若犹萦情利禄，恐禄之所在，祸即随之，至此而始欲避难，已不及也。是以君子必韬光匿彩，穷约自守，避之惟恐不远，即有以禄来“包承者”，君子亦不受其包，盖惟知以德为荣，而不知以禄为荣也。

占 问时运：目下诸事不利，宜慎守，不宜妄动。〇问营商：宜买入，不宜卖出，韫藏待价，后可获利。〇问战征：不利攻，宜退守。〇问家业：惟宜克俭克勤，方可免祸。〇问疾病：是痞隔之症，宜节饮食。〇问生产：恐生男不育。〇问失物：恐不可复得。〇问婚嫁：有分离之象。〇问谋事：不成。

初六：拔茅茹，以其汇。贞吉，亨。

《象传》曰：拔茅贞吉，志在君也。

“拔茅茹，以其汇”，解见**泰**初九下。此卦与**泰**卦虽同，而别分内外，以气运变迁言之。下卦**坤**，为**否**中之**否**，上卦**乾**，为**否**中之**泰**。此内卦之三阴相连，犹**泰**内卦之三阳相连，故初爻之辞，与**泰**初爻同。惟此爻以阴柔之小人，三阴相连，一阴起则众阴并起，例如大奸得志，群奸竞进，谓之“拔茅茹，以其汇”。初之时，小人恶迹未形，且与四相应，尚有改而为君子之意，故圣人不虑绝之，而教之以贞，如能祛邪从正，以道匡时，固可得吉而亨也。《象传》曰“拔茅贞吉，志在君也”，谓小人初时得位，亦未尝无忠君爱国之心，苟与君子并进，能从君子之道，即可为君子也，较之只知有身，而不知有君异矣。

占 问时运：吉，宜以合伙谋事。〇问营商：于新立商业，用人宜慎。〇问战征：当率左右营，合队并进。吉。〇问家宅：主有亲戚同居，吉。〇问疾病：恐患传染之症，然无害也。〇问六甲：生女。〇问失物：可得。

六二：包承。小人吉，大人否亨。

《象传》曰：大人否亨，不乱群也。

“包承”者，谓承顺于上，下顺上，臣承君，阴为阳所包之义。“小人”，皆指占者德位，及事之大小而言。夫为臣者不一，有事人君者，有安社稷者，有天民者，有大人者，如六二则事其君而为容悦者也。此爻柔顺中正，上应九五，小人之巧者，包承容悦，以得其君之宠幸，爵禄之崇，赐予之丰，可为吉矣。然阴柔不才，当否之时，无开通闭塞，拨除骚乱之力，但与上下二阴，为阳所包。以其能包容君子，礼贤下士，藉作攀援，较与嫉正妒贤，残害君子者，固有间焉，故曰“包承，小人吉”。而在大人，则惟固守其否，穷居乐道，必不肯委曲以效其承，其身虽否，道自亨也。盖志高品洁，断不随流扬波，混入于小人之群，故《象传》曰“不乱群也”。盖可见君子处否，不失其道也。

占 问时运：目下顺适，能以宽容待人，万事皆吉。〇问商业：买卖皆利。〇问讼事：防有贿赂伪造等弊，始审或不利，上控则吉。〇问家宅：家口平安，年老家长，或恐有疾，亦无害也。〇问战征：必可获胜，主将或有小害。〇问失物：须就包裹内见之，必得。〇问生产：得女，产母有疾，无妨。

占例 明治二十二年春，亲友某氏，访余山庄，某氏系卖蚕丝为业，曰：今年横滨丝价大昂，势必随日腾贵，欲归吾乡奥州，多购办之，占一大利，请占其得失。筮得**否之讼**。

断曰：此卦天升而在上，地降而在下，拟之物价，有高低悬隔之象。《彖辞》曰"大往小来"，明明言支出之金大，而收入之利小也。据此占，则有损无利必矣。在足下以生丝为商业，际此时机，固未可袖手旁观，当筹一有盈无亏之计。《爻辞》曰"包承，小人吉，大人否亨"，吾劝足下归于奥州，买卖生丝，可效牙保之行，今日所买，即今日卖之，获利虽微，保无亏耗，万不可作一掷万金之想。所谓"包承，小人吉"者，盖明言小利则吉也，若必以巨万购买，恐货方买入，而时价低落，且各处蚕丝贩集，货多价跌，恐后日价亦未必再腾也，谓之"大人否"。

后某氏趋福岛地方，从事生丝卖买，一时丝市腾贵，人皆争购，未几，价忽低落，买者均多损失。氏独信此占，斯不亏本，且得微利。

六三：包羞。

《象传》曰：包羞，位不当也。

羞者，耻其非之谓也；"包羞"者，掩蔽羞辱也。此爻居内卦阴之极，为恶既深，既昧于审时，又短于量已。今**否**中之否既去，**否**中之泰将来，有为之士，出而图治，施其才力，正宜拨乱反正，以济国家之否也。乃六三阴柔无才，不中正而在阳位，较六二更为凶险。六二尚欲包承君子，六三则已有伤害善人之意，但当否运已转，恶势已衰，欲伤不能，见得君子，反觉自形羞耻，是以曲意掩饰，谓之"包羞"。内羞而外包，其中心之凶险，未可测矣。不言凶者，其既知羞，当必自知其凶也，《象传》曰"位不当也"者，谓其不中不正，柔居阳位，不得其当也。

占 问时运：目下正当好运将来之际，宜谨慎自守，以避羞辱。〇问商业：防内中暗有耗失，外面仍然瞒盖，以用人不当也。〇问家宅：恐内行不修，有墙茨之羞。又不宜以妾作妻。〇问战征：防为敌军所困。〇问疾病：防以寒包热之症，恐药不对症，宜急觅良医。〇问讼事：恐辨护士，不得其当。〇问失物：防窃者含羞自尽，反致多事。〇问行人：防其人恋女色，一时未归。

占例 明治中兴以来，迄今二十有余年矣，文运大兴，学者彬彬辈出，而其学贯汉欧，识彻古今，受博士之宠敬，为一世士君子之楷模者，独有我敬宇先生而已。先生讳正直，幼字曰敬助，姓中村。父某豆州宇佐美村人，以农为业，弱冠好学，来江户，其后纳娶武州幸手驿农某之女。居数年，患无子，祈小石川牛天神祠，遂举一男，即先生也。先生天资慧敏，甫三岁，能作字，七岁善赋诗。当时贤太守德川齐昭（水户藩主）、岛津齐彬（广岛藩主）、锅岛齐正（佐贺藩主）皆闻其早慧，奇之，召见使之赋诗，诗成，声律整齐，句意俱佳。三侯感叹不措，或疑其父预所教，留之旬日，复试以他题，愈出愈佳，三侯益奇之，称以神童。稍长，入昌平学校，勤勉超越侪辈，学业益进，未几为助教。年二十二，幕府命列布衣格，诸老辈无不钦羡者。及幕府与外国缔结条约，置蕃书调所，以先生为其头取。既而先生奉命，率生徒隽秀者数十人趋欧洲，未及归，国势一变，王室中兴。先生既归，卜居于静冈县下，著《西国立志编》，公之于世，盖先生口自翻译，夫人某氏笔之云。凡先生所翻译之书，世人争购读之，纸价为贵，先生因是得巨利。先生谓此资，由学而所获，复宜用之于学事，乃设同人社，大聚后进，延师教授，受其熏陶而辈出者，不可指数。初余闻先生名，渴思一见，明治十二年，由栗本锄云、向山黄村两氏为介，始得相识。先生温粹端严，一见而知为德行之君子也。余既缔交先生，意气投合，恍如旧识，与之谈《易》，数日不倦。余窃重先生以为益友，每相见，欢然莫逆，十数年如一日。明治二十四年，余漫游京摄，留数十日而归。时既夜，有忽赍急信者，受而见之，为先生之息一吉氏书翰，报先生之疾笃。余惊叹心动，一夕不能寐，翌日早起，直访其庐。时先生患中风，困卧褥中，见余之至，欣然目迎，如有欲言，然舌端涩缩，不能出口，仰出右手，书卜字而示。余知其意。筮得**否之遁**。

断曰：此卦内卦为地沉下，外卦为天腾上，是心魂归天，形体归地，即心身相离之象。且“否”之为字，从不，从口，为口不能言，是气息将绝之时也。今六三在上下之境，变则为**遁**，是先生将避俗世而超升仙界也。九四为翌日之未来者，其辞曰“有命无咎，畴离祉”，“有命”者，即所谓死生有命也；曰“无咎，畴离祉”者，行将逍遥极乐，永享天神之福祉矣。变而为**观**，**观**者祭祀之卦也，先生殁后，世人追慕其德而祭祀之。

据占，已知先生翌日将殁，乃书**否**之六三示之。先生固知易理，一见首肯而瞑目，其状盖自知天命，顺受其正。翌日果溘然仙逝，乃以神祭葬之云。

鸣呼！君子视死如归，余于先生见之。

九四：有命无咎，畴离祉。

《象传》曰：有命无咎，志行也。

“命”者，天命也；“畴”者，类也。“畴离祉”者，谓三阳同类而共受福也。此爻上近至尊，有济否之才，居济否之位，若不待君命而举事，急于图功，虽济亦不能无咎。要必奉五之命令，斯名正言顺，才力足以除奸，威权一归于上，故曰“有命无咎”。迨事平论赏，固不独为一己之功，凡与谋诸贤，皆得并受福祉，故曰“畴离祉”。“离”者，丽也；“畴”者，谓同类济否之三阳也。夙具济否之志，向以未得其时，故未行也；今则上奉君命，进而举事，乃得行其夙志，而克奏济否之功也。

占 问时运：目下已得盛运，随意谋事，必获利益。〇问商业：大得转机，但须立定意志，审度市面，从前所失，今可复得，且获盈余。〇问家宅：宅运已转，吉。〇问战征：命将出征，大吉。〇问疾病：命根牢固，无害。〇问失物：必夹入在用品物中，寻之即得。

占例 秋田县人根本通明氏，近世之鸿儒，长于经学，尤精易义，博学洽闻，有名当世，余素相亲密。曩者余欲著《易断》，相与商確，曰：“君邃古《易》于先圣古哲之说，无不究其精奥，请君著《易义》，余述自得之活断，共公示世。”氏大喜。奈氏虽有此意，懒于执笔，余屡促之，未尝从事。余乃转计曰：“君精易学，世人所共知，好《易》者必叩君之门，当今有精易学而长文才者，请介绍之。”氏乃以齐藤真男告。此人旧住仓藩士，久奉职于滋贺县，后转任元老院书记院书记官，近时闲散。余拟延请齐藤氏，先占其编述可否。筮得**否之观**。

断曰：**否**者塞也，故夙无面之识，今得友人介命，得以相晤，共事著作。余虽通易理，长活断，文章非吾所能，幸逢齐藤氏，得以成余素志，齐藤氏得亦藉显其长技，则“畴离祉”之占也。

因访齐藤氏，告以余之意中，氏欣然许诺，遂得从事《易断》之编纂。《易断》十卷，脱稿之后，氏任岛根县某郡长，颇有良宰之称，不幸罹肺患，以二十二年五月殁于神户，令余不堪悲怆。余永诀良友，追怀往事，特记之。

九五：休否，大人吉。其亡其亡，系于苞桑。

《象传》曰：大人之吉，位正当也。

“休否”者，谓能休止其否运。“苞桑”者，谓桑之丛生者也。“系”，维系也，谓系之而坚牢也。此爻刚健中正，而居尊位，其才德威望，足以休否而开泰，是有德有位之大人也，故曰“休否，大人吉”。六二“大人否”，以六二之时，大人有德无位，时会未来，只得守其否。至居九五，则德位兼备，适当休否之会也。然否之方休，而泰未全复，譬如病之新愈，痛痒虽除，元气未充，苟不慎起居，不节饮食，则旧患再作，其祸更烈，危亡立见。是以休否之后，内怀敬畏之心，外尽保护之计，常恐天命之难知，人心之难保，夙夜深虑，凛凛灭亡，其虑患深，操心危，正不容一刻偷安也，庶几长治久安，可得保也，故形容其危曰“其亡其亡”。不嫌反复重述，垂诫深矣！曰“系于苞桑”，象旨以二在巽下为桑，初三与二，同类系之，令桑止于其下，无复向上而长，则根本不摇，三阳得并力休否，而启泰运也。无道之君，自谓不亡，故必亡；有道之君，常怀其亡，故不亡。《系辞传》引伸其辞曰：“安而不忘危，存而不忘亡，治而不忘乱，是以身安而国家可保也。”《象传》曰“位正当也”；六二曰“位不当”，属之“匪人”，九五曰“位正当”，谓之大人，故六二曰“大人否”，此则曰“大人吉”也。

占　问时运：目下渐入佳境，惟安而不忘危，百事皆吉。○问商业：恰当绝好机会，但须改用伙友，谨慎做去，必获利益。○问家宅：祖业深厚，吉。○问战征：暂宜休战。○问疾病：有碍。○问讼事：和。○问失物：防难复得。○问行人：不利。○问生产：大人无碍，小人难保。

占例　明治十八年五月，出云大社教正千家尊福君，枉过余庄，叙寒暄，既而曰：顷日传闻政府为筹人民之归向，有定国教之议，所谓国教者，我国固有之神教乎？或佛教乎？抑耶稣教乎？未悉庙议何属。是虽非我侪所敢议，然欲预知其归着，请劳一筮。余乃先筮神道之气运。筮得**否之晋**。

断曰：此卦阴进阳退，智术盛行，道德渐衰之象。又**泰**为通，**否**为塞，占神道气运，得此卦，即为神道闭塞之时也。卦象阳在上，阴在下，显见上下隔绝，威灵不通之象。阴阳消长之理，非人所能为力，《序卦传》曰“物不可以终否”，且**否**自**遁**来，一阴进则为**观**，《爻辞》曰“观国之光”，可知观神灵显赫，大**观**在上，将复光大我国教也。《爻辞》所云，能系神道气运于将亡者，惟有苞桑一缕而已。苞桑丛生，一根数茎，殆可充揲蓍之神草乎？复兴我国上古卜部所掌太卜之道，有事占问神意，以感动天神地祇，守护国家，其灵妙有不可思议者。以此神卜可传神道于悠久，使人民永仰神威也。是我国诸神灵，特假卦象以示世；且我国古称扶桑，维系扶桑之神教而永存也，故谓之“神道”。近时各国创兴理学，独吾国崇奉太卜神事，使彼理学者敬服，因更示实验，俾世人敬畏神明，知神教系留而不亡者有在也。

教正大感此言。

占例 明治十五年某月日，某贵显来谈曰：“方今我国有四十万之士族，皆以解旧禄陷贫困。夫衣食足而知礼仪，古今之常则，今此辈遭此穷厄，或转而起不良之事，未可知也。欲代谋安置之策，请为一筮。”予曰：“予亦向为此辈忧之，谨筮之。”筮得**否**之**晋**。

断曰：方今我国士族贫蹇，甚于穷民之惨者，无地无之。昔者乞丐之徒，其生来本贫，贫固其常，至于士族，本非贫者也。袭祖先之功绩，得膺俸禄，生平不知经营为何事，衣租食税，习惯为常。维新一变，俄解世禄，于是百方计画，或从事商业，或劳力农务，双刀纨绔之余习未去，诸务向不习谙，凡所谋画，有耗无赢，衣食乏资，室家交谪，其困苦殆不可言状。天下四十万之士族，陷此穷厄者居多。在往时守世禄之常，以一死报君为本分，其临事也，以有进无退为荣誉，零落至今，犹凛凛乎不失其勇气。其从来行为，固与农商辈大异，是以不能为农商之事也。惟当与应分产业，使之尽其所长，是当道之责也。此《爻辞》曰“其亡其亡”者，盖谓士族生计之困难，殆将濒死；“系于苞桑”者，谓足维系其将亡，惟有苞桑而已。爻象将令此辈士族，开垦新地，种艺桑树，使之专营养蚕制丝之术，维持其家计也。今试论其方法：关东地方，多荒芜之原野；关西地方，多坦夷之山郊。其原野之杂草，可供肥料，山郊之荆榛，可供薪柴。例如其肥料，南亚米利加有鸟粪，其价甚廉，今政府贷与资本及一舰，输载我国产，交换彼鸟粪，沽买之于各土人民，购入杂草丛出之原野，使旧士族开拓之，可种之以桑也。为此举也，布设铁道于全国，使兵士实地演习，为兵营多造设家屋，如一村落，使彼士族移住于此，以男子依常备兵之年限，为屯田兵，以练习军事；使女子勤牧畜养蚕之业，是其大略也。若夫详细处置，一任当局画策而已。如是施政，今日贫苦士族，得以安居乐业，国家之盛业，无复加于此者也。

上九：倾否，先否后喜。

《象传》曰：否终则倾，何可长也。

“倾否”者，谓倾毁否运，而渐复泰运也。此爻以阳刚之才，居**否**之极，能倾毁其否者也。九五之君，既有休否之务，上九居其后而辅佐之，鞠躬尽瘁，能恢复既堕之国运，故曰“倾否”。盖**否**、**泰**本有循环之机，处**否**之极，其势必倾，否塞已尽，泰运将至。然当否之时，要不可委之天运，终当尽其人事，故九五不曰否休，而曰“休否”；此爻不曰否倾，而曰“倾否”，见运会之转，人力居多。夫天道开导人事，人事赞辅天道，拨乱者贵夫德，成治者在夫时。上九阳刚，而具有为之才，居否之极，又值可为之机，故能拨乱反正。从前忧苦于否塞之乱，今乃复遇康泰之盛，安宁喜乐，谓之“先否后喜”。盖往者无不还，终者无不始，是天运循环之定理。假令否之时，天地闭塞，阴阳不交，天下无道，而小人得时，一旦否倾则泰来，即天地生生之道也。《象传》曰“何可长也”，是之谓也。

占 问时运：亨通。〇问商业：春夏不利，秋冬大吉。〇问家宅：迁居大吉，老宅不利。〇问讼事：即日可结。〇问战征：小败大胜。〇问六甲：生男。〇问失物：即得。〇问疾病：即愈，但防复发可虑。

占例 横滨商人某来告曰：目下商业上，有一大事，欲谋之于东京友人，请占其成否如何？筮得**否**之**萃**。

断曰：此卦天地之气，塞而不通之时也。足下欲与人谋事，其人必因事疏远，心气不通，非知己之友也。今得上爻**否**之终，是将释其前嫌，重寻旧好，倾谈之下，彼此愉悦，谋必可就，谓之“倾否，先否后喜”。

其后某来谢曰：东京之谈，果如贵占。

䷌天火同人

同人一卦，**离**下**乾**上，离☲改作火，乾☰改作天，故合为“**灮**”字，有光明上际溥见之象。**乾**天也，**离**火也，天气上升，火性炎上，与天同也，故为**同人**。按**同人**之卦，上承**否**，天地不交为**否**，上下相同为**同人**。盖与**否**相反，而足以相济，故虽同道相与，乃能济否也，是卦之所以次**否**也。

同人：同人于野，亨。利涉大川，利君子贞。

同人之道，要在广远无间，中外如一，斯谓之大同。“野”谓旷野，取远与外之义；“于野”，则上天下地，空阔无际，无所容其私心，斯物无不应，人无不助，故“亨”。心无私欲，则地无险阻，无往不利，虽大川亦可涉。但同亦分公私，合我者同，不合者异，是小人之党也，非同也；要必公正无私，浑然天心，虽千里之遥，千载之后，志无不合，道无不同，故曰“利君子贞”。

《彖传》曰：同人，柔得位得中而应乎**乾**，曰**同人**。**同人**曰：同人于野，亨，利涉大川，乾行也。文明以健，中正而应，君子正也。惟君子为能通天下之志。

《彖》以卦体释卦义。柔谓六二，**乾**为九五，六二以柔居柔，得位得中，以应九五，故曰“应乎**乾**”。**乾**者健也，健而能行，足以济险，故曰“利涉大川，乾行也”。“文明”者，**离**之象，刚健者，**乾**之德。二五皆中正，得以相应，君子之道也，故曰“君子正也”。君子心公，公则天下感之；君子道正，正则天下化之。遐迩一体，上下同德，则天下之志皆通矣。惟君子能之，故曰“惟君子为能通天下之志”。

以此卦拟人事，全卦五阳一阴，六二一爻，以阴居阴，位得中正，为内卦之主，上应九五。全卦之象，恰如以一女居五男之中，以一女对五男，宽裕温柔，周而不比，众阳和悦，而同心合意，天下皆通。“同人，柔得位得中而应乎乾”，不曰应九五，而曰应**乾**，可知不专应九五一爻，而遍应众阳，为“能通天下之志”也。凡天下之事，以一人独成则难，与人共成则易，而与人之道，有公有私，公则道合，私则道离，且以私同者其道小，以公同者其道大。譬如平原，一望无垠，绝无隐蔽，是即“同人于野”之象也。内卦**离**为明，为智，外卦**乾**为正，为健。人能得夫**离**之明，**离**之智，以应乎**乾**之为正为健，以此而谋事，则事无不利，以此而涉险，众险皆可涉，即以此而交天下之人，则天下之人志无不通，是率天下而大同也。

以此卦拟国家，上卦为君，至刚至健，威权赫赫，卦中之九五也；下卦为臣，得位得中，文明有象，卦中之六二也。二与五为正应，君臣合志，正明良际会之时也。**同人**之卦，次于**否**后，否则“天地不交，万物不通”，其要在于不能“通天下之志”，惟**同人**为能通之。通则为**泰**，是国家所以济否开泰者，实赖**同人**之力也。《序卦》曰：“物不可以终**否**，故受之以**同人**。”可知天地不交为**否**，上下相通为**同人**。是故有国家者，君得其位，又当得其刚之中，臣得其位，又当得其柔之中，庶几刚柔相应，上下合志，虽大川之险而可涉，天下之志而能通。且六二之臣，不特上应九五，又必比合初、三、四、上诸阳，一心一德，同朝共济，体**离**之明，法**乾**之行，出以至正，不涉偏私，斯天下之人，正者感而通，不正者亦化而通，安往而不通，即安往而不同哉！

通观此卦，上卦为**乾**，下卦为**离**。**离**本**乾**也，**坤**交于中而生**离**，其象为火。盖**乾**本元阳，火者阳之真气，与**乾**同体，故曰“同”。天之生人，耳同听，目同视，口同味，心同觉。一人之所是，万人同以为是；一人之所非，万人同以为非。亲者同爱，长者同敬，人虽至愚，此心此志，无不同也。故孟子曰：“圣人先得我心之所同然者也”，“天之所与于我者，不异也”。盖公则无不同，一涉私欲，遂致支离乖僻，不可复同。然其秉彝之良，卒不可昧也。是天之所与于我，而其不可昧者，离也；不可异者，乾也。故人秉**离**之明，行**乾**之健，至公无私，自然亨通，险阻化而为平地，虽涉大川，亦无不利，是**同人**之所以亨也。观诸爻无同之象，盖凡人有意求同，便涉于私，私则不同，盖同者不言同而自同也。初九曰“于门”，谓出外无所私昵也，故“无咎”。六二曰“于宗”，虽中且正，未免涉宗党之私，为可吝也。九三以刚强居二五之间，强欲求同，虽伏藏三年，终不敢兴，知惧，故不凶也。九四近五，如隔墉耳，知义弗直，弗敢强攻，则为吉也。九五刚健，应二爻明，当其未通，不胜愤郁，一旦贯通，自觉喜悦，故曰“先号咷而后笑”也。上九遁居郊外，无意求同，故“无悔”。合而言之，**同人**一卦，初、上二爻，“于门”、“于郊”，皆在外也，故无咎悔；二有“于宗”之吝，三有戎莽之祸，五有“大师”之患，是皆同于内，故无吉者。盖“于宗”不若“于门”，“于门”不若“于郊”，“于郊”不若“于野”。总之出外则无党援，亦无阿好，地愈远而心愈公。公则平，平则通，故圣人以四海一家，中国一人为心，斯谓之大同矣。若求同于近，虽同亦私，是以《彖辞》首曰“于野”，可知**同人**之道，当以天下为量者也。

《大象》曰：天与火，同人，君子以类族辨物。

此卦**乾**上**离**下，《象传》不曰火在天下，而曰“天与火”，盖以**乾**为日，**离**亦为日，象相同也，故曰“天与火”，取其同也。**乾**阳上升，**离**火上炎，性相同也，犹人生性无不相同，故曰**同人**。君子法乾之健，以类其族，用离之明，以辨其物；于异中求同，故族必类之，于同中求共，故物必辨之。凡异之不可不明辨，益知同之不容以相混也。即此而推之，知人有善恶邪正之分，心有是非公私之判，君子亦必当类而观之，辨而别之。如周之与比，党之与群，其貌若相似，其心则自别。要必明析严辨，不稍假借，是异其所不得不异，乃能同其所不得不同。此所以为同之大者也。

占　问时运：目下大有升腾之象，且得朋友扶助，大吉。〇问商业：宜于合资会社等业，大利。〇问家宅：得合家和悦之象，吉。〇问战征：主军士同心，即宜调兵进攻，大利。〇问疾病：是火症也，恐医药有误，宜别求良医。〇问讼事：防有同党私庇，一时未可结案。〇问六甲：生女。〇问失物：须细细于物类中寻觅，乃得。〇问行人：即日可归，必与友偕来。

初九：同人于门，无咎。

《象传》曰：出门同人，又谁咎也。

初九居一卦之始，为**同人**之首也。此卦以二爻为主。初与二相近，则相同。二居上爻之中，象门，故曰“于门”，亦不愿独同于二，故欲出门以广交也。门以外无所私昵，故“无咎”。《象传》则颠倒其辞曰“出门同人”，显言一出门外，天地万物，孰不吾同？不曰无咎，而曰“又谁咎也”，盖无咎，第属已言，“又谁咎”，则见门外之人，皆乐与之同，谁复得咎之者？《易》以人名卦者，**家人**、**同人**两卦。**家人**者，一家之人，宜位正夫内；**同人**者，天下之人也，宜志通夫外。《易》言“出门”者，**随**与**同人**两卦，**随**曰出门有功，**同人**曰出门无咎，皆以门内为易溺于私，门外则廓然大公矣。

占 问时运：目下平顺，宜经营出外，利。〇问家宅：一门之内，雍雍和睦，无咎。〇问商业：利行商，不利坐贾。〇问疾病：宜避地调养，无碍。〇问讼事：防有惩役之患，宜预出躲避，可以免咎。〇问失物：须于门外寻觅。〇问六甲：即时可产，得男。

占例 一日友人某氏来，请占气运。筮得**同人之遁**。

断曰：此卦为出门求友之象也。交际之道，宜与善人同，不宜与不善人同。《爻辞》曰“于门”，《象传》曰“出门”，言出外自得**同人**之助。盖在内则相与者皆亲好，不能无私，私则有咎；出门则往来者皆同胞同与，故无咎也。今占得**同人**初爻，知君必初次出门者也。君可放胆做去，他日必得高位，博众望，可预决也。

某用之，后果大得人望，如占所云。

六二：同人于宗，吝。

《象传》曰：同人于宗，吝道也。

此爻以阴居阴，文明中正，而为全卦之主，卦中诸阳，皆求应二。二与九五为正应，九五为君，居一卦之尊位，二爻曰“同人于宗”，“宗”尊也，言二得同于至尊。在二与五，刚柔中正，时位相应，可谓尽善，但两相亲密，未免偏私，有失至公大同之量。且三四两爻，求同不得，见二与五，同意亲密，致生嫉妒，即所以取吝也，故曰“同人于宗，吝”。《象传》曰“吝道也”，道字最宜玩味，谓一时即未见吝，而已有取吝之道也。《彖辞》以六二得位得中，曰“亨”，爻义以“同人于宗”，曰“吝”，盖卦体主大同，爻义戒阿党也。

占 问时运：目下未佳，虽有相助，而相忌者多，未能百事遂意。〇问商业：利于大宗买卖，惟须出纳宜留意。得利。〇问讼事：不利。〇问家宅：以勤俭起家，得长子之力。〇问疾病：有魂归宗庙之象，凶。〇问行人：即返。〇问六甲：生女。〇问失物：被拾者藏匿，不见还也。

占例 明治三年，占自气运，与将来之方向如何。我国维新之初，明治元年，有奥羽北越之役，二年有箱馆之征讨，天下之形势未宁。三年干戈既息，天下拭目，以望升平。当是时余大有所感，自以生长商家，惟汲汲谋兴家业，未遑计及国事，兹幸遭遇圣代，得与贵显诸公，朝夕面晤，深荷款遇。在诸公毁家纾难，勤劳王事，皆维新之功臣也，如余者得生长今日，际盛运，而于国家毫无建树，实可耻之甚也。兹愿稍展寸长，勉力从公，冀图深厚之报，为此自占现时气运，与进步之方向。筮得**同人**。

断曰：幕府末路，升平日久，政纲废弛，加以外交事起，当时君子不得其位，小人得逞其奸，上下闭塞，秩序紊乱。于是豪杰之士，所在兴起，天下翕然应之，拨乱反正，一变否极之世，得启今日泰平之盛，是即**同人**之卦也。今筮得此卦，《彖传》曰："同人，柔得位得中而应乎乾，曰**同人**。"以六二一柔得位中正，应上卦九五之中正，是余居民间中正之地位，上与政府之政略相应，同其目的，"柔"者，谓余本无爵位，才力柔弱。曰"同人于野"，谓余本是在野草莽之臣也。"亨"者，谓余之气运与天下之大势，悉当亨通，凡为国家创兴事业，无不成功也。按**同人**一卦，卦体则主大同，爻义则戒偏私，独"于野"曰亨，盖宜远取于外，不宜近取于内也。且《彖传》曰"乾行"，"乾行"者，自强也；曰"利涉大川"，"利涉"者，兴造舟楫也；曰"文明以健"，"文明"者，创修文学也。卦象所言，皆一一示余着手之方向，且教余取法海外之造作，通行于天下，故曰"为能通天下之志"。

余既得此卦象，惟冀有补政府剧务之万一，区区家资，遑足惜乎！明治三年，决志抛资产，先设飞脚船，便内国之运输；次谋创铁道；次建设洋学校，聘教师于外国，以振起教育之业；布设瓦斯灯于横滨港内。至七年之冬，得成此四大创始工业。此四大工业，当时邦人，实未尝着手，余为之嚆矢也。明治七年，瓦斯灯建成之日，荣邀天皇陛下临幸，蒙赐谒见。余当时怀藏先考灵牌，冀得同观天颜，又荷宠颁进步首倡敕语。拜受之下，荣何如之！

此卦以第五爻为**同人**之主，以年计之，初爻至五爻，恰是五年。今自明治三年，至七年，其间九三之伏莽，九四之乘墉，多有障碍余事业者，然余公平无私，百折不屈，果得奏效。然物盛必衰，势极必变，是天理之常，余虽乘**同人**之运，得成厥事，若味人事穷通之理，知进而不知退，恐有“亢龙”之悔，即**同人**上九诫之曰“同人于郊，无悔”。是易理之妙用也，其旨深矣。迨八年，余居神奈川郊外望欣台，优游逍遥，间玩易理，以至今日。爰述**同人**之卦义，追怀往事，附记数语。

九三：伏戎于莽，升其高陵，三岁不兴。

《象传》曰：伏戎于莽，敌刚也。三岁不兴，安行也。

“戎”者，兵戎也。“莽”者，草深处也。此卦六二，一阴居中，卦中诸阳，皆欲与同。三爻接二最近，欲同之意尤切，然二爻中正，为九五正应，不与三同。三爻过刚不中，性情刚暴，位居二五之间，欲用强而同之。然惧二之中正，畏五之刚健，不敢显发，“伏戎于莽”，以俟其机，上升高陵，以窥其隙，至三岁之久，终不敢兴，亦可见小人之情状矣。其不言凶者，以久而不兴，故未至凶矣，然曰“伏”，曰“升”，其凶已露矣。《象传》曰“敌刚”也者，谓其所敌九五刚健，自知不能胜也；“安行”也者，“三岁不兴”，亦安行乎？**离**为甲，兵戎之象，互卦**巽**，为隐伏之象。此卦九三九四，不言同人者，两爻共有争夺之象，非同人者也。此爻变为**无妄**，其六三之辞曰：“无妄之灾，或系之牛，行人之得，邑人之灾。”可以见其有凶咎也。

占　问时运：目下宜潜伏，三岁后方可出而谋事。〇问商业：宜开山林，三年后大可获利。〇问家宅：防有盗贼窥伺。〇问战征：须防敌军埋伏。〇问讼事：虑有意外葛藤，一时不了了。〇问失物：须于丛草中寻之，或山上草中。〇问行人：俟三年后可归。

占例　明治二十四年，某贵显来，请占当年气运。筮得**同人之无妄**。

断曰：此卦有公同谋事之象，故曰**同人**。在世间智者少而愚者多，古今皆然。今人往往采取朝野大众之论说，谓之公议，所云谋野则获者是也，故《象》曰“同人于野，亨”。及三爻刚而不中，强欲求同，不曰“于野”，而曰伏莽，又自知畏惧，终久而不敢兴。其象如是，气运可知，请俟三年后而谋之可也。

后果如此占。

九四：乘其墉，弗克攻，吉。

《象传》曰：乘其墉，义弗克也；其吉，则困而反则也。

“墉”者，城垣也。此爻以刚居柔，而不中正，四与二非应，亦非比，而欲强同于二，且中间隔以九三之“墉”并忌二五之款密，故欲“乘其墉”而攻焉。既思九五刚健中正，攻之于义不宜，于势亦不敌，必弗能克，故不攻也。即此转念间，悔过而改善，乃得变凶而为吉，谓之“乘其墉，弗克攻，吉”。《象传》曰“义弗克也”者，谓不自逞其强，而能反省夫义，是以吉也。“困而反则也”者，谓不义之举，必陷困厄，止其邪念，而反于法则也。此卦名**同人**，三四两爻，均有乖象。人情同极则必异，异极则复同，犹国家之治极而乱，乱极复治也。是人事分合之端，即《易》道循环之理也。凡《易》曰“不克”，皆以阳居阴之爻，惟其阳，故有讼，有攻；惟其阴，故弗克也。此爻及**讼**之九二、九四，如“不克讼”，皆是也。

占　问时运：目下宜退守弗动，吉。〇问商业：宜垄断货物，待价弗售，后必获利。〇问家宅：宜修葺墙垣，吉。〇问战征：宜坚筑营磊，防敌袭击。〇问讼事：今虽不直，后反得胜。〇问失物：久后可得。〇问疾病：虽凶无害。

占例　友人来告曰：今有一业可兴，请占其成败。筮得**同人之家人**。

断曰：此卦有合众兴事之象，其事必关公共利益可知也。九五**乾**之有金力者，与六二**离**之聪明者，阴阳相应而成事，其间有九三九四两爻，嫉妒其利益，于中阻挠，以谋占取之象。足下为占事业，以《爻辞》观之，知足下或羡彼之事业，谋彼之权利，将夺取而代之乎？足下一时不露声色，惟阴使同意者九三，为之计画，即《爻辞》所云乘墉，如乘垣而伺敌，潜伏而谋事之谓也。然此事必难遂志，不如中止，谓之“弗克攻，吉”，故《象传》曰“困而反则也”。

后有所闻，果如此占。

九五：同人，先号咷而后笑，大师克相遇。

《象传》曰：同人之先，以中直也。大师相遇，言相克也。

“号咷”者，谓悲忧之甚而啼哭也。此爻君位，不取人君之义，谓五在君位，当与天下同应，若独与二亲密，非人君之道，即非大同之道也。是以为九三九四所嫉妒，隔绝阻挠，使不得与六二相遇，遂致兴师攻克，始得相遇，盖其初以不遇而号咷，今得相遇而笑乐，谓之“同人，先号咷而后笑，大师克相遇”。在五与二，刚柔相应，上下相洽，其情似私，其理本正，故《象传》明其“中直”，《彖传》称其“中正”，是师壮而得克也，岂得以私昵病之哉！

又一说：长国家而欲和同众人，其间有猜疑而离间者，使之隔绝而不相遇，极之号咷悲泣，使离间者亦服其德，复得和同而笑乐也。

占 问时运：目下正当欢乐之时，从前苦志，今得遂愿。○问商业：虽小有挫折，终获大利。○问家宅：防有惊惶之虑，然终得平和也。○问疾病：先危后安。○问讼事：须请大好辩护士，方能得宜。○问行人：防中途有阻，须缓得归。○问六甲：生男。

占例 明治二十五年三月，余漫游骏州兴津，阅新闻纸，知北海道炭矿铁道会社堀基氏免职。余为是社评议员，遂速归京，与同事涩泽荣一、汤地定基、田中平八等，共为会社周旋，方得协议，评议委员定以汤地与余两名中，充任社长，请愿于该官厅。同事诸君，预问余之诺否，余先取决于筮。筮得**同人之离**。

断曰：此卦六二一阴得时，又得中正之地位，上下五阳应之，余之就任社长也。九五之政府，九三之北海道厅长官，九四之大臣，初九之社员，上九远方之株主，不特不倡异议，定必同心喜悦可知也，谓之“同人，柔得位得中而应乎**乾**，曰**同人**”。至处之之道，如平原广野，无所隐蔽，一以光明正大为主也，谓之“于野，亨”。余虽不才，于此等事业，久经历验，加之以六百五十万元之金力，与政府补给之利子，余惟公明正大，毫无私曲，可得胜此责任，谓之“文明以健，中正而应，君子正也”。此会社在人迹稀绝之区，凡执工业者，故多非常劳动，亦不免暗生情弊，此亦势所必有也。一旦革绝其弊，必生谗谤；然既任其事，自当任怨任劳。谚曰“一功能服，百论得快”，整理则疑谤自灭，谓之“君子为能通天下之志”。即有如九三九四，以不得兴事，生出意外枝节，百计窥伺，相谋窃夺，余当预定目的，终不受其害也，谓之“同人先号咷而后笑，大师克相遇”也。

余得此占，承诺社长之任，后果如此占。在任五百四十日间，会社之整理，幸博同人之信用，价格四十四圆之株券，腾贵至八十四元，其十三万株，合计五百二十万元，足见会社之盛运也。以在任之日数除之，平均一日，大凡一万元，是可谓全以道德得之者也。呜呼！谁谓为仁不富乎？谓道德与经济相反者，此乃愚而无知者之言也。夫道德之功效，优于区区之经济，不知其几千百倍也。世之好夸大，言内无实学者，宜知所猛省矣！

占例 明治二十八年四月，我国与清国讲和约成，将遣大使于清国芝罘，交换条约。时法、德、俄三国，联合告我以不可久占辽东，且聚战舰于芝罘，有动辄起事之势，上下心颇不安。各大臣及机密顾问官等，皆趋西京，余亦闻之至西京，会土方宫内大臣、杜边大藏大臣于木屋町柏亭。两大臣谓曰：今日之势，三国联合迫我，其意有不可测者。我军舰劳数月之海战，且有许多损伤，不复适战斗之用，实危急存亡之秋也。占筮决疑，其在此时乎？余曰：曾已占之。筮得**同人之离**。请陈其义。

同人一卦，二爻一阴得中正，在五阳之间，辉离明于宇内之象。卦德有文明与刚健，通志于天下时也。今得五爻，则知大事必遂也。法、德、俄三国，联合妨我行为，且欲逞溪壑之愿，聚合军舰于芝罘，又在各要港，悉整戎备，有不愆时期而举事之意，又有夺我所得清国偿金之胸算，其狡计炳如见火。就爻象推究，其中妨阻二五之交者，三四两爻，三爻之辞不云乎，“伏戎于莽，升其高陵，三岁不兴”。“伏戎于莽”者，谓自航海之要路，突然袭击之备；“升其高陵”者，谓从旁窥伺其隙也；“三岁不兴”者，谓待机而动，不遽发也。四爻之辞不云乎？“乘其墉，义弗克也；其吉，则困而反则也。”四与三同意，欲乘衅而起者也，谓之“乘其墉”；然以义有不宜，故曰“义不克也”。是亦不能举事而止，故曰“其吉，则困而反则也”。三国之非望如此，天命不许，不足介意也。今得五爻之占，虽忧三国之支障，然必得清帝批准条约，喜可知也，谓之“同人，先号咷而后笑”。日后不为宇内各国所轻侮，终得战胜之誉，宜扬国光于万里，谓之"大师克相遇"。占筮如此，我元老何须忧虑？于是两大臣扬眉，不堪欣喜。

后果庙议一如此占，宜以商船遣伊东已代治氏于芝罘，交换条约而归。当时三国虽伺我衅隙，无举事之辞，非常之备，无所复用，如《易》辞所示也。

占例 明治二十九年一月，余避寒于热海，偶得神奈川县吉田书记官报曰：前农商务大臣白根专一君罹大患，入大学病院，内外名医，无所施治，束手待死而已。吾得君之知遇久矣，不堪忧苦，希其万死一生，敢烦一筮。筮得**同人之离**。

断曰：白根君疾，一时国医束手，谓症必不治，待死而已。据此占，料君不特不死，且即日愈快，谓之"同人，先号咷而后笑"；其病或必得大汗大泻而愈，故曰"大师克相遇"。但此卦上爻为归魂，今得五爻，则上爻正当明年，明年恐或难保。然上爻之辞曰"同人于郊，无悔"，此番愈快之后，宜移徙近郊闲散之地，远于世累，休息静养，尽我人事，亦足挽回天命，或得无悔。乃记以报之。

后果大患徐徐而愈。德人白耳都氏以下诸名医，不知其快复之理，后余亦访君于病院，面渠夫人，劝以出院之后，宜就闲地休息静养。然君以得复健康，不复应余之劝，翌年果复得疾不治，不堪痛惜。

上九：同人于郊，无悔。

《象传》曰：同人于郊，志未得也。

"郊"者，国都之外，旷远之地。此爻在五爻之上，为无位之地。**同人**一卦，卦中五阳皆欲同于六二一阴，三爻与二相比，其欲同之意尤切。四爻非应非比，然以介在二五之间，亦欲强同于六二。五爻与二为正应，惟此爻居上，与二非应非比，孤介特立，置身荒郊之外，较初之于门更远。无私昵之情，免争夺之患，在六爻中，最为完善，谓之"同人于郊，无悔"。盖**同人**之量，愈远则愈大。国外曰"郊"，郊外曰"野"。于"郊"较"野"殊近，故"于野"则亨，"于郊"则第曰"无悔"。《象传》曰"志未得也"，志即"为能通天下之志"而言，其仅曰"于郊"，犹未能通天下之志也，故曰"志未得也"。

占 问时运：目下顺适，诸事无所障碍，但宜在闲散之地。〇问商业：宜立业于市尘之外，无忧耗损，一时亦未能获大利益。〇问战征：宜在荒地屯营。〇问失物：于郊外觅之。〇问讼事：恐难得宜。〇问家宅：平顺无灾。

此卦为归魂之卦，若占命数而得此卦，至上爻必死。**师**之上爻，可参看也。

占例 有相识会社役员某氏来，告曰：近来我会社头取，与大株主之间，颇生纷议。株主欲开总会，改选社员，又有一派赞成当时之社员者，竞争颇甚。余不自知免职与否，请占前途之气运。筮得**同人之革**。

断曰：**同人**者，与人相同也。勿论社员株主，皆思其社之利益，非各谋私利者，惟其所为有左右之差，而遂生纷议也。盖此纷议之来，由五爻之头取，与二爻之支配人，其间过相亲密，致启他人之疑，然其疑可不久而解也。如足下不偏不党，无所关系，亦无免职之忧，故曰“于郊，无悔”。郊者，田舍之谓，而离市街烦杂之地也。

后果如此占。

䷍火天大有

按：大字篆书作[illegible]，从一从人。一者天也，以人贯天，天人一致，所以谓大也。有字篆书作[illegible]，从又从月，又手也，持也；月渐渐生光，满则光大，有大有之象焉。此卦**离**☲上**乾**☰下，**离**☲作炏，**乾**☰作三，合作[illegible]字。卦位六五一阴居尊，五刚之大，皆为尊位所有，故曰**大有**，遂以**大有**名卦。阴小阳大，阳为阴所有，宜曰小有，不知爻虽阴，位则居阳，五刚为九五主阳位者所有，故不曰小有，曰**大有**。

大有：元亨。

《正义》曰：柔处尊位，群阳并应，能大所有，故称**大有**。元为善之长，大有得**乾**之元，以流行成化，故以“元亨”归之。程子曰：诸卦“元亨利贞”，《彖》皆释为“大亨”，恐与**乾**、**坤**同也。凡卦有“元亨”者四，**大有**、**蛊**、**升**、**鼎**也。

《彖传》曰：大有，柔得尊位，大中而上下应之，曰“大有”。其德刚健而文明，应乎天而时行，是以元亨。

此卦下**乾**上**离**，**乾**者天也，**离**者日也，是日在天上，遍照万物，庶类繁昌，君心下交，贤才辈出，物之大者，人之大者，皆归我所有之象也。以其所有之大，名此卦曰**大有**。**大有**者，包括宇宙之大而有之也。卦中一阴五阳，五阳皆服六五柔中之德化，故曰“**大有**，柔得尊位，大中而上下应之，曰**大有**”。“大中”者，犹曰正中也，从容中道，见天子建中和之极，启天下大顺之化，柔能应天，故上下皆应之也。六五之君，虚以容人，中以服人，明以知人，是以得独擅**大有**之尊称。无论诸爻得位或失位，并无凶咎者，以其皆应六五也。且内卦**乾**刚健，外卦**离**文明，六五之君，应于**乾**之九二，应乎**乾**，即应乎天也。应天而时行，其德如是，是以“元亨”，不在上下五阳，而在六五一阴。夫健而不明，则不能辨；明而不健，则不能决。惟健而明，乃足以保其大有也。盖“刚健而文明”者，德之体，存其德于身也；“应乎天而时行”者，德之用，施其德于政也。应天乃所时行，时行必本于应天，德本一贯，人君有如此之德，天下虽大，可运于掌上也。“元亨”者，元即从乾元来，亨者通也；乾健高明，居尊应天，是得“元亨”之道也。

以此卦拟人事，凡人处世，贵贱尊卑，各从分限，有所宜有，故各宜保其所有。然求有之道，又宜出于公，而不宜溺于私也；又宜取诸远，而不宜拘于近也。私则情意系恋，而有必不正；近则见识狭隘，而有必不广。譬如求学，当扩其识于上下古今，而识斯大也；譬如求财，当搜其利于山川海陆，而利斯大也。然必健以行之，而无或自怠；明以察之，而无为所蔽。德则应乎天，行则合乎时，如是以求有，则我之所有，可包括夫天下之有；天下所有，皆统归于我之所有，庶几所有者皆公而非私，亦可即近而及远矣。此之谓“大有元亨”。人能玩味易象，凡其作事，顺天而无违，出于公不溺于私，取诸远不拘于近，是即**大有**之道也。

以此卦拟国家，六五一阴在天位，而抚有五阳。**乾**为富，为正大，**离**为福，为公明，具此公明正大之德，即未尝富有天下，而其量已足包天下矣，《系辞传》所谓“富有之谓大业”是也。《周易》六十四卦中，一阴五阳之卦凡六，而一阴占君位者，惟此一卦，是以能得**大有**之名也。故**大有**之世，六五之君，虚己而抚育万民，集臣民之贤者，使之从大中之政。九四为近侍之臣，以明哲而有为；九二为正应之臣，刚健而多才；六五能信任不疑，凡臣民之有为有才，皆得收用其效，而若己有之者也。制作尽善者，元也；治化四达者，亨也。是以其政公明正大，德被四海，天下之事，各得其理，天下之民，各得其所，国富民裕，上熙下安，世日进者文明，治堪追者康乐。抚此殷庶之人民，大启富强之国势，纳四海之广于利用厚生之中，图天下之大，归一道同风之俗。凡下民身家衣食，皆得被其泽，使不敢自私其有，咸欲以所有举之于上也。是之谓**大有**，谓之“上下应之”也。

同人之卦，文明之化行于下，庶民皆有君子之风，而无乖戾之俗；**大有**之卦，文明之德备于上，天下咸被圣人之泽，而无缺陷之遗。**比**卦以一阳居尊，下应五阴，其应者皆系民庶；**大有**以阴居尊，下应五阳，其应者皆系贤人。得天下贤人而应之，其德之所有，岂不大乎！

通观此卦，以五阳函一阴，一阴具离明之德，升五爻之天位，诸阳宗之，天子富有四海之象也。**比**卦以一阳统五阴，受**师**之后，宜继乱用刚；此卦一阴统五阳，受**同人**之后，宜继治用柔。**离**火为阳精，与天同体，天体高而火炎上，高明无极。上九“自天佑之，吉无不利”者，为君同于天之象。六爻皆以贡上为义，初为民，二为臣，三为诸侯，四为辅政之大臣，五为天子，上为天人。天子富有天下，天下百物之利，九壤之赋，皆天之所生。王者天之子也，以天之物，养天之子，造化之定理，谁得而干之！士君子涉世饮啄皆天也，况其大者乎？此**大有**之占也。

《大象》曰：火在天上，大有，君子以遏恶扬善，顺天休命。

离为日，**乾**为天，日在天上，照见物之繁多，故曰**大有**。夫“日在天上”，明之至也，明至则公明正大，而善恶无所逃。君子体天，善则举之，恶则抑之，庆赏威罚，各得其当，即福善祸淫之道也，故曰“遏恶扬善，顺天休命”。其“遏恶”，使其有所惩也；其“扬善”，使之有所劝也。民能惩恶劝善，天下岂有不治者哉！夫天命之性，有善而无恶，“遏恶扬善”亦不过顺天命之本然。推之讨有罪，奉天之休命而遏之也；命有德，奉天之休命而扬之也。五刑五用，怒非有私；五服五章，喜非有私。于是恶无不化，善无不劝，大有之治，长保永久也。

占 问时运：目下亨通，如日在天上，有光明遍照之象。〇问商业：可放胆大做，有富有日新之象。〇问家宅：必是祖基素封，积善之家，宜诫劝子弟，培植善根，家业可永保也。〇问战征：主将星明耀，赏罚得中，万军用命之象。〇问行人：必满载而归，大利。〇问六甲：生男。〇问疾病：不利。〇问讼事：主公明断结，否则亦必和息。

初九：无交害。匪咎，艰则无咎。

《象传》曰：大有初九，无交害也。

“交害”者，涉害也。九居一卦之初，虽卦属富有，初阳在下，未与物交，所以未涉于害也，何咎之有？凡处富有之时，易致自满，满则骄生，骄生则害即随之，有害即有咎。惟时时克思厥艰，斯小心敬惧，有而不自以为有，即出而无相交，必矢刻苦自劝之心，不敢稍存骄盈之念，故曰“艰则无咎”。盖富有本非有咎，在初时未交于害，以为“非咎”，则一交而遂得咎者，咎由自取之耳。能思其艰难，则可以保其有，即可以免其咎。《象传》曰“**大有**初九”，言当**大有**初爻，无所交涉，不关灾害也。一说，训“无交害”三字，为国无交而害者，盖以初九之应在九四，两刚相遇，其情不相得。此意亦可备一解。

占 问时运：目下尚未交盛运，须刻苦自勉，待好运到来，自然得利。〇问商业：想是基业初创，百货未曾交办，须要谨守其初，自得无害而有利也。〇问战征：必是初次动众，尚未交锋，须要慎始，自无后患。〇问家宅：必是新富之家，艰难创业，自得后福。〇问讼事：尚未投告，还宜和息为善。〇问行人：尚未有归志也。〇问六甲：生男，产期尚远。〇问失物：一时难以即得，待久可有。

占例 佐贺县士族深江某，余之亲友也。明治四年，从事纸石灰等商业，来横滨为奸商所败。此人虽有才学，不惯商业，请余占后来气运。筮得**大有**之**鼎**。

断曰：此卦**大有**，足见后运昌盛。今九居初爻，是将近运来之时，故不免为小人所害。虽近来有意外之损失，元来足下于商业本未惯习，虽有小害，未足咎也。今谋出仕官途，将来必得升迁，但一值盛运，不思厥艰，咎必难免。惟持盈保泰，虽有而不忘其艰，时时刻苦自勉，以今日之苦，期他日之亨，即得他日之亨，又仍虑今日之苦，不忘其艰，则无咎也。如是，则可长保其有矣。愿足下勉之。

后果如此占。

占例 相识某县人永井某来，请占气运。筮得**大有**之**鼎**。

断曰：卦曰**大有**，已兆资产丰足之象，可欣可喜。今得初爻，知为一时之初运，未得大利，若不思经营之难，稍涉骄盈，便干灾害，尤宜戒慎。就尊府论之，尊大人性情笃实，平生拮据勉励，未能扩充家计。足下意犹未满，欲发一攫千金之念，幸此盛运初交，得此利益，是正**大有**之初爻也。其辞曰：“初九，无交害，匪咎，艰则无咎。”此艰字，最宜审慎。盖谓爻居初九，未与物交，是以“匪咎”，一经交际，害即伏之，若不思克艰，咎必难免矣。慎之勉之！

某氏一时虽面从我言，然年少意气，不能自抑，渐耽骄奢，卒致败事，遂即非行，而陷囹圄。爻象垂诫，不爽如此，岂不可畏哉！

九二：大车以载，有攸往，无咎。

《象传》曰：大车以载，积中不败也。

此爻以阳居二，阴阳刚柔，适得其宜。当大有之时，居臣下之位，上应六五之君，是具大有为之才，遇大有为之时，以一身而任国家之重者也。二阴柔，是以能容，九阳刚，是以能行，象车。初、三两刚，比辅于左右，为“大车”，故曰“大车以载”，谓其才之足以任重而行远也。二以刚中之德，恢有容之量，能以天下之人才，荐之于君，量材器使，俾得各效厥职，而无有丛脞，故曰“有攸往，无咎”。占者如此，则位足以酬其志，德足以堪其任，上不负君之所托，下不失民之所望，何咎之有？《象传》曰“积中不败也”者，言大车得初三左右两刚比辅，车体完厚，虽积重于中，行远而不败，犹九二才力刚强，能肩当天下之重，断无败事之虞也。此爻变则为**离**，**离**六二辞曰“黄离，元吉”，可以参考也。

占　问时运：目下正交好运，一路顺风，无往不利。〇问商业：贩运货物，贸迁有无，极之域外通商，无不获利。〇问战征：利于陆战，率军直进，攻取皆捷。〇问家宅：平安无咎，若谋乔迁，更吉。〇问疾病：宜出外就医，吉。〇问行人：因在外谋事，诸多利益，一时未归。〇问讼事：得胜。〇问六甲：生男，逾月则生女。

占例　明治二年，友人来，请占某贵显气运。筮得**大有**之**离**。

断曰：此卦六五一阴居君位，统御五阳。内卦为**乾**，乾纲独揽，正大之象；外卦为**离**，离明普照，光明之象。光明正大而有天下，谓之**大有**。二爻具刚中之德，与六五之君，阴阳相应，能积载天下之大任，辅佐天下之大业，恰如大车运转自在，谓之“大车以载，有攸往，无咎”。据此《爻辞》，知某贵显，后必当大任，奏大功也。

后果如此占。

占例　占明治三十二年德国之气运。筮得**大有**之**离**。

断曰：此卦五爻一阴得中，统御五刚，恰如德帝统御普国，众民悦服，国中兵食完备，战守咸宜，正国军盛大之象。今得二爻，其辞曰“大车以载，有攸往，无咎”，可以见矣。

九三：公用亨于天子，小人弗克。

《象传》曰：公用亨于天子，小人害也。

"亨"与享同。"公用亨于天子"者，谓天子设筵，宴会公侯也。九三与之，此爻居下卦之上，公侯之象。九五之君，虚己下贤，一时四方公侯，感化来宾。如《诗》所咏，嘉宾宴乐，《蓼莪》、《湛露》之义是也。故曰"公用亨于天子"。盖诸侯之于天子，藩屏王家，天子喜其功，宴享而劳之。此爻以阳居阳，具纯正之才德，可得与此宠荣，若使小人当此，挟富有，擅威福，慢上凌下，必招祸患，安得与享礼之优待乎？上无比应，君上必不信任，故曰"小人弗克"，《象传》亦曰"小人害也"。

一说"亨于天子"者，谓能以所有贡奉于君上。凡土地之富，人民之众，皆天子之有也，诸侯谨守臣节，忠顺奉上，抚育黎庶，以效屏藩，丰殖货财，以资贡献，亨之天子，以其有为天子之有也。若小人而居此位，则私有其富，不复知奉公之道，故曰"小人弗克"。此义亦通。

按：凡《易》辞曰"先王"者，以垂统言；曰"帝"者，以主宰言；曰"天子"者，以正位言；又"后"者，天子诸侯之通称；"大君"者，天子之尊称也。

占 问时运：目下正当显荣之时，利为公，不利营私。〇问仕途：恰得宠任荣赏之象，若取赂必败，宜慎。〇问商业：不特得利，且可得名。〇问战征：有犒赏三军之象，得获胜仗，恐于兵众有损。〇问家宅：有喜庆宴会之象，家食丰富，但使用婢仆中，须当留意。〇问讼事：若为饮食干糇起衅，恐难得宜。〇问六甲：生男，主贵。但幼小时，防多疾厄。

占例 大阪友人某来，请占某豪商时运。筮得**大有**之**睽**。

断曰：此卦**大有**，可知为富豪之家。"公用亨于天子"者，为大臣宠荷君恩也。在商人处涉王事，得官家优待，其象亦同。商人而获此宠遇，宜慎守其常，切勿恃势怙宠，不然，挟富有，假威权，恃宠而骄，必损资产。吉凶悔吝，惟在其人自取而已。

其后某豪富，管理某省用途金，与贵显交往，自负富有，颇招人怨，偶罹病死，不能办偿官金，致破其产。

占例 明治五年，土州人渡边小一郎来，请占气运。筮得**大有**之**睽**。

断曰：**大有**之世，天子虚己用贤，金帛之出纳，委之臣下，大臣为能谨慎任事，小人则必失奉上之道，故辞曰："公用亨于天子，小人弗克。"足下今负担铁道局神户出张所事务，出纳金钱，最宜注意。昔封建之世，士民共有义气，往往有监守自盗者，则屠腹而谢其罪。维新以来，刑法宽缓，人少廉耻，不可不深留意也。

后在神户，某属员为私买米市，偷用官金若干，渡边氏亦不免其责，且为救护属员，借入某商人之金若干，以办偿官金。后事发觉，与属员某共处其罪云。

占例 东京虎之门，琴平神社宫司鸿雪爪者，余之知己也。二十九年某月，来告曰：顷日浅野侯爵罹大患，以其危笃，不堪忧虑，请筮一卦，以占休咎。筮得**大有**之**睽**。

断曰：**大有**者，以示生命之有在也。上爻为有之终，恰值归魂，今占得三爻，病之用亨，利在药饵，知必得良医奏功也。贫贱辈请良医难得，良药尤难。“克”者，愈也，故在小人或防“弗克”。在侯之家，良医易招，即贵重药品，亦易购觅，故谓之“王用亨于天子”。如得天子之赏赐良药也，病必无碍。后果快愈，今犹无恙也。

九四：匪其彭，无咎。

《象传》曰：匪其彭，无咎，明辨晰也。

“彭”者，盛多貌。《诗》曰“行人彰彭”，曰“出车彭彭”，曰“驷彭彭”，曰“四牡彭彭”，皆形容人马之强盛也。此爻以刚居柔，当**大有**之时，在执政之位，有刚明之才德，立众贤之上，与六五之君，阴阳亲比，君上之眷顾至渥，宠遇殊盛，所谓位极人臣，威权富贵，萃于一身，是处过盛之势者也。过盛则可危，惟能体**离**之明，居柔善逊，见几而避，虽处其盛，以为匪己之盛也，故曰“匪其彭，无咎”。《象传》释“无咎”曰：“明辨晰也”，“晰”者明之体，“明辨”者，得外卦**离**日之象。

一说以“匪”为篚，此爻威权之盛，天下之人，辐辏其门，非无赠贿之嫌。身居大臣之地，运值**大有**之时，琐琐赠贿，何足动其心乎？是谓“匪其彭，无咎”。《易》之取象广大，不容偏执一义也。

占 问时运：六爻已值其四，是目下已到极盛之会，当持盈保泰，知止不辱。〇问商业：已得利益，毋过贪求，斯无害。〇问家宅：必苟完苟美，如卫公子荆之居室，则善矣，否则未免盈满有损。〇问疾病：防有膨胀之患。〇问六甲：生男。〇问讼事：得明决之才，判断得宜。〇问失物：在竹筐内寻之。

占例 亲友某氏，以商业旅行，托余代襄其事。一夜深更，其伙友某，突来哀诉曰："有一疑事，而不知所施，请一占为解。仆穷厄，今朝有一商来，领受金三百元，藏之簞笥，忘施锁钥，至夕检取，不见其金。或疑遗忘他所，搜索不得，于是检查朝来出入，及在家者，其人皆夙所信任，无可疑者。遗失所由，实不可知。"筮得**大有**之**家人**。

断曰：卦名曰**大有**，知未出外，而在家中可知也。又以卦拟全家，上卦者为二阶，《爻辞》曰"匪其彭，无咎"，"匪"者，盛玉帛之竹器，子宜速还，检二阶之竹器，必可得之也。

某谢而去，少顷来报曰：果发见之于二阶之竹器中也。

六五：厥孚交如，威如，吉。

《象传》曰：厥孚交如，信以发志也；威如之吉，易而无备也。

"孚"者，所以通上下之情；"威"者，所以严上下之分也。情不通则离，分不严则亵。"交如"者，交接之义；"威如"者，威严之义。孔子曰："正其衣冠，尊其瞻视，俨然人望而畏之"，此之谓也。此爻以柔中居尊位，虚心礼贤，下应九二，上下五阳，皆归其德，故曰"厥孚"。明良一德，朝野倾心，如良友之善交，故曰"交如"。然君心贵和，而君体贵尊，所谓有仪可象，有威可畏，故曰"威如"。盖**大有**之世，在下者有协助之志，在上者又能诚信接下，足以感发之，故《象传》曰"信以发志也"。又《象传》曰"易而无备也"者，六五居群刚之间，独用柔道，未免为人所易慢，而无畏怖之心也。

占 问时运：必其平生为人所信服，且有威望，晚运亨佳之会也。〇问商业：一时众商信服，货物通行，可永保其富有也。〇问战征：众军勇跃，威令远扬，尤宜警备，以防敌军。〇问家宅：主一家和睦，恐有盗窃，宜备防也。〇问失物：所窃者即信用之人，以威逼之，必交还也。但恐得而复失。〇问六甲：生男。〇问讼事：被告者必畏威而和。〇问行人：如期而归。

占例 一日亲友某来，请占气运。筮得**大有**之**乾**。

断曰：此卦拟之于国家，六五柔中之君，备公明、正大、威信、温和之德，与九二阴阳相应，与九四阴阳相比，统御众阳，以保大有之治，以一个人观之亦同。足下信用忠实之伙友，虚己而容人，以众之喜为己之喜，以众之忧为己之忧，主仆相和，家政克行。然有不可无威，无威则命令不行，国政然，家政亦然。今当大有之时，预体此意，可注意于恩威并行也。某氏守之，家业益臻繁昌。

上九：自天佑之，吉无不利。

《象传》曰：大有上吉，自天佑也。

此爻居**大有**之极，不居其有者也。以刚在六五国君之后，可谓尽人事而待天命者也，是贤师傅也。为能则天道，以计画国政，使**大有**之君，应天时，统万机，积德行，享有全盛之福。此非“自天佑之”，岂能享其有哉！所谓不期而自致者。当此时得天助之，凡百事业，无不吉利，故曰“自天佑之，吉无不利”。夫圣人之作《易》，其要在天助人归，如云“天之所助者顺也，人之所助者信也”。此爻之辞，可谓一言足以蔽三百八十四爻也。

占　问时运：目下一路好运，万事皆吉。〇问商业：百货皆获利。〇问家宅：一门福庆。〇问战征：即此一战，军功大捷，可罢师也。〇问行人：即归。〇问疾病：默得神佑，吉。〇问六甲：生男。〇问失物：就高处寻觅，可得。

占例　明治十五年，占某贵显气运。筮得**大有**之**大壮**。

断曰：此卦如日之辉天，五阳之众贤辅翼之，得见**大有**之治。今占得此爻，积善积德，得自天佑，天下之事业，无不吉利，谓之“自天佑之，吉无不利”。

然此年某贵显死去，以卦**大有**之终为归魂，即谓之归天也。

䷎地山谦

“谦”字从[illegible]，从[illegible]，本从，谓心所念，常收敛向在氏下也。取心念常在下，而不自满亢，故屈己下物曰“谦”，贬己从人亦曰“谦”。后人改[illegible]为言，[illegible]为兼，合为“谦”。《子夏传》作“嗛”，嗛与“谦”同。此卦**艮**下**坤**上，艮☶，坤☷，后人改☷作“**𠂤**”，改☶作“山”，合作“䖝”，即“阜”字。《释名》曰：“阜，土山也。”是即山在地下之象。或曰：山各有脉，其形起于地上，其根发于地下，故山从地而上。盖山本高也，伏于地下，而不自以为高，是为谦之义也。遂以**谦**为卦名。《序卦》曰：“有大者不可盈，故受之以谦。”此**谦**之所以次乎**大有**也。

谦：亨，君子有终。

谦者，卑退为义，屈己下物也。止内而顺外，**谦**之意也；屈高而居卑，**谦**之象也。守之以虚，行之以逊，故亨也。小人亡而为有，约而为泰，是自满也，满者故难保其终；君子则尊而能卑，高而能下，心愈小而道愈宏，志弥显。**坤**曰“大终”，**艮**曰“厚终”，故曰“君子有终”。今文曰“终下当有吉字”，盖本刘向《说苑》。《象辞》曰“君子有终”，亦不言吉。盖不言吉，而吉自在也。

《彖传》曰：谦，亨。天道下济而光明，地道卑而上行。天道亏盈而益谦，地道变盈而流谦，鬼神害盈而福谦，人道恶盈而好谦。谦尊而光，卑而不可逾，君子之终也。

此卦下**艮**为山，上**坤**为地。山本在上，退而居于地下，如人去高位而降下位，能以谦退而居下也，故名此卦曰**谦**。“济”，助也。天道高明，其气下降而助乎地；地道卑俯，其气上腾而交乎天，是天地自然之道也。“天道下济”，“地道卑”，所以成谦也；天气光明，地气上行，所以为亨也。“盈”者“谦”之反，所谓谦受益，满招损，满则盈也。天之“亏盈”者，日月晦明是也；地之“变盈”者，山川河岳是也；鬼神之“害盈”者，奸雄末路，每为鬼神揶揄；人道之“恶盈”者，暴富起家，多为群情怨府。盖“亏”、“变”、“害”、“恶”，自从“益”、“流”、“福”、“好”中而出，循环自然，毫无偏私。谦则不自尊，而人愈尊之，故其道光也；卑则不自高，而其道弥高，故“不可逾”也。君子戒其盈而守其谦，体造化之功，察阴阳之理，万事咸亨，而终身可行，此所以为君子之终也。

以此卦拟人事，有谦逊卑退之义，为德之基也，即礼义所由生也，惟君子能之。若小人有位而自恃其显，有才而自夸其能，有功而自矜其劳，视人之有位有才有功者，则嫉妒之，谗毁之，惟期其颠覆倾败而后快，绝无相扶相助之情，偏多相轧相倾之意，何怪夫吉凶利害之相寻于无穷也哉？鲜克有终，此小人之所以为小人也。君子守谦逊退让之道，其心愈小，其德愈光，其志益虚，其道益高，人虽欲逾之，而卒不可逾也，故曰“谦亨，君子有终”。夫天下之事，始而亨者，十得八九，终而亨者，十不过一二而已，是终之难也，故其终为“君子之终”也。

以此卦拟国家，上卦者地也，下卦者山也，即以山之高，入于地中之象，是谦之义也。六五之君，虚己礼贤，不敢自作威福，一以委任臣邻，或用其“吉”以济险，或善其“鸣”以作乐，或取其“撝”以制礼，或尚其“劳”以兴师。有文德，又有武功，愈卑下，乃愈高大。尧之克明克让，舜之舍己从人，禹之拜昌言，所谓恭己无为而天下治者也，其皆同行谦之道者乎？后世不察，君耽暴慢，臣溺骄盈，擅权而虐下，窃位而蔽贤，品尊而德益晦，名高而行益污，君不能终其位，臣不能终其禄，凶莫大焉。无他，在不知持谦之道也，故《易》惟谦一卦，六爻皆吉，反此则凶，《易》之垂诫深远矣！

通观此卦，谦者兼也，卑而能尊，故曰兼。六爻之象，下艮上坤，艮止坤顺，能止而不上，所以“谦”也。夫造化之理，不足者常益，有余者常损。君子以不足留有余，以有余待不足，故有余者终不至过盈，不足者终不至大损。此两兼之道，称平之权也。诸卦以第三爻为凶地，惟谦能保终；诸卦以第五爻为尊地，惟谦独用武。盖以谦为主，则卑者尊；以无为盈，则高者危；以平为福，则盈者菑，是“裒多益寡”之理也。下卦三爻，皆吉而无凶，上卦三爻，皆利而无害。为君而利，为臣而亦利；处常而吉，涉险而亦吉；平治利，即戡乱而亦利。爻象初六谦之始，“卑以自牧也”。六二谦之中，积中以发也。九三谦之至，以功下人也。六四谦之过，不失其则也。六五**谦**之尊，以武服柔也。上六**谦**之极，反而自治也。盖自初至三，自谦而进之；自四至上，自谦而反之。进至三而止，能济险，能扬善，能立功，一以谦行之，有以进为退之象；反至六而止，能顺则能服人，能克己，自上反下之象。盖其谦也，非以不足而谦，正以有余而用谦也。故君子之谦，非委靡也，器大而识远，基厚而养定。震世之事功，处之以虚怀，及其当大任，决大疑，戡大乱，翦大憝，世之退诿所不敢任者，君子未常不兼任之也。有可为之才，而不敢为，象山之止；不得不为而后为，象地之顺；谓之“君子有终”也。

《大象》曰：地中有山，谦，君子以裒多益寡，称物平施。

山本高耸地上，今入地中，有谦退在下之义，故曰“地中有山，谦”。夫地至卑也，百步而上丘陵，人以为高，此咫尺之见而已。四隅八纮，相距万里，高山峻坂，不知其几也。千仞之山，自百里之外而视之，已没而为平地，岂其山之不高哉？以地之能谦也。盖上卦居夫多，多则裒，下卦居夫寡，寡则益，圣人设象，最有深意。君子见此象，称量品物，宜酌量贫富，使人各得其平，**谦**之道在此，谓之“裒多益寡，称物平施”。

占 问时运：目下平顺，有步步渐高之象。〇问商业：物价均平，利益顺适，此业可保永远。〇问家宅：此宅想近山麓，家道平顺，大利。〇问战征：营屯宜近山，须整齐队伍，严明赏罚。至五爻进师，六爻可以攻取城邑，大胜。〇问讼事：宜平和，不宜纷争。〇问疾病：是内郁之症，宜宽怀调治。〇问行人：舟行而归，吉。〇问失物：须于积土中寻见。〇问年成：风雨调顺，在不丰不歉之间，平平。

初六：谦谦君子，用涉大川，吉。

《象传》曰：谦谦君子，卑以自牧也。

此爻柔而居**谦**卦之初，是**谦**中之谦者，为笃行之君子，而在下位者也。克善其始，知必克全其终也，故曰“谦谦君子”。大凡涉江海之险，轻率急进则多失，宽容缓济则无患，故曰“用涉大川，吉”。“用涉”与“利涉”不同，“用涉”者，谓用谦道以涉之，不言期其利，而要无不利者也，故吉。《象传》曰“卑以自牧也”者，正以释“用涉大川”之义。“牧”者，驯养六畜之名。夫牧牛马，守之不使奔逸，君子之牧心，亦犹此也，能安其卑，不与人争先。此爻变则为**明夷**，**明夷**之初九，有垂翼之辞，君子涉难之象。但“卑以自牧”，不求闻达，则大难可以涉，所以吉也。又互卦（二三四）有**坎**，大川之象。一说牧为郊外之地，大川在郊外，故曰“用涉大川”。

占 问时运：目下万事亨通，利涉大川。〇问商业：经营之始，宜谦逊谨慎，可获宏利。〇问家宅：辛苦起家，积资成富，家业可长保也。〇问疾病：明夷之伤。〇问失物：失而不可得。〇问六甲：生女。〇问讼事：彼此耗费，必有一伤。〇问功名：可成事。

占例 某县劝业课长某，以上京顺途，过余山庄，自云奉职某县，意欲举行劝业实际，购种牛于美国，改良品质，奖励牧畜，并大开桑园，扩张蚕业，及蒐集米麦等良种，勉劝农业。某县知事，亦乐为赞成。初着进步，后日功效，尚难预知，烦为一筮。筮得**谦**之**明夷**。

断曰：此卦以山之高，下地之低，即以尊下卑之义，故曰**谦**。是上而为下谋，贵而为贱谋，皆得谦退之道也。足下所占事，适合此卦义。《彖辞》曰：“谦，亨，君子有终”，谓谦则事无不通，终必成就。《爻辞》曰“用涉大川，吉”，谓此绝大事业，勉而行之，不患不成也。《象传》曰“卑以自牧”，卑者卑下之事，“牧”者，牧畜也，“自牧”者，谓自愿从事于牧畜也。或谓郊外为牧，郊外者，郊野也，农桑之事，皆属之矣。

某氏感谢而归。后据所闻，某就居农场近旁，朝夕劳苦，“卑以自牧”，属僚下吏，相与共事，果得创兴厥功，悉如此占。

六二：鸣谦，贞吉。

《象传》曰：鸣谦贞吉，中心得也。

此爻柔顺中正，与三相比，与五相应，服三之刚，从五之柔，并用谦退之道，故得令闻传于远近，世人盛称其德，谓之“鸣谦，贞吉”。“鸣谦”者，非自鸣其谦，谓谦德积中，必闻于外，名誉彰著，而人皆知其谦，称为谦德之君子也。誉称其情，非自我而干誉；名符其实，非向人以沽名。谦者，德之本。六二者，臣位也，人臣而过谦，恐流佞媚之嫌，惟其贞而正，故吉也。《象传》“中心得也”，“中心”者，谓积中而发也。

占 问时运：目下名称藉藉，定多得意。〇问商业：得利。〇问家宅：家中积产富足，外面名声亦好。○问战征：可鸣鼓直前，攻取中营，大捷。○问疾病：是用心过劳之症。○问功名：有必得之喜。○问讼事：鸣冤得伸。○问失物：即得。○问六甲：生女。

占例 明治二十二年，闻旧友元老院议员井田氏病笃，驰往访之。时楠田三浦两议官亦相会，两氏谓余曰：井田氏有功劳于维新前后，人所共知，明治四年任陆军少将，后又任外国公使，今与余辈同在元老院。维新功臣，各有爵赏，氏独不与，余辈甚憾之。故余辈欲谋代请，俾氏生时得拜恩命也。请为一占，以卜成否。筮得**谦**之**升**。

断曰：此卦以山之高，下地之低，故曰**谦**。以人拟之，有功高而居卑之象，恰与井田氏有功未赏相合。今诸君朋友之情，代谋申请，谓之“鸣谦，贞吉”。又爻变而为**升**，即升闻上达之谓也。三爻变则为地，是山崩也，料身死之时，恩命可下。

占例 一书生携友人千叶县人某介书来，曰：自今将就学事，请占其气运。筮得**谦**之**升**。

断曰：此卦以山之高，就地之低，以人比之，有高尚君子，不显于世之象。子临就学，得此卦，子将就高尚君子以求学也。近从乡里来，尚不知世间之广大，一到东京，得良师之教诲，日夜勤学，心愈虚而业愈进，积中发外，必得广闻令誉也，谓之“鸣谦贞吉，中心得也”。

九三：劳谦，君子有终，吉。

《象传》曰：劳谦君子，万民服也。

此爻以一阳居众阴之中，众阴皆顺之，有一人信任，万民归服之象。盖三爻为成卦之主，大公无我，人好其德，未尝期人之服，而人自服之。且民为身，互卦二三四为**坎**，**坎**为险难，三四五为**震**，**震**为动，为知惧。身在险难，动而知惧，所谓有劳而不自居其劳者，故曰“劳谦”。爻以一阳居下卦之上，位高而责重，处己而求贤，有吐哺握发之风，《系辞》所云劳而不伐，有功而不德者也。其器度之大，识量之高，是足令天下众民畏服，如此则天下无与争功者，其位可终保矣，故曰“君子有终，吉”。以**乾**九三之君子，入**坤**而为**谦**，故**谦**之三，亦曰“君子”。**艮**者万物成终之象，故曰“有终”。变而之**坤**，**坤**六三曰“或从王事，无成有终”，是可见其谦之德也。

占 问时运：一生劳苦，目下万事亨通，老运更佳。〇问商业：经营之始，百般勤劳，今基业已成，可以永远获利。〇问家宅：必是辛苦起家，积资成富，能复持盈保泰，家业可长保也。〇问疾病：恐病成劳弱，天命有终。〇问失物：后可复得。〇问六甲：生男。〇问讼事：枉者自服，即可了结。〇问功名：得此劳绩，自必升用。

六四：无不利，撝谦。

《象传》曰：无不利，撝谦，不违则也。

此爻居大臣之位，上戴柔顺谦德之君，下有劳谦大功之君子，己处其中，位得其正，故上无所疑，下无所忌，谦之善者也，故曰“无不利”。然以阴居阴，德不及五，功不及三，不敢自安，动作施为，无在而不“撝谦”。按“撝”字，注作“挥”。“撝”本义作发挥，撝与挥本通，即《文言》“六爻发挥”之挥，谓发越、挥发也。《象传》释之曰“不违则也”。“则”者，法则也，谓其发挥谦德，能合夫法则也。《尚书·秦誓》曰：“如有一臣，断断兮无他技，其心休休焉，其如有容焉。”人之有技，若己有之；人之彦圣，其心好之，不啻如自其口出，实能容之，以保我子孙黎民，尚亦有利哉。亦可见其发挥休休有容之度也。若无功而受其禄，无实而窃其名，是失其则矣。

一说此爻在大臣之位，初六“谦谦”，如一味谦虚，未免反失权势，恐开轻蔑之渐，故戒之曰“撝谦”。盖谓谦而违其则，必招轻侮，惟不违其则，斯为之“撝谦”也。

占 问时运：目下正当好运，万事吉利。〇问商业：任从指挥，无不获利；凡买卖但宜留些余步为好。〇问家宅：阖家以谦和作事，事事吉利。〇问战征：指挥如意，必得大捷。〇问疾病：宜表散之，吉。〇问六甲：生女。

占例 明治二十二年，某贵显来，请占某院气运。筮得谦之小过。

断曰：此卦全卦中惟九三一阳为上所任，为众所宗，有功而在下位者也。某院众贤所集，今以阴居阴，气运委靡不振，有望登用九三之象，故曰“无不利，撝谦”。“撝谦”者，谓虚心以求贤，进而信任之也。

后未几，果如此占。

六五：不富以其邻。利用侵伐，无不利。

《象传》曰：利用侵伐，征不服也。

“不富”者，谓不以己之爵位为富，即谦逊之意。本《虞书》“臣哉邻哉”，邻即臣也。“以其邻”者，谓愿与臣邻同心图治，亦即德必有邻之义也。此爻居尊位，有柔中之德，以为温恭克让之君。为君而能谦顺，不以崇高自满，则天下之人，莫不归心焉，是谦德之至也。然谦虽美德，专尚柔和，或致有轻慢而不服者，故柔宜济以刚，则“利用侵伐”，威德并著，然后能怀服天下，安往而不利哉！故曰：“不富以其邻，利用侵伐，无不利。”谦柔之过，或失威武也，圣人故发此义，防其过。一说九三一爻，以全卦言，为劳谦之君子；自六五而言，为过刚不服之臣。《易》之取象，变动而不拘如此。

大有六五，以不自有而能有人，**谦**之六五，以不自用而能用人，**谦**之用，可谓大也。

附言　山入地中，地变也，有地脉陷落之兆。余十七岁时，与静冈藩士早川和右卫门氏相知，时氏已八十余岁，语余以少时之事。天明年间，该氏修文武之业，经历诸国，时或卖卜，以充旅费。一年夏，偶至羽州象潟辏，船舶辐辏，风景奇绝，为北海之大辏，氏留此数旬。一日午后，结发于旅店楼上，见室内船虫蝟聚，初疑为此地常有，问旅店主，答曰：未尝有也。转顾左右壁上天井，悉皆船虫，因益骇异。筮得**谦**之**蹇**。此卦山入地中，有地陷之象，《易》爻经验，未尝或爽，然如此大数，未可妄言告人，惟中心畏惧，急切收拾行李而行。时已将暮，主人劝留明朝，不听，提灯直发。山路险恶，至夜半，渐行四里许，猛闻山谷震荡，神魂惊骇，伏地徬徨。既而震息，灯火已灭，昏黑不能行，踌躇无计，远远闻有人马之声。往前问之，答以因惊受地震，驮倒货覆也。于是谓马丁曰：黑夜难以前往，不如焚火，以待天明，众皆以为然。迨晓，见有赍飞信过者，问之曰：昨夜地大震，象潟辏变陷成海，其他山谷倾倒，顿改旧形，闻之毛发悚然。《易》爻之昭示未来，灵应如此，益为惊服，至今追思，心犹凛凛。推之古老传言，洪水之年，獭凿穴于高处；大风之年，鸟不巢于乔木之梢；昔江户有大火灾，前数夜，鼠连绵结队，转渡桥栏之外，避就他处。他如老狐能知未来，鹊知前吉，鸦知前凶，皆有令人所不可解者。蠢然动物，尚感天地，预知祸福，人为万物之灵，不克前知，可谓人而不如禽兽者也。

占 问时运：目下虽处正运，然或有龃龉，宜自振作，不可一味姑息也。〇问商业：所获利益，防为他人分取，致生事端。〇问家宅：能以择邻而处，自得守望相助之义。〇问婚姻：得邻近之女议婚，大利。〇问疾病：利用消伐之剂，吉。〇问讼事：宜取邻人作证，得宜。〇问失物：于邻家觅之，得。

占例 明治二十七年，占国家气运。筮得**谦**之**蹇**。

断曰：此卦以山之高，入地之卑，拟之国运，在维新之际，天下牧伯，悬命于军门，脱万死而得一生，渐得平定。奉还数百年管领之封土，复古郡县之制，非尽心力于国家者不能也，盖其劳而不伐，有功而不德，厚之至也。尔后政府创行欧美文化，抚育人民，政令宽裕，世人名之曰“自由”。一时多误解自由之义，为可以放纵自由，不受朝廷节制，此诚盛世之顽民也。今占国运，得**谦**之五爻，其辞曰“不富以其邻”，“利用侵伐，无不利”。盖谓人居国中，往往有不事生产，徒羡他人之资财，窃效欧州社会党所为。政府虽宽厚待民，此中有不得不惩罚者，猛以济宽，亦势之不得不然也。

占例 明治十年，某贵显嘱余占本年国运。筮得**谦**之**蹇**。

断曰：此卦以山之高，屈而入地之象，故名曰**谦**。今圣明天子治世，又得贤明之臣辅弼，四海静谧，太平有象。当维新之初，诸侯奉命，勤劳王事，以奏复古之大业，各藩奉还封土，改置郡县，一时赞襄诸臣，皆可谓劳谦之君子也。然其间亦有功劳卓著，偶因意见不合，辞朝归隐者，朝野属望，以为此公谦退避位，有高山入地之象，群情惜之。朝廷因以人望所归，势不得不复征召。此公以“劳谦”自居，不应征辟，于是平日不平之徒，乘机启衅，相传而煽惑人心。朝廷见之，以为不廷之臣，不得不用侵伐，是九三过谦，而败于谦之象。当时任侵伐之权者，上六之臣也。上六与九三，阴阳不应，《易》谓之敌应，是以曰“利用行师，征邑国”也。既而此年果有西南之乱，征讨之议，某贵显所专任。战经数月，贼军扑灭，王师凯旋，既《爻辞》所云“利用侵伐，无不利”。至明年五月，某贵显过东京纪尾井坂，猝罹暴徒之毒，迄今西海有九三之冢，东京有上六之冢。占爻早隐示其兆，愈知天命之不可诬也。

占例 明治二十九年冬至，占三十年台湾之施政。筮得**谦**之**蹇**。

断曰：此卦以山之高，下地之卑，故名曰**谦**。在人则以贵下贱，使众人服其德望也。然谦之道，可行于君子，而不可行于小人。以谦行于小人，反长倨傲之气，大害于事。夫台湾之地，当明季为郑成功所据，后为清人战而取之，故岛民常不驯服清国，清廷苦其难驭，使满洲人监之，满人不通南方风俗人情，驾驭不奏其绩，惟以多得蛮人首级，受清廷赏誉为功。往往台湾知县，聚广东福州等剽悍之徒，有蛮人不服者，则使之伐之，窃为得施治之方。是以剽悍之徒，常施诈谋奇计，或设陷井，伐蛮人犹猎禽兽。积年之久，蛮人复仇之念，不能复已，争斗殆无虚日，驯致以逞虎狼之性。今归我版图，务镇抚其民，专施恩惠，以得该地之舆情。然彼一时不知戴德，亦无可如何；在我官吏，亦苦于风俗之不同，言语之不通，每于施政行惠，终相隔膜。是以抚恤岛民，格外宽柔，恰有以山之高，下地之卑之象。盖蛮民之凶悍，及属刘永福者多清国山贼土匪之类，或广东福州无事之徒，故屡起骚乱，抗拒官吏，此台湾总督府所深患也。加之为之魁首者，清国阴为输送铳器弹药，煽动匪徒，借事起乱。欲平其乱，我若以武力镇压之，外国宣教师等，将訾我处置之残酷，故总督府亦不能不踌躇也。今占得五爻，知本年尚有匪众未靖之象，不得不一奋兵威也。我兵士之出征，军用甚巨，区区台湾之势，有必不敷岁入，不得不以国帑偿之，谓之“不富，以其邻”。化外之民，有狂暴之行，以武力压之，不传奏治安之功也，谓之“利用侵伐，无不利”。就此五爻推之，明年值上爻，又有“鸣谦，利用行师，征邑国”之象，不如今年剪伐殆尽，毋使余孽复滋也。

上六：鸣谦。利用行师，征邑国。

《象传》曰：鸣谦，志未得也。可用行师，征邑国也。

此爻不中而在上卦之极，即处**谦**之极。处极谦之地，而未得其志，所谓不得其平则鸣，故曰“鸣谦”，与六二之“鸣谦”，诚中而发者，辞同而义异。六以柔处柔，柔而未得其志，不能不济之以刚，故曰“利用行师，征邑国”。《象传》换“利”字以“可”字，可者，谓当其时之可，可则用，不可则已。上六之用师，岂得已乎？故断曰“可”。然邑国属己之小国，上六才柔，未足克大敌，力柔不足兴王师，是以有不能昭神武于天下，振王威于华夷之意。《象传》曰“志未得也”，中心未得之意，亦可见也。**豫**之利行师，用其顺而动也；**谦**之利行师，用其顺而止也。

占　问时运：盛运已过，目下未见得意。〇问商业：有名无实，宜整顿旧业。〇问家宅：防有怪祟，时作响动，用法镇压治之。〇问疾病：宜自调养心志。〇问六甲：生女。

占例　明治九年，应某贵显之嘱，为占一事。筮得**谦**之**艮**。

断曰：此卦有以山之高，入地之卑之象，恰如有功大臣，去高位而就下位，辞俸禄而隐山林，使天下之人，皆颂扬其谦德也。是以众望益归之，君上亦屡征召之，其人终谦逊而不应，迨至有可疑之迹，于是朝廷不得不声其罪，而用侵伐。上六为九三之应，虽惜九三之为人，庙议命讨，不得已也。“鸣谦，志未得”，“利用行师，征邑国”之辞，可玩味也。上爻变而为**艮**，见内外两卦，显现二冢之象，当时苦不得其解，至翌十年，西海起一冢，十一年东京又起一冢，遥见东西相对。余一日，与某贵显谈往事而及此，感天命之可畏，相与悚然者久之。

䷏雷地豫

按："豫"字从象，从牙，左旁之牙垂地，象之大者也。象性柔缓，进退多疑，以其外行安舒，一俯一仰，而不抑藏，故以安舒不抑藏为豫，遂以**豫**名卦。卦体**坤**下**震**上，**坤**☷下顺而载乎上，**震**☳上动而振乎下，盖谓扬舒于外，而不抑藏于内，是以为**豫**也。**豫**与**谦**对，《序卦》曰："有大而能**谦**必**豫**，故受之以**豫**。"此**豫**所以次于**谦**也。

豫：利建侯行师。

豫，和悦也，**震**动也；**坤**，顺也，上动而下顺，故"利"。**坤**为国，**震**为侯，是以利于建侯；**坤**为众，**震**为行，是以利于行师。夫不动则不威，不顺则不利，以顺而动，所以君立而民顺，师出而有功，利莫大焉，故《传》曰"顺以动"。主万邦，集大众，非**豫**不能也。

《彖传》曰：豫，刚应而志行，顺以动，豫。豫顺以动，故天地如之，而况建侯行师乎？天地以顺动，故日月不过，而四时不忒；圣人以顺动，则刑罚清而民服。豫之时义大矣哉！

卦体下**坤**上**震**，**震**雷**坤**地，有雷出地奋之象。**坤**地静也，纯阴主闭，闭极则郁结而不畅；**震**动也，阳气动而万物出，故悦。九四一阳当**坤**之交，静极而始动，闭极而始宣，不先不后，应时顺动，故曰**豫**。夫天下之事，逆理而动者，其心常劳，其事多难，惟以顺动，从容不迫，此心安和，故"刚应而志行"，全在顺以动之也。顺而动，在天则"四时不忒"，在人则动止和顺，其"建侯"也，屏藩五国，其"行师"也，吊民伐罪，皆出于豫乐之义，谓之"刚应而志行，顺以动，豫"也。盖"顺以动"三字，为此卦之德性，故"天地如之，况建侯行师乎"。天地顺动以下，言豫之功用无比。"日月不过"者，谓日月之行度无过差；"刑罚清而民服"者，谓圣代至治之准则。狱讼衰息，民志大畏，协中而民服也。盖圣人无心，惟顺物而动，彼善则顺其善而赏之，彼恶则顺其恶而罚之，不敢稍存偏私，刑无过刑，罚无过罚，而刑罚自清。如此皆出于"顺以动"之德，三才之道，万物之理，皆不过此，故曰“豫之时义大矣哉”。《彖传》前曰“顺以动”，后曰“以顺动”。“顺以动”者，就卦象之自然释之；“以顺动”者，就人事之作用而说。曰“天地”，曰“圣人”，相对而言也。后“则”字，对上文，当用“故”字。今曰“则”字，大有意味。“天地以顺动”者，即亘万古而无有退转，必然之定理也，故以“故”字承之。《易》中单称“圣人”者，即指天子，盖必有圣人之德者，而后富有四海，尊为天子，是谓顺命。在我国，圣圣相继。历观支那古今，圣人而在天位者，仅不过屈指。其他贤愚不肖柔弱、残暴之君相错也。文王、周公、孔子之圣，皆不得其时，不得其位，是则圣人之在天位，有不可必然者，故后文以“则”字承之，是此篇之主眼，《易》教之本意也。故以天地日月四时为宾，以圣人为主，重在圣人一句，读者勿匆匆看过。

凡《彖传》用“大矣哉”，共有十二卦，其上有曰“时义”，有曰“时用”，或单言“时”。其中曰“时义大矣哉”五卦，**豫、随、遁、姤、旅**是也，言浅旨深，欲人熟思之也。曰“时用大矣哉”三卦，**坎、睽、蹇**是也，虽皆非美事，圣人有时而用之。曰“时大矣哉”四卦，**颐、大过、解、革**是也，皆因大事变而警诫之。要之其义各有取也。

以此卦拟人事，此卦五柔一刚，其人必多柔少刚。柔主顺，刚主动，柔必应刚而能行，故曰“应”。夫“刚应而志行，顺以动，豫”，天地之动，日月往来，而四时乃定，圣人则之，以定刑罚，而万民乃服。人处天地之中，沐圣人之化，人而在下，无所谓建侯，凡求友亲师者类是；无所谓行师，凡祛邪嫉恶者类是。凡有所动，皆当法天地之顺，斯动无过则也。能顺天地，则天地亦顺之，使得永保其安豫；若过豫而不省，则必将为初六之“凶”，六三之“悔”，六五之“疾”，上六之“冥”，是自失其豫矣。其为豫，乃其所为忧也，必如六二之“介”，九四之“勿疑”，斯得焉。人固当顺理而动，动顺夫理，动乃无咎，所以豫也。

以此卦拟国家，**震**为动而在上，**坤**为顺而居下，上动下顺，是上行威令，下皆顺从也，故曰“主万邦，聚大众，非豫不能也”。夫天下之人不同，其心同也，天下之心不同，其理同也，己能顺理而动，则人莫不顺之。九四一阳，居执政之位，有刚明之德，威权赫赫，以统治国家，故卦中众阴皆和顺而悦服。**震**为侯，为建，**坤**为国，为臣民，为顺，即为臣民服从之象。四为成卦之主，与六五之君，阴阳相比，而辅佐之，使万民豫乐和顺。至其行政，一法天道，如寒极则温风至，暑极则凉风至，民之所好好之，民之所恶恶之，赏罚公明，毫无私意，是豫之时也。但执政负国家之重，威权独揽，未免近逼，或致动群僚之“疑”，启君心之“疾”，尾大不掉，亦可惧也。惟当尽其至诚，勿有疑虑，乃能合众力以安其上，庶几上之信任愈隆，将赏其功劳，而封建为侯，有不服王命者，即命之以征伐。上卦**震**之方伯，动而俱进，下卦**坤**之众民，悦而顺从，谓之“利建侯行师”。四体**震**，**震**为长子，故曰“建侯”；以一阳统众阴，故曰“行师”。此卦五爻以下，有**比**之众，**比**为建国亲侯，故曰“建侯”；三爻以上，有师之象，故曰“行师”。“利”字括“建侯”、“行师”两行，豫之时势如此。上下悦乐之余，**豫**之极，危之基也，所当反之以**谦**，一转移而天下治乱安危系焉。惟其善则归君，过则归己，利公而不专，害审而不避，是为大臣处**豫**之道，而上下交泰矣。

通观此卦，其要旨不出“顺以动”三字。凡顺之至者，不动则不悦，动而顺应，故悦。未顺则不先，既顺则不后，由气机之自然而已。豫之时心劳意足，其乐已极，处乐之极，遂至纵情佚欲，流连忘返，亦恒情所不免也。圣人忧之，故未**豫**而先者为“鸣豫”，不动者为“介”豫，坐而观者为“盱”，当豫而顺者为“由”，过豫而不忘者为“疾”，极豫而忘返者为“冥”。在初爻则戒其“穷”，在六三则警其“悔”，在六五则防其“疾”，在上六之“渝”，则危不可长，幸其终改。“鸣”、“盱”、“疾”、“冥”四者，居**豫**之咎，所谓失豫者也。惟六二之“介于石”，为能熟察忧乐治乱之机，故顺莫善于“贞”，动莫善于“由”；“贞”以待顺，“由”以行动；则未豫而豫必至，既豫而豫不忧。天地圣人之悦豫无疆者，惟其能处乎豫也。读此卦而圣人惓惓忧世之意，可见矣。

按：六爻言**豫**不同。初六上六之**豫**，逸豫也；六二之**豫**，几先之豫也；六三之**豫**，犹豫也；九四之**豫**，和豫也；六五之疾，弗豫也；《彖》之言**豫**，众人和同之豫也；爻之言**豫**，各人一己之豫也。要之示悦豫之必与众同，非可自私之意也。盖人事不可无豫，人心不可有豫也。

《大象》曰：雷出地奋，豫。先王以作乐崇德，殷荐之上帝，以配祖考。

雷者，得时而奋出地上，阳气宣发，震动有声，足以鼓动天地之和，发越阴阳之气，通达和畅，**豫**之象也。故先王法震之动以作乐，为象其声以鸣盛也；先王法**坤**之顺以崇德，为明其体以报功也。盖乐之作也，近而闺门，远而邦国，显而人事，幽而鬼神，无不用之。至于荐上帝，配祖考，则乐之大者也。殷，盛也。此顺动之法，通乎神明，乃得荐上帝而上帝来格，配祖考而祖考来享，幽感明孚，**豫**之所以为**豫**也。故**履**为《易》中之礼，**豫**为《易》中之乐，人君克体此意，以使万民乐和，**豫**之至也。

占　问时运：目下如春雷发动，正得时会，万事皆吉。○问商业：时当新货初到，市价飞腾，绝好机会，必得大利。○问家宅：防有变动，宜礼神祭祖，以祈福佑，得安。○问疾病：宜祷。○问战征：雷厉风行，必胜之兆。○问功名：所谓平地一声雷，指日高升之象。○问失物：自然出现。○问六甲：生男。

初六：鸣豫，凶。

《象传》曰：初六鸣豫，志穷，凶也。

“鸣豫”者，自鸣得意之谓，悦豫之情动于心，而发于声者也。初爻阴柔不才，居最下之位，与四相应，恃其爱眷，心满意溢，不胜其悦，应而自鸣，其凶可知也，故曰“鸣豫，凶”。《象传》曰“志穷，凶也”。“穷”谓满极，初才得志，便为满极，盖时方来而志已先穷矣，故凶。一说穷在凶下，谓志凶穷也。

按：**豫**初六，与**谦**上六相反，**谦**上曰“鸣谦”，应九三而鸣也；**豫**初曰“鸣豫”，应九四而鸣也。鸣人之谦吉，鸣己之豫凶，故曰：“**谦**可鸣，**豫**不可鸣也。”

占　问时运：初运颇佳，但一经得意，使尔夸张，以致穷也。○问商业：初次必得利，不可过贪。○问家宅：恐鸟啼猿啸，致有怪异之惊，凶。○问疾病：不利。○问讼事：鸣冤不直，宜自罢讼。○问失物：不得。

占例　余一日赴横滨访亲友某氏，客有先在者，求余一占。筮得**豫**之**震**。

断曰：此卦九四一阳，得时与位，威权赫赫，上下五阴皆从之。今足下得初爻，四爻阴阳相应，有大受爱顾之象。足下得其爱顾，藉其权势，颇有扬扬自得之意，谓之“鸣豫，凶”。占筮如此，劝足下宜顾身慎行。客怫然而去。

客归后，主人告余曰：彼以其女为某贵显之妾，时时出入其邸，卑鄙谄谀，无所不至。时或假贵显手书，历赴诸外县，以营私利。又临豪商等集会宴席，举动效如贵显亲族，诳惑俗人。今君占断，道破小人心事，使彼不堪惭愧而去。

六二：介于石，不终日，贞吉。

《象传》曰：不终日，贞吉，以中正也。

“介于石”者，谓操守坚固，而不可移动也。夫逸豫之道，恣则失正，故豫之诸爻，多不得正，惟此爻以中正居阴，其与九四之刚，非应非比，有自守独立之操，其节之介，犹石之坚也。夫人之处豫也，或洋洋而自得，或恋恋而不舍，或昏迷而不悟，是皆失其正中矣，遂致豫方来而祸即随之，世之不知自守者，往往如此。六二独节操坚固，不为外物所动，知豫乐之不可恋，而去之不待终日，其察理甚明，其操身甚固，其审几甚决，其避患甚速，故曰“介于石，不终日，贞吉”。“介”者，坚确不拔之谓，所谓“不以三公易其介”者是也。惟其能介，是以中正也，《象传》曰“以中正也”；惟“以中正”，故能辨之明，知之速也。按此爻互卦为艮，艮为石，故有“介于石”之象。

占 问时运：其人品行高尚，不随世为隆污，吉。〇问商业：能决定己志，不为奸商摇惑，贩运快速，获利。〇问家宅：主家者宜严正持之，凡匪人来往，速宜斥绝。吉。〇问战征：所谓守之如山，发之如火，能审机也。〇问疾病：新疾即愈，夙疾即亡，终日间也。〇问六甲：生女，即产。

占例 明治二十二年，某局属官某氏来访，曰：余自明治四年创局之始，奉职一等属，尔来十八年，日夜黾勉，当事务多端之冲，未尝少怠，足下之所知也。部下新任者，多升上任，今日居我上者，大概昔日之部下也。凡所升迁，亦非有过人之学问，余甚不慊于意，本欲辞职，犹恐别无位置，是以郁郁居此。请为一筮，以占后来气运。筮得**豫之解**。

断曰：此卦九四一阳，专擅威权，五阴不得不应之。今占得二爻，与九四非应非比，故于足下眷顾独薄。在足下品行中正，不事谄媚，惟以坚守职务为事，确乎不拔，如石之介，凡非分之事，惟恐浼焉，避之甚速，故曰“介于石，不终日，贞吉”。然自二爻进之四爻，气运一变，三年后，必可升进。

后至明治二十四年，此人果升高等官。

六三：盱豫，悔，迟有悔。

《象传》曰：“盱豫有悔，位不当也。

“盱”者，为张目企望之象，譬如见鸟之飞，仰瞻太空，见鱼之泳，俯眄深渊，不胜眷恋，故曰“盱豫”。六三阴居阳位，不中不正，其所盱者，盖上视九四之权势，而欲趋附之也。九四为一卦之主，居大臣之位，独擅威福，众阴皆归附之，六三是以惟盱瞻视，欲冀攀援，以固豫悦，谓之“盱豫”。九四以其窥探窃视，不得中正，为所鄙弃，是以有悔也。既知其悔，当幡然立改，效六二之介，决意远避，不俟终日，悔复何有？若一念以为悔，一念以为豫，迟疑不决，流连不返，悔必难免矣，故曰“悔，迟有悔”。“迟”之一字，可谓当头一棒，提醒昏昏，教其及早审悟也，最当玩味。《象传》曰“位不当也”，谓其柔居阳位，优柔不决，不当其位也。此爻变则为**巽**，**巽**为不果，故知悔而犹不改，有迟疑不决之象。

占　问时运：目下运非不佳，在自己作为不正，是以有悔。〇问商业：能窥探商情，为商家之能事，然一得消息，卖买宜决，若一迟疑，便落人后。〇问家宅：须防窃盗，宜速警备。〇问失物：速寻则得，迟则无矣。〇问讼事：宜速了结。

占例　某县官吏，携友人介书来访，请占气运。筮得**豫之小过**。

断曰：此卦九四一阳得时，上下五阴皆归应之，足下占得三爻，与四爻阴阳亲比，可知长官意气相投。然在他人见之，或未免有阿谀长官，假弄威福之嫌。今后宜注意，毋贻后日之悔。后闻长官转任他县，此人请附骥尾，其事不成，遂辞其职。

九四：由豫，大有得。勿疑，朋盍簪。

《象传》曰：由豫，大有得，志大行也。

九四以一刚统率众阴，为一卦之主，凡众阴之所豫，皆由九四之豫而为豫，故曰“由豫”。四近五，居大臣之位，承柔弱之君，负天下之重，包容诸柔，独得倚任，任大责重，故曰“大有得”也。但当此信任过重，易致招疑，惟能开诚布公，自然无复疑虑矣。“勿疑”，乃能率众柔以奉上，犹如簪之贯众发而不乱也。“盍”，合也；“朋”，即众柔也。四刚而位居阴，犹得与诸柔相类为朋，故曰“勿疑，朋盍簪”。夫疑则生隙，隙则生忌，忌则众情离散，百事丛脞，虽有安豫之鸿业，必不能得其终也，故戒以“勿疑”。斯猜疑悉绝，上下同心，秉至诚以图事，合群力以从公，众贤汇萃，德泽宏施，足以成天下之豫者，斯之谓欤？《象传》曰“志大行也”，即所谓得志则泽加于民，功施于后。大道之行，可由豫而致也，庶乎交泰之道矣。此卦自初爻观之，为权臣，其豫者逸豫也；自四爻观之，为任政之贤臣，其豫者和豫也。《易》道之变动不居如此。

占　问时运：目下正大运方通。〇问商业：会萃众货，大得利也。〇问家宅：门庭豫顺，得财得福，大有之家。〇问功名：即卜弹冠之庆。〇问讼事：由此罢讼，两造豫悦。〇问行人：必主满载归来。〇问出行：由此前行，一路顺风，大得喜悦，可“勿疑”也。〇问六甲：生男，易长易成，且主贵。〇问失物：即得。

占例　一日缙绅某来，请占某贵显气运。筮得**豫之坤**。

断曰：此卦春雷得气，奋出地上，有扫除积阴，启发阳和之象。拟之国家，必是祛谗进贤，能致太平之硕辅也。此爻九四一阳，居执政之大位，负国之重任，上承君德，下集群才，斯得大行其志，以启豫顺之休也。今占某贵显气运，得此爻，在某贵显，刚毅有为，德望夙著，固不待言，惟《爻辞》“勿疑”二字，最当审慎。盖一有疑心，则上下猜忌，庶政丛脞，必不能臻太平之治，故曰“勿疑，朋盍簪”。是某贵显所宜注意也。

缙绅闻之，甚感易理精切，曰：吾他日当转语诸某贵显。

占例　明治二十八年四月九日，占我国与清国和议之谈判。筮得**豫之坤**。

此卦雷出地奋，有威武远行之象。今占得四爻，《爻辞》曰“由豫，大有得”，盖谓两国和议，成后大得有为，豫顺之休，由此来也。又曰“勿疑，朋盍簪”，谓从此两无猜疑，如唇依齿，并将合宇内友邦而同欢，犹簪之贯万缕之发而为一也。和议之成，可预决也。四月十七日，果媾和约成。

今回讨清之役，奏此大捷，实千载一时之盛也。虽出于天皇陛下之神威，与我国臣民之忠勇，莫不由祖宗在天之威灵呵护而成也。故此卦《大象》曰：“先王以作乐崇德，殷荐之上帝，以配祖考。”曰“上帝”，曰“祖考”者，即伊势大庙以下历代之皇灵也。凯旋之后，象功作乐，荐之上帝，以配祖考，其礼甚盛，其由甚重。上以感格天地祖考，下以和合亿兆，洵足启万民豫乐之休也。

六五：贞疾，恒不死。

《象传》曰：六五贞疾，乘刚也；恒不死，中未亡也。

“贞疾”者，痼疾，谓不可愈之疾也。上下耽逸乐，即“贞疾”之症。此爻柔中而居尊位，信任九四，九四阳刚得权，众皆归之，六五柔弱之君，受制于专权之臣，欲豫而不能自由，战兢恐惧，中心凛凛，常如痼疾之在身，故曰“贞疾”。疾者豫之反也，《书·金縢》曰“王有疾，不豫”是也。顾六五虽阴柔，其得君位者，贞也，其受制于下者，疾也，虽失权，其位未亡，故曰“恒不死”。《孝经》曰：“天子有诤臣七人，虽无道，不失其天下”，此之谓也。夫升平之久，人主恒耽逸豫，非以刚暴失势，必以柔懦失权。势孤于上，权移于下，虽未遽亡，而国事日非，为人君者，安可不戒哉！《象传》曰“中未亡也”，盖为四所逼，心恒有疾，幸而得中，故未亡，然曰“未亡”，亦几几乎将至于亡矣，危矣哉！

按：六二与六五，并贞者也。贞者不志于利，故不言豫，然其所以贞不同，故六二得吉，六五得疾。六二本不屑从四，可则进，否则退，故吉；六五以阴居阳，力不能以制四，而心甚疑忌之，故其贞适足为疾而已。贞虽为疾，其中之所守未亡，故“恒不死”，可知居贞之可恃也。

占　问时运：知其人本尊贵，因素性柔弱，不能自振。〇问商业：其基业甚好，因用人不当，钱财落他人之手，几致亏耗。〇问家宅：恐被借居者侵占，业主反不得自主。〇问战征：以偏将擅权，主帅失威，虽未丧师，亦幸免也。〇问疾病：是带病延年之症。〇问六甲：生男，必有病。〇问失物：可得。

占例 相识之富豪某，请占其气运。筮得**豫**之**萃**。

断曰：此卦就一家而论，有家产殷富之象。九四一阳擅权，上下五阴皆应之，如一家之中，旧管家统辖家政，主人居虚位而已。今足下为海内屈指富豪，承累世之旧业，专任一能事管家，统辖事务，主人不得自主，而反受其所制，虽豫乐而不能自由，其状恰如宿疾在身，心甚怏怏。幸守此祖宗遗规，不致陨坠，谓之"贞疾，恒不死"。

占例 明治二十八年十月以来，余横滨本宅侍女，年四十五，罹疾几至危笃，医师多言不治。筮得**豫**之**萃**。

断曰：**豫**者雷出地奋之象，在人为得春阳之气，精神尚能透发，未至衰亡。此疾虽危重，尚不至死。但快愈之后，不能强健如故，犹可延其余喘也，谓之"贞疾恒不死，中未亡也"。后果得快复，今（三十二年）尚存也。

上六：冥豫。成有渝，无咎。

《象传》曰：冥豫在上，何可长也。

"冥豫"者，昏冥于豫，而不知返者也。此爻以阴柔之性，居豫乐之极，纵欲而不顾，极乐而无厌，故谓之"冥豫"。上六居**豫**之终，在卦之上，纵情逸欲，不觉其非，如入幽冥之室。下卦**坤**，**坤**为冥，是过顺之咎也；上卦**震**，震则动，动则变，变则渝，是以有"渝，无咎"。凡人之溺情私欲者，亦苦于不知改变耳。此爻有雷厉之性，虽昏迷既成，一旦阳刚发动，便能改志变行，复归正道，夫复何咎？《象传》曰："冥豫在上，何可长也"，示逸豫之不可长，以劝人之反省自新也。故《爻辞》不责其"冥"之凶，而反称其"渝"之"无咎"，意深哉！此爻变则为**晋**，则无冥暗之咎。凡《易》曰"渝"者，当以变卦观之也。

占 问时运：目下歹运已极，好运将来，幡然振作，大有可为。〇问商业：宜作变计，改旧从新，必得利益。〇问家宅：老宅不利，或迁居，或改造，吉。〇问战征：宜别遣主帅，改旗易辙，乃可得胜；或更就别路进兵。〇问讼事：宜罢讼和好，无咎。〇问六甲：逾月可产，得女。

占例 友人某来谓曰：现今商事繁忙之时，别有见机，着手一事，请占其成否。筮得**豫之晋**。

断曰："冥豫"者，昏冥于豫，是所谓沉溺而不悟者也。在商业上，是妄想图利，而不知其害也。急宜变志，斯可免咎。爻象如是，当知所戒。

某闻此言，大有所感，返守旧业，免致破产。

䷐泽雷随

随：泽上雷下，**震**☳奋下，**兑**☱虚上，其中疏通，则内动不自主，而顺从外，从外，故曰“随”，遂以**随**名卦。**兑**为少女，**震**为长男，以少女从长男，是随之义也；兑为泽，**震**为雷，雷震泽中，泽随而动，是随之象也。其义其象，皆取以阳下阴，阴必悦随，朱子所谓“此动彼悦，成随”是也。《序卦》曰：“**豫**必有随，故受之以**随**。”盖为豫悦之道，物来随己，己亦随物，此**随**之所以次于**豫**也。

随：元亨利贞，无咎。

卦体**震**自下而震动，**兑**在上而感悦，从而应和之为**随**。盖有舍己从人，乐取于人以为善，故**随**之道，可以致大亨也。**震**为健，得夫**乾**，故曰“元亨”；**巽**于地为刚卤，合夫**坤**，故曰“利贞”。《杂卦》曰“随无故也”，谓上下各从其所处而安，不待有所为也。无故则无事，无事则何咎之有？然失之贞正，则枉己徇人，易于有咎，亦足戒也。

《彖传》曰：随，刚来而下，柔动而说，随。大亨贞，无咎，而天下随时，随时之义大矣哉！

此卦本**坤**下**乾**上之**否**，**否**之卦顺以随健。今**否**之上爻，下入**坤**之初爻，而为**震**，其初九为成卦之主；**否**之初爻，上入**乾**之上爻，而为**兑**。是以阳下阴，以高下卑，阳动阴说，物来随我，我亦随物，谓之**随**。“刚来而下柔，动而说，随”也，是随之义也。凡人君之从善，臣下之奉命，学者之从义，子弟之从师，皆随也。至于人之从天，欲之从理，邪之从正，为随之善者也。随之道利贞正，若反之，则谓之诡随，即违夫时矣。君子随时而动，随时而说，各得其宜，是以所为无不奏功，故曰“随大亨贞，无咎”。**随**之义，以动而随，不动则必不能随；以说而随，不说则必不欲随。雷发于下，雨水随之降于上，是泽随夫雷，上随夫下也；违其时，则雷不动，泽不说，上下必不相随。不知随之道，必宜合时，推之天下，阴阳刚柔，莫不皆然，故曰“天下随时”。随之时义如此，岂不大哉！

以此卦拟国家，则内卦为人民，行动勤勉，从事职业，不敢上抗政府，惟从政府之所命；外卦为政府，不挟威权，惟施悦民之命令，故得上下君民之间，亲密和悦，上倡下顺，天下和平，人心镇静，此**随**之时也，谓之“随，元亨利贞，无咎”。当此之时，九五之圣明在上，居中正之位，廓然大公，相孚于善。君能虚己从臣，臣更恭顺以从君，是以初爻则“有渝”而不失其正，二爻则有“系”而不免于私，三爻则以“居贞”而“有得”，四爻则以“在道”而无咎，上爻则以“从维”而“用享”。总之，从正则吉，从邪则凶；非随之咎，其所以随者自取其咎。夫人臣随君，以诚相通，是以“元亨”；事必“在道”，以正相从，是以“利贞”。如是则君之随臣者，谏则必纳，言则必听；臣之随君者，令无不从，命无不奉。斯以动感说，以说应动，上下相随，而治事“大亨”，故曰：“随时之义大矣哉!”

以此卦拟人事，惟在以强随弱也。夫阳刚之人，不肯下人，是以人心常多乖离，而事业概不得成。若能以刚下柔，措置得宜，则众心必服，何咎之有？随者，不专己之意，即舍己从人，取人为善，其机甚捷，其理甚顺，其功必易成，故曰“元亨”。然随之道，有正有邪，苟其一于柔顺，必致枉道以徇人；过于容悦，则将违道而干誉，是失随之正也。惟其动其说，悉随夫时，内不失己，外不失人，斯随得其正，咎何有焉！故曰“利贞，无咎”。《易·彖》中系“元亨利贞”之辞者凡七，**乾**、**坤**、**屯**、**随**、**临**、**无妄**，皆在上经，**革**一卦在下经，皆大有为之时，以我得乘时之势，曰“元亨利贞”。“元亨利贞”之解，详**乾**下，须参看。随时之义甚大，推之造化，则震者春也，东方之卦也，万物随之而生，**兑**者秋也，西方之卦也，万物随之而成，故春生之，夏长之，秋成之，冬藏之，各随其时也。天下之理，不动则无所随，不说则不能随。是**随**之义也，人事莫不皆然。

通观此卦，三阳三阴，初九以阳与六二遇，阳之随阴也；九五之孚上六，亦阳之随阴也；六二以阴居阴，是阴之从阴也，故曰“系”。有系必有失，不言凶咎，而凶咎可知。六三以阴居阳，是阴之从阳也，以阴故亦曰“系”，然系所当系，系即随，故曰“利居贞”。九四是以阳而随阴，逼近于五，刚而有获，臣道凶矣；惟能感之以诚，保之以哲，复有何咎乎？九五尊位，上动下说之主，取人以为善，吉莫大矣。上六以柔顺居**随**之极，极夫随者也，能善用其系，系亦得其正也。总之，**随**之道，宜随时为动，从宜适度，处以至诚，出以大公，不特可感格群民，且可用享上帝，将率天下为随时矣。君子观此爻，而知随时之义甚大。盖前卦自**豫**来，说以随时，无拂逆之情。《序卦传》曰："**豫**必有随，故受之以**随**。"人能谦以致豫，则能悦以随时。不谦则安能豫？不豫则安能随？三者道同，而机会相因。机会者，惟在于时而已，而适时莫如随。然"随必有事"，有事而后蛊，此所以**蛊**次于**随**也。是故**随**如文王之事殷，**蛊**如武王之造周。夫《易》者不测之神藏，圆妙之灵府也，观之于万物，推之于万事，无所不在，无所不该，非神圣之道，则安能如此乎？

《大象》曰：泽中有雷，随。君子以向晦入宴息。

此卦以**震**阳陷**兑**阴，有藏伏之象，《象》曰"泽中有雷，随"，不曰雷之动，而曰雷之有，《本义》以雷藏泽中释之，深得其旨，盖知象之取义，在雷伏势时也。君子观此象，故不言动作，但言"宴息"。雷之伏藏，在寒冬，人之宴息，在"向晦"，盖亦各随其时也。君子应天而时行，时当"向晦"，入居于内；宴息以养其身，起居随时，惟宜自适。盖其动也，与雷俱出；其静也，与雷俱入。**豫**之"作乐崇德"，**大壮**之"非礼弗履"，**无妄**之"茂对时育"，皆法春雷之动也；**复**之闭关息旅，**随**之向晦宴息，皆法秋雷之藏也。夫舍百为之烦扰，就一枕之安闲，所以养精神于鼓舞之余，以为将来应用之地。故以形息者，凡民所同；以心息者，君子所独。君子虽才德兼备，当随时适宜，否则亦必有咎，是以遇随之时，韬智藏德，辞禄不居，养晦以遵时，抱道而伏处。文王之服事殷纣，勾践之隐会稽，皆得向晦宴息之义者也，谓之"君子以向晦入宴息"。互卦三、四、五为**巽**，二、三、四为**艮**，**巽**为入，**艮**为止，即入而止息之象也。

占 问时运：目下气运平常，宜暂时晦藏，明年利于远行，至第五年，则可得利。〇问战征：宜退守，明年当小有功，必俟六年，斯敌皆就缚矣。〇问商业：有货一时难售，来春可以获利。〇问家宅：防有伏怪，夜间致多惊惧。〇问讼事：恐有牢狱之灾，明年又防征役远行。凶。〇问失物：宜在枕席间觅之。〇问六甲：生女。〇问行人：即归。〇问出行：以明年为利。

初九：官有渝，贞吉。出门交有功。

《象传》曰：官有渝，从正吉也。出门交有功，不失也。

此卦六爻，各以随人立义，专取相比相从，不取应爻。“官”，谓心之官，凡人作事，皆以心官主之。“渝”者变也，“有渝”者，谓变易其所主司也。官虽贵有守，处随之时，不可不知权变，变者趋时从权之谓也。此爻刚而得正，为成卦之主，主者不可随人，故不言随。“有渝”而得其正，故曰“贞吉”。“出门”则所见者广，所闻者多，不溺于私，惟善是从，则随不失时，变不失正，虚己听人，广交而有功也，故曰“出门交有功”。

占 问时运：目下正当换运之时，交入新运，一动便佳，尤利出门。○问商业：货物当贩运出外，得利。○问家宅：当以修造吉，或迁居出外，更利。○问战征：击东者变而击西，击南者变而攻北，吉。○问疾病：恐药不对症，宜改变药饵，乃吉。或于远方求医，更利。○问失物：门外寻之，得。○问六甲：生男。

占例 占友人某就官。筮得**随**之**萃**。

断曰：此卦**兑**上**震**下，为刚阳伏而从阴，是**随**卦之所取义也。今占得初爻，足下虽学力刚强，不得不俯从愚柔，亦时为之也。凡始入仕途者，以不熟事务，每事须从老成之指挥，是又随之道也。此中固不能自主，所当舍己而从人，谓之“官有渝，贞吉”。又不宜独处，所当广交以集益，谓之“出门交有功”。

后果如此占。

六二：系小子，失丈夫。

《象传》曰：系小子，弗兼与也。

刚有以自立，谓之随，柔不足自立，谓之系，故初、四、五，刚不言系，二、三、上，皆柔曰系。随则公，故无失；系则私，故有失。六二以柔居阴，与四隔位，遂系乎四，四阳而居阴，谓之“小子”，是隔位为系之谓也。系四则不能比初，初爻为**随**之主，是谓“丈夫”，故曰“系小子，失丈夫”。旧说谓二系初，失在初，阳犹微，谓之小子，五居尊位，谓之丈夫。然初为卦主，何得曰小子？五为君位，何可曰丈夫？且阳爻为丈夫，初阳爻也，目为小子，其说亦反。夫人之所随，得正则远邪，从非则失是，六二系失所系，虽无凶咎之辞，其不吉可不言而知。《象传》曰“弗兼与也”，谓天地之道，无两全之义，“系小子”，必“失丈夫”，理之当然也。

占 问时运：目下气运颠倒，宜自审慎。〇问商业：有贪小失大之惧。〇问家宅：阴阳倒置，有女子小人弄权，反致家主受制之象。〇问战征：只能捉捕敌兵，未获斩将拔旗之捷。〇问六甲：生女。〇问失物：小品可得，大件必失。〇问婚嫁：恐非良缘。

占例 熊本县人尾藤判事，曾学《易》于余，同氏有女年十八，容貌艳丽，时某缙绅丧妻，以媒求婚于氏，氏因请占其吉凶。筮得**随**之**兑**。

断曰：此卦刚从柔之象，而非柔从刚之时也。今足下卜嫁女，则女家为柔，而男家为刚也。爻象以刚从柔，殊嫌相反。二爻曰“系小子，失丈夫”，想某缙绅必是老夫也，令女或不喜之，宜嫁少年小子，斯两相得也。

氏闻之，如有所感悟曰：夫妇者，女子终生之事也，不可以亲之所好，枉女子之志。遂谢缙绅。

六三：系丈夫，失小子。随有求得，利居贞。

《象传》曰：系丈夫，志舍下也。

“丈夫”，指初九；“小子”，指九四。初为**随**卦之主，以刚居阳，出门有功，谓之“丈夫”；四以刚居阴，其义有凶，谓之“小子”，系初失四，故曰“系丈夫，失小子”，正与二爻相反。初爻本欲出门求交，得三之**随**，必与之亲善，故三之**随**初，有求而得也。初以随求人，苟枉己徇人，虽得亦失，故云“利居贞”。六三才虽弱，位得其正，系“贞吉”之初，失“贞凶”之四，是得居贞之利，即随道之善也，所以求道而得道，求仁而得仁，无求而亦自得焉。互卦**巽**为近利，故“有得”。“居贞”者，谓守常止分，以道自固，以义自裁，不以动而妄求也。《象传》曰“志舍下也”，阳上阴下，三居阳位，所系在阳，所失在阴，故曰“志舍下也”。一说丈夫指四，小子指初，与二爻以五谓丈夫，前后不同。且四“贞凶”，何得云“丈夫”？初“有功”，何得云“小子”？于以刚从柔为随，以柔从人为系之说，亦不合。

占 问时运：目下交正运，求财求名，无不如意。〇问商业：小往大来，必得利益。〇问战征：主生擒敌将，必得大捷。〇问家宅：家道丰富，但防小儿辈有灾。〇问疾病：大人无妨，小人恐有不利。〇问六甲：恐生而不育。〇问失物：得。〇问婚嫁：主结高亲。

占例 神奈川町净土宗成佛寺住职辨真和尚，名僧辨玉和尚之徒，修小乘之学者也，一日来问余讲《易》，感悟而欲学《易》，且云学之得成与否，请烦一筮。筮而得**随之革**。

断曰：**随**卦虽为刚从柔，在爻则否，阳爻曰随，阴爻曰系。今子就余学《易》，即探以内典之精奥，旁求神《易》之微妙，是所求皆天神之道，不关尘世琐细小务，故谓“系丈夫，失小子”也。故从余学易，纵使内典中有难解之事，自可求神而问之，求之必得，现世未来，皆得安心决定也。故曰“随有求得，利居贞”也。

和尚闻之，大悦，从此学《易》，今尚不倦。

九四：随有获，贞凶。有孚在道，以明，何咎？

《象传》曰：随有获，其义凶也。有孚在道，明功也。

获者，取非其有之辞，“有获”者，谓得天下之心，使之随己也。是私据其所有，而不归语于五，失臣道也，故曰“贞凶”。为臣之道无他，惟在以诚相孚而已，“诚则明”，明则无疑，无疑则君臣一心，德施于民而民随之。其得民之随者，相率而共随于君，足以成君之功，致国之治者，皆在此相孚有道耳，有复何咎？否则上下疑猜，即所当获，不免启挟功凌上之嫌，虽正亦凶也。九四具阳刚之才，处大臣之位，才高致谤，位重启嫌，一涉偏私，便招凶祸。惟其中之所存，一秉于诚，外之所行，一循夫理，尽其道以事上，明其几以保身，位虽高不疑于迫，势虽重不嫌于专，君嘉其让，民服其谦，得随之时，协随之宜，何咎之有？故曰“有孚在道，以明，何咎”。“有孚”者，谓有孚于九五也；“明”者，谓自明其志也。自古人臣处功名之际，不克保终者，多由我心之不孚，与不能自明其志也。如汉萧何韩信，皆受君重任，韩信求封于齐，求王于楚，无欲而不获者也，久之积疑生嫌，卒不免祸。萧何虽素知高帝之心，得保首领而终，不免械击之辱，是于“有孚”、“以明”之义，犹未尽者也。如唐郭子仪权倾天下，而上不忌，功盖一世，而上不疑，可谓得“有孚在道”者矣。《象传》曰“有孚在道，明功也”，以功云者，释爻之“何咎”。盖“有孚”者，即以孚随之道；“明功”者，即明其随之功也。

一说“随有获”者，谓以权在我，任己所为之意；“贞”者谓所系国家之正务；“凶”者有僭逼之疑；“有孚”者心尽其诚；“在道”者行尽其道；“何咎”者，无失臣职之意也。亦通。

占 问时运：目下有凶有吉，利在单月，不利双月，明年则吉。〇问商业：获利后，防有意外之祸，必俟辨明方可。〇问家宅：或新买，或新造，皆不吉。〇问战征：小胜后，防大败。〇问疾病：先凶后吉。〇问讼事：始审凶，上控则无咎。〇问失物：一时难觅，待后方见。

占例 明治二十七年六月，相识岩谷松平氏来告曰：往年政府，下付士族以金禄公债证书，鹿儿岛县士族中，有遗漏此典者，今欲补请恩给，请占其准否。筮得**随之屯**。

断曰：随有获者，是专意求获之谓也。鹿儿岛县士族，维新之际，伟烈丰功，为政府所优待，遍世所知也。今欲谋请恩给，占得**随**之四爻，以阳居阴，乘政府之优待，意在强求，务期必获，故《象传》曰“随有获，其义凶也”。然当以公平之道，请求于上，必可得许，谓之“有孚在道，明功也”。

占例 某缙绅来，请占某贵显运气。筮得**随之屯**。

断曰：此卦吾能从人，则人亦从我。今占得四爻，某贵显在现职，众人咸乐为随从。其所以随从者，非服从其德量，实欲攀附其权势也。若因此自负得民，则不祥之道也，故曰“贞凶”。际此民心之归向，以诚相孚，以明自审，即所获以归诸君上，不以自私，道可孚也，功可明也，何咎之有？反是则难免于咎。

九五：孚于嘉，吉。

《象传》曰：孚于嘉，吉。位正中也。

“嘉”者，善也，谓择善而从之。随其善者，非随其人也。“孚”者，以真实诚一之心，相与感通也。“吉”者，谓君明臣良，天下从之，无不服从其化也。舍己从人，乐取于人以为善，即所谓“孚于嘉”是也。五爻阳刚中正，位居至尊，为全卦悦随之主，是圣君至诚相感，以乐从天下之善者也。夫人主之尊，其所随之可否，悉系国家之休戚。尚贤而信之，其所以吉也，如此则不失人，亦不失己，随道之正也，谓之“孚于嘉，吉”。《象传》曰“位正中也”，以阳刚居阳位，得其正也，处中正之位，行中正之道，是以嘉也。

一说此爻以阳刚，比上六之柔正，谓上六以柔居阴，有女子之象。今九五孚之为婚，是取婚礼为嘉礼之义。盖随之道，莫切乎夫妇，天下之政化，始于闺门，故曰“孚于嘉”。亦通。

占 问时运：目下处盛运，万事获吉。〇问商业：以其货物嘉美，获利百倍。〇问家宅：必是积善之家，众咸信从，为一乡之望也。〇问战征：军众同心，必获胜捷，吉。〇问婚嫁：百年好合，大吉。〇问讼事：和好。〇问疾病：吉。〇问六甲：生男。

占例 明治三年某月，应某贵显之召，贵显曰有一事，为烦一筮。筮得**随**之**震**。

断曰：此卦当秋冬之时，**震**雷藏于**兑**泽，有强随弱之象，《彖传》谓之“刚来而下，柔动而悦，大亨贞，无咎”。全卦初、二、五、六四爻，以刚随柔，皆谓得位，四、三二爻，以柔系刚，谓之失位，惟四爻系恋于柔，且能率众而随九五。由是观之，知有威权者，能使众从己，相率而从九五之君也。今占得九五，可见天下之人心，无不从君上之所命也。天命如此，故《彖传》曰：“随时之义大矣哉！”

后未几而有废藩置县之令。

占例 元老院议官某氏，转任某县知事，将赴任，请余占施政准则。筮得**随**之**震**。

断曰：**随**卦有以刚从柔之义，是降尊从卑之象。今足下治该县，下从民情，不涉私意，人民自然嘉乐悦豫，可以随从归服也，谓之“孚于嘉，吉”。

从前该县之治，纷争不绝，某氏赴任之后，因此施治，静稳平和，乃得无事。

上六：拘系之，乃从维之。王用亨于西山。

《象传》曰：拘系之，上穷也。

"拘"者，执而不弃之谓也；"维"者，交结也。管子曰："礼义廉耻，谓国之四维，乃维民之道也。"盖其所随，极其诚意缠绵，固结而有不可解者矣。至诚之极，可以孚君心，可以享鬼神，是随之极则也。"王"者，指周王而言；"西山"指岐山而言。此爻以阴居**随**之极位，天下之臣民，随顺化服之极也，故不复言随，反将拘系九五，九五亦从其所系而维之。居**随**之极，效至诚于君，相知之深，相信之笃，终始无间者也。譬如一物，人所爱好，惟恐或失之，既"拘系之"，又从而维之，即所谓拳拳服膺，而不失之意也。昔周大王避戎狄之难，去豳，移居岐山之下，民之从之者如归市，是"拘系之"也，大王亦即以道维之。夫大王之去豳也，势穷而人益随之，故周室之业，自此而兴。文王之时，天下之人，无思不服，而文王尚守臣节，享大王于封内之西山，不敢僭郊禘之礼。固结其鬼神，正所以固结于君也，故有此上六之诚意，足以通神明，神明亦随之，谓之"王用享于西山"。凡《易》之爻曰"王用享"者三，皆谓王者用，此爻则以贤臣而享山川，非指其爻而为王也。若夫使之主祭，而百神享之，可以见王者之克当天心，莫大于用贤也。《象传》"上穷也"者，"上"，即尚字，是谓随道之极，无以复尚之也。

占　问时运：目下左支右绌，不甚如意。○问商业：坚固结实，稳当可做，但未能事事舒展。○问家宅：恐防范约束过严，家人怨苦。○问疾病：祷之则吉。○问婚嫁：有赤绳系臂之缘。○问讼事：恐有桎梏困系之患。○问失物：是自己包裹藏之，未尝失也。○问六甲：生女。

占例　南部家家令，本宽次郎氏，余之旧友也。维新之际，赴函馆之役，边地战争之时，在将帅中颇有勇武之名。明治十二年七月，与旧藩士五人，过访敝庐，谓余曰：君有谈《易》之癖，以为快乐，予甚苦之，若换以他乐如何？君自言易占必中，谓政府所不可不用；陆海军关人命之重，系国家之存亡；裁判所，明是非，分曲直，皆不可不用。然于未来之事，或中或不中，恐难一一预知。余曰：小人闻道而笑之，"不笑不足以为道"，《易》岂如足下所言哉？余二十年之久，未尝一日废《易》，所以然者，以百占百中也。山本氏闻之，笑曰：果如君言，则吾命何时而终？愿一占迟速，俾可前知。余曰：是极容易。筮得**随之无妄**。

断曰：**随**者为**震**之长男，从**兑**之少女，又为归魂之卦。今占得上爻，君之命，可终于本年也。君之妻子墓祭之象，正见于《爻辞》。“拘系之”者，谓系连于君者；“维之”者，谓有子女；“亨于西山”者，谓葬足下于宅之西也。

山本氏听毕，冷笑，如不介意，诸士或疑或笑。既而其年十月，南部家家扶某寄书于余云：山本氏昨夜急罹中风，半身不遂，因召唤妻子于本国。其妻子未至之时，请借神奈川别邸中一户为寓。未几妻子来迎，同归盛冈，迨十二月不起。于是当时诸士，听余言而笑者，皆为惊叹。

占例 明治三十一年十月，宪政党分离为二，旧改进党称宪政本党，旧自由党称宪政党，各树旗帜。时策士井上角五郎、尾崎三郎、雨宫敬治郎等，见宪政党权力之薄，使之提携山悬内阁，乘其虚，将使实行板垣伯所主张铁道国有论。三氏来，请占宪政党内阁之提携成否。筮得**随**之**无妄**。

断曰：此卦下卦之雷动，上卦之泽说。《系辞传》曰：“服牛乘马，引重致远，以利天下，盖取诸随。”由是观之，宪政党不啻随从政府，粉身碎骨，能贯彻政府之意向。今占得上爻，其辞曰“拘系之，乃从维之”，谓提携之密着也；“王用亨于西山”，谓政府得宪政党之援助，海陆军扩张之费用，得如其意，喜悦之余，得举行靖国神社之祭礼也。

后果如此占。

䷑山风蛊

此卦巽下艮上，艮为山，巽为风，山下有风之象。风者空中之气，流通气候，往来寒暑，发育万物者也。今风入山下，闭息而不得振，风不通，则物腐而生虫。又巽为臭，为气，艮为止，为覆器，艮上巽下，是藏臭物于器中，复从而覆之也，故腐败而生虫。一虫而化为三，愈生愈多，虫在皿中无所食，遂至同类相食，是乱之义也。"蠱"字从三虫，在一皿中，故《春秋传》曰："皿虫为蛊。"朱子曰："言器中聚那毒虫，教他自相并，总是败坏之意，故名此卦曰蛊。"《说文》："腹中蛊，悔深所生"，故又有淫溺惑乱之义；又转训事，或为修饬之义。《序卦传》曰"蛊者事也"，《杂卦传》曰"蛊则饬也"。凡遇蛊败，必有谨饬修治之事，犹训乱为治之意。是以卦名取败坏之义，《爻辞》用为事之义也。

蛊：元亨，利涉大川。先甲三日，后甲三日。

蛊，坏之极也；坏极必当复治，治则必有治蛊之才，应世而出焉，得此治蛊之才，则足以致元亨矣。凡用才以图治，犹用舟楫以涉川，《书》曰："若涉大川，用汝作舟楫"，此之谓也，故曰"利涉大川"。"先甲"、"后甲"，诸儒之说纷如，马氏以卦位言，子夏氏以癸丁言，卢氏以贲与无妄变卦言，郑氏取用辛用丁之义，苏氏据尽巳尽亥之说，皆各执一见。《全书》独以先三后三，为六爻已终，七日更始，取复卦"七日来复"之义。简端曰："甲，事之始，庚，事之变，蛊乱极而复治，故曰'甲'；巽化阴而归阳，故曰'庚'。"此说最精确。程氏谓"先甲三日"，以穷其所以然，而处其事；"后甲三日"，以究其将然，而为之防。其说亦通。

《彖传》曰：蛊，刚上而柔下，巽而止，蛊。蛊元亨而天下治也。利涉大川，往有事也。先甲三日，后甲三日，终则有始，天行也。

此卦艮一阳在上，二阴在下，巽二阳在上，一阴居下，内外阴阳不交，内志不决，外行不健，因循坐误，此所以渐积而成蛊也。蛊则安得元亨？所谓“元亨”者，必使蛊之坏者复完之，蛊之塞者复通之，斯元亨而天下治矣。《序卦》曰：“蛊者事也”，饬蛊则必有事，往则不能无险，险莫如大川，以饬蛊而往，涉无不利为。“先甲三日，后甲三日”，先、后，即终始也。原其蛊之始，要其蛊之终，先不敢荒，后不敢怠，惟曰不足，终而复始，是非天行之健者不能也。此饬蛊之全功也。

以此卦拟人事，我**巽**而从，彼**艮**而止，意气两不相通。意气不通，则彼我不能合而成事，因循苟且，事必败坏，亦势所必至也。譬如木朽则生蛀，谷久则变虫，此**蛊**之象也。**蛊**为后天之卦，**艮**、**巽**与**乾**、**坤**易位，是父母老而子用事，故六爻中，五爻皆言家事。初爻干父蛊而承意；二爻干母蛊而得中；三爻干之，虽有悔而无咎；五爻干之，以“用誉”而承德；惟四爻以“裕”而“见吝”，是失于顺也。凡人事以孝为首，即家事而推之，无事不当如是也。至上爻居**蛊**之终，独善其志，而不言饬蛊，盖将守其志而治身心之蛊，扩其志而济万世之蛊，是则人事之大者也。

以此卦拟国家，上卦为政府，下卦为人民，**艮**上**巽**下，一高一低，尊卑悬殊，上下隔绝，臣下逡巡畏缩，而无振作之才，人君因循苟且，而乏有为之志，祸乱之萌，已伏治平之中，自此而百弊生，万事隳，是**蛊**之卦名所由起也。然当蛊之时，要必有干蛊之才，而蛊乃可治。《象》曰“蛊，君子以振民育德”，盖以振起其民，育养其德，为饬蛊之要道也。此卦六爻，皆言齐家，不及治国，要之齐家，即所以治国，无二道焉。初爻之干蛊“终吉”，如管仲之相齐桓，孔明之辅后主是也。二爻之干蛊得中，如周勃之事吕后，狄相之事武后是也。三爻之干蛊“无咎”，如伊尹之相太甲，终得复位是也。四爻之裕蛊“见吝”，如李勣之不谏，终至酿祸是也。五爻之干蛊“用誉”，如周公之相成王，终成兴周是也。若上爻“高尚”，则如许巢之不受天下，夷齐之不食周粟是也。后世君臣，思艰图治，所当凛“先甲”、“后甲”之惧，守成始成终之道，用**震**之动，法**乾**之健，斯“元亨而天下治”矣。不然，柔顺而自安，退止而不前，蛊坏日深，虽有善者，亦难保其后矣。可不惧哉！可不慎哉！

通观此卦，**艮**以刚止在上，上亢而不下济；**巽**以柔入在下，下卑而不上承，刚柔不接，两情乖隔。下者愈卑而愈巽，逡巡不进；上者愈高而愈亢，忽略苟安。其中日积日敝，渐积渐坏，内腐而外朽，其破败有不可救药者矣。故曰“刚上而柔下，巽而止，蛊”，是自卑于内，苟止于外，所以成蛊也。古书曰：“流水之不腐，以其逝故也；户枢之不合，以其运故也。”故器欲常用，久不用则蠹生；体欲常动，久不动则疾生。则知蛊之生由于止，其所由者非朝夕矣。《象》曰“山下有风，蛊”，风欲行，遇山阻之而止，旋转于山而不能达。“風”字从虫，故曰“蛊以风化”。君子欲治其蛊，则莫如“振”，“振”者动而不止也。“振民育德”，即“明德”、“新民”之道也。是以诸爻皆曰“干”。“干”者植立之谓，所以饬治而扶起之，其义与“振”同，皆反夫止而用之也，反其止则蛊治矣。若四爻之“裕”，是益其蛊也，故“吝”。五爻皆言干蛊，有子道焉。上爻居五爻之上，处一卦之极，有为父之象，故不言干蛊。以干蛊之事，属之五爻之王，诸爻之侯，而上爻不复事其事。故曰“不事王侯，高尚其事”者，谓其事更有高出王侯之上者也。是将以一言而为天下法，一行而为天下则，其不言治蛊，而所以治蛊者。其道可为万世法则，故《象》曰“志可则也”。若以“不事王侯”，谓隐居高尚者所为，仍蹈苟止卑巽之习，非饬蛊，适以滋蛊矣，于爻义未合。总之此卦，五爻所言，称“父”，称“母”，称“子”，皆家事，上爻则曰“王”，曰“侯”，乃国事。邱氏曰：“以此为子，是诤父之子；以此为臣，是诤君之臣”，此言得之矣。

《大象》曰：山下有风，蛊。君子以振民育德。

小畜“风行天上”，**观**“风行地上”，**涣**“风行水上”，无所阻，故皆曰“行”；**蛊**，山下有风，风遇山而止，故曰“有”。“行”在外也，“有”在内也，在内必郁而不宣，郁久则坏，语曰“蛊自内生”，此也。君子当此，以之振起其民，养育其德。**艮**之止者使之动，**巽**之入者使之出，将推己之德化民，民亦感其德，而振发有为，得以革去旧染之污，“日新其德”，此君子治蛊之能事也。如是而蛊济矣。

占 问时运：目下好运方来，须力图振作，可改旧观。〇问商业：防货物堆积致坏，宜急起贩运出售。〇问战征：屯营宜就旷地，不宜近山，防有风鹤之警。〇问家宅：须整肃门庭，凛诲淫蛊惑之戒。〇问疾病：防巫蛊咒诅，或腹患蛊毒之症。〇问讼事：想是听人蛊惑所致，急宜罢讼。〇问婚嫁：恐有男女私情。〇问失物：其物已坏。〇问出行：防阻风。〇问六甲：防有异胎。

初六：干父之蛊，有子，考无咎，厉，终吉。

《象传》曰：干父之蛊，意承考也。

“干”者，木之正干，得枝叶以附立之，所以维持木身也。故称人能耐事负重任曰“干事”。蛊者事也，“有子”者，赞美之词，即所谓有子克家是也。“考”者，父也，殁曰考。蛊者，物腐虫生之谓，其所由来，非一朝一夕之故，是以**蛊**之诸爻，皆系父子而言之。孝子家庭之间，不幸而父有蛊，蛊而待干，子心戚矣；然幸而得干，则“考无咎”，子亦得以无厉，故吉。

占 问时运：好运初交，克勤克俭，克光前业，吉。〇问商业：旧业重兴，必多获利。〇问家宅：想是祖先旧宅，当改造重新，大利。〇问战征：如勾践复吴，子胥伐楚，必获重兴。吉。〇问讼事：前不得宜，复宜上控，无咎。〇问疾病：虽危无妨，若无子者，占此不利。〇问婚嫁：佳儿佳妇，吉。〇问六甲：生男，必能兴家，吉。

占例 和歌山县材木商某者，初次伐采材木，运售东京大阪等处，后得金主，业亦大振。时东京被火，某商适有材木到东京，大得利益。由此多财善沽，愈推愈广，不料偶罹感冒，遂陷重症，二十余日而死。在家一妻一子，男年才十五，一切遗产，如在山之材木，及运往他处之材木，并运送船只，与金钱出入等款，当时某商一人自主，妻子皆不详悉也。一日访余，告以情实，乃为其子一筮。得**蛊**之**大畜**。

断曰：此卦山下有风，风者鼓动万物者也。风在山下，止而不动，故郁蒸生虫，有群虫相食之象。今占得此爻，显见汝父死后，所有采伐材木等，坏耗殆尽。今汝虽幼弱，当思继续父业，身当艰难，非常勤勉，彼金主亦将感汝之志，出力援助，一切所存材木，并遗金之款，皆可收纳也，谓之“干父之蛊，有子，考无咎，厉，终吉”也。后此子果能勉承旧业，益增兴旺。

占例 明治二十五年，熊田某养子某，占家政得失。筮得**蛊**之**大畜**。

断曰：此卦以长女嫁少男，有一家嗣续之象。在养父负债，非一朝一夕之故，积弊之所由来久矣。初六者，**蛊**之初，其弊未深，处之不难。是子受父债，力当抵偿，故曰干蛊，有子，父无咎也。“干”者，谓负担其事而处之也；“厉无咎”者，谓虽危终无咎也。

后果如此占。

九二：干母之蛊，不可贞。

《象传》曰：干母之蛊，得中道也。

干蛊之解，见初爻下。此爻体巽，以刚中之才，上应六五，巽顺而得中道者也。初爻言“考”，二爻言“母”，是父没而母存也。**蛊**六爻，称“父之蛊”四，称“母之蛊”一，盖以妇人无专制也，在亚细亚古来所戒，如《书》所云“牝鸡司晨，惟家之索”是也。九二以刚中谏其母，故曰“干母之蛊”。必若凯风七子之歌，斯为得矣。以此卦属之君臣，则二爻为大臣，五爻必是幼主，或母后也。幼主则为周公之相成王，过扑伯禽，劝进《豳风》，皆以婉转开导，期归于善是已。女主则为陈平、周勃之辅吕后，狄仁杰、娄师德之相武后，从容巽顺，辅翼国政，不使蛊时至大坏者也。盖治蛊固不可过柔，亦不可过刚，过刚则伤恩，过柔则流慢。此爻刚得其中，故能酌量损益之宜，有用刚之实，无用刚之迹，以柔济刚，弥缝得法，自不致蛊之复炽也，故《象传》曰“得中道也”。

占　问时运：目下贵将顺调剂，不可草率。○问商业：防有旧债积弊等事，宜宽缓调处。○问家宅：恐有母党擅权启衅，宜忍耐善处。○问战征：防有阴险，不可直进。○问疾病：壮年防是疟母痞块等疾，小儿或是胎气不足，宜服柔和之剂。○问行人：在半途，后日可归。○问失物：得。○问婚姻：当得佳妇。

占例　友人某来告曰：余之亲族某殁后，因其家所关，亲族将为之集会妥议，苦难处分，意见未决，为请一筮。筮得**蛊**之**艮**。

断曰：**蛊**者，山下有风，刚柔不接，有因而生虫之象。**巽**为风，为长女，**艮**为山，为少男，是寡妇幼子主家政也。蛊者腹中之虫，淫晦而生，且有淫惑之事。今亲族若欲显发其隐事，势必至破裂，其蛊之祸益甚。四爻曰“干母之蛊”，必其子自能处分也，宜缓待四年后，小子长成，蛊将自绝矣，今尚非其时也。

友人闻之，感曰：亲族某氏，以若干资金，开店于横滨，勤勉得力，获资二十万元。其妻殁后，纳艺妓为妾，生一子，今才十岁。某氏殁后，因子尚幼，以母主家事。母与某伙共营其业，遂与私通。因专委家事于某伙，亲族皆不怿之，于是某伙将割其资产之半，以为己有，故亲族相会为之妥议，苦难处分。今得此占，始知处置之法，容俟四年之后，其子成立，相扶协议，自能整理旧业也。

后遂依爻定。

占例 占明治三十年教育气运。筮得**蛊之艮**。

断曰：此卦山下有风，风为**巽**，入山为**艮**止，是风在山中，入而不出。風字从虫，故致久郁生蛊，虫无饵，则同类相食，故名曰蛊。就国家上见之，是风化不通，人心败坏之象。夫人有身有心，故教育亦即在治身治心两事。治身首重衣食起居，治心首重仁义道德。人人不乏衣食起居，则恒产充足，自不至流为匪僻；人人得知仁义道德，则恒心完善，自可以共学圣贤。小之得一家团聚之乐，大之启国家裕泰之休。我国屹立于亚细亚洲中，土地延长，膏腴寒暖，皆适其宜，不仰他国之物，而国用充足，礼教修明。二千余载以来，君王则圣圣相承，人民则熙熙乐业。且全国子民，多系天家支派，中世天子赐臣下源、平、藤、橘四姓，其实皆出于皇族，故民之见王室，犹支庶之于大宗，其相爱相戴之情，无异骨肉。迄至武门专权而后，皇威不振，纪纲紊乱，然犹如兄弟阋墙，终未尝觊觎王室也，以视他国僭夺相循，以天位作传舍者，大不相同。而所以历久不替者，由全赖此治身治心教育之泽，得以绵延耳。今自维新以来，风教一变，竞新尚奇，见异思迁，行则有铁道，居则有电灯，海有轮船，陆有电线，凿矿采金，通商开埠，视万国如一家，以四海作比邻，则效泰西，日新月盛。所谓富强之业，未始不今胜于古，而独于教育之法，窃谓今不如古也。何则？以今慕习欧美学术，使少年英敏子弟，往习其业，学成归国，即奉为师长，以教授在国之子弟。彼俨然为师者，三五年间，才学得欧洲奇异之浮文，全般抛弃我国向来身心之实学。凡子弟受其薰陶者，不由智识之顺序，不关长幼之秩序，曰自由，倡利己，徒以优胜劣败、弱肉强食为天则，不复知有仁义道德之天赋。于是身教不谨，心术日坏，为子者不言孝，为臣者不言忠，为弟者不言悌，为友者不言信，残忍狠毒，汩没天良，甚至视父母如路人，等兄弟于秦越，作乱犯上，无所不为，其弊有不胜言者矣。阅今《日日新闻》所载，杀人、盗财、奸淫、诈伪等事，风俗之坏，浑如蛊毒入心，不可救药。此教之来，起自泰西，西，阴方也，故谓之母蛊。染蛊已深，未可刚克，故曰“干母之蛊，不可贞”。

九三：干父之蛊，小有悔，无大咎。

《象传》曰：干父之蛊，终无咎也。

干蛊之解，见初六下，至九三而蛊已深，非有阳刚之才德，难革此弊。此爻承父破坏之后，若复因循坐视，不思补救，是长父之恶，非为子之道也；然过刚不中，或径情直行，欲补父过，致伤父心，亦未免有悔也。非刚阳之才，未易言干，幸能干之，虽“小有悔”，可“无大咎”，谓之“干父之蛊，小有悔，无大咎”。“小有悔”者，所以警之也；“无大咎”者，所以劝之也。“小有悔”者，固非善于事亲，若因悔而不干，则咎益大矣。是以三爻干而有悔，终胜于四爻之裕而得吝也。

占 问时运：目下宜痛革前非，纵小有挫折，终得有济。〇问商业：宜重兴旧业，改立章程，或有小失，必得大利。〇问家宅：恐栋宇年久，多致蛀腐，毋惜小费，急宜改造。〇问战征：刚武直进，未免小败，然必无大害。〇问失物：得则必得，防有小小口舌之灾。〇问六甲：生男，但生下小孩，未免小有疾厄。〇问疾病：无妨。

占例 某会社社长某来，请占会社之盛衰。筮得**蛊之蒙**。

断曰：蛊者风在山下，为空气不通，有因而生虫之象。以会社见之，社业不振，物品资本，不能通融，社员中因之生纷议也。今占得此爻，知此社之失策，由旧而来，欲挽回之，深虑其难。在本年虽多失策，至年度决算，可无大差，明年为紧要之时。今后社员当拮据黾勉，除去旧弊，维持社运。至明后年，可奏实功，定卜社运之盛大也，谓之“干父之蛊，小有悔，无大咎”。父蛊者，谓此弊承前而来也；明年者，指第四爻；明后年者，指第五爻。可就四五两爻之辞观之。

社长闻之曰：占筮可谓适当矣。本年以社员因循，致社业不振，而酿损失。社员中且有不适其任者，每启蛊惑，以及危殆，故先罢用其人，以仆自任。如贵占料知明年社运之困，生于今日，可卜明后年之隆盛也。

六四：裕父之蛊，往见吝。

《象传》曰：裕父之蛊，往未得也。

“裕”者，宽也，与“干”相反。“裕父之蛊”者，谓因循苟且，惮于改作，是宽容其蛊而蛊益深也。此爻以柔居柔，不能有为，爻至四，蛊已过半，治之宜如救焚拯溺，迅速从事，斯克有济。父既柔懦而积成其蛊，子复柔弱而不能救，持是以往，必见吝也，故曰“裕父之蛊，往见吝”。此爻变则为**鼎**，**鼎**九四之辞曰“鼎折足，覆公餗，其形渥，凶”，亦可以见其益吝也。初六、六四，共阴柔，同当干蛊之象，而《爻辞》不同。初六居**蛊**之初，其败未大，故虽阴柔，其功易成，是所以为吉也；六四**蛊**败过半，其坏较甚，而犹气馁力屈，不能贞固干事，是以见吝也。

占 问时运：运亦平常，但一味因循，终致自误。〇问商业：徒知守常，不知革弊，长此以往，难以得利。〇问战征：威不肃，令不严，未可前往也，往必见败。〇问家宅：父业虽裕，敝败已深，难保其往也。〇问疾病：外形尚裕，内患已深，不急图治，后必莫救。〇问六甲：生女。

占例 友人某来，请占富豪某氏之家政。筮得**蛊之鼎**。

断曰：此卦山下有风，风者鼓舞万物而助生育者也，山者止而不动者也。今“山下有风”，则风入山中而生虫，谓之**蛊**。以人事见之，则风者过而不留，为见识不定之人；又山者止而不动，为精神萎靡之人。如此之人，不能振作大事，徒贪目前小利，甚至与亲友相残，是人中之蛊也。四爻以阴居阴，才智钝而气力弱，无义无勇者也。当此蛊坏之家，不能奋然用力，扶弊救衰，而犹优柔偷安，坐视蛊败，虽在豪家，难保资产，谓之“裕父之蛊，往见吝”。

某闻之曰：某富豪之父，虽以勉强兴家，因无子，养亲族之子为嗣。此子智识寻常，远不及父。当承家之初，虽小有负债，本有资产可抵，乃少年子弟，忽为富豪，愚而自用，不听人言，遂至破败其产。占辞切当，真可感服。

六五：干父之蛊，用誉。

《象传》曰：干父用誉，承以德也。

此爻以柔居刚，又得中而居尊位，与九二刚中之贤臣，阴阳相应，专心委任，使翼为辅弼，匡救坏乱之旧弊，故曰“干父之蛊”。五爻君位，

《爻辞》曰“父”，知帝王必有父也。卦中初、三两爻，皆曰“干父之蛊”，三则曰“有悔”，故仅得免咎；初则“考无咎”，故曰“终吉”，不可谓非干之善者也。至五爻不特其父无过，且因而得誉，补其过，更扬其名。恶归己而善归亲，其曲委弥缝，非善继善述者不能臻此。《象传》曰“干蛊用誉，承以德也”，盖干蛊则可以才济之，“用誉”则必以德承之，故曰“承以德也”。

占 问时运：虽门祚衰薄，能自振作，自足立身扬名。〇问商业：旧业虽不甚佳，此番从新改作，必能获名获利。〇问家宅：祖遗之产不厚，幸能扩充前业，必至光大门楣。〇问战征：能克复城池，军声远播，吉。〇问疾病：当延名医治之。〇问六甲：生男。〇问嫁娶：定是名门贵族。

占例 友人某来，请占某豪家改革。筮得**蛊之巽**。

断曰：蛊谓食贮器中，覆之而风不通，腐败生虫之象。以国家拟之，必是幼主承统，深居九重，不接外臣，母后垂帘，掌握朝政，于是小人充朝，君子退野，为宵小蛊惑之时。今六五之君既长，与九二刚健之大臣，阴阳相应，立策定谋，洗除国家积年之旧弊。当其改革之际，尤为非常之戒严，前后七日，竞竞业业，谨慎周密，谓之“先甲三日，后甲三日”也。想在豪家家政改革，亦同此理。某豪商内政之弊害，非一朝一夕之故，今得善良之伙友，洗除积年之宿弊，必能奏改革之功也。然此事宜刚不宜柔，宜速不宜缓，不出七日，当果决专断，谓之“干父之蛊，用誉。

友人闻之大感，云主人夫妇以下，皆已允可，仅仅数日，已得断行。后果能充复其旧资。

上九：不事王侯，高尚其事。

《象传》曰：不事王侯，志可则也。

此爻为成卦之主，以刚明之才，居**艮**止之极，不比九五，亦不应九三，逍遥于外，高居卦极，不关世之毁誉荣辱，其清风高节，足以振起颓俗，激动人心，其益世岂尠少哉！九五者王也，九三者侯也，不比应之，故曰“不事王侯，高尚其事”。上九高尚，固非放情物外者所可托也，是不啻治一时之蛊，实足治万世之蛊也。其志之可则，岂有过哉！故《象传》曰“志可则也”。

一说：此卦自初爻至五爻，皆以蛊言，不言君臣，而言父子，人臣之事君，与人子之事父一也。此爻位居最上，独以“不事王侯”言者，盖非君非臣，亦非子，是身居父位者也，故高尚其志，不复事天下之事，而其志之所存，实足为天下法则者矣。

凡读《易》者，须先熟察其卦爻之象，与卦爻之时，然后能读得其辞义也，不然而徒拘泥文字，虽终身读《易》，不能得其要。如此爻《象传》，无难得其旨，何则？“不事王侯，高尚其事”之人，虽有才德，不为人所知，不为世所用，古今来亦不乏其人。若必指是等人，而称之曰其“志可则”则圣贤君子之用世者，反将曰其志不可则，不几大妨名教，有害纲常者乎？盖上九备阳刚之德，居全卦之极，当此蛊坏日甚，不忍坐视天下，是以自初六至六三，奋振其才力，以济时艰，以光前业；迨蛊坏既除，人人得浴太平富贵之泽，上爻独脱然勇退，“不事王侯，高尚其事”，是见几而作之君子也，其志岂不可则哉！

占 问时运：宜以退为进。〇问商业：目下货价，必将逐渐增高，不必急售。得利。〇问家宅：宜傍高阜之地，吉。〇问疾病：卦为归魂，恐天年有阻。〇问婚嫁：必是女贞男良，天缘巧合。〇问战征：想已值战胜凯旋之时。〇问出行：宜行商，不宜求名。

占例 友人某来，请占某贵显之气运。筮得**蛊之升**。

断曰：蛊者由风入山中，郁积而生者也。以国家拟之，政府为山，有高傲之象，人民为风，有卑从之象。一高一卑，两情不洽，浑如物入器皿中，风息不透，湿热郁蒸，变腐成蛊，同类相食也。曩年外交未通，攘夷锁国时之政略，恰相似也。然当维新之际，二三雄藩，首创改革，奋发有为，在幕府诸士，悲堕祖先之遗业，慷慨切齿，欲一死守之，战争不止。是时某贵显，能洞见内外之大势，调剂两间，以樽俎息干戈，不使内忧外患，一时并起，是诚治蛊之能臣，非庸庸者所能及也，其功不亦伟哉！今占得此卦，值上爻之位，即为某贵显功成身退之象，谓之“不事王侯，高尚其事”。

䷒地泽临

“临”字篆书作䇐，从人，从臣，从品。人者以君上为尊，臣者以臣民统之，品者以品类别之。言人君临御天下，统率臣民，品别品类之贤否，而器使之，是谓君临民，尊临卑，上临下也。临又有监守之义，故监字从临省文。又按临卦，**兑**下☱浸上，**坤**上☷陵下，下陵过乎上，有密迩切近之形。卦体兑为泽，坤为地，地在泽上，是地临泽也上四阴，下二阳，阳欲上进，是以阳临阴也，故《彖辞》曰：下说而依附乎上，上顺而反降乎下。附乎上，自下附上，降乎下，是上莅下，总其象谓临莅也。自有临辞，遂以临为卦名。

临：元亨利贞，至于八月有凶。

临，**兑**下**坤**上，**兑**，说也，**坤**，顺也。**坤**曰“元亨”，以顺来也，**临**得**坤**之顺，故亦曰“元亨”，**兑**曰“利贞”，以说致也，**临**得**兑**之说，故亦曰“利贞”。“元亨利贞”，四德也，首备于**乾**，**乾**，天也，临民者，宜法乎天，故临亦备此四德。“八月”之说，诸儒纷议，然《易》之道，不外阴阳消长。以辟卦言之，**临**为二月之卦，二月当春仲，阳方长也，八月当秋仲，阳渐消也，阳消阴长，凶道也，故曰“至于八月有凶”。曰“至”者，未至而豫访其至之谓也；曰“有”者，未有而预虑其有之谓也。若已至焉，若已有焉，凶既临身，虽欲避之，则已晚矣。圣人以《易》垂诫，期临民者先时杜维，亦即“履霜”、“坚冰”之意也。万事能有吉而无凶，斯天下可常治矣。

《彖传》曰：临，刚浸而长，说而顺，刚中而应，大亨以正，天之道也。至于八月，有凶，消不久也。

“刚”指**兑**下二画，谓初爻、二爻。“浸”，渐也，二阳渐长于下而上进也。内**兑**外**坤**，内说而外顺也。“刚中”者，谓二爻刚得其中。“应”者谓五爻，得柔之中，以应刚中，是刚柔相应也。“大”即元，“以”即利。凡《彖传》以字，即释利字。卦德备“元亨利贞”者，**乾**、**坤**、**屯**、**随**、**临**、**无妄**、**革**，凡七卦，诸卦四德皆从**乾**六阳来，乾为天，故曰“天之道也”。“浸而长，说而顺”，是道之得其亨；“刚中而应”，是道之得其正，所谓尽人以合天也。“八月，有凶，消不久也”，盖临当二月，“刚浸而长”，至八月柔浸而长，刚浸而消矣。“不久”者，言方消也，即浸之意。刚而浸长，君子应天而行，乃得“大亨以正”；刚而浸消，君子所当前时而戒，斯能免凶矣。阳长阴消，以天道言，则谓寒暑之往来；以治道言，则谓君子小人之进退。圣人特于**临**卦，反复垂诫，意深哉！

以此卦拟人事，或**临**高而望，或临渊而羡，或临事而惧，或临财，或临难，皆为临也。人事之害，不失于刚，即失于柔，刚之长，能济以柔，柔之长，能济以刚，斯和悦巽顺。刚柔两得，则必万事亨通，百为公正，是人事之至善者也。阴阳消长，天道之循环，固非人力所能挽，而人事之吉凶伏焉矣。浅言之，未寒而不谋其衣，既寒则谋之不及，必致冻矣；未饥而不谋其食，既饥而谋已迟，必致馁矣。推之恶未著时，而不自检摄，则恶必浸增，至恶大而不可复改；邪未盛时，而不自防闲，则邪必浸炽，至邪极而不可复治，皆凶道也。任其欲而纵之，放僻邪侈，盗跖之所以终盗跖；复其性而明之，戒慎恐惧，伯夷之所以终为伯夷。天道之阴阳寒暑，在转移之间，人事之善恶邪正，亦一转移间耳。临卦六爻，惟五爻刚柔得中，称曰“知临”，知则明，能察几，自有先时之吉，斯无后时之凶。人事之所以趋吉避凶，道不外是焉。

以此卦拟国家，六五之君，临御天下，以悦得众，以顺承天，握**乾**而闻**坤**，举直而黜枉，临之以庄，莫不大亨而得正矣。欲以一人临天下，其势难，以天下临天下，其势易，故人君不贵独临，必贵得人以共理，昔舜有五臣，武有十臣，皆是也。此卦六五之君，委任九二，刚柔相济，内说外顺，察天时之变，度人事之宜，居正以“体元”，“嘉会”以敦“亨”，利用以裕民，“贞固”以“干事”，道足以教育天下英材，德足以容保子孙黎民。以此而临一国，而一国治；以此而临天下，而天下平。而君子不敢自为已治已平也，谓治难而乱易，必于未乱防其乱，谓泰极即否来，必于未否虑其否，此古人感羽翘而绸缪牖户，闻牛喘而调燮阴阳者，盖皆有深虑焉。**临**卦六爻，无一言凶，亦以其能思患豫访耳。六爻中五居尊位，可谓聪明睿知，足以有临之圣君；二爻可谓咸有一德之大臣；初爻则行之以正；四爻则至近当位；上爻则敦厚终吉；虽三爻不中，幸其知忧而无咎。

一人当阳，群贤荟萃，宜其君明臣良，得以长安而久治也，岂不休哉？

太阳历者，因方今外国交际频繁，沿而用之，至其数月，似于月之盈虚失准。然欧美各邦，古亦用太阴历，故今犹以十二分太阳历之一年，同以月称，是以占断上，数月必据大阴历。《易》以冬至为一月之初，故至一年终始，与太阳历无有大差，故不复附月之解释。

通观此卦，明主在上，为天下大悦之时也。地势卑而下顺，泽水浸而上悦，水土本相亲近，犹人主平易而近民，民皆欢乐而附上也，临之所以为临也。初九、九二，同为"咸临"，泽水自山而下也。初九泽犹未盈，故曰"行"；九二泽水已满，故"无不利"；六三水既及岸，故为"甘"；六四地与水接，故曰"至"；六五地泽正应，有智者乐水之象，故曰"知临"；上六，地愈厚，泽愈深，故曰"敦临"。"咸"者临之速也；"甘"者临之贼也；"至"者临之诚也；"知"者，临之明也；"敦"者，临之久也。"咸临"见其德之能感；"甘临"见其性之过柔；"至临"见其位之得当；"知临"见其道之克明；"敦临"见其志之笃厚。盖六五之君，不以独临，而能任人，故以"知临"称之。用其"咸"，用其"至"，用其"敦"，而君子之道长；去一"甘"，而小人之道消。阳悦而长，阴顺而消，于是天时正，人事和，上下同德，熙熙皞皞，而天下治矣。是诚临民之极则也。

《大象》曰：泽上有地，临。君子以教思无穷，容保民无疆。

上卦之地高，下卦之泽卑，以上临下，故曰**临**。夫临下之道，不外教养二者。**兑**取夫说，教而能说，以集其思也；**坤**取夫顺，养而能顺，足以容其众也。教而有思，如泽之浸得其润；容而又保，如地之厚而能载。"无穷"者，泽之长也；"无疆"者，地之广也。又**兑**为口，是以能教；**坤**为腹，是以能容。君子取象泽地，以临万民，教之道在育英材，保之诚如抚赤子，泽普群生，量包一世，斯临治矣。

占 问时运：目下作事，恰如一潭活水，流行自在，好运正长。〇问商业：泽为货物，地为贩运之地也，得此占，其获利厚而尤远，大吉。〇问家宅：此宅必近水泽之乡，家业正旺，财丁两盛，大吉。〇问战征：其阵宜临水处，不特一时得胜，且有万民归服之象。〇问疾病：其命可保，其病必延久，一时难愈。〇问讼事：恐久久不了。〇问婚嫁：两姓和合，五世其昌，大吉。〇问六甲：生女。〇问行人：一时未归。〇问失物：在川岸处觅之，保可得也。

初九：咸临，贞吉。

《象传》曰：咸临贞吉，志行正也。

山泽通气之卦，名之曰咸；此卦泽上有地，阴阳之气相感，故初、二两爻，皆曰“咸临”。初居卦之始，其阳犹微，与四相应。四以柔而当位，初以刚而得志，行各得其正，乃能应而进于五，相与得行其道，以佐大君“知临”之治也，故曰“贞吉”。《象传》曰“志行正也”，盖初爻位居其正，是以志之所行，莫不正也。

占 问时运：目下新运初交，能守其正，行无不利。〇问商业：时当新货初出，市价平正，尽可贩行，无不如志。吉。〇问家宅：必是忠厚中正之家，现下适有吉事临门。大利。〇问战征：初次临阵，宜从大路进军。吉。〇问疾病：病是初起，正气充足，可保即愈。〇问婚嫁：门户相当，品行端正，佳偶也。〇问讼事：一经临审，即可了结。〇问六甲：生男，临盆有喜。

占例 友人某来，请占气运。筮得**临**之**师**。

断曰：此卦地下有泽，泽者为水所停蓄之处。泽得地而流，地取泽而润，彼此相临，故其卦曰**临**。今足下占得**临**初爻，初与四相应，四近尊位，有贵显之象；但四爻贵显，阴柔而居阴位，势力尚有所缺。足下为初爻，阳而居阳，虽有才智，以无其位，未得行其志。在《爻辞》曰“咸临”，“咸”感也，两情定相感乎。今为初爻，是初次相见，意气虽投，尚未可望其速行，必俟二爻“咸临”，则无不利矣。必也其在明年也。

于是某敬服而去。

九二：咸临，吉，无不利。

《象传》曰：咸临，吉无不利，未顺命也。

此爻成卦之主，以刚中之才，与六五柔中之君，阴阳相应，虽在大臣之位，任官之日犹浅，不保无众阴嫉之也。故直临则必有咎，宜待在上之君长，感我才德，而后临之，然后可得吉也。此爻曰“吉”，曰“无不利”，于六爻中特见赞美，盖初爻以正感，二爻以中感也。《象传》曰“未顺命也”，谓此爻在下体而不当位，故小人未尽从其命也。

占 问时运：目下正佳，又得贵人照应，大吉。〇问商业：初次既获吉，二次更利。〇问家宅：有福星照临之象，前后皆吉。〇问战征：再接再励，所向皆吉，但防偏裨中，有不从令者，以致败事。〇问婚嫁：咸利，惟属羊者最佳。〇问讼事：却不致败，但一时未得顺从。〇问六甲：生男，但未产也。〇问行人：在外者归期未定。

占例 友人来，请占某贵显气运。筮得**临**之**复**。

断曰：此卦下之二阳长进，上之四阴衰微，阳者君子，而阴者小人也。君子在位，则国家安宁，万民得福，是临民之善者也。今占得此爻，以九二为贵显，与六五之君位，阴阳相应，谓之“咸临，吉，无不利”，可知某贵显本年之气运大吉。

占例 明治二十七年，友人金原明善氏来访，曰：余生长之乡在远州滨松附近，以培植山林为业，近在东京经营银行，家乡旧事，未能兼顾。孙女现已及笄，欲得一配偶，使之相续家督，并可奉事老母，与余妻共归故乡。请占其吉凶如何？筮得**临**之**复**。

断曰：**临**卦下**兑**上**坤**，**坤**为老母，**兑**为小女，又**兑**为悦，**坤**为顺，是老母爱悦少女，少女顺从老母也。今占得二爻，其辞曰“咸临，吉”，二爻与五爻相应，二爻阳居柔位，五爻阴居阳位，恰合赘婿之象。《爻辞》曰“吉，无不利”，可使速完婚姻，若愆时期，三四两爻，皆不利。明后两年，未可成婚，必以本年为吉。金原氏谢而去。

六三：甘临，无攸利。既忧之，无咎。

《象传》曰：甘临，位不当也。既忧之，咎不长也。

“甘”者，五味之中，为人之所最嗜，为怡乐之义。“甘临”者，谓不能临人以德，而以甘言谄之，必无诚心实意也。三爻近二爻，见二爻未从其命，遂欲巧言求进。究之，言虽甘，而位不当，何利之有？既知其非而“忧之”，反邪归正，去恶从善，则以今日之是，亦足补前日之非，则可以免咎，谓之“既忧之，无咎”也。《象传》曰“位不当也”，以阴居阳，是位之不得其正也；“咎不长也”，幸以其忧之速，故其咎未至于长也。

占 问时运：运既不佳，行亦不正，幸能知悔，后运可望。〇问商业：店基不得其位，惟贩运糖业则佳。〇问家宅：屋运不佳，宜迁徙为吉。〇问战征：屯营地位不当，迁营则吉。〇问疾病：药不对症，宜进苦辛之剂，无咎。〇问婚姻：不合。〇问行人：外不得利，近时可归。〇问失物：可得。〇问六甲：生女，恐难长养。

占例 明治五年，友人某来，请占某商人气运。筮得**临**之**泰**。

断曰：此卦地上有泽，地**坤**卦，**坤**以生育万物，为母，泽**兑**卦，**兑**以三索得女，为少女，有母女相临之义。**临**三爻曰“甘临”，以阴居阳，位不中正，恰如少女恃宠，以甘言取悦于母，冀专家政。今某商人，占得此爻，知某商人必夙性阴险，专以机巧取利，一旦得志，便自盈满，如妇人小子之为，何利之有？若能迁改，尚可免咎。

友人曰：甚感易理之妙。某商人曾以一步金十钱价格，买横滨吉田新田之沼地若干，后因某豪商为抵当某省寄托金，以一步一元价格买之，其地券为一步十元，致之某省，以为抵当。故某商人一时占万余元巨利，从此遂生骄慢，轻视众人，其状恰类狂病者。余将对友人详说易占之妙，使之转告某商也。

六四：至临，无咎。

《象传》曰：至临无咎，位当也。

此爻位近至尊，才志俱弱，以柔顺之资，居台鼎之贵，能略分忘势，下应初九之刚正，尊贤尚德，情意恳至，故曰“至临”。盖大臣有休休好善之诚，无矜矜自足之意，以至诚之心，感应初九，初九之贤，亦感而悦服，共谋国事，是以无咎，临政之吉，莫大于此。《象传》曰“位当也”，谓得柔正之德也。

占 问时运：好运已至，无不得当，有吉无凶。〇问商业：目下贩运，正当其时，无往不利。〇问家宅：宅位得当，家业兴隆，无咎。〇问战征：其时已至，正可临敌获胜。〇问疾病：虽至危笃，尚可无咎。〇问婚姻：彼此欢洽，门户亦当。〇问行人：即至。〇问失物：即得。

占例 友人某氏来，请占某贵显气运。筮得**临**之**归妹**。

断曰：此卦内卦**兑**为口，外卦**坤**为众，为俯听舆论，酌量民情，出而临事之谓，故名曰**临**。四爻具柔正之德，下应初九之刚正，忘势略分，厚意礼贤，可谓诚之至也，谓之“至临，无咎”。某贵显能体此意，可得无咎。

六五：知临，大君之宜，吉。

《象传》曰：大君之宜，行中之谓也。

“知”者，智也，“知临”者，知人善任之谓也。夫以一人之身，临天下之广，自任其智，适足以为不智，惟能取天下之善，任天下之事，如此则“知周万物，道济天下”，是恭己无为之郅治也。此爻具柔中之德，居至尊之位，下应九二，知其贤而任之，所谓“聪明睿知，足以有临”，此爻得之矣，故曰“大君之宜”。舜之称大智，合天下之智以为己智，曰“舜好问，而察迩言”，亦此意也。《象传》曰“行中之谓也”，谓五有柔中之德，倚任刚中之贤，以成“知临”之功，中道而行，是即不偏之谓也。

占 问时运：目下运得其时，又得好人相助，事事宜成，吉。○问商业：知往知来，通晓商情，自然获利。吉。○问家宅：有五福临门之兆。吉。○问战征：能得军心，斯知己知彼，战无不胜也。○问疾病：当得良医，详知病由，治之自然得愈。○问婚姻：宜家宜室。大吉。○问失物：有人拾得，久后自知。○问六甲：生男，主贵。○问行人：尚在半途，后日可归。

占例 明治二十二年，占某贵显气运。筮得**临**之**节**。

断曰：此爻居五，为大君之位，爻曰“知临”有大君之象，非人臣所宜。今为某贵显占得此爻，五与二相应，五君，二臣也，当以二爻为某贵显。“知临”者大君，受大君所知者，某贵显也。受大君之知以临政，凡有善政，皆宜归君，故曰“知临，大君之宜，吉”。然位高任重，众忌所归，往往宜于君，转不宜臣，亦阴阳消长之机也。**临**六爻无凶象，特于《象》曰“至于八月，有凶”，圣人就此吉卦，突示凶灾，盖以长之初，消即伏之，福之来，祸即继之，谓吉在今日，凶宜豫访于将来也。

《易》机甚微，未易测度。后十月某贵显猝遭凶暴所伤，不在八月**观**之数，延至十月**遁**之数。虽筮者有不能确知其数者，然吉凶之理，要不出消长循环中也。后进之士，须注意焉。

占例 明治三十年五月十二日，访横山孙一郎氏于东京山下町雨宫，敬二郎、小野金六两氏，亦在其座，谓余曰：“吾辈昨年以来，欲使英国左美以儿商会，买我国公债，极力斡旋，然价值不适，苦虑久之。请占此买卖约券成否。”筮得**临**之**节**。

断曰：**临**者，彼此互相临之谓也。盖此卦以**兑**少女，与**坤**老母，有相顺相悦之象，公债买卖，意亦如此。我得战胜偿金，欲**益**扩张军备，示威信于各国，坚固国家之基础，因卖公债，俾补不足，彼商会亦将卖与本国低利之商人，得其赢余。两下互相谋利，犹老母与少女，亲悦而成事也。今占得此爻，知即可遂望，事在必成，勿复多虑。

翌日果有四千万元公债买卖约成之报。

上六：敦临，吉，无咎。

《象传》曰：敦临之吉，志在内也。

“敦”者，笃也，厚也。此卦六五既应九二，上六又从而附益之，谓之“敦临”，犹复六四既应初九，六五亦从而附益之，谓之“敦复”，其义一也。此爻为**坤**之极，居**临**之终，阴柔在上，与二虽非正应，而志在从阳，屈尊从卑，降高就下，礼意敦笃，是临道之善持其终者也，故曰“敦临，吉，无咎”。凡卦于上爻为极，过极每多危象，此爻曰“敦临”，有“安土敦仁”之义，无过极之虑也，是以吉而无咎。《象传》曰“志在内也”，内者，指内卦二阳，虽与内卦无应，上六之志，惟在于内，故曰“志在内也”。可与**泰**初九之《象传》“志在外也”对看。

占　问时运：目下好运已终，惟其存心忠厚，故得无咎。○问商业：贩卖内地，吉。○问家宅：世代忠厚，内外肃穆，吉。○问战征：宜增兵益饷，以保护内地为要。○问疾病：培养元气，勿药有喜。○问六甲：生女。○问失物：即在家内，未尝失也。○问行人：即日可归。

占例　友人某氏来，请占谋事。筮得**临**之**损**。

断曰：此爻**临**之极，功业已完，别无他图。曰“敦临”者，亦于临道之中，复加敦厚而已，能敦厚以临，故得“吉，无咎”。今占得此爻，足下亦宜知此意，凡事宜加敦厚，则何谋不遂？何事不成？足下思虑之笃，可于易象见之。

某氏曰：《诗》云，“他人有心，予忖度之”，洵先生之谓也。深谢而去。

䷓风地观

按："观"字，从雚，从见。雚即鹳，似鸿而大。雚有白黑二种，白雚巢树。雚又能察时审变，每天阴晴雨雪，大风大水，气候不常，向树上瞻望，随所见之上下，以为趋避。故土人亦皆视雚之飞鸣止食，以占常变。见，视也。常见曰"见"，非常曰"观"。故合雚与见为"觀"。此卦下**坤**上**巽**，巽为风，坤为地。风本无形可观，以其触于物者而观之，犹上之德化无形，以施于政者观之，下之性情无形，以发于事者观之，有相观而化之义也。是以名其卦曰**观**。《序卦》曰："物大然后可观，故受之以观"，此观之所以次于临也。

观：盥而不荐，有孚颙若。

按：盥字，从臼，从皿。水在皿上，有两手掬水之象。卦本**巽**，**巽**为入，谓以两手入水而洁之也。巽为不果，故曰"不荐"。**坤**下**坎**上，谓比，初爻曰"有孚盈缶"，缶亦盛水之器。**乾**下**巽**上，谓**小畜**，五爻曰"有孚挛如"，挛，即两手，均得有孚之象。**巽**下**坤**上谓**升**，与**观**互变，**升**二爻曰"孚乃利用禴"，有用祭之义焉。"颙"，《说文》曰"大首也"，谓昂首而望之，有**观**之象。"若"，顺也，有诚心而奉顺之意。"不荐"、"有孚"，即不动而敬，不言而信，谓观于盥之用洁，而众情已孚，有不待荐而始感者也。是观在心不在貌，孚以神不以迹。即此盥手之初，而精诚所注，天下皆见其心焉，故曰"观：盥而不荐，有孚颙若"。

《彖传》曰：大观在上，顺而巽，中正以观天下。观，盥而不荐，有孚颙若，下观而化也。观天之神道，而四时不忒，圣人以神道设教，而天下服矣。

此卦两刚四柔，两刚在上，四柔在下，刚为大，柔为小，故曰"大观在上"。**坤**顺**巽**入，是能顺而**巽**也。九五处卦之中，刚居阳位得中正。"天下"指四柔，谓其居于上卦之下。五爻为君，四柔皆臣也，中正之德大而在上，足以为观于天下。为观之道，全在精洁诚敬，至中至正，无稍间断。四柔观感诚意，咸思进而自洁，有不期其化而自化者矣，故曰“下观而化”。观圣即可观天，圣道无殊天道，天道神妙，故曰“神道”。天有“神道”，而时运“不忒”；圣有神道，而中正无私。天之道，不言而四时行、百物生；圣之道，“不荐”而万民孚也。圣人合天之德，法天之行，神而明之，发为政教，俾天下沐渥圣化，沦肌浃髓，妙合无言，所谓不识不知，顺帝之则，犹如戴天而不知天之高者矣，其化道之神为何如乎！故曰“圣人以神道设教，而天下服矣”。

以全卦观之，阳大阴小，四阳之卦，有曰**大过**，与**大过**相反，四阴之卦，有曰**小过**。**大壮**卦，四阳在下，二阴在上，此卦四阴在下，二阳在上，与**大壮**反，独不曰小。《彖传》曰“大观在上”，以九五阳刚，中正得位，故不言小。此全卦取名之主义也。凡阴盛阳微，必致以柔逼刚，爻多不吉，此卦六爻独不言凶，亦以五居君位，中正之德，足以仪型天下，群柔皆仰而观之，故相观者不致相持，而柔无复逼刚矣。卦义专取为观于下，不取阴盛之象。卦以四爻为主，四爻以柔居阴位得其正，上比二刚，下接三柔，率三柔以进于五，仰观德化，是以四爻为一卦之主也。初爻始阴在下，位与五违，所观者浅，如童蒙然，故曰“童观”。二与五本相应，但二阴暗柔弱，不能进而观光，而仅得窥见其仿佛，是效女子之贞也，故曰“利女贞”。三爻比四，四为主观，三观四之动作，以为进退，故曰“观我生，进退”。四比近于五，观最真切，五为君，四近于君而相得，故为“宾”。君之德教，发而为国之光华。“利用”者，谓将进而效用也，故曰“观国之光，利用宾于王”。五爻居一卦之尊，天下之民情风俗，由我而化，所谓正己以正万民者，故曰“观我生”。《象》曰“观民也”，盖内而观我，即外而观民也。上九居观之终，刚健有德，虽夙为民所瞻观，因其高而无位，不欲出而观民，惟反而自观，谨身免咎而已，故曰“观其生”。《彖》称“圣人”，《象》称“先王”，皆指五爻君位而言也。《彖》曰“神道设教”，以上体乾德，示观于天下；《象》曰“省方”、“设教”，以俯效巽风，省观夫民俗也。故卦名之**观**，自上观下，《爻辞》之观，自下观上，义虽不同，各有所取。所谓“设教”，所以一其观德，消其逸志，使之咸归于中正之域，一道德而同风俗者也，故曰“大观在上”。

附言　神字从示从申。示，《唐韵》：“音侍，垂示也。”《说文》曰：

"天垂象，见吉凶，所以示也。"《玉篇》曰："示，语也。"以事告人曰示，申，引伸也，盖神者，所以引伸其道以示人者也。《象传》曰："圣人以神道设教。"是以垂示神道，以教天下也。古昔圣王之祭神，以至诚求神告而已，故上则神明假格，下则群黎服从。**观**卦之圣人，以此设教，其妙有不可思议，天下一观，而感应捷于影响，莫不服圣人之观也。

余尝慨我邦神教之衰，明治二十四年春，曾创兴阴阳寮之议一篇，附记以补"神道设教"之说：

恭惟我国，称曰"神国"；我国治道，称曰"神道"，其所由来久矣。盖神道，邦语曰"惟神之道"。惟神者，即随神之谓也，故一作神随。观古先皇之建国，以神祭为政事，以神敕为国是，凡一切政事，苟涉疑虑，皆依神教决之，是所以称我国曰神国也。国君通称天子，天子者，为天之子，谓奉天明命，抚临万国，尊无二上，以天为父，故尊之曰天子。上自大臣，下至属官，皆佐天子以敷教者也。孟子引《书》曰："天降下民，作之君，作之师，惟曰其助上帝，宠之四方"，是天子而能助上帝也。《书》曰："乃文乃武，乃圣乃神"，是天子而即为神皇也。**观**之《象辞》曰："圣人以神道设教，而天下服"，可知治道通于神道，惟神道乃可以补治道之不及。

古者国有大事，必藉卜以决疑，此神道之最彰者也。天人感通之理，其在斯乎？夫人虽贤明，不能前知未来之事，惟卜筮则能前知。昔在我国神代之时，垂鹿卜之法，以问神意，称曰卜问，今奈良春日畜鹿，即此遗意也。后与支那交通，传得龟卜、蓍卜之术，神人感通之道愈备，未来前知之法益明。"天地设位，圣人成能，人谋鬼谋，百姓与能"，于是朝廷置阴阳寮于中务省，设阴阳头、阴阳助、阴阳博士、阴阳士等吏员，以供其职，以修其业。令典所垂，自古有然；中世以来，皇政式微，寮废官阙。然当国家大事，皇上亲祭伊势大庙及贤所，使府县知事代拜全国官国币社，告以事由，派遣吏员于外国，使之参拜贤所。奉神威以临异域，朝廷之崇敬神教，未尝或替，下民效之，凡值神诞祭礼，及春祈秋报，陈俎豆以飨神明，荐馨香以祈福佑，虽卜筮之法几废，而酬报之礼犹存也。我国地居东海，古号神洲，是以神道之昭垂愈著，民心之爱戴愈虔，凡忠君爱国之忱，罔不敬神之诚而焕发也。其功如斯，若能尽诚尽敬，开明布教，克复前徽，斯精灵感格，有求必孚，其灵效之显赫，当更有进者矣。

皇政维新，百废俱兴，惟于阴阳寮，未见复设，无他，维新事业，多创建于兵马倥偬之际，既又侵入欧美文物，汲汲模效西学，无暇复古。况西人蔑视神道，创论为无，故习西法者，多惑其说，信口妄谈，谤毁神祇。由是渎慢之风，行于家庭则侮父兄，行于府县则侮官吏，行于国中则侮君上，败人间之秩序，害社会之安宁，方今天下之通弊也。察其弊所由来，皆由神道息微，以致人心狂妄，不知畏敬，极其所至，其祸有不可胜言者矣，可不慨叹乎！方今圣明在上，独断万机，大臣各进谠言，以相辅佐，复开贵族院、众议院，问国民之舆论，以定国是，是所谓君从相、从士、从庶民，从之时也。然谋于野而不谋于天，询于民而不询于神，未始非圣代之缺典也。古者命相则卜之，出师则卜之，求贤则卜之，《礼》曰“卜筮者，所以决嫌疑，定犹豫者”是也。古时我国有行之者，即阴阳寮之属也。今朝堂之官吏，二万六千人，皆立君子之位，独阴阳寮职，不闻复古，粤稽古时，所称神随国者，其教既废，其名亦殆将灭绝矣。

余虽不肖，深为之惧，意欲修复阴阳之术，推阐感格之诚。然言之则罪犯僭越，不言则罪获冥明，其罪均也，则宁言之。不若使神国之称，得践其实，内可与四千余万生灵，同沾幸福，外可使欧西各国，昏昧而不知神道者，得闻此灵明玄妙之真理也。爰此，敢陈兴复阴阳寮一议。呜呼！所愿当道君子赞成此议，振兴舆论。得复阴阳寮之古职，不惟本邦之幸福，实足发世界之光辉也！谨议。

以此卦拟人事，不外观己观人两端，而家业之兴替关焉。卦体下**坤**上**巽**，二阳在上，四阴在下，五居尊位，一家之主，为家人所观仰也。四阴为家人，皆顺从于五，一家之主，首当庄敬严肃，时凛承祭见宾之意，使家人观感而化，群思澡身浴德，相孚以诚，不敢偏存欺诈。虽家主柔顺谦和，绝无苛责，而中正之德，垂为仪型，自有不言而信，不动而敬者矣。天道正而四时调和，家道齐而一门肃睦，故人伦之重，称为天伦，物则之微，协于天则。人能敬从天命，与天合撰，其神妙莫测之机，攸往咸宜。一旦出而临民，先王所谓“省方”、“设教”者，措之裕如。而仅施诸一家一门之内，犹其小焉耳。初爻为一卦之始，如家中之幼子，所观者小，在小人固无咎也。二爻阴暗柔弱，仅能窥觇仿佛，窥者从门隙而观之，在女子尚不失其贞也。三爻柔顺之极，能以顺时进退，故不失其道。四爻比近于五，是家主之亲人，其所观最为真切，为家主所信用也。五爻则刚阳中正，齐家之主，凡家政之善恶，皆存乎其身，故曰“观我生”。上爻居五位之上，为家主之长亲也，虽其人已不关家政，而家人犹必仰观其道德，用为法则，故不能不避而自观也。古昔文王，德盛化神，必曰“刑于寡妻，至于家邦”。可知治国必本治家，所谓观于家，而王道易见者也。此卦全体，阴盛阳微，道极可危。卦名曰**观**，五上两爻，二阳在上，虽不言凶，一则“观我生”，一则“观其生”，皆孜孜返观内省，其防危虑患，至深且切。凡人持身涉世，时时能敬凛此旨，庶可无咎矣。

以此卦拟国家，卦象为阴盛剥阳，惟赖神明之呵佑，挽回衰运之时也。盖内外二体，外卦为政府，二阳在位，具中正刚强之德，足为亿兆观瞻；内卦为人民，四阴在下，怀柔顺卑巽之情，常欲仰观政化。人民众多，政府高远，彼小民不能亲观夫圣德，必就近侍夫君者之观以为观。四爻比五，为**巽**同体，一卦之主，凡下三阴欲进而观五，必先观四，故初曰“童观”，如孺子之望宫门，高不及见也。二爻曰“窥观”，有畏怯不敢直前，仅以潜身窥伺也。三爻曰“观我生，进退”，三与四近，是以得观视而定进退也。四爻比近尊位，得亲待圣躬，瞻仰国光，“利用宾于王”，宾，犹臣也，即利见大人之谓也。五为大君，中正得位，盖以二阳孤立，高而可危，故曰“观我生”，其兢兢业业，不问正人而先正己，意甚深切。六爻居**观**之极，在五之上，身虽无位，与五合德，曰“观其生”，盖其惕厉之意，与五亦同。统观四阴之意，皆以窥察大君之动作，以为进退；二阳在上，惟以明德新民，孜孜以持盈保泰为虑。《爻辞》曰“盥而不荐，有孚颙若”，谓君能至诚精洁，可以格神明，即可孚黎庶，是恭己南面，无为而治之旨也。《彖辞》即释此意而引伸之曰“大观在上”，即有岌岌乎可危之象；曰“巽而顺，中正以观天下”。就卦体之巽顺中正，言君首当修明其德，为天下观。“观天之道”数句，亦从“盥而不荐”来，言天道神化不测，寒暑往来，四时不忒，圣人能效法神道，当为政教，于变时雍，天下咸服矣。《象传》曰“先王以省方观民设教”，此即示以观之之道。盖《彖传》之旨，以观示下；《象传》之旨，以观察下。统之秉此阳德，足为民观，亦足以观民，而群阴服从，否则阳德有亏，群阴即因而上逼，亦可危也。二阳爻皆言“君子无咎”，君子者，有德之称。有德则无咎，无德即有咎，反观而自明矣。为国家者，安可不凛凛哉！

《大象》曰：风行地上，观。先王以省方观民设教。

坤为地，为国土，为众，**巽**为风，为命令。此卦“风行地上”，有施教于民之象。“方”者谓四方，“省方”者，省察四方民心之向背也。“观民”者，考验风土民俗之所尚也。“设教”者，随其地，察其俗，设教而施治也。夫天下之民情，或为风气之所囿，或为习俗之所移，各有所偏倚，不能归中正和平之域。先王见风行地上，有周流披拂，无处不遍之象，法此以省方，有嘘枯吹新，鼓动万物之象。法此以“观民设教”，政教二端，政以束其身，教以导其心。从“省方观民”之后，而复设以教，则因奢而教以俭，因惰而教以勤，斯教愈善矣。故孟子有曰：“善政不如善教之得民心也。”要其教之深入民心，犹风之遍行天下也，如此则化行俗美，弊革风清。观之道，无以加之，谓之“省方观民设教”。

占　问时运：目下正当振作有为，宜出外历览，不宜杜门静守。〇问商业：贩运洋货，风险须防。〇问家宅：宅中或旧有供奉神佛，或皈入教门之家，或是家主设馆教徒。〇问战征：有风雷疾卷之势，可以掠得土地，收获民众。吉。〇问疾病：是风湿之症，宜流行活动，血调而风自息。〇问出行：远游吉，传教更好。〇问讼事：得平匀断结。〇问六甲：生男。〇问天时：有风即晴。〇问失物：初在地上，被风吹远，宜遍寻之，可得。

初六：童观，小人无咎，君子吝。

《象传》曰：初六童观，小人道也。

“童观”者，谓无远大之识见，犹童稚蒙昧，不能振拔以观道德之光。此卦六爻，各取义于观，以地之远近，分观之浅深，故其所观，一爻胜于一爻，此义不可不知也。初爻以阴柔在下，是幼稚之氓，抱昏愚之性，处荒僻之区，所居既远，所观亦微，故曰“童观”。“小人”者，以其昏昧，无远大识见，固不足怪，是以“无咎”，若君子而如是，不亦可吝乎？故曰“小人无咎，君子吝”。《象传》曰“小人道也”，以其位卑识微，只得如是。“道”，即“小人道长”之道也。

占 问时运：初运未佳，幸无大碍。〇问商业：初立场面，只宜就小，无咎。〇问家宅：防有童仆偷窃之患。〇问战征：防有小胜大败。〇问疾病：小人无碍，大人不利。〇问行人：宜就近，无咎。〇问六甲：生女。〇问婚嫁：自幼结亲，吉。〇问失物：防为小儿抛弃。

占例 某石炭会社员来曰：当某局石炭购入，试验甲乙石炭之火力，然后将付之入札，请占其胜败如何？筮得**观之益**。

断曰：观者见也，见石炭之真质也。今某局方购入石炭，试验火力，然后竞争入札，可谓行公平之法则者也，谓之"大观在上，中正以观天下"。今占得初爻，初六在下，僻处远方，曰"童观"。以幼童见识，昏愚短浅，盖指检查者之无识也。爻曰"小人无咎，君子吝"，是正者取败，不正者得胜之时也。兹竞争者某，富狡猾之智，于试验之际，其设计行诈，弊有不可胜防者，深恐会社取败。

后果如是。

占例 友人来告曰：偶得某豪商招待状，余同业中，亦当集会，请占此日接待之景况如何？筮得**观之益**。

断曰：此卦《彖辞》曰"大观在上"，必是一绝大集会也。今占得初爻，初阴在下，地位甚卑。在足下见识高远，老成简练，余所知也。《爻辞》曰"童观，小人无咎"，恐有屈尊就卑之嫌。遇如此，小人尚可，君子未免不快于心，外耻于人，内惭于己，谓之"童观，小人无咎，君子吝"。

某闻之，如有所疑，因彼好意，亦不能辞，遂临其席。当日余亦同席，数十人中，某适列末座。某在同业中，智识才力，可驾众人上，此日受斯接遇，不知何故。

六二：窥观，利女贞。

《象传》曰：窥观女贞，亦可丑也。

艮为门，**坤**为阖户。"窥观"者，盖从门隙而窃窥之也。二爻以阴居阴，位得中正，虽进于初爻，其位尚卑，见识亦劣，不能观刚阳中正之大道，仅其髣髴而已。孟子"齐人一妻一妾"章，其妻曰"吾将瞰良人之所之矣"。瞯（瞰）、闚（窥）字皆从门，义同，是女子之行也，故曰"利女贞”。在丈夫，当目观天地之广远，心观万理之幽微，内观自己之身心，外观天下之形势，岂得以潜探暗窥为得计乎？《象传》曰“窥观女贞，亦可丑也”，女以贞为利，女子而“窥观”，尚未为失，若丈夫则丑矣。“亦”字承初爻“吝”字来，初爻以小人励君子，二爻以女子激丈夫。

占 问时运：目下运亦不佳，只宜株守，若妇女占之，大利。〇问商业：蚕丝业大利，余不佳。〇问家宅：必是妇女主家，利。〇问疾病：是阴寒之症，无害。〇问出行：须携眷同往，若行人，必携眷偕归。〇问六甲：生女。〇问失物：恐在门隙之间，窥探得之。

占例 明治二十三年，占贵族院。筮得**观之涣**。

断曰：二与五应，五爻阳刚为政府，居高而下观人民；二爻阴柔为人民，在下而仰观政府，上下相应也。乃二爻不能正观，而曰“窥观”，以其阴柔，故为“女子”也。此卦六爻皆曰观，而见识高下，各自不同，特就全卦意旨而分释之。

初爻卦之最下也，在人为最下等，其见识恰如童子，不辨事理，故其辞曰：“童观，小人无咎，君子吝。”

二爻以柔居阴，为闺中之女子，女子之性，维能主阃内之政，不达世务，故《象传》曰：“窥观女贞，亦可丑也。”

三爻进二爻一等，有自知之明，故力之所及则进，不及则退，故辞曰：“观我生进退。”

四爻进三爻又一等，知我知人，所谓大观达识者也。出用王家，足以观国之光，是能束带立朝，为王国之宾者也。

五爻中正得位，洵足为群黎观望。五爻不曰俯观民情，而内观躬修，是所谓其身正，不令而行者也。故曰“观我生”。

上爻居无位之地，是贤臣而功成身退者也。虽不任事，而亦为民所观。四为主卦，以阴而居上下之间，从违之所存。上爻曰“观其生”，其指四爻，谓观四爻之动作也。四爻而君子，必无咎也。《象传》曰：“志未平也。”言上爻之志，犹未安也。全卦之意如斯。

今占贵族院得二爻，二爻居阴之正位，上应九五。贵族院者，集皇族、华族、国家之元老，其他多额纳税者亦与焉，是欲通观宇内之形势，创建维新之说论，得与欧美各国竞进，取彼之长，补我之短，更将驾各国而上之，为各国所瞻观也。《爻辞》曰“窥观，利女贞”，是以我国一时只知顺从，观犹未远，殆将激励而更进之也。此占盖期见识更进一步。

六三：观我生，进退。

《象传》曰：观我生，进退，未失道也。

“我生”者，指动作施为之自己出者，意思之发动，亦谓之生。“观我生，进退”者，谓省视我志之正邪，我行之通塞，而进退之也。又“进”者谓往刚，“退”者谓返柔，《系辞》曰“变化者，进退之象”是也。三爻居上下之间，在下卦之上，可以进，可以退，地位较二爻稍近，其见识亦稍胜，故能审观“我生”之所宜，以卜进退。度德而就位，量能而居官，随其可否而进退，谓之“观我生进退”。一出而成天下之事，是所行之通也，则可从而进；虽出不能成天下之事，是所行之基也，则可从而退，其出处进退，于己取之而已。《象传》曰“未失道也”，谓其观己之才德，察时之可否，以用意于进退去就，虽未至得道，要无误身失时之忧也。

占 问时运：目下运却平平，能度德量力，不自妄动，虽无所得，亦无失也。〇问商业：谨慎把握，随买随卖，听时计价，决无失也。〇问家宅：宜旧宅，不宜转移。〇问战征：宜审察军情，随机应变，决不致败。〇问行人：归心犹豫未决。〇问六甲：生女。〇问疾病：宜息心自养，可保无虞。〇问失物：即得。

占例 友人来访，云同业者三名纠合，欲创始渔业于北海道，请占前途吉凶。筮得**观之渐**。

断曰：**观**，风行地上之卦也。风之为物，不可目观，以物之动摇，始知有风。占之事业，以座上之谈论，与最初之胸算，虽如容易，至其实际，有遭遇意外变动之象。今三名连合，创始渔业，其他二人，比足下才智金力，皆居下位，恐有半途辄退之虞，足下若无独力成全之力量，必不可着手。今占得此爻，曰“观我生，进退”，知此事业，进退全在“我生”，毫不须假他人之力，惟在己预筹其智略，自可定成否也。

后某不用此占，与他人连合，他二人未半途而挫折，某亦预支算外费用，且贷出多额之金，适海鱼不发，不获奏其功，却取大败。

六四：观国之光，利用宾于王。

《象传》曰：观国之光，尚宾也。

“王”指九五。阳明阴暗，九五阳爻，有光明之象。不言君而言国者，君者专属当阳一人，国则统朝廷百官而言之也。“观国之光”，谓观国中风俗之美恶，政教之隆替。“光”者，国之光华也。“宾于王”者，谓古有贤者，人君宾礼之，故士之仕进王朝者，谓之宾。明主在上，怀抱才德之士，皆愿进仕王朝，辅翼君上，以康济天下，此君子之志也。四爻近五位之尊，为一卦之主，黼黻王献，光被四表，故曰“观国之光，利用宾于王”。项氏曰：“履正故为宾，不正即为敌。”是国有光可观则宾，国无光可观则敌。四以柔居阴，位得其正，《纂言》曰“得阴之正”，故有效顺而无跋扈也。《象传》曰“尚宾也”，“宾”即《书》所云“宾于四门”之谓，盖敬礼之也。此卦四阴二阳，与剥之五阴一阳，阴盛逼阳，势皆危险，六四为四阴之魁，进逼君侧，五爻以宾礼尚之，是隆其礼而不假以权也，可谓善处其观者矣。**剥**之六五曰“贯鱼”，曰“以宫人宠，无不利”，此爻与**剥**之六五，交互参看，可以察其义也。

占 问时运：目下当盛运，求利可，求名尤佳。〇问商业：宜贩运出洋，不特获利，且可得名。〇问家宅：主有喜事临门，光增闾里。〇问战征：必得大捷，论功邀赏，垂名竹帛。〇问疾病：不利。〇问行人：不归。〇问六甲：生男，且主贵。〇问讼事：得宜。

占例 明治七年，占某贵显渡航清国。筮得**观之否**。

断曰：观者四阴得时，上逼二阳之卦，有臣民得势，将犯君位之象。今占得四爻，贵显渡航清国，将与彼国有谈判之事，贵显必能发扬国威，不辱君命，将发我国之光，为外人所仰观；彼国之王，当必以宾礼相敬待也，谓之“观国之光，利用宾于王”。

某贵显果如此占，不辱君命，完其任而归朝。

九五：观我生，君子无咎。

《象传》曰：观我生，观民也。

“观我生”者，与六三同辞，其义殊异。五爻尊位，居中履正，是当阳首出之一人也。阳刚在上，为观之主，四海之内，由我而化，治道之隆替，风俗之美恶，皆自我生而推暨，故不观人而观我。观之而我之教化善焉，则天下皆有君子之风，是可以无咎矣，谓之“观我生”，即《中庸》所云“本诸身，征诸庶民”者是也。《象》曰“观我生，观民也”，王者以中国为一人，民心之向背，无不自我，观我即所以观民也。

占 问时运：目下运得其正，直道而行，无往不利。○问商业：当由我把定主意，买卖贩运，无不利。○问家宅：此宅必由我建造，君子居之，大利。○问战征：当审察己营，所谓知己，乃能知彼也。可获大胜。○问疾病：有命在天，无咎。○问行人：即返。○问失物：仍在身边，未失也。○问六甲：生贵子。

占例 友人某为推选会社社长，请占会社之盛衰。筮得**观之剥**。

断曰：此卦名**观**，有上下互观之义。下之观上，仰其威仪；上之观下，察其贤否。今占得五爻，曰“观我生”，则是返而观己也，谓我而不善，何能望人之善，我而善，自足化人之不善，故观人不如观我。今足下选充社长，为一社之主，社中诸事，皆由足下一人而出也。足下当先内观于己，社友之从违，咸视足下之向背，即社运之盛衰，亦在足下而已。足下其自审之！

同氏闻之，努力奋励，社员及职工，皆感其风云。

上九：观其生，君子无咎。

《象传》曰：观其生，志未平也。

上爻具刚明之才德，居五爻之上，处一卦之终，虽高而无位，其一动一静，为众人所瞩目。既为众人所观，不能不自“观其生”，与五同德，故亦与五同观。“观我生”，观发施之政教；“观其生”，观平时之行义，稍有不同耳。而要皆以君子为归，庶无咎也。《象传》曰“志未平也”，言上处极必危，虽无其位，未忘恐惧；曰“志未平”，其谨畏可知也。

占 问时运：盛运已过，反躬自省，亦无失也。○问商业：此种货物，已将告罄，由我得价，自然获利。○问家宅：是老宅基，生息繁盛，有利无咎。○问战征：军事将终，即可旋凯。○问疾病：命运不久。○问讼事：即结。○问六甲：生男。

占例 明治十八年岁杪，鸟尾得庵君来访，晨夕谈论易理。余言易理玄妙，今日之精通《易》道者，盖已寥寥矣。鸟尾君曰：天下之广，人才之多，岂无一二之能晓者乎？余曰：余自玩易理，二十有余年，然感通之力，仅得咸之初爻，犹未能穷其奥也。自孔子以来，真得神明变化者，世多不闻其名，由是观之，彼此之妄谈卜筮者，皆皮毛耳。论难数回，鸟尾君曰：有无之论辩，不须烦言，不如一占以决之。乃筮得**观之比**。

断曰：上爻者，卦外无位之地，此卦《彖辞》，首言神道，是假格神明之卦之例。以六爻配三才，以五为天位，上居五上，是谓天子之父，即天也。今占得上爻，曰“观其生”，明明教余反观内省，于《易》之道，果得窥透一二？余不能窥透，即知人亦以未能窥透也。又上爻于时为未来，今日虽无其人，后世或有能精晓者矣。

鸟尾君首肯曰：以此观之，今时之无其人，可知也。《易》原非再三可渎，余亦试一筮。筮得**节之需**。

六三《爻辞》曰：“不节若，则嗟若。”《象传》曰：“不节之嗟，又谁咎也。”

断曰：今时求之真通《易》道者，犹霜月求春花，暑夏欲冬粱，其不可得，天也，非人之咎也。

《易》之灵妙，二筮一旨，相与浩叹而别。

占例　亲友某，为构造三层房屋，示建筑学士绘图，请占可否。筮得**观之比**。

断曰：此卦《彖辞》首曰“大观在上”，“观”字，亦作楼观之观，有高楼之象焉。今占得上爻，知学士见识高妙，其以欧美各邦有名建筑之图，画为模范。如此构造，壮则壮矣，欧洲风土气候，与我国异，则家屋之建筑，亦不得不从而异，在建筑师，所当体其意而折中焉可也。如我国以夏为本位而建造，彼国以冬为本位而建造，故我国家屋，拟西洋构造者，夏日乏风而苦热，冬日乏阳而苦寒；他如事务室，有旦昼不能灭烛者。此构竣工以后，防有龃龉，多致改造变更之事，故《象传》曰：“观其生，志未平也。”

䷔火雷噬嗑

“噬”，啮也，“嗑”，合也，啮而合之也。卦全象颐，以初、上二刚为两唇，以二、三、四、五四阴为齿，上下断腭，有噬之象。以四爻一刚，梗于其间，如物之在口，初上二刚，以四为梗，遂致上下不得合。下唇动，上唇止，必噬乎四之梗，梗消而两唇乃合，谓之**噬嗑**。卦承**观**来，《序卦》曰：“可观而后有合，故受之以**噬嗑**，嗑，合也。”既有可观，后必来合，**噬嗑**所以次**观**也。

噬嗑：亨，利用狱。

《杂卦》曰：“噬嗑，食也。”凡食下咽则口合，有物梗之则口不合，不合则不通，合则亨通矣，故曰“噬嗑，亨”。由是而推之，在家庭则有谗邪以梗之，在朝廷则奸佞以梗之，在道路则有强暴以梗之。一如物之在口，有梗则不通也，欲期其通，当先治其梗，治梗者，“利用狱”。治狱宜刚，象取初上两刚，用之者，则在五爻也。“狱”，囚也，外卦**离**体，外实中虚，有狱象焉。内卦**震**，**震**威也，外卦**离**，**离**明也，威而且明，有治狱之才焉，故曰“利”。如是而噬嗑济矣。

《彖传》曰：颐中有物，曰噬嗑，噬嗑而亨。刚柔分，动而明，雷电合而章。柔得中而上行，虽不当位，利用狱也。

颐本合也，因中有物梗，则上下不合，卦体初上两刚在外，二、三、五三柔分列上下，四爻一刚在中，如颐中有物之象，必得初上两刚相交，噬而嗑之，啮去其梗，颐斯合矣。颐合梗去，则亨通也，故曰“噬嗑而亨”。此卦内卦一刚二柔，外卦二刚一柔，是刚柔相分也。雷动也，电明也，“动而明”。雷震而电煽，一时合发，威耀交彰也。“柔得中”，指六五言，以柔居刚，为刚柔得中也。“上行”，谓五居尊位，柔而处阳，位虽不当，而利于用狱。盖用狱过刚则伤猛，过柔则伤宽，刚柔得中，而狱平矣。统言之，物有害于口齿间者，人以噬嗑治之；物有害于造化者，天地以雷电治之；物有害于政治者，先王以刑狱治之。所谓“噬嗑而亨”者，道在此矣。故**噬嗑**一卦，为治天下之大用也。

按：**贲**卦亦有物在颐中之象，然上卦**艮**止，下卦**离**丽，上止下丽而不动，故不能噬物，虽有颐中含物之象，无噬物之义也。

以此卦拟人事，卦象为“颐中有物曰噬嗑”，谓颐因物梗不能合也。推物之所害，不第颐然，物入于耳而耳必不聪，物生于目而目必不明，物入于胸而胸必致病，物入于心则心必致蒙，是物之害在身也。极之父子之间，有物以间之，则父子乖；兄弟之间，有物以间之，则兄弟离；夫妇之间，有物以间之，则夫妇怨；朋友之间，有物以间之，则朋友疏，是物之有害于彝伦也。欲除其害，在治人则用刑狱，在治己则用内讼，其法一也。动为雷，明为电，动以致其决，明以察其几，动与明合，而赏罚彰焉。以位言之，五爻为君，以德言之，五爻为心，心所以称天君也。此卦五爻，以柔居阳，曰“柔得中”，谓心能柔而用刚，则刚柔得中，斯不失严，亦不失宽，而内讼之功用全矣。卦名曰**噬嗑**，《彖辞》曰“颐”，皆取象于齿颊间，故六爻中，曰“灭趾”，曰“灭鼻”，曰“噬肉”，曰“噬胏”，曰“灭耳”，皆取象于人身，是诚为剥肤之灾也。在内则物欲去而心身亨，在外则谗邪去而万事亨，所以善其治者，全在天君也。易理所赅甚广，为家，为国，为身，在占之者随事取之耳。

以此卦拟国家，朝廷中所最害政者，群僚在位，有一谗佞与立其间，颠倒朝政，惑乱君心，虽有贤能，被其离间，不能协力共事，此国家所以日替也。此卦四爻，一刚在中，间阻上下，即其人也。初上二阳，一上一下，不相会合，二三柔顺无能，五爻以柔居阳，比近于四，未免偏听。雷伏而不动，电匿而无明，治道之不亨，职是之故。《彖辞》所谓“颐中有物”者，其象亦犹是耳。“颐中有物”，治之利用齿，朝中有谗，治之“利用狱”，而主狱者则在五爻之君，相辅而治狱者，则在初上两刚。然以刚克刚，遇刚则折，犹必用二三两柔，调剂其间，斯四刚贴服。在五爻之君，以柔居阳，位虽不当，而能发雷之动，效电之明，雷电交作，治道乃彰。“动而明”则刑无或枉，明而动则罪无轻纵，是以刚柔得中，而狱平矣。六爻历言治狱之方，初轻刑而寡过，二乘刚而易服，三“遇毒”而无害，四守贞而获吉，五用中而恤刑。要皆得刚柔之宜，惟上爻酷刑而有凶，是用刚之过也，即足为治狱者戒。就一卦言，九四为颐中之物，即梗法之人，是受狱而待治者也；就六爻言，九四刚直守贞，为治狱之能才也。盖卦象而爻辞，各取其义，玩其占者，毋以辞害意也。

通观此卦，其象取全体象颐，初上两刚，象口之上下唇。二、三、五三柔，象齿。四一噬嗑，欲使两刚上下相合，必去其间之物欲。欲去其梗，利用狱。又取上下雷电二象，为治狱之用。雷以抉伏，电以烛奸；动则能断，明则能察。合而施之，刑法昭彰。六五虽不当位，以柔居阳，为治狱之主，专用初上两刚相合为治，刚柔合而间去，间去而狱平。卦旨如此，在六爻则又有各取其义。或以初上两爻无位，为受刑之人，中四爻为用刑之人。就卦体观之，以四爻一刚，为受刑之人，余五爻为用刑之人，然《爻辞》皆主“利用狱”，未尝有用刑受刑之别也。但两刚不能独噬，必合诸柔而共噬，故诸爻各有所噬，而噬之中，又分其坚柔焉。二“噬肤”，肤柔而易噬，其罪轻；三“噬腊肉”，较肤而稍坚矣，故有“毒”；四“噬乾胏”，胏肉而带骨，较腊肉而益坚矣，“利艰贞”；五“噬乾肉”，乾肉者，言狱之已成也。五为主狱，其所治者，皆刑官之已决者也，五重省之，故“贞厉”。初曰“屦校”，初在下，刚犹微，故刑在足，是薄罚也。上曰“何校”，上居终，刚已极，故刑在首，则过猛矣。两爻独不言噬，或之所为受刑者，其以此乎？总之六爻用狱，各有次第，得其当，故皆曰“无咎”；“利艰贞”，则曰吉；用其极，则曰“凶”。平则劝之，过则戒之，慎之至也，故《象传》曰“雷电噬嗑，先王以明罚敕法”，言先王明威并用，即刑期无刑之意。《易》之言用狱，**噬嗑**与**丰**二卦最详，**丰**曰“折狱致刑”，**噬嗑**曰“明罚敕法”，其审决精详，足惩后世爰书之滥。此全卦之义也。

《大象》曰：雷电噬嗑，先王以明罚敕法。

《埤雅》曰：电与雷同气，雷从回，电从申，阴阳以回薄而成雷，以申泄而为电，是皆天地之怒气，震发而示威于天下者也，有用刑之象焉。或曰：雷出天气，电出地气，天地气合而雷电作，**噬嗑**即以初上二刚为雷电。先王取其象以治狱，明以象电之光，敕以象雷之震，罚明使民知避，法敕使民知畏，斯罚无枉曲，法无偏私。朝廷之刑罚，一如天廷之雷电。天以好生为德，王以恤刑为心，其道一也，其治隆矣。

占 问时运：目下正当好运发动，有威仪，有光耀，声名远播，上达之象，吉。〇问商业：买者卖者，一时会集，有货物旺销之象，吉。〇问家宅：天盘地盘皆动，防有火灾，须小心谨慎，可以免祸。〇问疾病：是郁热之症，导宜透发，或热极作狂，须慎。〇问讼事：判决明允。〇问天时：有雷雨骤降之象，雨后即霁。〇问婚嫁：阴阳一气，定必百年好合，吉。〇问行人：即归。〇问失物：恐被人吞没。

初九：屦校灭趾，无咎。

《象传》曰：屦校灭趾，不行也。

震为足，初刚居阳在下，象足；初为**震**之下画，亦象屦。“校”刑具，木校也，加校于屦，即加于足也。“灭”没也，以校之小，仅没其趾，罪小而罚轻也。初阳犹微，用刑亦宽，小惩之，使不复为恶而已，故用刑与受刑，两“无咎”也。《象》曰“不行也”，古人制刑，有小罪则校其趾，禁止其行，使不敢复蹈前非，故曰“不行也”。

占 问时运：目下防有小灾，幸无大患，宜慎。〇问商业：木材交易，最为不利，余商亦宜谨慎。〇问家宅：有兴工改造之意，无咎。〇问疾病：或足患疮疡，或患脚气，症是初发，医治自易。〇问战征：防有埋伏，宜慎。〇问婚嫁：不利。〇问行人：未归。〇问六甲：生男。恐小儿有脚疾。

占例 明治二十三年春，友人某来谓曰：今欲合兴一业，请占成否？筮得**噬嗑**之**晋**。

断曰：此卦下卦**震**为木，有动性，上卦**离**为火，其象恰如负薪向火，进必陷难，以勿进为宜。今占初爻，曰“屦校灭趾，无咎”，然虽曰“无咎”，不免小惩。《象传》曰“不行也”，明告以事不可行，宜罢而不复为。

友人闻之曰：今得此占，愈知其不可为也。余所欲为，本非十全之策，当谢绝同人也。尔后友人又来曰：实三人同谋贷金业，若有以株券及公债证书为抵当借金者，返还之际，一依财主之便宜，予以证书，得借主承诺之证书货金，其所抵当公债证书株券等，连即卖却；又以同一方法贷与其金，次第如此，是不须资本，可得大利。若有请返还者，付以低落之株券等，万一事不如意，则隐匿财产，为破产之策。后奸策发露，二人已下狱。易理之妙，实可惊叹！

六二：噬肤灭鼻，无咎。

《象传》曰：噬肤灭鼻，乘刚也。

“肤”者，柔软无骨之肉，噬之甚易，喻狱之易治；“灭鼻”者，喻得情之深。二爻应五，居中得正，是用刑之得其中正也。刑得中正，则罪人易服，虽“噬肤”而“灭鼻”，“无咎”也。互卦**艮**为鼻，此爻居**艮**之初，上有互卦之**坎**，以**艮**陷**坎**下，有灭鼻之象。《象传》曰“乘刚也”，乘初之刚，以济其柔，故噬之，而深没其鼻也。

占 问时运：目下平平，因才力浅肤，宜乘大力者行事。〇问商业：现时货物，有肤寸而合之象，不妨深藏待价，乘时出售。吉。〇问战征：“肤”大也，“鼻”始也，从今伊始，可奏肤功，吉。〇问家宅：“鼻”为祖，“灭鼻”即灭祖，老宅不利。〇问疾病：现下邪在肌肤，致恐深入为患。〇问行人：偕伴而归。〇问婚嫁：定是兴旺之家，可成。

占例 明治二十五年十月二十五日，杉浦重刚、菊地熊太郎、三宅雄次郎、志贺重昂、陆实诸学士，会于星冈茶寮，前一夕政府有命，停止《日本新闻》发行，时陆氏为该新闻主笔，问余以解停之期。筮得**噬嗑**之**睽**。

断曰：此卦“颐中有物”之象，噬之粉齑，自得亨也，故曰“噬嗑，亨”。今该新闻纸所载事项，有障害政府，政府停止发行，是其间为事所梗塞也。**噬嗑**之卦，“利用狱”，今六二居下，其罪不重。所谓“噬肤灭鼻”者，如噬美肉，误为热汁伤鼻，象编辑者匆促执笔，触政府之忌讳，被折其鼻也。鼻属金，灭鼻者，为停业而损货财也。下卦为**震**，于数为八，此爻变为**兑**，**兑**数为九，今后八日，或至九日，必可解停。

后八日，果解停。陆氏赠书，报知杉浦氏，感其奇中也。

占例 亲友某来曰：有一商业，为有望之事，请占其成否并吉凶。筮得**噬嗑**之**睽**。

断曰：此卦口中有物所梗，拟之商业，则为积贮物品之象。占得二爻，是轻易看过商事，反来意外损失。“噬肤”者，谓肉柔而易噬，“灭鼻”者，为逢着刚强，商家致遭折鼻。故宜仔细留心，慎密从事，可无过也，故曰“噬肤灭鼻，无咎”也。

后果如此占。

六三：噬腊肉，遇毒，小吝，无咎。

《象传》曰：遇毒，位不当也。

“腊肉”者，肉中藏骨，难噬之物也。骨藏肉中，人所不察，此爻以阴居阳，外柔内刚，有腊肉之象。乾肉历久，噬之有肉败生毒，互卦（三、四、五）为**坎**，**坎**者毒之象。肉毒，如罪人强暴，治之而遇反噬，是可吝也。然用刑非为不当，故虽可吝，吝亦小焉，终无咎也。《象传》曰“位不当也”，柔居阳位，不得其当，故罪人不服，而反遇毒也。

占　问时运：目下气运不正，于得意事中，每多失意，或待人而反受人怨，幸无大害。○问商业：明明可获利之业，或反有小损，多以处置不得其当。○问战征：屯营不得其地，防有小败，宜谨守。○问家宅：宅神不安，恐有小灾，宜祷。○问疾病：药不对病，幸小病无碍。○问行人：因事未归。○问六甲：生女。

占例　友人某来，请占刑事裁判。筮得**噬嗑之离**。

断曰：此卦为口中有物，不噬则不通，犹彼我之事，中间被人阻隔，非用力除之，不得调和。今占得六三，曰“噬腊肉，遇毒”，腊肉肉中带骨，坚韧难噬，久则有毒，如犯人刚强难治，久将反噬，未免有“小吝”也。然秉公审断，终得罪状，故曰“无咎”。裁判此案，自当审慎。

后果如此占。

占例　占明治三十年秋丰歉。筮得**噬嗑之离**。

断曰：此卦颐中有物之象，占年成丰凶得此卦，尤见适应也。三爻辞曰“噬腊肉，遇毒”。腊肉者，腌干之小兽肉，体具备，腊时既久，易致生毒，是食物之不洁者也。此卦有雷电交作之象，防七八月间大雨发，损害田谷，秋收不足，谷食缺乏，致人民混食杂粮，或遇毒而致病，谓之“噬腊肉，遇毒”。然今有外国米谷，输入甚便，得以济饥，故曰“小吝，无咎”。

是年八月，果气候不顺，洪水遍发，致米谷缺乏，幸输入外国米，藉以济荒。

九四：噬乾胏，得金矢，利艰贞，吉。

《象传》曰：利艰贞，吉，未光也。

“乾胏”，乾肉之有骨者也，其坚至矣。坚以象九四之刚；肉柔骨坚，以象九四之阳居阴位。四刚在中，其治狱，必合初上两刚而并治。初刚一画为**乾**，**乾**为金，故初有金象；上刚一画属**离**，**离**为矢，故上有矢象。四近比五，为治狱之大吏，初上皆从之，故曰“得金矢”。金刚矢直，刚与直，为治狱之要道，九四得之，有何狱之不可治也！故乾胏虽坚韧，不难噬，犹言罪人虽强悍，不患不服矣。在四以柔居刚，刚或过严，故利用艰；柔或过宽，故利用贞，艰且贞，则吉矣。六爻中独四称“吉”，《象传》曰“未光也”，谓治狱则吉，而四居**离**之初，**离**明犹微，故曰“未光也”。

占 问时运：目下改旧从新，正当盛运，万事皆吉。〇问商业：譬如食肉得金，有利过于本之象，大吉。〇问家宅：家业素封。安不忘危，常不忘变，保家要道。吉。〇问战征：能获敌粮饷，获敌弓矢，无坚不摧，所向皆利。但胜时，更宜谨慎为吉。〇问婚嫁：以勤俭之家，吉。〇问产生：此症非易治，须谨慎调养，吉。〇问六甲：生男。〇问行人：在外得利，尚未归也。

占例 相识某，因商业上生一大纷议，请占其结果如何。筮得**噬嗑之颐**。

断曰：此卦有隔绝彼我于中，谋攫大利者，首当用力除去其害。今占得四爻，曰“噬乾胏”，乾胏坚韧难噬，知其人必刚暴难治。曰“得金矢”，金矢贵重之品，想所以争讼者，即在此贵重之金矢也。就金矢取象，金刚象，矢直象，必得一刚直之人，方能判决。然处置甚难，非一时可了，故曰“利艰贞”。始终忍耐，虽多纷议，自然归结，可勿劳心也。

后果如此占。

六五：噬乾肉，得黄金，贞厉，无咎。

《象传》曰：贞厉，无咎，得当也。

“噬乾肉”者，喻肉之无骨易噬。“得黄金”者，黄为正，取正中也；金为刚物，取坚刚也。此爻备刚明之德，尊居五位，即断狱之君也。乾肉为肉已干，狱而至于人君亲决，亦必狱之已成者，罪虽已定，而人君犹有罪疑惟轻之意，故曰“贞厉”。如是而用刑，复何有咎？《象传》曰“得当也”，谓能以柔用刚，守正虑危，治狱之道，得其当也。

占 问时运：运正得时，所求所谋，无不如意，吉。〇问商业：所贩运货物，皆是上品，干净完美，大得利益；不特一时，此业可保长久。吉。〇问家宅：方位得当，大利。〇问战征：主敌城柔弱易攻，吉。〇问疾病：肉食宜忌，久亦可危，须谨慎调摄。〇问行人：正获利归来。〇问六甲：生男。〇问失物：即得。

占例 占明治二十二年之米作。筮得**噬嗑之无妄**。

断曰：《杂卦传》曰：“噬嗑食也”；《象传》曰：“颐中有物曰噬嗑，噬嗑而亨”，此卦辞皆关食物者也。此卦雷在下，电在上，互卦四爻为七八月，防有洪水。今占得五爻，为丰作之兆也。《爻辞》曰“噬乾肉”，乾肉可藏，新谷登场，纳之仓廪，亦取藏也。曰“得黄金”，稻得黄熟时，称曰“遍野黄金”，米粒称曰“金粒玉粒”，盖言丰也。年丰谷熟，贩运者广，米价未必低落，农民既得十分收获，又得高价出卖，亦谓之得黄金也。

果至七八月间多雨，二三县虽有被水惨状，全国概得十分丰登，米价颇贵，知易理之精妙，不可测度。顷日会某贵显，谈及此占，贵显感叹不措。

占例 明治二十七年十二月，我海陆军在清国山东省威海卫，清国军舰据要地防御，我军舰在港外，炮击不得其宜。是月二十日，余偶会土方宫内大臣于汽车中，大臣问余以威海卫战况，余筮得**噬嗑之无妄**。

断曰：此卦为“颐中有物”之象，今清兵惩过日之败，退守僻地，我海陆兵包围清国海军，犹颐中有物也。今占得五爻，战机正熟，击敌之坚，可有意外之获也，谓之“噬乾肉，得黄金”。虽所行危险，可保无害，谓之“贞厉，无咎”也。后果伊东海军中将，以水雷艇击破铁索，侵入港内，击沉定远等数军舰，敌将丁汝昌以下自杀，镇远等军舰，悉归我有。

上九：何校灭耳，凶。

《象传》曰：何校灭耳，聪不明也。

上居极位，在五之上，为**离**上画，刚明过盛。“校”，木校，刑具也。初阳在下，故校在足；上阳在上，故校在首。“何校灭耳”，校之厚，知刑之酷也。治狱之道，与其失人，不如失出，宜以钦恤为心。上九刚强自用，重刑示威，安能无凶乎？故曰“凶”。《象传》曰“聪不明也”，谓讼之听，全在于聪，刚而不中，失其聪，即失其明，故曰“聪不明也”。

占 问时运：目下大运已终，能以柔和处世，可保无虑，若任用强，难免凶矣。○问商业：得利即止，不可过贪，斯无大损。○问家宅：防有意外之灾凶。○问战征：切勿前进，前进必凶。○问疾病：或耳鸣耳聋，或项上生毒，凶。○问六甲：生男，防有聋耳之疾。

占例 东京麹街酒店主人某，家业上夙操苦心，顷日忽然不理事务。一日午前出家，日暮未归，家人寻之，不得踪迹。时平川町盲人铃木孝伯，尝就余学《易》，家人因请占卜，孝伯筮得**噬嗑**之**震**。

孝伯断曰：此卦内为**震**雷，外为**离**火，南离方也，麹街之南。雷火发动者，蒸气车也。占得上爻，其辞曰“何校灭耳，凶”，以此推之，恐主人触蒸气车，有灭耳而死之象也。

闻者皆惊，或犹未信，既而夜十时，爱宕下警察署急召唤家人，告以主人铁道上横死之事，验之果首耳俱裂。至是皆敬服易理之妙。余闻之，喜孝伯判断酷似余言，故附记之。

占例 明治三十二年四月，某贵绅妻，初有孕，至临月，逾期未产。为占其分娩，用《易》筮，得**噬嗑**之**震**。

断曰：**噬嗑**之卦，二阳在上下，一阳在三阴之间，即妊娠之象。今占分娩，见有灭耳之辞，是胎儿肥大，难于生产，恐相轧而伤其耳也。

后果此妇临褥，久不得产，医师见产妇不堪，将施术截开，渐而分娩。盖因儿肥大，为产门所阻，致耳受伤，因以硝酸银灼之，疗其伤也。儿虽不至“灭耳”，其受伤也确矣。

䷕山火贲

“贲”从卉从贝。此卦上卦艮，艮，山也。《诗》“山有嘉卉”，故贲上从卉。且艮为果蓏，有卉之象。下卦离，离为鳖，为蟹，为蠃，为蚌，为龟，皆贝也。《尔雅》：“龟三足名贲”，故贲下从贝。《序卦》曰“贲饰也”，卉贝皆具彩色，是以谓饰。付氏云：“贲古班字，文章貌，言斑驳陆丽有文也。”《彖辞》所谓“天文”、“人文”，由此来也。为卦山下有火，山生草木，下有火照彻，则草木皆被其光彩。《书》曰“贲若草木”，亦足证焉。卦上承噬嗑，《序卦》曰：“嗑者，合也，物不可以苟合，故受之以贲。”苏氏曰：“直情而行之谓苟，礼以饰情之谓贲。”礼以饰情，在乎相与为敬，敬则其合可久，此贲所以次乎噬嗑也。

贲：亨，小利有攸往。

贲卦上体山，山蕴质素，下体火，火吐文光，下火上烛，则质而有文，故曰贲。文质交错，刚柔得中，故曰“亨”。离火之明，遇山而止，则所进者小矣，故曰“小利有攸往”。其义，则《彖辞》详之矣。

《彖传》曰：贲亨，柔来而文刚，故亨。分刚上而文柔，故小利有攸往，天文也。文明以止，人文也。观乎天文，以察时变；观乎人文，以化成天下。

此卦与噬嗑对，以噬嗑变。噬嗑六五柔来二，变柔为六二，成离下，是为“柔来而文刚”。噬嗑下初九刚往上，变刚为上九，成艮上，是为刚往文柔，刚柔相杂而为成，是天下之文也。“柔来而文刚”，离明于内，故无不亨；刚往文柔，艮止于外，故“小利有攸往”。卦以上爻为极，极即天也。上爻曰“白贲”，自然之文，故谓之“天文”也。九三在人位，为一卦之主，当文明之盛会，故谓之“文明以止”，人文也。“天文”者，日月星辰，光华内焕，不假外饰，自然之文也。“人文”者，人伦庶物，纲纪在先，节文在后，修饰而成文也。有圣人作，仰观天文，晦朔何以代明，寒暑何以错行，察其时变，是欲以人合天也。俯观人文，导之以礼乐，教之以诗书，化成天下，是欲以人治人也。是圣人用**贲**之道也。

以此卦拟人事，贲，缘饰也，质先而文后。凡事之有待致饰者，皆后起也。此即绘事后素之说也。以之言礼，玉帛其饰也；以之言乐，钟鼓其饰也；以之言宫室，轮奂其饰也；以之言衣服，章采其饰也。是文饰必附质而著，如帛之受采，玉之受琢，有实而加饰，饰之足以增其美也。此卦山得火而焕彩，譬如在人，心光透发，面目生辉，内行修明，声闻卓著，德润而体胖，实至而名归，即**贲**之象也。就六爻言之，初爻“贲趾”，以处义为贲，贲得其正；二五贲须，以与上为贲，贲得其时；三爻“贲如濡如”，贲而“永贞”，贲得其吉；四爻“贲如皤如”，贲而当位，贲“终无忧”；五爻“贲于丘园”，以敦本务实为贲，贲终“有喜”；上爻“白贲，无咎”，以黜美返朴为贲，贲乃“得志”。此六爻之义，所以治全体之贲也。而人事之饰伪而乱直，真美而诬实者，皆当返而自省矣！

以此卦拟国家，上卦为山，安止不动，如圣躬之德性镇定也；下卦为火，辉光远耀，如朝廷之政教焕布也。内崇德性，外敷政教，有本有文，刚柔并用，是贲之善者也。推之舞干羽而格顽民，是“柔来而文刚”；杖斧钺以安天下，是“刚上而文柔”。审时定历，以法天文也；制礼作乐，以昭人文也。德礼以行政，政乃善；忠信以折狱，狱乃平。《象》曰“君子以明庶政，无敢折狱”，即此旨焉。六爻言**贲**，各有次第，义深旨远。初刚在下，故曰“贲趾”，是守道无位之贤人也。二爻“柔来而文刚”，随刚而动，如须随颐而动，故曰“贲须”，是待时而动之君子也。三爻当**贲**之盛，故曰“贲如濡如”，是治贲而能守其贞者也。四爻则由**离**入**艮**，**贲**道变矣，故曰“贲如皤如”，是不随俗披靡，为能黜华而崇实也。五爻则为主**贲**之君，忘殿陛之华，守丘园之素，故曰“贲于丘园”，所以厚民生而敦风俗者，道在是焉。上爻为**贲**之极，物极必反，故曰“白贲”。《杂卦》曰：“贲，无色也”，郅治而期于无刑，盛德而极于无为，此治道之原也。如是而事济矣，如是而化成矣。

附记：《观乎天文，以察时变》一则：

明治十八年一月，余浴于热海，一夕有大星见于月右，时饭田巽氏先见，呼余出视，余一见如有所悟，不言而入。邻席有《自由新闻》社员藤井新藏者，谓饭田氏曰：高岛氏一见而入，必有所解，君请往探之。饭田氏乃过余室，叩其故，余曰：难言也。氏问之再三，余曰：数日内当有一大臣濒死者也。氏曰：子何以知其然乎？余曰：此所以为难言也。余历征多年实验，乃知星之示变也，子若不信，请观后日。未几三日，报有栖川宫殿下薨，氏复曰：子言果中矣，吾终不知其然也，请幸教我。余曰：《易》不曰乎？"观乎天文，以察时变"，此之谓也。

通观此卦，内**离**外**艮**，**离**文明也，卦德由内达外，以文明为主，故名卦曰**贲**，取贲饰之象也。《彖传》所言"柔文刚、刚文柔、观天文、观人文"，皆以文致饰，亦以文得亨，是**贲**之象，由**离**而来，得**艮**而济，此全卦之体也。《象传》不曰"火在山下"，而曰"山下有火"，是隐然有以山止火之象。"以明庶政"，明也，"无敢折狱"，止也，亦见文不过质之意。六爻言贲，内三爻，**离**本卦，初二两爻，**贲**犹微，惟三爻**贲**为盛；上三爻，自**离**入**艮**，其言**贲**，皆黜华崇实，是救**贲**之偏而反其本也。故四虽"疑"而"无忧"，五虽"吝"而"终吉"，六"无咎"而"得志"。将使之自文还质，无偏胜之患，斯为**贲**道之大成也。全卦之义如此。

《大象》曰：山下有火，贲，君子以明庶攻，无敢折狱。

艮山之下有**离**火，**艮**，一阳高出二阴之上，阳塞于外而不通，故止；**离**，二阳之中含一阴，是内虚而含明，故明。君子法之，"以明庶政"，"庶政"者，或兼教养，或兼兵食，《洪范》所谓"八政"皆是也。暗则紊，明则治，取之**离**，而政教明矣。明以致察，过察则失严，故于折狱，则曰"无敢"。"无敢"者，谓不敢自用其明也。虚明之心存于中，而慈祥之政行于外，明其所当明，而不敢过用其明，取之于**艮**，明于是乎止焉。丰曰"致刑"，以"明而动"，贲曰"无敢"，以明而止。不动则民不畏法，不止则民不聊生，有相济而行也。

占 问时运：目下正当发动，百事顺适，但上有阻止，未能遂意径行。〇问商业：主经理人才干强明，足以任事；但精明者必刻利，还宜留意。〇问家宅：恐宅中时有火光发动，幸即扑灭，无大害也。〇问战征：前面有山，未易进攻。〇问疾病：是郁火上蒸之症，宜息火，犹不可过用寒剂，致真火扑灭。〇问行人：欲归又止，尚未定也。〇问六甲：生女。

初九：贲其趾，舍车而徒。

《象传》曰：舍车而徒，义弗乘也。

初刚在下，故曰贲趾，“徒”，徒行也。古者从大夫之后，不可徒行，初无位，故“舍车而徒”。贲趾者，是践仁履义，以仁义“贲其趾”者也，不以乘车为贲，而以徒行为贲。乘车者，世之所贲，君子所耻，是以舍之。《象传》曰“义弗乘也”，喜初之能守义也。

占 问时运：生性清高，不合时趋，以德亨，不以名亨。〇问商业：必是肩负买卖，非舟车贩运之业，虽小亦亨。〇问家宅：是勤俭起家，颇有知足不辱之风。〇问战征：陆军利。〇问行人：中途遇阻，步行而归。〇问疾病：症在初起，不食药而可愈也。〇问讼事：恐有惩役之灾。〇问失物：已舍去之，寻觅徒劳。

占例 明治十九年，占某贵显气运。筮得**贲**之**艮**。

断曰：此卦上**艮**下**离**，所谓“高山仰止”者，某贵显之德望也；所谓“离明遍照”者，某贵显之功业也，是当今所共知者也。现时退位闲居，今占得**贲**初九，曰“贲其趾，舍车而徒”，爻象正合。初爻为无位，阳刚在下，贲，有文也；趾，足也，从止，有退归之象。“舍车”，犹舍位而隐也。“徒”，行也，将复起也。舍车徒行，是某贵显将潜行民间，窥察民情风俗，以益光文明之治，补维新以来所未修，是某贵显之隐衷也，爻象以明示之。在某贵显为维新元勋，虽暂退间，其心头岂一日忘天下哉！兹值初爻，贲犹未光，至三而贲盛，至六犹能反其贲，以协于中。贲之运正长，知某贵显，后日必德望愈隆，功业愈大也。《象》所谓“观乎天文，以察时变，观乎人文，以化成天下”，皆可于某贵显见之。

后果如此占。今辅佐朝政，望同山斗，遇际明良，是**贲**之所以为**贲**也。

六二：贲其须。

《象传》曰：贲其须，与上兴也。

二以柔居柔，其爻自**噬嗑**六五柔来，变为六二，即《彖传》所谓“柔来而文刚”也。**噬嗑**取象于颐，此爻曰“须”，须，随颐而动，故注曰：须之为物，上附者也。柔来文刚，文刚者，**贲**也，故曰“贲其须”。须眉为人生之仪表，所谓严其瞻视者，此也。《象传》曰“与上兴也”，“上”，谓上卦**噬嗑**，“兴”，动也。**噬嗑**内卦为**震**，**震**为动，须附上，爻自**噬嗑**来，故曰“与上兴也”。

占 问时运：目下平平，只可依人成事。○问商业：与富商合业，必大兴旺，吉。○问战征：必须与大军同进，方可得胜。○问家宅：叨上人之福泽，藉以光大门楣。○问婚嫁：“归妹以须”，尚宜待也。○问六甲：生女。

占例 明治十四年四月，占国会。方今我国舆论，咸愿开设国会，群议纷纷，未可臆断，特占一卦。得**贲**之**大畜**。

断曰：此卦自二至上为五年，其间不见凶咎。**贲**下卦为**剥**，**剥**之上即第六年，其凶尤甚。今审度避凶趋吉之方，须就变卦**大畜**探索。为之先说**贲**终**剥**来之凶象，复述变卦**大畜**之卦义。

《彖辞》曰：“贲亨，小利有攸往。”贲者，文饰也。凡事饰于外者，必由其内有缺乏也。今当开设国会，各府县推举代议士，才力学识，未必完全，多皆徒施外饰而已。《彖传》曰“柔来而文刚”，“刚上而文柔”。谓上卦之柔，来贲下卦之刚；下卦之刚，上贲上卦之柔。上下各以刚柔，互相贲饰，此《彖传》义也。今拟之国会，上卦为官吏，下卦为代议士，各以论说相抵抗者也。曰“贲亨”，知国会之事无不亨通；曰“小利有攸住”，知国会虽可进行，未免有所退止也；曰“观乎天文，以察时变”，谓当察时机之会，审宇内之势，以维持国体于不朽也；曰“观乎人文，以化成天下”，谓应民心之归向，文运之昌明，开设国会，上下合志，可以计画国家之安宁。此就《彖传》义而释之如是。进推六爻：初爻“贲其趾”，舍车而徒”，初爻在下，是无位也，谓微贱下民，亦将持杖徒行，奔走而来观德化也。二爻“贲其须”，《象传》曰“贲其须，与上兴也”，二虽进初一等，其人不能自主，随人之议论以为议论，如须之随颐而动也。三爻“贲如濡如，永贞吉”，《象传》释之曰：“永贞之吉，终莫之陵也。”三居下卦之上，近比四爻，“贲如濡如”，贲之盛也。三以阳居阳，卦中为主贲，会中为主议，持论不易，能守“永贞”，故吉。《象》谓“终莫之陵”，言无与相抗也。四爻“贲如皤如，白马翰如，匪寇婚媾”，此爻为政府地位，与三接近。“贲如皤如”者，谓官吏示以从前政府施行之事状；“白马翰如”者，谓听者解得政府之实情；“匪寇婚媾”者，谓感官吏之勤劳，相与辅翼而赞成之也。五爻“贲于丘园”，“束帛戋戋”，谓议士中有知“丘园”之贤士，推荐于朝，当具“束帛”以招之，使之出而共议国是，故“终吉”。上爻“白贲，无咎”，乃退位老臣，谓创兴国会，未免近于粉饰，终宜黜华崇实，是返本之道也。从此节财省费，得谋裕国之策也。

贲之终，**剥**之始也，更论**剥**卦之义。**剥**《彖传》曰：“剥，剥也，柔变刚也。不利有攸往，小人长也。”“柔变刚”者，是“小人道长”之时也，故曰“不利有攸往”，戒辞也。初爻曰“剥床以足，蔑贞凶”，阴之剥阳，自下而上，邪害正也，谓有武人，恶人民之渐进逼上，欲压灭其党类之象。二爻曰“剥床以辨，蔑贞凶”，“辨”者床干也，指党类之长，初爻既灭党类，今又欲殄灭其长之象。三爻曰“剥之无咎”，其党类为时势所激，忽起变志，不复顾忌名分，是最不祥之占也。四爻曰“剥床以肤，凶”，有众阴逼上之势，渐逼渐近，其凶更甚。五爻曰“贯鱼以宫人宠，无不利”，谓剥之者凶，顺之则利，有一时委曲保全之象。上爻曰“硕果不食。君子得舆，小人剥庐”，谓虽当剥极，必有硕果之仅存者，君子处之，谓终得爱戴，小人处之，谓无所容身，是小人欲剥君子，自己亦罹其灾之谓也。

以上自**贲**移**剥**之卦象也。贲为文明而止之卦，方今人情，徒慕欧英文化，不察时势之可否，难免剥落之灾，如**剥**卦所述，故君子必贵思患而豫访也。今占得**贲**之**大畜**，再释**大畜**之义，以示占者。

大畜《彖传》曰：“大畜，刚健，笃实，辉光，日新其德。刚上而尚贤，能止健，大正也。不家食吉，养贤也。利涉大川，应乎天也。”**大畜**者，畜之大者也，专在尚宾养贤，以为国家用，足以黼黻太平也。初爻曰“有厉利已”，《象传》曰：“有厉利已，不犯灾也。”初以四为正应，欲进而四畜之，即为**艮**所抑，有不能达志之象。二爻曰“舆说輹”，《象传》曰：“舆说輹，中无尤也。”二爻见初三两爻之止，有同愿屈抑之象。三爻曰：“良马逐，利艰贞，日闲舆卫，利有攸往。”《象传》曰：“利有攸往，上合志也。”三爻以刚健之才，欲锐进而从事者也，为四畜之，使不得进，遂变其志向，谋开垦牧畜等事。曰“良马逐”，曰“利艰贞”，皆开拓牧畜之象。又曰“闲舆卫”，曰“利有攸往”，并习练军事之象。如是有益政府，故谓之“上合志也”。四爻曰“童牛之牿，元吉”，《象传》曰：“六四元吉，有喜也。”此爻当县官地位，县官能使无产士族，从事牧畜开垦等事，犹牧童牛，易畜易制之谓也。五爻曰“豶豕之牙，吉”，《象传》曰：“六五之吉，有庆也。”此爻亦与六四同。上九曰“何天之衢，亨”，《象传》曰“何天之衢，道大行也”，谓全国士民各得其所，天下泰平之象也。

以上国会之占断如此。至翌年七月，政府颁示实施政令三条：一发布明治二十三年开设国会之令；一为救济无资士族，与以八十万元之授产金；一政府锐意开造铁路，计画中山道及奥羽之布设，与以年八朱之利息保护。皆呈象于**大畜**之爻义，得时势之宜者也。易象之灵妙如此。

九三：贲如濡如，永贞吉。

《象传》曰：永贞之吉，终莫之凌也。

三以一刚介二阴之间，当贲之盛，“贲如濡如”，润泽之象。顾阴能贲人，亦能溺人，诫之以“永贞”，在我有常贞之操，斯彼无凌逼之嫌，故曰“吉”。《象传》曰“永贞之吉，终莫之凌也”，“终”字与“永”字相应，盖贞而不永，则非有终者也。谓我刚正而永贞，彼自不能凌侮也。

占　问时运：当此盛运，光华润泽，名利双收，大亨。○问商业：财源如水，大得清润，基业亦可保长久，大吉。○问家宅：屋宇华洁，又得流水掩映，可以久居，吉。○问战征：一军皆感被德泽，欢洽同心，可称王师无敌。○问讼事：得宜，彼亦不敢复犯。○问婚嫁：百年偕老，吉。○问六甲：生男。○问行人：衣锦荣耀而归。○问失物：向水中寻之，得。

占例　友人某来，请占气运。筮得**贲之颐**。

断曰：此卦一阳居二阴之中，如物入水中，沾濡润泽，光彩益章，故曰“贲如濡如”，贲之盛也。然贲饰过甚，外耀有余，往往内美不足，是贲之流弊也。今我国自维新以来，仕途一变，每多有自炫才华，以冀仕进，饰智惊愚，互相标榜，大都如斯。迨一旦得位，毫无寸能，此辈纯盗虚声者，固可暂而不可“永贞”者也，吉何有焉？足下有意当世，宜践实德，毋博虚名，持之以“贞”，守之以“永”，终得吉也。《象传》曰：“终莫之凌”。谓贲非虚贲，人复谁能相抗也。足下其留意焉！

六四：贲如皤如，白马翰如，匪寇婚媾。

《象传》曰：六四，当位疑也；匪寇婚媾，终无尤也。

四在上卦之下，**贲**已过中。“皤”，素白色也，“翰”，白色马也。卦体三、四、五肖**震**，**震**为白马，故取白马之象。**震**上六曰“婚媾”，故亦有婚媾之象。四与初为正应，为三所隔，不获相贲，故曰“皤如”，“白马翰如”，亦未获其贲也。然九三刚正，“非寇”，乃求婚媾耳。四与初正应，必相亲贲，不能终隔也。《象传》曰“当位疑”，四疑二也。曰“终无尤”，谓初四正应，终必相合，故云“终无尤”也。

占　问时运：目下运有阻碍，安分则吉，明年便可亨通。○问商业：宜迅疾贩售，迟缓，防货物变色。○问家宅：一宅之内，既有丧事，又逢婚事，前塞后通，无咎。○问战征：有和亲通好之议。○问疾病：中胸有阻，故上下不调，积阻消化，便无咎也。○同行人：有爱女眷恋，一时未归。○问六甲：生女。

占例　有人来，请占某缙绅气运。筮得**贲**之**离**。

断曰：四以阴居阴，与初为正应，为中间三爻所隔，不获相贲相亲，《象传》曰“当位疑也”。今占得四爻，知某缙绅在局，或亦因中有间阻，致生疑虑之处，然其中乘马翰如而来者，实欲相与亲密，并无他意。四爻初则疑之为寇，为将攘夺我利也，至后渐知其真，疑念始解，故曰“匪寇婚媾”。

当时某缙绅确有是事，初疑后解，两情甚洽，果如此占。

六五：贲于丘园。束帛戋戋，吝，终吉。

《象传》曰：六五之吉，有喜也。

“丘园”者，园之依丘陵者。**艮**有丘之象，“贲于丘园”者，谓留意于农桑之事。“束帛”者，赠人之物，“戋戋”者，浅少之意。不贲市朝而贲丘园，敦本也。“束帛戋戋”，谓六五以柔居尊位，能修柔中之德，黜祛奢华，敦崇俭约，如大禹之卑宫室，菲饮食也，故曰“贲于丘园，束帛戋戋”。“吝”，谓居尊位，而留心鄙事，未免吝也，然不失黜华崇实之旨，故曰“终吉”。《象传》曰“有喜也”，有喜者，谓实有可喜也。天下之俗成于俭，败于奢，一人倡之，世风可返于淳朴，则所喜非在一人，喜其能移风易俗也。

一说，丘园为隐士所居，六五能以“束帛”，聘求丘园之遗贤，共辅文明之治。聘贤仅以“戋戋”束帛，礼意未隆，故曰“吝”；在贤者不以币帛为悦，而以恭敬为悦，是以币帛虽微，贤者亦应聘而来，故终有吉也。亦通。

占 问时运：目下恰行正运，然作事一宜俭勤为吉。○问商业：买卖最宜木材绸物二行，货物不必多，而获利颇佳。○问家宅：农桑为业，勤俭家风，吉。○问战征：宜招用野老，以作向导，可以得胜。○问婚嫁：聘礼虽微，却好得一贤妇，大喜。○问六甲：生男。

占例 友人来，请占气运。筮得**贲**之**家人**。

断曰：此爻为五居尊位，崇尚俭德，将率天下而从俭也，故不贲宫殿，而贲丘园。“束帛”之礼，以诚相将，不尚丰厚。今占得此爻，知足下自幼从事商业，一番辛勤，得有今日，资产丰裕，亦足自乐。近来商业，多习欧美之风，全以欺诈为术，华丽自夸，反以曩时朴素敦厚为可吝也。在吾辈敦尚古风者，不屑与之较也，足下惟当安闲，觅一山林佳处，修筑园榭，栽植花木，以娱心目，为作养老之计也。人或以吾辈不事世事为吝，然以此而娱老，以此而传后，终得吉也，谓之“贲于丘园，束帛戋戋，吝，终吉”也。

友人从此占，亦足自乐。

上九：白贲，无咎。

《象传》曰：白贲，无咎，上得志也。

上处**贲**之终，终极不变，弊将胡底，[①] 故**贲**之义，始因天下之质，饰之以文，终反天下之文，归之于质。“白贲”者，素朴自然，是无色也，如宝玉不雕，珍珠不饰，不使文掩其质，“白贲”之谓也。《象传》曰“上得志也”，居卦之上，处事之外，矫世俗之文饰，而敦尚朴素，独行其专，优游自得耳。

凡卦如**泰**与**否**、**剥**与**复**、**涣**与**萃**等，皆有对偶，惟**贲**无对，独于卦

① 郑同注：胡底，语出《诗经·小雅·小旻》：“我视谋犹，伊于胡底？”胡，何也。底，尽也。胡底，无休止也。

中，分贲与不贲两义为对。是读《易》之诀也。**中孚**一卦亦然。

占 问时运：好运已终，劳者宜归于逸，动者宜返于静，优游自适，聊以取乐耳。〇问商业：现在货价已高，时令将完，不必装饰，即可出售，定得利也。〇问家宅：清白家风，位置亦高，吉。〇问战征：身当上将，堂堂之阵，正正之旗，不用谲计奇谋，自然获胜。吉。〇问疾病：病在上焦，宜用清淡之剂，吉。〇问行人：得利归来。〇问六甲：生男。〇问失物：向高处寻觅，可得。

占例 维新之际，浦贺管署吏员下村三郎左卫门，旧佐贺藩之士也，罹病日久，来横就医。医曰：病似轻而实重，非滞留受治，恐至危殆。下村氏告于长官，许以留医。下村氏不以病为虑，强还任地，长官谓余曰：下村氏之疾如何？子试筮之。筮得**贲**之**明夷**。

断曰：下村氏必死。长官曰：医亦视为重症，但子何以豫言其死也？余曰：**贲**者上山下火，今山变而为地，是**离**明没于**坤**地之象。上九阳变而为阴，阳者生也，阴者死也，即生变为死之象。又上九之《爻辞》曰“白贲”，白者丧服也，其死不免矣。

后未一月，果接其讣音。

䷖山地剥

“剥”字从刀，录声。录，《说文》谓“刻木也”，《归藏》则作**刅**，从两刀。卦体上**艮**下**坤**，**艮**为山，**坤**为地，“山附于地”也。卦德五阴一阳，一阳居上，五阴在下。所谓山者，亦贲耳，阴盛阳微，有岌岌乎山崩为地之象。《象传》不曰“山在地上”，而曰“山附于地”，“附”，寄托也，已难保安止而不动矣。日削日剥，势所必至，故名此卦曰“**剥**”。

剥：不利有攸往。

剥继**贲**而来，以**贲**之饰极，反而为**剥**，**离**变为**坤**，火化为土，土旷山微，所始培塿，剥之易易，是小人众而君子孤也。对卦为夬，夬五阳盛长，决去一阴，故曰“利有攸往”；**剥**五阴盛长，剥落一阳，故曰“不利有攸往”。

《彖传》曰：剥，剥也，柔变刚也。不利有攸往，小人长也。顺而止之，观象也。君子尚消息盈虚，天行也。

《彖传》曰：“剥，剥也。”《序卦传》曰：“剥者，尽也。”《杂卦传》曰：“剥，烂也。”或又为脱，为落，为褫，为裂，为击，是悉取剥消之义。**剥**为阴阳消长十二卦之一。**乾**之时，一阴始生于下，为**姤**，为**遁**，阴柔益长，阳刚渐消，刚变为柔，至此仅存上之一阳而已。今一阳又将消尽，故名曰**剥**。阳为君子，阴为小人，五阴灭一阳，是“小人道长，君子道消”，故曰“不利有攸往，小人长也”。卦体**坤**为顺，**艮**为止，君子观此象，宜体**坤**之顺，法**艮**之止，顺以安分，不与小人争功，止以待时，不与小人竞进，“消息盈虚”，合乎天行，方默持乎气数，以待一阳之来复也。当此剥乱之会，君子退居无位之地，顺其分，止其身，留作硕果转移之机，正赖有此君子也。故**夬**之一阴尽，而**姤**之一阴即生于下；**剥**之一阳尽，而**复**之一阳即生于下。此即“消息盈虚”，天行之循环也。

以此卦拟人事，凡命运之通塞，家道之盛衰，以及富贵、贫贱、寿夭、疾病皆存焉，其实原不外夫阴阳消长。阴阳二字，在人则分邪正，在心则判理欲，在事则别公私。邪人众则正人孤，欲心炽则理心亡，私事兴则公事败，家道因之衰，命运因之塞，危亦甚矣。人当此时，亦惟顺而止，任天行之自然，若欲强而往之，恐必多不利焉。盖剥之害，自下而来，渐剥渐近，初而剥床之足，继而剥床之辨，终而剥人之肤，阳愈消，阴愈长矣。虽有三之照应，五之调护，而硕果之存，系而无用。大厦将倾，独木支之，巨舟将覆，一索系之，少存也，虽曰人事，岂非天命哉！家道之衰而复盛，命运之塞复通，皆伏此一阳以作转机耳，则保此一阳之孤存，岂可不慎哉！

以此卦拟国家，是古今国家治乱之所由来也。大乱之来，不自乱始，至乱极而祸不可力挽矣。正当乱极之时，小人盈廷，忠臣受戮，志士殒亡，以柔变刚，刚阳殆将剥尽矣。如夏之龙逢，殷之比箕，其精忠一往，而辄遭不测者，自古以来，类皆如是，是所谓“不利有攸往”也。惟若微子之去殷，太公之避纣，我国菅右相之遇贬，为能顺而止也。小则谓明哲之保身，大则谓待时而翊运，剥之上九，所云“硕果不食”者，即指此翊运之君子也。在小人虽同恶相济，其间岂无稍知名分，顾惜忠良？如剥之六三，能应上九，剥之六五，能制群阴，以其柔居阳位，因能抑阴以扶阳，是为卦中一阳来复之机，即国家危而复安之兆也。天行循环，其运如斯，为国家者，不幸而时当剥乱，宁可顺止，毋为“攸往”，斯得矣。

通观此卦，阴盛剥阳，九月之卦，肃杀之气，剥落万物之象也。夫阴阳消长，天行也，治乱盛衰，世运也。造化之理，文胜必敝，朝华之草，夕而零落，此剥所以次贲也。夫祸起于微，悔生于终，强与之争，终必致灾，安而自守，可保厥初，《系辞》所云“戒其攸往，勉其顺止”者，即此理也。初为祸之始，剥之渐也；二则较凶矣；三知从正，其势自孤；四虽剥至于肤，灾切近矣；五居尊位，独能调剂群情，招怀以恩，女子小人，各安其分，使相率以从阳，不至进而剥上，上爻硕果之得以存者，赖有此耳。善变者，转祸为福，不善变者，化吉为凶，是以剥则始凶，而终则不凶也。

《大象》曰：山附于地，剥。上以厚下，安宅。

地之厚，足以载山；山之重，足以镇地。地在下，故取广厚，山在上，故取安镇。曰“山附于地”，如物之寄附然，则山几摇摇欲动，不得安止矣。上谓人君也，山附于地，犹云君附于民，则君亦危矣。君当此时，所宜厚其下，以保其宅之安。上卦**艮**，下卦**坤**，**剥**之渐自下起，故曰厚其下。下厚则上安，即所谓地厚而山安也。爻中曰“床”，曰“舆”，曰“庐”，多取宅中之物，《象》曰“安宅”，从其类也。

占 问时运：运不甚佳，宜安定自守，无咎。○问商业：须厚其资本，聚积货物，附运出洋，必获利也。商以剥人之财为利，故吉。○问家宅：寄居之宅，可出资买归，自己之宅反不利。○问战征：防敌袭击，宜厚其兵力。○问疾病：魂不附体，恐不吉。○问行人：附伴而行，即可归宅。○问六甲：生女，始危后安。○问失物：得则得矣，恐有残缺。

初六：剥床以足，蔑贞，凶。

《象传》曰：剥床以足，以灭下也。

床者，人所坐卧也，此卦上实下虚，床亦上实下虚，故取其象。阴之剥阳，自下而上，初在下，象床之足，故先剥以足。床有足而立，剥足则倾矣，倾则凶。“蔑”，灭也，“贞”，正也，阴之剥阳，即邪之灭正，是小人之害君子也，故曰“蔑贞凶”。《象传》曰“以灭下也”，以床言，足在下，以爻言，初亦在下，故曰“灭下也”，是剥之始也。一说，“贞”即桢，《程传》“辨”谓干，则以贞为桢，干为床之两边，桢为床之两端，可备一解。俞氏以“剥床以足蔑”为句，谓固执而不乱，变则凶，是又一解也。

占 问时运：目下运当剥削，防有足疾。○问商业：堆积货件，防底部朽烂，或载运出洋，船底受水，被坏。○问家宅：防柱础门限，有损将倾。○问战征：防敌攻地道。○问行人：有足疾，不能归也。○问疾病：是足少阴之症，正不胜邪，凶。

占例 相识某商来，请占气运。筮得**剥之颐**。

断曰：**剥**自下剥上，剥床以足，是下灭上，有奴仆灭主之象。今占得初爻，知足下用人不当，防下有不安本分，逞强而轻蔑主人者。爻象如是，足下宜注意焉。

其人谢而归，后闻知渠家雇人不下数十辈，因多不得力，主人拟减其给，下人各怀不平，结党而掠主家之财，致主家被困。悉与爻象相符。

六二：剥床以辨，蔑贞凶。

《象传》曰：剥床以辨，未有与也。

"辨"，《程注》谓"床之干也"，是床足之上，床身之下，分辨处也。初剥足，二剥辨，阴渐而进也。剥至于辨，床愈危矣，邪盛蔑正，凶与初同。《象传》曰"未有与也"，指上九言，谓二与初，同恶相济，谋剥上九，上九孤阳在上，未有应与。《象》盖为上九危也。

占 问时运：如去年来，逐渐低下，被人剥削，不能辨白。凶。〇问商业：置办货物，价渐剥落，不能获利也。凶。〇问家宅："辨"，亦通变。言家宅速宜变迁，方得避凶。〇问行人：办装即归。〇问战征：未有应接之军，不可动也，动则凶。〇问疾病：病人已著床，未有良医，防不治也。凶。〇问六甲：生女难育。〇问失物：未能复有。

占例 有一绅士来，请占气运。筮得**剥之蒙**。

断曰：此卦五阴剥一阳，故曰"**剥**"。二以阴居阴，本与五相应，欲同剥上爻，五爻以柔居阳，且与上比，不复剥上，二将并以剥五。"辨"，为床之干，"干"，床两边也，故见二有两边并剥之心，是不顾义理，只知剥人利己者也。然如此以剥，难免凶矣，故《象传》曰："未有与也"，言此等人，必无好相与也。

绅士听之，如有所感而去。后闻其人贷亲族巨万金，不思感谢，反欲灭没亲族，是最不义也。易理能隐抉其奸，灵显可畏。

六三：剥之，无咎。

《象传》曰：剥之无咎，失上下也。

上以阴居阳，与上相应，其类属阴，故其心在助阳。当群阴剥阳之时，为三独应刚，是以小人而保全君子者也，许以"无咎"，不没其善也。《象传》曰"失上下也"，谓其处上下诸阴之间，独能去党而从正，是失其党也，故曰"失上下也"。

占 问时运：运虽不正，能反其所为，可以免咎。〇问商业：同邦皆望高价，已独潜行脱售，虽失同邦之意，而独得利。〇问家宅：去其椽瓦，平其基地，剥落改造，无咎。〇问战征：是军中最有计谋者也。虽不与诸军约会，独自进攻，可得胜也。无咎。○问疾病：宜消导攻伐之剂，服之得愈。

占例 明治十七年冬，横滨洋银商某来，请占气运。筮得**剥之艮**。

断曰：剥者山崩为地之卦，故曰**剥**。五阴渐长，将剥灭一阳，剥者，夺也，削也。今占得三爻，三爻阴居阳位，与上一阳相应，是虽与群阴同党，独不与群阴同志，故“无咎”。犹是同此卖买，而能独出心裁，人弃我取，当必获大利。就剥之一卦言，谓山变为地，可见今时价高如山，易一时有低落如地之象。占者宜留意焉。

后某来谢曰：今回为朝鲜事，洋银腾贵，余信易占所云，就高价卖之，一时间得数拾万元。易占高妙，不可测度如此，感服感服！

六四：剥床以肤，凶。

《象传》曰：剥床以肤，切近灾也。

剥之灾，萌于初爻，至四爻，渐逼渐近。四以阴居阴，与初二同恶相济。在初二居内卦，卦分内外，床隔上下，距上爻远，所剥仅在“足”与“辨”。四爻与上同卦，愈近则剥愈甚，故直及于“肤”。就爻次第观之，初为床足，二为床辨，三爻为床身，四爻则为床上之人身。**艮**为指，为喙，有人身之象，故曰“剥床以肤，凶”。《象传》曰“切近灾也”，剥及于肤，灾及其身矣，故曰“切近灾也”，深为一阳危焉。剥者，小人剥君子，宜为君子凶矣。初、二、四三爻，不曰“君子凶”，而第浑言曰“凶”，知剥之害，国破家亡，君子固凶，而小人亦难免于凶也，故统象之曰“凶”，意微哉！一说以“肤”作簀。簀，床板也。足备一解。

占 问时运：运大不佳，有身体受伤之惧。○问商业：恐剥耗过甚，又防意外之祸。○问家宅：此宅必破败不堪，居人亦寥落，致防倾塌。○问战征：恐主将有灾。○问疾病：凶。○问六甲：生女，产妇亦可危。

占例 富商某来，请占气运。筮得**剥之晋**。

断曰：剥之为灾，由远及近。当其远时，其为灾小，犹可避也。及至切近，虽避难免。今占得四爻，四与上同卦，灾已切近，曰“剥床以肤”，则剥及肌肤矣。推其灾所来，知必足下同居中，且为切近相待之人。或祭祖祈神，期可免灾，然恐亦难保矣，并宜速作避居之计。又云占象既凶，并须参观容貌，如印堂有黑赤气，或天庭有细赤现，必难免祸。今足下幸血色得宜，不露灾形，避地或可免也。

某氏听之大惊，遂避居相州汤本，不料某伙友以贩米赴北国，在大阪赌买米市，大遭耗剥。此伙友平素诚实，为某所亲近，故以数万金委托之，未尝疑也。今遭此大耗，伙友忽复生奸计，瞒着主人，隐蔽资财，拼以一死，唯主人自命，向亲族朋友，遍谢其罪。事出无奈，亦不复究问。易占之垂示昭彰，可不慎哉！

六五：贯鱼，以宫人宠，无不利。

《象传》曰：以宫人宠，终无尤也。

五为尊位，以阴居阳，与上比近，知群阴上逼，一阳已危，无可再剥，阴存护阳之计；以阳制阴，阴众阳孤，必不受制，不如率阴以从阳也。曰“鱼”，曰“宫人”，皆阴象。曰“贯鱼”，犹言率众阴而成贯也；曰“宫人宠”，是以宫人而受一阳之宠也。一阳既得免剥，众阴亦得免凶，故曰“贯鱼，以宫人宠，无不利”。《象传》曰：“终无尤也”，六五为群阴之首，能率群小而慑服于君子，硕果之得保存者，五爻之力也，故曰“终无尤也”。剥者，众阴皆欲剥阳，惟三五阴而居阳，能为一阳委曲保护。初以阳居阴，只知有**剥**，**剥**之灾，实起于初，盖以初卑微下贱，非见人之尤者也。

占 问时运：目下气运堂皇，事事圆到，百无不利。〇问商业：可得满贯满万之利，北海海产生业尤佳。〇问家宅：有妇女主家之象。〇问战征：须行离间敌军之计，可获胜也。〇问疾病：是阴亏之症，须自珍爱，尚可无忧。〇问行人：有外宠，必将携伴而归。〇问六甲：生女。

占例 横滨境町森锭太郎氏者，为英国外商书记，明治十四年春，腹内疼痛，请内外医诊察，服药无效。疼痛益甚，渠毋请余占之。筮得**剥**之**观**。

断曰：**剥**者剥落，至上爻，则一阳将尽，有精神消灭之象。占得五爻，速施治疗，尚可出万死而一生。《爻辞》曰“贯鱼，以宫人宠”，贯，穿也，以针穿物也，谓宜用针刺其穴也。余不通医道，且于针治，不知其适否，惟以易象言之而已。试以针治施之。

母氏曰：有东京针治家若宫氏，与伊宅相近，可招治。余曰：《爻辞》曰“以宫人宠”，其人适姓若宫，最妙，可速招之。其母归即招若宫氏诊察。若宫氏来，先抚患者肢体，并闻病状，如有所感，少间曰：是余所经验之症，再迟恐不及治矣！即时针治，二三时间腹中雷鸣，是平愈之兆。届时而腹不鸣，则术无所施，及针后果腹鸣。苦闷忽灭，不日平愈，《易》之妙理，可谓无微不著也。

余常语中村敬宇氏以此占，氏大赏，赞之曰：以“贯鱼”爻辞，充针治，他人所不能及，子之活断，敬服敬服！又医之姓适合若宫氏，可谓奇矣。《易》之精微如此！

占例 明治三十二年三月廿八日，占晴雨。维新之后，余有见旧奉圣像，安置于博览会，此大不敬也。余乃就大纲山建设圣庙，每年冬至日，占国家之事于此堂。三条相国来观，蒙赐神易堂额，尔后每年四月八日举行祭典。是年恐值雨期，为占一卦，以卜晴雨。筮得**剥**之**观**。

《爻辞》曰：“六五：贯鱼，以宫人宠，无不利。”《象传》曰：“以宫人宠，终无尤也。”

断曰：此卦全卦无水之象，不雨可知也。五爻变则为**巽**，但有风而已。且**观**者祭祀之卦，适合祭典。

至期果天气快晴，午后三时有微风，恐测天家无计证验也。

凡晴雨之占，**小畜**之上爻变，必风止而为雨，其《彖辞》曰“密云不雨”，至此曰“既雨”。推爻理，以卦面有水占雨，以水变为雨止；以内卦为午前，以外卦为午后，风亦同之。孔明赤壁之火攻，亦此旨也。

上九：硕果不食。君子得舆，小人剥庐。

《象传》曰：君子得舆，民所载也。小人剥庐，终不可用也。

艮为果，果在树上，故于上爻，有硕果之象。**艮**止也，故“硕果不食”。“舆”，地也，地以载物，“得舆”者，得民之所承载也。“庐”，屋也，用以庇人，“剥庐”者，无所用其庇也。此爻一阳在上，譬如硕果仅存，高出卦外，非群阴所得蚀食，故曰“硕果不食”。原其不食之故，以天道观之，无众阳消灭，而群阴独存之义；以人事观之，无君子俱亡，而小人独存之理。天地之间，岂可一日无善类乎？**剥**当十月，正万木摇落之时，大果尚存木杪，果中有仁，足以复生，即剥未尽而阳复生之象。且剥极则乱，乱极则思治，故众心爱戴君子，谓之“君子得舆”，小人剥去君子，终自失其所庇，故曰“小人剥庐”。《象传》曰：“君子得舆，民所载也。小人剥庐，终不可用也。”君子德泽长流，故民必载之；小人恶迹显著，故“终不可用”。此爻变则为**坤**，是终不可用之象也。

占 问时运：目下气运衰微，一年后即值好运。〇问商业：卖出者尚得微利，买入者必多剥耗。〇问家宅：忠厚之家，尚有余泽，刻薄起家者，恐有墙屋倾圮之患。〇问战征：守者无咎，攻者必败。〇问疾病：有饮食不进之虑。〇问六甲：生男，是独子也。

占例 明治二十三年，为国家筮元老院，得**剥**之**坤**。

断曰：**剥**至上九，所剥将尽，存无几矣，元老院其或废乎？

时际国会之兴，元老院议官，大抵即为贵族院议员，或即为枢密顾问官，其尽心国事同也，元老院自可废止。在元老院之废，原可推知，而易象能前时明示，故附记之。

䷗地雷复

“复”从彳，行貌，从复，行故道也，有去而复来，消而复息之义。所谓以**坤**牝**乾**，灭出复震，为余庆也，故名曰**复**。为卦**坤**上**震**下，一阳在五阴之下，阴极而阳复，与**剥**相反，与**姤**旁通。《序卦》曰：“物不可以终尽，剥穷上反下，故受之以复。”此**复**之所以次**剥**也。

复：亨。出入无疾，朋来无咎，反复其道，七日来复。利有攸往。

复之内卦一画，自**乾**之下画来，一阳即**乾**，“亨”即从乾元来，故曰“亨”。外**坤**内**震**，出**震**入**坤**，**坤**为顺，**震**为动，以顺而动，阴不能伤，故“无疾”。同类为“朋”，**震**一阳，**兑**二阳，**兑**为朋。一阳先至，朋类皆来，阴不能阻，故“无咎”。**剥**之卦，一阳在上而几尽，**复**则一阳反生于下，故曰“反复其道”，“道”，路也。“七日来复”，**姤**五月卦，阴气始生，**复**十一月卦，阳气始生，阴阳反复，凡历七月，七阳数，故言“七日”。此为“君子道长”之机，故曰“利有攸往”。

《彖传》曰：复，亨。刚反，动而以顺行，是以出入无疾，朋来无咎。反复其道，七日来复，天行也。利有攸往，刚长也。复，其见天地之心乎？

“复，亨”，谓阳刚消极而来复，复则阳渐长而亨通矣。“刚返”者，谓剥之时，刚几去而不反，出于震而来复，震为反生，故曰“刚反”。“动而以顺行”，是出入皆在顺动之中，故“无疾”；自动者顺，朋来亦顺，故“朋来无咎”。一反一复，其道循环，“七日来复”，天行之自然也。以顺承天，则刚之方反者，日进而盛矣，故利往。“刚反”言方复之初，“刚长”言既复之后。**剥**、**复**消息，天地之气所默转，即“天地之心”所发端也。“天地之心”，本无所不在，无从窥测，惟生意发露之初，方见得“天地之心”，故曰：“复，其见天地之心乎？”“其”、“乎”语辞者，愈觉仿佛想见之真。

以此卦拟人事，是善恶绝续之一转机也。人虽甚不善，而于平旦之际，未始无片念之偶萌，萌即复也，复则动矣。逆而动，动仍入恶？顺而动，出恶而入善矣，道无不亨也，疾于何有？朋以类聚，入夫善，则善朋皆来，自无咎焉。人身一小天地也，人有贤愚邪正，即天有雨旸燠寒，人有生老病死，即天有休咎灾祥。“七日来复”，以干支言，至七则为冲，以建除言，至七则为破，冲与破则皆为动，是以有反复也。故人之疾病寒热，亦往往以七日为一更，此皆阴阳刚柔之转移，人与天无二道也。按六爻之辞，初爻为人迁善之始，是以反身而诚也。二爻见人之迁善，欲同归于复也。三爻屡复屡失，虽危而终复于善也。四爻谓能舍群阴而从初阳，是取诸人以为善者也。五爻以阴居阳，独得其中，是能“安土敦仁”者也。上爻居卦之终，六几于七，而又将变矣。出复凶，深足为人之迁善者戒矣。《易》言天道，其所以为人事垂诫者，至深且切，于复可见天心。复时见天心，不复时则浑是人心矣。天心惟微，人心惟危，可不惧哉！可不慎哉！

以此卦拟国家，是国家治乱之一转机也。由治入乱，阴之始也，出乱入治，阳之复也，古今来一治一乱，其机莫不如是焉。是故乱不自乱始，治不自治始，机之动也甚微，复之一阳，即其阳之微动者也。其动也顺，则其道亨，其往利，如汤武之顺天应人，拨乱反正，一著戎衣而天下平也。“七日来复，天行也”，于格苗而曰七旬，于即戎而曰七年，亦可于此而得七日之义矣。六爻皆指复言，重在进阳也。阳，治道也，即君子之道也。初爻曰“不远复”，如殷武丁、周宣王、汉光武之中兴是也。二爻曰“休复”，如太甲之复位，成王之新政是也。三爻曰“频复”，如汉刘先主之治蜀，虽属偏安，尚无咎也。四爻曰“独复”，如大舜之明扬侧陋，允执厥中，以从尧而致治也。五爻曰“敦复”，如启之承禹，武之继文，能“敦复”治道，而致其盛也。若上爻则当戒焉，“迷复”而不知其凶，自桀纣之亡国者皆是也。《易》之言在天道，而治道即属于是，为国家者，于复而见治之渐，即当于姤而戒乱之始。治乱之机反复间耳，可不慎哉！可不惧哉！

通观此卦，**剥**之一阳在上者，**复**即阳生于下，如雷藏地中，无中含有。乾元资始者，于是露其机，贞下起元；坤元资生者，于是呈其候。天地生物之心，非至是而始有，乃至是而始见也。顺而动，动无不亨；顺而往，往无不利。出柔而入刚，刚有何病？以我而求朋，朋来何咎？一反一复，其道即在旬日间耳。六爻皆以复道为辞，初九之“不远复”，如克己复礼之颜子，贤而希圣，生而知之者也。六二之“休复”，下比初九之刚，如友直、谅、多闻之士，亲贤取友之宓子贱，学而知之者也。六三之“频复”，如日月至焉之诸子，士而希贤者也。六四之“中行独复”，如悦周公孔子之道之陈良，亦圣人之徒也，困而学之者也。六五之“敦复”，如反乎身之汤武，圣而希天者也。上九之“迷复”，则如飞廉恶来，怙终而不悛其恶者也，困而不学者也，不惟为一身之祸，且为天下祸，故曰“迷复，凶，有灾眚，终有大败”。圣人于六三之“频复”，犹曰“无咎”，而独罪上六之“迷复”，如此，其重改过而恶怙终也切矣。《系辞传》曰“圣人之情见乎辞”，其此之谓乎？

《大象》曰：雷在地中，复，先王以至日闭关，商旅不行，后不省方。

此卦为十一月卦，故《象》取“至日”，是雷伏藏地中也。先王观此象，以“至日闭关”而不启，止商旅而不行，后于是日，亦“不省方”，盖为养其阳气之方来，而不敢或泄，务为安静，所以葆其贞也。月令仲冬，审门闾，谨房室，必重闭，推之即可知“闭关”之诸象焉。“闭关”取**坤**为阖户，“商旅”取**坤**为众民，“行”取**震**为大途，“方”取**坤**为国土。

占 问时运：好运初来，尚未发动，静以待之，自然获吉。〇问商业：货物完备，时价亦动，宜暂停售，必得利也。〇问家宅：此宅现时闭歇，须待春时，方可迁居。吉。〇问战征：防敌军埋伏地雷，须暂停战，以养兵力。吉。〇问疾病：是痰火之症，饮食不进，交冬令宜防。〇问讼事：一时不能审结。〇问六甲：生男，交春分产。〇问婚嫁：现因媒人尚未往说，春初可成。吉。〇问行人；冬季不归，开春归来。〇问失物：一时难觅，日后可得。

初九：不远复，无祇悔，元吉。

《象传》曰：不远之复，以修身也。

此卦初九一阳，自**乾**阳来，入**坤**群阴中，忽复本位，名之曰**复**。卦之

复就造化言，爻之**复**就人心言是也。此爻**复**之初，为**复**道之始。七日即复，故曰“不远”，是以不至悔而得“元吉”也。“元吉”者，即复**乾**之吉也。“祇”者至也，人虽圣贤，不能无过，惟贵速改，过而不改，则有悔而凶可知也。《象传》曰“以修身也”，修者所以补其缺，正其误也。占者知此，则人欲日消，天理日明，可以为圣，可以为贤。“修身”二字，包括深远，不可不知也，何则？六二之《传》曰“仁”而称美之，六四之《传》曰“道”而赞叹之。“修身”二字，兼仁与道，其所关至大。心内而身外，以存养言，则在心；以修为言，则在身：身心一也。

占 问时运：好运即来，渐渐发动，一往顺利，大吉。〇问商业：前所耗失，即可复得，可免悔恨，大吉。〇问家宅：旧业复兴，即在目前，大吉。〇问战征：即日可转败为成，大吉。〇问讼事：始审不直，再控必胜，大吉。〇问婚嫁：主散而复成，大吉。〇问行人：不日即归，吉。〇问疾病：静养即可复，元吉。〇问六甲：即日生男。〇问失物：即日可得。

占例 余欲购驱车之马，适遇儿玉少介君曰：余去岁求良马于南部，后无音信，遂别购一马，顷日南部马至，厩隘不容。谓余买之，余乃占其良否。筮得**复**之**坤**。

断曰：此马不适长途，朝出夕归，得其宜耳。爻谓“不远复，无祇悔，元吉”，可以见矣。初爻变则为**坤**，**坤**曰“利牝马之贞”，知此马必牝，无暴逸之虞者也。

后购得其马，果如此占，性柔顺，最适驾车。

六二：休复，吉。

《象传》曰：休复之吉，以下仁也。

此爻以阴居阴，得其中正，与初九切比，志从于阳。嘉初之能复于道，甘心下己，以友其仁，切磋琢磨，恶念潜消，善心日生，故曰“休复，吉”。初爻得**乾**阳之正，开**复**道之首，故曰“元吉”；六二取人为善，自能从容改图，其功次于初矣，故曰“吉”。《象传》曰“以下仁也”，初复于仁，二比而下之，是以吉也。《易》三百八十四爻，未尝言仁，此爻言之。所谓“复其见天地之心”者，天地之心，即仁也；所谓仁，元善之旨也。

占 问时运：目下气运亦好，事事能择善而从，故事事得吉。○问商业：能与人共利，其业必兴，吉。○问家宅：家庭多休祥之征，自能兴复旧业。吉。○问战征：一时暂休攻克，姑示其弱，以养锐气。吉。○问疾病：宜初治之医，复诊视之。吉。○问行人：必从长辈而归。○问六甲：生女。○问失物：就低下处寻之。

占例 明治二十四年春，某裁判所长及检事长，访余山庄，请占某贵显辞表后之举止。筮得**复之临**。

断曰：雷者，春夏升出于地上，秋冬潜于地中。此卦雷复地中，而将再出者也，故某贵显今日虽优游闲居，可知其复职不远也。

两君怪余断之轻易，曰：《易》如此容易，天下之事，悉可问之于《易》也。余曰：固然。《易》之包蕴甚广，天下之事物，无一不具，而其变化神妙，不可测度，是以无事无物而不可占也。占之则过去、现在、未来皆得明示，其应如响。即贵下于两造之事，多匿奸藏诈，掩非为是，诬真为假，不易剖决者，占之而奸计显露，所谓问诸人，不如问诸神也。不然，贵下等只据法律，凭口辞，安能一一无枉乎？古云“卜以决疑”，此之谓也。在某贵显之辞职，世论嚣嚣，余一揲蓍，神示之以地下有雷之象，二爻之辞曰“休复”，知其一时休职，他日必复职也，明矣。《象传》曰：“休复之吉，以下仁也”，即此可知矣。

二人倾服而去。后某贵显果复职，钦服余断之不妄也。

六三：频复，厉，无咎。

《象传》曰：频复之厉，义无咎也。

三爻位不中正，志刚而质柔，质柔则见事而不明，志刚则狂躁而妄动，故屡复而屡失，是以有“厉”，亦屡失而屡复，终可“无咎”也。虽有失身亏行之惧，自无长傲遂非之过，故曰“频复，厉，无咎”。周公之系辞，隐其屡过之罪，称其“频复”之善；孔子释之曰“义无咎也”，是开人以改过迁善之门也。意深哉！

占 问时运：一好一歹，时有得失，能据其得而不失，是在人也。○问商业：有亏有盈，能使盈多亏少，亏而复盈，亦可获利。○问家宅：有迁移不定之象。〇问疾病：屡治屡发，虽危，可保无害。〇问讼事：有频翻口供，转致危厉之象。〇问行人：归志未决。〇问六甲：生男，颇涉难产，无害。〇问失物：失非一次，当可寻得。

占例 一商人来，请占气运。筮得**复之明夷**。

《爻辞》曰："六三：频复，厉，无咎。"

断曰：**复**为雷藏地中，阳气来复之时，在人为迷惑情欲，有悔悟复本之象。三爻位不中正，辞曰"频复，厉，无咎"，是谓屡兴屡败，劳而无功。其不至破产者，由于随时省悟，随失随改，故"无咎"也。夫运之盛衰，天数不可免，在盛运时，如放舟于上流，扬帆于顺风，不劳而取功；当其衰运，如浮舟于逆风，以溯上流，不特劳而无功，其不被损伤者殆稀。占者恐坐此弊，尤当注意气运之盛衰也。至明后年，气运乃可回复。

商人闻之，感曰：实如此占，从来屡遭失败，今闻之，始悟其误。谨守常业，以待时运。

六四：中行独复。

《象传》曰：中行独复，以从道也。

此爻居五阴骈列之中央，独应初爻之卦主，故能杰出群阴之间，依附仁人，是心知好善，不移习俗，而能复道者也，故曰"中行独复"。所谓"择乎中庸，得一善，则拳拳服膺，而不失之"者也。然其所复犹微，故不曰吉。《象传》曰"以从道也"，谓初复于道，而四从之，故曰"从道"。

占 问时运：气运柔弱，意欲振兴，惜力不能逮。〇问商业：谋划精当，不失其正，资本未充，为可惜也。〇问家宅：女眷多，男丁少，未免有独寐寤歌之慨。〇问战征：防中道设伏。〇问疾病：虚弱之症，宜从初治之医调治。〇问行人：至中路复回，得伴再归。〇问婚嫁：宜从前媒。〇问失物：半途觅之。

占例 明治二十二年六月，友人某来曰：有人欲购余地，约以相当之价，领收约定金若干。其先亦有人欲购此地，余未定约，今复过余，所约之价高于前购，于是余将致偿金于前约之人，请其解约，但不知彼果肯允诺否？请为一筮。筮得**复之震**。

断曰：**复**者一阳来复之卦，有百事复旧之象。故得此卦，旅行无音信者，突然还家，贷金涩滞者，忽而归复，放荡游惰者，能复其本心，皆**复**之象也。则知足下已约之地，亦无阻障，必可复返也。

后果如此占。

六五：敦复，无悔。

《象传》曰：敦复无悔，中以自考也。

五有柔中之德，尊居君位，位得中，故能"复"，**坤**为厚，故曰"敦"。自知其非，不惮迁善，既能复之，又加以"敦"，是知之明，力之笃也，则一得而弗失之矣，何悔之有？故曰"敦复无悔"。《象传》曰："中以自考也"，谓初之复，复在近，可免于悔，五之**复**，复于厚，悔之有无未知，时当返而"自考"也。盖初之"不远复"，入德之事，五之"敦复"，成德之事也。

占 问时运：目下气运当正，事事从厚，有前功，无后悔〇问商业：资财充足，往复获利。〇问家宅：祖基深厚，旧业复光，吉。〇问战征：军力厚实，可以攻复城池也。〇问疾病：病者精神充足，气体丰腴，无患也。〇问六甲：生男。〇问失物：宜自忖度。

占例 某局长来，请占气运。筮得**复**之**屯**。

断曰：**复**者雷在地中之象，动极复静，故谓之**复**。今占得五爻，言修身复道者，复之不已，而又复之，故曰"敦复"。其复如是，亦可谓责躬自厚，而薄责于人者矣。此人督率众人，众心感服，复何有悔？时运可知矣。

上六：迷复，凶，有灾眚。用行师，终有大败，以其国君凶。至于十年，不克征。

《象传》曰：迷复之凶，反君道也。

上爻居**复**之终，**坤**之极，**坤**为迷，故曰"迷复"。迷而不复，故必有凶。"有灾眚"，灾自外来，眚由自作，迷溺至此，无往非害。**坤**为众，**震**为行，故"用行师"。**坤**上六所云"龙战于野，其血玄黄"，即行师大败之证也。"行师"既至"大败"，国君焉得不凶？兵连祸结，至十年而未已。十年者数之终，一败而终不能振，即谓有迷而终不能复矣。盖天下之祸，无不由一念之迷溺而来，迷在于身，则一身被祸，迷在于国，则一国被祸，深著迷复之害也。《象传》曰“反君道也”，**复**之君，初九阳也，**姤**之君，初六阴也，上迷复，不奉**复**之九，而奉**姤**之六，是阴阳相反也，故曰“反君道也”。

占 问时运：气运颠倒，作事乖张，谨慎免祸。〇问商业：货物不齐，期约不准，市价不的，必致大耗；一时不能复业，凶。〇问家宅：防有怪祟，居者多不利。〇问战征：辙乱旗靡，大败之象。〇问疾病：症已危险，久病延年，犹为幸也。〇问行人：在外多凶，十年内恐不能归也。〇问六甲：生女。此女长成，亦大败之命。

占例 明治二十年六月，板垣退助君奉朝命自高知县来，朝廷赏赐爵位，以酬前功，氏固辞者再，于是世人多评论之。或曰：氏之决意辞赐，是板垣氏之所以为板垣氏，其廉退逊让，非他人所能及。氏为自由党之首领，鼓舞众人，其伸张自由之声势，一旦受爵荣，未免为党中人窃笑乎？或曰：爵位者，朝廷之荣命，氏固辞不受，未免有违敕之谴也。余与板垣君有旧，缘是欲忠告之。往访旅亭，将命者以病谢，余遂转访佐佐木高行伯，面谒曰：余每岁冬至，斋戒沐浴，敬占国事及诸当道命运。兹占板垣君，得地雷**复**上爻。

断曰：**复**者，一阳来复之卦，积阴之下伏一阳。以人事观之，全使此一点微阳渐生渐发，天下绝大事业，皆从此一阳中做出来，国家之由乱而治，人生去邪从正，悉赖焉。今占得上爻，辞曰“迷复，凶”，是冥迷沉溺，失其本然之明者也，乃至天灾人眚之并臻，辱君丧师而莫救，危之至矣，祸莫大焉。

爻辞凶恶如是，窃为板垣君虑之。昔板垣君秉政要路，大有功烈，今既辞职，其所主张专在自由党中，人众类杂，薰莸不齐，他日激而生变，亦不可测也。爻辞之凶，其或兆于此乎？

顷又为板垣君辞爵再卜一卦。筮得**困**之**大过**。

《爻辞》曰：“九二：困于酒食。朱绂方来，利用享祀。征凶，无咎。”

此卦四五之阳为三上两阴所蔽，二之阳亦为初三两阴所蔽，不能通志，是以成困。“困于酒食”者，见板垣氏现时之困难也；“朱绂方来”者，谓荣命之下来也；“利用享祀”者，谓拜受爵位而祝告于神也；“征凶”者，谓逆朝命而有凶也；拜命则平稳无事，故“无咎”也。此占详明，板垣君之宜敬拜受命也，慎勿辞焉。板垣君为阁下旧友，请以余之占辞，转为奉告。

佐佐木伯曰：子言真切，余亦感铭，必当告之。子须再访后藤象次郎，告以此占。余亦与后藤氏谋，必可使板垣君拜命也。于是余又谒后藤伯，告之如前，且致佐佐木伯之意。后藤伯感谢曰："奇哉！子之易占，古今未闻其比也。"板垣氏之事，余与佐佐木氏谋，必可尽力，请子勿虑。

后果闻板垣君拜受爵命。余始心慰。

䷘天雷无妄

“无妄”，诚也，是即《中庸》“至诚无息”之谓也。《序卦》曰：“复则不妄矣，故受之以无妄。”盖**无妄**之诚，天之道也；**复**而**无妄**，此为“诚之”者，人之道也。为卦**乾**上**震**下，**乾**健也，**震**动也，健而动，动合夫天也，合乎天即诚也。古圣经传皆言诚，无咎二字，独见于《易》。朱子解《中庸》“诚”字，谓“即真实无妄”，而解《易》“无妄”，谓“即实理自然”。要之理之出于自然者，天也，天即诚也，诚即无妄也，其旨一也。

无妄：元亨利贞。其匪正有眚，不利有攸往。

“元亨利贞”，是谓四德，惟**乾**全具，余卦曰“元亨利贞”者，皆从**乾**来也。“元亨利贞”，统言之，一正而已，正则无妄矣，故曰**无妄**“元亨利贞”。此乃自然之实理，受之于天，不容间以一毫私意，间以私意，即“匪正”矣。匪正则妄，妄必多过，故“有眚”也。既已无妄，不宜妄有所往，故曰“不利有攸往”。

《彖传》曰：无妄，刚自外来，而为主于内。动而健，刚中而应，大亨以正，天之命也。其匪正有眚，不利有攸往，无妄之往，何之矣？天命不佑，行矣哉？

此卦内**震**外**乾**。“刚”，乾刚也。“刚自外来，而为主于内”。**无妄**以初九为卦主，**震**初九刚从**乾**来，故曰“刚自外来”，就内外卦而言也。动在下，健在上，“动而健”，是动之得其健也。“刚中而应”，谓二五也，九五阳刚中正，即**无妄**之天，六二复以居中得正应之，是应之得其正也。凡《彖传》言“大亨”，即“元亨”，“以正”，即“利贞”。**乾**之四德，天之命也，天之所命者，诚也，正也，即无妄也。命得于天，天必信之，攸往咸宜，吉无不利矣。“其非正”，则是自背夫天之命也，天必不能保之，行将何往？更有所往，往即入于妄矣，妄则逆天，逆天者天不佑，亦安见其可行哉！《程传》释“非正”二字，谓虽无邪心，苟不合正理则妄，知“非正”与不正，迥乎各别，正与“匪正”，其辨甚微。“其”字指三上言，三之“灾”，上之“眚”，其失甚细，“匪正”二字，正当体认。

以此卦而拟人事，盖此无妄之诚，与生俱来，浑然无私，即所谓天命之性也。卦自**复**来，**复**秉**乾**阳一画，以为“天地之心”。“天地之心”，即**无妄**之真元也，“元亨利贞”四者即此一心。自古圣人，必如尧舜之执中，汤之用中，孔子之时中，斯可谓“大亨以正”，浑全天命者也。下如颜子之已而待克，礼而待复，犹藉人为，其于**无妄**，尚未达一间耳。此外不必显背夫理，即于理稍有所偏，如动而过动，健而过健，刚而过刚，往失其正，即此有眚，天不我佑，往必无可往焉，至此而人事穷矣。卦体内**震**外**乾**，**震**，动也，盖教人以动合天。动以天则为**无妄**，动以人则妄矣。《易》之垂诫著明，六爻之辞，皆取任乎天者也，违即有咎。初爻备卦德之全，行无不吉，志无不遂也。二爻循当然之理，利本不计，往亦无心也。四爻则刚而无私，守之必贞，咎自无也。五爻则中而又正，如其有疾，可“勿药”也。惟三上两爻，不免近于妄矣。三之“灾”，是牵于“得”而来也；五之“眚”，是穷于“行”而得也。此即《象》所谓“匪正有眚”者矣。盖观于初、二、四、五四爻，以人合天，吉无不利；观三上两爻，几微不谨，过即随之。为圣为狂，争此一间，人可不知所勉哉！

以此卦拟国家，盖所谓无妄者，即唐虞授受，危微精一，千古治统之真传也。得之则治，失之则乱，全在大君真实无妄之一心耳。为卦内**震**外**乾**，**乾**君也，天也；**震**动也，行也。**乾**以君合天，是以健而刚；**震**动而能行，是以往有吉。古之帝王恭己南面，无为而治者，惟在此善承夫天命也。故以此而茂对天时，而时无不顺，以此养育万物，而物无不生。时一无妄也，物一无妄也，以无妄对之，以无妄育之。先王法天以行政，一如雷行天下，任时而动，即在无妄之中而已。苟有行焉，而稍不合于正也，则天不我佑，其何以行之哉！其即何以为政哉！统观六爻，劝诫昭焉。初爻是温恭允塞，诚至而物自化也，故曰“无妄，往吉”。二爻是不言而信，不动而敬，不期治而自治也，故曰“利有攸往”。三爻，是有意求治，转得此而失彼也，故曰“有灾”。四爻，是刚柔相济，为能久于其道也，故“无咎”。五爻，是以道自治，不待以乱治乱也，故曰“勿药有喜”。上爻，是好大喜功，行之有过也，故曰“无攸利”。为国家者，保其无妄，祛其

"匪正"，健而能动，刚而得中，庶几四时行，百物生，应天顺人，德美化行，"大亨以正"，而天下治矣。

通观此卦，上**乾**下**震**，动合夫天，刚而得中，故名曰**无妄**。无妄者浑全实理，绝无意外期望之谓也。是以循其实理之自然，则往无不利；出乎实理之所非，则动必得咎。虽祸福之来，亦有不测，福自天降，天所佑也；祸而天降，如六三之灾，九五之疾是也；祸而自致，则"匪正"之"眚"是也。六爻中，言"吉"，言"利"，言"灾"，言"疾"，言"喜"，言"眚"，皆所谓祸福也。初爻为卦之主，浑全元善，故"吉"。二爻循乎自然，不假造作，故"利"。四爻止所当止，守之以恒，故"无咎"。上爻居卦之终，极而复动，故"有眚"。凡爻象，初动者必终静，初静者必终动。此卦初"往吉"，二往利，皆取其动也；三"灾"，四"贞"，五"疾"，皆勉其守而勿动也；上"有眚"则戒其动之穷也。卦体**乾**健**震**动，故初象多动，动极反静，故终必静也。知夫此，可以谈**无妄**之卦。

《大象》曰：天下雷行，物与无妄，先王以茂对时育万物。

"天下雷行"，阳气勃发，鼓动万物，万物与之共动，蛰虫振，草木萌，有翼者飞，有足者走，无不勃然发育，各正性命，而无有差妄，谓之"物与无妄"。法天之象，以茂对天时者，布顺时之化，以养育万物者，赞生物之功，使时行物生，物物各全其所与，春生养长，咸得其宜，斯吾心中之万物皆备，而天下之万物并育。此所谓尽性尽物也。

占　问时运：目下运得其时，百事咸宜，吉。〇问商业：正如大旱望雨，响雷一声，人人翘望。货物一到，无不旺销，百般获利，大吉。〇问家宅：此宅中时有作响，但无忌碍，屋运甚旺，人口繁盛，吉。〇问战征：有风雷席卷之势，务须正正之旗，堂堂之阵，若欲以诈取胜，反恐有祸。〇问疾病：是胸有积物，动而未化，宜随时运动，物自消化，"勿药有喜"。〇问行人：现时已动身，即日可归。〇问婚嫁：两家素有往来，门楣相对，大吉。〇问六甲：生男，临时安产，吉。〇问失物：或鼓旁，或磨下，或井臼之侧，寻之可得。〇问天时：一雨即晴。

初九：无妄，往吉。

《象传》曰：无妄之往，得志也。

初为内卦之主，**震**初之刚，自**乾**而来，故《象》曰“刚自外来”。初阳始生，诚一未分，不杂未起，率性而动，动罔不臧，以其动合乎天也；由兹而往，往无不吉焉，故曰“往吉”。《象传》曰“往得志也”，诚无不通，志无不遂，故往而得志也。

占 问时运：目下吉，但宜出而有为，不宜杜守家居。〇问商业：利行商，不利坐贾。〇问家宅：宜迁居，吉。〇问战征：宜进攻，吉。〇问疾病：宜出外就医，吉。〇问行人：或有事他往，吉。〇问六甲：生男，来月可产，吉。〇问婚姻：赘婿吉。〇问失物：宜往外寻之。

占例 角抵士毛谷村六介者，土州人，体格肥大，重量三十贯余。明治十七年某月，余与友人某氏，见角抵于两国回向院，友人特爱毛谷村，请占其进步。筮得**无妄之否**。

断曰：此卦上**乾**下**震**，**乾**为父，**震**为长男，有上体大而健，下体小而弱之象。又**震**为足，初爻变**震**体败，必主足疾，恐此人伤足。下爻六二曰“不耕获，不菑畬”，是农而废其业也。由是观之，力士明年殆将废其角抵，而转就他业矣。翌十八年，六介果折足而转他业。

六二：不耕获，不菑畬，则利有攸往。

《象传》曰：不耕获，未富也。

乾为郊野，**震**为禾稼，故爻取农象。耕而有获，菑而有畬，原非意外期望；然以耕而期获，以菑而期畬，心有期望，无妄之望，即是妄也。爻曰“不耕获，不菑畬”，谓当耕则耕，耕未尝有心于获，宜菑则菑，菑未尝有意于畬，任乎先天，不假后起，犹之谋道者非为干禄，修德者非为求名，尽其在我，不计外来。如是则为无妄，无妄则“利有攸往”。言无妄心，自无妄行，则往无不利也。《象传》曰“未富也”，谓二爻居柔得正，中虚无欲，未尝有心于富也。未富而不妄意于富，此即所谓无妄也。

占 问时运：目下运得其正，自有意外财饷，大利。〇问商业：不谋而获，却得大利，吉。〇问家宅：此宅想是承继之产，或为人经管庄舍。〇问战征：前途倒戈，有不胜而胜之象。〇问疾病：“勿药有喜”。〇问婚姻：是招赘之亲。〇问行人：在外得利，一时未归。〇问六甲：生女。

占例 明治十四年一月，余浴于热海，同浴者有华族岛津公及成岛柳北等，暇时相与攀谈。既而大隈伊藤井上诸君亦来浴，时大隈君顾众曰：方今俄[1]清两国互争境界，两国派出委员，议论不决，和战未定，各国之所注目也。高岛氏幸为一占。余乃应命。筮得**无妄之履**。

断曰：清为我邻，以内卦充之，外卦为俄。**无妄**内卦为**震**，**震**为木，譬犹木槌；外卦为**乾**，**乾**为金，譬犹巨钟。今观清国政府，维持本国，力尚不足，何敢与俄强国权构兵乎？以清拒俄，譬犹以木槌叩巨钟，巨钟依然，而木槌早已摧矣。故知清必不抗俄，或让与土地，或与以财利，必以和议结局也，明矣。《爻辞》曰"不耕获，不菑畬"，俄之利，清之灾也。

一时座客，或拍手赞叹，或疑虑不服，后果如此占，使疑者亦服焉。

占例 东京青山有一富商，自二三世来，分为本末两家，末家常守勤俭，家业益昌，本家不善治产，游惰相承，家业凋落。末家虽屡屡分金相助，如运雪填井，其消立尽。本家计穷，窃欲并吞末家之产，召唤末家主人相商曰：汝家之所有，非汝家所自有也，曩时曾从我本家分而与之也。今本家困乏若此，汝盍归还之乎？汝其了此意乎？末家主人惊愕，虽百方苦陈不听。本家主人，以事不谐，将欲讼之官。末家主人，就余请占其吉凶。筮得**无妄之履**。

断曰：此卦上**乾**下**震**，**乾**为金，**震**为木，金为本家，木为末家，末家持木，以击本家之金，末家必不胜，其理昭昭也。《爻辞》曰"不耕获，不菑畬"，耕者必获，菑者必畬，常也。今日耕而不获，菑而不畬，虽为理之所无，往往为事之所或有。以君家数代勤俭，贮蓄财产，一旦拱手而偿诸本家，固属心之所不甘，故曰"无妄灾也"。今既得此占，宜如其意而让之，独怀资金，别兴一家。爻曰"则利有攸往"，君从此孜孜勉励，当必再致繁昌也。

末家主人，果从余言，举财产让之，另开一户，励精家业，未几又获兴起。

六三：无妄之灾，或系之牛，行人之得，邑人之灾。

《象传》曰：行人得牛，邑人灾也。

---

① 郑同注：俄，原文译作"露"。今统改为"俄"。

“无妄之灾”，谓非己之所致而至，天数之灾厄，或有不可免也。六三位不中正，故事出意外，有如“或系之牛”。“系”者而曰“或”，原不知为谁氏之牛也；“行人”，行路之人也，见其牛以为无主也，而窃得之。在邑之人，未之知也，而捕者则必就邑人而诘之，是邑人无故而受灾也，即所谓“无妄之灾”也。三之五**离**，**离**为牛，下互**艮**，**艮**为拘，上互**巽**，**巽**为绳，有系牛之象。**乾**健行，象行人，**震**为守，象邑人。**乾**之行，至上止，上为行人，故上曰“行有眚”，是得牛而遭眚也。**震**之守，属于三，三为邑人，故曰“邑人之灾”。上得其牛，而三罹其灾，是三为“无妄之灾”。上之《象》曰“穷之灾也”，上乃自致之灾，所谓自作之孽也。《象传》曰“邑人灾也”，此意外之灾，惟顺受焉而已。

占 问时运：目下运值尴尬，防有意外之事，宜谨慎。〇问商业：防他人占利，而己反耗财。〇问家宅：此宅恐为外人侵占。〇问战征：行军得胜，守军防有损败。〇问疾病：此病恐是外来人传染，可虑。〇问行人：归则归矣，恐家人有灾。〇问婚嫁：宜与远人结亲，吉。〇问失物：已被行人拾去。

占例 一日友人某，突然来访曰：仆近与朋友某，共计一商业，书来约今日会晤，今忽以家事混杂谢绝，其中或有变计乎？请劳一筮。筮得**无妄之同人**。

断曰：《爻辞》谓“或系之牛，行人之得，邑人之灾”，按**离**为牛，亦为女，观此知其家必有远来亲友，以妇女寄托也。此女象取**离**卦，必有离绝之事，且**离**为孕，或女已怀孕矣。“行人之得”，是与行人而皆奔也，在某住所，非畜牛之地，故知其必为女也。“系”者，即寄托之谓也，“邑人”者，即君之友也。然此友受此女之寄，所谓“邑人之灾”，恐难免矣。某所称家事混杂，殆即此欤？

友人惊余言之奇异而归，后数日，来谢曰：过日占辞，不误一语，悉合事实。

九四：可贞，无咎。

《象传》曰：可贞无咎，固有之也。

四阳刚而居**乾**体，刚而无私，无妄者也。然位当上下之交，初**乾**阳刚犹柔，恐固守未定，或有偶涉于妄者乎？故诫之曰“可贞”。盖以**乾**之健，乘**无妄**之体，更当以**乾**之贞，葆无妄之诚。斯无妄之理，静以存之，固以守之，自无过失矣，故曰“无咎”。《象传》曰“固有之也”，无妄之心，即天心也，秉于生初，非由外铄，故曰“固有”也。

占 问时运：目下气运平顺，循分则有获，妄动则有咎。〇问商业：坚守旧业，自然亨通。〇问家宅：此宅本是祖基，宜永保之，毋堕。〇问战征：已占入外卦之地，宜坚守城池，切勿妄进。〇问疾病：此时宜安静调养，来月“勿药”而愈。〇问行人：一时未归，在外无咎。〇问六甲：生男。〇问失物：必可复得。

占例 某贵显来，请占气运。筮得**无妄**之**益**。

断曰：四近尊位，德秉乾刚，正合贵显身位。今占得第四爻，曰“可贞无咎”，在贵显德位俱优，功业素著，无复丝毫妄念；恐民在下，有以妄动干进，全在贵显坚贞而镇定之，得“无咎”也。

九五：无妄之疾，勿药有喜。

《象传》曰：无妄之药，不可试也。

“疾”犹灾也。五动体**坎**，**坎**为疾，故曰疾。疾之来也，有由自致者，有因天时而非自致者，非由自致而疾者，即所谓“无妄之疾”也。“无妄之疾”，如在天为日之食，风之暴，雨之淫，雷之迅，皆一时阴阳之偏，偶触而来，时过则平，未可以药救也。在人，“无妄之疾”亦犹是焉，不容以药治之也，故曰“勿药有喜”。“有喜”，谓疾去而为喜也。当疾之时，以药治之耳，五爻刚中得位，天德全，**无妄**之至者也，复何遗憾？爻之取象于疾者，盖以汤之幽夏台，文之囚羑里，或有为盛德之累者焉。此则谓无妄之疾也，顺以守之，祸患自释，即“勿药”之义焉。《象传》曰：“无妄之药，不可试也。”“无妄之疾”，本非真疾，药之反成疾矣，故曰“不可试”，慎之至也。

占 问时运：目下气运当正，意外之事，不必介意，全乎在我而已。〇问商业：凡一时物价，无故上落，皆无害商业，过时自平，切勿扰动。〇问家宅：防有风摧雪压倾圮之患，然无大害，致有喜兆。〇问战征：防军队中有时疫流行之患，宜洁净营屯，勿妄用药。无咎。〇问行人：恐中途有涉意外之事，然即归来。〇问讼事：有意外牵涉，不辩自释。〇问六甲：生男。〇问失物：不寻自得。

占例 明治二十二年，占某贵显气运。筮得**无妄之噬嗑**。

断曰：五爻阳刚中正，下与二应，可谓**无妄**之至者也。今占得此爻，知某贵显德高望隆，复有何病？但道高招谤，或遭意处之嫌，是即“无妄之疾”也。宜勿与辩，逾时自释，若一为计较，转致多事，故曰“无妄之疾，勿药有喜”。

某贵显不用此占，遂酿纷纭，翌年遂罢职闲居。

占例 明治二十五年八月，余弟德右卫门，患大肠痞结，聘医师守永某，乞诊服药，数日不愈。某曰：是非施截解术，不可治也。谋之佐藤国手，余复为占施术之适否。筮得**无妄之噬嗑**。

断曰：“无妄之疾”，非自致也。今弟之疾，亦自然而发，非关自致。爻曰“勿药有喜”，盖为不假人治也，是宜安养任其自然，三周间（**震**之数为三八）后，必可愈快。后服补药，不复施术，三周后，果得痊治。

占例 占明治三十年海军之气运。筮得**无妄之噬嗑**。

断曰：**无妄**全卦，卦德为真实无妄，括言之曰正。《彖辞》曰“匪正有眚”，眚灾害也，故《说卦》曰“无妄灾也”。今占得五爻，曰“无妄之疾，勿药有喜”，“无妄之疾”，犹言意外之灾也，恐海军中于九十两月中，必有非常之惊异也。此事非关人为，实由天意，非可强也。

后横须贺镇守府长官相浦中将，巡见北海道炭山，余在汽车相晤，告以此占，中将如不介意。然至九月，闻扶桑舰沉没豫海，占兆乃验。

上九：无妄，行有眚，无攸利。

《象传》曰：无妄之行，穷之灾也。

上爻阳居卦之终，为**无妄**之极，极而复行，行必有眚，有何利焉！《彖辞》所谓“匪正有眚”，盖指上也。上与三应，三为“邑人”，上为“行人”，三之灾，自上致之；三既被灾，上岂能无眚乎？《象》曰“穷之灾也”，位已上穷，复欲进行，是穷极而为害也。

占 问时运：好运已终，宜安守勿动，动则终凶。〇问商业：历来贸易，颇称得利，兹值岁终，或当时令交换之际，宜暂静守，切勿再进，防有损耗。〇问家宅：此虽旧宅，居之则吉，慎勿他迁，迁则有眚。〇问战征：地步已极，不可复进，进则有害。〇问疾病：必是老年，宜颐养自适。〇问行人：即日可归，归后切勿出行。〇问六甲：生男。〇问失物：恐穷追不得。

占例 每年一月，余必避寒于热海。明治二十二年一月，静冈县知事关口隆吉君偶巡回县下，同宿汤户某家。关口氏为幕府旧士，尝学于昌平校，夙具才学，维新之际，五棱廓将帅之一也。氏索余占当岁气运。筮得**无妄**之**随**。

断曰：异哉，何其爻象之凶也！《说卦》曰"无妄灾也"，"灾"谓天灾，是天降之灾也。《爻辞》曰"行有眚，无攸利"，观此爻象，恐于行路中，忽遭祸变。"眚"，损也，必身体大有损伤。《象》曰"穷之灾也"，言灾害之至极也。余就占象直言，吉人天相，君勿过虑，慎之而已。关口氏闻之，面为失色。

后见新闻纸报道，阿部川城之越间汽车冲突，关口知事被伤，政府闻之，遣侍医佐藤桥本医治。余阅报惊曰：果哉关口君，竟罹"无妄之灾"！愈感易占之神知，悚然者久之。

一日得静冈警部长相原安次郎氏来函云，知事被灾，果应热海之占，不堪敬服。今欲再占知事之生命如何，烦为一筮回告。筮得**泰**之**大畜**。

《爻辞》曰："上六：城复于隍。"《象传》曰："城复于隍，其命乱也。"

断曰：**泰**为天地交泰之卦，今占得上爻，是**泰**之将终，转而为**否**之时。"城复于隍"者，倾毙之象；"其命乱"者，谓命之不全也。即以此旨答之。

时见者多怪余断之凶，曰：据医师诊断，有回生之兆，是新闻纸所报也，贵断毋乃过乎？余曰：诸君有疑，请俟诸他日。未几，关口氏讣至，于是当时诸君皆感服易占之妙用。

后复晤相原氏，氏曰当时得子返书，已知事不起。怀书往访，知事谓余曰：今春热海游浴之时，高岛氏占象，预诫余之遭难，果若此，殆天命也。近得医治，言可回生，尚为幸耳。余因叹息，不忍以贵占出示。谈及当时车变云，此日知事至静冈停车场，适将发铁石杂车，知事急麾之，驿吏命暂停，使知事乘之。迨进行二里余，至铁路屈曲处，忽前面汽车蓦地驶来，与之冲突，轰然一声，积载货物，悉飞天外，乘客中即死一人，负伤二人，知事其一也。余本同行，因知事心急，单身乘车，余未知之，得免于祸，幸哉！

翌年春，晤关口氏养子某于热海，曰："亡父平素语足下易学，去岁自热海归，每闲居读君《易断》，至无妄一卦，常三复不已。"

䷙山天大畜

大畜为卦，下**乾**上**艮**。**乾**，健也。**艮**，止也。畜亦止也。大对小而言：**小畜**、**巽**在**乾**上，五阳一阴，以一阴畜**乾**三阳，**巽**体柔顺，其力不固，故为**小畜**；**大畜**二阴四阳，**艮**体笃实，能厚其储，故为**大畜**。《杂卦传》曰："大畜时也"，**大畜**以**艮**畜**乾**者也，**乾**之纯阳，进而不止，而**大畜**能畜之，若不欲其进者，时未可也。不惟其止，惟其动，健而又动，**无妄**所以为灾也；不惟其动，惟其止，健而能止，**大畜**所以为时也。《序卦》曰："有**无妄**然后可畜，故受之以**大畜**。"此**大畜**之所以次于**无妄**也。

大畜：利贞。不家食，吉。利涉大川。

大畜以阳畜**乾**，得其正也，止而畜之，利于用也，故曰"利贞"。外卦**艮**，**艮**为居，有家之象；三、四、五互**震**，**震**为百谷，有食之象；二、三、四互**兑**，**兑**口在外，有"不家食"之象；内卦**乾**，**乾**初为**震**，**震**为行，有"利涉"之象；**乾**二为**坎**，有"大川"之象。畜其德以用于朝，养以鼎烹，故曰"不家食，吉"；畜其材以济于时，用以舟楫，故曰"利涉大川"。畜之义，不特为止，又为养也，为蕴也。止则止其健，养则育其德，蕴则储其材。"不家食，吉"，有以收养贤之效；"利涉大川"，有以见济世之功。

《彖传》曰：大畜，刚健，笃实，辉光。日新其德，刚上而尚贤。能止健，大正也。不家食，吉，养贤也。利涉大川，应乎天也。

大畜，以**艮**畜**乾**，畜之大者也。**乾**为天，天德刚健；**艮**为山，山体笃实。**乾**为大明，有辉光；**艮**为星斗，亦有辉光。以**艮**畜**乾**，则所谓"刚健，笃实，辉光"，不必分为**乾**为**艮**，要皆在此**大畜**中也。是以光华发越，盛德日新，此卦之所以曰**大畜**也。**艮**阳居上，故曰"刚上"；**艮**止能畜，故曰"尚贤"。**乾**健难止，**巽**不能止，其畜故小；**艮**能止之，其畜乃大。**艮**之所以能止，在得其正，故曰"大正也"。"大正"即"利贞"。下变**震**

为**颐**，**颐**，《彖传》曰“养贤”，先曰“观其所养”，知必不在家食也。上变**坎**为**需**，**需**，《彖》曰“利涉”，先曰“位乎天位”，知其能“应乎天”也。故**艮**能止，亦能育，斯贤乐得其用矣；**艮**能止，亦能通，斯险无不可济矣。

以此卦拟人事，《彖辞》首曰“利贞”，“利”，和也，“贞”，正也，和且正，为人事之至要也。卦德以止畜健，以静畜动，是畜之大者也，故《彖辞》曰“大正也”。盖畜之道，全在“大正”，有此“大正”，斯能有此**大畜**，所谓君子正已以正人者，即此道也。“刚健”者天之德，“笃实”者山之性，人能法山之性，以畜天德，斯德性充实，而辉光发越，自见日进而无疆矣。卷之则藏于一心，放之则发为万事，以此而“不家食，吉”，即家食亦吉；以此而不涉险利，即涉险亦利，是人事而应乎天者也。六爻内三爻为**乾**，欲健进而为**艮**所畜止也；外三爻为**艮**，以能止，而畜**乾**之健也。是以初爻惧危而自“已”；二爻不可而随止；三爻“往”矣，而犹能惕以“艰”，如人事步步留余，不令躁进也；四以畜初，“童牛”加牿，畜之尚易也；五以畜二，“豮豕之牙”，畜之得其要也；上以畜三，三既利“往”，则云霄直上，以不畜为畜也，如人事之般般谨慎，各合机宜也。盖凡人之作事，一于健则过之，一于止则不及，过则偾事，不及则不足以成事。孔子于求之退曰进之，于由之兼人曰退之，其深得**艮**止之义也夫！

以此卦拟国家，上卦为政府，秉**艮**山之性，止而不动，下卦为人民，挟**乾**健之性，欲急谋国家之进步，将进而犯上，而六五之君，得六四上九之辅翼，同心合志，以抑止下民刚强锐进之为，此畜之所以为大也。六五之君，温恭而能“尚贤”，与上九阴阳相比，言听计从，爻辞所谓“豮豕之牙，吉”也。上九身任天下之重，共天位，治天职，食天禄，以上畜三，其畜愈大而愈正，故曰“何天之衢，亨”也。六四处**艮**之始，履得其位，与上九同受六五之命，以四畜初，初阳尚稚，故曰“童牛之牿，元吉”也。盖内卦三阳，其性虽健，皆能受外卦之畜止，故初阳犹微，知进而有危，不待畜而自止；二得中，与五正应，知五处畜盛，未可犯也，能遇难而止，故“无尤”；三受上之畜，畜之极也，畜极则通，其德已成，可以进矣，故曰“良马逐”也。国家当此之时，君臣一德，在下免躁进之患，在上无窃位之讥。六五之君曰“吉”，有度也；上九之臣，曰“道大行也”，应天顺人，诚千载一时之会也，非夫圣人之畜，不克臻此。

通观此卦，六爻专言畜止之义。初九抱刚健之德，初阳尚微，能受六四之畜，知难而自止者也，故有“有厉利已”之辞。九二履得其中，有知时之明，知其功之不可遽成，止而不行者也，故有“舆说輹”之辞。九三以阳居阳，志刚而才强，未免锐进之嫌，惟“艰贞”自处，见可进而进，则可以济世，又可以保身也，故有“利艰贞，利有攸往”之辞。六四当**大畜**之任，处**艮**之始，能止**乾**阳之初泄，故曰“童牛之牿”。六五处得尊位，制恶有道，柔能制刚，是以吉也，故曰“豮豕之牙”。上九所谓“刚上而尚贤”者也，居通显之地，体至公之道，舍己从人，以汲引从贤，此**大畜**之义，君子之道大行之时也，故曰“何天之衢，亨”。总之，初九居**乾**之始，其阳犹稚，故称曰“童牛”，戒其进也。九二以刚居柔，柔则势弱，故称“豮豕”，喜其不能进也。九三纯秉**乾**德，**乾**为马，故称曰“良马”，又恐其径进也。君子之难进如此！

《大象》曰：天在山中，大畜。君子以多识前言往行，以畜其德。

此卦**乾**天居**艮**山之中，谓山中蕴畜一天地之象，其道含宏，其义深远，譬如君子方寸中，蕴畜三才之道义，及古今之事理，广见洽闻，以之日新其德业也。夫“前言”者，训诰流传，德之华也；“往行”者，功业炳著，德之实也。嘉言懿行，皆德之散见者也。君子之学道也，考其迹，观其用，以身体之，以心验之，因其言而默识其所以言，因其行而默识其所以行，以畜成我德，此德所以日积而日大也，故曰“多识前言往行，以畜其德”也。

占 问战征：宜养精蓄锐，乘时而动，自然战无不克，攻无不利，定获大胜。〇问时运：目下心意纵奢，未可动也，必待二年后，运来福至，如骏马腾空，往无不利。〇问营商：暂宜株守，近则三月，远则三年，自得逐渐推广，日积月新，利源不竭，大有庆也。〇问家宅：宅居宜近山，或在岭上，或在谷中，必是素封之家。近来声名显达，家业日隆，大吉之兆。〇问功名：少年意气轩昂，未免稍有阻抑，至三十岁后，一举成名，云霄直上，为国为家，经纶焕著，诚大用之材也。〇问六甲：生男，且主贵。〇问讼事：始被屈抑，后得申理。〇问疾病：占得初爻至五爻，皆吉，上爻则恐寿源有阻。〇问婚姻：大吉。

初九：有厉，利已。

《象传》曰：有厉，利已，不犯灾也。

此爻体**乾**，刚健而在下，势将锐意干进，然初爻**乾**阳尚微，距五位主爻犹远，应在四爻。四爻属**艮**，**艮**止也，初爻欲进而四爻止之，是应爻不相援，而悉相敌也。初九能知危而止，故“不犯灾也”，谓之“有厉利已”。

占 问战征：宜守不宜攻，斯无害也，必待四爻援兵得力，方可大进获胜。〇问营商：目下资本犹浅，宜谨慎自守，免致灾害，后得帮手相助，自能获利。〇问家宅：是新造之宅，为前面山势压制，屋宅不能过高，然无咎也。〇问功名：才学虽高，而初次求名，不宜发泄太早，宜自抑止，所贵大器晚成也。〇问六甲：可占一索生男。〇问讼事：不宜健进，健进则有灾。〇问婚姻：初阳为四爻所畜，是夫将受制于妻也；在夫能顺从其畜，亦无灾也。〇问出门：现宜暂止，以待时运。〇问疾病：现虽有病，可保无虞。〇问失物：待后自可寻获。

占例 某县士族某来，请占气运。筮得**大畜**之**蛊**。

断曰；此卦以山之小，止天之大，故谓之**大畜**。今初爻以阳居阳，才力俱强，以应四爻之阴，四爻之阴，力能畜止初阳，知其谋望，一时必难就也，若一意躁进，恐必有祸。

时某不从余断，妄怀志愿，往干某贵显，不服书记官之说谕，三日间遂为警视厅所拘留。厥后某自悔悟，始叹易理之神妙也。

九二；舆说輹。

《象传》曰：舆说輹，中无尤也。

“舆”者，车也，喻进行之义；“輹”者，车轴之缚也。天之转旋，有大车之象。“舆说輹”者，谓车说輹，不能驾乘，而废进行之用。此爻变则为**离**，有脱离之义，故曰“说輹”。**艮**以畜**乾**，将畜止下民之冒进，使之自止也。二与五相应，五处畜盛，未可犯也，知势之不可而不进，可谓知几识时者矣。《象传》曰“中无尤也”，谓其得中，无躁进之尤也。按初九曰“有厉”，其辞缓，九二曰“舆说輹”，其辞急。初与三应，初为**乾**之始，始阳尚柔，故辞缓；二与五应，五居尊位，势不可犯，故辞急。况五之畜二，非徒因其进而止之，殆将尚其贤而用之也。盖时有盛衰，势有强弱，有不可已者，学《易》者所宜深识焉。

占 问战征：若锐意径进，防有辙乱旗靡之祸，致一败而不可复收，惟以退为进，斯无尤矣。〇问营商：凡有货物，宜早脱售，虽无大利，亦无耗失。〇问家宅：必是破败旧家，惟其能退然自守，家业自有复兴之象，故无尤也。〇问功名：宜待时，毋躁进也。〇问婚姻：**小畜**三爻“舆说輹，夫妻反目”，是不吉也；此二爻得中，与五相应，五居尊位，必是贵婿，大吉。〇问疾病：定是腹疾，一时难愈，然无害也。〇问六甲：生男，防有足疾。〇问讼事：败而复和。

占例 亲友某县人某来，请占气运。筮得**大畜之贲**。

断曰：此卦内卦**乾**天，刚健锐进，外卦**艮**山，镇定不动，以山畜天，故曰**大畜**。在今政府，非不欲登进人才，亦知浮躁者非大器，急切者无实功，是以抑制而不用也。而一时急于求进者，或互相标榜，或高自议论，干谒公卿，奔走形势，梯荣乞宠，无所不为，当途益以此轻之矣。今九二能察时之不可，而退然自阻，谓之“舆说輹”。舆者所以载物而行也，说其輹，示不复用，所以甘自晦藏，以待其时之至也，故曰“中无尤”。

某闻之曰：《爻辞》适合我意，愿从此占。果大得便宜也。

占例 占明治三十年国家财政。筮得**大畜之贲**。

断曰：此卦以山之小，畜天之大，上卦一阳，畜止下卦三阳，足见其畜之大也。今占财政而得此卦，**乾**为金，故主货币，**艮**为山，故主藏蓄，九二**坎**爻，**坎**为车，故曰“舆”。“说輹”者，示不用也。我国古来所有货币，不出一亿之外，开港以来，购入兵杖、器械、船舶诸物，虽一时支出现金繁多，赖政府理财得人，渐得复旧时之款。征清之役，民间募集一亿五千万公债，其不足者，以政府预备金充之，战胜之后，受取偿金三亿五千万元。窥测宇内形势，强国合纵，分割弱国，不得不扩充军政，乃以其偿金，充备军资。在政府固出于不得已也，而在人民之愿望，以为获此巨偿，专以扩张军备，并赏恤战士，既不能清偿国债，又不能振兴商业，虽银行之贷出稍宽，而子利仍复腾贵，则百业之进基，终被抑止，人民颇为失望。此即内卦**乾**天，为外卦**艮**山畜止之象也。辞曰“舆说輹”，舆之脱其輹，而不能进，犹金之别有需蓄，而不能应民之用也。政府之设施如此，可谓得其中矣，故《象》曰“中无尤也”。本年之财政，中止货币之运转，为商工困难之占也。

后果如此占。

九三：良马逐，利艰贞。日闲舆卫，利有攸往。

《象传》曰：利有攸往，上合志也。

三辰在辰，上值轸，轸主车驾，故有“马”，有“舆”，有“卫”。又三为**坎**中，**坎**为艰，故“利艰贞”。此爻内卦为**乾**，**乾**为马；“逐”，并进也。**乾**畜至三，其德已成，可以进矣，故其象为“良马逐”。“闲”，习也；“卫”，所以防不虞，**艮**在外为止，即舆卫之象。三之应在上，上处“天衢”之亨，途径大通，进行无阻，而犹必以艰贞自惕。如调马者，虽驰骋自得，犹必“日闲舆卫”，乃可以“利有攸往”。《传》曰“上合志也”，此正畜极而通之时也。夫善骑者堕，善泳者溺，当此得意之日，故最宜戒慎，平常犹此，况大畜之时乎？“良马”以见锐进之义，“舆”以明徐行之象，逐马而继以舆卫，锐进徐行之两义，当参观而得之。

占　问战征：有马到功成之象，然必先临事而惧，斯无往不利也。○问营商：三爻与应合志，是必卖买同心；曰“良马逐”，是必贸迁快捷；曰“利艰贞”，是虽遇险无虞也。大吉。○问功名：有云霄得路之象。○问家宅：必是勤俭起家，目下履当其位，家业日进，犹能安不忘危，故无往不利。○问婚姻：三以上九为应，上九处畜之极，是全盛之象，占婚姻而得此爻，男女合志，大吉之兆。○问疾病：宜谨慎调养，可保无虞。○问六甲：生男。

占例　余一日访友人某氏，某氏谓曰：吾尝约购驾车良马，今日当必有牵而来也，谓占马之骏驽如何？筮得**大畜**之**损**。

断曰：此卦内卦为**乾**，**乾**为马，又**乾**健也，知此马必健捷善驰。然不谙驾驭之术，御之亦难，故曰“日闲舆卫，利有攸往也”。语未毕，有牵马者至，扬言曰：“此马刚健疾驰，是良马也！”友人见之，即欲鞭策一试；适前岸系舟，轰然有声，马遂惊逸，驭者尽力制之，不止，逡巡倒行，遂落沟中。友人见之大惊，不复购售。

占例 某县士族某来，请占气运。筮得**大畜**之**损**。

断曰：**乾**在**无妄**为天德，在**大畜**为贤才，士惟法**乾**而后才德备。法**乾**则行健而进锐，进锐者恐不能致远，必“利艰贞”，而其识深，必受抑止，而其气定。如良马之性，必先颠蹶，而后驰驱始受范也，故曰“良马逐，利艰贞”。今占时运，而得此爻，知其人必抱有用之才，足荷艰巨之任者也。《传》曰“利有攸往，上合志也”，可见目下时运已至，可以乘时得位也。爻曰“日闲舆卫，利有攸往”，“卫”，守卫也，所以备不虞、示威武也。意者其将任守卫之职乎？

后此友果任某警部。

六四：童牛之牿，元吉。

《象传》曰：六四元吉，有喜也。

六四爻辰在丑，丑为牛，四得**艮**气，**艮**为童，故曰“童牛”。以四畜初爻，动而体**离**，**离**为童牛，牛谓初九也。“牿”，《说文》云“牛马牢也”，引《书·费誓》，“今惟牿牛马”。**大畜**错卦**萃**，**萃**“用特牲吉”。童牛，祭天之牛也。《礼记·郊特牲》：牛，“用犊贵诚”也。《周礼·充人》：“祀五帝之牲牷，系于牢。”郑注：“牢，闲也。”必有闲，防禽兽触啮。童牛系之于牢，备郊祀也。“童牛”谓初九，为之牿，四也。初阳最稚，始进而即闲之，如“童牛之牿”，牿之使不牴触，故吉而有喜也。夫天下之事，防未然者易为力，制已然者难为功，逆折其方长之奸，潜消其未萌之逆，则上不劳禁制，而化自行，下不伤刑诛，而奸自止。初阳尚微，刚暴之习未成，六四畜之，所以不劳力也。“元吉”者，柔以制刚，刚不敢犯，畜之盛也，喜莫大焉。

占 问战征：有强邻压制小国之象，幸四与上相应合志，得以保全。有喜。〇问营商：爻曰“童牛”，谓初阳也，意以贸易新出，时货为利。“牿”，谓牢也，意以畜积固藏为利，故曰“元吉”。〇问功名：六四辰在丑，上值斗，石氏曰“斗，将相爵禄之位”；又“丑，土也，其禽为牛”。孔子曰：“犁牛之子，骍且角，虽欲勿用，山川其舍诸。”盖童牛者，祭天之牛也，其必进用也明矣，故《传》曰吉而有喜也。〇问家宅：**乾**为门，

艮为庭，为庐，为居，为舍，皆有家宅之象。“童牛”者，谓初九也，牿之者四也。初九者，阳之初也，必是初造之宅，为四所牿；必门前途径有阻，不能进行。然终必亨通，故曰“有喜”。〇问疾病：曰“童牛”者，意必老牛舐犊，灾在幼子。〇问六甲：生男。〇问婚嫁：四在丑，丑上值牵牛；四应初九，初九辰在子，上值女。曰童牛，必是少年结姻，大吉。〇问讼事：“童牛之牿”，《说文》云，“牿，牛马牢也”，恐有囚牢之灾。至上九曰天衢亨，当解脱而有喜也。

占例 余有摄绵土制造所在爱知县下热田，其支配人来，请占明治二十三年摄绵土贩卖之商机。筮得**大畜**之**大有**。

断曰：六四辰在丑，丑土也，**艮**为手，又为厚，是能以手练成厚实摄绵土也。元来此物密合石灰与粘土，烧为粉末，入之水中，积久而成，凝固如石。今占得**大畜**，明明示我畜贮之象，可知今年此物淹滞。依六四《爻辞》曰“童牛之牿”，“牿”谓牛马之牢，畜之以防其逸，则知此物宜畜之于库，至二十五年以待价也。为上九“何天之衢，亨”，乃可通用自在也。后果如余占。

占例 占明治三十一年，韩国与俄国之交际。筮得**大畜**之**大有**

断曰：此卦内卦为**乾**，外卦为**艮**，占韩与俄交际，当以韩为内卦，俄为外卦。**乾**阳欲进，为**艮**止所畜，明示以韩欲求进，为俄国所畜止也。六四曰“童牛之牿”，童牛者，初阳也，牿之者四也。童牛而入于牿，欲进不得，韩之为俄所止，其象更明。目下俄国公使，蔑视韩廷，以大国之威力畜止之，恰如施童牛之角以横木，谓之“童牛之牿”也。韩若于今不为之计，至西比利铁路成后，恐不可保其全也。

六五：豮豕之牙，吉。

《象传》曰：六五之吉，有庆也。

五为二之应，九二**坎**爻，辰在子，上值室。《广雅》云，“营室曰豕”；又《说文》，“亥为豕”；《分野略》云：“自危十六度，至奎四度，于辰在亥，为娵訾。娵訾谓之豕韦。”戌亥，乾位也，则豕属**坎**，亦属**乾**。“豮”，《尔雅·释兽》：“豮，豕子。豮豕幺幼。”郭注：“俗呼小豮猪为■子。”六五《爻辞》曰“豮豕”，盖指九二而言，九二**乾**阳尚稚，故曰“猪豕”，犹童牛之属初九也。“牙”，郑读为互，《广韵》互字下注云“俗作牙”，是昔人以牙为互，后人转而作牙，误也。《周礼》修闾氏掌比国中宿互柝者，注云，“互，谓行马所以障互禁止人也。”互亦通枑，《韵会》：“枑者交互其木，以为遮拦”，正合止畜之义；与初爻牿为牛马牢，其义相同，皆所以禁止其骤进也。五爻居尊位，为民士之所归向，下应九二，九二之士，能说輹潜修，畜养其德，待时而动，斯喜在一人，庆在天下，是以吉而有庆也。

占 问战征：豕属**坎**，又属亥，是必在坎险湿泽之处，最宜畜意禁止，以防敌军豕突。能谋而后动，自然获吉。〇问营商：互，有互市之义，谓财物交互成市，正合近时通商之象。“豮豕”，谓小豕，譬如初次贸易，资本尚微，能受畜止，乃吉。〇问功名：此必年少求名，未免躁进，宜知自止，故曰“豮豕之牙，吉”也。〇问家宅：豕属亥，水也，前必有二水，交互而流，是以吉也。〇问疾病：六五辰在卯，东方为木，又豕属亥，亥为水，是必木旺水亏之症，宜自节止调养，方能有庆也。〇问六甲：生女。〇问婚嫁：六五爻辰在卯，为兔，五应二，九二爻辰在寅，为虎，寅卯相合。爻曰“豮豕”，豕属亥，亥与寅卯，木水相生，皆得制伏，大吉。

占例 明治二年，友人某来，论时势曰：今箱馆平定，天下安静，朝廷选拔各藩俊士，登用人才，整理政务。承兵马倥偬之后，各藩士集合在官，未免互争权力，致生纷扰之患。请占其形势如何？筮得**大畜**之**小畜**。

《爻辞》曰：“六五：豮豕之牙，吉。”

断曰：此卦下卦为**乾**，指各藩士族，上卦为**艮**，指政府也。下卦刚健，势欲锐进；下卦政府，将止其躁进，复给以禄养，是**大畜**之义也。当此兵马倥偬之后，各藩士族，始膺奉给，谓九二之**乾**阳尚稚，故曰“豮豕”，六五能畜止之，使不突进。“牙”，谓遮拦，有止畜之义也。犹言英材能隐居潜修，养成大器，故《象传》曰：“六五之吉，有庆也。”

后果如此占。后友人每相与会，谈及此占，未尝不感服也。

上九：何天之衢，亨。

《象传》曰：何天之衢，道大行也。

"衢"者，四通八达之道，"天之衢"者，犹曰天路也，谓旷达而无障蔽，以喻其通也。案：上九**艮**爻，位近丑，上值牛，《文献通考》："牛七度，日月五星之中道，其北二星，主道路"，故曰"衢"。又乾为天，**艮**为路，故曰"天衢"。"何"作荷，"何天之衢"，犹《诗》所云"何天之休"、"何天之宠"也。此卦四畜初，五畜二，上畜三，上为卦主，所谓"刚上而尚贤"者是也，故《象传》曰"道大行也"。盖昔之畜，非畜之使不行，正畜之以成其材，大其畜，即所以大其行也。畜极则通，通则为**泰**，此爻之所以变即为**泰**也。

占 问战征：上九爻辰在戌，上值奎、娄、胃，奎象白虎，主兵，娄星主兴兵聚众，胃星主征诛，皆军事也。爻曰"何天之衢"，言旌旗载道，一战成功，故《象》曰"道大行也"。〇问营商：上应三；三曰"利艰贞"，知当时贸易尚多艰苦。至上为畜之极，畜极则通，故曰"何天之衢，亨"，即三所云"利有攸往"者是也。《象》曰"道大行"，是必大获其利。〇问功名：爻曰"何天之衢"，是即可谓青云得路之时也，大吉。〇问家宅：爻曰"何天之衢"，衢大道也，知此宅必在大道之旁。"何天"者，得天之佑也。"亨"，吉也，其宅必吉。〇问六甲：生男。〇问婚嫁：想是天作之合，吉。

占例 明治十四年，应某贵显之召，占国会开设，请愿成否。筮得**贲**之**大畜**。就**贲**之卦象推施今日之政略，知五年之间，国家无事；自明治十九年以降，迄明治二十四年，此五年，值山地**剥**，有不祥之兆。故余活用**贲**之二爻，变为**大畜**以述现今政略，推至明治二十年，正当**大畜**上爻。

断曰：**大畜**一阳止上，藏畜三阳于中，谓昔刚壮健行者，今以备历艰辛，通晓时势，不复须畜止也。**艮**山变为**坤**地，四通八达，无不豁然而开通，恰如天衢之广阔无碍，谓之"何天之衢，亨"。明治二十年当此爻象，知铁道之建筑，必可盛行也。

后至明治二十年，果全国人心，皆倾向铁道，株券流行，建筑自骎骎日盛也。

䷚山雷颐

“颐”从𦣝，从页。𦣝为“颐”本字。页本首字，《说文》曰“头也”。篆书作𦣝，从口，从丨。丨者，象舌，有养之义。卦体艮上震下，艮为山，震为雷，雷动也，山止也。卦以上下二阳象上下唇吻，内四阴象虚而求食。颐张而不合，有求食之状，故可以观震阳下动食象也。艮主止，止观象也。然震非自动也，系于艮以动，艮不上止，震虽欲动而不能，则其所以为颐之主，艮也。上下实而中虚，动而能止，曰颐，此卦之所以名颐也。

颐：贞吉。观颐，自求口实。

《序卦传》曰：“物畜然后可养，故受之以颐，颐养也。”“观颐”则思所养，思所养则知节，嗜欲可省，廉耻可立，心志可宁，养生养德在其中矣，故“贞吉”。大抵养道主静，天地万物皆上动下止，惟颐下动上止，静以制动，止以忍贪，“观颐”之义也。身之有颐，本以为养，颐中虚，实之所以为养也，故曰“自求口实”。

《彖传》曰：颐，贞吉，养正则吉也。观颐，观其所养也。自求口实，观其自养也。天地养万物，圣人养贤以及万民，颐之时大矣哉！

颐卦内艮外震，艮为黔喙之属，喙口也，即颐之象；又为果蓏。震为蕃鲜，为百谷，皆有养之义。“颐，贞吉”者，所养得正，则有吉也。然养有正不正，不观不足以知之。观其所养何人，则养之公与私自别也；观其自养何求，则养之贪与廉可见也。果其所养皆贤，自养有节，是养得其正，即养无不吉矣。至天地圣人，极言养道之大，人之养生，多在自养，必如天地之化育无私，而万物皆被其泽，必如圣人之痌瘝在抱，而上自贤哲，下及万民，无不并沐其恩。盖圣人体天地之养以为养，故所养有与天地而并大。《彖》曰“颐之时大矣哉”，谓其所养至广，即于养之时而已见矣；不言义，而义亦在其中也。

以此卦拟人事，上三爻为**艮**，**艮**六五曰“艮其辅”，辅上颔也，有**颐**之象；下三爻为**震**，上六曰“视矍矍”，有观之义；上下互**坤**，**坤**为缶，为浆，有养之义。然养亦不一。动息，节宣所以养正，饮食衣服所以养形，威仪礼貌所以养德，推己及物所以养人。盖人莫不有所养，而养亦各有所在，内而养一身，外而养天下，而要在得其正者吉。夫士之得禄位，农之事稼穑，工之造器物，商之通货财，皆各食其力，各养其身，而得其正者也，否则因糊口之无资，而忘其廉耻，如孟子所谓“苟无恒产，则放僻邪侈，无不为矣”，此其人复何足观乎？然观人者，当先观其“口实”之求，人苟不以饥渴害其心，而能以箪瓢乐其道，则其所求，有在于“口实”之外，其所养，必得夫性情之正。其自养如是，其养人当更有大者矣，必如天地之养物，圣人之养贤，以及养育万民，而其养不特得其贞，益且获其吉矣。颐养之道，尽在是也。

以此卦拟国家，下卦为人民，下民好动，有**震**之象；上卦为政府，政府能安止下民，有**艮**之象。卦名曰**颐**，**颐**，口也。下民各有一**颐**，下民即各自求养，农以力耕，商以贸货，工以造器，皆各以才力“自求口实”。而犹有自养而不足者，政府为之薄其征敛，蠲其租税，甚至发粟以救饥，给药以疗疾，朝廷之仁浆义粟，适为下民续命之恩。在政府并非以此市惠也，亦体夫天地好生之德，以为养也。至下民之中，有所谓贤者，政府尤必尊其位，重其禄，养之以大亨，而不敢不优也。一时贤者沐朝廷之荣恩，而并能推朝廷之德泽，覃及于万民。此颐养之道，所以愈推愈广也，《彖》曰“颐之时大矣哉”，有以夫！

通观此卦，上卦三爻，皆所以养人，下卦三爻，皆所以自养。养之道，以养人为公，自养为私；自养之道，以养德为大，养体为小。故初、二、三皆养口体，私而小者也；四、五、上皆以养德而养人，公而大者也。无论为养人为自养，要皆以得正为吉，故《象》曰：“山下有雷，颐。君子以慎言语，节饮食。”谓**颐**之为用，吐露言语，咀嚼饮食，皆由颐而出，君子观**颐**之象，而知所宜慎宜节也。初爻以阳处下，为动之始，是动而自求养也，舍“灵龟”而观“朵颐”，是以凶也。六二处下体之中，无应于上，反而养初，故曰“征凶”。六三虽应上爻，上九而拂颐养之节，自纳于上以谄媚者也，故至“十年”而犹“勿用”，复何利之有？六四身处上体，居得其位，应于初爻，以上养下，得养之宜，又能威严寡欲，所以得吉。六五以阴居阳，而比于上，行则失位，居则“贞吉”，故“不可涉大川”。上九以阳处上而履四阴，众阴皆由此得养，故曰“由颐”：然其所以得此养者，不知几历危厉而始得吉也，故曰“厉吉”；养至此，则无往不利，故曰“利涉大川”而“有庆”也。盖颐之全卦，专言养生之道，其本在初。曰“龟”，曰“虎”，曰“颠”，示其用也；曰“拂”，正其趋也；曰“由”，竟其委也。圣人所以握造化之机，而尽性命之理者，于颐之一卦见之矣。

《大象》曰：山下有雷，颐。君子以慎言语，节饮食。

此卦山下有雷，为上止下动之义，即颐口之用也。夫言语者，祸福之所由招；饮食者，疾病之所由生。动止得其道，斯言不妄发，食不过度矣。君子观颐之象，而知其所慎，知其所节；大之则命令所出，慎之而无失，货财所入，节之而无伤；极而言之，则养德以养天下，皆无不然也。

占 问战征：上止下动，防队下有妄动招乱者，或机密漏泄，或酗酒启衅，最宜谨慎。〇问功名：山下有雷，雷发声而山亦鸣，有声名腾达之象。〇问经商：颐象内动外止，主货物内地升动，外地低落之象；又恐贩货出外，一时不能销售。其货物大约不离食品。〇问家宅：艮山欲止，震雷欲动，山在上，雷在下，恐地盘震动，宜防火灾。〇问疾病：上止下动，山属土，雷属火，主上焦寒闭，下焦热泻之象，必待五爻，《象》曰“顺以从上”，庶上下通顺乃吉。一爻一日，必至五日可愈。〇问行人：内卦动而外卦止，必已动身，为外事阻止。上九曰“利涉大川”，知必从水路而来。近则六七日可到，远则六七月方归。〇问六甲：生男。〇问失物：山下有雷，知其物为重物压止，一时不见，待后可得。〇问讼事：主为言语饮食细故启衅；下欲动而上止之，必有上官出而阻止，不终讼也。〇问婚姻：颐养也，妇主中馈，有养之义。外夫内妻，内动而外止，有妇从夫之象，吉。

初九：舍尔灵龟，观我朵颐，凶。

《象传》曰：观我朵颐，亦不足贵也。

凡《爻辞》尔与我对言，是《易》中比应，互为宾主之一例。此爻

"尔"、"我"云云，自应位之六四告初九之辞。"尔"指初九，"我"则六四自称也。龟为四灵之一，不饮不食，服气吐纳，渊默自养者也。**颐**初上两阳而包四阴，**离**象也，**离**为龟，故曰"灵龟"。初九一阳之始，胚胎万有，是即吾身之灵龟，不待养于外者也。舍"灵龟"而观"朵颐"，是捐其廉明之德，以行其贪窃之情，蠢兹众生，可悲可叹，故戒之曰"凶"。《象》曰"不足贵"者，谓养小失大，纵得所欲，亦不足贵也。

占 问战征：古者行军必先占卜以定吉凶，《爻辞》曰"舍尔灵龟，观我朵颐"，是不畏神明，而徒贪财物，故曰"凶"也。〇问营商：初爻为一阳之始，变而为**剥**，**剥**者解剥也，《象》曰"不利有攸往"，营商恐难获利。《爻辞》曰"尔"、"我"者，主宾也；"朵颐"者，口之动而食物也。舍"灵龟"而观"朵颐"，有利亦恐为他人食没也，故凶。〇问功名："灵龟"者内心也，"朵颐"者外貌也，舍内而求外，舍己而观人，徒慕虚声，必无实学，功名难成。〇问家宅：宅中六神不安，恐有外鬼作祟，动来求食，凶。〇问疾病：病由饮食不节所致，宜问神祈祷，可愈。〇问婚嫁：尔我者，男女两姓也，"舍尔"、"观我"，显见两姓不谐，其故在争论礼物，必不成也，成亦必凶。〇问讼事：必由口舌启衅。曰"舍我"，曰"观尔"，是两造各执一见，一时不能就理。凶。

占例 友人某来曰：余窃有希求，欲面谒某贵显，请占其成否如何？筮得**颐**之**剥**。

断曰：此卦内卦**震**雷，雷动也，外卦**艮**山，山止也，显见雷欲动而为山所止也。今得初爻，明明足下将有所动作，而为贵显所阻止。《爻辞》曰"舍尔灵龟，观我朵颐"，所谓"尔"者属贵显，"我"者是足下，"舍尔"、"观我"，是足下欲强贵显而从我所求也。所谓"朵颐"者，口腹之求，无餍之欲，以此往谒贵显，非特不成，恐反受谴责，故曰"凶"也。

友人闻之，不快于意，后往谒贵显，为所谢绝。

六二：颠颐，拂经于丘颐，征凶。

《象传》曰：六二，征凶，行失类也。

二爻比初应五，阴柔不能自养，犹女不能自处，而必从男，阴不能独立，而必从阳也。"颠"倒也，"拂"违也，"经"义也，"丘"所履之常处也。夫颐养之道，以自上养下为常，今二爻虽与五为应，阴柔不能养五，反而求养于初爻，辞曰“颠颐，拂经”，是颠倒而违于常理也。以此求养，未见其福，以此而行，未见有与，故曰“颐，征凶”。《象》曰“行失类也”，**震**为行，阴阳各从其类，二爻不知养内卦之**乾**，反养外卦之**坤**，是为“失类”，故“征凶”也。

占　问战征：行军之要，首在纪律严明，步伐整齐。爻曰“颠颐，拂经”，是必背违纪律，步伐错乱也。凶莫大矣。〇问营商：二爻变**损**，损，耗损也，于商不利。《爻辞》曰“颠”，曰“拂”，是明言买卖出入不合常理也，故曰“征凶”。〇问功名：“颠颐，拂经”，是不循常道，侥幸求成，虽得终凶。〇问婚嫁：六二阴柔居下，不奉上而反养下，是谓颠倒拂乱，不得其正，妇道不可问矣。故《象》曰“行失类也”，凶可知矣。

占例　友人医师伊藤某，其子在横滨营商业，伊藤某一日来访，请占其子终身运限。筮得**颐之损**。

断曰：**颐**之六二，以阴居阴，才智俱弱，未足兴立事业也。**颐**者养也，当居下以奉上，不当以上而养下，此为养之常道也。今二爻辞曰“颠颐，拂经于丘”，是颠倒拂乱而失其正也。足下占问令郎终身，而得此爻，知令郎虽从事商业，必不能获利而养亲，而反将耗损父产，故曰“征凶”。且其所与共事者，皆非善类，故《象》曰“六二征凶，行失类也”。为今之计，惟嘱令郎停止商业，可免后患。

伊藤某闻之，大为叹息，谓易象所云，丝毫不爽。即命其子闭店，其子不从，竟至产业荡尽，可惜可惜！

六三：拂颐，贞凶，十年勿用，无攸利。

《象传》曰：十年勿用，道大悖也。

三爻居内卦之极，阴柔而不中正。**颐**三变而为**贲**，《吕氏春秋》：“孔子卜得**贲**，曰‘不吉’。”以**贲**不得五色之正也。**颐**三比二应上，谄媚以奉上，是拂夫颐养之贞，故凶。上下互**坤**，**坤**为十年；故曰“十年”：**坤**又为用，以其拂贞，故曰“勿用”。三至六为**剥**，**剥**，《象》曰“不利有攸往”，注谓当**剥**之时，强亢激拂，触忤陨身，是以“不利有攸往”。**颐**三拂贞，故直曰“无攸利”，是无所可往，无所得利也。《象传》曰“道大悖也”，极言于**颐**养之道，大相拂乱，故至“十年”而“勿用”，深责而弃绝之也。

占 问战征：师以贞为吉，拂贞则不吉。颐养也，养兵以备用，养拂其道，则兵不可用。《象》曰“道大悖也”，是犯上好乱，其败亡必矣，故凶。〇问营商：商业专在获利，曰“无攸利”，无论营业之大小，无论贩货之远近，皆无所得利也。极之“十年勿用”，是久久而不成事也，故凶。〇问功名：功名之道，要在出而用世，得以利济群民，是将以道养天下也。若拂夫**颐**之正，而极之“十年勿用”，则将终其身而不得见用也，故曰“无攸利”。〇问家宅：是宅必久无人居住矣，且恐有鬼祟出而求食，家宅不安，住之不利。〇问婚姻：主闺门不贞，其婚事亦必过十年可成。〇问六甲：生男。

占例 明治二十五年，占国家之气运。筮得**颐之贲**；又占众议院，得初爻，推理如左：

此卦雷在下，山在上，雷欲动而为山所止。**颐**之象为人口，上腭止而下腭动。**颐**之义为养，如张口以求食也。今占国家气运得此卦，盖国家所重在人民，人民之所重在食，人一日不食则饥，七日不食则死，人民之旦夕皇皇不惮劳苦者，无非自求其食也。内而家，外而国，仰事俯畜，皆藉得食以为养也。且**颐**之反卦仍为**颐**，人民发动，政府自上得以止之，政府行动，人民在下，亦得以止之，犹是颐之上下唇，有互相开合以为用也，故利用观。“观颐”者，即观其**颐**之贞不贞也，贞即正，所谓养正则吉，由一己以推诸家国天下，皆以得养之正为吉。我日本全国人口繁殖，明治五年三千五百万人，二十年间，已达四千余万，今以一年平均计之，约有四十万人增加。论土地之开垦，每年仅不过二万町步，以地之所产，合计人口之所食，每年有二十万人民不得其食，是以人民不能不“自求口实”矣。求而正者吉，不正则放僻邪侈，无所不为，由是廉耻道丧，争夺日滋，而盗贼群起，原其故，无不由“自求口实”来也。朝廷治以禁暴之法，而不开其养生之源，譬如见赤子呱呱啼饥，不为之哺乳，而与以止啼之苦药，终无益也。为今之计，惟在诱导穷民，使人开垦荒芜不毛之地，又起国家公益之事业，而从事之，以与为民力食之地而已，谓之“颐贞吉”。

三爻之辞曰："拂颐，贞凶，十年勿用，无攸利"，是即《彖辞》所云"颐贞吉"者，而反言之也。"十年勿用，无攸利"，是凶之极致也。三爻以阴居阴，不中不正，上下俱悖**颐**养之正道，故曰"拂颐，贞凶"。国家气运，值此爻象，及今而不急为调剂，恐异日之尤，有不可测者矣。且今后十年，即至**大过**上爻之气运，则有穷民转沟壑之象，故曰"十年勿用，无攸利"。占象如斯，可惧！可惧！

占众议院，得初爻，辞曰："舍而灵龟，观我朵颐，凶。"《象传》曰："观我朵颐，亦不足贵也。"龟者介虫之最灵者，曳尾泥途，是葆养灵德，而不求口实者也。初爻**震**阳之始，为下卦之主，《爻辞》曰"舍而灵龟，观我朵颐，凶"。今就议员而论，所谓"尔"者属主选之人，所谓"我"者必属应选之人，是舍主选者之明鉴，而专观应选者之口实，则龟无其灵，不足以为龟，即议员无其材，不足为议员也。故《象》曰："观我朵颐，亦不足贵也"，明言此徒求温饱之辈，虽幸充议员，何足贵乎？又此爻变则为**剥**，**剥**之为卦，"君子道消，小人道长"，此最为国家盛衰所攸关，主议员之选者，所当凛凛也。

占例 友人某，从事商业，家道富裕，生有一子，平生悔己不学，使子就学东京。虽卒业学校，因素无家教，遂至所交匪人，征逐酒食，浪费金钱，或侮慢老成，或诽谤亲友，甚至以父为顽固而奴视之，逼迫父母，分析财产。复来东京，充辩护之士，间营米商，以争输赢，乃至亡失资本，复托友人，请求于父。于是其父来请一占。筮得**颐之贲**。

断曰：**颐**养也，谓宜以下养上者也。今令郎分父财产，未几耗尽，而复求食于父，是下不能养上，而转欲以上养下也。故三爻之辞曰："拂颐，贞凶，十年勿用，无攸利。"以令郎素失教训，不知生产之艰难，必至"十年勿用"，困苦穷厄，历尽艰辛，使之困极知悔，十年以后，或可有为也。为今之计，惟稍给口食，得以度日而已，是今日处置之法也。

其父叹息曰：所谓"子不教，父之过"，余知所悔矣！乃谢而去。

六四：颠颐，吉。虎视眈眈，其欲逐逐，无咎。

《象传》曰：颠颐之吉，上施光也。

四爻柔正，与初九刚正相应，居得其位，以上养下，得**颐**之义，故曰

"颠颐，吉"。四爻属上体，得**艮**气，**艮**为虎，耽耽下视之貌，是威而不猛之谓也。"逐逐"，《子夏传》作"攸攸"，荀作"悠悠"，刘作"跾跾"，云"远也"。按《汉书·叙传》："六四耽耽，其欲浟浟"，师古注："浟浟，欲利之貌。"初取象于龟，龟者介虫之长；四取象于虎，虎者百兽之长，是两相应也。龟之德在灵，虎之威在视，初与四，取义各有所在。且**颐**卦旁通**大过**，"大过颠也"，故四称"颠"，二亦称"颠"。六二"颠颐凶"，六四则以"颠颐"得吉者何也？盖六二处下体而又养下，是以凶也；六四处上体，又应于初，阴而应阳，又能威严寡欲，所以吉也。《象》曰："颠颐之吉，上施光也"，"上"谓上九。上得**乾**之一画，**乾**阳上烛，光明无所不照，四知养其乾元，则**乾**之光施于四，四即得之以为光，是以曰"上施光也"。

占　问战征：战士之勇者称虎臣，亦称虎贲，皆谓其有力也。然必须养其精锐而后用，非徒恃威猛而轻进也，故曰"颠颐，吉"。〇问营商：颠，倒也。恐一时物价有倒跌之象。"虎视耽耽，其欲逐逐"，譬言商人谋利之状，能视其贱价而置货，故吉而无咎。〇问功名：功名之兆，自古多取龙虎，是以吉也。"视耽耽"，"欲逐逐"，皆谋望腾达之意。〇问家宅：此宅必右山白虎居高，有怒目欲噬之形，幸四爻以阴居阴，位得其正，可无咎也。〇问六甲：生男。

占例　内务省参事官松本郁朗氏，将以公事赴浓尾，因请占任命事件。筮得**颐**之**噬嗑**。

断曰：此卦内卦为**震**动，外卦为**艮**止，知足下赴浓尾地方，为办理震灾后之事宜也，**震**动**艮**止，其象昭然。颐养之道，以下养上为正，今**震**灾之后，民不得食，朝廷为发粟赈济，是以上而养下也，颠倒也，故曰"颠颐，吉"。"虎视耽耽，其欲逐逐"，属在灾民，其皇皇求食，俨如饿虎，亦无足怪。然其中保无奸吏营私，视政府赈灾之饷，阴作中饱之图？所谓"视耽耽"，"欲逐逐"者，亦未始无人也。足下办此灾案，尤当察其奸曲。此爻变为**噬嗑**，**噬嗑**为卦，用狱明罚，所谓"小惩而大诫之"也。恤此灾民，惩彼奸吏，虽有"虎视耽耽，其欲逐逐"，固无咎也。

松本氏首肯而去，后果如此占。

占例　友人某来，请占某贵显。筮得**颐**之**益**。

断曰：四爻位近六五，显见宰辅之象。四处上体，为**艮**之始，其威德能镇定群动，其恩泽能养育群生；应于初爻，阴而养阳，又能威严而寡欲，故曰“颠颐，吉。虎视眈眈，其欲逐逐，无咎”也。友人曰：断语如见其人。

六五：拂经，居贞吉，不可涉大川。

《象传》曰：居贞之吉，顺以从上也。

五爻以阳居阳，无应于下，而比于上，是为君者不能养人，反为人所养者也，即拂君道之常经，故曰“拂经”。**颐**卦六爻，惟初上属阳，阳宜行，阴宜居，且五体**艮**，**艮**为止，行则失类，故曰“居贞吉”。五又中虚象**坎**，**坎**为险，又为大川，“居贞”虽吉，而养道未成，不能以济险，故曰“不可涉大川”。按二曰“拂经”，三曰“拂颐”，拂，违也，二三以违拂颐养之道，故皆曰“凶”。五亦曰“拂经”，而独曰吉，何也？不知五爻之吉，不在“拂经”，而在“居贞”，故《象传》曰：“居贞之吉，顺以从上。”“上”谓上九，谓五近上，能以阴顺阳，故居贞得吉也。

占 问战征：行军之道，有经有权，谓能达权，似不必拘拘守经也，故“拂经”无咎。曰“居贞吉”，则宜固守，不宜进攻。“不可涉大川”，恐于川流之际有伏兵；舟楫前往，防有风波之厄，皆当谨慎。○问营商：利于坐贾，不利行商，贩货出洋，更为可虑。○问功名：出而应试，难望成名。○问家宅：上体属**艮**，山居则吉，若在临江近水，其宅不利。○问婚嫁：恐有不得媒聘之正者，若能从一而终，则亦吉也。○问六甲：生男。○问疾病：病在五爻，久则四五月，近则五六天，由于调养失宜。能安居静养则吉，若冒风雨，涉远路，恐难治也。

占例 明治十年中秋，东京增上寺大教正福田行诫，偕其徒少教正朝日氏来访，曰：“我增上寺佛殿，往罹火灾，已阅十年。寺僧谋请重新，余谓兵革之余，集资非易。僧徒闻之，不以余言为是，谓本山而无大殿，是失庄严之相，咸各誓愿募化，计图再建。于是预算经费，一切所需，凡若干万元，后因物价腾贵，鸠工未竣，金款告匮。敢请一占。余曰：“易道尽人事而俟天命。琐琐细事，未可渎问。不如占问佛殿之建筑何时完成。”朝日氏诺之。筮得**颐**之**益**。

断曰：筮得**颐**五爻，可观现今佛家之结果也。“经”即佛经，“拂经”者，有违佛经之旨趣也。维新以来，佛制亦从而改革，寺领既还，法禁遂改，食肉畜妻，在所不禁，出家在家，复何区别？是之谓“拂经”。然佛家宗旨，自来不一，古之名僧，有以饭鸽为食者，经文所载，有以法喜为妻者；是以身犯法而为虚无，空诸所有而归寂灭者也。此亦一法也，但必以安居守贞为吉，若不避危险，与俗人争利逐欲，则不可也，故曰“不可涉大川”。**颐**反卦为**大过**，**大过**四爻曰“栋隆，吉”；九四互**乾**，辰在亥，上值危室，《开元占经》引甘氏曰：“危主架屋”，又引《地轴占》曰：“营室大人之宫”，故“栋隆”。佛殿以供大佛，是以亦有“栋隆”之象。**颐**五爻《象传》曰：“居贞之吉，顺以从上也。”“上”指上九，上九曰：“由颐厉吉，大有庆也。”五至上，相隔一爻，谓一年，顺以从上，俟明年，佛殿可成，故曰“有庆”。

上九：由颐，厉吉。利涉大川。

《象传》曰：由颐，厉吉，大有庆也。

此卦初上两刚，合养四阴，初爻在下，**震**阳尚微，势力未充；上爻居上，**艮**阳已极，德足养人，卦中四阴，皆由上九而养，故曰“由颐”。上爻在卦为成卦之主，在爻为养人之主，其任甚重，且以阳刚之才，居危疑之地，苟其稍形骄惰，君疑众怨，是危殆之道也。故人臣当此，惟常怀危厉之念，斯可保其吉也。伊尹、周公忧勤惕厉，终得其吉，即此道也，故曰“厉吉”，以厉而得吉也。养至此，则乾元在我，川可涉，危可济，弱水不能陷，大海不能阻，夫亦安往而不可哉！故曰“利涉大川”。较六五之可“居贞”而“不可以涉大川”者，又有进矣，是足以当天下之大任，济天下之艰危，以成天下之治安者也，在此“由颐”之功耳。《象传》曰“由颐厉吉，大有庆也”，谓阳刚在上，能由养己以及养人，推而至于养天下，则无人而不被其养，即无人而不获其庆也，故《象》曰“大有庆也”。

占　问战征：谚云“养兵千日，用力一朝”，其得效力疆场者，皆由平日教养来也，故曰“由颐”。兵，危事也，不知几经危厉，乃得此克捷之功，故曰“厉吉”。“利涉大川”者，必其军士同心同德，斯得涉险，临危而不避，如周师之会孟津，诸葛之渡泸水是也。〇问营商：商业专在谋利，得利则足以养身养家。然商不能安居而得利也，必将涉历险途，或远贾重洋，方可获利，故曰“厉吉”。〇问功名：功名一道，由小而大，由卑而尊，然必忧勤惕厉，乃得功成名遂也。《象》曰“大有庆也”，是即所谓得之有喜也。〇问疾病：虽危得救，故曰“厉吉”。〇问六甲：生男，故《象》曰“大有庆也”。

占例 余每年于冬至日，占翌岁事物之吉凶，以为常例。明治二十二年冬，为占一卦。筮得**颐之复**。

今岁一月，某贵显来访，问及麦作丰歉如何？余曰：“本年政府蓄金备荒，购入外国米，以济灾黎。”某贵显问何以知之？答曰：“冬至余曾占今年麦作，遇**颐之复**。**颐**之为卦，其象为口，其义主养，小之则养在一身一家，大之则养及天下万民，群生衣食，由此而推暨也，故曰‘由颐’。上九一阳在上，四阴在下，定卜先时多雨，麦作不丰，及至上爻，阳光发露，收成尚可，故曰‘厉吉’。在昨年，因遭水灾，谷粒歉收；今年春，麦又不丰，则民食阙乏，米价腾贵，势必困苦流离，有不堪着想者矣。政府目击时艰，设法赈济，计惟招购外国洋米，以济民饥。其米之来，或自清国，或自印度，或自暹罗，皆由舶运，故曰‘利涉大川’。”后余以此占上申大藏省，政府乃察其机，即以备荒蓄金购入外国米，出卖于诸港，民心遂得安悦。

䷛泽风大过

大过自**颐**而来，**颐**上下二阳，中包四阴，**大过**反之，以二阴包四阳，四阳过盛，故曰**大过**。夫道中而已，阳欲其盛，不欲其过，太刚必折，太实必裂。今四阳中满，二阴屏居无位之地，阳虽盛而下无基，上无系，反借资于二阴；二阴微弱，不能为助，是失其中也，失中即为过。卦体上**兑**下**巽**，**兑**正秋也，秋金气，水之母也，故兑为泽；**巽**辰在巳，上值轸，轸主风，故**巽**为风，合之谓泽风**大过**。然**大过**异与**小过**，何也？**小过**以**艮**遇**震**，止而动，其动未危，阴虽盛而下有基，止则吉也；**大过**以**巽**遇**兑**，入而悦，悦极不出，阳虽盛而下无根，入则颠也。《杂卦传》云“大过颠也”，**大过**一卦，不言颠，而**颐**卦言颠，以**颐**与**大过**，颠倒以相为用。《序卦》是以置诸上《易》之末，天地再交，以成**坎**、**离**也。

大过：栋挠。利有攸往，亨。

大过，阳大阴小，刚积于中，足以任重，有似栋然；**兑**上**巽**下，**巽**为木，**兑**为毁折，木而毁折，栋斯挠矣。当此大厦将倾，非一木所能支，惟当出门求助，以拯患难，乃得亨通，故曰“利有攸往，亨”。

《彖传》曰：大过，大者过也。栋挠，本末弱也。刚过而中，巽而说行，利有攸往，乃亨。大过之时大矣哉！

此卦下**巽**上**兑**，四阳积中，刚阳过盛，故曰**大过**，阳大阴小，故曰“大者过也”。“栋”屋脊也，**巽**木而为**兑**金所伤，故“挠”。**巽**木本柔，上无根柢，下无附属，故本末俱弱。“刚过而中”，非二五之中，谓四刚连亘，位处于中，刚虽过而位处中也。然不可以徒恃夫刚，须以“巽而说”者行之。巽主初言，说主上言，四刚互**乾**为行，以柔济刚，黾勉前进，乃得亨也，故曰“利有攸往，乃亨”。盖奇才生于困厄，定力出于艰辛，转败为成，在此时也，故曰：“大过之时大矣哉！”

以此卦拟人事，就卦体言，四刚居中，为主于内，二柔在上下，为客于外，为主者刚过，是主刚而客柔也。就卦象言，四刚排列中间，二柔分居上下，俨若栋然，大人必具刚强之德，斯足充栋梁之选；然过刚无制，则太强必折，其“栋挠”矣。要必以“巽而说”者行之，庶几刚而有济。刚不患其过刚，挠不至于终挠，盖惟其有大过之材，乃克济**大过**之事。“利有攸往，乃亨”者，皆本乾元用九而来，“利有攸往”，即**乾**之“行健”也，“乃亨”，即**乾**之“元亨”也。圣人于《易》，虽以扶阳抑阴为主，而有时亦借阴以济阳。巽以出之，说以行之，是祛其大过而就以时中也，则变而不失其常，穷而不失其正，故曰“大过之时大矣哉”。所谓“时”者，亦即“终日乾乾，与时偕”之道也。

以此卦拟国家，下卦为人民，巽为风，有四方风动之象；上卦为政府，兑为泽，有我泽如春之象。卦体刚在中，二柔居初上，是四刚当权，有威有福，居中而秉政者也。凡国家建大功，兴大役，皆以一人身任其重，如大屋之有栋，以负荷众材；然任载过重，则不胜其任，而立见其挠也，是“本末弱”也。所谓“本末”者，指上下二阴而言，二阴才力柔弱，不克任重，故“挠”，此乃阴衰而阳失其辅，臣弱而君失其卫，阳刚过中所致也。当此之时，在蹈常守辙之人，多不敢为，惟知时达变之士，所欲奋然而往也。必其秉刚阳之德，而能以巽顺和悦行之，宽以克猛，柔以济刚，得时中之宜，无亢阳之患，方足以平大难，兴大业。**乾**卦所云“不言利而美利利天下”者，胥是道也，故曰“利有攸往，乃亨”。盖往以济时之过，其必能通其时之变，反其势之平，整顿天下于一新，维持世道于无穷，而可得亨通也。

通观此卦，刚阳太实，有不能运动之象，譬如人之肢体肥重，不能转运也。又四阳居中，二阴退而听命，下无根柢，生气已断，上无附属，枝叶既凋，故爻有“枯杨”之辞，曾不如**剥**、**姤**之犹可来复。然**大过**自**颐**来，“颐，养也”，谓当养其二阴以相济也。**兑**泽在上，**巽**木在下，《象》曰“泽灭木”，泽本下而反上，木本上而反下，此**大过**之所以为颠，过越常分之大者也。君子法之，“独立不惧，遁世无闷”，是能以退藏者养其阳而防其过也，非君子则不能。**大过**六爻，二阴四阳，有阳爻而处阴位焉，有阴爻而处阳位焉，有阳爻而处阳焉，有阴爻而处阴焉，爻有不同，义亦各判。初爻以阳居阴，是过之尚微也，**巽**为茅，茅虽柔物，藉之亦足助刚，故“无咎”。二爻亦以阳居阴，是过而不过也。**巽**木为杨，泽灭之而枯，得阳九生气，枯而复稊，故亦“无咎”。三爻以阳居阳，是过而又过也；四刚在中，如屋之有栋，刚果自用，终致“栋挠”，故凶。四爻亦以阳居阴，是亦过而不过也。四与初应，得其所藉，三曰“挠”而四曰“隆”，故吉。五爻以阳居阳，是过而无复过也。“枯杨”之象，与二爻同，然阳至五而极，虽华已衰，故曰“何可久也”。六爻以阴居阴，四刚既倾，是过之终极也，“利有攸往”，正在此时。所谓“过涉”者，忠在救时，故“灭顶”虽凶，而“无咎”也。六爻以相对者言之，初与六对，《象》所云“本末弱”者，指初上也。一以藉茅而无咎，一以“过涉”而忘凶，皆足以救其过也。二与五对，“枯杨”之象，所取相同，“生稊”、“生华”，久暂分也。三与四对，“栋”之为象，所取亦同，曰“桡”，曰“隆”，吉凶判也。总之，卦以阴阳相偶谓得中，偏则为过，四阳二阴，是**大过**也，故曰“大者过也”。君子于此，以“独立不惧，遁世无闷”处之，抱忧时嫉俗之念，具拨乱反正之才，利害不计，成败不言，上六之“过涉灭顶”者，必斯人也，复何咎矣！

《大象》曰：泽灭木，大过。君予以独立不惧，遁世无闷。

此卦泽水浸淫**巽**木之上，木为之枯，故曰“泽灭木”。当是时，世俗之士，或皆随流逐波，鲜有不磨灭者矣，惟君子具大过人之才干，虽时当困厄，而操守弥坚，所信者理，所乐者天，谓之“独立不惧，遁世无闷”。是必刚而能柔，过而能往，可谓善处**大过**之时者也。

占　问战征：“灭”，灭绝也，大欲灭国，小欲灭身，其象凶矣。行军占此，恐有暴水淹没之祸。〇问营商：《象》曰“泽灭木”，有低价忽而高涨之势。〇问功名：“独立不惧，遁世无闷”者，谓当退身隐处，未可求名也。〇问家宅：**兑**泽在上，**巽**木在下，其象反复，位置不正，防有灭凶之祸。〇问疾病：是肝火内郁之症，肾气冲上，医治非易。〇问婚嫁：“泽灭木”，恐配偶之间，有老幼不匀。〇问六甲：生女。〇问失物：必堕入水沟之处。

初六：藉用白茅，无咎。

《象传》曰：藉用白茅，柔在下也。

“藉”者，铺地也，“白茅”，取其洁也，古者祭祀，藉之灌酒，以降神也。茅白取**巽**象，**巽**在下卦，藉茅于下，所以承上之刚也。初爻阴柔居下，不犯刚而能承刚，当此**大过**之时，敬慎事上，不得谓过分也。故比之礼义之适中者，则有过于敬慎之失，比之傲慢侮人者，则其胜亦不啻霄壤；在高傲者固有咎，而卑下者必无咎焉。盖茅柔物也，藉之足以相助，未可以茅之微而忽之。《象》曰“柔在下也”，以爻言则初在下，以茅言则藉在下。初六居阴，阴为柔，茅质柔弱，故曰“柔在下也”。

占 问战征：当此初次出师，最忌刚暴过甚，宜宽柔待下。〇问营商：贩运之货，必是药品，或是茶叶木棉，其色必白，其质必柔，均可获利。〇问功名：拔茅连茹，是有连类同登之象。〇问家宅：其宅必近卑湿低下之处，屋外蔓草荒芜，是初次建筑也。〇问疾病：病体柔弱，下焦有湿，须用温燥之药治之。〇问失物：于草地上觅之。〇问六甲：生女。

占例 明治元年，东久世中将、锅岛肥前守充先锋，将收横滨，余时在肥前守营中，兼管各种事务。藩士下村某，率兵士百人，奉命先收浦贺，以向导嘱余，为筮一卦。筮得**大过之夬**。

断曰：凡占军事，内卦为我，外卦为敌。初爻在内卦之下，以阴居阳，阴属柔，显见我宜用柔。**兑**为泽，所攻取者，必是水泽之地。白茅柔软之物，用以藉地，履之而安，无失足之虞，是教我衔枚潜进也。今闻浦贺港上，有开阳、回天以下六舰碇泊，募兵脱走者数千人搭载之，浦贺兵士，又与之同心联络，敌势过盛，未便用强攻击。《爻辞》曰“藉用白茅”，《象》曰“柔在下也”，是明示以用柔之道，以柔克刚，收取海门咽喉为上策也。

余说下村某，率令十数人前进，不战而平。

九二：枯杨生稊，老夫得其女妻，无不利。

《象传》曰：老夫女妻，过以相与也。

二爻以阳居阴，阴尽则死，阳来则生，物之常理。**巽**为木，**兑**为泽，木之近水者为杨，泽而灭木，杨必枯矣，得九二阳气生动，故得枯而**复**生。“稊”，杨之秀也。按，二爻体**乾**，**乾**为老，为男，故曰“老夫”；下得**巽**在初，**巽**为处女，故曰“女妻”；二与初比而得初，故曰“老夫得其女妻”。夫夫妇配偶，以年之相若为正，老夫女妻，是亦颠也，然老少虽非正匹，而阴阳自得相济。“老夫”、“女妻”，犹枯杨之生稊，终得妊育也，故曰“无不利”。《象》曰“过以相与也”，卦之义在刚过，夫而过老，妻而过少，故曰“过以相与”。《杂卦传》曰“大过颠也”，斯之谓欤？

占 问战征：有转败为胜之象。〇问营商：**兑**为阴，亦为金，**巽**为风，亦为木，定为金木生意。“枯杨生稊”，于种植林木，或贩运树木，皆“无不利”。〇问功名：就爻象看来，必待晚年，方可成名。〇问家宅：此宅昔年定多不利，系阳宅居于阴地；近来得阳九发动，必有枯树开花，此其兆也。利。〇问婚姻：主有老鳏重娶，得以生育，大利。〇问疾病：虽危得安。〇问失物：必得。

占例 明治二十二年，友人来，请占某家气运。筮得**大过之咸**。

断曰：此卦上**兑**下**巽**，是以**兑**少女，居**巽**长女之上，少女不善理家，长女将取而代之，故一家因此有颠覆之患。今占某家得此爻，家业之衰，得人理之，自然复盛，犹木之既枯，得阳气发动，自然生稊。人虽既老，得配少妻，亦能生育，皆有既败复成之象，所谓“枯杨生稊，老夫得其女妻，无不利”者是也。

占例 明治二十七年十二月，我军自入海城，有敌将宋庆乘雪中通路，屡来逆袭挑战，海城几危。筮得**大过之咸**。

断曰：此卦合上下二卦，有坎险之象，是两军共履困难。今《爻辞》曰“枯杨生稊”，杨以冬枯春生，必待春暖，我军乃可突击。“老夫得其女妻，无不利”，是我师既老，必得新来之兵，发助壮气，可以制胜也。后果有第二军精兵新来，占领盖平，声援海城。二月十四日克太平山，三月四日占领牛庄，六日占领营口，九日陷田庄台。浑如草木，乘春生发也。

占例 明治三十一年，占我国与清国交际。筮得**大过之咸**。

断曰：此卦**兑**上**巽**下，**兑**为金，为泽，属正西；**巽**为风，为木，属东南；金来克木，显见西来侵夺东南，《象》曰“泽灭木”，是其兆也。今占得二爻，二爻以阳处阴，《爻辞》谓“枯杨生稊”，杨即**巽**木，为泽所灭，故“枯”。“枯”者衰败之象，足见东南之衰弱；“生稊”者是得春阳之发动也；“老夫”者，亦衰象，“得其女妻”，是得少阴之相助也。论我日本与清国，皆地居东南，朝鲜一国，介在我两国之间，我国向欲与清国协商以合力保护朝鲜，清国拘泥旧惯，以朝鲜为属邦，不容我议，我两国因之启战，清国败北。割地讲和后，俄、德、法三国联合，意属护清，逼我割还辽东；在三国包藏祸心，未必不借此为功，迫索清国，分割要地，此亦势所必至也。清国近知欧洲列国之不可恃，愿蠲旧怨，敦夙好，重联唇齿之盟。我国亦愿从此与清国忧乐相同，患难与共，合保东南，力拒欧西，惟期转弱为强，反衰为盛，犹如“枯杨”之“生稊”，“老夫”之“得妻”也。《象》曰“过以相与也”，以言我两国昔日相战，今日是过分相与也。

九三：栋挠，凶。

《象传》曰：栋挠之凶，不可以有辅也。

就全卦言，四刚连亘在中，如屋有栋，上下两阴皆弱，故“挠”。就三爻言，九三互**乾**，辰在亥，上值危宿，按危三星，在虚东北，形如盖屋，有栋之象。三以刚居刚，过而又过，过刚必折，故“挠”。九三刚愎自用，视群策群力，皆莫己若，遂至孤立无助，愈高愈危，终致“栋挠”之凶。《象》曰“不可以有辅也”，言三予智自雄，不能与人共事，集思广益，故不可相辅有成也。亦三自取之耳。

占 问战征：“栋”者一屋之主，即一军之主帅也；“挠”者，摧折也，栋而挠，是主帅受伤之象。弊在主帅过于刚猛，不听人言所致，故凶。〇问营商：商业必须得人为辅，方能成事，若自运自刃，非特经营不大，且恐致意外耗失。“栋挠”云者，有人财两失之虑，故凶。〇问功名：能任大任者，称栋梁之材，云“挠”，则栋非其栋矣，虽成终败，凶。〇问家宅：此宅不吉，栋折榱崩，不可居也，凶。〇问婚嫁：九三以阳居阳，孤阳无助，婚姻不成，成亦不吉。〇问六甲：生男，恐不能养。

占例 明治二十三年某月，友人某来曰：依市町村制，将选举市长。我市民向所属望者，有甲乙二人，我以甲为适当，故将投票，请占其成败。筮得**大过之困**。

断曰：此卦四阳居中为栋，初上二阴柔弱，不克任重，故“挠”。今占选举市长得此爻，在甲方才力俱强，足以任事，但恃己傲人，刚愎过甚，刚则必折，挠之所由来也。三爻以阳居阳，是谓过而又过，虽与上六相应，上爻以阴居阴，柔弱无力，纵极力为之推荐，无能为也。四爻为乙，曰“栋隆”，得选必在四矣，甲无望焉。

后果如此占。

九四：栋隆，吉。有它，吝。

《象传》曰：栋隆之吉；不挠乎下也。

九三曰“栋挠”，九四曰“栋隆”，其义相反，以九四在下卦之上，以阳居阴，亦过而不过也。下与初应，初爻虽弱，得其所藉，即可不挠。按九四辰在午，上值张，南宫候曰：“张为天府”，故有栋象。“隆”，《说文》曰“丰大也”，《玉篇》曰“中央高也”。栋以任重，故宜大；栋在屋中，故宜高。高必以下为基，下有所藉，斯高而不危。三之所以挠者，下无藉也；四得其藉，故隆。凡事之得所凭藉，而大险可济，大功可成，上不辜君之托，下不负民之望，皆犹是也，其吉可知，故曰“栋隆，吉”。“有它，吝”者，言四若怀他志，厌初之本弱，而不屑用其藉，则三之挠，即为四之挠，必不免于吝矣。《象》曰“不挠乎下也”，谓栋既隆起，下必不挠也。

占 问战征：行军屯营，宜占高阜要地，下有所藉，斯营基巩固，可进可退，自不为敌所挠也，故吉。〇问营商：想必是材木生意，木料高大，足备巨室之用，若他项经营，恐未必佳。〇问功名：爻曰“栋隆”，必是大才，可当大任，斯足副“栋隆”之兆，其他小试，非其所长，有不屑为也。〇问家宅：此宅栋榱辉煌，门户宏阔，吉。〇问疾病：想是中胸有痞块高起，然无害。

占例 有甲乙两会社，同业相竞，一日甲社社长某来曰：今当市内贩路之点，势难两立，因请一占。筮得**大过之井**。

断曰：卦名**大过**，是刚过也，而当地立两社，亦为过分。占得四爻，爻曰“栋隆，吉”，此卦三四两爻，皆取象于栋，犹之二社并立也。可知甲乙之争，即在此三四两爻：乙社九三，以阳居阳，是材力与资本俱足，其应为上爻，上爻无可凭藉；甲社为九四，以阳居阴，材力与资本稍卑，其应为初爻，初爻得其所藉。有藉者“隆”，无藉者“挠”，甲社胜矣，谓之“栋隆，吉”。

后果甲兴乙仆。

九五：枯杨生华，老妇得其士夫，无咎无誉。

《象传》曰：枯杨生华，何可久也。老妇士夫，亦可丑也。

“枯杨”之解，见九二下。此爻与上六阴阳相比，得阴阔之助而生华，故曰“枯杨生华”。杨华无实，飘荡随尽，荣无几时也。九二以得初阴之助而“生稊”，九五下无有助，惟与上六相比，犹断根之杨，得雨露之润，虽一旦发华，不久凋落。“老妇”指上六，喻上六阴极而衰；“士夫”指九五，喻九五之无内助。“士”，未娶妻者之称，即谓少年。阴而居上，故呼“老妇”；阳而居下，故称“士夫”，是亦**大过**之义也。九五以刚在刚，三阳皆不为用，独与上六阴阳相比，故曰夫妇。从夫妇之序而论，当曰士夫得老妇，今曰老妇得士夫者，原其配偶之所起，志出老妇，老妇首倡而求士夫，丑体尤在老妇，亦以见圣人尽人情、考世故之妙也。《象传》曰“老夫士夫，亦可丑也”，丑者污辱之义，深恶之之辞也。

占 问战征：行军占此，必军中主将偏裨，位置颠倒，任用不当。一时虽获胜仗，未能持久。○问营商：防经商者贪恋外遇，致播丑声。○问家宅：防闺房不正，墙侧有茨。○问功名：必主晚年获隽。○问婚嫁：必年齿不齐，匹偶不正。○问六甲：生女，不育。

占例 明治十七年，因朝鲜滋事，占日清关系。筮得**大过之恒**

断曰：此番朝鲜发炮启衅，不特关涉朝鲜，即关涉清国，是三国中一大关涉之事也。在朝鲜，孱弱已极，譬如枯杨，即一时开花，不久遂零落矣。在清国，政尚旧习，譬如美妇，亦已老矣。清国且以朝鲜为属邦，朝鲜政令，悉皆听命于清，俨如少男受制于老妇也。今我国无端而受朝鲜之辱，不能不与之论辩，论辩不直，必将大启兵端。清国亦知其然，故愿与议和。就爻象而细究之，知日清必不至决裂也，其间机密，爻象虽露，未可显言焉。

占例 明治十八年夏，余避暑于箱根，与贵显某某等同宿旅舍中。一日相与闲游山野，某贵显曰：此间幽闲僻静，觅一胜地，结一别墅，足以避嚣，足以娱老，洵可乐也！足下亦有意否？闻言亦觉欣然，既而思之，不能自决，为占一卦。筮得**大过之恒**。

断曰：五爻以阳居阳，贵显属阳，未可以闲退也。就其地论，箱根属在东海道，是为**巽**木之位，爻曰“枯杨生华”，知箱根繁盛，亦不久矣；

且游客往来，多在避暑之时，过此鲜有到者。“老妇得其士夫”者，以喻箱根之地，名胜久著，若老妇之素有艳名。“士夫”者，少年也，少年闻其名，未涉其胜，是以多来游赏。究之一过即往，“无咎”亦“无誉”也。且少年人不识风雅，反来作践，故《象》曰“亦可丑也”。

因谢某贵显之劝。

占例 明治三十一年，占国民协会气运。筮得**大过**之**恒**。

断曰：五爻以阳居阳，是过而又过，宜其民心盛强，而《爻辞》曰“枯杨”何也？盖以**巽**本柔木，一经**兑**泽所灭，几成枯木，虽一时复华，亦不久摇落矣。且阳至五而极，阳极则衰，阳将变而为阴，故称“老妇”。“士夫”，少男也，近年社会，往往多用少年，亦时势使然也，故曰“老妇得其士夫”。究之老大者无能，反以少年之议论为得计，噫！“亦可丑也”。爻曰“无咎无誉”，可知本年协会之气运，亦无荣无辱而已。

上六：过涉灭顶，凶，无咎。

《象传》曰：过涉之凶，不可咎也。

“过涉灭顶”者，谓犯危险而涉河，不得达岸，水没其首也。互卦**乾**为首，爻例上为顶，上六**兑**爻，**兑**为水泽，位在酉，上值胃，附星积水，石氏云“积水星明，则大水出”，故有“过涉灭顶”之象。六爻以阴居阴，才力俱弱，但其志在救时，虽履患蹈险，明知“过涉”之多凶，而忘身济国，有不遑反顾者，即使其功不成，其志深足尚焉，复有何咎？此所谓勇士不忘在沟壑，志士不忘丧其元，万世纲常，正赖此辈以存也。

占 问战征：恐有主将阵亡之惨。○问功名：有头悬梁、锥刺股之苦志，宜其声名远达，有志竟成。○问营商：运货出洋，最宜谨慎。○问疾病：恐水气上冲，头面浮肿，凶。○问家宅：恐有大水泛涨，墙倾屋倒之患。○问六甲：生女。

占例 某县人携友人某之添书来曰：今谋新创一事业，深有所虑。请占其成否如何？筮得**大过**之**姤**。

断曰：六爻居**兑**卦之终，志在救时，未免过于决裂，是以凶也。今足下占事而得此爻，知足下所谋事业，有关公益，但其中事多颠覆，率意径行，祸有不测，还宜待时而动，毋蹈于危，徒自苦耳。切嘱切嘱！

后此人不用此占，遂至失败。

占例　明治二十八年，占我国与法国交际。筮得**大过之姤**。

断曰：上爻居外卦之极，殆谓外交既平以后，又将别起一波乎？《爻辞》曰“过涉灭顶，凶”，我国自过海远征，清国战败，割地议和，我军即此凯旋。在我国固未尝过于苛求，就爻象**观**之，或者他国谓我刚强过甚，将有出而干涉其事者，亦未可知也。后果有俄、法、德三国同盟，干与清国和款，逼我即还辽东。我政府措置，能适此卦意，无事结局云。

䷜坎为水

坎从**大过**来。《序卦传》曰："物不可以终过，故受之以**坎**。"**坎**字从土，从欠。欠，不足也。以不足补其**大过**，故继之以**坎**。卦体一奇二偶，二偶**坤**地，一奇**乾**天，**乾**天藏于**坤**地之中，元气充溢，化湿而生水，是谓"天一生水"，此**坎**之所以为水也。

习坎：有孚，维心亨。行有尚。

卦体上**坎**下**坎**，是上下皆水也。八纯皆上下一体，独**坎**加"习"。"习"有二义：一谓便习，即"学而时习之"之习，谓坎险难涉，必须便习谙练，方可以济；一谓重习，谓上下皆**坎**，是取重叠之义。**坎**中一画即**乾**阳，**乾**阳刚正，诚实居中，故曰"有孚"。一阳在中，中即心也，元阳开通，故曰"维心亨"。"心亨"者，亦即从**乾**"元亨"来也。以此行险，则孚而能格，亨无不通，故曰"行有尚"也。

《彖传》曰：习坎，重险也。水流而不盈，行险而不失其信，维心亨，乃以刚中也。行有尚，往有功也。天险不可升也，地险山川丘陵也，王公设险以守其国，险之时用大矣哉！

"习坎"，习，重也；**坎**，险也，是险不一险，故曰"重险"。习字从羽，从白，注谓鸟数飞也。盖鸟以数飞，能避罗网之险；故**坎**曰"习坎"，亦取其可以避险也。**坎**为水，水流不息，随流随进，而未尝见其盈也。水随月为盈虚，朝潮夕泛，涨落有常，而未尝失其时也。二五两爻，体**乾**皆中实，中者，心也，惟中实乃"有孚"，亦惟中实乃能"亨"。心之所以亨者，以其刚之在中也，中有刚则心泰，心泰则神旺，神旺则一往直前，而所在有功，其行是可嘉尚也。大凡天下之事，处顺则易，履逆则难。孔子论仁，征之于造次颠沛；《中庸》论道，极之于夷狄患难。艰险之地，非有定识定力者不敢行也。若鲁莽而行之，亦鲜见其有功者哉。八卦之德，美而多吉，惟**坎**为险多凶。人皆以险为可惧，而**坎**乃以险而为用，天以险而成其高明，地以险而成其博厚，国以险而成其强大。险之为险，其用甚大，知险之为用，则可知**坎**之为用矣。

以此卦拟人事，《象》曰“重险”，以见险之不一险也。卦体上下虚而中实，知虚者皆水，而中实为土，亦虚处为陷，而中实为孚。孚者何？以心相格也。人能以心相格，其心自然亨通，所谓忠信可涉波涛者，此也。在初经涉险者，往往临险而却步，然万里风帆，贾客频行而不惧，千重绝壑，樵夫徒步而忘危，何也？以其习熟也。**坎**之一卦，所以加一“习”字，正以勉人当习验之而无忽焉。水之流时往时来，不愆期候，是其信也；水之行，注浍注川，自然流通，是其功也。人皆以水为阴柔，不知水有刚中之德，惟其刚中，是以能亨。人若狃于阴柔，必致迂滞不通，其奚以能亨乎？亦奚以能行乎？知其刚中，而习练以行之，则视险如夷，而所往有功，洵可嘉尚矣。盖观夫天而悬邈高远，其险不可登也；观夫地而深山大泽，其险有各在也；观夫国而下阳大岘，其险有必争也。谓险可用，而险亦有时不可用，非险之不可用也，亦在用之得其时耳，故不曰险之用大，而曰“险之时用大矣哉”。

以此卦拟国家，**坎**卦二阳四阴，二五君臣之位，皆陷于二阴之险中，朝政紊乱，民志嚣张，加以气候失节，谷麦不登，正值天时人事之穷，因之以成**坎**险之世也。内卦初爻，为**坎**之始，是国家初值其险，失道则凶矣。三爻是一险未平，一险又来，国家之势几危矣。二爻虽秉阳刚之德，而力求济险，无如两**坎**相接，陷溺已深，所得亦小矣。外卦四爻，以阴居阴，处重险多惧之地，樽簋之贰，以象其重累，是国家危急存亡之际也。上六与初爻，相为首尾，初为险之始，上为险之终，初犹得曰昧于未经，上则狎以为常矣，不可以理论也。九五为卦之主，阳刚独揽，与九二相应，九二能操心虑患，夙夜靖共，辅佐九五之君，拨天下之乱，靖国家之难，上下交孚，治道乃亨，往而有功，乌容没也哉！圣人于**坎**而勉以“习”，于险而惕以“重”，于“流而不盈”者言其深，于行而有信者验其诚，而坎险乃可济矣。君子之所以“常德行，习教事”者，胥是道也。盖天之所以高，地之所以厚，王公之所以立国，皆险之用也。如**坎**、**睽**、**蹇**，皆非美事，圣人有时而用之，故皆赞叹之曰“时用大矣哉”，此义不可不知也。

通观此卦，是进固险，退亦险，是谓重险，困上加困之象也。《象》

说君子之难，爻说小人之难，以示出**坎**之道者也。夫处险而动心忍性者，君子之**坎**也；值险而堕节陨身者，小人之**坎**也。人生值世，莫不有坎，而所以防险者，要自有道也。故《彖辞》首勉之曰“习”，继惕之曰“孚”，而终美之曰“亨”。盖谓水之为物，流而顺行，则无涨溢之患，塞而滞，则必溢，故行险者谨慎恐惧，不失其信，可终得其成功也。察六爻之情，同处困难，各有吉凶。初六为履险之始，习而未精，遂陷深坑，外无应援，不克自济，是以凶也。九二刚中，求而有得，则险而不险，险在其中，即亨在其中也，是以曰“未出中也”。六三两**坎**相接，入险既深，阴柔不正，未能出险，是以“终无功”也。六四虽抱忠贞之心，而局量狭隘，自乏救险之才，唯祈鬼神，从九五之阳，而得出险者也，是以曰“刚柔际也”。九五阳刚中正，高居尊位，为**坎**体之主，《象传》所谓“水流而不盈”者，惟五当之。水德在平，平则险不为险，是以曰“无咎”也。上六居**坎**之极，**坎**为狱，此为陷险而入于狱也。初之失道，尚可宥焉，终之失道，不可宥也。惩以“三岁”，期其悔复，是以三岁凶也。盖人之涉世，如水流坎，无时无险厄，无地无缺陷，庸人处之，遂步成荆棘，君子履之，畏途亦康衢。何者？君子习惯，庸人生疏，此**坎**之所以贵习也。

《大象》曰：水洊至，习坎。君子以常德行，习教事。

坎为水，水性本至平，可为物之准则也，故**坎**为通，为平，为中实之信。“洊”，重袭也，雷曰洊者，声相续也，水曰洊者，流相续也。“常”者谓终始如一，“习”者谓一再不已。君子法水之洊，而日新其德，法**坎**之习，而不倦其教，德以有常而不改，教以练习而不辍。内卦三爻属己，所以修己也；外卦三爻属人，所以教人也。修其既成，勉其未成，君子济险之功在是焉。

占　问战征：有敌兵频番侵袭之势，宜时刻防备。〇问功名：有逐步升腾之象。〇问营商：财如流水，源源而来，可久可大，商运亨通。〇问家宅：此宅外北首，必有坑陷，泉流不息。**坎**辰在子，上值虚危，危主盖屋，恐邻居有营造之象。〇问疾病：防是水泻之症，历久未愈，宜祷，取“樽酒簋贰”之义。〇问婚嫁：必是亲上加亲，有重复连亲之象。〇问六甲：生男。

初六：习坎，入于坎窞，凶。

《象传》曰：习坎入坎，失道凶也。

“习”者，重复惯习之义；“窞”者，**坎**中小穴也。初爻为卦之始，即为**坎**之始也。《列子》曰：“人有滨河而居者，习于水，勇于泅”，所谓善泅者不溺也。初爻习而未善，是以不能出坎，而反入于窞。窞为小坎，小坎则陷愈深，而出愈难，故凶。《象》曰“习坎入坎”，谓习坎者本欲出坎，习坎而入坎，非习坎误之，在习坎之失道者误之耳，故曰“失道凶也”。

占　问战征：有设计埋伏，因之反堕敌计，凶道也。〇问功名：有侥幸求名，反致遭辱，是无益而有损也。〇问营商：因贩货失利，转运他处，货到，市面更小，不能脱售。〇问疾病：求医疗疾，医失其道，其病益危。〇问婚姻：恐堕骗局，必非明媒正娶也。〇问六甲：防生产有难。

占例　友人某来，请占气运。筮得**坎之节**。

断曰：**坎**为水，为大川，为沟渎，皆水流污下之地。初爻当卦之始，居卦之下，是初入水处，不知其深几重也。兹卜气运而得此爻，论人生命运，平顺兴旺者吉，缺陷穷厄者凶。**坎**者陷也，可见目下不利，宜以道自守，若失道妄动，恐入陷益深，凶难言矣。凡卦爻一爻为一年，必待五爻，曰“坎不盈，祇既平”，可无咎矣。

其后果如所占。

九二：坎有险，求小得。

《象传》曰：求小得，未出中也。

上**坎**为穴，下**坎**为险，“有险”者，谓前后左右皆险地也。此爻以一阳陷二阴之中，又无应援，固不能遽出坎险，惟其有刚中之德，忍耐困守，纵不及五之不盈而平，可以免咎，而求之不已，亦不至毫无一得，故曰“求小得”，盖虽小亦得也。《象》曰“未出中也”，可知亨在中矣。

占　问战征：可暗通隧道，以袭敌营，虽未大捷，必有小胜。〇问营商：小利可谋。〇问功名：小试必利。〇问家宅：宅外恐有河岸崩颓，宜加修治。〇问疾病：必是疮疡等症，延医治之，当得小效，难期全愈。〇问六甲：得男。

占例 有东京某富商甲干来，请占其店气运。筮得**坎之比**。

断曰：九二以阳居阴，位得中正，为内卦之主，与五相应，五位居尊，必是五为主店，二为分店也。今占得**坎**二爻，曰“坎有险”，必两店共际险难，一时商运衰微，动遭损耗，非人力之咎，是气运使然也。足下既代主人而占，必能尽心于店事，惟当至正至中，不涉偏私，竭力图谋，虽无大利，必有小得也。

后果如所占。

六三：来之坎坎，险且枕。入于坎窞，勿用。

《象传》曰：来之坎坎，终无功也。

此爻以阴居阳，不中不正，才弱而志强，在二**坎**之间，而一无应援，欲越险而前行，有上卦之**坎**阻止，欲避险而他往，有下卦之**坎**横来，是本位既不得安居，而前后左右，进退动止，亦复无地非坎，故曰“来之坎坎”。“枕”，止也，安也，谓既履其险，且为休止而暂息焉，虽一时未能出险，亦不至入而益深。若勿用安息，而强典力争，必致入于坎窞，而不可救矣。“窞”，《说文》曰：“坎中更有坎也”；虞曰：“坎中小穴”。初三两爻皆阴，空穴，故皆称窞。《象》曰“终无功也”，谓自来豪杰，皆自困苦中磨砺而成，坎险足以厄人，坎险实足以成人，若遇险而徒晏息偷安，是失险之时用矣，故曰“终无功也”。又按“险且枕”，费易古文作“检且沉”，检，检押，谓筑堤防水，为之检押；沉，川祭名。《礼记》曰：“祭川沉，凡沉辜，谓礫牲以祭川也。”夫治水者，惟在顺其性以导之，若但用检押，则水势雍而愈猛，决堤崩岸，所伤益多，虽沉牲以祭，究何济乎？故爻戒以“勿用”，《传》释以“无功”。此又一说也，似较训沉谓安谓止者，其义尤精。

占 问战征：象为营垒四面，皆临坎险，进退两难，宜枕戈暂息，以待应援。〇问营商：观爻象为海运生意；舟行且阻，宜入奥暂守。〇问功名：观象，是值万般困厄，为饿肌劳肤之时也，目下无功，晚成可望。〇问家宅：此宅水法错乱，杀气多凶，屋北有一坎窞，急宜填满。〇问婚嫁：**坎**为男，是为男家求婚也，爻曰“勿用”，必不成也。〇问六甲：生男。

占例 某氏来，请占气运。筮得**坎之井**。

断曰：**坎**者，险也。险者，难也。爻曰“来之坎坎”，是坎险重复，困苦缠绵之象。占问气运而得此爻，显见前进为险，后退亦险，一时终难解脱厄运。若妄用妄动，必致陷入深窨，不可得救。宜困穷自守，以待后运。

占例 明治三十年占外国交际。筮得**坎之井**。

断曰：此卦上下皆水，**坎**体一阳，陷于二阴，是为**坎**之又**坎**，困难重复之象。今占外国交际而得此爻，我日本滨海之邦，东西南北，环抱重洋，舟船往来，岛屿重叠，所在皆坎险之地，设险守国，固其宜也。论外国交际，自海禁一开，西夷北狄，海舶时通，“来之坎坎”，是其象也。际此时艰，惟当严修内防，枕戈以待，若妄用干戈，则愈生艰难，故曰“入于坎窨”。《象》曰：“来之坎坎，终无功也”，谓坎险频来，内防不暇，而妄开外衅，何能见功哉！

果哉！是年政府从事海陆军之扩张，筑造炮台，正合爻象。

六四：樽酒簋贰，用缶，纳约自牖，终无咎。

《象传》曰：樽酒簋贰，刚柔际也。

“樽”，酒尊也；“簋”，黍稷器也；“贰”，副也。礼有副尊，按《周礼》：“大祭叁贰，中祭再贰，小祭壹贰”，谓就三酒之尊而益之也。缶，即谓之盎，瓦器也。又六四辰在丑，上值斗，可以斟之，象尊，上又有建星，形如簋，建星上有弁星，形如缶，故六四皆取其象。“约”俭也；“贰”，以致其礼之隆；缶，以昭其用之俭。“牖”，室中通明之处。**坎**为纳，故曰“纳”。《诗·采蘋》“于以奠之，宗室牖下”，“纳约自牖”，义取此耳。六四以阴处阴，本易有咎，乃四爻能以“樽酒簋贰”，约而自牖纳之，可以馐王公，可以享宗庙，故终得“无咎”。《象》曰“刚柔际也”，谓上下两卦二刚曰柔之际，两**坎**相重，樽簋之贰，以象其重也。谓处刚柔相交，能以樽簋自牖纳之，亦足昭其诚也，故曰“无咎”。

占 问战征：行军以粮饷为重，所谓足兵，首在足食。“纳约自牖”云者，牖非纳食之地，犹言潜地运饷，以防敌兵劫夺也。○问营商：**坎**为酒，想是造酒之业。○问功名：想是春风得意，燕乐嘉宾，可喜可贺。○

问疾病：宜祷。〇问婚姻：吉。

占例 缙绅某来，请占气运。筮得**坎**之**困**。

断曰：四爻处多惧之地，坎险重重，本易招咎。今贵显占气运，而得此爻，爻曰"樽酒簋贰，用缶，纳约自牖"，据此可知贵显食用俭约，以礼自守，固无咎也。且四与五比，四以阴居阴，五以阳居阳，四臣也，五君也，《象》曰"刚柔际"，正见君臣相得也。

占例 明治三十年，占我国与韩国交际。筮得**坎**之**困**。

断曰：韩邦僻处东海，国小而弱，地当海道之要，为外交各国所窥伺。今见重险，国运至此，是险之又险者也。今占与我国交际，而得**坎**之四爻，按《周易郑荀义》云，六四象大臣，出会诸侯，四承九五，天子大臣之象。"樽酒簋贰"，主国飨之之礼也。现今各国交际，皆属在使臣，使臣燕飨亦礼之常，而惟"纳约自牖"一言，颇有可疑。盖燕飨之礼，献之于筵，断不纳之自牖。四居外卦，或者韩君出避于外，而就食于使臣之馆乎？"纳约自牖"，盖潜送食品之谓也。曰"终无咎"，谓一时虽遭其难，而终必复位。此年韩王果有出投俄国使馆之事。

九五：坎不盈，祇既平，无咎。

《象》曰：坎不盈，中未大也。

九五以阳居阳，位得中正，为**坎**之主，《彖传》所谓"水流而不盈"，惟五足以当之。水之德在平，平则险不为险也。"祇既平"者，谓适得其平。坎，穴也。穴中之水，不盈则平，盈则泛滥横流，便有冲决之患。凡天下之事，多以盈满招灾，水亦如是，惟其不盈而平，是以"无咎"。《象》曰"中未大也"，大犹满也，惟其坎流不大，斯得平稳无险，否则大水为灾，水亦何取夫大哉！故曰"中未大也"。坎险危地，本非美也，五之"不盈"，虽为善处险者，亦但云"无咎"而已，未足称吉也。

占 问战征：为将之道，最忌恃功而骄，以致众心不平，取败之道也，虽孙吴复起，不能为功。〇问营商：不贪一时意外之利，必酌量物价之平，以计久远，是善贾者也。〇问功名：名位不大。〇问时运：谦受益，满招损，终身诵之可也。〇问家宅：宅外有小地，水流清浅，又有一平坡，风景颇好，无咎。〇问婚姻：两姓门户相当，吉。

占例 相识商人某来，请占气运。筮得**坎之师**。

断曰：**坎**为困难之卦，今得第五爻，则从来辛苦，渐得平和，而后可交盛运，故曰“坎不盈，祗既平，无咎”。

后果如此占。

上六：系用徽纆，寘于丛棘，三岁不得，凶。

《象传》曰：上六失道，凶三岁也。

上爻以阴居阴，当坎险之终，而不知悔悟也。初之失道，犹得曰未经，上之失道，狎之以为常矣，不可以理谕，惟有以法绳之。**坎**为罪，为狱，为丛棘。“徽纆”，绳索也；“丛棘”，狱墙也。系之以徽纆，置之于丛棘，所以治其罪而使之悔也。**坎**为三岁，故禁锢三年，律所谓“上罪三年而舍”也。三年而悔过迁善，斯得反其正矣；三年而不改，是将终身失道矣，故《象》曰“失道凶也”。圣人之惩恶也，始则严以绳之，终必宽以宥之，迨至久而不悛，亦未以之何也，已矣。此可知圣人未尝轻弃人也。

占 问战征：有劳师远征，久役不归之虑。〇问营商：想是采办蚕丝生意，三年之后，方可获利。〇问功名：恐有意外之灾，不特功名不就，防有牢狱之罪，凶。〇问婚姻：红丝系足，婚姻有前定也，但良缘未到，须待三年后可就。〇问六甲：得子，须迟。〇问家宅：此宅不知缘何荒废，墙围遍生藤蔓，宜加修葺。前住者不利，后住者吉。

占例 明治十七年十月，埼玉县秩父郡暴徒蜂起，势甚猖獗，将延侵各郡，予深忧之。偶一友人来，请占结局如何。筮得**坎之涣**。

断曰：爻象明示以教化之不从，治之以刑法也。拘以徽纆，锢以丛棘，是治罪之律也。当时国家效法西欧，改革旧政，其间梗他之徒，窃苦新政不便，惑众蜂起，侵掠各郡，此皆无赖之民，愍不畏法，自陷于坎险而罔知顾忌也。国家不得已，执其渠魁，置之刑狱之间，不遽加以显戮，囚之三岁，俾知悔也，三岁而不改，凶莫大焉。

其后政府处分，不外此占之意。

占例 我国战胜清国之后，俄、法、德三国同盟，假托保护清国，迫我还付辽东，后三国因此得假旅顺、山东、云南之地，强设铁道，领收矿山，其所为有与前日之口实大反者。在我国当时，已逆料三国之志，问占一卦。筮得**坎**之**涣**。

断曰：上六为**坎**卦之终，本可过此以出险也；上六又以阴居阴，位在卦外，显见外国有阴谋谲计，出而图事者。逼我还付辽东，非为清也，实三国为自计耳。未几各强借山东、旅顺、云南等要区，设立铁道，此狡计之可明见也。“系以徽纆，寘于丛棘”，譬言其强逼之状。“三岁”者，犹言三国也，谓三国若不遂其欲，必不了事。《象》曰：“上六失道，凶。”“道”，路也。谓三国兴筑铁道，在清明明失其路也，故凶。

䷝离为火

离卦二阴四阳，上下一体，离者，偶象也。奇实阴中，积而成**坎**；偶分阳中，两而为**离**。炁始化湿，湿蒸成热。水资始，火资生，水化气，火化形，故“地二生火”。火者，其象为偶；奇离成偶，偶两成离，是故善离莫如火。火一星也，离为万炬，遇物而皆焚；人一心也，离为万应，触处而皆通。惟火中虚，虚则能离也。

离：利贞，亨。畜牝牛，吉。

坤二成**离**，阴虚内合，卦体主柔；柔则近于不正，不正则不亨通，故利在行正，乃得亨通，是以“亨”在“利贞”之下也。按，他卦皆言“亨利贞”，**离**独先言“利贞”，而后“亨”，盖**离**内柔外刚，不得其正，始虽通，终必塞矣，故利在贞，贞而后乃亨也。“畜牝牛吉”者，**离**为**坤**之子，**坤**为牛，**离**亦为牝牛，牝牛柔顺，得**坤**之性。六爻阴为牝，二五在中，以阳包阴，为畜。牝牛不中牺牲之用，利在孳生，故曰“畜”。**离**由**坤**二成，**坤**曰“牝马”，牝马利在行远，故取其贞；**离**曰“牝牛”，牝牛利在生息，故不取其贞也。**坤**资生，**离**为火，火生土，牛土性也，有生息不已之象，故曰“畜牝牛吉”。

《彖传》曰：离，丽也。日月丽乎天，百谷草木丽乎土，重明以丽乎正，乃化成天下。柔丽乎中正，故亨，是以畜牝牛吉也。

离卦上下皆火，以取“明两作，离”之象。“离，丽也”，**离**为火，火之为物，有气而无形，著物而显其形。夫物莫不有所丽，“本乎天者亲上”，则丽于天；“本乎地者亲下”，则丽于地。日月之在天，百谷草木之在地，其明象也。“重明”者，重**离**也，**离**以中虚而明，得正明之体，六二为**离**之主爻，五因而重之，与二相附以成其明，故曰“重明以丽乎正”。惟其所丽者正，故得向明而治，化成天下。“柔丽乎中正”，谓六二也，六二以柔处柔，中而又正，得所丽也，故亨。**离**互**巽**、**兑**，**兑**辰在酉，上值昴，昴南有星曰天苑，主畜牛马，苑西有刍藁六星，主积草以供牛马之食，故曰“畜牝牛”。牝牛性柔，待人刍牧，其丽无心。无心之丽，正之至也，正故吉。丽夫天地，亨之大，牝牛之畜，亨之小，举小大而丽之，用悉该矣。

以此卦拟人事，**离**以中虚而成，人心亦中虚，故**离**为火，人心亦为火；**离**取明，人心亦取其明；火本无质，有所丽而焰生，心亦无形，有所丽而神发。是以丽于目则为视，丽于耳则为听，丽于口则为食，丽于身则进退周旋皆是也。人心莫不有丽，然丽道则正，丽欲则邪，丽德则中，丽利则偏，邪而偏者必塞，中且正者乃亨也。由其心之所存，发而为事，则所丽者，皆得其正矣；由一人之心，而及之众人，则天下无不化矣。盖人心虚则灵，灵则明，明则通矣，而其所以虚而能灵，在得乎柔之正耳。**离**之为卦，柔居其中，以二刚包一柔，即以二刚畜一柔。凡物性之柔者惟牛，牝牛则柔之又柔也，最为易畜。**离**以二画得**坤**柔，故**坤**曰“牝马”，**离**曰“牝牛”，义皆取其柔也。是殆教人以牧畜之事也。

以此卦拟国家，上卦属政府，下卦属人民。**离**为火，火炎上，则威德皆出于上；**离**又为孕，孕能育，则下民皆受其养。**离**以二为主位，五为尊位，二五皆阴，上下同体，足见君臣一心，朝野合志。“离者，丽也”，丽于物而始彰，“在天垂象，在地成形”，皆因所丽而显，国家之治象，亦犹是焉。丽于政令，则象魏之悬书也；丽于刑罚，则虎门之读法也。政者正也，丽苟不正，则刑罚不中，而民多怨谤；丽而得正，则政教乃亨，而民皆感化矣。教化之行，由近而远，化及天下，即可由此而暨也。“畜牝牛”者，畜其柔也。牧畜牧民，其道本同，孟子所云“受人之牛羊而为牧之”者，大旨本为牧民者发也。知夫此，而治道得焉矣。

通观此卦，**离**得**坤**二，**坎**得**乾**二，天地之用，莫要于水火。文王《序卦》始**乾**、**坤**，中**坎**、**离**，以二卦为天地之中气，上承**乾坤**，下启**咸**、**恒**者也。盖以**坎**之中实为诚，以**离**之中虚为明，诚明者，易理之妙用，圣人之心学也。明之本在身，其用在国家。**离**者火也，今试以飞萤视烛火，则烛火明也；以烛火视列星，则列星明也；以列星视日月，则日月明也。故一曲之学，犹飞萤之明也；文学之士，犹火烛之明也；贤人之学，犹列星之明也；圣人之学，犹日月之明也。圣人之明，其存也无瑕，其运也无间，明之至也。夫明由虚生，中实者必暗而无光；明以柔著，过刚者必发而遂灭。**离**之卦，中虚而柔，柔得其正，圣人以火食化天下，而天下化之，**离**之用正，**离**之道亨矣。就六爻而推论之，初爻为始，如火之始然也，始宜“敬”，故得“无咎”。二爻居中得位，如日之方中也，**离**色黄，故曰“黄离，元吉”。三爻处内卦之终，其明将没，如日之将夕也，哀乐失常，故凶。此为内三爻也。九四介内外二火之间，火势上炎，上卦多为凶，九四适值其位，故有“突如其来”之祸，“焚”、“死”、“弃”，皆言其凶也。六五得中居尊，为外卦之主，**离**至五，以日言为重光，是大人继明久照时也。忧盛防危，励精图治，是以吉也。上九处明之终，**离**道已成，化及天下矣，其有梗顽不化者，不能不以干戈从事，是以征伐济礼乐之穷也。歼厥魁，舍厥从，所谓王者之师也，有何咎焉！此为外三爻也。统之，**离**之全卦，以二五两偶，内外相应，二得履盛之方，五凛保泰之惧，至中至正，均获其吉。《象》所谓“大人以继明照乎四方”，二五两爻得之矣。

《大象》曰：明两作，离。大人以继明照乎四方。

“明两作”者，内外两**离**之象。**离**者日也，然不曰日而曰“明”者，以天无二日也。**离**者六画，重**离**之象。日月之明，终古不忒，大人之明，四方毕照，辨忠邪，知疾苦，烛幽侧，处久长。大人以德言，乃王公之称，有与天地合德，与日月合明者也。“继明”云者，内卦之**离**，继以外卦之**离**，即“明两作，离”之义也。明之功不继，则有时而昏，故必如《大学》之称“明明德”，《汤盘》之云“日日新”，可以向明出治，光被四方也。

占 问战征：克敌者宜用火攻，防敌者亦宜备火攻，“两作”者，恐前后一时俱焚。〇问营商：想营业定是近火，或运办硫黄，或创设电火，或置造火柴等业，皆利。〇问功名：**离**为目，可有榜眼之兆。〇问家宅：此屋必系新造，前后开通，窗户生明，屋外四围空阔，是巨室贵人之宅也，吉。〇问婚姻：此非原配，必是继妻；夫家定属贵室，非寻常百姓之偶也。〇问六甲：生女。〇问疾病：热势甚重，恐一两日内即防神魂离散。

初九：履错然，敬之，无咎。

《象传》曰：履错之敬，以辟咎也。

初爻为内卦之始，如日之始出，黎明乍起，为作事谋始之时也。“履”，践履也，“错然”者，谓应酬交错也。当至纷至叠来，而不以敬将之，必致动辄得咎矣。**履**卦曰“履虎尾”，履而知惧，故曰“吉”；此卦曰“履错然”，履而能敬，故“无咎”，其履同也。夫祸福每兆于几微，始而能谨，斯终必无祸，所谓君子敬而无失，得者得此旨也。《象》曰“履错之敬，以辟咎也”，夫人以身接物，不必居功，最宜辟咎，避之之道，惟在居敬而已矣。

占 问战征：初爻为始，是三军始行，旗辙交错之时也。“敬”者，即所谓临事而惧之意。战，危事也，慎重持之，或可免咎也。或曰邪行谓错，宜从横路进兵。〇问商业：必是新立之业。初九爻辰在子，北方属水，卦位居南属火，想是南北生意。一时难许大利，要可无咎。〇问功名：《诗》云“他山之石，可以攻错”，盖言得助而成也。〇问家宅：**履**卦云，“履道坦坦，幽人贞吉”，是宅必在大道之旁。吉。〇问六甲：生女。

占例 友人某来，请占气运。筮得**离**之**旅**。

断曰：**离**者，火也，火之性炎炎而上，其功在明，其用足以取暖，又足以烹调，是人世不可一日无者也。以人身配之，火为心魂，有心魂乃有知觉，有知觉乃可谋为万事。今占得初爻，知必为谋事伊始。然火之为功甚大，火之为祸亦甚烈，当其始然，最宜谨慎小心，苟一不慎，初与四应，延及四爻，则“突如其来”，咎莫大焉，故戒之曰“敬之无咎”。足下占得此爻，宜知所畏惧焉。凡爻象一爻为一年，三年后正当四爻，尤宜谨慎，至四年则吉。

六二：黄离，元吉。

《象传》曰：黄离，元吉，得中道也。

二爻以阴居阴，为**坤**二成卦之主，位处中正，《象》所谓“柔丽于中正”者，即指二爻也。**离**为黄，故曰“黄离”，黄者中色，**离**者文明，居中而处文明，是以“元吉”也。《象》曰“得中道也”，**离**卦六爻，惟二爻以一柔居二刚之中，中而且正，《象》曰“得中”，不言正而正在是焉。

占 问战征：**离**二变**大有**。**大有**《象传》曰“大车以载，积中不败也。”“大车”，谓兵车；黄，中之色也；“积中”者，谓中营军粮充实；“不败”者，谓兵士勇健，得以获胜也。故吉。〇问营商：**离**属南方之卦，经营利在南方；黄为土，土生木，又利在土木。〇问功名：**离**位在午，上值文昌，有文明之象，功名必显。〇问家宅：**离**为火，土色黄，火之子，喻言其家得有令子，能振起家声。吉。〇问婚姻：二爻以阴居阴，位得中正，主夫妇顺从，佳偶也。吉。〇问疾病：必是内火郁结中焦之症，宜凉解之。无咎。〇问六甲：生女。

占例 某来，请占某贵显。筮得**离**之**大有**。

断曰：**离**为火，又为日，得其柔暖之气，自足嘘枯回生，有煦育万物之象。今占得六二，二爻与五相应，五为尊位，知某贵显辅翼至尊，君臣合德。**离**有文明之德，黄属中央之色，知必能握中图治，化启文明也，故曰“黄离元吉”。

九三：日昃之离，不鼓缶而歌，则大耋之嗟。凶。

《象传》曰：日昃之离，何可久也！

九三以阳处阴，是由明入晦之象，故曰“日昃”。昃者，日之将倾也。“缶”，即盎，大腹而敛口，**离**卦上下奇而中偶，形似缶，故象取缶。**坎**曰“用缶”，**坎**中实，则用以盛酒；**离**中虚，则鼓以节乐。“不鼓缶而歌”，必歌无节也。**离**互**兑**，**兑**属正西，日出东入西，日薄西山，谓衰年暮景，故象取“大耋”。八十曰耋，三爻居二卦之中，犹年在半百，未可云大耋也。“嗟”，悲叹声，谓未老而叹其老也。其歌也，乐失其节，其嗟也，哀失其常，哀乐无时，致神魂颠倒，寿命不永矣，是以凶也。《象传》曰“何可久也”，谓若此之人，忽歌忽嗟，乃天夺其魄也，安能久乎？

占 问战征：“日昃”，日将夕也。军中长歌浩叹，皆失纪律，不吉之兆，尤防敌兵夜袭。〇问营商：《周礼·地官·司市》：“大市日昃而市”，谓大市交易繁多，至日昃始集市。爻曰“日昃之离”，是日昃后而散也。市区扰杂，或歌或嗟，哀乐无度，必伤正业，宜戒。〇问功名：恐老大无成，徒自悲耳。〇问婚姻：鼓盆而歌，难望偕老，凶。〇问六甲：生女，难育。

占例 友人某来曰：余将娶某女，请占吉凶。筮得**离**之**噬嗑**。

断曰：《爻辞》曰"日昃之离"，**离**，离散也，"日昃之离"，谓婚后而复离也。"鼓缶而歌"者，悼亡也；不鼓而歌，非悼亡，必生离，"大耋之嗟"，是叹其不得偕老也。此婚不成为上，成则亦必离散，不吉之兆。

后友人不信此占，媒娶成婚，未几因家门不和，又复离散，果如所占云云。

占例 明治三十年，占我国与法国交际。筮得**离**之**噬嗑**。

断曰：**离**为甲，为刀，为矢，皆主战兵器也；**离**亦为火，又足备火炮之用。今占法国交际，而得三爻，是令我急备兵甲战具也。《爻辞》曰"日昃之离"，"日昃"者，日将西倾，可见西土运旺之时。"不鼓缶而歌，则大耋之嗟"，谓不当歌而歌，不当嗟而嗟，犹言措置失时也。善谋国者，当及时修备，固不可自耽安逸，亦不必自示衰弱。睦邻修好，以保永图，斯为善也。

九四：突如其来如，焚如，死如，弃如。

《象传》曰：突如其来如，无所容也。

"突如其来如"者，谓刚暴之祸，不可测度；"焚如"者，谓如烈火之焚物；"死如，弃如"者，谓其身灭亡，其名亦遂废弃。四爻处上下卦之间，下卦之火将熄，上卦之火又炽，火炎于上，其势尤烈。"突"，杨子《方言》，"江湘人谓卒相见曰突"，"突如其来"，是骤来而不及防也。"焚如"，烧其庐；"死如"，毁其身；"弃如"，举之而委诸沟壑也。"焚如"，**离**火本象；四动体**艮**，**艮**为鬼冥门，故曰"死如"；又互**兑**，**兑**为刑人，刑人于市，与众弃之，故曰"弃如"。焚而死，死而弃，其势相连，其祸甚凶，以九四在二火相传之际，是以凶焰如此。《象传》曰"无所容也"，谓火焰逼近，无可容身也。四与初应，初之火其咎可避，四之火猛，屋毁人亡，无地可容矣。或曰突谓灶突，《汉书》所云"其灶直突"之突。"突如其来"者，所谓祭神如神在，恍惚而见其来也。"焚如，弃如"者，谓灶神察其为恶，而降兹厥凶也。此又一说也。

占 问战征：有营垒被焚，枪炮暴烈之祸，来势汹涌，紧宜慎防。○问营商：有人财两亡之祸，宜藏身退避，或可免也。○问功名：有唾手可得之势，但位名愈重，得祸尤烈，不如隐退。〇问家宅：旧说以“突”为不孝子，此家必生逆子。“焚”、“死”、“弃”，皆言逆子之罪也。〇问婚姻：四动体**艮**，**艮**为鬼冥门，又**离**互**兑**，**兑**为刑人，此婚大不吉利。〇问六甲：生女，必不育。

占例 明治二十三年春，友人某来，请占本年气运。筮得离之贲。《爻辞》曰：“九四，突如，其来如，焚如，死如，弃如”。

断曰：九四在上下二火之间，下火将熄，上火复然，火炎上，故**离**卦以四爻为最凶。今占气运，而得四爻，四爻以阳处阴，外刚内柔，位不中正。主有阴险邪僻之徒，播弄其间。初若不觉，及其势焰一炽，“突如其来”，不特祸延家室，而身肌发肤，并受其殃，如火之燎原，有不可扑灭者矣，谓之“焚如，死如，弃如”。足下宜谨防小人，毋为饲犬而啮手也。

某氏素性柔弱，不甚介意，委用亲族少年，不料妄作妄为，既凶且毒，某氏家产，因人倾败，祸又未已。某氏始为悔悟，亦已晚矣。

六五：出涕沱若，戚嗟若，吉。

《象传》曰：六五之吉，离王公也。

六五为外卦之主，得中居尊，与二相应，《象传》所谓大人继明久照，即指五爻也。**离**为目，自目出者曰涕，故曰“出涕沱若”。又**离**互**兑**为口，嗟是口之喑咀，故曰“戚嗟若”。所谓“若”者，是未当“出涕”而有若“出涕”，未当“戚嗟”而有若“戚嗟”，盖形容忧伤之情状也。九三乐尽悲来，“大耋之嗟”，则为凶兆。九五忧盛虑危，所谓“先天下之忧而忧，后天下之乐而乐”，故吉。《象传》曰“**离**王公也”，九五为王公之位，故云。

占 问战征：据《爻辞》“沱若”、“嗟若”，有临事而惧之意。战危事也，能惧则能谋，能谋则可以制胜矣，故吉。〇问营商：此经营必是王家商务公业，非下民私计也。故曰“离王公也”。其业亦必由辛苦艰难而成。〇问功名：位至宰辅，极贵极显，然一身忧劳倍甚，如武侯之鞠躬尽瘁，乃吉。〇问婚姻：此姻事极贵，然有先号咷而后笑之象。〇问六甲：生女，防难产，终吉。

占例 占某豪商时运。筮得**离**之**同人**。

断曰：五居尊位，在国为一国之君，在家为一家之主，在乡为一乡之望也。《爻辞》所云“出涕沱若，戚嗟若”，谓能先事预谋，防危虑盛，百计图维，以期万全者，此非老成练达者不能也。足下占得此爻，可知足下历尝艰苦，在平时悲泣号叹之状，不知若何哀切者；亦由此继明之德，足以察识事机，而能保守家业，不为亲族少年所得欺瞒也。故吉。

上九：王用出征，有嘉折首，获匪其丑，无咎。

《象传》曰：王用出征，以正邦也。

“王”者指六五，“用”者指上九也。离为兵戈，故用以“出征”。“首”者首恶，“丑”者类也。“嘉”者，赏其功也；所嘉者，在折其魁首，而不及丑类，《书》所谓“歼厥渠魁，胁从罔治”者是也。九三居下卦之上，与上为敌，不顺王化，残害民生，上九于是奉命出师，以除天下之害，获其首恶，诛而戮之，其余党类，皆从赦免。此诚吊民伐罪，王者之师，复何咎焉！《象传》曰：“以正邦也”，谓如汤之征葛伯，文王之伐昆夷，惟在戡乱以安邦，夫岂好为穷兵哉！

占 问战征：观《爻辞》已明示矣。王者之师，不妄杀人，斯道得焉矣。○问营商：贩售货物，宜选取上等佳品，不取低劣，乃可获利。○问功名：必膺首选，吉。○问疾病：“折”，夭折也，不利。○问六甲：生女。

占例 明治七年三月，佐贺乱，朝廷将发师征讨，有陆军大佐某，同中佐某来，谓曰：今将出师，请为一占。筮得离之丰。

断曰：《爻辞》所云“王用出征”，适合今日之事也。在佐贺乱党兴叛，其中必有主谋，即所谓“魁首”，是乃乱之首，罪之魁也，罪在不赦；一时响应而起，皆胁从之徒，是丑类也。今以佐贺启叛，命师往征，在我皇上神机庙算，素以不嗜杀人为心，必将布告天下，谓构兵倡乱，罪在一人，寡人誓必取而戮之，余无所问，有能擒获渠魁者必膺上赏，与《爻辞》云“有嘉折首，获匪其丑”，如出一辙焉。按上与三相应，上为王师，敌必属三。三爻曰：“日昃之离，何可久也。”知此番行军，定卜马到功成，不数旬而戡定矣。

后果未匝月，而渠丑受诛，佐贺遂平。

[日]高島嘉右衛門◎著
[清]王治本◎譯
鄭同◎點校

華齡出版社

增補高島易斷

（下）

中央民族大學道教與術數學研究中心文獻整理成果

责任编辑：薛　治
责任印制：李未圻

图书在版编目（CIP）数据

增补高岛易断 /（日）高岛嘉右卫门著 ；（清）王治本译.
—— 北京 ：华龄出版社，2017．10
ISBN 978－7－5169－1104－4
Ⅰ．①增…　Ⅱ．①高…　②王…　Ⅲ．①《周易》—研究　Ⅳ．①B221．5
中国版本图书馆 CIP 数据核字（2017）第 255036 号

书　　名： 增补高岛易断
作　　者：（日）高岛嘉右卫门著　（清）王治本译

出版发行： 华龄出版社
地　　址： 北京市东城区安定门外大街甲 57 号　**邮　　编：** 100011
电　　话：（010）58122246　**传　　真：**（010）84049572
网　　址： http://www.hualingpress.com

印　　刷： 三河市九洲财鑫印刷有限公司
版　　次： 2017 年 12 月第 1 版　2022 年 12 月第 3 次印刷
开　　本： 710×1020　1/16　**印　　张：** 44.25
字　　数： 580 千字　**印　　数：** 5001～7000
定　　价： 198.00 元(全二册)

周易下经

䷞泽山咸

《上经》首**乾**、**坤**，以天地为万化之原也；《下经》首**咸**、**恒**，以夫妇为五伦之始也。天地不分不成两仪，男女不合不成生育，故**乾**、**坤**以二老对，而**咸**则以二少交。**咸**之体，亦自**乾**、**坤**来，**乾**三索于**坤**得**艮**，**艮**为少男；**坤**三索于**乾**得**兑**，**兑**为少女。男女相感，自其性情，而二少相合，男下于女，尤感之正也。有心为感，无心为咸。咸，皆也。卦体以"山泽通气"，六爻皆应，咸和通畅，物我偕臧，此卦之所以名**咸**也。

咸：亨，利贞。取女吉。

咸，亨通也。男女相合者七卦，**恒**是男女皆长，**既济**、**未济**中男中女，**渐**、**归妹**以少遇长，**损**虽男女皆少，而女下于男，皆未若**咸**之亨而正也。"取女吉"者，婚礼自纳采以至亲迎，皆男下于女，六礼不备，贞女不行。《关雎》一篇所云："窈窕淑女，君子好逑"，取女之吉，于此可见。《诗·注》谓淑女有幽闲贞静之德，是即"利贞"之旨也。**咸**以**兑**泽**艮**山二气相感，感而遂通，然少男少女，情好易通，得正则吉，失正则凶，故曰"利贞"。取女之吉，惟其贞也。

《彖传》曰：咸，感也。柔上而刚下，二气感应以相与。止而说，男下女，是以亨。利贞，取女吉也。天地感而万物化生，圣人感人心而天下和平。观其所感，而天地万物之情可见矣。

此卦以**艮**之少男，下**兑**之少女，取象于夫妇之始，婚姻之道也。"柔上而刚下"者，柔者妇道，刚者夫道，谓刚柔二气，上下相感。"止而说"，谓闺房之事，说而不止，则说未免流于淫，止而不说，则止或至失其欢。**艮**以止之，复**兑**以说之，斯感得其正，则倡随有辨，节宣有时，而有感遂通，故能亨。盖卦体以感为义，卦象以亨为善，卦位则以“男下女”为吉。夫“取”即娶也。《礼》云：“男子亲迎，男先于女，刚柔之义也。”知所谓“男下女”者，降男子之尊，以重亲迎之礼，固非钻隙逾墙者所可比也，故曰“利贞”。女下于男，夫妇之常道也，故卦取诸**恒**；男下于女，迎娶之始礼也，故卦取诸**咸**。咸者，感也，刚柔之用，以气相感，婚姻之道，以情相感，而少男少女，尤情之易感者也。以其情之易感也，而见其相说，亦以其情之易说也，而贵乎能止，盖即**艮**山之静，以制其**兑**泽之动也。**咸**利其贞，贞斯亨，亨斯吉矣。由是推之，闺房启王化之原，修齐括治平之要。天地以其**咸**感万物，而万物生焉，圣人以其**咸**感人心，而人心平焉，化生之功由此成，和平之福由此普。**艮**之止无形，**兑**之说无言，无形无言，而感化神焉。君子观于此，而天地人物感应之妙，皆可识矣。

以此卦拟人事，卦体为**艮**男**兑**女，《彖辞》曰“取女吉”，是人伦之始事也。《序卦传》曰：“有男女，然后有夫妇，有夫妇，然后有父子，有父子，然后有君臣，有君臣，然后有上下。”其道实自**乾**、**坤**定位而来。**乾**老阳，**坤**老阴，**乾**变**艮**则为少阳，**坤**变**兑**则为少阴，阴阳之体一也，阴阳即男女。**艮**一阳二阴，**兑**二阳一阴，合其体而为一，象男女之交也。**艮**为求，有“好逑”之义，**兑**为妹，有归妹之象，是谓婚姻之始。**兑**为说，**艮**为止，乐而不淫，妇道之所以重利贞也。六爻之辞，多取于人身。“拇”、“腓”、“股”皆属下体，“心”、“脢”、“辅”皆属上体。一俯一仰，一动一静；阴阳相济，刚柔相交，**咸**之卦德备矣。夫夫妇一小天地也，万物各有阴阳，即各有夫妇，万物之化生，人心之和平，胥是道也。此圣人所以为人伦之至，**咸**卦所以冠《下经》之首，观其象而可知矣。

以此卦拟国家，上卦为政府，有**兑**泽遍敷之象；下卦为人民，守**艮**止各安之义。九五阳刚之君，与上六相比，与六二相应，诸爻亦俱与九五相感应。故**咸**一卦，皆取象于“拇”、“腓”、“股”、“心”、“脢”、“辅”，譬如人之一身，四肢九窍，有痛痒相关，一气联络之义也。《象》曰“君子以虚受人”，此君子即指九五而言。虚者无我，无我则天下一家，万民一体，以一念感通夫万类，以一心包育夫群生，上下相通，君民合志，谓之

"天地感而万物化生，圣人感人心，而天下和平，观其所感，而天地万物之情可见矣"。此即圣天子恭己南面，无为而治之体也。

通观全卦，有心为感，无心为咸。咸，皆也，为卦六爻皆应，咸和通达，物我皆臧，自然而然，元气浑合，此**兑**说**艮**止，卦之所以名**咸**也。**咸**主乎感，感则必动，而六爻则以静为吉，以动为凶。初爻居卦之下，曰"咸其拇"，拇者，拇足大指也，其感尚浅，其动亦微，故不系吉凶也。二曰"咸其腓"，腓为足肚，则进于拇矣。腓本不动，足动而腓随之，是动虽凶，而腓尚居于吉也。三曰"咸其股"，股处下体之上，三之象也，较拇与腓而尤进矣，志在随人，所执亦贱，故曰"往吝"。四居三阳之中，为心之位也。凡有感触，皆从心发，得贞则吉，否则凶也。五为卦主，居**兑**之中，脢在心上，为背脊肉，是不动之处，感而不感，动而无动，故曰"无悔"。上六处全卦之上，"辅颊舌"在一身之上，其象取此，有感于心，发而为言，是口说也。然不能至诚相格，而徒以美言取说，**咸**道薄矣。是以六爻之中，所感各有浅深，而悔吝吉凶，亦各随其象而著。惟君子能"以虚受人"，虚则心公，公则入而无拒，感而即通，其所翕受者宏矣。翕受之道，取诸**兑**；专直之义，取诸**艮**。健而能止，顺而能说，说以感阴，止以应阳，天地无心而成化，圣人无为而成功，如斯而已矣。

《大象》曰：山上有泽，咸。君子以虚受人。

卦象为"山上有泽"，是山气下交，泽气上交，得以上下相成也。天下至静而虚者莫如山，惟山以虚，翕受泽气。君子体此象以容人之善，故能湛其心于寂然不动之时，定其性于廓然大公之地。古来如舜之取人为善，禹之拜昌言，周公之吐哺握发，一皆虚己而受人者也。

占 问战征：军队前进，防有坑陷，山谷间防有埋伏，固守城池，防敌兵潜通地道，皆当谨慎。〇问营商：山泽为生财之地，即财源也。"以虚受人"，是以购入物产，贩运转售，必大获利。〇问功名："山上"者，高升之象。"山上有泽"，泽者，积水低洼之处。有居高思危之意，惟宜虚己待人，功名可长保也。〇问家宅：是宅必傍山临水，知其所止，吉。〇问疾病：是虚弱之症，宜服滋补之剂。〇问婚姻：卦为山泽通气，主两姓和好，大吉。〇问讼事：两造必是少年意气相争，讼宜和解而止为善。〇问六甲：生男。〇问失物：必堕入空洞有水之处，不能复得。

初六：咸其拇。

《象传》曰：咸其拇，志在外也。

“拇”者足之大指，初居爻首，为感之始，其感尚微，譬如足之有指，指即小动，未常移步，以喻人心初感而未动，始有其志而已。《象》曰“志在外也”，外谓九四，以初与四相应，故曰“在外”。志者心之所之也，谓第有其志，未尝躁动，是以不言吉凶。

占 问战征：是兵刃初交之会，应在第四日，可以得胜。〇问营商：必是初次贸易，货物已办，尚未发行也。〇问功名：必能一举成名，有捷足先登之兆。〇问家宅：有迁居外地之意。〇问疾病：是足指初起一毒，宜外用敷药调治。〇问婚姻：初六应在九四，以**艮**男求婚于**兑**女也，为结缡之始，吉。〇问六甲：生男，是初胎也。

占例 明治二十三年，占某贵显运气。筮得**咸**之**革**。

断曰：此为**咸**卦初爻，拇为足指，是人身最小之体，其动与不动，本不足关轻重也。初爻应在九四，四比近尊位，此占当以应爻属贵显，初爻则为来占之人也。今初爻**咸**之初，某贵显自幕府至今，备尝困苦，今虽年老而志愿犹奢，凡有指画，咸皆悦从。《象》曰：“志在外也”，盖在贵显之志，谓方今国家要务，专以外交为重也。知贵显老运未艾。

六二：咸其腓，凶，居吉。

《象传》曰：虽凶居吉，顺不害也。

“腓”为胫腨，或曰足肚，是无骨之处，盖在拇之上股之下也。腓不能自动，随足而动，足动而凶，则腓亦失其吉矣。然动则为凶，而静居则吉，故《象传》曰：“虽凶居吉，顺不害也。”六二以阴居阴，其性本静，能顺其性而不动，自可免害而获吉也。

占 问战征：宜固守不动，斯可免害。〇问营商：不利行商，利坐贾。〇问功名：只可依人成事，未能远到。〇问疾病：按腓病也，必是四肢痿痹之症，只可坐卧，不能步行也。〇问婚姻：婚事既成，恐有变动，能以顺自守，虽凶终吉。〇问六甲：生男。

占例 华族某君来谓余曰：顷者知己某，以数年刻苦，新创一技，特许专卖，余因贷之以资金，但不知新创之技，果得广行否？亦不知贷与之资金损益如何？请筮之。筮得**咸之大过**。

断曰：**咸**者为山泽通气之卦，是二物相依，相互为用也。某友发明一物，藉君之资金，得以成业，是某友与君实相依为用，其事业之广行也可必矣。腓者足肚也，腓不自动，随足之动而动，以喻资金之通用，全藉货物之贩运，而资金亦随之而运动也。在此业新出，未免一时贩售有碍，当居积以待，自能获利，始虽凶而终吉也。

九三：咸其股，执其随，往吝。

《象传》曰：咸其股，亦不处也。志在随人，所执下也。

此爻居下体之上，上体之下，为股之象，股者随上下而动，不能自主者也。九三以阳居阳，与上六之阴相应，舍上六而比初二，以为动止，率此以往，其吝可知。三为**艮**卦之主，**艮**为股，故曰“股”，**艮**又为执，故曰“执”。**艮**本止也，三以感而思动，又牵率初二，使之皆动，故曰“执其随”。《象传》曰“亦不处也”，“亦”者，谓率拇腓而俱动也。“志在随人，所执下也”，“随人”者，谓随上也；“执下”者，谓执初与二也。

占　问战征：宜退守，不宜往攻。○问营商：凡商业合出资本，谓之股分，必举一人以主其业，乃主业者，不能自主，而徒随人以为上下，其业必难获利。○问功名：随声附名，其品下矣，必难制胜。○问家宅：宅近**艮**山，本可安处，占者不愿处此，殆欲随人他迁也，恐所往吝矣。○问婚姻：咎在过听执柯者之言，恐所适非偶。○问六甲：生男。

占例　友人某来，请占运气。筮得**咸之萃**。

断曰：卦体**艮**山**兑**泽，山得泽而生润，泽得山而发源，是为山泽通气，阴阳相感，正元运旺相之象也。足下占得第三爻，三爻为内卦之主，与上六相应，九三为阳，上六为阴，感而思动，故曰“咸其股”。股属下体，亦阴象也。卦本为少男少女两相爱悦，三爻“志在随人”，牵率其下而皆往，则其溺情尤甚，吝复何辞？论现年运气，未尝不佳，乃因溺志色欲，阳被阴累，防致疾厄，宜慎宜戒！友人听之，始而如有所感，继而溺情不悟，以致终身落魄不偶。哀哉！

九四：贞吉，悔亡。憧憧往来，朋从尔思。

《象传》曰：贞吉，悔亡，未感害也。憧憧往来，未光大也。

四当三阳之中，居心之位，**咸**之主也。初之拇，二之腓，三之股，五六之脢舌辅颊，皆从心而发，故心不言感，以万感皆由心而生也。夫心之本体，本灵明不昧，寂然不动，自有所感而心动焉。动则有悔，欲其亡悔，惟贞而已；贞者正也，正则吉而悔亡。然人心不能无感，而感亦不能皆正，不正则心受其害，而悔随感生，何以得吉？“憧憧”者急遽之状，“往来”者忙促之形。“憧憧往来”，甚言纷至叠来，私意错乱，害累丛生。下之拇、腓、股，上之脢、舌、辅，亦皆纷纷而动，但见其“朋从”耳，则此心岂复有一息之泰定哉！《象传》曰“贞吉悔亡，未感害也”，谓贞则其心无私，未感之先，心本洞然，故曰“未感害也”。“憧憧往来，未光大也”，谓物感迭来，不能无思无欲，故曰“未光大也”。

占 问战征：军中全以主帅为心，当万军纷集，以一帅镇定之，斯令行禁止，寂然不动，否则扰乱错杂，灾害生焉。〇问营商：商务虽在谋利，亦以得贞为吉，若见利忘义，则群焉争夺，不夺不餍，害有不可胜言者矣。〇问功名：四爻以阳居阳，位近至尊，功名显达，其象贞吉，然得不以正，害即随之，最宜谨慎。〇问家宅：其宅必临通衢往来之地，邪正杂处，交际最宜慎择。〇问疾病：必是心神怔惚之症，宜静养。〇问婚姻：防女家闺范不谨。〇问六甲：生女。

占例 明治二十二年，某缙绅来，请占某贵显气运。筮得**咸**之**蹇**。

断曰：四爻以阳处阴，为内卦之始，比近九五，是贵显之象也。为某贵显占气运。筮得四爻，四当三阳之中，中居心位，心为百体之主，心贞则百体皆贞，犹言大臣正躬率物，百僚皆从令焉，故曰“贞吉悔亡”，此固某贵显之能事也。苟心有不正，必致庶事丛脞，朋党纷起，始则害在一身，终则害延一国，皆由一心之不正，阶之厉也。在某贵显，秉心正直，国而忘家，公而忘私，能以天下为己任，古所称正一己以正天下者，某贵显有焉，庶民所仰望者，正未有艾也。

九五：咸其脢，无悔。

《象传》曰：咸其脢，志末也。

按：注云“脢者心上口下”，马云“脢背也”，《博雅》“胛谓之脢”，即背脢也。心在前，背在后，是不动之处也。**艮**之象曰“艮其背”，知背为**艮**之所止；《爻辞》曰“咸其脢”，殆即孟子所云“君子所性，根于心，盎于背，施于四体，四体不言而喻”者是也。五爻以阳刚中正之德，居君上之位，下应六二。六二曰“咸其腓”，腓为足肚，不能自动，五曰“咸其脢”，脢为背脊，亦不能自动，故其咸也，若有不感而感，而其动也，亦若有不动而动。不动而动，在脢亦不自知其动也，悔何有焉？《象传》曰“志末”，谓此乃不感而感，感之至也。彼初之“志在外”，三之“志在随人”，皆有心而感者，抑末矣。一说：《象传》“志末也”者，谓尊居九五，当抚恤亿兆之心，志愿斯为大矣，若甘作自安之计，期免目前之悔，其志不亦微末乎？

占 问战征：宜潜袭其后以攻敌背，有胜无败。○问营商：《象》曰“志末”，末微小也，知其商业不大，利亦微薄。○问功名：背者，败北也，知所求未必成名。○问疾病：台背，寿征也，知病即愈，无悔，且获多寿。○问六甲：生女。

占例 明治二十一年，缙绅某来，请占某贵显气运。筮得**咸**之**小过**。

断曰：凡卦例以九五为君位，然**乾**为君为父也，而臣子亦得占之，**坤**为臣为民，而君父亦得占之，易道受通，不拘一例也。**咸**卦**艮**山**兑**泽，二气相感，是以“天地感而万物化生，圣人感人心，而天下和平”，则知大臣当国，皆以至诚感孚夫上下者也。今占某贵显气运，得第五爻，《爻辞》曰“咸其脢”，脢谓背脊处，前为阳，背为阴，心背之间，阴阳相感，亦痛痒相关。某贵显念切民艰，自能痌瘝在抱，不容以隔膜相视也，必无悔焉。至其后运，定臻黄耇台背之寿，其福未可限量矣。《象传》曰“志末也”，谓目下志愿犹未光大也。

上六：咸其辅颊舌。

《象传》曰：咸其辅颊舌，滕口说也。

“辅”者颊之里，“颊”者辅之表。舌在口中，舌动则辅颊随之。此爻阴柔不中，居卦之极，比近尊位，专以谗口惑君者也。是巧佞之小人，为圣人所深恶也，故不系凶辞，而其凶自见矣。《象传》曰“滕口说也”，滕谓张口骋辞，或曰虚也，谓无诚实，徒夸虚说以诳世，**咸**道薄矣。

占　问战征：防有间谍窥探。○问营商：恐有口舌之祸。○问功名：可献策陈言，当得召用。○问家宅：主人口不睦，口角起争。○问疾病：呓语谵言，心魂不安，宜祷。○问婚姻：冰人之言，未可全信。○问六甲：生女。

占例　明治二十五年，岩手县众议院议员佐藤昌藏氏来曰："今回地租修正之议兴，奥羽诸县已编地租增加之部，然在我县下，地质不饶，增加地租，甚觉不当为此，请占院议结果。"筮得**咸**之**遁**。

断曰：**兑**为口，辅颊舌皆所以言，此即议院之证验也。今占地租增加，而得**咸**之上六，**咸**者感也，凡有所议，必得上下直诚感通，其事可通行无阻。兹徒以空谈相竞而无实惠，其何能令民之遵从乎！

后佐藤氏来谢曰：《易》断真不虚也！

䷟雷风恒

《上经》首**乾**而继**坤**，**坤**即**乾**之配；《下经》首**咸**而继**恒**，**恒**即**咸**之久。**咸**为可大之业，**恒**为可久之德，可久配天，可大配地，故**乾**亦为久，**坤**亦为大。**震**男**巽**女，本从乾坤而生，雷风即乾坤之嘘气也，乾坤不变，雷风亦不变，故雷风之卦曰**恒**。

恒：亨，无咎，利贞，利有攸往。

“恒”字，从心从互，训常，古文作**死**，《易》曰“恒，久也”，凡事暂时蹇者，久则通，通则“无咎”。“贞”者，正也，**咸**为夫妇结缡之始，男下于女，故取其吉；**恒**为夫妇居室之常，女下于男，故利其贞。**巽**柔而顺，顺故能贞；**震**刚而动，动故有往。“贞”者，女子之德也；“往”者，男子之事也。《正义》曰：“得其常道，何往不利?”故曰“利有攸往”也。

《彖传》曰：恒，久也。刚上而柔下，雷风相与，巽而动，刚柔皆应，恒。恒，亨，无咎，利贞，久于其道也。天地之道，恒久而不已也。利有攸往，终则有始也。日月得天而能久照，四时变化而能久成，圣人久于其道，而天下化成。观其所恒，而天地万物之情可见矣。

此卦上**震**下**巽**，**巽**为风，是刚上柔下也。**震**为雷，雷风相与而为**恒**。雷风者，即从山泽而生气，故卦次于**咸**。其为气也，通彻上下，运行周遍，化育万物，生生不息，而变化有常，其德亘古今而不易，是即“天地之道，恒久而不已也”，故名此卦曰**恒**。**恒**者，常也，久也，**恒**之为道，亨乃无咎，亨通无咎，乃得利贞。夫**恒**有二：有不易之**恒**，有不已之**恒**。“利贞”者，不易之**恒**；“利有攸往”者，不已之**恒**也。合而言之，常道也。“亨”者，**恒**之用也；“贞”者，**恒**之体也；“刚柔皆应”者，**恒**之成德也；“利有攸往”者，**恒**之行事也。**巽**以贞终，**震**以行始，大**震**入**巽**，故曰“终则有始”。观诸日月之得天久照，验诸四时之变化久成，征诸圣人之久道化成，天道圣道之历久不敝者，莫非此恒久之道也。

以此卦拟人事，**震**为长男，**巽**为长女，变**咸**之二少，为**恒**之二长，婚姻之礼，夫妇之**恒**道也。贞者，女子之德；往者，丈夫之行。雷风相与者，天地之运也；刚柔相应者，阴阳之机也。君子则之，以保其恒。以恒修身，而身教乃亨；以恒齐家，而家道乃亨；以恒治国，而国运亦亨，所谓无往不利者，此也。读《关雎》之诗，文王之化行于远，后妃之德修于内，其得**恒**之旨也夫！推之日月四时之久照久成，圣人之久道化成，仰观俯察，而**恒**之情可见矣。人事之通塞隆替，不外是焉。

以此卦拟国家，上卦为政府，有雷厉之性，以振兴庶政；下卦为人民，有风动之象，顺从政府之命令也。**恒**卦**震**上**巽**下，**震**为夫，**巽**为女，卦体本为夫妇。**咸**以少为情，**恒**以长为礼，**恒**即恒其所谓感也。然家修即为廷献，王化起于闺门，齐家治国，其道本一以贯，王道毕世而仁，圣功万年无敝，是即圣人之久道化成也。雷动风散，可见恩威之并施也；刚上柔下，可见宽猛之交济也。和顺取诸**巽**，振作取诸**震**，有为有守，无怠无荒，内秉洁齐之志，外协通变之宜，道以亨而无咎，化以久而弥神，终始如一，上下不疑，是久于其道也，而郅治有恒矣。日月之久照，四时之久成，胥于此可见矣。

通观全卦，《序卦传》曰："夫妇之道，不可以不久也，故受之以恒。"**咸**为夫妇之始，**恒**为夫妇之常，所谓《下经》首**咸**、**恒**，以夫妇之道配**乾**、**坤**也。然**恒**一卦，惟五爻言夫妇，余爻皆历言**恒**之不当，以为垂戒；且六爻无一吉辞，即《彖辞》，亦第云"无咎"。盖**恒**为天地之常道，日月久照，四时久成，不恒则变，**恒**则得其正。是以圣人曰"人而无恒，不可以作巫医"，皆反言以警之，而于**恒**未尝有赞词也。《象》曰"君子立不易方"，亦惟以不易者，守其**恒**而已。卦体六爻相应，刚柔二气，交相为用，刚有刚之道，柔有柔之道，**恒**之亨而无咎，惟久于其道也。**恒**之反卦为**咸**，故二卦爻象，皆颠倒相因。**恒**初爻之深刻，即**咸**上之巧令也；**恒**二之"悔亡"，即**咸**五之"无悔"也；**恒**三之承羞，即**咸**四之"朋从"也；**恒**四之非位，即**咸**三之"随人"也；**恒**五之妇吉夫凶，即**咸**三"凶，居吉"也；**恒**上之"大无功"，即**咸**初之"志在外"也。故二卦同体，而爻象反复。**咸**曰"圣人感人心，而天下和平"，**恒**曰"圣人久于其道，而天下化成"，天地万物之情，皆可于此见之矣。

《大象》曰：雷风，恒。君子以立不易方。

震雷动而在上，**巽**风入而在下，雷风二物，虽至动至变而无常，而究其极，雷之发声不爽其候，风之嘘物，各应其时，振古如斯，未尝或失，故曰雷风**恒**。君子体此象以应万变，而道则不变，**恒**而已矣。“立”者确乎不拔，“方”者主一不迁。志有定向，而持守弥坚；不为富贵淫，不为贫贱移，不为威武屈，特立无惧，此君子之所以为君子者，得**恒**道也。

占　问战征：雷出于地，风生于谷，防有敌兵埋伏，火炮攻击之虑。宜坚守营垒，不可退，后可以转败为功。○问营商：**震**属正东，**巽**属东南，曰“立不易方”，言贸易不可改易地方也。○问功名：**震**、**巽**皆木，木植立不易，干霄直上，自得直达之象。但宜久成，不宜躁进。○问家宅：此宅坐西北，朝东南，为祖遗旧宅，是恒产，方向切不可移易。○问婚姻：男家长男，女家长女，二长相配，婚姻大利，可卜百年偕老。○问疾病：必是肝火上冲，痰火气喘，须服前方，不必改易。○问六甲：生男，必是初胎。

初六：浚恒，贞凶，无攸利。

《象传》曰：浚恒之凶，始求深也。

“浚”，深也。初爻当**恒**之始，以始求终，所当循序渐进，方能几及，所谓登高必自卑，行远必自迩，由此以往，无不利也。若乃躐等以求，如撮土而期为山，勺水而欲成海，初基乍立，后效殊奢，事虽不失其正，要必难免于凶也，故曰“浚恒，贞凶”。《象传》曰“始求深也”，“始”指初爻也，谓其未涉其浅，而遽求其深，是欲速而不达者也。非徒无益，反见其凶。譬如用智而失之凿，求道而索之隐，皆“浚恒”者之过也。

占　问战征：宜步步为营，切忌孤军深入，深入必凶。○问营商：宜得利即售，不可垄断居奇，以贪高价。○问功名：宜安分守职，切勿梯宠希荣，徼幸图功，恐反招辱。○问婚姻：婚姻之道，宜以门户相当，切勿慕富攀贵，贪结高亲，反致后悔。往往有之。○问家宅：宅是新建，惜乎过求华丽，致难持久。○问讼事：恐一经涉讼，历久不了。○问六甲：初胎，生女，惟恐难育。

占例　明治十五年七月，朝鲜变起，花房公使以下，脱归长崎，同年八月，朝廷发陆海军，命花房公使重至朝鲜，使之问罪。余筮之，得**恒**之**大壮**。

断曰：**观**初六爻辞，知朝鲜之渐进开化也，可知。向来我政府之与朝鲜，专主化导，不主攻伐，此天下之所共信也。今番朝鲜虽失礼于我，政府未尝举兵，可谓能守其恒道也。若政府乘一朝之怒，忘恒久之道，责之过深，则是《爻辞》所云"浚恒，贞凶，无攸利"，正当为政府虑矣。问政府今用问罪之举，不在深求，而在和解，则其事可谐，即或一时未谐，**恒**之初爻，变为**大壮**，则以**大壮**之军备，压制而已。其策则分我军为六，留其四于马关，以其二为朝鲜开化党之声援；如此而犹有不及，可使一军自元山津而冲其背，可使开化党维持朝鲜也，是天数之理也。

筮毕，呈之某贵显，贵显又使人更问曰："朝鲜之事，虽不足忧，清国之关系实大也，子幸占我国与清国关系。"余复筮之，得**艮**之不变。

断曰：**艮**者两山相对之卦，两山相对，可见而不可近也，又不可相应也。于不近不应之卦，其无战争，断可知也。其后朝鲜之事，果如此占。

九二：悔亡。

《象传》曰：九二悔亡，能久中也。

二爻以阳居阴，是失位也，失位故有悔；然二处**巽**之中，为**巽**之主，二与六五阴阳相应，以刚中之德，辅柔中之君，道既得中，又能持久，故曰"悔亡"。《象传》曰"能久中也"，谓可久之道，不外乎中，能"久于其道"，必能久于其中也。二爻能之，悔自亡矣。

占　问战征：营位失当，恐有后悔，惟宜居中不动，持久固守，可免祸也。○问营商：货物不得销路，致有耗败，宜历久待价，可得反本。○问功名：失其机会，反招灾害，待时而往，虽不成名，亦无尤也。○问家宅：此宅地位不当，居者不利。十年之后，宅运可转，方得无咎。○问婚姻：平平。○问六甲：生女。

占例　某会社社长来，请占社运。筮得**恒**之**小过**。

断曰：此卦"雷风相与"、"刚柔皆应"，是会社之象也。卦名曰**恒**，业必以久而成也。今占得第二爻，二爻以阳居阴，未免位置不当，事有窒碍；足下躬膺社长，当以中正处之，保其恒久。守**巽**之贞，法**震**之往，历久不倦，而推行尽利，其道乃亨，何悔之有？

社长闻之曰：该社自开业以来，多不能如意，今得此占，自当恒久不已，以图远大之业。后此会社，果得盛大。

占例 明治二十六年二月，北海道炭矿铁道会社支配人植村登三郎来曰：余从事社务有年，事务多端，深恐力弱才微，不胜其任，思欲改就官职，犹豫未决，幸请一筮。筮得**恒之小过**。

断曰：**巽**下**震**上，**巽**为薪，有煤炭之象，**巽**又为商，为利，有会社之象；**震**为行、为奔，有铁道之象。今占得第二爻，九二**坎**爻，辰在子，上值虚，虚为北方列宿之中，故会社在北海道。二爻以阳居阴，为失位，故有悔，然足下既从事社务，必深识其中之利益，久于其道，自然精明练达，能振兴其业也。后植村氏得此占，益加勉励，不数月，至占重任。

九三：不恒其德，或承之羞，贞吝。

《象传》曰：不恒其德，无所容也。

九三处**巽**之极，**巽**为进退，为不果，“不恒其德”之象。“羞”者，耻也，九三以阳居阳，其位虽正，因其执心不定，德性无恒，而错误随之。“或”者，将然之辞，谓虽未明见其羞，而羞或承之矣，虽贞亦吝。“吝”谓可鄙也，《象传》曰“无所容也”，大节一亏，无所逃于天地之间，盖深斥之也。

占 问战征：军事贵勇往果决，得以制胜，**巽**为不果，必多畏却，则进退无恒，势将辱国伤师，咎何能辞？〇问营商：《爻辞》曰“不恒其德”，是必商无恒业也，何以获利？〇问功名：二三其德，业必不就，名何由成？〇问家宅：三爻居**巽**之终，**巽**终变**震**，**震**为大途，此宅必近大道之旁，其宅不利久居。〇问婚姻：姻事不终，恐贻羞辱。〇问六甲：生女。

占例 一日某贵显来访，谓余曰：有同僚某，因负债请余援助，长官某亦代为说合，予诺之。尔后至期，彼竟无力得偿，敢请占其得失。筮得**恒之解**。

断曰：此卦“恒久而不已”，是其贷与，永不返还可知。其辞曰“不恒其德”，谓彼穷迫如此，势必二三其德，不能恒守此约信也。“或承之 恒羞”，谓君若盛气责之，彼必出言不逊，反受羞辱也。

后果如此占。

占例 明治二十八年，占清国国运。筮得**恒之解**。

断曰：**恒**者，久也，溯我国与外国交际，惟清国最旧，是**恒**之象也。两国并立亚细亚，辅车相依，同文之国，尤最亲密。近年欧美各邦，文明开化，日新一日，我国有所见于此，是以取彼之长，补我之短，乃遣少年子弟留学欧西，又聘西国教师，使之教我子弟。在清国墨守旧习，自示尊大，不能达观宇内大势。朝鲜介我两国之间，我与清国商议，谋欲互为保护，清国有疑于我，终至兵阵相见。今占得三爻，《爻辞》曰“不恒其德，或承之羞，贞吝”，**巽**为进退，谓清国进退无恒，二三其德，势必取辱也。

九四：田无禽。

《象传》曰：久非其位，安得禽也。

“禽”者，鸟兽之总名，**震**为猎夫，**巽**为禽。九四处**震**之初，已出于**巽**，是**震**之猎夫前进，**巽**之禽后退，以此而田，必无获也，故曰“田无禽”，以喻失民心也。夫所贵于**恒**之道者，德称其位，才胜其任，事上而有所建明，治下而有所康济，积日累久，则其所裨益必多。九四以阳居阳，与初六相应，初六“浚恒”既“无攸利”，无利者，亦即“无禽”之谓也。《象传》曰“久非其位，安得禽也”，大凡所处非其地，所乘非其时，所为非其方，所交非其人，皆久而无功也。田之于禽，其得失最著者也，故以之为象。

占 问战征：立营不得其位，必致师老无功。〇问营商：凡货物销售，各有其地，如求木于渔，问鱼于樵，虽久于其业，必无获也。〇问功名：如不入场屋，而望高科，不登廊庙，而求显官，居非其位，虽久无获也。〇问家宅：此宅方位不利，不可久居，宜急迁移。〇问婚姻：两姓配偶不合。〇问六甲：生男，恐难养育。

占例 明治二十三年，某缙绅来，请占某贵显运气。筮得**恒之升**。

断曰：就卦论卦，直言不讳，望勿见责。今君为某贵显占气运，得**恒**之四爻，四爻以阳居阴，居不当位，《爻辞》曰“田无禽”，犹言谋而无功也。知某贵显虽久处高位，目下时运已退，才力亦衰，凡所作为，多无成效，自宜退隐，毋贻窃位之讥也。

六五：恒其德，贞，妇人吉，夫子凶。

《象传》曰：妇人贞吉，从一而终也。夫子制义，从妇凶也。

六五居得尊位，为**恒**之主，下与九二相应。九二居**巽**，**巽**为妇，六五居**震**，**震**为夫。六五专守九二之应，贞一其德，贞则贞矣，为妇则吉，为夫凶也。不知五为**震**主，**震**为行，丈夫之志，当以义制事，推行尽利，以垂久之业，若第以从一为正，是妾妇之道也，孟子所谓“贱丈夫”者是也。《象传》曰“从一而终”，谓妇人之德，惟宜从一，故曰“贞吉”；夫“夫子制义”，谓丈夫之行，惟宜审义。义则不害于贞，贞则或伤其义，故曰“从妇凶也”。《象传》所云“贞吉”者，指妇人也；“利有攸往”者，指丈夫也。知夫此，而**恒**之道得矣。

占　问战征：古称军中有妇女，士气不扬，项羽之败，未始非虞姬累之也。行军宜凛之。〇问营商：商业宜随时变通，若拘泥执一，妇孺贪小之见，必无大利也。〇问功名：丈夫志在四方，前程远大，若徒贪恋闺房，伤身败名，凶莫大焉。〇问家宅：古云“牝雉司晨，惟家之索”，是当深戒。〇问婚姻：女家占此则吉，男家占此则凶。〇问六甲：生男。

占例　豪商某来，请占气运。筮得**恒**之**大过**。

断曰：足下久营商业，精明强干，余所素知。今占气运，得**恒**之五爻，五为**震**之主爻，**震**为从，故《象》曰“从妇凶”。夫女子小人，皆属阴象，商业之推行，权宜自主，不可听从人言，治家之道，亦不可偏听妇言。爻象之辞，垂戒深矣，足下宜凛之！

上六：振恒，凶。

《象传》曰：振恒在上，大无功也。

震动也，故**恒**至于上，有振动之象焉。上六处**震**之终，为动之极。动者宜守之以静，终者宜返之以始，斯德可全于末路，业不败于垂成，恒道成矣。今上六处**恒**之极，而振动不已，以振为恒，恒有尽而振无尽，是以凶也。**震**为决躁，**巽**亦为躁卦，躁动无时，犹是雷发而不收，风行而不止，其何能有功哉！故《象传》曰“大无功也”。

占　问战征：上为主帅，行军之道，全在镇定，若妄动喜功，必无成也。〇问营商：上为一卦之归宿，是商业归结之时也。当归结而不归，收发无时，终无结局也。〇问功名：上处卦之终，功名已尽，若复痴心妄求，不特无成，恐反致祸。〇问家宅：此宅已旧，不必改作，改作必凶。〇问婚姻：必是晚年续娶也。无须再娶，娶则必凶。〇问讼事：急宜罢讼。〇问失物：不得。

占例 某商人来，请占气运。筮得**恒**之**鼎**。

断曰：凡占卦遇上爻，上为卦之终局，必其人好运已终，只宜静守而已。今**恒**之上六，曰“振恒”，以振为恒，是卦已终，而动未终，故曰凶也。足下占得此爻，当守静以制动，斯可无咎。

䷠天山遁

《序卦传》曰："恒者，久也。物不可以久居其所，故受之以遁。遁者，退也。"卦体上**乾**下**艮**，四阳在上，二阴渐进。自**姤**一阴，至二而长，阴长阳退，卦以**遁**名，谓阳避阴而**遁**也。遯（遁）字从豚，从走。豕见人而逸，故**遁**取豚以象逸。乾为天，亦为远，有远遁之义也；**艮**为山，亦为居，有遁居之象也，故曰"天山**遁**"。

遁：亨，小利贞。

遁，阴长之卦，小人方进，君子道消。邪正不同居，阴阳不两立，君子当此，若不隐遁，必受其害。当遁而遁，遁而后通，故曰"遁亨"。"小利贞"者，小指二阴而言也，谓阴道始长，阳道犹未全消，故曰"小利贞"。

《彖传》曰：遁，亨，遁而亨也。刚当位而应，与时行也。小利贞，浸而长也。遁之时义大矣哉！

按：《书·微子》"我不顾行遁"，遁，隐也；《后汉书·郅恽传》"南遁苍梧"，遁，逃也；贾谊《过秦论》"遁巡不敢进"，遁又与逡同，要皆不外退避之义也。"遁而亨"者，亨，通也，君子不敢与时违，时当其遁，不遁不通，遁乃亨也。"刚当位"者，指九五也，五与二为正应。凡二五皆相与之有成，惟**遁**二五相应，而实相迫。二居内卦，阴势渐长，五居外卦，阳势渐消，此长彼消，迫之使退。二阴之长，亦非二阴为之，时为之也。君子审其时之当然，而与时偕行，遁而去之，身遁而道亨也。"贞"正也，"利贞"利于正也。二阴尚小，未至横行，犹利于正，故曰"小利贞"。**遁**通**临**，**临**二阳四阴，曰"刚浸而长"，**遁**曰"浸而长"。易道扶阳抑阴，阴恶其长，故不曰"柔"。盖"浸而长"者二也，"遁而亨"者五也。当二方长，五即思遁，识时审几，遁得其道，所谓"君子远小人，不恶而严"。遁应夫时，亦遁合夫义，故曰"遁之时义大矣哉"。

以此卦拟人事，**遁**二阴生于**乾**下。阴息之卦，**否**为极，**观**、**剥**过中，

遁“浸而长”。以人事言，**姤**以一阴称“壮”，**遁**二阴得**坤**之半，将进壮而为老矣。譬如物候，虽未大寒，当退而授衣；譬如年谷，虽未大荒，当退而谋食；譬如疾病，虽未大剧，当退而求艾。以浸长而预退，退乃能通，及其既盛，退已晚也。盖退者五，而所以逼之使退者二，二虽应五，而实消五。二息五消，五当时运之衰，即为人事之穷，人事当此，惟有顺时而行，退而避二，斯五不至终穷，以期后日之补救，而待阳之来复。反**剥**为**复**，反**观**为**大壮**，反**否**为**泰**，未始非人事之调护，得以转环之也，是处**遁**之得其道也。**遁**之一卦，盖有先见之几焉。

以此卦拟国家，谓当国运渐否，如太王之避狄迁岐，勾践之屈身事吴是也。太王居岐，后至兴周，勾践事吴，后得兴越，即“遁而亨”之义也。**遁**之卦二阴居内，四阳居外，二为内卦之主，五为外卦之主，阴内阳外，是“内小人而外君子”也。阴阳之消长，国运之盛衰系焉，时当阴长，小人渐得其势，君子渐失其位，君子处此，当见几而作，引身远退，明哲保身，胥是道也。若恋恋不退，极之小人权势日盛，朋党既成，轻则贬谪，重则诛戮，于此而欲谋遁，已不及矣。孔子之可以止则止，可以去则去，此圣之所以为时也。与时偕行，为国家留有用之身，即为国家谋重兴之会。遁而后亨，其身遁，其道亨也，固非孤高忘世者，所可同日语哉。

通观此卦，以阴阳不能偏无，所恶于阴者，为其浸长而消阳耳。人或视阴为柔弱易制，不知纯**乾**之阳，二阴渐积，可以消之使尽。所当于阴之始长，而遁而远之，使不授阴以可消之权，而阳乃得以复亨，故曰“遁亨，遁而亨也”。《象》曰：“君子以远小人，不恶而严”，盖不与之比，亦不与之争，决然远遁，遁之得其正焉矣。合上下二卦观之，上卦**乾**健，有断然舍去之象，下卦**艮**止，有依恋执留之意，故下卦不如上卦之吉。遁不嫌远，愈上愈吉。就六爻分观之，初爻遁而露其尾，非真遁者也。二爻言“执”不言遁，不欲遁者也。三爻遁而有所“系”，将遁而未决者也。四爻曰“好遁”，是能不阿所好，超然远遁者也。五曰“嘉遁”，是能以贞自守，遁得其吉者也。上曰“肥遁”，是能明以审几，飞遁离俗者也。然《易》不可执一论，用之则行，舍之则藏，惟识其时而已。故遁者，君子见几之智也。曰“君子”，曰“小人”，示其大体而已。

《大象》曰：天下有山，遁。君子以远小人，不恶而严。

“天下有山，遁”，天之与山，相去辽远，不可几及，是天远山，非山远天，在山亦不能怨天之远也。君子则之，以远小人，不必显出恶言，亦未尝始示和气，但望之而自觉可畏，即之俨然难犯，使小人不远而自远也。“不恶而严”，斯为待小人之善法也。

占 问战征：防前进有山，山间有敌兵埋伏，致遭败北。○问营商：恐一时物价涨落不同，相去甚远。○问功名：宜退隐，不宜进见。君子吉，小人否。○问家宅：此宅近山，前面空阔辽远，防有阴祟。○问疾病：病有鬼祟，宜敬而远之，以避居为吉。○问婚姻：二五阴阳，本属相应，但邪正不同，以谢绝之为吉。○问六甲：生女。

初六：遁尾，厉。勿用有攸往。

《象传》曰：遁尾之厉，不往何灾也。

初爻居**艮**之始，**艮**为穴居，又为尾，故曰“遁尾”。贤者避地，入山惟恐不深，入林惟恐不密，不欲使人尾其后也。若乃遁而不藏其尾，非真遁也，是殆借名山为捷径，欲藉遁以为攸往计耳。古今来高隐不终，不特为猿鹤贻笑，而功犹未成，失即随之，其危厉，皆自取之耳。故戒之曰“勿用有攸往”，谓其宜遁而不宜往也。《象传》曰“不往何灾”，盖往则灾来，不往则无灾，反言之以阻其往也。

占 问战征：为伏兵言也。埋伏宜深藏不露，使敌不得窥其遗迹，若藏头露尾，必致危厉，不如不往也。○问营商：销卖货物，宜赶快，不宜落后，并宜首尾一并卖讫，斯可免灾。○问功名：龙门烧尾，吉。○问家宅：宜速迁移，落后有灾。○问婚姻：遁者，避而远之之谓，婚姻不合。○问六甲：生女。

占例 友人某来，请占气运。筮得**遁**之**同人**。

断曰：**遁**卦四阳在外，二阴在内，在外者阳浸而消，在内者阴浸而长。运以得阳为佳，阳消阴长，是好运已退也。今占得**遁**初爻，初爻以阳居阴，《爻辞》曰“遁尾，厉，勿用有攸往”，谓好运既退，第留此尾末而已，故“厉”。戒曰“勿用”，是宜退守，毋前往也。运以五年为一度，至上六，则“无不利”矣。

六二：执之用黄牛之革，莫之胜说。

《象传》曰：执用黄牛，固志也。

"执之"、"莫之"，两"之"字，皆指**遁**者言。黄，中央之正色，牛性柔顺，革性坚韧。**艮**为皮，故曰"革"；**艮**为手，故曰"执"；二得**坤**气，**坤**为黄牛，故曰"黄牛"。二居内爻，为成卦之主，上应九五，阴长阳消，应五而实消五，五即因之而遁，诸爻亦相随遁去。二爻欲执而留之，如白驹之诗，所咏"执之维之"者是也。"执之用黄牛之革"，以拟其执留之坚，而莫之遁焉。"胜"者，堪也；"说"者，解脱也。"莫之胜说"，使之不可逃脱也。诸爻皆言遁，二爻独不言遁，遁者诸爻，而驱之使遁者，二爻也；二既驱之使遁，而复欲假意以执之，不令其遁，是小人牢笼之计也。《象传》曰"固志"，五之《象》曰"正志"，二五之志本不同。二欲藉嘉会之礼，以笼络五之志，使之不遁。"固志"者，固五之志也。

占 问战征：当诸军逃散之际，独能坚执固守，为可嘉也。○问营商：固一时货价逐涨，执守来本，莫能脱售。○问功名：席珍待聘，美玉待沽，功名之兆也。"莫之胜说"，功名难望矣。○问家宅：此宅阴气渐盛，居者不利，群思迁移，即欲脱售，一时亦难。○问婚姻：此婚已成，后欲退悔，执柯者甚属为难。○问六甲：生女。

占例 友人某来，请占气运。筮得**遁**之**姤**。

断曰：此卦二阴浸长，四阳浸衰，阴者小人，阳者君子，小人日进，君子日退，故谓之**遁**。以气运言之，正是运退之时也。"黄牛之革"，物之又软又韧者，以此系物，物莫能脱，譬言人生为运所缚，虽有志愿，终生捆缚，不克施展。今占二爻，其象如此，运可知矣。

占例 明治二十九年，占皇国气运。筮得**遁**之**姤**。

断曰：此卦四阳为二阴所侵，论人事则我为彼所侵，于国亦然。自我国胜清之后，讲和修好，俄、德、法三国，以亚细亚之平和为口实，使我还付辽东，加之俄法为清国偿金斡旋之局，俄清之交情一变，将有事于东洋。清将又依俄之力，而动雪耻之念。方今欧洲诸强国，皆惟竞利自图，约束清国，譬如用"黄牛之革"，縶缚其手足，使之莫能解脱，几欲瓜分之以为快。而于我国，亦未尝不欲以此相缚，我惟固守其志，内修军备，外善辞令，以敦邦交，而不受此笼络也。此为得计耳。

九三：系遁，有疾，厉。畜臣妾，吉。

《象传》曰：系遁之厉，有疾惫也。畜臣妾，吉，不可大事也。

“系”者，羁绊之义。三以阳刚，居内卦之上，与二阴阳相亲比，为二所羁縻，不忍超然远引，欲遁而志不决，故曰“系遁”。凡当遁则遁，贵速而远，一有所系，则忧愁莫定，宛如疾痛之在身，危厉之道也，故曰“有疾，厉”。盖“系”者，三系于二，阴为之主；“畜”者，二畜于三，阳为之主。以阴系阳则厉，以阳畜阴则吉。“臣妾”者阴象，三阳在二阴之上，故能畜。君子之于臣妾，畜之以供使令，进退无足关重轻也，是以“系遁”不失为吉，至若当大事，必致因循而坐误也。《象传》曰：“有疾，惫也”，惫谓力竭而敝惫也。“不可大事也”，大事者，指三一生大节而言，不可或忽也。

占 问战征：军阵进退，皆有纪律，鼓进金退，最要便捷，一有迟误，必致大败也，宜慎。〇问营商：货物当脱售之时，不宜踌躇不决，或系恋私情，防误大事。〇问功名：时当奸人秉政，宜急流勇退，斯无疾害。〇问家宅：此宅不利，主多病厄，宜速迁移，若迟延不去，恐有大祸。〇问婚姻：娶嫡不利，娶妾则吉。〇问六甲：生女。

占例 友人某来，请占商业之盛衰。筮得**遁之否**。

断曰：三爻以阳居阳，留恋二阴，欲遁不决，致“有疾，厉”。今足下占问商业，得此三爻，知为商业失败之象，宜速脱货，则损失犹微；若惜金而踌躇，则品物之价，日益低落，其所损更大也，谓之“系遁，有疾，厉”。“畜臣妾，吉”者，谓葆此余资，以畜养家人可也。若欲重兴商业，则不可也。

九四：好遁，君子吉，小人否。

《象传》曰：君子好遁，小人否也。

四与初相应，相应必相好，乃初与四好，而四不好初；且四因初之好，而决意远遁，故曰“好遁”。然在初之好四，亦非真好，不过欲借四以为重，是引用君子之意，若新莽之礼贤下士是也。四则有见于此，不为初所笼络，而超然远引，谓尔虽好我，我不好尔，尔不我遁，我则自遁，我行我志而已。四入**乾**，**乾**为君子，故曰“君子吉”。在初之厚貌深情，以为四必感恋情好，不意室迩人远，一去千里，竟有不可执维者。初处**艮**，**艮**为小子，故曰“小人否”。一说“好遁”者，谓有所好而遁也，犹《论语》“从吾所好”之好。世人所好，在富贵功名，君子所好，在乐天知命，此谓好遁。亦通。

占 问战征：四处**乾**之始，**乾**为健，知进不知退。或军中有一人谋陷，故作退计以避之。退亦吉也。〇问营商：商家以买入为进，卖出为退，四曰“好遁”，知以出货为得利也。〇问功名：《爻辞》“好遁”，是其人必无意于功名也。然名亦不同，或盗虚名于一时，或垂大业于千秋，君子小人，所由分也。占者宜自审焉。〇问疾病：四**乾**体，爻曰“好遁”，阳遁而入阴，其病危矣。然转危为安，亦**遁**之象，想大人可治，小人难也。〇问婚姻：防后有离婚之忧。〇问讼事：俗云“三十六着，走为上着”，“好遁”之谓也。〇问六甲：生男。

占例 亲友某来，请占气运。筮得**遁之渐**。

断曰：四居**乾**阳之首，**乾**曰见，不曰隐，乃四为二阴所逼，超然远遁，是遁而避害也。今足下占得第四爻，足下躬膺职位，亦知僚属中，邪正不一，或外面情好敦笃，其中奸计百出，不可不防。足下知其然，不露声色，决意引退，是明哲保身之要道也。《爻辞》曰：“九四：好遁，君子吉，小人否”，谓君子飞遁离俗则吉，小人溺情爵禄则否矣。爻象如是，足下其审之。

后某果因官制改革，有非职之命。

占例 一日杉浦重刚氏来曰：方今为千岛舰事，以上海英国上等裁判所判决为不当，将再向英国理论，其结局果否？如何？请筮之。筮得**遁之渐**。

断曰：此卦阴长阳消，为邪强正弱之象。正者必反而受屈，卦象如是。今占千岛舰判审事，得**遁**四爻，**遁**卦二阴在内，长而逼上，至四爻则阴势已盛，阳气殆尽，在外面虽假作情好，而内心实阴险莫测。核之千岛舰之事，情形符合。我国因千岛舰失事，据万国公法向彼理论，迭经审问，终不得宜。盖现今天下大势凭强弱，不凭曲直，亦事之无可如何者矣。《爻辞》曰“好遁”，是教我以退避也，即得退遁了事而已。

九五：嘉遁，贞吉。

《象传》曰：嘉遁贞吉，以正志也。

五以阳居阳，刚健中正，虽与六二相应，能知时审势，应变识几，超然远遁。其遁也，不为情移，不为势屈，意决而志正，洵可嘉美矣，故曰“嘉遁，贞吉”。《象传》曰“以正志也”，谓九五遁得其正，即可以正二之志，是“不恶而严”也。

占 问战征：正当敌势强盛，能以潜遁而返，得保全师，亦可嘉也。○问营商：货到该处，时价不合，而转别地，得以获利，可谓应变而不失其正也，故吉。○问功名：爻以九五为尊，占得九五，是必功名显达，位近台辅。伊尹曰：“臣罔以宠利居成功”，谓能以功成身退者也，故吉。○问家宅：此宅必是南阳诸葛之庐，栗里陶令之宅也，高风可尚。○问婚姻：二五本阴阳相应，有意议婚，五以其志不同，不允。另就他聘，吉。○问疾病：是阴邪纠缠之症，潜而遁避，可获吉。○问六甲：生男。

占例 予亲友永井泰次郎，其妻有娠，张筵招予，请卜男女。筮得**遁**之**旅**。

断曰：九五**乾**卦，以阳居阳，生男之兆也。**乾**为父，**艮**为少男，他年少男嗣父而续家，老父让产而隐居，故名此卦曰**遁**。且其辞曰“嘉遁，贞吉”，是有子克家之象。其后果生男子。

上九：肥遁，无不利。

《象传》曰：肥遁无不利，无所疑也。

“肥”者，饶裕也。卦中诸爻，欲遁而多所系累，此爻独无应无比，故无系累，不复劳顾忌，飘然远引，所谓进退绰有余裕者也，故曰“肥遁，无不利”。《象传》曰：“无所疑也”，谓上爻居**乾**阳之首，其察势也明，其见几也决，首先“高遁”，绝无一毫之疑碍也。或谓“嘉遁”如殷微子，如汉张良；“肥遁”如泰伯、伯夷，或又如汉之商山四皓也。

占 问战征：战事宜进不宜遁，遁必不利；爻曰“肥遁，无不利”，其惟太王避狄迁岐乎？○问营商：商人谋利，往往群焉竞逐，今独能人取我弃，以退为进，则其退反得厚利，故爻曰“肥遁”。○问功名：其人必不以膏粱肥口，能以道义肥躬，故曰“肥遁，无不利”。○问家宅：此宅地位甚高，家道亦富，但利于求财，不利于求名。○问疾病：肥人气虚。遁者，脱也，恐致虚脱。○问婚姻：恐女子贪恋富室子弟，因而私奔。○问六甲：生男。

占例 明治十八年三月，以中央亚细亚阿富汗境界事，生英狮俄鹫之葛藤，凡新闻电信所报，论和论战，主俄主英，诸说纷纷，各国皆有戒意。即如我国，利害所关，亦非浅鲜。因占其和战如何。筮得**遁之咸**（明治十八年五月八日）。

断曰：内卦为山，属英，外卦为天，属俄。山**艮**而止，今观英国所为，虽频修战备，不过虚张声势，其实无意于战也。何者？英之海军虽强，至如阿富汗中央亚细亚地方，不能专用海军，若陆军，在英兵数不多，仅足护国而已。且苏丹之役，已分遣陆兵不少，他如印度兵，虽派遣于阿富汗高寒之地，不能尽得其力；加之印度各分宗教，兵士各守其宗规，粮食亦不足，即驱而用之，岂能当强俄乎？故欲战不得不用海军，用海军之处，有关通商航海之障碍，可以牵动各国。即可以压制俄国，在英国无心开战，可于**艮**止而得其象也。天**乾**而健，今观俄国所为，俄国遵奉彼得帝遗训，知进而不知退，意在鲸吞各国以为快，可见俄国有意开战。合内外卦则为**遁**，是**遁**为英国之气运，**遁**反卦为**大壮**，是为俄国之气运。在英之对俄，惟有严其守备，使俄无隙可乘，即可断英俄交涉之结果也。

䷡雷天大壮

《序卦传》曰："物不可以终遁，故受之以大壮。"**遁**者，阳之退，**大壮**者，阳之进，无往不复，**大壮**所以继**遁**也。卦体**乾**下**震**上，**乾**刚在下，加以**震**阳在上，乘健而动，动而愈刚，壮往之势，进而不止，既壮又大，是四阳之过也，故卦曰**大壮**。

大壮：利贞。

阳为大，阳长至四，坚实而壮，故曰**大壮**。三阳为**泰**，至四而称壮，壮而曰大，壮之过也。**乾**曰"元亨利贞"，**震**曰"亨"，**大壮**不曰元亨，独曰"利贞"，而六爻又多戒辞，恐其失正而动，动必得咎，是知**大壮**非《易》之所贵也。

《彖传》曰：大壮，大者壮也。刚以动，故壮。大壮利贞，大者正也。正大而天地之情可见矣。

此卦下**乾**上**震**，**震**者雷也，**乾**者天也。**乾**在下为刚，**震**在上为动，刚而动，动得其刚，则刚而愈动，壮盛之势，莫之能遏，此壮之所以曰大也。夫大莫大于天地，天地之动得其正，则四时行焉，百物生焉，其大也，即其正也，故**大壮**必曰"利贞"。贞者，正也。"大壮利贞，大者正也"。大而正，则其壮也，配义与道，可充塞于天地之间；而天地之情，即于此可见矣。

以此卦拟人事，为其人生性本刚，而复逞其发动之气，乘刚而动，勇往直前，非不足以有为也，然过刚则折，过勇则蹶，败事之咎，即在此**大壮**中也。《杂卦传》曰"大壮则止"，其以此也。**大壮**首曰"利贞"，利贞者，利于贞，贞即谓正，所谓"大者正也"。卦体**震**上**乾**下，**乾**本健行，至上九阳极则亢，是以有悔。**震**主震动，而爻象皆言恐惧，可知《易》道恶其过刚。越礼违谦，往必不利，故君子戒之以"弗履"，惕之曰"用罔"。故以柔济刚，以静定动，则动如无动，而刚若不刚，则见壮即见正也。孟子所谓至大至刚之气，其在斯乎？

以此卦拟国家，为国运壮盛之时也。上卦曰**遁**，四阳在上，二阴浸长，此卦反之，四阳在下，二阴浸消。阳长阴消，乘刚而动，故曰“大壮，大者壮也”。是君子日进，小人日退，国运全盛，正在此时。然国运过盛则侈，卦象过壮则暴，侈与暴，皆失其正，故**大壮**必曰“利贞”。贞之为言正也，非正无以成其大也。大而正，斯刚不过刚，动无过动，是以正而用壮。“大者壮”，即“大者正”也。《象》所云“君子非礼弗履”，礼即正，非礼即非正，君子亦用其正而已。夫子所谓“政者正也，正则行，不正则不从”，垂戒深矣。故六爻多戒“用壮”：初惩以“凶”，三戒以“厉”，五教以“易”，上惕以“艰”，惟二四两爻，得其“贞吉”。盖易道恶其太过，以得中为吉，治道亦然，此王者所以贵持盈而保泰也。

通观此卦，卦体**乾**下**震**上，卦象内刚外动，乘此阳之正壮，以逼阴之将消。疑若易易，然阴方得位，未可遽逼，刚不可恃，进不可躁，故君子必以礼为履也。**大壮**反卦为**遁**，**遁**，退也，二阴方进，其退不可不决；**大壮**，进也，二阴未退，其进不可太猛。《杂卦传》曰：“大壮则止，遁则退也。”其卦义相反如此，而爻象亦皆先后互反。以上卦**震**体虽同，下卦一**巽**一**离**。**乾**健也，**巽**顺也，故进退不同。阴进则阳退，阴退则阳进，此**大壮**所以继**遁**也。六爻分属二卦，内三**乾**体，外三**震**体，以二五为得中。初爻为**乾**之始，一往直前，知进而不知退，故“凶”。二爻为**乾**之主，喜得其中，而犹不失其正，故“吉”。三爻居**乾**之终，“小人”指初，“君子”指二，“罔”谓法网，即君子怀刑之意，盖合初与二，分言以明之也。四出**乾**入**震**，为壮之主，以阳处阴，动不违谦，故得吉而“悔亡”。五爻居**震**之中，能于平易之时，柔而得中，不用其壮，故“无悔”。上居**震**之极，进退维谷，何利之有？唯能凛之以艰，则吉。总之，持盈保泰，壮乃得吉，越礼违谦，壮必有悔，是必如三之“用罔”，而不“用壮”，斯为处壮之要道也，玩《易》者其审之！

余读**大壮**一卦，而有慨夫维新先后之义士也。当幕政初衰，妄施议论，不知忌讳，即所谓初之壮趾凶也。著书立说，有主尊攘，以兴起天下之大义者，如二之得中“贞吉”也。方其列藩应义，群材奋兴，或躁或缓，邪正不一，祸福攸分，如三所谓“用壮”、“用罔”之不同是也。或有慎礼守谦，不失其壮，能以尚往得吉者，如四之决藩不羸是也。或有居易豫访，不涉险难，以退为进而“无悔”者，如五之“丧羊于易”是也。至若方今当路大臣，皆出自昔年创义藩士，历尽艰危，而得际其盛者，如上六之“艰则吉”者是也。要之废藩诸士，忠肝义胆，国而忘身，均可嘉尚，其间成败祸福，亦各自取。“用壮”、“用罔”，实足为前事之鉴也夫！

《大象》曰：雷在天上，大壮，君子以非礼弗履。

大象**震**雷，发于**乾**天，势力强壮，故名曰**大壮**。夫**随**、**复**、**豫**、**大壮**四卦，皆得**震**体，故皆取象于雷。**随**雷入泽中，阳势渐收，是谓秋雷；**复**雷入地中，阳势已微，是谓冬雷；**豫**“雷出地奋”，阳势方盛，是谓春雷；**大壮**曰“雷在天上”，阳势健盛，是谓当令之夏雷也。君子则之，谓雷之发声，必以其时，不时则为灾；君子之践履，必由于礼，非礼则有悔。**乾**为行，**震**为足，有**履**之象。**乾**之《象》曰“君子自强不息”，**震**之《象》曰“君子恐惧修省”。合而言之，君子因欲自强，惟以非礼而履者，为可惧耳，即夫子所谓“非礼勿视，非礼勿听，非礼勿言，非礼勿动”之旨也。

占　问战征：军势强盛，有疾雷不及掩耳之势；但兵骄必败，所当深戒。○问营商：雷在天上，是货价高叶之象，得价而售，不可过贪。○问功名：雷声远震，必得成名。○问家宅：防有火灾，宜祷。○问疾病：**震**为雷，亦为足，防有足疾，不能行也。○问婚姻：**震**为**乾**之长子，**巽**为**坤**之长女，是天合也，吉。○问失物：雷一过而无形，恐此物不能复得。○问六甲：生男。

初九：壮于趾，征凶，有孚。

《象传》曰：壮于趾，其孚穷也。

初居**大壮**之始，在下卦之下，在下而动，故曰“壮于趾”；**震**为征，故曰“征”；迈征而往，有急起直追之势，无“视履考祥”之念，是以凶也，故曰“征凶”。“有孚”，《象传》曰“其孚穷也”，谓初虽与四应，初既穷其所往，四又隔远，无能为力也，故曰“其孚穷也”。

占　问战征：“壮于趾，征凶”，为孤军深入者戒也，有勇无谋，是以凶也。○问营商：货财贩运，有不胫而走、不翼而飞之妙；然不度销路，而贸然而往，何能获利？故凶。○问功名：初本在下，曰“趾”，则动亦在下，功名必卑。○问家宅：“趾”，止也，此宅宜安止，不宜迁动，动则有凶。○问婚姻：防女有足疾。“征凶，有孚”，谓虽有聘约，“其孚穷也”。○问失物：此物已被足所践踏而坏。○问六甲：生男。

占例 友人某来，请占事业之成否。筮得**大壮**之**恒**。

断曰：初爻居**乾**之始，在内卦之下，是必发事谋始，机会未至，而足先欲动者，故有壮趾之象。足下占事业，而得**大壮**初爻，知足下志在速成，当谋画未详，经验未定，而贸然前进，不特无利，且有凶也，故曰“壮于趾，征凶，有孚”。“壮于趾，征凶”者，谓轻举而取失败；“有孚”者，谓徒有此约信也。此事须待时而动，缓图则吉，今乃仓猝求成，是以凶也。

友人不用此占，急遽兴业，遂致失策而倾家；后有人以资金三分之一，继承其业，反得大利。

九二：贞吉。

《象传》曰：九二贞吉，以中也。

全卦诸爻，皆失于过刚，惟二爻为得中，中者不偏之谓也。二与五应，无牴触之失，是以无过不及，而进退适宜，故不言“壮”，不言“正”，直曰“贞吉”，盖即以《彖》之“利贞”归之，而著其吉也。《易》道虽贵扶阳抑阴，然阳刚过盛，亦失其中，故必抑其过刚，以就其中，中则正，正则吉也。《象传》曰“以中也”，以九二当下卦之中，刚而能柔，所处得中也。

占 问战征：以中营得力，故能获胜，吉。○问营商：以货价适宜，得其时中，可获利也。○问功名：恰好中式，吉。○问婚姻：雀屏中选，吉。○问家宅：此宅坐西朝东，地位适中，大吉。○问疾病：病在中焦，宜用潜阳滋阴之剂，自得痊愈。吉。○问讼事：得中人调剂，即息。○问六甲：生男。○问行人：已在中途，即可归也。

占例 某会社社长来，请占气运。筮得**大壮**之**丰**。

断曰：此卦四阳在下，二阴在上，阳大阴小，刚浸而长，故曰**大壮**。足下占会社而得二爻，可见社中资金充裕，足以有为。足下身任社长，所当以柔济刚，以静制动，从容办事，不期速效，谦和有礼，进退悉中，自能徐徐获益，吉无不利也。后二年，至四爻，四为**大壮**之主，可得大利。后果如所占。

九三：小人用壮，君子用罔，贞厉。羝羊触藩，羸其角。

《象传》曰：小人用壮，君子罔也。

“羝羊”，牡羊也。三至五体**兑**，为羊，故取象于羊；卦体纯刚，故曰“羝羊”，以喻刚阳之盛也。三当内卦之终，逼近外卦，**乾**刚**震**动，壮象将成。小人处此，必将恃其壮而壮焉，是谓“用壮”；君子有其壮，而不敢自居其壮，一若未尝有壮也，故曰“用罔”。“罔”，无也，京房曰：“壮一也，小人用之”，君子有而不用是也。三以阳处阳，重刚不中，虽贞亦危，故曰“贞厉”。君子因其厉而益加强焉，朝乾夕惕，时以非礼自防，不敢或逞其壮，所谓以有若无也。九四体**震**，为竹苇，故曰“藩”；藩所以闲羊，四在前，三触之，故曰“羝羊触藩”，象小人之用壮也。“羸”，郑虞作累，为拘累缠绕；“羸其角”，角，羊角，谓羊触藩，其角为藩所拘累，而不能出也，以喻用壮之危。“小人用壮”，当知所返矣；“君子用罔”，斯可免危矣。《象》曰“小人用壮”，小人第知有壮；“君子罔也”，去一“用”字，益见君子之不用，所贵敛之以无也。一说：罔，法网也，君子知壮之为厉，凛凛然以刑网为戒，即君子怀刑之意。亦通。

占 问战征：善战者审机察敌，不敢妄动；恃勇者逞强战斗，孤军直入，致陷险地而不能出，是以凶也。〇问营商：自恃资财之富，任意垄断，一至货物毁折，无地销售，必遭大损。善贾者当无是虑。〇问功名：卤莽者必败，谦退者成名。〇问家宅：此宅地位既高，建屋宜低，屋高恐有震陷之灾。〇问疾病：病由血气过刚，药宜调血下气。〇问讼事：以忍气受屈，息讼为宜，若健讼不休，讼则“终凶”。〇问婚姻：两姓或一贫一富，若富者恃富凌贫，以致夫妻反目，凶。〇问六甲：生男。

占例 友人某来，请占商业盛衰。筮得**大壮**之**归妹**。

断曰：此卦内卦**乾**父，外卦**震**子，是父主谋于内，子干事于外，父子协力，以创兴家业，财力旺壮，故曰**大壮**。足下占商业，而得三爻，以阳居阳，爻位皆刚，若径情直往，其壮强之势，几可压倒同业，然过刚必折，恐反为同业所轧，必遭窘辱，如羊之触藩而不能出也。善贾者坚贞自处，不敢挟富而生骄，亦不敢恃才而自侈，虽有其壮，而不用其壮，斯得处壮之方，即得生财之道也。足下其熟审之！后友人乘壮用事，果为同业所挤，损失数万金。

占例 明治二十七年五月中旬，我国驻英国公使某罹病，友人某忧之，请余一占。筮得**大壮**之**归妹**。

断曰：此卦阳长之卦，三爻又以阳居阳，**震**为木，木属肝，是必肝阳过盛，脾阴受克之症。某公使素体壮健，医者因其壮而误为实火，一味泻肝息阳，而元气愈虚，肝阳愈燥，病至不可药救，是谓用壮之误也。善医者当以育阴潜阳治之，所谓“用罔也”。至论爻象，三爻变为**归妹**，归者，归也，至四爻变**泰**，则病可疗。今当五月中旬，必过此一月后，可望平愈，然恐不及也。

后某氏之病，果以翌月四日遂亡。

九四：贞吉，悔亡。藩决不羸，壮于大舆之輹。

《象传》曰：藩决不羸，尚往也。

九四出**乾**入**震**，为**震**之始，以阳居阴，不极其刚，故得吉而悔亡也。三之有藩，藩在四也，四前二阴，则藩决矣。“輹”，车轴缚也，**坤**为大舆，**震**上二阴得**坤**气，故亦曰“大舆”。輹壮则舆强，言行远而无碍也。率此以往，壮而不见其壮，悔何有焉？《象传》曰“藩决不羸，尚往也”，谓壮得其贞，乃可许其前往也。

占 问战征：前途城垣已破，车驰马逐，长征可无阻也。○问功名：九四互**乾**，辰在戌，上值奎壁，壁主文昌，所以崇文德也，功名必显。王良五星在壁北，主车马，大舆之象；雷电六星亦相近，主兴雷，即**震**雷之象。○问营商：可许满载而归，吉。○问家宅：此宅当车马往来之地，宅前藩篱破落，急宜修整。○问疾病：人以发肤为藩卫，以心神为舆马，发肤破裂，心神摇荡，病不久矣。○问婚姻：“车说輹，夫妻反目”，非佳偶也。不吉。○问六甲：九四为**震**之始，**震**一索得男，为长子也。

占例 明治二十七年九月，大本营之进广岛也，大元帅陛下，将发亲征。恭筮一卦，得**大壮**之**泰**。

断曰：此卦四阳连进，上决二阴，其势盛大，故曰**大壮**。今我以整整堂堂之军，兴征清之师，惩其不逞，彼严兵固壁，尚不能当，况其藩卫已决，何能御我乎！恍如骋大车于坦途，所向无前，占必胜，攻必克，可预决也。爻象如此，其吉可知，因呈此断于某贵显。

六五：丧羊于易，无悔。

《象传》曰：丧羊于易，位不当也。

上卦互**兑**，**兑**为羊，五正是羊。“丧”，亡也；“易”音亦，陆作场，谓疆场也，易场古通字。**乾**为郊，郊外谓之牧，五当**乾**郊外疆场之地，畜牧之所也。畜牧有藩，防其逸也。卦以**震**之下画为藩，三触之，四则藩决矣，五则羊逸，羊逸于易，所谓“大道多歧而亡羊”，故曰“丧羊于易”。五居**震**卦之中，偶画为阴，易，为旷郊阴地，阴爻而入阴地，不见其壮，故象为“丧羊”。且羊性刚卤，喜触，无羊则无触，无触则无用壮之悔，故曰“无悔”。**旅**上九曰“丧牛于易”，“易”亦作场。**旅**宜柔，丧其柔，是以“有凶”也；**大壮**恶刚，丧其刚，是以“无悔”也。《象传》曰“位不当”，谓“无悔”在得中，不在当位，犹九二之“贞吉”，《象》曰“以中”，亦不在位也。总之，**大壮**一卦，《彖》所称“利贞”，以事理言，不以爻位言也，明矣。“易”字，郑谓交易，《本义》读作以智切，音异，谓容易也。义各有取。

占 问战征：三爻曰“羝羊触藩”，有攻击之象。“丧羊”则无触，而战事可平。〇问营商：“易”，郑谓交易，有经商之义；“丧”，亡也，恐有小失，然无大悔。〇问功名：以得为吉，以丧为凶，亡羊补牢，未为晚也。晚年可望。〇问家宅：此宅在郊外空旷之处，于牧畜不利。〇问疾病：“丧”，凶象，不吉。〇问婚姻：牵羊担酒，婚礼也，无羊，婚礼不成。〇问六甲：生女。

占例 友人某来曰：顷日有一种货物，可居奇获利，请占一卦，以定盈亏。筮得**大壮**之**夬**。

断曰：此卦四阳在下，其势甚壮，故名**大壮**。今占得第五爻，五处外卦之中，二画为阴，壮势已失，爻曰“丧羊”，是必有丧而无得。友人曰：台湾之事，购入军中所需食料品物，他日与清开战，实一大买卖也。后闻得平和之信，顿为惊愕，遂遭大耗，三年之后，犹不得偿全额云。

占例 明治二十七年十一月二十日，某贵显来访曰：目下旅顺口形势如何？试为一筮。筮得**大壮**之**夬**。

断曰：以我国占旅顺，旅顺属清，是外国也。今占得五爻，五居外卦之中，当以我国为内卦，旅顺为外卦。“丧”者清国，得者我国也。《爻辞》“丧羊于易”，“易”谓容易也。此番旅顺之失，在清国若不自觉其亡也。而我得之，亦不觉何以得也。盖不须力战而得之也，数日内，当必有捷报到来。

后数日，旅顺陷，果如此占。

上六：羝羊触藩，不能退，不能遂，无攸利。艰则吉。

《象传》曰：不能退，不能遂，不详也。艰则吉，咎不长也。

上处外卦之终，与三相应，上之羊，犹是三之羊，上之触，犹是三之触。三虽羸角，乘刚而动，力能决藩，亦可进也，即不能进，尚可退也；至上势衰位极，爻处重阴，后路既断，前路又穷，将安归乎？不曰“不能进”，而曰“不能遂”，言终不能遂其壮往之愿也。视三之羸角，困益甚焉，利何有也！因退遂之不能，而惕之以“艰”，毖后惩前，“非礼弗履”，亦何难转咎为吉哉！《象传》所谓“不祥也”，言其不能“视履考祥”，故至退遂之两穷也。所谓“咎不长也”，言能知其所艰，则谨慎自守，壮终于此，咎亦终于此耳。

占 问战征：六处爻之穷，如追穷寇也，恃胜深入，及为败军所困，进退无路，凶道也。〇问营商：是一意居奇，积货不售，至时过价贱，只要保本，而亦不得，其困甚矣。〇问功名：在上爻有位高而危之象，若恋恋不退，一旦祸及，欲退不能，悔已晚矣。〇问家宅：上爻居**震**之极，**震**为响，宅中必有响；**震**又为木，木动克土，恐有土精出现，土精为羊。其宅不利，所当艰难自守，至之卦为**晋**，**晋**曰“锡马蕃庶”，则可转咎为吉。〇问婚姻：未及详探，一时已定，兹要改悔，必不能也。现当知苦困守，久后必佳。〇问六甲：生女。

占例 一日过访杉君，闲谈移晷，杉君谓余曰；昨夕有偷儿入我仓库，窃取物品若干，中有勋章礼服，是贵重之品也，未审可复得乎？子试筮之。筮得**大壮**之**晋**。

断曰：上为爻之极，贼窃得勋章礼服，贵重之品，在贼既不能转售，又不能自用，贼无所利，计亦穷矣。爻曰“羝羊触藩”，羊性刚卤，以喻贼之卤莽也。“触藩”者贼，或将以此贵物，置之于邻近藩篱间乎？君请搜寻之。

后果于邻邸墙垣上寻得之。杉君大为赞称。

䷢火地晋

卦体上**离**下**坤**，**坤**为地，**离**为火。**坤**之《象》曰“行地无疆”，行即进也；**离**之性为火炎上，炎上亦进也。且物之善进者，莫如牛马，**坤**为马，**离**为牛，皆能行远，有进往之象。火，明也，地，顺也，明则足以烛远，顺则足以推行，又有进长之义。按：**晋**，进也。**晋**古文作晉，从臸从日，臸正字通，即刃切，音进，前往也，上升也。《序卦传》曰：“物不可以终壮，故受之以晋”，此**晋**所以继**大壮**也。

晋：康侯用锡马蕃庶，昼日三接。

卦象上明下顺，**离**明为日，故象君，**坤**顺为臣，故象臣，合之为君明臣良之象。**坤**为国，为邦，故谓“侯”。**坤**为康，康安也；**坤**为马，故谓“马”；**坤**为众，故谓“蕃庶”；**离**为日，故谓“昼”。盖爻称“康侯”者，谓明臣也。明臣升进，天子美之，赐以车马蕃庶，言车马之多也。“昼日三接”者，言不特锡予之多，且觐见之频，一昼之间，三度接见也。

《彖传》曰：晋，进也。明出地上，顺而丽乎大明。柔进而上行，足以康侯用锡马蕃庶，昼日三接也。

此卦**离**日**坤**地，取象“日出地上”，日出地而上进，光升于天，明丽于地。顺而柔者**坤**也，丽而明者**离**也。“大明”者，明君也；“上行”者，臣之升进于上也。谓其时天子大明在上，诸侯恭顺在下，明良相济，君臣一德，天子褒赏勋功，蕃锡车马，一昼三觌，宠锡甚隆，品物蕃多也，接谒甚优，问劳再三也。考大行人一职，曰“诸公三飨，三问三劳；诸侯三飨，再问再劳；子男三飨，一问一劳”，即天子三接诸侯之礼也。“锡马”，即《觐礼》所谓“匹马卓上，九马随之”也。

以此卦拟人事，在国为君臣，在家为父子。**离**下**巽**上为**家人**，**家人**曰“有严君焉”；**坤**为母，亦为民，有母子之象焉。父在上而明察，有义方，无溺爱也；子在下而顺从，有孝敬，无忤逆也。由此以齐家，则上明下顺，而一家和睦，盘匜洁甘脂之奉，门庭来欢乐之休。先意承志，顺之至也；和气婉容，柔之正也。“丽乎大明”者，继志而达孝也；“进而上行”者，入侍而承欢也。国曰“康侯”，即家所称孝子贤孙者也。“锡马蕃庶”者，国有恩赐，犹家之有庆赏也。“昼日三接”者，觐礼谓三飨三问三劳，[①] 犹世子所称“朝问安，昼视膳，夜视寝”者是也。《大学》言修齐，首称“明明德”，惟其有**离**明之德，斯进而“修身”，进而“齐家”，进而“治国平天下”，由是道也。此**晋**卦所以取象于“明出地上”也夫！

以此卦拟国家，上卦为政府，得火之性，能启国运之文明；下卦为人民，得地之性，能柔顺而上进。上以其明照临夫下，下以其顺服从夫上。《象》曰“明出地上”，谓日之初出，渐进渐高，喻明君之擢用贤臣，登进上位也。顺必丽夫明，则顺乃有济；柔必进于明，则柔得其正。不然，顺以取说，转致蔽其明也；柔而生暗，必不能以行也。故《彖传》曰“顺而丽乎大明，柔进而上行”，此**晋**之所以“言进”也。曰“用锡马藩庶”，“用”谓用以赏锡也，如《采菽》一诗所云“君子来朝，何锡予之？虽无予之，路车乘马”者是也。“昼日三接”者，行覲礼，一也；三飨三致命，降西阶拜，二也；右肉袒，入庙门，出屏南，后入门左，王劳之，再拜，三也：此为元首明哉，股肱良哉。一时远臣来朝，天子燕飨，物美礼隆，赐予之厚，接见之频，典甚重也。历观六爻，初为始进，故有“摧如”之象。二之“愁如”，亦凛初之“摧如”而来也。三则不摧不愁，而“众允”孚矣。此为内卦，得**坤**之柔而进也。四不当位，故有“鼫鼠”之戒。五为卦主，则“往有庆也”。上处**离**之极，**离**为戈兵，故曰“伐邑”，此为外卦，得**离**之丽而明也。《象》曰“君子以自昭明德”，“君子”者，即**离**卦所称“明两作，离”之“大人”也。

通观全卦，卦体从**大壮**来，上卦变**震**之下画而为**坤**，下卦变**乾**之中画而为**离**；**晋**，进也，壮则行之，是以“进而上行”也。《象》曰“明出地上”，“明”即谓**离**，“地”即谓**坤**，“出”即所谓“上行”也。日之光明在天，日之照临在地，日以明而上行，不明不特不见行，且不见为日也。六爻皆言**晋**，而**晋**各随其先后以为象。初为进步之始，人或不我孚也，宜宽裕以处之也。二进于初，二虽怀愁，已见其吉而受福也，三则又有进矣。

---

① 郑同注：语出《周礼·秋官》：“飨礼九献，食礼九举。出入五积，三问三劳。”

罔孚者，忽而共孚，众心允服，悔何有焉？内三爻得**坤**之顺，故皆吉；四当外卦之始，出**震**入**离**，首鼠两端，有一前一却之象，虽贞亦厉。五为卦主，柔进上行，故“往吉，无不利”也。上处**晋**之极，“角”即**大壮**羝羊之角也。进而不顺，必致吝也。外三爻当**离**之位，高而难进，故多厉。盖**离**之配卦十有六，象之最美者，莫如**晋**、**大有**。**大有**“明在天上”，其明最盛；**晋**“明出地上”，其明方新。明之方新，其进贵柔，六爻中四上两爻曰“厉”，四进非其道，故如技穷之鼠，上穷而又进，故有**晋**角之危，皆失柔进之道也。圣人显微阐幽，忧患作《易》，故于**晋**明之世，犹必以“贞厉”、“贞吝”为戒。初、二、三、五之吉，正所以劝其进也。自明其德，用以明天下之德，旨在斯乎？

《大象》曰：明出地上，晋。君子以自昭明德。

日西入为夕，东出为旦。方其始出，渐进渐高，愈高愈明，光无不照，幽隐遍烛，即**晋**之象。君子法此象，以自明其德。德，心之德也，与生俱来，灵明夙具，本无一毫私欲，得而蔽掩，犹日之初出于地，沧沧凉凉，明光华照，本无一些云翳。“自昭明德”，昭，即明也，所谓“自明明德”。明德而犹待于明，此事不容假贷，唯在自知之而自明之耳。君子切而责之于自，致知格物，以启自昭之端，诚意正心，以致自昭之实，谓之“君子以自昭明德”也。

占 问时运：正当好运新来，犹朝日初出，渐升渐高，明光普照也。吉。〇问战征：当大军初发，顺道而进，宜日战，不宜夜攻。〇问营商：最利煤炭地火等生业，取其明也。吉。〇问功名：有功名指日高升之象，吉。〇问讼事：宜返而自讼。〇问家宅：此宅朝东南，高敞明朗，得太阳吉曜照临，大吉。〇问六甲：生女。〇问失物：在明堂中寻之，得。

初六：晋如摧如，贞吉。罔孚，裕无咎。

《象传》曰：晋如摧如，独行正也。裕无咎，未受命也。

初居下卦之始，柔进上行，自初起，首曰“晋如”，若欲进而未果；继曰“摧如”，若有摧而见阻。初与四应，四不当位，不特不应，且所以摧初之进者，实四为之也。然虽见摧，惟其得贞，是以吉也。“罔孚”者，推其摧之由来，虽四为之，亦由上下之交未孚耳。**坤**为裕，故曰“裕”。

当其未孚，或汲汲以干进，或悻悻而怀忿，皆所以取咎也，唯雍容宽裕，乐道自处，咎何有焉？故曰“裕无咎”。《象传》曰“独行正也”，谓摧者不正，**晋**者能独行其正耳。“无咎，未受命也”，谓其未受锡命，只宜宽裕以待之耳。

占 问时运：目下好运初来，虽无灾咎，尚未盛行，宜迟缓以待之。吉。〇问战征：初次行军，众心未定，宜宽以待之。吉。〇问营商：货物初到，商情未洽，宜宽以时日，早则四日，迟则四月，到四爻曰“众允”，则货可旺销，必大获利。〇问功名：功名固所自有，不可知者迟早耳，宜宽怀以俟。〇问家宅：此宅本吉，一时未许进居，为两情未洽，缓则必成。〇问婚姻：因探听未确，迟缓可成。〇问失物：日后可得。〇问疾病：宜宽缓调养，可愈。〇问六甲：生女。

占例 某县人来，请占志愿成否。筮得**晋**之**噬嗑**。

断曰：**晋**者进也，**晋**当初爻，是进步之初也。“摧如”者，欲进而有所摧折也。进者虽正，无如人不我信也。今足下占问志愿而得初爻，知足下品行端正，才具可用，但一时众情未孚，是以欲进又阻。初与四应，四不应初，反来阻初，料足下所托谋事之人，此人不能相助，反致相毁，故一时难望遂愿。宜到四爻曰“众允”之日，志愿可遂。一爻一月，大约在四月以后，大吉。其人尝携建议书，请谒某贵显，不能面达，反受警部之辱，得此占所云，大有感悟。

六二：晋如愁如，贞吉。受兹介福，于其王母。

《象传》曰：受兹介福，以中正也。

“愁如”，不悦之意，与“摧如”不同，愁者在我，摧者为人所阻。然二之所以“愁如”，实因初之见摧而来也。居中履正，故“贞吉”。“介福”，谓大福。“王母”，以二与五相应，五王位，**坤**阴，**坤**为妣，故曰“王母”；“王母”，即所谓太后也。二属**坤**，**坤**通**乾**，**乾**为“介福”。按**井**三曰王明受福，**既济**五曰“实受其福”，**井**三、**既济**五，皆得**乾**体，其福盖皆受之于**乾**也。二又互**艮**，**艮**为手，手持福以与二，二受之，故曰“受兹介福”。《九家易》云：“介福谓马与蕃庶之物也。”《象传》曰“以中正也”，谓其守此中正，不以无应而回其志，故终得受此大福也。

占 问时运：目下运非不佳，但所求多阻，中心未免忧结，能守正不改，终必亨通大利。〇问战征：前番进攻，既遭摧折，今此再进，殊切愁惧，然能临事而惧，后必获吉。六二与六五相应，六五辰在卯，上值氐、房、心、尾，氐星前二大星主后妃，故取象王母，祷之，则有福。〇问营商：因前贩之货，已被折耗，今兹未免怀愁，故曰“晋如愁如”。惟中正自守，至五爻乃曰“失得勿恤，往吉，无不利”，盖劝其不必忧愁，而自然获福也。〇问功名：今虽忧愁，至五爻曰“往有庆”，盖二年之后，即可获吉。〇问婚姻：吉，但目下不就，须待第三年可成。当有祖母为之作主。〇问家宅：当迁居，与祖母同居共食，吉。〇问失物：久后可得。〇问六甲：生女。

占例 明治五年，余随陆军大佐福原实氏，赴赞州谋筑兵营。时坐轮船中，福原氏曰：方今我国形势，前途未可知，请试一占。筮得**晋**之**未济**。

断曰：**晋**者进也，欲进而愁其见摧，是进而未能进也，故爻曰“晋如愁如”。六二以阴居阴，但得中正，与初为比，因初之摧，倍切忧思，可谓临事知惧，故得“贞吉”。今占我国时势得此爻，我国自维新以来，力图进取，以启文明，初时内为旧藩士意见不合所阻，外为泰西各国风教不同所困，下又为民人改革不便所扰，是以欲进而未能遽进。兹当二爻，二与五应，五属尊位，知当道大臣，蒙我皇上帝心简在，上下一心，固不敢畏难思退，惟是进步艰难，日切忧虑，此即《爻辞》之所谓“晋如愁如”是也。当日三条公以下诸位大臣，秉正谋国，不特受知于皇上，且为太后所信任也，此即《爻辞》所谓“受福于王母”是也。就前后《爻辞》而详推之，初爻则属之前事，二爻则属之今日，二五相应，是即《象》所称“康侯”者也。三爻则初之“罔孚”者，而众孚矣，得以上行无悔。四爻则恐有谗邪在位，如鼠之昼伏夜行，进退诡秘，意将窃弄政权，为宜戒也。五爻当君位，是明君在上，殷殷焉为诸臣劝驾。曰“失得勿恤，往吉，无不利”，盖指二之“愁如”者言，谓失得不足忧，往则“无不利”。“有庆”者，即受福之谓也。上爻居**离**之极，**离**上“王用出征”，故五爻亦用“伐邑”，谓再有摧我者，当以王师讨之，使不敢复阻我前进也。爻象一爻或当一年，或当十年，可以定数求之。统之**晋**者进也，继**大壮**而来，为宜柔顺上行，不宜刚健躁进，盖取**坤**之顺而在下，尤必取**离**之明而在上，君子自昭明德，胥是道也。武功必先文德，上爻之“伐邑”，知亦不得已而用之耳。我国明良交际，文武兼修，国富兵强，日进日盛，正万年有道之休也，岂不休哉！

福原氏闻之，大为感服。

六三：众允，悔亡。

《象传》曰：众允之，志上行也。

三居内卦之上，与四为比，刚阻于前，似宜有悔。“允”，信也，六三辰在亥，得**乾**，**乾**为信。三比近初二，又与初二同心并力，合之为三，三人成众，故“众允”。外卦为**离**，**离**取其明，所谓克明克允是也。“众允”则四不能摧，故“悔亡”。古今来为国谋事，要皆以众心之向背为成败者也，众心不顺，其事虽正，卒无成功。孟子所谓“多助之至，天下顺之”者，“众允”之义也。初之“罔孚”，未信也；三之“众允”，见信也。孔子所谓“信而后谏”、“信而后劳其民”，事上使下，道在是焉。《象传》曰“众允之，志上行也”，三与上应，志在上行，故能与众同信也。

占 问时运：目下灾悔已去，大众悦服，故吉。○问营商：初时为众所摧，不能获利，今众情和睦，可以无咎，卖买皆利。○问战征：众志成城，战必胜，攻必克，上行无悔。○问功名：得众人推举乃成。○问家宅：主眷属和睦，吉。○问婚姻：两姓和谐，吉。○问讼事：得有第三人出而处理，两造允从，无悔。○问六甲：生女。

占例 九州商人某来，请占购买某大会社物品成否，如何。筮得**晋**之**旅**。

断曰：卦体下顺上明，显见以明白无欺，柔顺得众为要。今占购卖物品，而得**晋**三爻，知其在初爻，已欲购卖，为人所摧折不成；二爻又欲卖之，为己多愁虑未定。兹当三爻，已见众心允洽，虽四爻为贪人，意欲从中取利，然因大众已允，亦不复阻止矣。准可赎卖，无悔。

九四：晋如鼫鼠，贞厉。

《象传》曰：鼫鼠贞厉，位不当也。

四爻以阳居阴，不中不正，当上下四阴之中，上互**坎**，下互**艮**，**坎**为隐伏，**艮**为鼠，**坎**隐而伤明，**艮**止而伤顺，无其德而居其位，上承阴柔之主，窃弄威权，下抑众阴，使忠言不得上达，以隔绝上下之交者也。其贪戾之性，犹如鼫鼠，故曰“晋如鼫鼠”。自来奸臣得位，其性点谪，其性贪残，昼伏夜动，诡秘百端，窃威弄权，狡同社鼠。一旦明德当阳，察识奸邪，浑如硕鼠见猫，罔不捕灭，故曰“贞厉”。《象传》曰“不当位也”，谓斯不当居斯位，为窃位也。按；**解**之卦，以阴居阳象狐，**晋**之卦，以阳居阴象鼠，此卦互体**艮**，一阳在上，故称“鼫鼠”。狐性疑，在**解**当去其疑；鼠性贪，在**晋**当去其贪，取象各有所当。

占 问时运：运有蹊跷，宜光明正大处之，若持首鼠两端之见，好为狡诈，必凶。〇问战征：**晋**《象》曰“昼日三接”。或曰接即捷，言一昼间而得三捷。若疑而又贪，如鼠之昼伏夜动，则危。〇问功名：爻曰“鼫鼠”，鼫鼠谓五技皆劣，是必不能得志也。〇问营商：鼠性贪，贪无不败，防为同伙贪财致败。〇问家宅：鼠为穴虫，善盗，宅多鼠，必主耗失。不利。〇问疾病：《诗》云“鼠思泣血”，或有呕血之症；又曰“鼠忧以痒”，或有疥疮之疾，是亦可危。〇问讼事：首鼠两端，是一却一前，一时不能决也。〇问行人：昼伏夜行，必有事故，一时不归。〇问失物：已入鼠穴，不得。〇问婚姻：“鼠”为鼠窃，婚姻不正。〇问六甲：生女。

占例 商人某来，请占家政。筮得**晋之剥**。

断曰：卦体顺丽大明，柔进上行，足见主家者公明在上，一门柔顺和乐，有家业日进之象。今占得四爻，以阳居阴，位不得正；鼠为穴虫，昼伏夜动，贪而畏人，阴物也，四爻如之，故《爻辞》曰“晋如鼫鼠”。料足下家中必有鼠窃之徒，管理家务。如《诗》所咏“硕鼠硕鼠”，一则曰食苗，再则[①]曰食谷。知盗食家产，为祸非浅，故曰“贞厉”，言家道虽贞亦厉也。足下其审之慎之！

占例 子爵五条为荣君，将迁居西京，请占其吉凶如何？筮得**晋之剥**。

断曰：此卦内**坤**外**离**，为**晋**，《象》曰“明出地上”。出于东为明，日入于西为晦，卦德在明，是宜东不宜西也。今君将移居西京，辞爵归隐，

① 郑同注：则，原文作“行一”，从上下文章改。

占得**晋**四爻，按**晋**者为进，不宜于退，日出在东，不宜就西，象皆不合。四爻辞曰“晋如鼫鼠，贞厉”，谓首鼠两端，一前一却，正如君之进退疑虑，欲迁未决。“贞厉”者，谓退隐意非不正，恐后有危厉也。劝君不必迁移。

六五：悔亡。失得勿恤，往吉，无不利。

《象传》曰：失得勿恤，往有庆也。

五爻为**晋**之主，高居尊位，柔而得中，惟与四相比昵，四遂得窃弄威权，隔绝二三，不得亲近，是以有悔。然五躬备明德，智足察奸，黜六四而任六二，昭明有融，上下交孚，故曰“悔亡”。“失得勿恤”者，谓五不自恃其明，委用六二，信任勿疑，计是非，不计得失，即有小失小得，不足忧也。“往”即“上行”，指康侯往朝于天子也。“吉，无不利”，指受介福于王母也，故《象传》曰“往有庆也”。庆，即“受兹介福”之谓也。

占 问时运：目下正当盛运，灾去福来，有得无失，大吉。〇问战征：转败为胜，在此一战，奋勇前往，立见成功。〇问营商：前此小失，今可大得，吉。〇问功名：不必汲汲求名，可无意得之也。吉。〇问家宅：日出于东，**离**位南方，此宅必朝东南。从前小有灾悔，今则屋运已转，吉无不利。〇问婚姻：以九五为男家，六二为女家，两爻皆吉，大利。〇问讼事：曰“悔亡”，谓灾害已去，罢讼则吉。〇问失物：往寻必得。〇问六甲：生女。

占例 华族某来，请占气运。筮得**晋**之**否**。

断曰：**晋**五爻为一卦之主，高明在上，且**坤**为邦为国，有屏藩一国之象。阁下占气运而得此爻，《爻辞》曰“悔亡，失得勿恤”，想阁下自废藩以来，从前或小有灾悔，今能柔顺上进，观光志正，是不以失得为忧也，故曰“悔亡”。“往”者，往朝也，上下交孚，故无往而不利也。闻阁下欲以每岁财产余利，教育藩士子弟，以为国家培植人材，至财产之得失，不复计虑，《象传》所称“康侯”者，必在阁下矣。他日恩赏下逮，车马蕃庶，行有待焉，《象传》所谓“往有庆”者，此也。

占例 明治三十一年，占内阁气运。筮得**晋**之**否**。

断曰：此卦明出地上，顺而丽夫大明，国家治体，骎骎上进之气运也。今占得五爻，五居君位，昭明有融，上下交孚，君明臣良，正在此时，然其间黜陟，不无少有纷扰。在内阁诸公，皆正色立朝，秉忠从事，不计劳辱，谓之“悔亡，失得勿恤，往吉，无不利”也。果哉！是年伊藤侯辞总理之爵，大隈板垣二伯入内阁，五阅月，山县侯升为总理。此间虽非无纷扰，国家益见进步，正合此占。

上九：晋其角，维用伐邑。厉，吉。无咎，贞吝。

《象传》曰：维用伐邑，道未光也。

“角”者，阳而在上，喻威猛之义。上爻处**晋**之极，过刚失中，故曰“晋其角”，谓其知进不知退也。**离**为甲，为戎，**离**上“王用出征”，上爻体**离**，故亦曰“维用伐邑”。用者五，邑指四，奉命而伐之者，上也。四既有罪，声罪致讨，兵虽危事，吉而无咎也。然干羽可以格顽，玉帛可以戢争，不用文德，而用武功，亦未始非圣明之累也，故虽正亦吝，而《传》曰“道未光也”。

占 问时运：目下好运将终，防有事故，然无大害。〇问战征：只可近征国内，不可远伐海外。危而终吉。〇问营商：于同业防有纷争，于事则危，于货则利，于情则吝，幸无咎也。〇问功名：“晋，进也”，角在首上，有首选之象。功名成后，防有从戎之役。吉。〇问家宅：居者于乡党中，有纷争之事，未免不安，然无大咎。〇问婚姻：上与三相应，上与三，即为男女两姓，始有纷扰，终得和谐，故“悔亡”，与三同也。〇问讼事：《雀角》之诗，刺讼也。罢讼则吉。〇问六甲：生女。

占例 友人某来曰：今有一会社，自创立以来，余所关虑。一昨年总会，改正社员，迄后事务不整，有株主之纷扰，其由社势之不振乎？抑由社员之不力乎？请一占其盛衰。筮得**晋**之**豫**。

断曰：**晋**者，明出地上，有社运日进日新之象。今占得上爻，为**晋**之极，是进无可进矣。物极必反，意者重有改革乎？“伐邑”者，即正其不正，可用前社员之练达者，以定厘会社之规则，庶几可得吉矣。事虽危殆，终无咎焉，从此社业复兴，不失其正。然自有识者观之，不免为之窃笑也，故曰“贞吝”。

䷣地火明夷

"明出地上"，谓之"火地"；此卦反之，谓之"地火"。明出于地，光明上炎，故卦为**晋**，进也；明入于地，光明下蔽，故卦谓**明夷**，伤也。当此**明夷**之时，暗主临朝，众正并受其伤；**离**来居下，地往居上，日入地中，明受其夷。《序卦》曰："晋者，进也，进必有所伤，故受之以明夷。"是以谓之地火**明夷**。

明夷：利艰贞。

明夷，明受夷也。卦体上**坤**下**离**，**坤**地**离**火，火入地中，则火为土掩，火光不能上炎而生明，是火为土所克，而**离**火受伤。火既受伤，势不能出**坤**而自炫其明道，惟晦而已矣。"艰"以敛其彩，"贞"以匿其光，退而避伤，潜以为利，是用晦之道也，故曰"明夷，利艰贞"。

《彖传》曰：明入地中，明夷。内文明而外柔顺，以蒙大难，文王以之。利艰贞，晦其明也。内难而能正其志，箕子以之。

卦象日出地则明，日入地则暗，暗则伤明，是以**晋**卦《大象》曰"昭明"，此卦《大象》曰"用晦"。所谓变而不失其正，危而能保其安者，得此用晦之道耳。古之圣人有行之者，内修文明之德，外尽柔顺之诚，即至躬履大难，羑里受囚，七年之中，秉忠守职，无有二心，此文王之所以为文王也，谓之"内文明而外柔顺，以蒙大难，文王以之"。然文是外臣，与纣疏远，其晦犹易，又有分居宗亲，谏则受戮，去无可往，而被发佯狂，甘辱胥余，此箕子所以为箕也，谓之"内难而能正其志，箕子以之"。"内难"者，以箕子为纣之宗亲，夫以贵戚之卿遇暗主，去之则义不忍，不去则祸迫朝夕，是尤人臣之所难处。箕子能佯狂以晦其明，得以免难，是殷三仁中之最著者也。总之当纣之世，不以艰贞晦明，则被祸必烈，文王箕子之行，可谓千古人臣用晦之极则也。论二圣之行，虽相似而不同。文王者，异姓之诸侯，其道疏也，外也。箕子者，同姓之大臣，共道亲也，内也。文王箕子，易地则皆然。孔子释六十四《彖》，皆推广文王《彖辞》之义。独于此卦称文王，抑有故也。盖“明入地中”，为文王事纣之象，文王有大明之德，而幽囚羑里，又可见“明入地中”之象。人得此卦，知时运之艰险，当固守贞正之道。**明夷**之时“利艰贞”，与他卦所言“利贞”不同，凡爻中曰“利艰贞”者，多就一爻言之，而**明夷**一卦，则全卦皆以“利艰贞”取义。《象》曰“君子用晦而明”，即“利艰贞”之旨也，其垂戒深矣。

以此卦拟人事，为当门祚衰薄，遭家不造之时也。**坤**母在上，**离**子在下，子虽明不得于母，是**晋**文之出亡而存，宜臼之在内而诛。不明犹可，明则遭祸尤烈，古来孽子，家破身亡，类如斯焉。推之与人共事，而逢首之昏庸，为国从征，而值元戎之柔暗，有才见忌，有德被谗，不特于事无济，而且身命莫保，所谓“顽石得全，璞玉必剖”，明之害也。**明夷**一卦，要旨全在“用晦”二字，以晦藏明，明乃无害，以明用晦，晦得其正。**坤**为用，又为晦，的是用晦之义。**离**之德上炎，**离**之体中虚，中虚则足以藏明，是为“用晦而明”之象。谚语有云“闭口深藏舌，安身处处稳”，亦处世之要诀也。人生入而处家，出而谋国，不幸运际其艰，所当法**明夷**之晦，用以自全耳。

以此卦拟国家，上卦**坤**为政府，**坤**土过厚而致暗；下卦**离**为臣民，**离**火虽明而被制，明在地下，是贤臣遇暗主之象。盖身当乱世，动涉危机，才华声誉，皆足招祸，是以庸庸者受福，皎皎者被害，亦时势使然也。君子处此，常凛履薄临深之惧，倍怀韬光匿彩之思，有才而不敢自露其才，有德而务思深藏其德，或见几而早退，或明哲而保身，是谓“用晦而明”之君子也。故六爻取义不同，而其旨不外“用晦”。内三爻属**离**，为鸟，为马，为狩，鸟以高飞，马以行远，狩以献公，皆晦**离**之明，以避祸也；外三爻属**坤**，四曰“出门”，上为“入地”。“出门”可免，“入地”则凶。五为卦主，以箕子当之，皆用**坤**之顺以晦明也。此关国家兴废之大，圣如文王箕子，祇惟乐天知命，尽其臣道，以挽天心，是以六爻不言吉凶。言吉凶，转开小人趋避之门，非圣人用晦之道也。

通观此卦，**明夷**次**晋**，“晋者，进也，进而不已必伤”。时有泰否，道有显晦，时与道违，虽圣贤不能免灾。**晋**之时，明君当阳，康侯得受其宠；**明夷**之时，暗主临下，众贤并被其伤。太阳入地中，明为之所夷，故贤虽正不容，道虽直不用，仁者怀其宝，智者藏其鉴，“用晦而明”，得其旨焉。就六爻而分言之，初九为**明夷**之始，当逸民之位，见几早去，以潜藏为贞，有保身之智，如伯夷、太公是也。六二文明中正，为**离**之主，承**坤**之下，当辅相之位，以匡救为贞，守常执经，如文王是也。九三当明极生暗之交，与上六相应，通变达权，顺天应人，如武王是也。六四弃暗投明，见几而作，知上六之不可匡救，洁身而去，如微子是也。六五居**坤**阴之中，分联宗戚，职任股肱，不幸而躬逢暗主，以一身系社稷之重，能守贞正，如箕子是也。上六穷阴极晦，与日俱亡者，如商纣是也。总之，**明夷**全卦，以上六为卦主，下五爻皆为上爻所伤，就中内三爻所伤尤甚，故皆首揭“明夷”二字，以示伤害之重也。其象以上卦**晋**为日出，此卦为日落。日者君也，君以贤人为羽翼，以忠臣为股肱，以其身为元首，以亲戚大臣为腹心，乃可登天而照四国。今初爻羽翼伤，二爻股肱伤，三爻元首堕，四五腹心离，上爻之所以入地，其伤节节可睹，其象历历可危。后世人主，当取以为鉴。

《大象》曰：明入地中，明夷。君子以莅众，用晦而明。

离为明，**坤**为地，“明入地中”，光明藏而不用之象，君子则之。**坤**为众，故曰“莅众”，以御其众也。知不可不明，亦不可以过明，不明则人皆欺我，过明则物不我容，所当纳明智之德，于宽柔之中，韬其光而不露，蕴其美而自全，斯上不至妒其功，众皆得以服其化。以此履盛，盛而益显；以此涉危，危亦得安。古之圣贤，旒纩以塞聪明，树屏以蔽内外，不欲明之过用者，胥是道也。

占　问时运：运当大难，深宜晦藏。〇问战征：《象》曰“莅众”，适值用师之时，宜效明修栈道暗度陈仓之计，必得胜也。〇问营商：卦象艰难，大众恐难取利，暗中尚有分肥。〇问功名：**离**火被土所克，功名不显，显则反有灾害。〇问家宅：家道不顺，或父子分居，尚可保全。〇问婚姻：必非明媒正娶。〇问疾病：是肝火内郁之症，治宜息火。〇问讼事：宜受曲罢讼，可以免祸。〇问六甲：生女。

初九：明夷于飞，垂其翼。君子于行，三日不食。有攸往，主人有言。

《象传》曰：君子于行，义不食也。

“于飞，垂其翼”者，谓飞鸟伤翼而下垂。“君子于行，三日不食”者，谓仓促决去，而无可得食。“有攸往”者，去此曰行，适彼曰往。“主人有言”者，谓或议其迂阔，或讽其偏固，虽未定其何辞，要不免啧有烦言也。初爻与四为害应，被四所伤，**离**为飞鸟，故取以为喻。鸟遭伤而不得安栖，欲去而避其害，故曰“明夷于飞，垂其翼”。但初当**离**之始，去上犹远，受伤尚浅，其去也，见几犹早。“三日不食”，**离**为大腹，其体中虚，中虚则腹空，不食之象。“三日”者，以**离**三爻皆明而见夷，故曰“三日”。君子接续而行，谓既去其国，不食其粟，故《传》曰“义不食也”。“君子”，谓初也；“主人”，谓四也。初与四应，四欲伤初，初为避四而远行，四见初去而有言，如初者可谓明于见几，而不受四之所伤，真善用其晦者矣。

占　问时运：初运不佳，惟其善自保全，得以无害。○问战征：为营中粮食已尽，且宜暂退。○问营商：**明夷**者，恐资本有伤，运货远行，有中途受难之象，又恐主人啧有烦言也。○问功名：于飞垂翼，明示以不能腾达之象。○问婚姻：初爻与四相应，而反相害，婚姻不谐。○问家宅：此宅必是租典，非己屋也，故有主人；“三日不食”，有破灶不炊之象，不利，宜迁。○问六甲：生女。

占例　有友人某甲干来，请占气运。筮得**明夷**之**谦**。

断曰：**明夷**，**离**火被**坤**土所掩，明受伤也；**离**又有离散之义。**观**足下相貌，骨间有黑气所蒙，是明被黑掩，知将与主人离散矣，故爻曰“主人有言”。玩初爻之辞，显见足下与主人不协，意欲辞去。爻曰“于飞，垂其翼”，恐欲行而为主家所缠束，故垂翼而不能飞也。即从此他往，恐前途不利，尚有冯驩弹铗、子胥吹箫之难。时运不佳，宜匿迹避祸。

占例　明治二十八年，占我国气运，遇**明夷**之**谦**，呈之内阁总理大臣。

断曰：此卦日入地中，为昏暮之时。国家而得此卦，以内卦为外卦所伤，即可见我国为外国所侵也。就我国近时论之，**离**火之文明，盛于内地，逼于外国之交际，未能如意，故曰“明夷，利艰贞”。今者我军战胜清国，陷辽东，袭威海，势如破竹。余曾于本年六月初次启占，占得**需**卦，知海陆军之全胜；并料后日有三国干涉之议，外或以威武为颂扬，内实以富强生嫉妒，是各国之狡计也。今得此卦，知我军当此战胜之余，军舰或有损伤，而不适于用，兵士或有疲敝，而不可复劳，则犹如鸟之伤翼而不能飞扬，谓之“明夷于飞，垂其翼”。计欲进而相抗，无如兵力之不足何？计欲退而议和，无如国民之不服何？日夜筹思，几废寝食，谓之“三日不食”。爻象所谓“用晦而明”者，是指我所向往也；谓之“有攸往，主人有言”者，即指三国干涉[①]也。

果哉！四月媾和之约成，同时有三国之干涉，我遂还付辽东，得偿金而结局。

六二：明夷于左股，用拯马壮，吉。

《象传》曰：六二之吉，顺以则也。

二为臣位，居**离**之中，与五相应，五**坤**为暗主，反欲伤害贤臣，是**明夷**之所以为**明夷**也。“左股”者，以二为股肱之臣。《管子·宙合》曰：“君立于左，臣立于右，君臣之分，左阳右阴。”以君在左，故二之所伤在左股也，故曰“明夷，夷于左股”。“用拯”者，与**涣**初辞同。拯，救也，助也，子夏作升。二动体**乾**，**乾**为马，乾健故“马壮”，所谓用马以自拯拔也。虽伤反吉。《象传》曰“顺以则也”，**坤**为顺，以顺则之，是承**乾**也，即取**乾**马用拯之义。或谓二爻中虚，即内文明之象，卦属周文，文居西岐，视纣都为左，故喻取左股；文囚羑里，当时贡以文马九驷，是谓用拯实事。义殊精切。

占　问时运：目下运不甚佳，颇有伤残，幸得禄马相救，故吉。〇问战征：左营之军不利，幸马队得力，得以转败为胜。〇问营商：按策画不适时宜曰左计，知其营谋不合时，故有损失，幸得有马姓人出而调剂，则吉。〇问功名：凡官级以降曰左，似不利也；惟值午年，或交午运，则吉。〇问疾病：**离**二中虚，如陷井然，其人必陷入深坑；伤其左足，幸马力壮健，得一跃而出，虽伤亦吉。〇问家宅：必在左边柱足损伤，宜急修治。〇问婚姻：**离**阴象，女子恐有足疾，不良于行，宜配午命人吉。〇问六甲：生女。

占例　明治二十二年，占某贵显气运。筮得**明夷**之**泰**。

断曰：**明夷**《象》曰“明入地中”，是为入夕之时。人生命运，以向

---

① 郑同注：三国干涉，原作“此爻辞”，据上下文章改。

明为盛，以入夕为衰。今君占气运，得**明夷**二爻，推玩爻辞所云，恐君目下运限，未免有损伤刑克。左道邪僻之徒，切不可近；行路时宜小心，防左足有跌伤之患；并虑疮疾。大运须交午运乃佳，或逢午年，或值五月，皆利。

九三：明夷于南狩，得其大首，不可疾贞。

《象传》曰：南狩之志，乃大得也。

三居**离**位之终，南者**离**之本位，狩者冬猎，守地而取之也。自**离**而**坤**为向西，**坤**伤明不可往，故曰“南狩”。**离**为兵戈，不曰行师，而曰狩田，亦托言从兽以自晦耳。

按：**离**卦上六，曰“王用出征，有嘉折首”，首谓魁首，是恶之大者也。今曰“得其大首”，必是兽之大者。获其大而舍其小，即圣人网开一面之意，于此可见离明之仁德也。“疾”，数也，因狩讲武，固事之正，然数数为之，非特犯从兽无厌之戒，抑且涉日讨军疲之忌，非用晦之道也，故曰“不可疾，贞”；《象传》曰“南狩之志，乃大得也”，谓当此明夷之时，犹得于田行狩，私豵献豜，嫌隙不生，得适其晦藏之志，亦大幸矣。一说“南狩”，谓即文王猎于南阳，得遇太公，以得大首，喻太公也。足备一解。

占　问时运：大运不无破败，是宜退守；交冬令，从南出行，必得大利。〇问战征：卦曰**明夷**，明白进兵，必有伤败，宜潜兵从南而入。**离**上爻曰“王用出征，有嘉折首”，即合此占。〇问功名：南方属文明，猎兽猎名，皆期其得。“大首”，魁首也，其必膺首选乎？故曰“志大得也”。吉。〇问婚姻：婚礼奠雁射雀，亦取从禽之象。“得其大首”者，谓得其嘉偶。吉。〇问疾病：当出避南方。吉。〇问失物：可就宅南寻之，必得。〇问六甲：生女。〇问家宅：此宅**离**位南向。“大首”者，一乡之大富家也。吉。

占例　明治十六年，某商人来，请占气运。筮得**明夷**之**复**。

断曰：**明夷**，“明入地中”。**离**为日，日入**坤**土之中，明受其伤，故曰**明夷**。夷者，伤也。以论人生气运，是目下运被伤害，本不见佳。足下商人，以商业论之，当于冬季，可往南海道一带收卖货物，必有一种大档生意，可以获利。然不宜再往，谓之“明夷于南狩，得其大首，不可疾贞”。后果得大利云。

占例 明治二十七年八月二十六日，占平壤进军。筮得**明夷之复**，乃赠之于某氏。

断曰：此卦内卦日，外卦地，是太阳旋入地中之时。古来说卦者，以此爻为武王之事，曰“于南狩，得其大首”，谓言周之伐商，得其全胜。今占平壤进兵，而得此爻，九月十五日，我军自四面围击平壤，自南而北者，为大岛少将之队，战甚苦，少将亦被铳伤，此应在**明夷**，夷，伤也。自北而南者，为佐藤大佐之队，得其大胜，陷牡丹台，逼玄武门，遂殪敌将左宝贵，敌军悉溃，十六日晓，不损一兵，而取平壤。曰“南狩”，曰“得其大首”，一一中的，易理之玄妙如此！

六四：入于左腹，获明夷之心，于出门庭。

《象传》曰：入于左腹，获心意也。

四爻出**离**入**坤**，**坤**为大腹。按卦位，**坤**在**离**之西，为左。“入于左腹”者，即入于**坤**之腹也。入其腹中，自可获其心意，乃不曰获**坤**之心，而曰“获明夷之心”；“明夷”者，合全卦而言，即为“用晦而明”之心，是能卑顺不逆，可效腹心之用者矣。“出”，出**离**也。**坤**方来，故曰“入于”。**离**已退，故曰“于出”。又初之六为**艮**，**艮**为门庭，门庭光明之地，“于出门庭”，亦即取“用晦而明”之义。一说“于出门庭”，谓即微子去之之象。**明夷**一卦，分配周兴商亡，历历可证。

占 问时运：爻象出明入暗，知为不利，不宜居家，还宜出门。〇问战征：可潜入敌之左营，探听密计，出告大营，可胜也。〇问功名：功名以高升为吉。“入于左腹”，**坤**为腹，是入于地也。不吉。〇问营商：《释名》：“腹，复也，富也。”入于腹，即入于富也；获心，即称心也；“于出门庭”，是出家经商之象。〇问疾病：是病在心腹，恐是内损之症，宜出门求医。〇问家宅：此宅明堂左首，路有阻碍，出入不便。〇问婚姻：女子腹已有孕，不利。〇问六甲：生女。

占例 缙绅某来，请占气运。筮得**明夷之丰**。

断曰：时运宜阳不宜阴，宜明不宜暗，卦象曰**明夷**，“明入地中”，是向暗入夜。今得第四爻，据《爻辞》所言，料知贵下执事中，必有腹非小人，隐探贵下心意，藉端生事，出告于长官，致长官有疑于贵下，遂使事事多有掣肘。此皆目下气运之不利也，不如退身避祸。

后依所占，转恳友人陈告长官，长官诺之，使之转任他局云。

六五：箕子之明夷，利贞。

《象传》曰：箕子之贞，明不可息也。

《宋世家》曰：纣为淫佚，箕子谏之不听。人或曰；可以去矣。箕子曰：谏不听而去，是彰君之恶，而自悦于民，吾不忍也。乃披发佯狂而为奴，遂隐而鼓琴。即此可见箕子之贞也。《彖传》曰："内难而能正其志，箕子以之。"五爻居上卦之中，故属之箕子，上承《彖传》之意，以释"用晦"之义。《彖》所谓"内难"者，以纣为同姓也；所谓"正其志"者，即"利贞"也。《象传》曰"明不可息"，谓《洪范·九畴》，其道万古常明，箕子能陈之于周，故虽暂夷而终必明也，是之谓"明不可息"也。

占 问时运：目下正当困厄，不失其正，久后必亨。○问战征：主帅不明，致有谋士逃亡之象。○问营商：必历经艰苦，方可获利。○问功名：时事日艰，不宜于进，只宜退守。○问家宅：主亲族不和。○问疾病：防有发狂之症。○问婚姻：宜罢婚。○问讼事：一时不直，久后自然明白。○问六甲：生女。

占例 明治十八年五月，应千家大教正之命，筮佛教之气运，得**明夷之既济**。

断曰：佛法者，印度之圣人，了达三世，其道法灵妙高远，世界宗教中，无出其右者也，自足昭明万世，终古不息。今占得此爻，《爻辞》曰"箕子之明夷，利贞"，箕子为纣庶兄，因纣无道，谏之不听，乃佯狂为奴而避位，迨周兴，陈《洪范·九畴》，得封朝鲜，存殷之祀，是其道虽夷而终明也。现在佛法运气，亦犹是商道衰微之时，千家大教正，犹是当日之箕子也，当守其教道之贞，以明其宗旨之传，使释迦之圣德常明，菩提之宗风不灭，皆赖大教正之力也。《象传》曰"明不可息也"，斯之谓也！于是千家大教正叹曰："呜呼！神佛二道气运，果如此乎？不胜感悟！"

上六：不明，晦。初登于天，后入于地。

《象传》曰：初登于天，照四国也。后入于地，失则也。

上六居**坤**之极，为**明夷**一卦之主，是谓昏君，故“不明”而又加之曰“晦”，言昏之又昏者也。初“登天”，后“入地”，是始之自曜其明，卒之“明入于地”，为**明夷**之实象也。《象传》所称文王箕子，其圣德之光明，岂不足以照四国？而当日文囚于羑里，箕佯狂为奴，正所谓入地者是也。故明夷之世，昏君在上，以入地者为用晦，登天者为失则。彼世之不审时势，而急求登进，光照未遍，而身败名灭，祸皆自取耳。必如文王之“柔顺”、“蒙难”，箕子之“内难”、“正志”，斯为善处明夷者矣。**明夷**六爻，皆教人以“用晦”之方，昏君之凶，不言可知。

占　问时运：初运虽好，后运不佳，万事宜作退一步想，方可无咎。○问功名：宜晦藏遁迹，不宜自炫才华。○问营商：货价初次太昂，落后太贱，显有天渊之隔，宜得其平。○问战征：防攻山夺险，有堕入深渊之患。○问婚姻：有先富后贫之嫌。○问家宅：此宅面对高山，后临深渊，殊嫌地势低陷。○问疾病：初患气冲，后又下泄，难治。○问六甲：生女。

占例　明治二十一年六月，余与坂田服部两氏，合谋制造摄绵土所于尾州热田，推坂田氏为社长。摄绵土制法，密合石灰与粘土，烧造而成。向来我国所用，皆仰外国输入，每年约费数十万元，设立制局，每年可减却十万元。且热田所制之品，优于外国，大得声价。二十三年春，占该社之景况，得**明夷**之**贲**。

断曰：摄绵土制法，本系粘土石灰两物，合制而成，粘土取之污湿地中，所谓“入地”者是也。不取其洁白，而取其黑泽，所谓“不明，晦”者是也。此土出地，历经工匠融化锻炼，犹如“登天”也；炼成后，用以粉墙筑地，俨然“后入于地”也。该社制出之品，工精物美，可得远售外国，即《象传》所谓“照四国也”。玩《爻辞》之意，合之摄绵土之制造贩行，历历相符，该社之盛行可必也。

阅数月，复占一卦，仍得前爻，益知神之所示，无有异辞，灵妙诚堪畏服。

䷤风火家人

卦体**巽**上**离**下，**巽**木为风，**离**日为火。木燃生火，故木火相生，日气成风，故风日相成，皆由一气之鼓铸，犹人生一家之生育也。又火取其明，风取其和，伦纪修明，门庭和睦，取其象焉，故曰“风火家人”。且**家人**自**明夷**来，**明夷**之卦，当周兴商亡之际，周兴肇自太姒，商亡由于妲己，国运兴亡，基于家政，此**家人**所以继**明夷**也。

家人：利女贞。

利贞两字，为**家人**一卦中关键。自古家道之成败，罔不由妇人始也，盖贤妇则称内助，淑女乃能宜家，贤而淑，则贞也，否则“牝鸡司晨，惟家之索”，是宜戒也。《易》之全经，《上经》首**乾**、**坤**，**乾**为父，**坤**为母，是谓老夫妇，卦备四德，而不专在利贞；《下经》首**咸**、**恒**，**咸**为妇道之始，**恒**为妇道之终。**咸**《彖》曰“利贞，取女吉”，**恒**《彖》曰“利贞，无咎”，则知“从一而终”、“妇人贞吉”。**恒**五《爻辞》，显揭**家人**一卦之旨，盖贞则吉，不贞即不吉；**家人**卦德，专重夫贞，贞之吉象，专属于女，故**家人**《彖》首揭之曰：“利女贞。”

《彖传》曰：家人，女正位乎内，男正位乎外，男女正，天地之大义也。家人，有严君焉，父母之谓也。父父，子子，兄兄，弟弟，夫夫，妇妇，而家道正，正家而天下定矣。

卦象**巽**风**离**火，风顺也，火明也。**巽**女下缺而顺，**离**女中虚而明，明而又顺，贤女也。卦体皆为女象，家道首重妇德，故《彖传》曰“家人，女正位乎内，男正位乎外”，先女而后男，言**家人**以治内为先。男有室，女有家，人之大伦，即“天地之大义”，人伦正而大义定矣。君尊也，一国之中，以君为尊；一家之中，以父母为尊。父道虽止于慈，而《孝经》亦称严父，所谓教笞不废于家，严之谓也。母子之间，过多由于溺爱，圣人特以严训，使与父同。风之柔从得其正，火之畏烈取其严，程子所云“正伦理，笃恩义”，**家人**之道尽矣。家人之中，不外父子、兄弟、夫妇，一正而无乎不正，所谓正一身以正一家，正一家以正一国，正一国以正天下者，胥是道也。

以此卦拟人事，卦曰**家人**，《彖辞》、《爻辞》，所言皆治家要道，人事尽在是焉。所谓“女正位乎内，男正位乎外”，大旨以家内之事，女主之。古来女子之贤，最为难得。女之性阴，阴则或流为险狠；女之质柔，柔则或溺于偏私。闺门之不谨，其祸有极于败亡而不可救者矣，《彖辞》所以首重利贞也。然女之不贞，其始皆由家教之不严，《彖》曰“家人，有严君”，所以重其责于父母也。初爻其女尚幼，为先立其“闲”，二爻则稍长，当课以“中馈”；三爻则长成，故戒以失节。内三爻女犹在家，约束不嫌其严也。四曰“顺”，得其正也；五曰“假”，“交相爱”也；六曰“孚”，本在身也。外三爻女已成家，“威如”乃得“终吉”也。孟子所云“女子之嫁也，母命之”，曰“必敬必戒，无违夫子”，皆与《爻辞》相符合。盖严取诸**离**，**离**火酷烈，故家教以严为主；顺取诸**巽**，**巽**风柔和，故妇道以顺为正。《象传》曰“风自火出”，火固因风而炽，而其焰自能生风。君子法之以为言行，“言有物”而无伪，“行有恒”而无羞，或语或默，或动或静，皆为人事之大防。无风无火，天必不能行运；无言无行，人亦不能以成事。女正夫内，所谓“言不出于阃，行不履于阈”者是也；男正夫外，所谓“言满天下无口过，行满天下无怨恶”者是也。言行之臧否，人事成败系之，即家道之隆替，亦系之焉。故**家人**一卦，其义取男女，而《象传》则曰“言有物”、“行有恒”，其旨深矣。

以此卦拟国家，家修即为廷献，是家国本相通也；**家人**亦称“严君”，是君父本一致也。故读《关雎》一诗，知王化启于闺房，《彖辞》所云“女正位乎内”者，斯之谓也。反是则汉之赵燕，唐之武瞾，宫帏渎乱，国纪伤残，身亡国危，祸延宗社，自古来女祸类如斯焉。圣人忧患作《易》，故次**咸**、**恒**而著**家人**。**家人**者，所以明齐家之道，正家以正天下者也。君子治家治国，终不外言行两端，言可信于一家者，即可信于天下，行可见于一家者，即可见于天下，朝廷之颁条教，布政令者，亦犹是焉。全卦六爻，下三爻为齐家之事，教家之始也，上三爻为家齐之事，教家之终也。始则立其防，终则要其成，极其道曰“反身”，《大学》所谓“自天子以至于庶人，壹是皆以修身为本”，可知家国之本，即在此一身而已。

通观此卦，《说卦》曰："万物齐乎巽，相见乎离"，"齐"者，即所以齐家；"见"者，即可推而见之于天下国家。**家人**卦体，**离**下**巽**上，取此义也。修齐之道，端赖明德，故象取**离**之明；江汉之化，始自宫闱，故象取风之顺，此卦所以名"风火家人"也。卦爻**巽**长女居上，四为**巽**主，以从五；**离**中女居下，二为**离**主，以从三。以阴居阴，各当其位；长上中下，各循其序；从三从五，各得其偶；外阳内阴，各司其职。君子则风火以为言行，修言行而垂家国。一家之中，夫制而妇从，内明而外顺，恩惠行，爱憎公，而后家可齐，而天下可定也。

《大象》曰：风自火出，家人。君子以言有物而行有恒。

巽为风，**离**为火，**巽**位在巳，**离**位在午，巳午皆火，故有"风自火出"之象。按康成《别传》，见大风起，诣县曰："某日当有火灾，宜广设禁备。"至时，果有火起。《左传》所谓"融风，火之始也"，即为"风自火出"之征。且风之发也，瞬息而遍及，火之起也，传燃而不尽，喻言教化之行，自内及外，其机甚捷，故曰"风自火出，家人"。考《洪范》五行，火以配言，**小畜**诸卦，风皆曰行，故君子取象于风火，以为言行。"物"事也，"恒"常也。火附物而生光，言有物而可则。风得恒而不易，行有恒而化成。言行君子之枢机，风火天地之嘘气，发迩见远，其道相同。夫闺门之内，以恩掩义，以情夺礼，所恃以慑伏家人者，惟赖此言行而已。教化自言行出，言行又必自诚心出，诚则足以化人，不诚则自适以阶厉，君子处家，故于言行尤兢兢焉。

占　问时运：风得火而愈狂，火得风而益炽，正是时运全盛之会，然入邪则邪，入善则善，言行之间，最宜加勉。〇问营商：《尔雅》云："风与火为庉"，"庉"聚也，有屯聚货物之象。《爻辞》曰"有物"、"有恒"，物，货物，恒，恒久，谓其物不容急售，过后可获高价。〇问功名：风行远，火炎上，有高升远到之象；言行者，出身加民之具，功名可必。〇问家宅：防有火灾。〇问婚姻：**家人**一卦，象取夫妇，**离**火**巽**风皆女，或长女为姒，中女为娣之象，或为两姓对结之亲。吉。〇问疾病：是风火上升，痰多气喘之症，一时不治。〇问六甲：生女。

初九：闲有家，悔亡。

《象传》曰：闲有家，志未变也。

“闲”字，从门，从木，门内加木，所以防外也，故训为防。《易·文言》曰闲邪存诚，谓防闲其邪念，《论语》曰“大德不逾闲”，闲阑也，谓阑止其出入，皆取禁止防范之意。初爻处下卦之首，为**家人**之始。“有家”者，孟子谓“女有家”，是专指女子而言；“闲”者，如闺有范，女有箴，皆所以教戒之也。为女之始，先立其闲，使知所谨守，而不敢陨越，犹如蒙之必先养正也。若家渎而后严之，志变而后治之，则有悔矣。《象传》曰“志未变也”，谓其心志本明，未即邪欲，闲之于初，悔自亡也。

占 问时运：目下好运初来，正当自知检束，斯无灾悔。〇问战征：当行军之始，正宜整其步伐，严其号令，得以有胜无败。〇问营商：是初次贩运，宜恪守商规。〇问功名：是初次求名。宜遵公令，不得妄意干进。〇问家宅：此宅墙围坚固，门户肃睦，治家者有条有则，约束详明。至四年后，可致饶富。吉。〇问疾病：病是初起，宜自谨慎保养，必无灾害。初若不治，必致变症，则难治矣。〇问婚姻：当初订姻好，知是家风清白，闺门素谨，可成。〇问讼事：初讼罢之，则吉。〇问六甲：是初胎，生女。

占例 二十三年十二月，友人某来，请占商法成否。筮得**家人之渐**。

断曰：风着物而鸣，火着物而燃，是风火皆虚，必托于物而成形，犹商业必藉资本而成事。今占问商业，而得初爻，初者，为商业谋办之始。我国自锁港以前，外商未通，一切商人，皆守旧习，未能远行，是以有悔。近始与各国贸易，所当先定商规，熟识行商之利益，犹是女子初嫁，当先学闺范，能谙为妇之礼教。为妇之道，在正家，为商之利，在裕国，其义一也。若不习之于初，而茫然从事，何能获利乎？《爻辞》谓“闲有家，悔亡”，家之有闲，谨其出入；商之有闲，慎其出纳。能守其闲，自有吉无悔矣。《象传》曰“志未变也”，为通商伊始，陋习犹未变也。商法必成而有大用焉。

六二：无攸遂，在中馈，贞吉。

《象传》曰：六二之吉，顺以巽也。

“无攸遂”者，谓妇道无成，事无专制也。二至四互**坎**，**坎**为酒食，故曰"在中馈"，谓朝夕以治饔飧，妇人之职也。二爻在妇妻之位，备中正之德，应九五**离**明之主，是能柔顺得正，以从事九五中正之夫者也。盖妇人之道，惟在奉祭祀、馈饮食而已，不得干预外事。《采蘋》、《采蘩》两篇，皆美其能诚奉祭祀，可知妇职专在中馈，《礼》所谓"奉箕帚，操井臼"者是也。《象》曰"女正位乎内"，即指此爻。《象传》曰"顺以巽也"，按《象传》称"顺以**巽**"者有三：**蒙**之六五，谓事师之道；**渐**之六四，谓事君之道；此爻谓事夫之道。即孟子所云"以顺为正，妾妇之道"也。

占 问时运：目下正当大运，但爻象重阴，只宜因人成事，不能独断独行。〇问战征：此是偏将，必非主帅，或是后营，主管粮食军饷，最为紧要，谨防勿失。〇问营商：想是贩运粮食生意，吉。〇问功名：难以遂意。〇问家宅：此宅朝南，宅主必是妇人，家事不能专断，惟灶基最吉。〇问疾病：幸胃口强健，可以无害。〇问六甲：生女。

占例 某缙绅来，请占气运。筮得**家人**之**小畜**。

断曰：二爻处下卦之中，为**离**之主，**离**象中虚，权无专制；**离**取鼎养，职在调羹。爻体以顺，爻象属阴，故只宜在内，而不在外也。今占气运，得**家人**二爻，知足下气运平顺，但才力柔弱，未得独擅大权。只可奉公从事，或者授职宫内省，正所优为也。吉。

占例 明治三十年，占递信省气运。筮得**家人**之**小畜**。

断曰：风火**家人**，风取其疾，火取其速，皆言来往迅速也。轮船铁道，亦皆取力风火，则知卦象所云，正与递信局事，大旨相合。**家人**二爻，《爻辞》曰"无攸遂，在中馈，贞吉"，"无攸遂"者，谓递信，皆代人传送信物而已；"在中馈"者，谓邮函报告，铁道贩运，惟以粮食为重也。其事行诸国中，达诸海外，正内正外，亦犹是也，故曰"贞吉"。

九三：家人嗃嗃，悔，厉，吉。妇子嘻嘻，终吝。

《象传》曰：家人嗃嗃，未失也。妇子嘻嘻，失家节也。

"嗃嗃"，《广韵》"严厉貌"；《玉篇》"严大声"。嗃从口，从高，谓大其声使人畏惮也。"嘻嘻"，《玉篇》"和乐声"。嘻从口，从喜，谓和其声使人喜悦也。九三以阳居阴，处下卦之极，为一家之主，刚严过甚，过严则伤恩，未免有厉，是嗃嗃之过也；若嘻嘻则和乐无度，过和则害义，终必见吝。盖治家之道，严虽过其中，而要之家庭肃睦，咸知敬畏，自不即于非礼，故曰“厉，吉”；和则虽上下欢悦，而荒淫佚乐，流弊有不可胜言者矣，故曰“终吝”。《象传》以失不失对勘，谓和而终吝，不如厉而得吉也。

占 问时运：运限平平，终贵自勉，严谨刻苦，不自惮劳，当必获吉。若一味取乐，百事无成。○问战征：号令严明，万军畏服，纵不免杀戮过甚之患，而所问自得成功。○问营商：想是外作商店，内作住家，内外齐肃，家政严，店规谨，乃能获吉。否则，过和而流，将有名可问者。○问功名：爻象专在宜家，功名尚缓。○问家宅：此宅家规严肃，吉。○问婚姻：九三之应在上九，曰“有孚”，知两姓相从，吉。○问疾病：九三属**离**为火，宜进凉剂，虽危得愈。○问失物：宜严急查问，可得，若宽缓则失矣。○问六甲：生女。

占例 某缙绅来，请占气运。筮得**家人**之**益**。

断曰：九三以阳居阴，刚严者也，处下体之极，为一家之长，是以刚严而督率家政也。刚严未必无悔，然较和而流者，其得多矣。足下占气运，今得此爻，知足下禀气刚强，一生处世，与卦象符合。足下职掌政务，悉以严厉治之，一时属员，未免怨苦，而于一切政务，罔不整肃，自无疏忽紊乱之弊，可以允吉。

六四：富家，大吉。

《象传》曰：富家大吉，顺在位也。

离、**巽**二卦，为二女，皆自**坤**生，**坤**为富，为财，又为户，有“富家”之象。六四以阴居阴，处上卦之首，与初相应，初曰“闲有家”，盖保家有法，克勤克勤，日积月累，至四而俨成富家也，故曰“富家，大吉”。《象传》曰“顺在位也”，二四皆为卦主。二爻“在中馈”，中馈掌烹饪，**离**之位也；四曰“顺在位”，顺，**巽**之位也。盖妇以顺从其夫，得以致富，自能不失其职位也。

占 问时运：目下正当盛运，已富者克保其家，未富者即发其财，大吉之象。○问战征：国富兵强，粮饷充足，可进可退，吉无不利。○问营商：“利市三倍”，立致富饶，吉可知也。○问功名：官与财多相反，必须破财，乃可成名。〇问家宅：必是巨室阀阅之家，大吉。〇问讼事：财可通神，事无不了。〇问疾病：必是身体肥胖，膏梁过度所致，药之即愈。〇问六甲：生女。

占例 近来余与友人谋创一业，占问成败吉凶如何。筮得**家人**之**同人**。

断曰：我与友人谋事，则内卦**离**属我，外卦**巽**属友，**离**、**巽**方位相同，可知我与友意气相合；二四为内外卦主，可知我与友，亦各主一职，合以成事。今占得六四，四居**巽**位，**巽**为商，为利，取象于"巽，近利市三倍"，利得三倍，即可致富。此商家中大吉象也，故《爻辞》曰"富家，大吉"。

得此占辞，决计立业，果得吉利。

九五：王假有家，勿恤，吉。

《象传》曰：王假有家，交相爱也。

九五王位，王者以天下为一家，故推极言之。"假"与格同，谓感格也。五爻刚健中正，位居至尊，与六四相比，与六二相应，四以顺在位，二以顺相从，顺则情性相通，缠绵固结，交相爱悦，假之所由来也。一家之中，父子兄弟夫妇，情意如一，王者家大人众，推之天下，无不各长其长，各幼其幼，所谓"王假有家"，假之至矣。"勿恤，吉"者，谓王者感化之神，勿用忧恤，而自无不吉也。盖初爻曰"闲有家"，以法度闲之，为家道之始；至五曰"王假有家"，假即假其闲家之善。王有家，是化家为国，化国为天下，为王者之家，家道之终也。一说假，大也。取"假哉天命"，谓大哉天命之义。"王假有家"，谓王者大，居正，故曰"大有家"，较四之富家而更进矣。其说亦通。

占 问时运：运来福至，人心自然感通，何忧不吉？〇问战征：王者之师，所向无敌。吉。〇问营商：想此商业，必是奉公谋办，或是贡献品物，为王家之业也，吉。〇问功名：恰如渭水傅岩，有梦卜感通之象，吉。〇问家宅：此宅想是公卿巨邸，吉。〇问疾病：人身以心为君，五居**巽**木，必是肝木太强生风，心火生热。药宜熄火定风，使心气开通，可勿忧也。吉。〇问婚姻：有选入宫闱之象。〇问六甲：生女。

占例 友人某来，请占气运。筮得**家人**之**贲**。

断曰：人生作事，全凭气运，运苟不佳，不特事多掣肘，即一家中，父子兄弟夫妇，亦不见信，如苏秦不第归来，嫂不下机，妻不执炊是也。气运一通，不特下民信服，且有梦通良弼，卜兆非熊，忽来王朝之征聘者，是皆运为之也。今占得五爻，五居尊位，故称“王”。“假”，格也；“勿恤”，勿忧也。知足下大运当盛，才志亦强，一年半载中，必有使命下颁，就家起用。五与二相应，二曰“中馈”，馈食也，祭也，或为祠官主祭祀，或奉公采办粮饷，不须忧恤，自能得吉。足下可拭目待之！

上九：有孚，威如，终吉。

《象传》曰：威如之吉，反身之谓也。

上九居**巽**位之极，**巽**二阳一阴，上得**乾**气，**乾**为信，故“有孚”。**乾**又为威，故“威如”，且**巽**风善入，有威孚之义。**离**火可畏，有威严之象。合上下两体以成其爻，示人可因象以求义也。上与三应，三之“嘻嘻”，和而失节；上之“有孚”，则和顺而能感人也。三之“嗃嗃”，严近于厉；上之“威如”，则严正而若可望也。盖上为卦之终，教家之道，亦至上而成，故“终吉”。夫所谓正家者，其道不自家始也，家之本在身，先正其身，而家无不齐矣。君子不言而信，不怒而威，亦以诚之道感通之耳。《象传》曰“反身”，即《大学》所谓齐其家，在修其身之旨也。

占 问时运：得人信服，得人敬畏，事无不成，往无不利，可行于近，亦可行于远，万事皆吉。十年好运，过此而终。〇问战征：行车之道，有信则人不我欺，有威则人不我狎，赏罚无私，号令必行，王者之师也，故吉。〇问营商：有信则万金可托，有威则百务皆修，商道之正也。〇问功名：上爻处极位之地，必是身居上位，信义早孚，威望素著之大人也。〇问家宅：此宅地位必高，为一乡之望也。吉。〇问婚姻：两姓允从，吉。〇问六甲：生女。

占例 明治二十年，占某贵显气运。筮得**家人之既济**。

断曰：爻居上位，适合贵显之象。《爻辞》曰“孚”，曰“威”，知威孚遍通夫上下，威望夙著于朝廷，所谓不言而信，不怒而威，为能得夫君子之道也，吉何如也！《彖》曰“正家而天下定”，贵显有焉。《象》曰“反身之谓”，国之本在家，家之本在身，贵显必能身修而家齐也。气运之吉，不言可知。

䷥火泽睽

卦体上**离**下**兑**，**离**火炎上，**兑**泽渗下，火动而愈上，泽动而愈下，上下相违，曰“睽”。**睽**字从目，从癸；**离**为目，癸属水，泽亦水也，《六书》故曰“反目为睽”。睽，乖也，盖泽在火上，泽火相济而成**革**，泽在火下，火泽相反而成**睽**，此火泽之卦所以名**睽**也。

睽：小事吉。

《序卦传》曰：“家道穷必乖，故受之以睽。睽者，乖也。”**睽**则众心离散，不可以兴大事，若小事则力可独任，不待众举，虽**睽**尚可为也，故曰“小事吉”。**睽**卦上下互**既济**，**既济**《彖》曰“亨，小者亨也”，谓所亨特其小者；此卦曰“小事吉”，吉亦惟在小事耳。**兑**为小，故第言小不言大。要之乖睽之世，不足以成大事也，可知矣。

《彖传》曰：睽，火动而上，泽动而下，二女同居，其志不同行。说而丽乎明，柔进而上行，得中而应乎刚，是以小事吉。天地睽而其事同也，男女睽而其志通也，万物睽而其事类也。睽之时用大矣哉！

离火在上，**兑**泽居下，在上者动而炎上，居下者动而润下，无相成之道，是以为**睽**。**离**中女，**兑**少女，合而成卦，谓之“同居”；上下异动，各适其适，即各志其志，不能强同也。卦德以**兑**从**离**，**兑**悦也，**离**明也，丽有所附也。“柔进”者，**巽**在下而进于上也；“得中”者，**巽**得中而应乎刚也。卦爻以六五下应九二，五居**离**之中，二居**兑**之中，以上应下，居尊者能屈己，下降者得上交，虽处乖睽之时，而小有动作，尚得吉也。夫睽之为言散也，散则人心离，国势分，必不足成大事，似无可用，不知不睽本无合，惟睽乃有以见合也。圣人即因其睽而用之。天高地卑，睽也，位定而天地之睽者同；男外女内，睽也，礼定而男女之睽者通；耕不可衣，织不可食，车不可水，舟不可陆，睽也，制定而万物之睽者类，故曰“睽之时用大矣哉”。不言“时义”，而曰“时用”，盖应用取用，其为用也大矣。

以此卦拟人事，凡起居饮食，暨婚嫁丧祭，皆为人事，事无论大小，无不贵乎情之相同也，志之相通也，物之相类也。卦体**离**火上动，**兑**泽下动，**离**、**兑**皆女，同出于**坤**，是为“同居”；动则变，变则女而为妇，所行不同，而志亦异，是动而成**睽**也。睽在天地，而天地之运闭；睽在男女，而男女之伦乱；睽在万物，而万物之品淆。大纲大纪，奚以得吉乎？惟君子“以同而异”，为能善用其睽也。用以设众黎之官，天地可因睽而同；用以行嫁娶之礼，男妇可因睽而通；用以定利用之经，而万物可因睽而类。此火泽之用普，而人事之准立矣。

以此卦拟国家，其卦曰“睽”，睽，散也，是政府与人民，其势有动而不相见，散而不相合者矣。**睽**之旁通为**蹇**，险也，因**睽**而不能济险，更何以正邦乎？**睽**之反卦为**家人**，“家人内也”，因**睽**而不能正内，更何以定外乎？上卦**离**火，火本就燥，下卦**兑**泽，泽本润湿，上下相背，燥湿各殊，是为“二女同居，其志不同行”。“二女”者，就**离**、**兑**二象而言。不特女之志行有异，推之天地万物，而其情亦不能强同也。国家之内，大而天地，中而男女，小而万物，同则见亲，异则见疏，国运之治乱兴衰，罔不于此卜之。然天下无久合不睽之理，天下亦无久睽不合之势，用其睽以济睽也。若徒丽而得正，进而愈上，中而有应，其事犹小，其吉亦微矣，要必同其撰而天地之道乃宏也，通其情而男女之情乃洽也，类其族而万物之利乃普也。其德协造化之机，其功关治平之要，非“同而异”之君子，不能极其用也。

通观全卦，火上泽下，上者动而愈上，下者动而愈下，背道而驰，不得相同，卦之所以谓**睽**也。卦体下互重**离**，多视伤明，为睽；上互**坎**，**坎**为心病，人各有心，孚则通，疑则睽。情莫亲于家人，睽则为恶人，为鬼，为寇，或劓之，或射之，而不以为过。下苟能悦以事上，上亦能明以视下，则疑释而情亲，即化而为夫，为宗，为婚姻，而不以为嫌。前之相疑若此其甚，后之相合又若此其切，睽合之机，即在此转移间耳。是以睽在内卦，皆疑而有待；睽在外卦，皆反而有应。初与四应，初之“丧马”，得四之“元夫”而全；二与五应，二之巷遇，得五之“噬肤”而合；三与上应，三之“舆曳”，得上之“遇雨”而合。合则恶人化为同室，睽则家人疑为寇仇，恩怨反复，变态无常。君子以无心应物，不党同，亦不伐异。初九见恶人而辟咎，为能得用**睽**之道也。卦体二阴本柔，内以悦而宽其忧，外以明而破其疑。所以始睽者，“二女同居”也；所以终合者，群疑悉化也。卦睽而象合，《易》所以变化不穷也。

《大象》曰：上火下泽，睽，君子以同而异。

卦象皆女也，卦体为火泽，炎上润下，其用各异，故曰“睽”。君子法之，于同处见其象，于异处别其用，不党同以背道，亦不立异以悖俗。“以同而异”者，譬如声色货财，为人所同欲，而或去或受，不敢苟同于人者，是其所以独异也。此可见君子之“以同而异”也。火泽同卦，而炎润各异其性者，亦犹是焉。

占 问时运：目下气运颠倒，惟宜正以处之。〇问战征：军情不协，上下异趣，宜防睽散。〇问功名：上下不通，功名难望。〇问营商：货价上落悬殊，能以人弃我取，尚有小利可望。〇问疾病：病在上下焦，胸气隔绝，上有火，下有湿，医治棘手。〇问家宅：此宅天盘地盘皆动，阖家上下不利，急宜迁避。〇问婚姻：有二女皆愿受聘，大者性躁急，小者性宽柔。择而娶之。〇问讼事：即可罢散。〇问六甲：生女。

初九：悔亡。丧马，勿逐，自复。见恶人，无咎。

《象传》曰：见恶人，以辟咎也。

初居**兑**体之下，自**家人**上爻来，**家人**上曰“终吉”，故**睽**初曰“悔亡”。爻属**震**，辰在卯，上值房，房为天驷，故称“马”；初动而上，舍我而去，故云“丧”。然四与初同德，他无正应，姑听其去，势必复来，故云“勿逐，自复”。下互**离**，**离**性猛烈可畏，故曰“恶人”。**兑**为见，**离**亦为见，是**离**之恶人既来求见，**兑**若拒而不见，未免嫉之太甚，必致咎也。**兑**姑与之相见，如阳货欲见孔子，孔子以礼往拜之旨也，故得“无咎”。盖失马而逐之，愈逐愈逸，见恶人而激之，愈激愈乖，是以“勿逐”而“自复”，“见恶人”而不避，可以免咎矣。能以无心而应物，则睽无不合也。《象传》曰“以辟咎也”，盖不以避为避，避而有咎，则以不避为无咎可知也。

占 问时运：好运初来，灾悔已退，虽有丧失，不必计虑，即有恶人来侵，不必拒绝，自然无咎。〇问战征：初次开战，虽有小败，后必大胜，强敌亦不能害我也。无咎。〇问营商：新作贸易，失而必复，无须忧虑也。来者不拒，无须计较也。目下未见尽利，后必大亨。〇问功名：现下虽无灾悔，未得成名，必待明年，至二爻得其巷遇，斯获显达。〇问家宅：阖宅平顺，无悔，无咎。〇问失物：不必寻觅，自得。〇问婚姻：现下未成，待到六月，或到六年，必就。吉应在上九“匪寇，婚媾”之辞。〇问讼事：所讼必直，无咎。〇问六甲：生女。

占例 友人某来，请占气运。筮得**睽之未济**。

断曰：此卦火性上升，泽性下降，彼我之情不洽，名之曰“睽”。睽者违也。今足下占气运，而得初爻，初爻地位处最下，孤立无应，可知足下夙性孤高寡与，得失勿较，即有素所心恶之人，彼苟有求而来，亦不至拒而不纳。以初爻处**兑**之始，外卦为**离**。**兑**，悦也；**离**，明也，悦而又明，必能识人善恶，又复和光同尘，不为过甚。卦象**睽**不终**睽**，故得无悔无咎。二爻曰“遇主于巷”，足下至明年，必有登进之望。

九二：遇主于巷，无咎。

《象传》曰：遇主于巷，未失道也。

“主”者，君也，指六五而言；“巷”，里中道，从邑，从共，谓里中所共往来者也。二处**睽**失位，所如不合，与五正应，二居**兑**中，五居**离**中，**兑**、**离**皆为见，知二五均有相见之意，邂逅于巷，是不期遇而适相遇也。君臣相遇，睽而终合，咎何有焉？《象传》曰“未失道也”，谓不假远涉，自得相遇于巷；巷，道路也，即《论语》所谓“遇诸途”者是也。

占 问时运：卦值乖睽，运本不佳，近始得有绝好际遇，往必有庆。〇问战征：二五相敌，内为我兵，五为敌兵，曲巷相遇，白刃相接，此战未分胜负。〇问营商：巷字从共，必是合伙共谋之业，当有一财主相遇，共为经营之象。〇问功名：正是风云际遇之时。〇问家宅：此宅在曲巷之内，近有贵人来会，相晤为欢，大庆。〇问疾病：得遇良医，无咎。〇问婚姻：《诗》所咏“邂逅相遇，适我愿兮”，此男女私情，非正配也。〇问六甲：生女。

占例 明治二十三年，占文部省教育准则。筮得**睽之噬嗑**。

断曰：此卦火性上炎，泽性下润，以上下悬殊，故名曰“睽”。今占教育准则，而得二爻，二爻处睽失位，将无所安，譬诸近时文部省之教育，专以欧美为法，以智与理为主，我国旧时道德之教，亦同二之处失位，几将委弃不用也。

凡留学欧洲生徒，归朝之后，各为教师，以教育子弟；在此辈生徒，本不知我国古来之教，敦纲纪，重名分，自足卓立万世，培育群材者也。乃厌故喜新，如陈相之见许行，尽弃其学而学焉，又相率我国子弟一从其教，余实忧之。为撰《道德本原》一篇，明治二十三年十月十八日，请谒山县总理大臣，乃陈述其说。是日各县知事，亦适在坐，咸相倾听，大臣曰：“子之所论，切中时弊。”命余往谒芳川文部大臣。余即日谒文部省，复申前说，阅日天皇召问二大臣，遂下教育之敕，以余鄙论上达天听，何幸如之！《爻辞》所谓“遇主于巷”者，适相合也。易理先机，神妙如此！

《道德本原》节略：

大旨：昔者我邦以神、儒、佛三道，为道德之标准，维持世道人心，自西学日兴，旧学日废，若不究其由来，未足施救济之策也。以余所见，仁义忠孝节操廉耻八字，实为儒道之要旨。明治八年中，文部省议废汉学科，以斥儒教，厥后政略所及，迄至今日，陷溺日深。在文部省亦初无废意，因定各学科年限卒业，谘问于汉学教师，教师答曰：洋学非我所知，在汉学，虽生涯专修，未有究竟，难定年限。因之议废。余谓此迂儒之论也，岂不问孔子所云十五志学，三十而立，孟子所云“幼而学之，壮而行之”是学皆在幼时。三十曰壮，则行所学以济时也。程子谓《中庸》之书，善读者，玩索而有得，终身用之，有不能尽，不言终身学之而不尽，其于普通科，岂无卒业之期哉！俗儒不知时务，妄作迂论，遂至切要之学，废置不讲，以致今日之祸，罪不容于死。虽然，文部省亦有罪焉。当时俗儒，虽有此议，必系心醉西学，不识道德之本原，其在文部大臣以下，满朝名臣贤相，皆出于汉学之门，何以顿忘此躬修之实学乎？实为遗憾！语曰“上之所好，下有甚焉”者，从此浮薄子弟，蔑视汉学，不知伊于胡底。道德凶而廉耻灭，小则判一身之邪正，中则关一家之盛衰，大则系天下之安危，其害有不可胜言者矣。既往不可复咎，为今之计，回狂澜于既倒，以矫正世道人心，上安天子之宸襟，下增国民之福利。道德之教，所关甚巨，地方长官，已具文申详文部大臣，定以儒教主义，为后来学科之准则。讲究儒教主义，德之本原，实今日之急务也。设定二种教育，一曰真理，一曰现理。真理者，出于天理之公，合夫性命之正，即所谓正心、诚意、修身之学，形而上之教也；现理者，成于人类之私，得夫气形之利，即所谓立身、兴家、富国之学，形而下之教也。古人曰“衣食足而知礼节”，又曰“无恒产者无恒心”，实人世之常态，此真理现理二种，不可一日或缺者也。其略如此。

六三：见舆曳，其牛掣，其人天且劓。无初有终。

《象传》曰：见舆曳，位不当也。无初有终，遇刚也。

上互**坎**，**坎**为舆，下互**离**，**离**为牛。“无初有终”，遇刚也。**离**亦为见，上下互**既济**，**既济**初有曳轮之辞，故曰“见舆曳”。“掣”，《尔雅释》训“甹夆”。掣，曳也，即牵掣之意。“舆”指三，“曳”指四，“掣”指二。三居上下之交，其位不当，四曳之，二掣之，是曳其舆于前，又掣其牛于后也。“天”，胡氏安定谓“天当作而”，篆文而而与天字形似，即礼“髡刑曰而”。“劓”，截鼻也，发属心而主火，鼻属肺而主金，此爻**兑**金值**离**火，金火相克，故有发鼻受伤之象。**兑**为刑人，故曰其人“而且劓”。三爻处下卦之终，当睽违之时，以阴居阳，履非其位，与上相应；上居**离**极，**离**火性烈，不合则相伤，合则相得，遇雨疑亡，睽终合矣，故曰“无初有终”。《象传》曰“遇刚也”，刚指四，即上之“遇雨”也；四互**坎**，**坎**为雨，四又中立不倚，故曰“刚”，谓四能释上之疑，使之终合也。

占 问时运：运不得当，恐有刑伤之灾；三年后，得有好运。○问营商：与人不合，非特不能获利，防有刑狱之厄，待后可成。○问功名：左掣右肘，动辄得咎，安能成名？晚运则佳。○问战征：车脱马逸，兵败将亡，不能前进，必待应军得力，得以始败终胜。○问婚姻：初因男家疑忌，未免受辱，终得疑释完婚。○问家宅：此宅地位不当，前后左右，皆有牵制，宅中之人，时有头面伤残之祸，以朝山向午，**离**火来克。宜改向朝西**兑**位，乃吉。○问疾病：必是面上有疮，久后自愈。○问讼事：不免刑厄，终则自解。○问失物：后可寻得。○问六甲：生女，防面有伤痕。

占例 一日友人某氏来，曰某贵显托仆以一事，请占其吉凶。筮得**睽**

之**大有**。

断曰：《彖辞》谓**睽**“火动而上，泽动而下”，上下相背，是以成睽；又曰“男女睽而其志通”，是初睽而终合，即三爻所谓“无初有终”之旨也。今足下代占，而得三爻，三爻曰：“见舆曳，其牛掣，其人天且劓。无初有终。”玩爻辞，谓人在舆中，曳者欲前，掣者欲后，前后牵引，不得上行，且有面鼻受伤之象。卦体则为女子，料知某贵显所委托者，必为女子之事也。初次向说，必有上下之人阻隔，致生纷争，所委不成，足下对某贵显，亦觉面无光彩。《象》曰“遇刚”，看来当再得一刚直之人，与之帮说，事乃得合，故曰“无初有终”。贵显觅一小星，本属小事，《彖》曰“小事吉”，终必有吉也。

占例 明治二十九年冬至，占三十年农商务省施政实况。筮得**睽**之**大有**。

断曰：玩爻象，牛本足以驾舆，曰“曳”，曰“掣”，是反为牵制，不能前行也；舆不能进，欲强行之，其人反遭损伤之患。爻象如是。今占农商务省施政实况，而得此爻，我邦欲法欧美各邦农商之实例，施之内地，奈富商安于坐食，不愿航海远行，贫商欲行而苦无资本。今虽丝局茶厂，仿用器械，无如贩运外洋，或为关税所困，或为船险所阻，外洋贸易，向与内地不同。农业我国土地狭隘，以人口之半为农计之，一人仅不遇二段，是以欧美便宜之法，施之内地，实不能用，若强用之，皆归游手无产之徒，害尤更甚，惟北海道新垦之田可用耳。及一切杂项商务，亦多不便于行，犹是火炎上，泽润下，两不相洽，终必睽乖而不合用也。幸农商务省曲为设法，使老练者兴工业，附商品，给以一定之商标，俾各品得以信用，又奖励富商，使之兴海陆保险会社、银行支店，以奋起商业，可得渐见有效，谓之“无初有终”。

九四：睽孤，遇元夫，交孚，厉，无咎。

《象传》曰：交孚，无咎，志行也。

四居**离**卦之始，**离**为目，《说文》“目不相视为睽”。“孤”，谓独立无辅也。其情既睽，其势又孤，故曰“睽孤”。“元夫”指初，四与初所处之时，同在睽也；所居之位，同在始也；其象同，故其志同。四以无应，得初为同志，初在卦首，故称“元”；四阴位，初阳位，故四以初为夫；且初**震**爻，**震**为元夫，故曰“遇元夫”。四变**损**，**损**曰“有孚”；四之五为**中孚**，**中孚**五爻曰“有孚挛如”，有交孚之象焉，故曰“交孚”。“厉，无咎”，谓时当睽乖，幸而得孚，虽厉无咎。《象》以“志行”释之，谓四之志，得此“交孚”，乃可行也。

占 问时运：性情孤介，不合时宜，幸得同志，差足免咎。〇问战征：孤军深入，几致危殆，幸而获救，可以无咎。〇问营商：孤客远行，货物不合销路，进退两难，得遇故乡旧友，方可脱售，平安无咎。〇问功名：命运孤寒，难望显达，无咎而已。〇问家宅：宅在孤村僻壤，惟有樵夫野老来往而已。〇问疾病：病是目疾，得遇良医，可以无咎。〇问六甲：生女。

占例 明治二年十二月，晦，余借海军省蒸气船飞龙丸，运载支那米，赴南部宫古，临发，筮，得**睽之损**。

余临事，每自占筮以为常，特此爻“无咎”之言，不复介意。乘船之后，平时忙碌之身，变为闲散，追念昔年，在南部狎昵一妓，拟待抵埠登岸，招呼船长等惊艳称奇，同为一醉。一涉痴想，夜不成眠，阅三日，船抵宫古，号炮一发，村吏来迎，中有旧友二人，遂窃告之，使彼往招。既而率众上陆，剪灯置酒，围坐会饮，频番催呼，答而不来，甚为失望。夜深客散，乃拍手遽问，此妓出曰：“妾来此久矣，自愧丑不堪侍娱，故不入也。”余亦惊骇曰：“何老至此也!”既复沉思，盖相别已十八年矣。《易》曰“老妻士夫”，可羞可笑。妓复泣告曰：“近因罹疾，容颜顿变，生机亦窘，有死而已。”余追思往昔，未免有情，谁能遣此？乃赠米二十包，付以券书，彼深喜而辞去。是适符“睽孤，遇元夫，交孚，厉，无咎”之象也。

六五：悔亡。厥宗噬肤，往，何咎？

《象传》曰：厥宗噬肤，往有庆也。

五居君位，时当睽乖，故有悔。“宗”指二，五与二应，五处**离**中，二至四为**离**，**离**与**离**合，是宗也。二曰“遇主”，以五为主，五曰“厥宗”，以二为宗，是君臣会合，故“悔亡”。二动体**噬嗑**，**噬嗑**二爻曰“噬肤”、“无咎”，按肤谓胁革肉，为柔而易噬。嗑，合也，二居柔位，犹言柔而易合。肤肉，犹骨肉也，盖指“厥宗”而言。大宗伯以饮食之礼亲宗族兄弟，即此“厥宗噬肤”之义也。二往得食，故“有庆”。合族以食，复何睽？二五“交孚”，故“悔亡”而无咎。

占 问时运：劣运已退，得与同宗共事，可以无咎。〇问战征：可勇跃前往，无咎。〇问营商：防合伙者有侵食之患，然径行而往，终得有利。〇问功名：得有同宗相助，乃能获庆。〇问家宅：此宅是宗族旧屋，往居有庆。〇问疾病：是肌肤之疾，易治也。〇问婚姻：二与五为正应，是亲戚旧家，成则有庆。〇问六甲：生女。

占例 明治二十三年春，占众议院。筮得**睽之履**。

断曰：五为君位，二为臣位，二五相应，即见君臣相合。相合则言听计从，有会议之象焉。卦名曰“睽”，睽，乖也，违也，知会议必有睽异不合者。“厥宗”者，议院有二，上曰贵族院，下曰众议院，贵族院多是同姓诸侯，众议院亦间有同姓臣庶。“噬肤”者，谓议成得以酒食会饮也。五既居尊亲二，二得荷宠事五，可见上下之志，得因睽而通也。

上九：睽孤。见豕负涂，载鬼一车，先张之弧，后说之弧。匪寇，婚媾，往，遇雨，则吉。

《象传》曰：遇雨之吉，群疑亡也。

上居外卦之极，孤高独立，故亦称“睽孤”。上互**坎**，为疑，为豕，为车，为鬼，为孤，皆**坎**象也。**离**为目，为见。**兑**泽污下，象涂泥。因睽成孤，因孤生疑，本未尝有豕也，未尝有鬼也，未尝有车也，睽则目视不明，而疑心暗起，若见有豕之负涂焉，若见有车之载鬼焉，积疑成象，变端百出。疑鬼者，忽又疑为寇焉，则将张**离**之弧而射之，既而谛审所见，先所见豕邪、鬼邪、寇邪，忽又变矣；上变**归妹**，则“婚媾”也，先之张弧，后即脱之矣。**坎**又为雨，故曰“遇雨”。上处**离**极，火烈烟腾，不可向迩，遇雨则火熄，可以往也，故曰“往，遇雨，则吉”。《象》以“疑亡”释之，谓群疑消亡，见闻皆真，睽孤自合矣。

占 问时运：正当交运脱运之时，切宜息心定虑，毋动妄想，妄想一端，幻形百端，防生疑病。〇问战征：营位太高，军力太孤，防有疑兵来袭。〇问营商：目下货价，变迁百出，上落不一；时当午夏，来客稀少，必待秋雨一通，可以获利。〇问功名：现在牛怪蛇神，变动不一，待十年后，出**蹇**入**解**，可许发解。〇问婚姻：前因疑忌不睦，后得完好，吉。〇问家宅：此宅有变，防有鬼祟，遇婚嫁喜事，可以解释。〇问疾病：杯弓蛇影，因疑成病，得破其疑，病自霍然。〇问六甲：生女。

占例 东京大家某氏夫人，偕女访余别庄，曰：良人顷患气郁之疾，医药无效，养嗣某，即为此女之夫，性游荡，不克承家，妾等实所忧虑，请幸一占。筮得**睽**之**归妹**。

断曰：卦体下**兑**上**离**，炎上者动而愈上，润下者动而愈下，上下不合，故卦为**睽**。卦象为“二女同居，其志不同行”，又曰“男女睽而其志通”，是以内三爻言睽，外三爻言睽而合，是始睽后合之象也。上九居**睽**之极，因疑生睽，愈睽愈疑，目之所见，积疑成象，豕也，车也，鬼也，寇也，恍若历历在前，实则一一皆幻。天下事杯弓蛇影，因疑兆祸者，类如斯也。今夫人为尊君之病患，与养嗣之行止，特来请占。筮得**睽**之上爻，知其病之由来，与所占之本意，皆由猜疑一念而生也。尊君为养嗣，不克承家，日夕疑虑，以致火气上冲，湿气下郁，上下不通，遂成是疾。“雨”者，下降也，病得大小便一通，自然安愈。君家养嗣，余所深知，文学志操，向超流俗，缘其性情风雅，偶或招妓置酒，怡情于花柳之场，此亦雅人深致，何足为怪？夫人等因之生疑，始则猜忌，继则交谪，终则反目，一切所闻所见，如爻象所谓豕车鬼寇，悉现其形。凡床第间恩爱之私，云雨之梦，久已睽隔，斯疑者益疑，睽者益睽，男女之志，必不通矣。上居**离**火之极，极则必反，炎上当反而润下为雨，夫人等亦宜反而思之，务劝令媛，温柔以接之，**兑**悦以事乏。如物之枯者得雨而复苏，则睽不终睽矣。《象》所云“男女睽而其志通”也，正合此占。

占例 明治二十四年四月十日，余清晨无事，闲阅新闻及杂书，未几意倦，抛书而起。爱此风日晴和，游兴顿发，将赴近县，探赏春光。临行偶试一筮，得**睽**之**归妹**。

断曰：《爻辞》曰“睽孤”，犹示余孤身独行也。曰“见豕”、“载鬼”、“张弧”、“说弧”，言其目见之无定形，犹示余游迹之无定所也。余是日出游，憩息于神奈川停车场，或赴横须贺，或赴箱根汤本，意犹未定，至登车乃决往箱根。车中适遇东京旧友某氏赴大阪，并坐谈《易》，兴味颇好，余遂改意趋大阪。翌日食后，出游市中，将就书肆，阅览古书，乃过心斋桥，访鹿田书店，问以《易》书珍本。主人出示松井罗州所著《周易解故》，此书余往年遍觅不得，今得购之。又示以松井氏所著《周易释故》，及直势中洲所著《周易大传》等，是皆读《易》家所珍。书面有小岛氏藏书一印，余叩其出处，主人曰："昨购于西京古书肆。此书皆系小岛氏旧藏。氏没后，其子不能读父书，故鬻之。"余曰："如子之外，犹有同购者乎？"主人曰："西京麸屋町书林某，及东京书林某，相与分买之也。"余乃悉以其价购之，后赴西京，又就麸屋町书肆，凡小岛氏遗本，又悉购之。归东访书肆琳琅阁，又得小岛氏《易》书三种，于是小岛氏遗书，悉皆归余。余益感《易》辞之精切也。爻所谓"载鬼一车"者，非鬼，乃书也；"遇雨"者，旧友也，即车中所遇之旧友也；所谓"遇雨则吉"者，此也。

䷦水山蹇

《序卦传》曰："睽者，乖也。乖必有难，故受之以蹇。蹇，难也。"**蹇**与**睽**不相对而适相似：**离**在上，**兑**在下，泽欲润而火自上燥之，用相反也，故为**睽**；**坎**在上，**艮**在下，水欲流而山自下止之，用相阻也，故为**蹇**。此**蹇**之所以继**睽**也。

蹇：利西南，不利东北。利见大人，贞吉。

坎位北，**艮**位东北，天气由北而东，而南，而西；日月出于东，没于西，天之行也。卦体内**艮**外**坎**，自东而北，逆天而行，是以为**蹇**。**蹇**自**睽**来，**艮**、**坎**位在东北，**兑**、**离**位在西南。就东北是本位，则难上加难，故"不利"。就西南，是**睽**位，则可以济难，故"利"。且东北而西南为顺天，顺天者必利。"大人"，即离明继照之大人也，明足济蹇，故"利见"。道得其贞，吉无不利。

《彖传》曰：蹇，难也，险在前也。见险而能止，知矣哉。蹇利西南，往得中也。不利东北，其道穷也。利见大人，往有功也。当位贞吉，以正邦也。蹇之时用大矣哉！

卦体下**艮**上**坎**，**坎**者，水也，**艮**者，山也，水在上，山在下，**坎**为险，故曰"险在前"。下互**离**，**离**为见，**艮**为止，故曰"见险而能止"。就**艮**而言，象取能止，就**蹇**而言，义取能往，故《爻辞》多曰"往蹇"。"利西南"，**离**正南，**兑**正西，悦而又明，可以出**离**，故曰"往得中也"。东北**蹇**之本位，是以难入，难，故"其道穷也"。知其所往则利，不知而误往焉，则不利。"知矣哉"三字，是为处蹇者警醒之也。"大人"者，谓其位居至尊，德足济蹇，故凡有事于蹇者，所当"利见"，往而见之，不特可以平蹇，且可以见功也，故曰"往有功也"。二至上，皆当位得正。"贞吉"谓五也，五为**蹇**主。所谓"大人"者，正己而正物者也，故曰"正邦"。孔子论兴邦，曰知难，蹇，难也，五"大蹇"，为知难之君；余爻皆曰"往蹇"，是群策群力，为能相助以图蹇也。盖处蹇之时，不贵知蹇而终止，贵在用蹇而前往，斯蹇之时可济，而蹇之用乃大，故曰“蹇之时用大矣哉”。

以此卦拟人事；蹇字从足，从寒省，与謇、骞字相类，皆有难义。蹇，《说文》𨇨，谓足偏𨇨，不良于行，而又值“险在前”，故为蹇。“蹇，难也”，凡人当蹇难之际，进退趑趄，皆有偏跛不前之象，此卦之所以名“蹇”也。卦象为山上有水，水在地则平，在山则险，人见其险，而裹足不行，则险止于此，人亦止于此，虽其智能避险，其将何以济险乎！《爻辞》皆曰“往蹇”，可知蹇之用，不在能止，而在能往，故曰“往有功”。然往亦宜审其方向，北**坎**方，东北**艮**方，**坎**水**艮**山，仍为蹇难之方，往之“不利”，是谓“其道穷也”；西南**坤**方，**坤**为地，为康，是康庄之地，往之则利，是谓“往得中也”。有位者谓大人，有德者亦谓大人，当此艰险在前，不辨向往，往见老成熟炼者，示我周行，斯“往有功也”。“当位”，谓当其方位，正路而行，自然获吉。蹇既得出，人事乃亨，亨则小可以正身，大亦可以正邦。际蹇之时，因蹇之用，不以蹇而伤其穷，转以蹇而大其用，故曰“蹇之时用大矣哉”。

以此卦拟国家，卦以五爻为主，五居尊位，为君，爻曰“大蹇”，是当国家之大难也。**坎**为沟渎，为隐伏，隐处而有沟渎，是陷井也；**艮**为径路，径为路之至小至狭者，是山间鹿兔之蹊，亦险地也。卦象为险，卦名为“蹇”，国家当此，显见水阻于上，山阻于下，梗塞不通，教化不行，为国步艰难之会，则足以图蹇有功者，惟在此五爻耳。《彖》所称“利见大人”者，指五爻而言。五爻能度其往之方位，审其方之利害，并妙其蹇之功用，故诸爻曰“往”，五爻曰“来”，谓能集“朋来”之力，以济“大蹇”之时，内而正身，外而正邦，非大人不克臻此。

通观此卦，卦体以**坎**上**艮**下为**蹇**，易位则为**蒙**。**蒙**《象》曰“山下出泉”，泉之初出，贵养之以正；**蹇**《象》曰“山上有水”，水之有险，贵往之得中。得中则知险，知险则知往，知往则能知利与不利，而所往不误，斯蹇可济矣。自来处蹇而能用蹇者，惟在“当位”、“贞吉”之“大人”，下此有事于蹇者，皆当“利见”夫“大人”。所谓“大人”者，即指爻中之九五也。五爻又知蹇非独力所能济，五与二应，是以五曰“大蹇”，二曰“蹇蹇”，孜孜矻矻，以共济艰难，惟恐少后。盖五者君之道，民之危，犹己之危也；二者相之道，君之忧，犹己之忧也。以身任天下之重者，固当如此也，若徒效保身之哲，踏河入海，措世事于无闻，则就能力济此蹇乎？即在初、三、四、六，均有世道之责，或反而安，或速而济，或见而“硕”，俱欲举天下而治之。在“来誉”之贤，犹冀其有待，圣人之不能忘天下，固如是其至也。然天下非一人之事，济天下非一人之力所能。君必网罗人材，以收群策群力之效；臣必靖共尔位，以尽汝为汝翼之功。然济蹇者才，而所以济蹇，尤在夫德，《象传》曰“君子以反身修德”，有其德则自足化险，自足以靖难。**明夷**《传》曰：“以蒙大难，文王以之”，此可见文王之德之纯也。文王为西南之吉，《彖》曰“利西南”，其以此也夫。

《大象》曰：山上有水，蹇。君子以反身修德。

山上有水为**蹇**，**蹇**反卦**解**，**解**之《象》曰“雷雨作”。雷雨自上而降，雨降则山上之水必随而降，则蹇可解矣。君子法之，“以反身修德”，不忧其蹇之难解，惟虑其德之未修。**坎**为悔，有反悔之意焉；**艮**为慎，德之义焉。孟子曰：“行有不得者，反求诸其身而已矣”，此之谓也。

占 问时运：运当艰难，宜加奋勉，方可出险。〇问战征：入山穷水，复杂之地，进退两难，宜率六军，戮力向西南进攻，方可获利。〇问功名：**坎**险**艮**止，功名有阻，反身加勉，五年后至上爻，《象》曰“利见大人，以从贵也”，成名可望。〇问营商：水在山上，则水蓄而不流，有财不流通之象，营商者难之。〇问家宅：此宅傍山，防有山上来水冲落，致损墙屋，宜改易其朝向，乃利。〇问婚姻：山水本两相为偶，山下水高则为失偶，故有蹇。不成则已，成亦必有反悔。〇问疾病：蹇为足疾，涉水登山，必不能往行也。〇问失物：宜反从身上寻之。〇问讼事：宜自返而罢讼，吉。〇问行人：被中途发水所阻，大有险难，他日空身可归。〇问六甲：生男。

初六：往蹇，来誉。

《象传》曰：往蹇，来誉，宜待也。

初爻居**艮**之下，当**蹇**之始。“往蹇”者，往就蹇地。在初去上蹇犹远，可以不往，乃不避险阻，敢于犯难。在六爻之初，能首倡赴义，开“朋来”之先，声闻足嘉誉。《象传》曰“宜待也”，以为轻身尝试，徒博一时之誉，不如审机观变，待时而动，斯得济蹇之实功也。

占 问时运：好运未来，宜谨守以待。〇问战征：有险在前，未可进往，宜暂退守。〇问营商：售卖之处，适有危，不可贩货前往，须暂时待价。〇问功名：从军效力，皆冒险犯难，获邀奖赏，故曰“来誉”。〇问家宅：地位险阻，迁居不利。〇问疾病：在初起，不必急往求医，宜退而自养。〇问婚姻：不必急就，还宜待。吉。〇问失物：缓之可得。〇问六甲：生男。

占例 友人某来，因一事进退未定，请卜以决之。筮得**蹇之既济**。

断曰：卦名曰**蹇**，蹇难也；卦爻在初，是初次遇难也。《爻辞》曰“往蹇”，其往就难地也；曰“来誉”，称其勇于赴难也。而《象传》则曰“宜待”，盖谓轻身尝试，不如待时而动也。玩释爻意，其于临难进退之机，历历明示。足下所问一事，为进退未定，得此爻而昭然如揭矣。神机发现，不爽毫厘，神妙如此。

六二：王臣蹇蹇，匪躬之故。

《象传》曰：王臣蹇蹇，终无尤也。

“王”指九五，“臣”指六二，二居下卦之中，上应九五，爻互重**坎**，故曰“蹇蹇”，谓其涉蹇以济蹇，有鞠躬尽瘁之忧。诸爻皆言往，犹为国难而往赴之，二则直以国事为己事，犯其难而不顾也。《象传》以“终无尤”释之，谓其能致身事君，夫复何尤。

占 问时运：目下气运尴尬，险难重重，主一身劳碌。〇问战征：防军入险地，身被重围，有庞士元落凤坡之象。〇问营商：为内地运货，中途被水，有人财两失之患。〇问功名：为急公求名，名成而身莫保，邀身后之荣。〇问家宅：此宅在**艮**山之中，向朝东北，险既重，不利。〇问婚姻：二应五，主结贵亲；防后日夫君有难，身命难保。〇问讼事：凶。〇问行人：凶。〇问失物：终不可得。〇问六甲：生男。

占例 明治十三年某月，予过访东京某绅士，互叙久阔。主人曰：“近因小儿为商务负债，日夕奔走措置，予甚忧虑。”予曰：“此等债务，忧亦无用，当善谋一置处之方，无已不如占问一卦，以决可否。”于是主人自执筮蓍，予代为祈祷。筮得**蹇之井**。

断曰：**蹇**者多难之卦，二爻为下卦之主，是身任其难者也。令郎为商业负此巨债，不能不前往处理，无如债累重重，一时终不能了。今占得**蹇**二爻，《爻辞》曰“王臣蹇蹇，匪躬之故”，“蹇蹇”谓其事难而又难，“匪躬之故”谓其债因商业而负，非一身之故也。玩前后爻象，三爻以“来反”为喜，知三爻不能相助为理；四爻曰“来连”，能与以为连手；五爻为卦之主，是营商正主，或成讼则为裁判长官，曰“朋来”，谓招集债友，共相商议。《象》曰“中节”，节省也，谓节减债款以了事。上六则为局外之长者，前来居间调剂也。据此现宜从初爻之辞，暂为退待，以俟机会，毋须劳碌。

某绅士深感《易》之妙，后果如占所云。

九三：往蹇，来反。

《象传》曰：往蹇来反，内喜之也。

三爻居内卦之上，为**艮**之主，当上下之交，与**坎**为邻。“往蹇”者，谓往赴五之“大蹇”。五以三阳当位，使之“来反”，以治其内。三本见险而止，喜退而不喜往也，其往也，为迫于诸爻，故同往；其反也，为得自全，故有喜。三动变为**比**，**比**二曰“比之自内”，故《象》以“内喜”释之。

占　问时运：运值多难，前进不利，不如退守。○问战征：有军出复旋师之象。○问营商：有去而不来，贩货复回，转销内地之象。○问功名：为出使在外，改为内用。○问家宅：此宅后靠山，前临水，初欲他迁，后复归来，得以团聚为喜。○问婚姻：前欲他适，后得归来，可喜。○问行人：即日来，喜。○问失物：失而复得。○问六甲：生男。

占例　明治二十三年，占国运。筮得**蹇**之**比**。

断曰：卦名曰**蹇**，**蹇**难也；爻曰“往蹇”，为往就蹇地；曰“来反”，为往而复反。《象》曰“内喜之也”，为喜其反而得以自全。详释爻辞，知国运值此多难，往而济蹇，不如返而治内。至五爻，大君擅权，朋来相辅，而蹇可济矣。则知以三济内蹇，以五济外蹇，相与有功也，喜可知矣。以爻象计之，应在二年之后。

占例　明治元年四月，友人某来曰：余近奉仕官某藩之命，发程有期，特来告别。观其容貌威武，腰佩两刀，犹是藩士旧状，今际会风云，有志维新者也。请占前途气运。筮得**蹇之比**。

断曰：三为**艮**止之主，当上下之交，进退本多不决。其往也，固非所愿，亦第随人共往之耳；及其“来反”，焉得不中心喜之？爻辞之意如此。今足下因奉命将行，占得此爻，度足下之意，或有亦与前途有难，不喜前往。余劝足下，不妨准作前行，当有后命即来召回，欲令足下奉职于内也。

后友人尚未起程，即命止行，留为内用。

六四：往蹇，来连。

《象传》曰：往蹇来连，当位实也。

四居上卦之首，比近于五，五所倚重，是为亲近之臣。“连”者，谓君臣一体，如心腹股肱之相连系也。“往蹇来连”，谓三与上为正应，故与上同往，最为连合，比初之往而有待，三之往而复反，较为得其实力也。《象》曰“当位实也”，四当位履正，**艮**为实，故曰“实”。上既比连尊爻，下又连络诸爻，得以实心实交以济蹇难也。

占 问时运：运多蹇险，以其能连合众心，得以济险。〇问战征：四爻阴柔，可知军力单薄，以其能与众军同心同德，连络一气，乃可出险。〇问功名：“来连”者，有连升之象。〇问营商：“来连”者，谓先后商客，皆相连而来。曰“当位实也”，“实”，充实，谓得赢满也。〇问家宅：此宅必与邻屋比连，地位相当，家道殷实。〇问婚姻：必是老亲结亲，重连订好，吉。〇问疾病：此病必连绵已久，一时不愈。〇问讼事：迟久可了。〇问行人：流连在外，一时不归。〇问六甲：生男，想是孪胎。

占例 明治二十四年，有某友来，占某国枢密院气运。筮得**蹇之咸**。

断曰：四爻比连君位，是为亲近之臣，所谓心腹股肱，与君一气相连者也，恰合枢密院之位。足下占问某国，是外国也，故爻应在外卦。《爻辞》曰“往蹇，来连”，知某国近有内难外侮交作，枢密院诸臣，防有连累及祸者。诸爻皆曰“往蹇”，惟五与二不言往，五为大君，二为内臣，是身临其难者也。枢密院本在内臣之位，诸爻以图其济其蹇。其曰“往蹇”者，或指出使于外而言。一时蹇难未平，气运不佳，必待至上爻，可以出蹇。

占例 明治三十一年，占众议院气运。筮得**蹇之咸**。

断曰：爻曰“来连”，有连合众议之象；《象》曰“当位”，谓得当议员之位。今政府以战胜之后，受各邦之猜忌，将扩张兵备，预作济蹇之图，已呈出其议于议会，议员等连络私党，不应政府之意，政府因之多难。上卦为**坎**，**坎**险也，下卦为**艮**，**艮**止也，合之谓**蹇**，以致政府号令有阻止而不能行也。今占得四爻，四爻比近于五，知众议员中必有深浅时艰，能体合至尊之意，折衷众议之论说，以排解国家之困难，斯议可成，而蹇可济矣。《象》曰“当位实也”，“实”谓能实济其难，非徒空言已也。

当时议会视闻自由改进，两党轧轹，议多不合，后自由党迎合政府之意，与国民协会联合，增税之议乃决。

九五：大蹇，朋来。

《象传》曰：大蹇朋来，以中节也。

就诸爻言则为“往”，就五爻言则为“来”，在诸爻则蹇犹小，在五爻则蹇独大，盖五爻合诸爻之蹇以为蹇，而独当蹇之大者也，故曰“大蹇”。君臣以义合，朋友以情合，五略分言情，故喜其来而称之谓“朋”。五盈满当位，德足任人，故能使疏附后先，咸来辅翼，得藉群材以济“大蹇”。其济也，虽出于君之威福，而诸臣要与有力焉。五动体**坤**，**坤**“西南得朋”，蹇利西南，故亦曰“朋”。《象》以“中节”释之，谓五得位履中，不易其节，故卒得出蹇也。

占 问时运：厄运将退，渐得化危为安。〇问战征：前既被围，今幸得救兵齐来，得以一战出围。〇问功名：位近至尊，足以匡济，大荣，吉。〇问营商：众货辐辏，一时难以脱售。〇问家宅：地近禁卫，当冲击疲难之区，车马纷逐之会，不宜民居，可改作会馆议院。〇问疾病：此是危难大症，宜集众医会治，方可望愈。〇问六甲：生男。

占例 明治二十年，占某贵显气运。筮得**蹇之谦**。

断曰：卦名曰**蹇**，爻曰“大蹇”，知蹇难重重，非一己之力，所能解脱。今某贵显占气运，得第五爻，五爻为蹇之主，其蹇愈大，其济愈难。幸某贵显德望素著，众心归服，得藉朋侪相助，乃能戡平大难。目下正当协力匡济之时，尚未出蹇，待一年后，**蹇**去**解**来，斯可平安无患。

上六：往蹇，来硕，吉，利见大人。

《象传》曰：往蹇来硕，志在内也。利见大人，以从贵也。

上爻居**蹇**之极，躬处局外，本为蹇难所不及，爻曰“往蹇”，盖贤人君子，心切时艰，不敢以身不当位，置理乱于不闻也。“硕”，大也。“来硕”者，五得其相助为理，即以大任畀之，如莘野渭滨之出而匡时者也，故曰“来硕”。**蹇**诸爻皆在蹇中，未尝言吉，至上爻，其蹇已终，故称“吉”。“大人”指五也，君臣同德，五爻以臣谓朋，上与五以君谓大人，盖即《彖》所谓“利见大人，往有功也”。《象》以“志在内”释“来硕”，谓上之应在三，故“志在内也”。以“从贵”释“利见”，谓上之阴从阳，故曰“以从贵也”。

占 问时运：现下大难已退，大运将来，可以出面求仕。○问战征：大兵已集，可以一战，以出重围。○问营商：众商咸来，货价大涨，即此脱售可复本，亦可获利。○问功名：文名大振，可以“利见大人”。○问家宅：此宅地位高大，灾煞已退，吉曜照临，且得贵人扶助。○问婚姻：主贵。○问讼事：须从大审院判结。○问六甲：生男。

占例 友人某来，请占气运。筮得**蹇**之**渐**。

断曰：上爻居**蹇**之极，极则必变，将变**蹇**而成**解**，是大难将解之时也。今足下占气运，得上爻，《爻辞》曰“往蹇，来硕，吉，利见大人”，玩爻辞之意，谓“大蹇”已往，好运将来，吉无不利，且可往见大人，出而求仕，必得贵人提拔，仕途亨通。

䷧雷水解

卦体下**坎**上**震**，**震**为雷，**坎**为水，亦为雨，**震**、**坎**交错，即成雷雨交作之象。**坎**于时为冬，**震**于时为春，自冬涉春，雨水乍来，春雷始发，和风送暖，坚冰渐解，天地郁结闭塞之气，一经雷雨鼓动，枯者生，蛰者起，无不解散而萌发也，故名其卦，曰“雷水**解**”。

解：利西南，无所往，其来复，吉。有攸往，夙吉。

“解，缓也。”**坎**位北，**震**位东，自北转东，而南，而西，是顺天而行也，故曰“利西南”。**解**即所以解蹇，反东北而东南，倒**坎艮**而**震坎**。**解**之西南，即**蹇**之西南也，故其利同。“无攸往”者，谓蹇解而难已平，无难则无所往，缓以养之，以俟来复，是以“来复吉”也。“有攸往”者，谓蹇解而难犹在，有难则必有往，急以救之，不懈夙兴，是以“夙吉”也。

《彖传》曰：解，险以动，动而免乎险，解。解利西南，往得众也。其来复吉，乃得中也。有攸往，夙吉，往有功也。天地解而雷雨作，雷雨作而百果草木皆甲坼，解之时大矣哉！

按：**解**有两音，一古买反，谓解难之初；一谐买反，谓既解之后。《序卦》曰：“解者，缓也。”险难既解，物情舒缓，故为解。解所以解蹇也，止则蹇，而动则解。凡遇险不可不动，动斯能免乎险也，免险则为解。“西南”**坤**位，**坤**顺得常，故“利”，**坤**为众，故“往得众”。往自内而外，来自外而内。**坤**为纯阴，至**震**一阳来复，犹言大难初平，创痍未复，必休养生息，俾得复其元气，故不必“攸往”，而自然“来复”，是以得中而吉也。二之六为**晋**，**晋**“明出地上”，日之初升，故有夙象。“晋，进也”，故“有攸往”。**晋**五曰“往有庆”，即“往有功”之谓也。盖“来复”治内，夙往治外，内外交治，解之事尽矣。**解**为二月之卦，**震**阳司令，“雷以动之”，“雨以润之”，天地凝寒之气，因而解散，万物生育之机，因而甲坼。**睽**、**蹇**二卦，皆兼取“时用”，**解**独曰“时大矣哉”，盖

睽、**蹇**以得用而济，**解**则不复用其解，惟在待时而动耳。

以此卦拟人事，是险难乍解，元气未复之时也。方其处险，不动则不能脱险，动必当审其方向，又得夫众力。西南为**坤**顺之方，得众即“朋来”之助。及其已解，有不可再动者，如人身疾病乍痊，血气未复，当以休养而调摄之，斯为得中也。有不可不速动者，如人家困难甫脱，而盗贼犹在，当必急起而翦伐之，斯为有功也。**震**为春，春气一动，而雷雨交作，天下之积气乃解，万物之生机始达，犹人之威怒一振，而群邪悉退矣。六爻皆合蹇而观，初为难初平，惟求“无咎”而已；二则难已除，斯为“贞吉”矣；三则难虽消，以寇“致寇”，其咎亦自取耳；四之难未得全解，尚望得人相助也；五之难，能以心孚，庶几宵小自退也；上之难积恶未靖，不能不威武加之也。在天怒则雷霆，恩则膏雨，在人惟赏其善，罚其恶当之耳。

以此卦拟国家，卦自**明夷**来，自**家人**而**睽**，而**蹇**，而**解**，皆为周兴殷亡之象。**解**为文王羑里脱囚之时，其“利西南”者，文王化行西南之地，虞芮之质成，其“无攸往”也，崇密之翦伐，其有攸往也。所以动兵兴众者，时当险难，不得不动耳，不动不能以免险，且不能以济天下之蹇也。迨至商郊誓师，而来会者八百，是得众也，即得中也。周之所以脱大难者，在此解；周之所以集大勋者，亦在此解也。王怒如雷，王泽如雨，后之王天下者，惟以法周者法天而已。天地得阳和而雷雨作，万物得阳和而萌孽生，治道亦犹是焉。

通观此卦，**解**与**屯**易位。**屯**、**震**生在下，**坎**难在上，“动乎险中”，为难之始生，其《象》曰“云雷”，是天气郁结而未能发泄也，故不成雨；**解**、**坎**难在下，**震**生在上，动免乎险，为难之已解，其《象》曰“雷雨”，是天气发泄，而恩威并施也，故曰“雷雨作”。**解**之卦义，其为难者，**坎**也，阴也，其难解者**震**也，阳也。初爻以其始解而安之；二爻就其获解而治之；三爻防其方解而复致之。内三爻属**坎**，**坎**，阴也，故不言解。四爻之解，得朋为助；五爻之解，以孚得吉；上爻之解，以“用射”获利。外三爻属**震**，**震**，阳也，故言解。统之难之作也，靡不由于小人，而其解也，靡不由于君子。五为**解**之主，《象》曰“君子有解，小人退也”，所谓“君子”，即《大象》所称“赦过宥罪”之“君子”也。此为**解**一卦之要领也。

《大象》曰：雷雨作，解。君子以赦过宥罪。

按：十二消息考，**坎**为十二月至正月之卦，**坎**五六两爻，值雨水惊蛰；**震**为二月至四月之卦，**震**初爻，值雷乃发声，三爻值谷雨。**解**为二月公卦，《象》曰“雷雨作”，盖因其时而取象焉。**坎**为罪，为灾，故有过有罪；**震**为缓，为生，故用“赦”用“宥”。君子法之，号令如雷之**震**，天下无不耸动；恩泽如雨之降，天下无不喜悦。夫使幽闭久系之人，一旦得“赦过宥罪”，弛其禁锢，脱其桎梏，如出陷阱而复见天日，则其忧闷郁结之气，无不解散。是君子与民更新，以之解万民之难也。

占　问时运：灾难解脱，大有奋发振作之象。○问战征：威武一振，有大寇翦灭，小寇服从之象。○问功名：有声震百里，泽被群生之兆。○问营商：得时得令，“雷雨之动满盈”，大利。○问婚姻：**震**雷**坎**雨，阴阳交济，生育畅茂，吉。○问家宅：天盘有动，地盘有难，宜祈祷解免○问行人：一时可归，防小有灾难，无咎。○问讼事：幸得宽宥无罪。○问六甲：生男。

初六：无咎。

《象传》曰：刚柔之际，义无咎也。

初居**解**之始，大难初平，不求有功，只求无咎。初与四应，赖应之力，得解其险，故曰“无咎”。《象传》所谓“刚”者指四，“柔”者指初，“际”者谓初与四相应，阴阳相交，其义自可无咎也。

占　问时运：困难初解，安时守分，自得无咎。○问战征：乍脱重围，宜自蓄锐养精，不可妄动，得保无咎。○问营商：不致耗失，亦为幸矣。○问功名：目下只可守旧而已。○问家宅：平安无害。○问讼事：宜和。○问婚姻：平平。○问六甲：生男。

占例　明治二十四年三月，为郑永宁与清国公使馆内通书函，一时议论纷起，真伪莫辨，制纸分社长阳其二氏来书，请占一卦，以判虚实。筮得**解**之**归妹**。

断曰：解者，释也，坚冰得暖而解散之象也。初爻曰“无咎”，《易》之爻辞，单言“无咎”者，惟此一爻，是天张其口，以证郑氏之无罪也。

且解者，谓解脱罪过，初爻之阴属郑氏，四爻之阳属清国公使，阴阳相应，知情分颇厚，然于国家大义，一无关害。《象传》曰“君子赦过宥罪”，料日后审官，亦必原情赦宥，断不以无稽文字，为之追究也。

九二：田获三狐，得黄矢，贞吉。

《象传》曰：九二贞吉，得中道也。

“田”者，猎也。上互**坎**，**坎**为狐，下互**离**，**离**为黄矢。狐阴兽，善惑人，故譬言佞邪小人，蛊惑君聪。“三”者，言数之多也。“黄”者，正色；“矢”者，直也。二爻以阳居阴，刚柔得中，上与六五，阴阳相应，为能辅佐大君，进贤黜邪，用以匡济时艰者也。盖欲解难，当先驱狐，故取**离**之矢，就**坤**之田，获**坎**之群狐而尽歼之，斯内治肃靖，于以济险出危，纳一世于中道，其在此矣，是以九二“贞吉”也。

占 问时运：去邪归正，自得安吉。〇问战征：田者猎兽，犹战之猎敌也。获狐者，犹获敌之渠魁也。得矢者，犹得敌之兵器也。故“贞吉”。〇问营商：田者在猎兽，商者在猎利，“三”者多数，“黄”者黄金。必获厚利，吉。〇问功名：曰“获”，曰“得”，功名可望，吉。〇问家宅：此宅防有狐祟，须猎获之，乃吉。〇问婚姻：此必先有小星，而后纳正室也。黄者正色，为正配，吉。〇问疾病：防是狐媚邪病，宜张弧矢以驱之，吉。〇问六甲：生男。

占例 某商人占气运。筮得**解**之**豫**。

断曰：获狐得矢，知猎财猎名，无往不利。足下灾难既解，所求必得，正是好运发动，有雷雨得时之象。“黄”为正色，“矢”为直，又知足下品行正直，不惑于狐媚，是能以正治邪，故“贞吉”。

占例 明治二十五年，余患鼻痔，呼吸不通，谈话亦困，颇觉苦之。闻金杉某，留学独逸，专修鼻科，归朝设院受诊，余欲求治。筮得**解**之**豫**。

断曰：内卦水险，外卦雷动，动而免险之象，故不宜坐视，宜速治疗，解去疾病之难也。占得第二爻，为**坎**之主，动而变**豫**，有预治之象。“田”为狩猎，“狐”为怪物，“黄矢”者射其怪物之矢。今鼻中之疣，身之怪物也。“三”者为数之多，“黄矢”者想为医治之器也。爻可备观，其象则吉。

余于是向金杉氏乞治，金杉氏一诊，许为易治，先用麻药，通电气于铜线，系挂于疣上，遂得截断其疣。疣数不一，悉皆截去，病苦顿解。医术之妙，实可惊喜，而《易》机之先示，悉合其状，更可惊叹。呜呼！《易》者以森罗万象之事物，照澈于三百八十四爻之中，一一发露其灵机，以垂教于天下后世，圣人之所以为圣人也！

占例 相州横须贺建筑炮台，又有造船大工场，年年埋筑海面，因采土炭岩石，向归大仓久米马担保，其岩石用船运至海岸筑处，并用小轮船为引，以取快疾。大仓组遂自造运船，免受雇船勒索等弊，指挥得当，独占利益。在官寮察知一人专担，难免弊窦，欲命高岛嘉兵卫分承其役，于是大仓组忌之，隐使船夫等百般妨碍，且故意宽支赁金，每日所损，不下七八百元，两家俱受其困。余乃请占一卦。筮得**解之豫**。

断曰：《彖》谓"解，险以动，动而免乎险"，明言一动乃可出险。就占所言，爻以二五为纷争之主，今得二爻，二在内卦，属高岛氏，五在外卦，属大仓氏，二之负担，为四所妨，遂致互生支吾，互受亏折。《爻辞》曰"三狐"，谓彼有三人，狡猾妨事；"黄矢"，谓我有一人，正直当事。以矢射狐，而狐退矣。四爻曰"朋至斯孚"，"朋"者谓居间而讲和之友，"孚"者谓二五两主得以感孚而罢争也。五本君子，始为小人所狐惑，故曰"君子有解，小人退也"。

乃依此占，使横山孙一郎传高岛氏之意于大仓氏，事遂平和。

六三：负且乘，致寇至，贞吝。

《象传》曰：负且乘，亦可丑也。自我致戎，又谁咎也。

"负"者，窃负；"乘"者，乘肥。"负且乘"，是窃盗而公卿也，故"可丑"。"致寇至"者，**坎**为寇。六三处**坎**体，本寇也，寇以遭时窃位，得以策肥乘坚，为寇者见之，曰彼亦寇也，今居然"负且乘"矣，是可取而代之也。此谓以寇名寇。当此险难甫解，而使寇者滥居高位，岂非用人者之咎乎？故曰"自我致戎"，咎复何辞？"吝"，即丑也。

占 问时运：运非不佳，但因素行不端，为人鄙笑。〇问战征：战隙自我而开，以致群盗纷起，一时难平。〇问营商：防有盗劫之患。〇问功名：沐猴而冠，其能久乎？〇问家宅：门户不自谨慎，或用人不当，致召窃盗。〇问婚姻：两姓均非端正之家，是富而不仁者也，“可丑”。〇问讼事：两造理皆不直。〇问行人：满载而归，但来路不正。〇问失物：已被窃负盗去，不得。〇问六甲：生男。

占例 某人来，请占某区长品行。筮得**解**之**恒**。

断曰：负为肩负，小人之役也，乘为乘车，君子之分也。“负且乘”，是以小人而窃居君子之分也。寇者见之曰：“是亦寇也，彼以寇显，我岂独不可显乎？”故曰“以寇招寇”，丑有由来也。观此爻辞，则知某氏得为区长，亦寇取而得之，必有寇伺其后者也，何能久居其任乎？未几果罢职。

九四：解而拇，朋至斯孚。

《象传》曰：解而拇，未当位也。

四居**震**之始，**震**为足，“拇”足大指也。四为**解**之主，解即解其蹇也。蹇为足疾，疾在一拇，不足以为蹇；解在一拇，亦不成其为解。四不当位，故不能全解其蹇，第见“解而拇”，“拇”即指四而汝也，故曰“而拇”。**解**之四，即从**蹇**五来，**蹇**五曰“朋来”，故**解**四曰“朋至”。四亦自知其不能解蹇，惟望“朋至”，得以相助为理。将由拇以及心，斯心心相感，而蹇得全解矣。**坎**为孚，故曰“孚”。

占 问时运：行年已当强仕，但行运部位不当，全在因人成事而已。〇问战征：防炮弹伤足，幸救兵得力，可以解围。〇问营商：所获甚微，惟众心交孚，一二年后，可望厚利。〇问功名：拇为足指，卑下已极，至五爻曰“君子维有解”，必待下科，可望登解。〇问家宅：此宅地步低下，不得其当，只可作行栈店屋。〇问婚姻：得有力媒人说合，方可成事。〇问讼事：有朋友出，交相解劝，得可息讼。〇问六甲：生男。

占例 群马县高崎市某甲书来，曰仆近邻有乙某者，一子罹病危笃，祷于榛名神社，不日而愈，乙某深喜之，偕子谒谢神社。一日乙某以遗金尽付其子曰：“余居处，恐遭杀害。”突然而行，子即出而追寻，不知去向，举家不堪悲叹。请劳一占，以卜吉凶。余时适罹疾，因使门弟筮之，得**解**之**师**。

余见此占，问门弟将何以断之？门弟答曰：乙某不入山，亦不投水，在东方朋友之家而已。《彖》曰："解，险以动，动而免乎险"，乙某自言，恐遭杀害而逃去，是因险而动也；既得逃避，是"动而免乎险"也。《爻辞》曰"解而拇，朋至斯孚"，"拇"为足大指，父子一体，子在下，是足指也。遗金而别，解拇者也；"朋至斯孚"，是明言在朋友之家也。"孚"者，得朋友一言而心感也。

余喜判语适当，遂书其断语而函告之。后面会某甲，询及此占，曰乙某踪迹，适如贵占云云。

六五：君子维有解，吉。有孚于小人。

《象传》曰：君子有解，小人退也。

此"君子"，即《大象》所云"赦过宥罪"之"君子"也。五居尊位，与二相应，二既能得其中道，以祛群邪，许其更新，五即因之，原情赦宥，不复穷究，是以不解为解者也，小人遂感而有孚，是以吉也。《象传》曰："君子有解，小人退也"，谓君子不必力去小人，小人自心服君子，不敢与君子同居。自古奸邪害政，皆由君子不能感化小人，小人是以不信服君子，以致倾轧。覆辙相寻，皆未明六五"有解"之旨也。

占 问时运：正运亨通，群邪悉退。〇问战征：不戮一人，不加一矢，外夷来服。〇问功名：利君子，不利小人。〇问营商：不劳苦计营谋，自然获利。〇问家宅：此宅福曜照临，邪魔远避。〇问婚姻：吉。〇问行人：即归。〇问疾病：外邪解散，正气来复，吉。〇问讼事：理直者胜，理曲者服，即可罢讼。〇问六甲：生男。

占例 友人横山孙一郎氏来，曰：近见新闻纸所揭福地氏下狱，想此老衰之身，际此炎暑，其困难不言可知。推其所由，为得金草文，在草文得金，与受贿营私者，固有别焉。公冶缧绁，孔子特以非罪明之，予将为福地氏筹一解救之方，请烦一占。筮得**解**之**困**。

断曰：解者，解散也。占得第五爻，为**解**之主，《爻辞》曰"君子维有解"，且系以"吉"，称曰"君子"，知罪非其罪，不以罪而贱其人也。曰"维有解"，知不解而解，不待救而自然脱罪也。曰"有孚于小人"，在被起事之小人，亦知陷害君子，于心不忍，自愿认罪而退也。福地氏暂受其厄，自得安吉。余因面东京裁判检事，具语此易，不日而福地氏出狱。

阅后有相知永井泰次郎氏，以讼事嫌疑，牵连被引，伊妻来请一占，又得此爻，遂即将此判词告之。永井氏亦果以无罪放免。其事同，其爻同，其应验亦果相同，故附记之。

上六：公用射隼于高墉之上，获之，无不利。

《象传》曰：公用射隼，以解悖也。

震为诸侯，故称“公”；**坎**为弧，为弓，故曰“射”。卦体上互**离**，**离**为飞鸟，故有隼象；四动而成**坤**，**坤**为城墉，象城墉之上。上爻居**解**之极，自初至五，凡用刚，用柔，用猛，用宽，所以解除内难，亦既备矣。至上犹有飞翔在外，如鸷鸟之强悍者，五乃命六曰：公其乘**坤**之墉，张**离**之弧，抽一矢而射之，获其魁首，无不利也，以解悖也。**坎**为悖，谓灭此悖逆之徒，斯内患外寇，悉皆扫平矣。前诸爻，即《彖》所云“其来复吉”；上爻乃《彖》云“有攸往，夙吉”是也。

占 问时运：运途吉顺，出外或遇小寇，宜急防之。〇问战征：防有敌兵劫掠城外，宜高阜伏矢以射之，必有获也。〇问营商：运货出外，防有盗劫，宜严备御，非特无失，且可以获盗粮也，故曰“无不利”。〇问功名：爻称公，必已贵显也，当立功于外。〇问家宅：墉墙宜高，可备外窃。〇问婚姻：《诗》云“弋凫与雁”，有射之象，吉。〇问讼事：悖逆自解，利。〇问六甲：生男。

占例 镰仓圆觉寺住僧今北洪川和尚，博晓释典，当今之高僧也。予一日游镰仓，欲访和尚，意予所谈在易理，和尚所说在禅味，不知禅之三味，与易之六爻，其旨果相符合否耶？试为一占。筮得**解**之**未济**。

断曰：佛法以解脱为宗旨，取解脱烦恼之义也。今得**解**上爻，不言解而言射，是用佛法，摄伏外魔，内性既定，外魔自消，与**解**所云之“三狐”为内魔，上之“隼”为外魔，其旨相同。知今日和尚，对余所谈，大旨如斯，予乃就卦义，书道歌一首，怀之以访和尚。和尚延予入禅堂，茗谈移晷，佛法易理，各极其妙，遂出道歌示之，一笑而别。

占例 一日横滨商人左右田金作氏来访，请占利根运河株式高低。筮得**解**之**未济**。

断曰：解者，动而免险之卦。方今卖却株式，得此难得之利益，以免后日之灾，故曰“无不利”。恰如见隼集于高墉之上，一矢射之，以去后患，若迁延过时，及至**损**卦，必有损而无利也。氏从此言，一次卖之，即得利益；后因获利，而复买之，致招损失云。

占例 明治三十一年，占伊藤内阁气运。筮得**解**之**未济**。

断曰：《爻辞》曰“公”，适合内阁之称也；内阁居高位，故曰“高墉”。“隼”，指政党首领而言。政党首领，身处位外，飞扬跋扈，每与政府为难，如隼之悍鸷善掠，残害善类，六五之君，命公乘高，射而获之。不曰歼而曰获，以隼本有用之材，素有功劳，故期获而用之，以收其效，故曰“获之，无不利”也。《象传》曰“解悖”，是谓解去悖逆之心，以冀归顺也。内阁躬膺总理，既修文德，又具武功，靖内难，戢外侮，固公之所优为，解之上而难解，正公今之时也。

然解难为解，解位亦为解，尤公所宜慎审。遂呈此占于内阁，后内阁推荐大限板垣两伯，问余以占断当否？余曰：“执一隼，又欲获一隼。但恐所执之隼，振羽欲翔，放手遂不得复执。两隼相轧，而不能相容。”公乃遂辞内阁，亦合**解**卦之义也。

䷨山泽损

卦体上山下泽，山高也，高者愈高，谓之益上；泽卑也，卑者愈卑，谓之损下。故下不可损，损在下而益在上，谓之“损”；下本当益，益在下而损在上，谓之益。**损**、**益**之理固相反，而**损**、**益**之用适相济。人第知其损也，而不知益即益其损；人第知益也，而不知损即损其益。是以《序卦》先**损**而后**益**。事先简而后烦，礼先俭而后奢，物先虚而后盈，故《易》道先**损**。损**兑**益**艮**，所以为损。

损：有孚，元吉，无咎，可贞，利有攸往。曷之用二簋，可用享。

“损”通咸，有心为感，无心为咸。咸，感孚也，故曰“有孚”，以其所损者，出于中心之诚，有足以见信于人也。不然，损主节俭，而俭不中礼，卒来讥刺，咎且难免，奚见“元吉”乎？惟损而“有孚”，斯人感其诚，自得“元吉”，复何咎？而可正，以斯而往，无往不利也。损俭如此，何用丰为乎？约之“二簋”，亦可“用享”，不特有孚于人，且可上孚夫神明矣。

《彖传》曰：损，损下益上，其道上行。损而有孚，元吉，无咎，可贞，利有攸往。曷之用二簋，可用享。二簋应有时，损刚益柔有时。损益盈虚，与时偕行。

损，减省也，减**乾**下之刚，以益**坤**上之柔，故谓之“损下益上”，亦即“损刚益柔”也。**益**在于上，故谓之“其道上行”。“有孚”者，以孚行损，则损下而下不病其损，益上而上不嫌其益，上下交孚，吉莫大焉，复有何咎？“贞”，正也，谓可以正其未孚也。**艮**在上，**艮**止也，**艮**得其益，则不为止而为往，故曰“利有攸往”。损既“有孚”，损自“无咎”，何必用丰？损之又损，即“二簋”亦可“用享”矣。**震**为祭，**艮**为宗庙，有用享之象。“簋”，盛黍稷之器，按礼簋多用八用六，今用二，是从损也。享以诚孚，故虽二簋可也。然损宜应时，时而当损，太羹不以为俭；时不当损，豚肩终伤其隘。故损益盈虚，要贵“与时偕行”也。

以此卦拟人事，损，节省也，节财为损，节欲亦为损。节财所以利用；节欲在于清心，此固人事之要也。顾可损而损，虽损之而不以为损；不可损而损，即不损而已疑其损。凡人事之动辄得咎者，皆由于损其所损，而不能见信于人；不信于人，则有损无益，咎且不免，奚以得吉？或损大益小，止且不可，奚以能往？是以**损**卦，首曰“损，有孚”。卦体**艮**上**兑**下，**艮**，止也，**兑**，悦也，有孚则悦止相承，“山泽通气”，刚柔合志，上下交孚矣，不特在己愿受其损，即在人亦不疑其损。故用之于家，而财用省；用之于身，而情欲寡；极其用以格神明，而神明亦享其诚。从其啬，可无用丰也；有所往，无孚不利也，夫亦因乎其时而已矣。若时不当损，而概从节俭，或讥其损人而益己，或斥其损公而益私，是为人事之患，咎复何辞？故人事当察夫天时，观日月之盈昃，寒暑之往来，即可知“损益盈虚，与时偕行”之道也。

以此卦拟国家，国家之制，田有赋，廛有征，货物出入有税，此皆损下以益上也。当其全盛，上不必须索夫下，下自乐输将夫上，上施其仁，下怀其德，朝野一心，无事则献豵私豜以奉上，有事则箪食壶浆以迎师，所谓信则民任者，此也。得其信，则上下交孚，其道有吉而无咎，其用无往而不利，其义贵与时而偕行，取其约勿取其丰，惟其诚不维其物，可以裕国，可以理财，推之亦即可以格宗庙。凡国家之损益盈虚，惟在法夫天以应夫时而已矣。六爻言损，酌盈虚，审彼我，度终始，义各有在。初“酌损”，二“弗损”，三“损一”，四“损疾”，五不曰损，上亦曰“弗损”。盖卦虽曰损，爻多不言损也。初、二、上皆曰“志”，三曰“疑”，四曰“喜”，五曰“佑”，其道皆取其孚也。盖治国之道，首在得民心，民心未得，虽上曰施其惠，而民不知感也；得其民心，民将曰小民之饮食日用，皆出自上之所施也，何敢自私其有乎？虽损之不以为怨也。**损**卦首揭“有孚”二字，其旨深远，最宜体玩。

通观全卦，卦下体，本**乾**三画皆刚，为有余而当损也；上体本**坤**三画皆柔，为不足而当益也，谓之“损下益上，其道上行”。**损**、**益**为盛衰之机，亦即为**否**、**泰**之兆。**损**自**泰**来，**益**自**否**来，**损**二五失位，**益**二五得位，可以见**否**、**泰**之相反也。损**兑**有余，补**艮**不足，上下相洽，止悦相承，是以**益**卦不待孚而民说，**损**卦必先孚而乃吉。以**损**为人情所不欲，然人情固忧缺乏而求盈，君子则恶盈满而思节。“二簋”虽薄，可享宗庙，道在以诚为贵耳。“二簋”指**兑**之二阳，谓其简略也。上卦爻辞，多取“有孚”之旨，下卦爻辞，多取用享之象，合之皆取说而止之义。然非谓刚之尽可损，柔之尽可益也，时可损则**损**，时可益则**益**，非人之所能强致焉，故曰“损刚益柔有时，损益盈虚，与时偕行”。

《大象》曰：山下有泽，损。君子以惩忿窒欲。

地以益而成山，即以损而成泽。山泽本损益之物，不益则山必崩，不损则泽必涸，此卦之所以名**损**也。在人之易发而难制者，无如忿；易炽而难绝者，无如欲。君子见此象，知怒气之盛，势足拔山，故必惩之，以遏刚强之性；贪念之深，盈难填壑，故必窒之，以塞利窦之源。怒起于刚，“惩忿”以息其既往；贪牵于情，“窒欲”以闲其将来。**艮**山止而**兑**泽塞，皆有**损**之象焉。

占 问时运：目下行运不正，宜自惩创。〇问营商：营商原在谋财，宜和气，不宜恃气，宜审利，不宜放利。〇问功名：忿欲不除，虽有功名，恐不能保其终也。〇问战征：“山下有泽”，防山下深处，有敌兵埋伏。〇问婚姻：卦自**咸**、**恒**来，女悦而男止，夫妇之道，得其正也。〇问家宅：此宅后有高山，前有深泽，地势颇险，宜开凿之，使平。〇问讼事：不使气，不贪财，讼自平矣。〇问失物：不得。〇问六甲：单月生男，双月生女。

初九：已事遄往，无咎。酌损之。

《象传》曰：已事遄往，尚合志也。

初爻处卦之始，即为谋事之始也。“已事”者，已其事也，即**艮**止之意；“遄往”者，遄，速也。事既可已，即当“遄往”，一经因循，必致误事，是以有咎，故曰“已事遄往，无咎”。若事在可已不可已之间，已之则失业，不已则害公，惟当酌其轻重缓急之宜，故曰“酌损之”。《象传》以“尚合志”释之，“尚”作上，庶几也；“已事遄往”，庶几与上合志也。虞氏以“已”作祀，谓祭祀，祀事而云“酌损”，即《彖》所云“二簋可用享”之义。其说亦通。

占　问时运：已往莫追，目下宜急加勉，自可免咎。〇问战征：宜速进兵，不可迟缓，辎重粮食，亦须“酌损”。〇问营商：贩运宜速，审时度势，宜酌量前行，定可获利，必无咎也。〇问功名：速往则得，迟缓无成。〇问婚姻：即日迎娶，两姓好合。〇问家宅：须速他迁，吉。〇问讼事：即速了结罢讼。〇问失物：速寻可得。〇问六甲：生女。

占例　友人某来曰：有朋友以急需借金，请占后日利害。筮得**损**之**蒙**。

断曰：爻居内卦，又在初位，内卦为**兑**，**兑**为口，有开口求人之象。《爻辞》曰“已事遄往，无咎”，谓当此时处困难，宜抛弃其事，赶急前往，以求救援，得季布之千金一诺，斯可无咎矣。“酌损之”者，谓其所借金数，或有不足，又宜酌量多寡，以赈其乏。玩此爻辞，知需用急切，有不可片刻宽缓者，缓即有咎；但所借之款，必有减少，亦不至空手而回也。

九二：利贞，征凶。弗损益之。

《象传》曰：九二利贞，中以为志也。

二处内卦之中，凡事之有待损之益之者，必其未协于中也，二得中，则以“弗损”为“利贞”。若不可损而损之，则损之反失中，是以“征凶”。**损**与**益**相对，人只知损其所损，以损为益，不知不损其所不损，不损乃为益。盖其所弗损弗益者，惟在守其中道而已，得其中，即“利贞”也。《象传》以“中以为志”释之，志，犹射之的，以中为的，志之于此也。

占　问时运：好运方来，不减不加，万事得中，自然获利。〇问战征：不必减粮，不必添兵，坚守中营，有胜无败；若卤莽前往，恐有凶也。〇问营商：货物合宜，不必减价，无不获利。〇问功名：无荣无辱，青毡守旧。〇问婚姻：两姓门户相当，吉。〇问家宅：地位得中，不必添改，大利。〇问讼事：平和。〇问失物：原物无失。〇问六甲：生女。

占例　友人某来曰：余为家兄在大阪垄断米市，大受亏耗，有献斡旋之策者，以电报来告，催余运送多金，犹得转败为胜。余恐再失，则受亏愈大，因占其成否如何？筮得**损**之**颐**。

断曰：卦象泽低而山高，知一时米价，大有高下之势。初次见价低，而多数约卖，今临期腾贵，不能不如数应付，以致受耗。东京支店之金，不可动也，谓之“利贞”，若送金而往，谓之“征凶”。大阪本店虽亏，以东京支店维持之，自可挽回，谓之“弗损益之”。后果如所占。

占例 明治六年，贵显某任某县县令来，请占气运。筮得**损**之**颐**。

断曰：**损**卦为损下而益上，二爻曰“弗损益之”，是明明言下不必损，上不必益也。今足下出任某县令，占得此爻，《爻辞》曰：“九二：利贞，征凶。弗损益之。”以九二爻位得正，宜固守成规，不必改作，自得其利。若妄自更张，竞求进步，反致凶也，故无取于**损**，“弗损”即为“利贞”。足下其谨遵爻辞，行之可也。

六三：三人行，则损一人，一人行，则得其友。

《象传》曰：一人行；三则疑也。

六三辰在亥，得乾气，**乾**为人，又为行，三爻为三人，故曰“三人行”。**乾**上至三而变**兑**，是三损一也；上互**坤**，变**坤**之上画成**艮**，二阴一阳，故曰“一人行”。三为**损**卦主爻，居**兑**卦之终，**兑**为友，故曰“得其友”，是**艮**得其友也。盖天下事，一则不足，三则过之，以二为得中，乃奇偶之定数，是以“三人行”，则损其一以成二，一人行，则“得其友”亦成二。一而二，二而一，斯之为合志，不然，三人成众，众则人心不一，而疑惑生焉，故《象传》以“三则疑也”释之。

占 问时运：财运平平，少则获利，多则有损。利双月，不利单月。○问战征：宜从兑方，一路进军，自有援兵相助，有胜无败。○问营商：商业宜于一人独做，否则二人同办，再多则必有损。○问功名：须一人独往，必得成名。○问婚姻：得友，即得偶也，吉。○问家宅：宅在兑方，宅中丁口，每家只有两丁可断。○问讼事：两造成讼，为中有一人唆弄所致，去此一人，则讼了矣。○问六甲：生女。

占例 明治二十五年四月，余任北海道炭矿铁道会社长之役，将赴所任，占改正处分如何。筮得**损**之**大畜**。

断曰：卦体**艮**山**兑**泽，卦德损下益上，明见上卦之山愈高，下卦之泽愈低，有上下不通之势。上下不通，必致事务阻碍，弊端百出，会社因之招损失也。今余恭任社长，势不可不淘汰人员，革除敝害，然此社之弊有二：一系社务，不专关营利主义，一系社员，多由官吏而来；不关营利主义，则社用之出纳无准，由官吏而来，则社规之约束难齐，于是耗费多，冗员众，社中诸务，皆有名无实而已。余欲振兴会社，所以不能不锐意改革也。今占得三爻，玩绎爻辞，是明明告我三分中损一之法也。

余得此卦，遂单身赴北海道，断行改革，先减役员三分之一，开其端绪，自是而社务遂大得整顿。

占例　明治二十五年，余为北海道炭矿会社社长，时因石炭之贩路有碍，所采掘石炭，堆聚不售，社员皆为焦心。筮得**损**之**大畜**。

断曰：据爻辞称“三人行，则损一人，一人行，则得友”，是明示以少则得利，多则有损，为目下之情形也。至四爻，则曰“损其疾，使遄有喜”，是明言去其货之劣者，使往售而有喜也。五爻则曰“或益之十朋之龟，弗克违，元吉”，按古者货贝五朋，是明言必将益价，莫之能违，是以大吉；上爻则曰“弗损益之，利有攸往”，是明言价格上落，可以到处销售，自能获利也。此后出**损**入**益**，**益**《象》曰“利有攸往，利涉大川”，是明言可以贩运出洋，销行于外国也。**益**六爻，皆有畅销获利之象，由此推之，以一爻为一年，洞悉九年如一日，集社员示以此断。

果哉！二十五年，多蓄石炭，二十六年贩路顿开，照此占辞，料知此后社务，必可隆昌也。

占例　友人某来，请占事业之成否。筮得**损**之**大畜**。

断曰：此卦山高而上耸，泽低而下陷，山泽不通气，有草木不生，鱼龟不育之象。今占得三爻，爻辞大旨，谓三人则损，一人则得，知合众兴事，必多意见不合，反致损失。足下能独力成事，必得同心之友来助，可以兴业而有为也。

占例　明治三十二年一月，自由党与政府提携议会，所议渐合政府之意，自由党乃推选三人，请置大臣之位，政府不允，诸新闻多论其可否。某议员来，请占自由党之意向，果否贯彻。筮得**损**之**大畜**。

断曰：此卦外卦为政府，内卦为党员，党员向政府推举大臣，政府秉**艮**止之性，不允其请，是下说上止，故名其卦曰**损**。六三阴爻，与上九阳爻相应，故党员之意，得达政府，在政府为今进党员三人，不得不点大臣三人，是政府之所以为难也。或三人中选用二人乎？谓之“三人行，则损一人”；或只用一人乎？谓之“一人行，则得其友”也。

他日偶晤板垣伯，谈及此占，相与一笑。后因党内有猜忌者，此事遂止。

六四：损其疾，使遄有喜，无咎。

《象传》曰：损其疾，亦可喜也。

此爻以阴居阴，为外卦之始，与初九相应，初动体**坎**，**坎**为心病，疾所由生。疾曰“其疾”，“其”指初也，得四为之应，内外皆知所当损，而决计损之，则事之损犹在后，疾之损为在先也。疾损而“遄”，“遄”者初，使之“遄”者四也。盖有疾则忧，疾损则喜，故“无咎”也。《象传》以“亦可喜”释之，谓不必言损事，但言损疾，而亦可喜，则损事之喜，更可知矣。

占 问时运：目下虽有小灾，得救即疗，可以转忧为喜。○问营商：货宜减办，使之即往贩售，获利可喜。○问战征：未免遭伤，医治可疗，无咎。○问家宅：此宅阴气过盛，宅眷致多疾病，祈祷可疗，无咎。○问功名：一时难望。○问婚姻：四与初相应，初阳四阴，阴阳相合，必成可喜。○问讼事：“疾”者，害也，去其所害，讼自平矣。○问行人：有事他往，一时未归，有喜无咎。○问六甲：生男。

占例 工部省书记杉实信氏，予旧亲也。明治十五年二月某日晨起得电报，云杉氏罹急疾，余惊而筮之，得**损**之**睽**。

断曰：观爻辞，已得明示，谓此病颇重，使名医速施治疗，可立愈也；若迁缓过期，虽名医亦将束手，故曰“损其疾，使遄有喜，无咎”。

不幸夜来，大雪纷飞，杜绝行道，朝来风雪益狂，余冒雪赴品川，访于氏之病室，医师皆为大雪所阻，延期不到，果即日死去。亦天数也，可叹可悼！

六五：或益之十朋之龟，弗克违，元吉。

《象传》曰：六五元吉，自上佑也。

“十朋之龟”，元龟长一尺二寸，直二千一百六十，为大贝十朋；公龟九寸以上，直五百，为牡贝十朋；侯龟七寸以上，直三百，为公贝十朋；

子龟五寸以上，直百，为小贝十朋——见《汉书》。**坤**数十，又偶为朋，故有“十朋”之象。龟者灵物，能前知吉凶，为卜质吉凶之具。此爻柔顺得中，诚孚于下，故人献其诚。“或益之十朋之龟”，“或”者，不知其所从来之辞，意外之益，君子疑焉，故问之于卜筮。理数已定，十朋之元龟，不能违，其吉可知，故曰“十朋之龟，弗克违，元吉”。《象传》以“自上佑也”释之，“上佑”者，“自天佑之”也。以爻象言，“上”指上爻，谓上能辅佑六五之君也。

占 问时运：运途全盛，可得意外宠遇。〇问战征：军事先卜，其兆大吉。〇问营商：财运之来，虽辞不去。〇问功名：“自天佑之，吉无不利”。〇问家宅：家业兴隆，不卜可知。〇问婚姻：天作之合，吉。〇问疾病：病愈之后，且可得财，吉。〇问六甲：生男。

占例 东京豪商某家甲干某来，曰仆受本店之命，担任大藏省用务，率数百人以从事。近闻明年大藏省将有改革，此事拟废，则仆所管数百人，一时皆失其业，实所不忍。今转谋于某会社，欲授此等人以相当之业，请占其可否？筮得**损**之**中孚**。

断曰：此爻以阳居五，位得中正，可知足下秉心正直，当久任其事，不必转而他往也。“十朋之龟”者，谓将来有意外之幸福也。今者大藏省有改革之议，其中或损或益，足下别有担任之务，此数百人，因之得福，亦未可知。就爻位推之，明年当上爻，《爻辞》曰“弗损益之，无咎，贞吉，利有攸往”，明年无所损益，且贞吉有利，此事务或不复拟废，亦未定也。总之足下与此数百人，皆得无咎且吉，不必怀忧。某大喜。

后果如此占。

上九：弗损益之，无咎，贞吉。利有攸往，得臣无家。

《象传》曰：弗损益之，大得志也。

此爻居**损**之极，不可复损也，曰“弗损益之”，其辞与二同，其义与二别。上与三应，三处当损之位，人或疑损三以益上，三之损实为上之益也，故特示之曰“弗损益之”，以明三虽有损，而于上则无所损益焉。无损则事皆平均而“无咎”，理得安详而“贞吉”。“利有攸往”，即《彖》所称“与时偕行”之义，上为**艮**之极，极则变，故不为止而为往也。上互

坤，**坤**为臣，**艮**为家，**艮**动而变**坤**，“得臣无家”之象。弗损下以益上，是王者以天下为家，臣下化之，亦皆国而忘家，故曰“得臣无家”。《象传》以“大得志”释之，谓王者以不损益为益，潜移默化，不见其迹，志量之所及甚大，故曰“大得志也”。

占 问时运：目下绝无窒碍，所往皆利，大吉。〇问战征：军队不须添减，率此以往，攻克战胜，无往不利，可“大得志也”。〇问营商：货价无甚上落，往售皆可获利，大吉。〇问功名：目下即可得志。〇问家宅：此宅不必改造，自得吉利。〇问疾病：当出外求医，无咎。〇问行人：在外大吉，一时未必归家。〇问六甲：生男。

占例 明治九年，长崎商人大浦阿启与神代某来，曰：前自驿递局，借与横滨制铁所，从事船舶修缮费用，后因得不偿失，大被亏损，计将返纳于驿递局，或转让与他人。两者未决，请占其孰可？筮得**损**之**临**。

断曰：此爻为**损**之极，今后更无所损，不损则必有所益，故其辞曰“弗损益之，无咎，贞吉，利有攸往”也。二友信之，遂决计续承其业，翌年有西南之役，船舶修缮繁多，大得利益云。

䷩风雷益

卦体上**巽**下**震**，**巽**为风，**震**为雷，风自天来，雷自地出，是以损**乾**下画之阳为**巽**，益**坤**下画之阴为**震**。益者益阴，损者损阳。阳实，而**乾**为纯阳，实之至也，故可损；阴虚，而**坤**为纯阴，虚之至也，故曰“**益**”。且风之势过暴，必致摧丧万物，损之而其气和；雷之威不振，无以鼓动万物，益之而其气斯畅，是以损上益下，名其卦曰“风雷**益**”。

益：利有攸往，利涉大川。

“益”字，上从**㕣**，形同**☵**，为坎，横之则从水。**坎**为水，亦为大川。下从皿，《释文》“益以增长为名，以宏裕为义”，增长宏裕，皆言其利益之普也。**震**为行，**巽**为利，故曰“利有攸往”。凡卦言“利涉大川”，有取**乾**，有取**坤**，有取**巽**，随卦取象。**益**上卦为**巽**，变**巽**之下成**乾**，变**巽**之上成**坎**，得**乾**、**坎**之气；**巽**为风，风行最疾，波涛无阻，是以既曰“利有攸往”，又曰“利涉大川”也。

《彖传》曰：益，损上益下，民说无疆。自上下下，其道大光。利有攸往，中正有庆。利涉大川，木道乃行。益动而巽，日进无疆。天施地生，其益无方。凡益之道，与时偕行。

益与损相对，损者，减省也，益归于上，损归于下，未免有剥民奉君之象；益者，增加也，益归于下，损归于上，即孔子加富加教之意也。“民说”者，即自**损**之**兑**下来，**兑**为说，民受其益，必感其恩，故说。下互**坤**，坤道无疆，**坤**亦为民，故曰“民说无疆”。“损下益上”，谓之“上行”；“损上益下”，故曰“自上下下”。“道”者**乾**道也，损**乾**之阳，益**坤**之阴，**坤**得其益，适以成**乾**之大，显**乾**之光，故曰“其道大光”。旁通为**恒**，**恒**《彖》亦曰“利有攸往”，**恒**之“攸往”，利在恒久；**益**之“攸往”，利在“中正”，正而且中，是以“有庆”也。“利涉大川”，言木者三，**益**、**涣**、**中孚**是也，皆取巽木，**益**则**震**、**巽**皆木，卦本三刚在外，四柔在内，有“刳木为舟”之象。乘风而行，蓬蓬然达于北海，蓬蓬然止于南海，斯之谓“利涉”，斯之谓“木道乃行”。**益**动而骄盈，则益即变损；动而巽顺，则所益日进。“益下”者，益**坤**也，故说无疆，而进亦无疆。**乾**为施，**坤**为生，四时百物，并受化育，不可以方隅限，故曰“其益无方”。四时之序，由**震**而**巽**，**益**为正月之卦，风雷始作，膏泽下降，王者体之以益民，有加无已，道亦如斯，故曰“与时偕行”。

以此卦拟人事，所谓**益**者，有益于我谓之益，若于我有益，而于人有损，即不得谓之**益**，必于我有益，而于人亦无损，斯可谓之**益**矣。此谓“损上益下”，要即“裒多益寡”也。以此理家，因其有余，从而损之，则损即为益；因其不足，从而益之，则益不为损。以此治身，己有未克，力为损之，是损所当损；礼有未复，力为益之，是益所当益。得其益而往，则无往而不获益，即无往而不获利也。坦途可往，“大川”亦可往，惟其“中正”，乃得“有庆”。“木道”，谓**震**、**巽**，凡人之所用，莫不各因其利，陆用以车，水用以舟，人力之无远弗届者，即赖此木道而行也。动者，**震**也，动而日进者，得**巽**之顺也。推之天地之运行，上施下生，一气鼓铸，发育无穷，其为益未可限量。人事，一小天地也，亦惟法夫天地，顺时而推行已耳。

以此卦拟国家，卦义以“损上益下”为**益**，正为有国家者示一条诫：毋私尔财，毋屯而膏，毋剥下以奉上，毋足国以贫民。反是谓损，即使有孚而无咎，而损下终非美名，有国家者所当凛凛也。凡民情莫不欲无损而有益，有益则喜，喜则说，益愈宏，说愈众，所谓自西自东，自南自北，无思不服，其说也，诚有悠久而无疆者矣。盖**益**之道，自上及下，说之情，自下感上，上下相孚，即五爻所云“有孚惠心”者是也。道即**乾**道，损**乾**益**坤**，乃愈见**乾**道之大而光焉。**乾**为健行，**震**亦为行，故“利有攸往”，以斯而往，往无不利。涉川者，利用舟楫，舟楫以木而成，故曰“木道”。圣人“以美利利天下”，刳木剡木，应时定制，守约而施博，道济天下，知周万物，《说卦传》曰“益以兴利”，此之谓也。人主本惠心，行惠政，省方观民，百废俱举，归于有孚，其益无方。有施有生，天道也，地道也，君道也。与时偕行，一而已矣。

通观此卦，**损**与**益**名相反，而用相济。**乾**在下，邦国富庶之象，故损下；**乾**在上，朝廷丰盈之象，故损上。损上不曰损而曰益，厚其本也；益上不曰益而曰损，剥其基也，圣人所以示厚下也。能损则益，此卦所以次**损**也。“损上而益下”，即自上而下下，上以益往，下以说来，上之益得“中正”也，下之说在“有庆”也。是上“以美利利天下”，不期说而民自说焉。说至此，将见说以劳民，民忘其劳，则险难不避，波涛可涉，焉往而不得哉！故“利涉大川”。“益动而巽”，**震**为动，**巽**为顺，动而顺行，是以“日进无疆”。“其道大光”，**乾**道也；“木道乃行”，**巽**道也，亦**震**道也。**乾**动而为施，**坤**动而为生，不动不见其益，动则见其益，动无方，益亦无方。观夫天之道，随时而动，故其益随时而行，君子之“见善则迁，有过则改”，亦随时而迁，随时而改。知益之在身者如是，即益之在天下国家者，无不如是。上下互卦为**剥**，**剥**《象》曰“剥，上以厚下”，其旨与“损上益下”相同。然**剥**六爻多凶，而**益**六爻多吉，所谓因民之所利而利之，有益之惠，无益之病，故与**剥**上者有异焉。卦与**损**反，六爻亦与**损**先后互反。**益**初“大作”、“元吉”，即**损**上之“大得志”也。**益**二“十朋之龟”，即**损**五之“或益”之龟也。**益**三“用凶事”，即**损**四之“损其疾”也。**益**四“迁国”，即**损**三之得友也。**益**五“有孚惠心”，即**损**三之“中以为志”也。**益**上“莫益之”，即**损**初之“酌损之”也。其辞或相因而来，其义或相济而成，其旨或相反而为戒。《语》曰：“节用而爱民，使民以时。”损者节用，益者爱民，“时”即“与时偕行”之义，国道之要在是焉。

《大象》曰：风雷，益。君子以见善则迁，有过则改。

风雷者，二气之升降、进退、周旋以相损益者也。故**震**上**巽**下为**恒**，《象》曰“雷风恒”；**巽**上**震**下为**益**，《象》曰“风雷益”。象以风雷易其位，盖以风雷相遇，天地之间，上下无常也。以方位言，**震**为卯，**巽**为辰巳，由**震**而**巽**，其行也顺，故其为益也宏。君子法之，见人之善则屈己以从，见已有过，则返躬自讼。故迁善当如风之速，改过当如雷之勇，谓之“见善则迁，有过则改”。“见”、“有”二字，可以见人己之分界。王弼曰：“迁善改过，益莫大焉。”

占　问时运：迅雷烈风，正当运途振作之际，改旧换新，在此时也。〇问战征：电逐风行，正可一鼓而平。〇问营商：有利则贸迁，无则改运，宜迅速，不宜迟缓。〇问功名：风雷合**益**，大得志也。〇问疾病：是肝木太盛之症，治宜损阳扶阴。〇问婚姻：**震**男**巽**女，天然配合。〇问家宅：此宅防有雷击风摧之患，完者宜修葺之，朽者宜改作之。〇问讼事：返躬自省，怒息气平，讼事自罢。〇问失物：已经迁改变易，不可复得。〇问六甲：单月男，双月女。

初九：利用为大作，元吉，无咎。

《象传》曰：元吉无咎，下不厚事也。

“大作”者，天子巡狩之事，所谓“春省耕而补不足，秋省敛而助不给”，其他祭告、赈贷、迁国，皆“大作”也。**震**为作，**巽**为利，**乾**为大，为元，**坤**为用，为厚。“厚事”，即“大作”。初居内卦之下，事之始也，王者举大事，建大功，利益计夫恒久，规则定于首图，故“利用为大作”。在初，其事与天下共为之，其益亦与天下共享之，斯下民乐事趋公，愿效其劳，不以其事为上之事，直以其事为己之事也，故得“元吉，无咎”。《象传》以“下不厚事”释之，谓不以其事厚重而难为，乃以其事轻易而乐从，踊跃争先，“吉无咎”焉。或云**震**属春，**巽**属春夏之交，“大作”者，东作之事，《系辞》所云“耒耜之利，以教天下，盖取诸益”。其说亦通。

占 问时运：好运初交，可以与作大事，无不如意。吉。〇问战征：兵队初交，即可一战以成大功，有吉无咎。〇问营商：初次营业，资本既厚，经营亦大，可获大利，且能悠久无咎。〇问功名：可望大魁天下，大吉。〇问家宅：此宅新造，屋宇宽大，大吉无咎。〇问婚姻：大吉。〇问讼事：此讼为公众大事，非关一己私愤也。无咎。〇问行人：在外正当谋事立业，一时未归。〇问六甲：生女。

占例 明治二十四年，占秋收丰歉。筮得**益**之**观**。

断曰：此爻虞氏以“大作”为东作，即《系辞》谓耒耜之利取诸益，与所占秋收，爻象适合。《爻辞》曰“利用”，曰“元吉”，曰“无咎”，知收成必丰无歉。卦名曰**益**，卦体曰“益下”，年谷丰登，千仓万箱，正如《彖传》所云，“天施地生，其益无方”，吉莫大焉。

六二：或益之十朋之龟，弗克违，永贞吉。王用享于帝，吉。

《象传》曰：或益之，自外来也。

“十朋之龟”，解同**损**五，**益**二之龟，即**损**五之龟也。**损**五以龟奉上，**益**二即以下所奉者，转而益上。龟之益人，其灵爽足以世守，非在一时之吉也，故曰“永贞吉”。二居**震**之中，当位应**巽**，**震**为帝，为祭，故曰“王用享于帝”。“王”指九五，五用二之朋龟，告享于帝，以乞上佑，吉莫大焉。《郊特牲》曰：“卜郊受命于祖庙，作龟于祢宫”，是为享帝用龟之事。《象传》以“自外来”释之，以**益**为内，**损**为外，龟自**损**来，故谓“外来”也。

占 问时运：主得意外之财，且能世守，永吉。〇问战征：古者行军先卜，出师必祷，此爻均吉，其战必克。“自外来也”，可由外而攻之也。〇问营商：贝货即货币也。“十”，数之盈也。“或益之”者，疑有神助也。营商得此爻，必获厚利，永吉。〇问功名：古者命相举贤，皆从枚卜，既得吉兆，其显可知，故曰永吉。〇问疾病：祷之即愈。〇问家宅：二至四为**坤**，**坤**为安，为土，有安宅之象。**坤**“利永贞”，故曰“永贞吉”。此宅可以久居也。〇问婚姻：**震**、**巽**为长男长女，卜凤之兆，自昔称祥，百年好合，故得永吉。〇问六甲：生男。

占例 友人某来，请占某富绅家政。筮得**益**之**中孚**。

断曰：二爻处内卦之中，体柔当位，卦名曰**益**，已知伊家内政得当，有益无损也。《汉书·食货志》云“人用莫如龟”，龟者，货贝；“十朋之龟”，“十”盈数，富足之象。“或益之”者，不知谁为益之也。《象传》曰“自外来也”，盖谓其**益**有来自外者也。《正义》谓二居益用谦，物自外来，朋龟献策，弗能违也，故曰永贞乃吉。享帝者，谓明灵降福，报告于天也，即**损**五所谓“上佑”，“上”，天也，“自天佑之，吉无不利”，其在斯乎？今占某富绅家政，得此爻辞，知某富绅家风清正，内政修明，卜之而蓍龟呈祥，祷之而神明赐福。家道之盛，日进日益，盖有应乎时，得乎天，可大可久，而未有艾也。

六三：益之用凶事，无咎。有孚中行，告公用圭。

《象传》曰：益用凶事，固有之也。

六三以阴居阳，处**震**之极，是动而求益者也，故曰“益之”。下互**坤**，**坤**为用，为事，为死丧，故曰“用凶事”。**益**在于三，民信素著，不特处常为益，即处变亦为益。盖**益**非私己，用适其时，志在拯凶，事得无咎，故曰“无咎”。三动体**家人**，**家人**上爻曰“有孚威如”，**震**为应，诚心相应，有威孚之象。三当内外卦之中，**震**又为行，故曰“有孚中行”。**震**为诸候，又为告，故曰“告公”。《周礼》：“珍圭以征守，以恤凶荒。”毛氏西河云：“凡王者忧凶之礼，出珍圭以致王命，使恤凶之地，或去其征，或弛其政。”此即**益**下之“用凶事”者也。圭为符信，所以示信，以通上下之情也，故曰“告公用圭”。《象传》以“固有之也”释之，谓**益**“用凶事”，在民若第知为益，而不知为凶，以为其事为固有之也。夫益而至于“用凶事”，斯真其益之无方矣。凶事而若“固有之”，愈见民说之无疆矣。初爻《象传》曰“下不厚事”，意亦相同。

占 问时运：运途多歉，以其素行诚实，人皆信之，可以无咎。○问战征：兵本凶事，又陷危地，幸众军同心戮力，得奔告大营，获救出险，无咎。○问功名：先苦后甘，先难后获。○问营商：谚云“欲求富，走险路”。○问家宅：此宅多凶，惟有中行之德，斯能逢凶化吉。○问婚姻：恐从丧服中成亲，然无咎也。○问讼事：须诉之上官，乃得准信，罢讼。○问失物：恐涉词讼。○问六甲：生男。

占例 友人某来，请占气运。筮得**益**之**家人**。

断曰：《爻辞》曰“益用凶事”，是能极凶济危，为**益**之至难至急者也。曰“有孚中行，告公用圭”，是必所益之事，得中行之道，可见信于人，即告诸上官而无不允行也。今足下占气运，而得此爻，知足下有过于求益之心，一涉私己，咎有难免，幸而志在救凶，素行中正，又能实心办事，可以无咎。此皆就爻象而论也。近闻足下设立移民会社，于西亚米利加地方，收买土地，创办开垦牧畜之业，使无产之徒，各就其业，爻辞所云“益之用凶事”者，盖指此也。迩来贫民信之，纷纷迁徙出外，即爻辞所谓“有孚中行”也。政府以足下创此拯凶济危之大业，为之赏誉嘉奖，即爻辞所谓“告公用圭”之义也。至四爻曰“从，利用为依迁国”，其辞愈明。五爻曰“有孚惠心”，其德愈新。《象传》曰“大得志也”，正足下得志之时也。

占例 明治二十五年四月，余就任北海道炭矿铁道会社长，一次巡行铁道矿山，地当严冷，冻雪未消，一时胃寒罹疾，止宿札幌旅店，就札幌病院长独逸人某诊察，发热超四十度。翌朝约将入院，因之一筮，得**益**之**家人**。

断曰：此卦名曰**益**，益之为言增也，于病亦然。爻曰“益之用凶事”，在病恐愈增凶也。至翌日则当四爻，四爻有“利用”、“迁国”之辞。

余笃易占，决计力疾发程，遂告病院长，请给药剂，院长止之不听，即夜自小樽搭汽船，翌朝着函馆。忽得札幌来电，报昨夜札幌市中失火，余所止宿旅店，已被回禄，乃知《易》机所云，有不在病，而在火者，其神妙诚不可测也。时札幌新闻社所论，谓余举动，有预知有火而去者，然余因病而占，就病论病，第知为凶，犹幸无咎，故得力疾而行，并未尝推测火灾，今灾后推绎，乃知变卦为**离**，**离**为火也。

六四：中行，告公从，利用为依迁国。

《象传》曰：告公从，以益志也。

四居**巽**之始，与初相应，与三相比。初曰“利用”，故四亦曰“利用”；初曰“为大作”，四之“迁国”，即“大作”之事也。三曰“中行”，曰“告公”，故四亦曰“中行告公”，三四皆当内外卦之中，故皆为中行。“告”指三，“公”指四。以四为**益**主爻，三欲益下，恐四阻之，是以告于四也。“公从”者，四从之也，上互**艮**，**艮**为社稷，下互**坤**，**坤**为国邑，**震**为奔走，**巽**为进退，皆有迁之象，故曰“迁国”。卦体本为**乾**、**坤**、**否**，**否**五爻曰“其亡其亡，系于苞桑”，有国难之忧焉；**否**《象传》曰“俭德辟难”，有遁避之意焉；**否**变而为**益**，故利用迁国。《左传》隐公五年，《传》曰“我国之东迁，晋郑焉依?”盘庚曰“视民利用迁”，皆以迁为益者也。《象传》以“益志”释之，谓四从而迁之，四之志，惟在益下也。按**震**为东方，**巽**为东南。《易》当殷周之际，“迁国”者，指太公迁岐而言。岐属殷西南，为**坤**方，是明证也。

占 问时运：目下有难，宜择善地暂避。〇问战征：宜退兵移营，急请救援。〇问营商：宜禀告店主，改迁别地，另开市面。〇问家宅：宜迁居。〇问功名：不成，须改就别业。〇问婚姻：须别寻媒妁。〇问失物：

不得。〇问六甲：生女。

占例 友人来，请占某贵显气运。筮得**益**之**无妄**。

断曰：卦象为损上益下，爻象为动众迁国，某贵显身任当道，为国为民，正合此象。我国寰海平定，固无盘庚迁殷，太公迁岐之事，惟近来为开拓北海道地面，使内民移住。天皇陛下议就北海道建筑行宫，为避暑计，爻辞所云利用迁国，意者其在此乎？且闻移民之议，某贵显实主其事，爻所云“中行告公”，谓某贵显秉中行之德，创利用之谋，进告于天皇，得以允从而行也。此为国家开化之盛业，即可卜贵显运命之盛行也已。

友人大喜曰：爻辞精切的当，诚吉事之占也，当速回告某贵显。匆匆辞去。

九五：有孚惠心，勿问元吉。有孚惠我德。

《象传》曰：有孚惠心，勿问之矣。惠我德，大得志也。

五爻刚健中正，得位居尊，为**益**之主。以惠为益，其益越大，以心行惠，其惠愈宏，是以实心行实惠，心无尽，惠亦无尽，故谓“有孚惠心”。自初爻以来，凡巡狩、祭告、赈灾、迁国，无一非惠民之事，即无一非惠民之心，所谓“乾元以美利利天下”者，即此心也。事之益，其吉待问，心之惠，其吉不待问矣，故谓之“勿问元吉”。信惠之施于下者，在我为心，下之受此信惠者，目之为德；九五得**坤**气，**坤**为我，故谓之“有孚惠我德”。“问”，问卜也，古者举大事，必卜之，以决吉凶。以惠行政，勿疑何卜？“元吉”，即从初爻“元吉，无咎”来，上以孚惠下，下即以孚德上，下上交孚，下益而上亦受其益也。《象传》以“大得志”释之，谓本此惠心，行此惠政，天下皆受我德惠，而中心诚服，正可得志而有为也，故曰“大得志也”。

占 问时运：“心好无歹运”，以仁存心，事无不吉，不待问也。〇问营商：以义为利，诚实相交，利益与共，以此为商，利益广矣。〇问功名：实至名归，大吉。〇问战征：罚必信，赏必公，战无不克，大吉。〇问家宅：此为仁里德门，勿问而知为善人之室也，大吉。〇问婚姻：非亲即友，必是旧交，“勿问元吉”。〇问六甲：生女。

占例 友人某来曰：欲以某氏子为养嗣，占前途吉凶。筮得**益之颐**。

断曰：九五**坎**爻，**坎**为孚，为心，为美，亦为后，故《爻辞》曰“有孚惠心”。美，即吉也，为后者，适合足下养嗣之占也。卦以损上益下为**益**，就养嗣论，**益**在损父益子。“有孚惠心”，是父以诚实之心，授惠于子，子必乐为其子，不待问而知其吉也。子既受父之惠，当必有以报父之德，将承父之业，继父之绪，必兴父之宗，故曰“有孚惠我德”。《诗》所云“为他人子，为他人子”，可不必咏也。

占例 明治二十八年，占我国与清国交际。筮得**益之颐**。

断曰：此卦内卦为雷，其性动，外卦为风，其性顺；内卦属我，外卦属清，即可见两国之动静矣。卦名曰**益**，知两国必互受其益。爻居九五，应在六二，二内，五外，亦当以二属我，以五属清。二爻曰：“或益之十朋之龟，弗克违，永贞吉。”在我国得此十朋之益者，即清之偿款是也。“永贞吉”者，谓其吉不徒在一时也。五爻曰：“有孚惠心，勿问元吉。有孚惠我德。”谓清与我国，从此议和以后，两心相孚，惠泽旁流，各以诚心相待，不问而知其元吉。清有惠及我，我亦德报清。清之益，即我之益，所谓唇齿相依者也。论欧洲各国，虎视眈眈，惟图损清而益己，或侵其地，或夺其利。在清固守旧政，不知改图，其为外邦所损削者，亦不知凡几矣。而我与清幅员相邻，交好素密，固与外邦不同，当思有利共享，有益共受，以共保此东海之国也。《象传》曰“大得志也”，知两国信惠交孚，必当得志而行，大有振作之为，不为欧西各国所轻视也。

上九：莫益之，或击之。立心勿恒，凶。

《象传》曰：莫益之，偏辞也。或击之，自外来也。

上九，阳刚居外卦之极，是求益而过甚者也，太过则变，变则不为益而为击矣。圣人观象设卦，以“损上益下”为**益**，其心本偏在厚下，至上九，为上之益下者已多，转而责下之益上，非待“莫益之”，夫且“或击之”。“或”者众而未定之辞。上动体为**屯**，“屯其膏”即“莫益之”之谓也。反卦**损**，**损**上为**艮**，**艮**为手，故称“击”也。**巽**为进退，为不果，是无**恒**也；上动为**坎**，**坎**为心，本以益下之心，易而为益上之心，是无**恒**也。旁通为**恒**，**恒**上曰“振恒，凶”，振恒致败于垂成，无**恒**不可以持久，故皆凶也。《象传》所云“偏辞”者，谓其心之偏而不公也。“外来”者，谓其击之出于意外也。

占 问时运：好运已退，贪心过甚，防有意外之祸。〇问战征：不待添兵加饷，即可进击。〇问营商：专求利己，所谓不夺不厌，必启争端，凶。〇问功名：夺人之功以为名，其名必不久也，凶。〇问家宅：此宅地位太高，有害无利，不可久居。〇问婚姻：恐不能偕老。〇问讼事：讼事无恒，转凶为吉。〇问行人：防中途有盗劫之患，凶。〇问失物：或已打破，不可得也。〇问六甲：生女。

占例 友人某来，请占气运。筮得**益**之**屯**。

断曰：卦名曰**益**，本有大得利益之象。今占得上爻，上爻居**益**之极，物极则变，恐非特无益，且有损伤之患。《爻辞》曰“莫益之”，是无益也；曰“或击之”，是被伤也；曰“立心无恒”，谓人心不测，反手为雨，覆手心云，防有意外之变也；终之曰“凶”，明言其占之不吉也。爻象如是，足下当有戒焉。

友人闻之，颇为心忧。后据所闻，此友一日至某家，商借千金，适某家藏金无为多，仅借得五百元，怀之而归。途过某友家，告以其故，曰今因商要用款，约需千元，顷向某氏，货得其半，复欲向君假取，以足其数。此友即以囊乏余金婉辞，不知此友近遭破落，知其携有巨金，忽生不良，伺其归途，乘间袭击，夺其金而去，某氏失金，又被重伤。日后此友就缚，始知夺金者，即为此友，倍感易理先示其兆也。

占例 明治二十六年某月，受亲友雨宫敬次郎之嘱，占银货涨落之结局。筮得**益**之**屯**。

断曰：此卦下卦为**震**，**震**为元黄，上卦为**巽**，**巽**为白色，白色银，黄色金也。卦象**巽**上**震**下，是为银高金落，可知银之出产，多量于金也。《爻辞》曰：“莫益之，或击之。立心勿恒，凶。”“莫益之”者，为价不再涨；“或击之”者，谓价必损减。“或”者，将然之辞；“勿恒”者，谓时价无定也。上爻变而为**屯**，**屯**者，难也。银货下落，市面皆受困难，必待出**益**入**夬**，**夬**者决也，将决去其弊，使银货时价，再得复旧也。若第以纸币充行，恐未可永久继续也。

䷪泽天夬

《序卦传》曰："益而不已必决，故受之以夬。夬者，决也。"夫物未有增益盈满而不溃决者，**夬**所以继**益**也。**夬**与**剥**反，**剥**以五阴剥一阳，阳几于尽，**剥**者，削也，其心险，故其**剥**也深而刻；夬以五阳决一阴，阴几于尽。"夬者，决也"，其气刚，故其决公而明。卦体**乾**下**兑**上，泽在天上，有决而欲下之势，故名其卦曰**夬**。

夬：扬于王庭，孚号，有厉，吉。告自邑，不利即戎，利有攸往。

夬，五阳方长，孤阴垂尽，**兑**在**乾**上，是一阴处群阳之上，其势足以压制群阳，群阳虽盛，不敢以造次求夬。**乾**为王，**兑**为口，"扬于王庭"，是声明小人之奸状，宣扬于王庭之上。"孚号"者，五刚合志，众口同声，呼号其侣，以决一阴。"有厉"者，譬如履虎咥人，时切危惧，故厉。**兑**二动为**震**，**震**为告，**兑**上本**坤**，**坤**为邑，告邑，告**坤**也。**坤**势至**兑**已孤，告**坤**者欲其一变从**乾**，去邪就正，归为君子。若恃此一阴，与五阳相抗，则疑阳必战，"其血玄黄"，不利孰甚焉！故曰"不利即戎"。**乾**为健行，**乾**阳刚直，不为难阻，刚德日进，斯阴邪日退，故曰"利有攸往"。

《彖传》曰：夬，决也，刚决柔也。健而说，决而和。扬于王庭，柔乘五刚也。孚号有厉，其危则光也。告自邑，不利即戎，所尚乃穷也。利有攸往，刚长乃终也。

兑泽**乾**天，**兑**为附决，决之文，从**夬**，故夬取义于决。一柔五刚，合而为夬，是谓之"刚决柔"也。**乾**健**兑**说，**乾**健而决，**兑**说而和，是谓之决而说。五阳在下，以下夬上，不明其罪，不足以正其辜，故必声罪致讨，显然扬布于君廷，以示公正而无私曲也。"孚"者，信也；"号"者，号令也；"厉"者，危也。秉**乾**之信，号召群阳，共力一决。**夬**、**履**易位，**履**五曰"夬履，贞厉"，谓怀此危厉，乃能履之而"不疚"。**履**《彖》曰"光明也"，故**夬**《彖》曰"其危乃光也"。"告"，告诫也，阴居上位，必有采地，"邑"

即阴之邑也。“告自邑”，谓戒之用劝，使之自退，告而不退，则董之用威，必将群起而攻之，是“即戎”也。以一抗五，势必不利。“尚”，加也，谓阴虽加于五阳之上，至此而阴乃穷矣，不利在阴，利在于阳。阳刚齐进，以夬一阴，是去恶务尽，往何不利？柔消刚长，故曰“刚长乃终也”。盖君子之去小人，深虑熟计，不敢轻用其夬，必先告以文德，不得已而后出以武功。视小人之害君子，残忍苛刻，其用心迥不同也。

以此卦拟人事，阳正而阴邪，刚直而柔曲。人事与国事，虽分大小，而害则一也。一在治家，奸邪固足兆祸，群邪竞进，其家必亡，即或间容一奸，似可无害，不知遗孽之萌，由此渐滋，其终遂致蔓延而不可去。一在交友，偏僻固足招损，无论朋比皆奸，其隙必深，即或偶与往来，亦尝思避，不知既入其党，因之堕名，其终必至牵连而不可解。譬如群鸟之中畜一鸮，而群鸟皆被其噬；譬如百谷之中，留一秕，而百谷咸受其害。君子处此，不敢以邪势之孤，而宽意容之，亦不敢以邪势之孤，而轻心除之，必为之声明其罪，宣告大众，昭示信义，号召群阳，其事虽危，其道乃光。而犹不欲急切用猛，有失忠厚之道，故必就其家而告之，诏以去邪归正，勿终“迷复”，如其不从，则兴众用强，势所不免。然不利在彼，而利终在我，一阴势衰，众阳力盛，所往故无不利也。去恶如去草，务绝其根，不使复萌，一阴虽微，务尽夬之，斯阴尽灭，而阳得尽长矣，如是而**夬**之事乃终。法此卦义以处人事，斯阴消而家道正，邪去而交道善，凡起居动静，一以崇正黜邪为主，而人事全矣。

以此卦拟国家，就卦体而言，五阳为五君子，秉**乾**阳之德，刚方中正，群贤在位，不可谓非国家之福也；独惜首居上位者，为阴险奸邪之小人，如汉献帝朝之有曹操，宋高宗时之有秦桧。方其初，在奸臣亦尝屈己下贤，罗致群材，以收人望，而在正人君子，必不受其牢笼，务欲削除奸恶，以清朝政。或奏牍以辨奸，或奉诏以除乱，计谋不密，反致斥为罪臣，目为朋党，古来忠臣杰士，由兹罹祸者不乏其人，是皆未详审夫夬卦之义者。

夬之卦体上**兑**下**乾**，五阳在下，一阴在上；**夬**之卦义，合此五阳，以**夬**一阴。《象》曰“泽上于天，夬”，意将决此天上之水，使至下流，**夬**之不慎，势必洪水滔天，则一阴未去，五阳反被其害矣。《彖传》所称“刚”者阳也，“柔”者阴也，“健而说”，健而不专用其健也；“夬而和”，决而不遽施其决也，其审慎周详为何如乎！“扬于王庭”，所谓声罪致讨也；“孚号有厉”，所谓“夕惕若厉”也，其深虑熟计为何如乎！然犹不欲直行力争也，嫉恶纵严，而劝善犹殷，必先进而告之曰：驩兜共工，圣世必流，恶来飞廉，盛朝见戮，毋恃高爵，宜早投诚，从则复其官，不从戮于社，利与不利，请自择焉！盖所谓“告自邑，不利即戎，所尚乃穷也”。吾侪同志，黜邪崇正，以光朝政，以肃官方，志在必往，以终乃事，是所谓“利有攸往，刚长乃终”也。

自来小人之害君子也，穷凶极恶，无所不至，而君子之待小人也，每以姑息宽容，反受其祸。《彖传》所云“刚长乃终”者，以示后世除恶务尽之道也。观六爻无一吉辞，多以凶咎为戒，所以痛绝小人，亦即以申警君子。**履**之一阴，目之为虎，盖君子之防小人，无异防虎也，不则即为所咥矣。《彖》所谓“健而说，夬而和”，夬阴之旨，其在斯乎！

通观此卦，五阳一阴之卦凡四，**履**、**夬**、**姤**、**小畜**是也。**姤**、**小畜**，一阴属**巽**，**夬**、**履**一阴属**兑**；**履**一阴在三，**小畜**一阴在四，是小人处君子之间。**姤**一阴在下，是初进之小人也，其势本孤，其力皆微；**夬**则一阴在上，是小人居高临下，足以压制群刚，未可轻用力夬者也。故《彖》言“健”，言“决”，言“扬”，言“号”，言“往”，皆示以必夬之意；言“说”，言“和”，言“厉”，言“危”，言“不利”，皆惕以用夬之惧。**大壮**之戒“用壮”，夬之用决，其旨同也。若藐视孤阴，恃群阳之盛势，而造次求决，此私智自雄，非观变时中之道，古来党祸，可为前鉴。六爻之辞，多与《彖传》相表里：初诫以“不胜”，二惕以“有戎”，三警以“有凶”。内三爻为**乾**，**乾**健也，健所以宜进也。四曰“牵羊悔亡”，五曰“无咎”，上曰“不可长”。外三爻属**兑**，**兑**，和也，和乃可以用夬也。在五阳秉刚决柔，是以盛决衰，以强决弱，宜若易易，而《易》辞谆谆垂戒，不胜危惧，盖谓君子易消，小人难退，由来已久。**夬**之一阴，夬之未尽，**姤**之一阴，即生于下。阴阳消长，不能与造物争，而因时保护，惟存乎其人而已。

《大象》曰：泽上于天，夬。君子以施禄及下，居德则忌。

兑为泽之气，上天则化雨而下降，有**夬**之象，故曰“泽上于天，夬”。君子法此象，取上之富贵德泽，施之于下，故曰“施禄及下”。禄之及下，犹天之泽于万物也；下之待禄，犹万物之待泽于天也。君子与贤者，共治天职，共食天禄，未尝以德自居，若居德自私，靳而不施，失夬决之义，故曰“居德则忌”。“忌”，禁忌也，凡行惠施恩之事，喜决而忌居，乘危构怨之事，喜居而忌决，是尤圣人言外之意也。

占 问时运：目下气运强盛，财宜散，不宜聚，聚则有祸。○问战征：赏要明，罚要公，切勿夸张自伐，克减军粮。○问营商：获利颇厚，但利己利人，分财宜均，若靳而不施，必致众嫉。○问功名：泽上于天，有居高位之象；盈满致损，所当自警。○问家宅：“泽上于天”，防有水溢之患。○问婚姻：**夬**有决绝之义，且**夬**反为**姤**，**姤**曰“勿用取女”，此婚不成。○问讼事：夬者决也，有断之义，一断便可了讼。○问六甲：生男。

初九：壮于前趾，往不胜，为咎。

《象传》曰：不胜而往，咎也。

初九居卦之下，为夬之始，是率先而用夬者也，故曰“壮于前趾”。壮趾之辞，与**大壮**初爻同，所谓“前”者，较**大壮**尤长一阳也。夫以最下之阳，往而决最上之阴，上下悬殊，其不胜也必矣。若其径情直往，不特无济于事，反以招咎，亦何取其往乎！爻辞为初当观变待时，量力而进，毋以躁妄速祸也。《象传》以“不胜而往”释之，谓于未往之先，而已知其不胜也，较爻辞而益激切矣。

占 问时运：负气太盛，任意妄动，动必得咎。○问战征：将微位卑，恃勇直前，必致败北，咎由自取也。○问营商：不度地位，不审机宜，率意贩货前往，不特伤财，更防损命，宜慎宜戒！○问功名：躁进取败。○问婚姻：门户不当，不合，合则有咎。○问家宅：此宅地势低下，迁居不利。○问行人：宜即归，可以免咎。○问失物：不必往寻，寻之反有余祸。○问讼事：宜即罢讼。○问六甲：生男。

占例 丰岛某来，曰余近有所谋，请占其成否。筮得**夬**之**大过**。

断曰“夬者，决也”，卦义在用刚决柔。初爻之辞，谓“不胜为咎”，是谓不可率尔前往也。今足下谋事，卜得初爻，就卦位言，初居最下，就爻辞论，往必不胜。想足下所谋之事，地位必高，非易攀及，虽与足下同志者尚不乏人，而足下独欲奋身前进，不自量力，不特其谋难成，反致招咎。足下宜从缓图之。

后某不从占断，遽往谋事，果招其辱。

九二：惕号，莫夜有戎，勿恤。

《象传》曰：有戎勿恤，得中道也。

二居**乾**卦之中，得**乾**“夕惕”之义，故曰“惕号，莫夜”。“惕号”者，内凛警惕，而外严号令也，即《彖》所云“孚号，有厉”之旨。“莫夜”者，凡阴爻皆属**坤**象，**坤**为夜，况寇盗窃发，乘其不备，多在昏暮，故严密周防，暮夜尤宜加警。二动体为**离**，**离**为戈兵，故曰“有戎”。“勿恤”者，九二为**坎**爻，**坎**为恤，**坎**得正，故“勿恤”。“有戎，勿恤”，谓有备无患也。《象传》以“得中道”释之，二居**乾**之中，谓“有戎，勿恤”者，能得“大哉乾元”，“刚健中正”之道也。

占　问时运：目下运途中正，事事谨慎，即有意外之事，皆可坦然无患。○问战征：军事最患夜袭，宜时作警备，可以无忧。○问营商：贩运货物，盗警水火，总宜保险，使可无虑。○问家宅：此宅阳刚过盛，二爻动而变**离**，火灾宜防。暮夜更当小心。○问婚姻：婚字从女，从昏，故称“昏礼”，有暮夜之象。诗云“弋凫与雁”，弋有戎象。“勿恤”，即有喜也，婚姻吉。○问讼事：即可断结无忧。○问疾病：日轻夜重，是阴虚火盛之症，当慎意调治，可以无患。○问六甲：生男。

占例　某豪商家甲干某来曰：仆为商用旅行，暂以店事托友代理，不料彼等通同舞弊，擅支余金，又复伪抬货价，捏造虚帐。余近已得悉奸状，意将摘发其私，以正其罪，抑将隐瞒其迹，以了其事乎？二者若何？请为一占。筮得**夬**之**革**。

断曰：**夬**者以刚决柔，为决去小人之卦也。上爻一阴，是奸恶之渠魁也，五阳在下，合志去谗。《彖传》曰“孚号，有厉”，谓明信发号，而不胜危厉，奸恶之难除如是。今足下占得二爻，辞曰“惕号，莫夜有戎，勿恤”，凡作伪舞弊，皆为阴谋，阴为夜，且鼠窃之徒，昼伏夜行，其象亦为“莫夜”，而因事防维，亦要在“莫夜”之间。“惕号”者，为警惕申令，如防盗然，终夜击柝也。**兑**为口，惟口兴戎，足下若过于严诘，彼等皆为穷寇，小则口舌，大则用武，在所不免；足下理直辞当，彼即用武，亦无忧也，故曰“勿恤”；至夬卦全义，虽在夬去小人，而《彖》称“健而说，决而和”，是夬之中，亦不失忠厚之意。足下其审度行之！某甲干闻而大感，悉从予占，其事乃得平和而了。

九三：壮于頄，有凶。君子夬夬，独行遇雨若濡，有愠，无咎。

《象传》曰：君子夬夬，终无咎也。

“頄”者，面颧也。三爻居**乾**卦之极，过刚不中，且**夬**卦大象，大率与**大壮**相似，故初与三皆称“壮”。“壮”者，刚壮也；“壮于頄”者，是刚怒之威，先见于面也。凡谋逐奸臣，最宜深计密虑，不动声色，若事未举而怒先形，则机事不密，灾必及身，故曰“有凶”。**夬**三之君子，即**乾**三也，**乾**曰“乾乾”，故**夬**亦称“夬夬”，谓**夬**之又夬也。**夬**阴者，五阳而三独与上应，**乾**为行，故曰“独行”。**兑**为雨，**夬**反则为姤，**姤**为遇，故曰“遇雨”。**兑**泽在上，有降雨之象，三独行前进，有遇雨之象。“濡”，濡滞也，“独行遇雨”，而若有濡滞焉。“愠”，即《诗》所谓“愠于群小”，故曰“有愠”。然君子志在祛邪；虽与上应，实与上敌，即濡滞而必进，虽“有愠”而“无咎”。《象传》以“终无咎”释之，谓“无咎”即从**乾**三来。阳盈于三，当上下之交，其地本危，“君子夬夬独行”，虽“若濡有愠”，有危心无危地也，故终得无咎焉。

占　问时运：目下运得其正，但阳气过盛，率意独行，未免被人疑忌，然幸可无咎。○问战征：孤军独入，防中途遇水有阻，然亦无咎。○问营商：孤客独行，虽得无咎，恐遇雨有阻，濡滞时日。○问功名：孤芳独赏，恐遭小人所忌。○问家宅：此屋门面壮丽，栋上恐有渗漏，致被濡湿，急宜修葺，无咎。○问婚姻：《爻辞》曰“独”，一时未得佳偶。○问疾病：面上浮肿，必是湿热之气，上冲所致，医治无咎。○问六甲：生男。

占例　明治二十二年某月，占印幡沼开凿。

按：关东沃野，为常总武野，皆自利根、户田两川流出之泥土，连络安房国，故上总下总之国，即为上洲砂下洲砂也，乃知关东居民，均沾利根、户田两川之利。两川中以利根为大，其水常注下总铫子港，流出之泥沙，归入大海，善识地利者，深为国家惜之。若能开凿印幡沼，疏通检见川，导此流出泥沙，归蓄于东京湾上，积日累岁，便可成一片沃壤，使上总下总之间，又可添出中总，与古来天明度、田沼、玄蕃头、天保度、水野、越前守等，同此利益也。在开凿之地，中有一种称为硅藻土，试以此土和水搅之，半浮半沉，土无膏粘，用之堤防，立见崩坏，惟积其土于两岸，以重物镇压之，地底泥土为之突出，斯得坚固。约计开凿之地，凡四里，自印幡沼，至大和田一里半，皆平坦，间有一二丈高低而已。至在山间之地，当筑三丈之堤，其上设置二十马力之唧筒二十台，以此唧筒，一昼夜可注入开方五万步之水于堤中，俨如山中蓄一大湖。取水力所到，冲过花山、观音山之下，其山下所蓄硅藻土，每日被水冲击，约可流出二万步之砂土，以一昼夜水力，可代数万人之劳力也。随蓄随流，凡经一年，左右之山土流空，可变成利根一样之川底。观横须贺船渠所用小唧筒；一时能浚干船渠之水，知唧筒之功力为甚大矣。至山平地成之日，除去山间之堤，自大和田至印幡沼，又成一方安居乐土。在布施新田之间，当度地作堰，塞堵利根川上流，使其水流入东京湾，或云移利根川于东京湾。有患利根川下流，水势减少，殊失通船之便者，谓宜豫设善策；不知铫子港地势最平，南沿犬吠岬之暗礁，北带常陆原之沙漠，流入于海，至利根川，一经大水，口狭而水不得出，每逆流而激入霞浦北浦，凡沿湖田圃，被水所淹，其害甚巨，得此开凿竣功，不啻免此灾害，可新得数万町步之膏腴。今请一占，以决成否如何？筮得**夬之兑**。

断曰：泽为受水之地，以卑下为用，《象传》曰“泽上于天”，是洪水滔天，其势甚凶，故卦以夬去为义。谓之“夬者，决也”。决字从水，从夬，明是决水之象，与所问开凿印幡沼水，其象适合。兹占得三爻，辞曰：“壮于頄，有凶。君子夬夬，独行遇雨若濡，有愠，无咎。”“頄”为头面，是高处也，譬言水势壮盛于上，一经泛决，其势甚凶，故曰“凶”。“君子”者，指此创凿之人；“夬夬”者，谓其功非一夬能了也。“独行遇雨”者，议夬者因多同志，以三为首创，故曰“独行”；水之下流，一如雨之下降，故曰“遇雨”。“若濡有愠”者，治水一夬，势必汹涌直下，凡所就近村居，或有稍被淹没者，未免有愠恨之意，故曰“若濡有愠”。谚云“谋大事者不记小怨，成大功者不顾小害”，此沼凿成，其利及数十万民，其功垂千百年，故《象传》曰“终无咎也”。凡兴一利必有一弊，《象》曰“终无咎”，可知此事，有利有弊，得以永终，利莫大焉。

九四：臀无肤，其行次且。牵羊悔亡，闻言不信。

《象传》曰：其行次且，位不当也。闻言不信，聪不明也。

夬与**姤**反对，**姤**四"臀无肤，其行次且"，**姤**之四，即为**夬**之三，故其辞同。四体**坎**，**坎**为臀，故有臀象。《易》例阳为脊，阴为肤，四本阴位，故"无肤"。且**夬**旁通**剥**，**剥**四曰"剥床以肤"、"无肤"，则**剥**之已尽矣。**夬**四出**乾**入**兑**，与上同体，不无瞻徇之意，故"其行次且"，欲行而复退也。**兑**为羊，羊善决，四亦羊之一，能牵率群羊以行，则悔可亡。朱子曰："牵羊者，当前则不进，纵之使前，而随其后，则可行。"四随九五之后，可以牵之使进也。"闻言不信"，言即《象》"孚号"之辞，一时声罪致讨，大言疾呼，天下莫不闻知，四首鼠两端，"其行次且"；四非不闻其言，特以疑信不定，故欲进复止，尚得谓有耳能听乎？《象传》以"次且"释"位不当"，谓四以阳居阴位，刚为阴掩，故曰"位不当也"。释"聪不明"，谓四居**兑**首，与上相比，故曰"聪不明也"。

占　问时运：目下运途不当，作事颠倒，精神不安，所谋难成。○问营商：心无主见，故贩售货物，每失机宜，获利殊难。○问功名："次且"者，不进之状，焉得成名？○问战征："臀无肤"，是见伤也；"行次且"，是欲退也；"闻言不信"，是号令不行也。以此行军，何能决胜乎！○问疾病：剥肤之灾，其疥癞之患乎？防溃烂及耳，致两耳失聪。○问家宅：此宅屋后无余地，屋前行路迂斜，为羊肠小径，居者尚无灾悔。○问婚姻：始则踌躇不决，久之得以牵羊成礼。○问讼事：防有杖笞之灾。○问行人：一时不归。○问六甲：生女。

占例　元老院议官西村贞阳、前神奈川县令井关盛艮两氏，偕一商人来访，两氏指商人曰：此为横滨洋银仲买雨宫启次郎也，此友近以洋银时价，博取十五万元，获此巨金，意欲谋度此后基业，与余偕来，请求一筮，以决之。筮得**夬**之**需**。

断曰：足下以一博，骤得十五万金，可谓大幸。足下欲定后来基业，问诸易占，余有一策，先为足下告之。山梨县为足下父母之乡也，县下有富士川，川路浅狭，不能运载重物，若陆道通横滨东京，其路险恶，行道苦之。足下能将此巨金，首创一大利益，自山梨八王子，以通达东京，开凿马车铁道，县下富绅亦必闻风兴起，则一举可以成业。将合山梨长野两县人民，开一公行之便道，可以一日而达东京，其利益为何如乎！在足下以此十五万金，每年亦得沾五朱利润，约计一年可得七千五百元，拟之华族之世禄，不多让也。今占得夬之四爻，辞曰“臀无肤，其行次且。牵羊悔亡，闻言不信”。“臀无肤”者，臀在人身下体，“无肤”，皮伤也，知足下早年气运不佳，不免有剥肤之患。今去皮而得肉，肉肥满也，为目下得巨金之象。“其行次且”者，为足下既得巨金，筹谋不决，行止未定，是来卜之本意也。“牵羊悔亡”者，**兑**为羊，亦为金，“牵”，牵率也，言足下得巨金，就山梨县下，创设马车铁道，牵率诸豪商，共成此举。羊之义亦通祥，**夬**易位为**履**，**履**二曰“履道坦坦”，**履**上曰“视履考祥”，其斯之谓欤？既曰其祥，悔自亡矣。“闻言不信”者，言即余之所言也，“不信”，谓足下疑而不能从也。就**夬**卦义言，**夬**者，亦为夬去险恶而成坦夷也。

雨宫氏闻之，唯唯而去，阅十四日，又来曰：过日受教，实铭心肺，不意归途，遇同商某，劝余乘此盛运，再博一筹，遂致大耗，丧其过半，后果再得巨利，必从君命。余曰：噫！已矣！爻象所示，至此益验。“臀无肤”，谓足下有切近之灾，终不获安坐而享福也。“其行次且”、“闻言不信”，与足下行为深切著明，不待解而晓然也。“牵羊悔亡”，为足下此后当牢牵此羊，毋萌贪念，否则此羊亦遂亡矣。人生得失，自有定数，《易》道先知，不可强也。

九五：苋陆夬夬，中行无咎。

《象传》曰：中行无咎，中未光也。

“苋陆”之说，马、郑、王皆云：苋陆，一名商陆。宋衷以苋为苋菜，陆为商陆，分作两物，本义从之。《虞氏易》作“莞睦”，以苋为莞，以陆为睦。诸说纷如，各有偏解。按《说文》：“苋，山羊细角者，胡官切，音桓。”苋字从艹，象羊角，不从艸，**夬**全卦是**兑**，皆有羊象。羊性善决，五动体**大壮**，夬之爻象，多与**大壮**相同；**大壮**五曰“丧羊”，故夬五取象山羊。古称皋陶决狱，有疑罪者，令羊触之，羊能**夬**邪，是其明证。四曰“牵羊”，羊指五，四在其后，而牵之也。“夬夬”者，四五同卦，牵引并进，故曰“夬夬”。五居**兑**卦之中，下承**乾**来，**乾**为行，故称“中行”。五阳至五而尽，上爻一阴，与五比近，最易惑聪，必待夬而又夬，始得去谗远佞，廓清王庭。“中行”者，中道而行，示无偏曲，不为已甚。《象传》以“中未光也”释之，谓五始近小人，继能联合群阳，决而去之，虽不失中，而于光明之体，终未尽显，故曰“中未光也”。

占 问时运：运得中正，万事无咎。○问战征：五为卦主，是主将也，率诸军以齐进；“中行”者，就大道而行，故得无咎。○问营商：**夬**，决去也。爻当五位，时令将过，货物宜决计速售，斯可无咎，否则有悔。○问功名：五为尊位，其名必显，惟宜远小人，近君子，斯可无咎。○问家宅：此宅蔓草丛生，几成荒废，当速剪除尽净，居住无咎。○问婚姻：五与二应，五居**兑**中，二居**乾**中，阴阳相合。“羊”取义于祥，有吉祥之兆，故无咎。○问疾病：五以阳居阳，阳气过盛，宜调剂得中，可以无咎。○问讼事：以正决邪，决去务尽，不使复萌，讼乃得吉。○问六甲：生女。

占例 某华族家令，来请占其老主人气运。筮得**夬**之**大壮**。

断曰：五爻与上爻，一阴相比，群阳在下，协力并进，决去小人，以清君侧，故名卦曰**夬**。贵主翁向有痫癖，维新以来，隐居别邸，遗弃故旧，狎比小人，以致家业日索，人所共知也。今占得**夬**五爻，夬之为义，以刚决柔。苋草柔弱，易生易长，夬之不尽，渐复滋萌，是以夬而又夬，务使剪根灭种。然不得中行之道，不足以服邪，亦不足以去害，惟其中行，故得“无咎”。五为卦主，正合贵主翁之象，务劝贵主人，远小人，亲君子，家道乃正，气运亦盛矣。

上六：无号，终有凶。

《象传》曰：无号之凶，终不可长也。

“号”者，即《彖》之“孚号”、二之“惕号”也。至上则卦已终，**夬**已尽，谓小人之道已消，可以“无号”矣，不知“无号”，则小人之罪名不彰，小人之奸谋，亦将复起。**夬**于此终，**姤**即于此始，故曰“终有凶”也。《象传》申之曰“无号之凶，终不可长也”；**姤**夬相反，**姤**上五阳，喜君子之犹存。**夬**上一阴，虑小人之复盛。阴阳消长，本相倚复，明“无号”之凶，**姤**之始，即伏于**夬**之终，故曰“终不可长也”。

占 问时运：正运已退，更宜警惕，斯可免凶。○问战征：军事将毕，余孽犹在，所当重申号令，警严戒备，始得廓清。若偷安忘备，终必有凶。○问营商：上为卦之终，是货物脱售将尽，当重申后约，斯商业得以继续。“无号”，为无商业名目，其业必凶。○问功名：“无号”，为声名灭绝之象，凶。○问家宅：凡一宅之中，或书声，或歌声，或笑语声，以至鸡鸣狗吠，皆有声也。“无号”，则寂灭无闻，其家必凶。○问疾病：是阳尽阴息之症，痛痒不觉，叫号无声，其病危矣。凶。○问婚姻：媒妁无言，不成。○问讼事：冤莫能伸，讼不得宜，凶。○问行人：未通音问，凶。○问六甲：生女。

占例 一日，外务书记官北泽正诚君来访，曰：“余同藩士佐久间象山先生，当世有志之士也，夙讲洋学，旁说易理。余尝游其门，屡闻先生讲说，会长藩吉田松荫氏，私谋出洋，先生大赞其志，赋诗赠之。及松荫事发，先生被议，幽闭江户，未几得免。时长侯萨侯，皆慕先生名，遣使招聘，先生皆不应，其后一桥公重礼来招，先生乃应命。余曰：‘先生嗜《易》，此行请为一筮。’先生曰：‘今四夷内侵，国步艰难，士应将军之召，荣誉莫大，出而有为，正在此时，奚用卜为?’余复强之，先生乃揲筮占之，得**夬之乾**。先生曰：‘此卦凶象，然既应使命，不复犹豫，惟慎而已。’携装将发，苦不得马，适木曾氏有一马来售，先生知为骏马，高价购之，呼其名曰‘都路’，盖取乘而上都之义。先生过大垣，寓于旧友小原仁兵卫氏邸，小原氏亦知《易》，乃问曰：‘此行《易》卜如何?’先生曰：‘**夬之乾**。’小原氏默然久之，如有阻意，先生不语，告别而行。至京都，公卿盛来问贺。一日赴中川宫召命，酒间陈说欧洲形势、兵备严整及骑卫之术，兴酣，先生请问，乃出乘都路，试演骑术之精，以自夸耀。中川宫大为赏赞，亲赐杯酒，先生感激曰：‘微臣出自卑贱，忝殿下之宠遇，荣誉已极。’复改‘都路’为‘王庭’，拜谢而退。归至木屋街，浪士左右要击，殪先生于马上。余时在藩邸，闻变慨叹，惊感易理神妙，凶祸之来，有不能幸免矣。”

仆闻北泽之言，谓象山先生虽能知《易》，而惜其不能守《易》，终为急于用世之念误之也。仆有感于此，特节其语以附录之。

䷫天风姤

姤为**夬**之反，**夬**为一阴在上，五阳决之，几至于尽，至**姤**而一阴复生于下。造化之理，阴阳奇偶，如影随形，循环反复，去而复生。天地不能有阳而无阴，圣人虽恶阴，而终不能绝阴。**姤**之一阴，即自**乾**元下画而来，履霜之渐，已兆于此矣。按：姤字从女，从后，女阴象，后与後通，谓阴即伏于**乾**后也。此五阳一阴卦之所以名姤也。

姤：女壮，勿用取女。

姤五月之卦，一阴自**坤**初来，生于**乾**下；**坤**为女，又为老阴，故曰“女壮”。盖阴之始生，其机甚微，其势甚捷，寒霜坚冰，渐积渐长，阴之侵阳，有防不及防者矣。往往家道之索，其始皆肇于女子，是壮莫壮于女也，惩其壮，故戒以勿取。特于**姤**阴始生发之，所以杜女祸之萌也。

《彖传》曰：姤，遇也，柔遇刚也。勿用取女，不可与长也。天地相遇，品物咸章也。刚遇中正，天下大行也。姤之时义大矣哉！

“姤”，古文作遘；或作逅。遘谓行而相值也；逅，邂逅，谓不期而会也，要即相遇之义也。卦体下**巽**上**乾**，**乾**者天也，**巽**者风也，天本清明在上，而微风乍起，适与相遇，故曰“柔遇刚也”。取女本人伦之大，然《诗》“野有蔓草”，为男女相遇之私，遇而不正，故曰“勿用取女”；而《彖》谓“不可与长”，盖防**姤**阴之长而侵阳也。惟相遇而不相侵，斯阴阳相济，而适以相成。夫独阳不生，独阴不育，天地相遇，乃能生物。**乾**曰“品物流形”，**坤**曰“品物咸亨”，惟其相遇有成也。**姤**当四月纯**乾**之后，**坤**阴始生，**乾**为刚，**坤**土居中，为中正，谓之“刚遇中正”，将见天子当阳出治。握**乾**德之刚方，阐**坤**阴之中正，斯德以位显，道与时行，黎民于变，四方风动，在此时也。风之行最捷，风在天下，故曰“天下大行”。王化行而礼义修，礼义修而风俗正，江汉汝渍之间，女子皆能贞洁自守，相遇而不与长，复何虑乎“女壮”者哉！**姤**之时为盛夏，姤之义为纯乾。

夏之为言养也，乾之为言健也。**姤**之时义之大，于此可见矣。

以此卦拟人事，人事不外男女嫁娶，是人伦之大端也。勿娶则人伦灭，天地闭绝，阴阳睽隔，不生不育，不特无以为家，抑且无以为天下矣。《彖》所谓勿娶者，非不娶也，为勿用**姤**道以娶之耳。姤字从女，其义为遇，女本阴柔，阳遇之而授以权，则阴乃长，阴长则“女壮”，五阳虽盛，一阴得以消之矣。《传》曰“不可与长”，是抑其壮而归之以中正也。所遇既得中正，则巽顺以从，所谓“宜尔室家，乐而妻孥”，刑于之化，可行于邦国。由是而推之，即天下亦可大行矣，夫何忧夫“女壮”哉！圣人作《易》，以著消长之几，阴阳起伏，不能偏废，惟在因时以保护之耳。故六爻之义，多取以阳包阴，而九五之“包”，最得中正。诸爻之受其包者固包，即不受其包者，亦不能外其包。斯阴不至于侵阳，则阴阳得其平，阴阳平而夫妇之道和，夫妇和而人事乃无不中正矣。

以此卦拟国家，自来国家颠覆，其衅每启自阃闱，如殷纣之亡由妲己，周幽之乱启褒姒，“女壮”之祸，万古垂鉴。圣人于**姤**卦，首示其戒，惕之曰“勿用取女”，盖所以遏其流而杜其渐也。其义则正，其旨则严，而其辞未免过激，惩其壮而“勿娶”，不特人伦有缺，且何以处《关雎》“好逑”、《鸡鸣》“戒旦”也耶？故《传》申之曰“不可与长”，谓所恶于女者，恶其阴之渐长也。阴不长，则阳不消，阳足以育阴，而阴不能剥阳，斯相遇而不相争，且更得其相助。王者之化，起自宫中，后妃之德，被于江汉，自来郅治之朝，未尝不藉内助之贤也。**姤**者，遇也，卦体上**乾**下**巽**，**乾**刚**巽**柔，谓之“柔遇刚也”。推之天地相遇而品物生，夫妻相遇而家政修，君臣相遇而治化行，盖得遇则成偶，不遇则为奇。事无大小，未有不以相遇而成者也，特所遇务期中正耳。**姤**卦六爻，惟九五独得中正：以杞为刚，以瓜为柔，杞之遇瓜，即刚之遇柔，得其包，则刚不为柔侵，而柔自乐为刚用。诸爻亦以中正为吉，以不得正中为凶。刚包之，实乾元包之。“大哉乾元”，其遇者广，其包者愈大矣。为**姤**言之，非专为姤言之也，国家教化之臧否，皆可于此卜之矣。

通观此卦，卦之体属夫女，卦之义取夫遇，卦之象用惩其壮，卦之用戒其与长。天下不能无女也，天下亦不可无遇也，因其壮之为害，而遂欲绝其女，却其遇，是率天下于寂灭之途，岂圣人作《易》之旨哉？盖壮之为害，不在于壮，而在与壮以权者，壮乃得而渐长。《传》曰“不可与长”，则壮无其权，而女不为害，相遇适足以相成，而遇正大可用也。

姤之为卦，何尝不善？**乾**天上运，**巽**风下行，“帝出乎震，齐乎巽，相见乎离”，遇之象也，是以天地得遇而物生，刚柔得遇而道平，君臣得遇而治成，**姤**之时义，所以为大也。天下有风，为天风相遇，天无远而不覆，风无远而不届，古先哲以大中至正之道，宣告四方，象取此耳。

爻以九五阳刚居尊，为卦之主。初以一阴方来，有君民相遇之象；二以刚中下应，有大臣宣化之象；五所用以招携怀远，风行下国者也；三、四、上三爻，或病于“牵”，或失于“远”，或伤于“穷”，是皆不善于包，而相遇之未得其中正也。圣人爱阳而恶阴，爱阳而喜其来，故于复之一阳，而喜其“来复”，恶阴而亦不能禁其不来，故于**姤**之一阴，而戒其用壮。可见圣人之于阴，未尝不予阴以并生，但不使阴之浸长为患也已。

《大象》曰：天下有风，姤。后以施命诰四方。

风字从几，从一，从虫，几象天体，一者大也，虫者生化之机。**巽**为风，为虫，风之来也，遍行天下，故曰风。**乾**为君，**巽**为命，君门九重，堂下万里，命诰不施，上情壅而不通，下心疑而未信，何以与民遇哉？故凡立一政，兴一法，必颁之典章，布之训诰，自朝廷以及里闾，使天下晓然而知上意。风教之行，疾如音响，故曰“后以施命诰四方”。**乾**为西北，**巽**为东南，四方之象也。

占 问时运：好运盛行，能使四方闻名。〇问战征：军令迅速，赏必信，罚必行，有席卷天下之势。〇问营商：为商为利，宜贩运远方，可以随在获利。〇问功名：有名扬四海之象。〇问婚姻：婚礼所重，在父母之命，媒妁之言，犹政事之有诰命也。得其正，则天下可行也。〇问家宅：此宅防有被风倾圮之虑。〇问疾病：小儿为惊风，大人为肝风，防有四肢不仁，或手足牵拘之症。〇问讼事：此讼牵连甚广，一时未得罢休。〇问失物：窃者已远飏，难以再得。〇问六甲：生女。

初六：系于金柅，贞吉。有攸往，见凶。羸豕孚蹢躅。

《象传》曰：系于金柅，柔道牵也。

初得**巽**下一阴，女象也。**乾**为金，**巽**为木，木入金，成柅之象，故曰

"金柅"。"金柅"，络丝之柎，女子所用，"系于金柅"，系丝也。"系"犹牵也，丝至柔，故《传》曰"柔道牵"。《九家易》曰："丝系于柅，犹女系于男。"《高古录》云：晋武帝选女子有姿色者，以绯采系其臂，是其证也。按系者为系著不动，妇人之德，静为吉，动为凶，系而不动，则"贞吉"，"有攸往"，则"见凶"。妇人言不出阃，行不履阈，行将何往？有往则必不安于室也，凶可知矣。初六辰在未，上值柳，南宫侯曰：柳，其物为豕，故象豕；初**巽**阴柔，为之牝豕。群豕之中，豭强而牝弱，故曰"羸豕"。"蹢躅"，不安也，牝豕阴质而淫，躁动尤甚；初以柔承五刚，不系而往，故曰"羸豕孚蹢躅"。总之，丝为柔物，豕为阴兽，一失其系，丝必紊乱，豕必奔突，任其所往，势必消阳而剥刚。其蹢躅也，不待否剥之至，而已可预知矣。"孚"，信之先至者也。

占 问时运：目下运途，有所牵制，不可妄动，妄动必凶。〇问战征：初爻为出军之始，**巽**象阴柔，兵力必弱，显见固守则吉，躁进则凶。〇问营商：利坐贾，不利行商。〇问功名：宜守旧而已。〇问婚姻：《九家易》曰："丝系于柅，犹女系于男。"正位夫内，故吉。〇问家宅：此宅防有闺范不修之羞。〇问疾病：此病是阴弱之症，宜安居静养。〇问失物：必为绳索所系，即寻则得，过日不能得也。〇问行人：在外必有女子牵连，不能即归。〇问六甲：生女。

占例 明治十八年十二月，乌尾得庵居士来访，谈及东欧乱事，居士谓予曰："方今保加利亚、罗马尼亚两国暴动，关系全欧大局，子幸占其结果。"[①] 筮得**姤**之**乾**。

断曰：**姤**者，遇也，是必率然相遇而启衅也。初爻属**巽**，一阴微弱，是必小国也。初应在四，四曰"包无鱼"，是为包藏祸心，因而起凶者也，意者其在俄罗斯乎？在保、罗二国，能各安疆界，共相修好，如**否**卦所云"其亡其亡，系于苞桑"，是"安不忘危，治不忘乱"，得其系而国本固矣，即爻辞"系于金柅，贞吉"之旨也。若无端而听外邦之唆惑，妄动干戈，势必立见凶灾，即爻辞所谓"有攸往，见凶"是也。"羸豕孚蹢躅"者，

① 郑同注：保加利亚，底本作"布加利阿"；罗马尼亚，底本作"罗美里"；俄罗斯，底本作"露西亚"，皆系日文旧译。本次整理，均改为现通行国名。全书同。不再一一标注。

《说文》亥为豕，戌亥乾位，则豕占属乾，初动为乾，故有豕象。初本一阴为巽，巽柔弱，故为“羸豕”。巽为躁卦，豕又阴淫躁动，故曰“蹢躅”。谓二国庸弱暗昧，如豕之负涂，狷狂躁动，如豕之出互，徒见纷扰奔突而已。巽为风，《象传》曰“天下有风”，想因此二国开隙，恐天下亦有闻风骚动者矣。究其结末，当在上爻之时，上爻曰“姤其角”，为姤之终，上乃穷矣，穷上反下，二国庶反而修好也。鸟尾君闻之，殊有所悟。

九二：包有鱼，无咎。不利宾。

《象传》曰：包有鱼，义不及宾也。

乾为包，巽为鱼，鱼阴物，谓初，二包之，故曰“包有鱼”。剥之“贯鱼”，即从姤之一鱼所生，能就姤之始而包之，故得无咎。二居内卦之中，当刚柔相遇之始，见其为柔，特以优容而并包之，不敢以激烈而启变，亦不至以姑息而养奸，斯诚御阴之善道也。“宾”，谓九四，四辰在午，上值张，石氏曰“张主赐宾客”；二“有鱼”，四则无之，是不及四也，故曰“不利宾”。《传》以“义不及宾”释之，“不及”者，即《象》“不与长”之义。千古御小人之法，莫善于使之不相及。予之以并生，不予之以渐长，则终无相及之时矣。姤初之“不利宾”，以二为之包也。

占　问时运：人生处世，安得相遇尽为君子？惟当曲意调护，不为小人所害，自得无咎。〇问功名：鱼有化龙之象，“包有鱼”者，鱼已为其所包矣，则升腾可必也。“不利宾”，利必在己也。〇问营商：“包”为包罗富有之象，众维鱼矣。鱼亦有众多之象，主货物充盈，财利富厚。“不利宾”，为其利非外人所得窃取也。〇问战征：《史记》“白鱼入舟”注，马融曰：“鱼介鳞之物，兵象也。”鱼而能包，是必善用其兵者也。曰“不利宾”，宾即敌也，敌必可破矣。〇问婚姻：鱼阴物，以阳包阴，姻事成矣。〇问家宅：鱼为阴物，象取女子，此宅定是女子主政。〇问疾病：防有池鱼殃及之灾。〇问六甲：生女。

占例　某甲来，请占气运。筮得姤之遁。

断曰：此卦以一阴而上接五阳，必女子之不贞者也。今占得二爻，《爻辞》曰“包有鱼”，鱼阴物善败，“包有”者，是匿藏其物而有之也。又曰“不利宾”，知宾亦尝欲利而有之，及有之而反为不利。不利于宾，其必利于主矣，想此物俨如鱼之在市，尔可有，我亦可有，本无定主也，利不利在包之者善自为之耳。

后据所闻，知某甲来占，非为气运，实为一女子耳。商人留妻于家，暂归故里，经四月而回，其妻以夫不在，与某甲私通，及其夫来，乃以其妻寄之于外国商人，诡云以预借外国人数百金，不得已以身抵之。其夫无力偿金，遂弃其妻而去，某甲乃得娶为己妻。后某甲死，财产悉归其妻所有，故爻象发现如此。

九三：臀无肤，其行次且，厉，无大咎。

《象传》曰：其行次且，行未牵也。

姤与**夬**反对，**姤**之臀在三，**夬**之臀在四，**姤**三即**夬**四也。三居下体之上，**巽**为股，臀在股上，故三有臀象。**剥**四曰剥肤，是**剥**阳也，**姤**三亦为初阴所**剥**。故曰“无肤”。上卦为**乾**，**乾**为行，三居**乾**、**巽**之间，柔未变也，故“其行次且”，有危心焉。**乾**之三“厉，无咎”，**姤**三化**巽**变柔，进退不果，其“次且”也，即其咎也。幸其由此以进，行将入**乾**，尚不失健行之性，故曰“无大咎”。《象传》以“行未牵”释之，“牵”者牵制也，谓其行虽缓，尚能不失**乾**健，不为阴柔所牵制也。

占　问时运：气运柔弱，诸事迟疑，是以动辄有危。〇问战征：欲进不进，因疑生危，不能得胜也。无大败亦幸矣。〇问营商：贩运不决，安能获利。〇问功名：尚须迟缓以待。〇问婚姻：迟缓可成。〇问家宅：此宅后面墙屋，定已倾圮矣，殊为可危，修葺斯可免咎。〇问疾病：此病必是下体溃烂，行坐不安，治之无咎。〇问讼事：防受笞杖。〇问失物：物已损坏，迟之可得。〇问六甲：生女。

占例　有友请占一事，以决成否。筮得**姤之讼**。

断曰：**姤**者不期而遇，为其事之出于意外者也。今足下占得三爻，细玩爻象，臀在人身下体，所以安坐也。“无肤”则坐不得安，“次且”者昧于事机，欲进而不进，则行不能决，坐行两难，是以有厉也。其事终归不成，故亦“无大咎”。

占例　明治二十八年六月，三浦中将奉命为朝鲜公使，临行占问朝鲜交际政策。筮得**姤之讼**，呈之内阁总理大臣。

断曰：卦名曰**姤**，**姤**，遇也。方今海禁大开，玉帛往来，正当万国会遇之时也。卦体五阳在上，一阴在下，是孤阴为群阳所制，有大国携服小邦之象。今当三浦中将出使朝鲜，为占两国交际方略，公使外行，则当以我为外卦，以朝鲜为内卦。内卦为**巽**，柔顺无力，可见朝鲜之弱小也。臀在身后，为隐伏，有后宫之象，主有妃妾擅权，侵害朝政。“无肤”，即剥肤，为切近之灾，致不能安坐深宫也。天下大势，正当改旧从新，力图富强，朝鲜因循旧习，欲改不改，是为“其行次且”也。国势之危，因此益甚，故“厉”。三居**巽**之终，为**乾**之始，将化柔而变刚，以内卦而从外，其必改而从我也。三又以二四为上下邻，朝鲜向属清国，四谓清也，以无包而起凶；二本**乾**体，谓我国也，以克包而无咎。朝鲜盛衰之机，历历可见。在我国交际之道，要亦不外是焉。

占例 明治三十年，占伊藤侯爵气运。筮得**姤**之**讼**。

断曰：卦体**乾**上**巽**下，一阴生于五阳之下。阴小人也，浸藏浸长，五阳渐受其剥，而不自觉也。今占得三爻，曰“臀”，为人身下体；曰“无肤”，为剥伤已甚；曰“其行次且”，为刚而变柔，故欲进不进。是皆小人之情状也。在侯刚方端正，断不为小人所惑，惟此五阳中一有不察，将有授之以权，而小人遂得出而为难，凡侯所建善后之谋，必为之而败，所策力行之政，必为之而阻，即所谓“臀无肤，其行次且”是也。至此而侯必不安于位也，故曰“厉”；然侯德望素著，故“无大咎”。此为侯本年不得意之占也。

是年十月，侯果辞总理大臣之职。

九四：包无鱼，起凶。

《象传》曰：无鱼之凶，远民也。

四入**乾**，复变而为**巽**，**巽**为鱼，鱼已为二所包，故“无鱼”。盖天包乎地，阳包乎阴，得所包而含宏广大，并育无害，此二之包所以“无咎”也。失所包，而鱼将吸浪扬波，顿生凶患，小人之施毒以害君子者，其凶由是而起也。《象传》以“远民”释之。“鱼”犹民也，谓鱼之不可不包，犹民之不可或远。不以民为小人，而驱而远之；必以民为同胞，而亲而近之。斯民得兼包并育，何致有消阳之患哉！

占 问时运：刚变而柔，运途不正，气量浅狭，是以多凶。○问战征：主将才力微薄，不能包容众军，防有兵变之祸。○问营商："包无鱼"，有囊里空虚之象，何以获利？○问功名：鱼喜得水，人喜得名，无鱼则水涸，无名则人穷，故凶。○问婚姻：婚姻之道，重在生育，"包无鱼"，言无胎孕也。凶。○问家宅：《象》曰"远民"，此宅必在民居相远之地，是孤村也。恐有不测之灾。○问疾病：鱼阴象，无鱼是阴分亏极，阳不能包，必凶。○问六甲：生女。

占例 有友人来占气运。筮得**姤**之**巽**。

断曰：卦象为天下有风，风之起也，忽焉而来，忽焉而去，有不期而相遇者也。在人则为意外之遭逢也。今占得四爻，四爻入**乾**，**乾**为包，变而为**巽**，**巽**为鱼，四欲包鱼，而鱼先为二所有，故欲包而无鱼也。足下占问之意，想必有一事欲谋，乃其事已落他人之手。是足下运途不顺所致，足下还宜含容优待，斯可免凶，否则凶祸从此起矣。

九五：以杞包瓜，含章，有陨自天。

《象传》曰：九五含章，中正也。有陨自天，志不舍命也。

巽为杞，杞，柳也，可屈以包物。"杞"谓五，"瓜"谓初，杞刚而瓜柔，刚包柔，即"杞包瓜"也。**姤**者，五月之卦，瓜以五月生，杞以五月盛，包之，正及其时矣。及时而包之，柔者扬其华，刚者蕴其美，自觉章采之内含也。五秉中正之德，初得其包，亦归于正中，即《彖》所谓"天地相遇，品物咸章"者，其在此爻乎？"有陨自天"者，瓜之为物，不能经久，黄熟而陨，亦天为之也。在包之者，不肯诿诸于天命，故于其陨也，若不胜其哀矜焉，故《传》以"志不舍命"释之。

占 问时运：运行中正，才力所及，自能包罗诸有，虽不言吉，吉可知矣。○问营商：生意虽不外木植瓜果等品，而包容甚广，自有大财可得。○问功名：五居尊位，功名自显，但进退荣辱，俱当安命。○问战征：堂堂之阵，正正之旗，王者之师也。逆者诛，顺者从，有包扫一切之势焉。○问婚姻：有瓜瓞绵绵之象。○问疾病：为热包寒之象。○问六甲：生女。

占例 明治二十二年某月，横滨辩护士某来，曰："近日商人与地主，为争公共财产上权利，起一大讼，此案向来纷争，迄今未见和解也，请烦一筮，以卜胜负。”筮得**姤**之**鼎**。

断曰：**姤**者，一阴遇五阳之卦，阴欲长而阳抑之，盖阴长消阳，阳长消阴。卦与**夬**相反，所谓“反复其道”，一消一长，亦天运使然也。今足下为占争财讼事，而得此爻，知此财产为公共之物，甲可取，乙亦可取，犹之阴阳消长，彼此互有权也。《爻辞》曰“以杞包瓜”，就杞瓜而论，杞为植木，特立在上，瓜为蔓生，绵延在地，当以杞为商人，瓜为地主。所谓包者，宜以商人包容地主，地主之权利，藉商人调护而出，犹瓜之施于杞木而生也。“含章”者，谓所包之中，自有章华内含，以见利益之大也。“有陨自天”者，陨，落也，其终财产归结，要自有天数存焉，非人力所可强争也。孔子曰：得之不得，曰有命，劝两造亦各听命而已矣。

上九：姤其角，吝，无咎。

《象传》曰：姤其角，上穷吝也。

上九辰在戌，得乾气，**乾**为首，位居首上，故曰“角”；遇而在上，遇亦极矣，故曰“姤其角”。角善触，遇之而触，不如遇之而包也，触之，故“吝”；然触亦不害其正，故“无咎”。《象传》以“上穷”释之，凡上穷必反下，**剥**之穷上反下，而“硕果不食”，一阳乃“来复”焉。“姤其角”，正穷上反下之象，故虽吝无咎。圣人之于阴，欲以并生，不欲其浸长，上之“姤其角”，令其穷而自反也。

占　问时运：运至于上，运亦穷矣。〇问营商：角逐者争利也，“姤其角”，为能得其首利也。盖吝在商人，“吝，无咎”焉。〇问功名：有头角峥嵘之兆。世传魁星有角，“姤其角”是遇魁星也，功名大利。〇问战征：角力角胜，皆有战象。角之字为刀下用，此战大有杀戮，是穷兵之祸也。〇问疾病：想头角之上患疮，医治无咎。〇问婚姻：上居**乾**之极，上穷反下，必是老夫而求女妻也。〇问失物：物本在高处，穷而反下，须就低处寻之，可得。〇问六甲：上穷而返，生男。

占例　一日有友人来曰：仆与某贵显，素来亲厚，大蒙恩遇。自贵显欧美归朝，交情忽疏，偶请面谒，遂至见拒，余实不知因何获咎也。请为一占。筮得**姤**之**大过**。

断曰：姤者“女壮”之卦，女子之言，最易惑听，朋友交情，为妇言所谗间者，往往多有。今占得姤上爻，姤本女象，其义为遇，《爻辞》曰“姤其角”，角善触，是必于相遇之际，有触其怒者，彼妇遂挟其怨恨，设其计以相牴触，进谗于贵显，此贵显与足下之疏远，所由来也。“无咎”者，以角在上爻，上穷反下，贵显必久当自返，知其为谗，返而思旧，当与足下复寻旧好也。

某氏闻之，顿有所悟，曰：仆向于贵显他出，屡访其邸，一日见渠夫人，因事规劝，致拂其意，既而贵显归，度彼妇畏仆告知，遂设计谗间，谅事所必有也。后悟贵显有云，我家之事，非外人所可干涉，知此，言非无因而来也。今得其占，其疑乃释，彼妇可吝，在我固无愧焉。

䷬泽地萃

卦体泽上地下，泽能畜水，地能畜泽。卦通**大畜**，有畜聚之象；反则为**升**，**升**《象》曰“积小以高大”，有积聚之义。卦自**姤**来，《序卦传》曰：“姤者，遇也。物相遇而后聚，故受之以萃。萃者，聚也。”此卦之所以名**萃**也。

萃：亨。王假有庙，利见大人。亨，利贞。用大牲吉，利有攸往。

萃与**涣**名相反，而义则相须。**涣**之亨，取诸水流风行；**萃**之亨，取诸**兑**说**坤**顺。**涣**亦假庙，**涣**之假庙，见神气之发扬；**萃**之假庙，见精诚之贯注：一散一聚，义各不同，而所以致诚者一也。王者合万国之欢心，以事其祖考，侯甸男卫，骏奔在庙，是**萃**之盛也。“大人”谓九五，五“萃有位”，能御众以治乱，故“利见”。“亨，利贞”者，**兑**曰“亨，利贞”，**坤**曰“柔顺利贞”，盖即从**坤**、**兑**来也。**坤**为牛，亦为用，故曰“用大牲”，言大人有嘉会，必杀牛而盟；既盟则可以往，故曰“利有攸往”。

《彖传》曰：萃，聚也。顺以说，刚中而应，故聚也。王假有庙，致孝享也。利见大人，亨，聚以正也。用大牲吉，利有攸往，顺天命也。观其所聚，而天地万物之情可见矣。

坤为聚，泽者水之所归聚也，合之谓**萃**。**萃**者聚也，为卦上说下顺，上下合志，二中五刚，二五相应，故能聚也。“王假有庙”者，陆绩云：王谓五，庙为上，王者聚百物以祭其先，诸侯助祭于庙中，是谓致孝于鬼神也。五刚中而二应之，故称“大人”；二得**离**气，**离**为目，故“利见”。**萃**与**升**反，**升**曰“用见大人”，不言利，故不言亨；**萃**曰“利见”，利则必亨，而所以亨者，又在聚之得正也。“大牲”，牛也，《左传》“牛卜日曰牲”注：既得吉日，则牛改名曰牲。**坤**为杀，执**坤**牛而杀之，以荐牲也，故曰“大牲吉”。用以享神，有以摄其心也，往以助祭，有以集其力也，其**萃**也，非势驱力迫所能为也，亦惟顺天之命而已。自昔殷汤用元牡昭告皇天，以誓万方，十一征而无敌于天下，是即“用大牲吉，利有攸往”，顺天命之明证也。

以此卦拟人事，内而聚其精神，外而聚其财力，皆为之萃也。然不顺则散，不说则离，不刚则无以畏众，不中则无以服人，虽萃终必涣也。惟顺以说，刚中以应，斯聚得其正矣。“庙”，祖庙，祭之以礼，所以致孝也。“大人”，主祭之人，一家之长也。大人率一家之子孙，有事于祖庙，凡子孙入庙者，必先见主祭之长，故曰“利见大人”，庶几心亨而理亦正矣。“大牲”者，祭礼也，大则牛羊，小则鸡豚，皆谓之牲。牲不备不足以祭，不丰亦无为祭，故曰“用大牲吉”。“利有攸往”者，承祭使民，理本一致，入可以承祭，出乃可以使民，故曰“利往”。一身之事，以祭为重，以孝为先，幽以精诚格祖考，明以和乐宜室家，虽曰人事，岂非天命哉！由一家以及一国，由一国以及天下，观其所聚，即可知天地万物之情矣。《彖传》之旨，在上聚祖庙之神灵，下聚四海之欢心，圣人以孝道治天下，而民德归厚，万国来同，此萃之全象也。如天之无不覆，如地之无不载，万物皆会萃发育于天地之中，谓之“观其所聚，而天地万物之情可见矣”。

以此卦拟国家，国家之要，在广土众民；兑为说，坤为土，为众，有说而归聚之象。顺则民从，说则民服，刚则不屈，中则不偏，皆足以使众也，得其正则民聚矣。王者继体承统，未临民，先假庙，所以承祖考之重也。《孝经》所谓王者合万国之欢心，以事其先王，上以尽孝享之诚，下以广孝治之道，而天下兴孝矣。“大人”即王者，利见利往，所谓“济济多士”、“骏奔走在庙”、“率见昭考，以孝以享”是也。“大牲”，牛也；“吉”，卜牲之吉也。一时荐广牡，相祀事者，咸皆顾视天之明命，罔不祗肃焉，萃莫盛于斯矣。王者法天则地，以天地之并育万物者，联合万国，斯其情可与天地参矣。六爻皆反复言萃，初则以萃致乱，三则因萃兴嗟，上则为萃流涕，皆不得其萃之正，为可惧也。五得萃之位，四得萃之吉，二得萃之孚，即《彖传》所谓“顺以说，刚中而应，故聚也”。民之归之，如水之就下，可以见泽地之功也。

通观此卦，“国之大事，在祀与戎”，故《彖》言“假有庙”，象言“戒不虞”，而其要首在于得众，此卦之所以取萃也。卦体下顺上说，顺而说，故兆民归往，以之执笾豆而相祀事，而礼仪不忒，以之执戈矛而从王事，而踊跃知方。上以兴孝，下以兴仁，风同道一，万邦协和，**萃**莫萃于此焉。**萃**易位为**临**，**临**《象》曰“容保民无疆”，**萃**之象矣。二卦同为泽地，泽足以惠民，地足以容众，故泽下地上为**临**，地下泽上为**萃**。六爻以五为**萃**之主，乃刚中之大人也，二**萃**焉，初与四亦**萃**焉，其位足以致**萃**，故曰“萃有位”。上则无位，未免泣涕而不安矣。三与上应，上悲而三亦嗟矣。内三爻为地，地之所归不择土壤，**萃**虽众，心不一，故初因之而“号”，三因之而“嗟”，二虽吉犹待引也。外三爻为泽，泽之所**萃**，心自说矣。五之**萃**，得“永贞”也；四之**萃**，自“无咎”也；上居泽之极，泽满则水溢，故有“涕洟”之象焉。盖惟天民有欲，无主乃乱，万国来会而禹帝，万姓说服而武兴，人心之所向，即见天命之所归也，故**萃**不可力取，惟在德化也。

《大象》曰：泽上于地，萃。君子以除戎器，戒不虞。

兑为金，**坤**为器，有戎器之象。“除”，修治也，修治戎器，以防不虞，所谓有备无患也。卦象为泽上于地，水满则溢，溃决奔突，势莫能御，所当豫为之防；水犹兵也，故可借鉴。按《穆天子传》：有七**萃**之士，取宿卫环聚为名，是**萃**为防御之士，所以遏乱也。**萃**象之“除戎器”，义盖取此耳。

占　问时运：气运平顺，但能安不忘危，自得欢乐无忧。〇问战征：兵凶器，战危事，惟能临事而惧，好谋而成，可无意外之虞也。〇问营商：**萃**有财聚之象，然聚必有散，盈必有亏，亦理之循环，所当时时豫访。〇问功名：宜由武功得名。〇问婚姻：“匪寇婚媾”，《易》每以寇婚对言，盖防兵祸，犹防女祸也。惟能豫访，自可无咎。〇问家宅：泽上于水，防有大水入屋之象。〇问疾病：防胸腹有水胀之症，宜豫为调治。〇问行人：中途兵阻，一时难归。〇问六甲：生女。

初六：有孚不终，乃乱乃萃。若号，一握为笑。勿恤，往无咎。

《象传》曰：乃乱乃萃，其志乱也。

兑为孚，故“有孚”；**坤**为终，初失位，故“不终”；**坤**为聚，亦为乱，故曰“乃乱乃萃”。初为萃之始，相孚犹浅，是以有初鲜终也；不得其终，则一念萃于此，易一念而萃于彼，其志先乱矣，是萃适以长乱也。《象传》以“志乱”释之，“乃”犹汝也，汝自萃之，汝自乱之也。初爻阴柔居下，虽得众，未足以总之；初与四应，则御萃之权，当在四也。“若”，顺也，“号”，令也，谓顺从四之号令。“一握为笑”，谓推诚相与，众皆欢说，即《象传》所云“顺以说”也。上互**巽**，**巽**为号，下互**艮**，**艮**为执，执手，犹握手，退之所谓“握手出肺肝相示”者是也。**兑**为口，故曰“笑”，既得其笑，故“勿恤”。“往”，往四也，四能恩威并著，初自不致乌合为乱也，故“无咎”。

占　问时运：运当初交，一顺一逆，反复无常，得所救援，可以无咎。〇问功名：忽荣忽辱，由于中心无主也。〇问营商：有初无终，聚散不定，不能获利，仅可免咎而已。〇问战征：统军出征，防有兵变之忧。〇问婚姻：有始乱之，而终娶之之象。〇问疾病：此病忽号忽笑，由于心神昏乱，往而求医，必无咎也。可勿忧。〇问六甲：生女。

占例　明治十五年十月，大水陡发，上野高崎间铁道所辖户田川口假桥，致被冲塌。余曾执司工事，往晤铁道局长井上君，井上君曰：川口假桥冲裂，铁道被梗，不得不急议修筑。按川口堤岸，高出平地丈余，若架造坚固铁桥，工程既大，经费亦巨，若仍筑假桥，一经发水，便遭冲决，亦非善策，若何而可？请为筹度。余曰：不如问诸神易。乃筮得**萃**之**随**。

断曰：此卦泽上于地，明示洪水泛滥之象。占得初爻，知此假桥建筑不久，乍筑乍倾，故谓之“有孚不终，乃乱乃萃”。初正应在四，宜听令于四。“若号”者，四之号令也；“握”，犹执也。得四之号令，众皆欢欣，愿执其役，**兑**为说，所谓“说以劳民，民忘其劳”也，故曰“一握为笑”。但四不当位，则必桥之地位不当，五曰“萃有位”，则位宜从五。五变为**豫**，**豫**者有**豫**备之义，**豫**卦**震**上**坤**下，**萃**为**兑**上，**兑**西**震**东，易**兑**为**震**，桥宜改西从东方为当位。**坤**地在下，**坤**为厚，为基，宜从平地培土为基，营架一桥，再设铁索，系锁于两堤，水来随高，水落随平，使无冲溃奔突之患，故得“无咎”。

井上君闻之，亦以为然，众议乃决，依此作桥。翌年水复大发，桥得无患，益叹易象之神也。

六二：引吉，无咎。孚乃利用禴。

《象传》曰：引吉，无咎，中未变也。

二居下卦之中，上应于五，知**萃**之当归于五也。二与初、三为同体，初之“乱”，三之“嗟”，是失所**萃**也，二能引之，同**萃**于五，故曰“引吉，无咎”。上互**巽**，**巽**为绳，下互**艮**，**艮**为手，有引之象。“禴”，夏祭名，六二为**离**爻，**离**南方，为夏，故“利用禴”。二动体**困**，**困**二曰“利用亨祀”，**萃**反为**升**，**升**二亦曰“利用禴”，以二得中，故其象同也。《彖》称假庙用牲，二为助祭，助祭当献方物，**坤**为吝啬，故薄，然输诚来**萃**，虽薄亦孚，孚，固不在多仪也。

占　问时运：运得正中，吉。〇问功名：可望汲引而进。〇问营商：“引”，牵引也，想是合众生意，必可获吉，但须答愿酬神。〇问战征：古者出师必祭，于内曰类，于野曰祃是也，盖祭神以誓师也。吉。〇问婚姻：二应于五，是二五订婚也，故曰“引吉”。〇问疾病：仙人辟谷之法，曰引导，为引运其元气，使之充实无亏，即可却疾。〇问六甲：生女。

占例　友人某来，请占气运。筮得**萃**之**困**。

断曰：此卦地上有泽，可以蓄水，即可聚财，故卦曰**萃**。今占得二爻，《爻辞》曰“引吉”，知足下所谋之事，必待有人引而伸之，乃可获吉。二与五应，能为足下指引者，必属于五。惜其中有三四两爻间隔，宜备礼祈祷，以乞神佑，使三四不能阻碍，则所谋得遂，自然吉而无咎也。

六三：萃如嗟如，无攸利。往无咎，小吝。

《象传》曰：往无咎，上巽也。

三处**坤**之上，**坤**为众，得**萃**之象。盖**萃**必众心欢说，其**萃**乃为可用，三以阴居阳，不能统率**坤**众。**萃**者以利而**萃**，**萃**而无利，则**萃**者嗟矣，故曰“萃如嗟如”。卦以五爻为**萃**之宗主，即《彖》所称“利见”之“大人”也，往而归之，有攸利焉。“小吝”者，三无御**萃**之才，致腾众口，为可鄙耳。《传》曰“上巽也”，**萃**上互**巽**，**巽**五曰“无不利”，谓往而可得**巽**之利也。

占　问时运：运途平平，无可获利也。〇问功名：功名不利，反被人鄙。〇问营商：货物虽多，不售可嗟，何所获利？惟转运他处，可得无咎。〇问战征：有兵而不得其用，反致怨嗟，在主将无御众之才也。〇问婚姻：未免兴怨偶之嗟。〇问家宅：同居不睦，致多口舌，往迁可以无咎。〇问疾病：胸膈积滞作痛，致声声叫苦，以两便不利所致，利则可以无咎。〇问讼事：不利。〇问六甲：生女。

占例 友人来，请占气运。筮得**萃之咸**。

断曰：卦体上说下顺，众人归附，占象得此，可为佳矣。今占得第三爻，三爻以阴居阳，自无御众之才，无以利众，以致众怨，故曰“萃如嗟如，无攸利”。知足下身任副局长，不得众心，爻辞之言，若适为足下发也。足下当令其往附于局长，斯众得其利，而可无咎矣。《象》曰“上巽”，巽顺也，在足下运途亦顺矣。

九四：大吉，无咎。

《象传》曰：大吉，无咎，位不当也。

四出**坤**入**兑**，当内外卦之交，为多惧之地，初应之，三比之，开馆招宾，礼贤下士，如汉之王莽曹操，臣而得众，凶莫大焉。爻曰“大吉，无咎”，必其克尽“大吉”之道，乃得“无咎”；必其能立“无咎”之地，乃得“大吉”。若文王三分有二以服事殷，能有其萃，而不自以为萃，必率其萃而归之于君，斯可谓大吉而无咎矣。《象传》于“大吉，无咎”，而犹以“位不当”释之，其旨严矣！

占 问时运：气运大好，无往不吉，但于地位不当，宜慎。〇问功名：大吉，但恐德不称位。〇问营商：得财得利大吉；宜作退一步想，方能有始有终。〇问战征：战胜攻克，大吉大利；防功高震主，谤毁随之。〇问婚姻：四与初为正应，即为正配，吉；但门第恐不甚相当也。〇问家宅：此宅人口兴旺，家室平安，大吉；但地位少嫌卑下。〇问疾病：是外强中干之症，目下可保无咎。〇问六甲：生女。

占例 某家支配人，请占气运。筮得**萃之比**。

断曰：凡占卦取爻辞，亦当兼取爻象，往往有爻辞则吉，而爻象则凶者，亦有爻象则凶，而爻辞则吉者。今此爻之辞曰“大吉，无咎”，《象传》曰“位不当”，未免于吉中有凶。足下占气运得此爻，在足下身任支配，凡主家之权利，皆归足下担负，一时趋附权利者，不必归向于主家，必皆归向于足下，此亦势之所必然也。于是足下之名大震，足下之运大盛，安得不谓之“大吉”哉！其实此等权利，皆主家所有，非足下所可自有也，《象传》以“位不当”戒之，足下最宜凛凛焉。

九五：萃有位，无咎。匪孚，元永贞，悔亡。

《象传》曰：萃有位，志未光也。

五居尊位，为**萃**之主，故曰“萃有位”；居其位以御其众，故“无咎”。然亿兆之归往在有位，亦不仅在有位也，要必有足以服众者，而众乃中心诚服矣。是**萃**以位，实**萃**以德，以德服人，此之谓“孚”，若徒曰“萃有位”而已，是以权位胁取，非心服也，孚何有焉？“匪孚”而**萃**，后且有悔。“元永贞”者，**乾**、**坤**之德也，“元”者，**乾**之“长人”，“永贞”者，**坤**之载物，既具此德，则德位兼备，群黎百姓，罔不丕应，悔自亡矣。《象传》曰“志未光”，为徒有其位言之耳。按：**比**《彖》亦曰“元永贞”，**比**以一阳统众阴，故“元永贞”言于卦；**萃**虽有二阳而统众阴者，以五为主，故“元永贞”言于五。义各有当也。

占　问时运：得位得权，运当全盛，自可无咎。〇问营商：财则聚矣，信尚未也，能守其正，业自可久。〇问功名：位则高矣，望则隆矣，更宜修德履正。〇问战征：三军既集，大业可成，更宜推诚相与，可保永终。〇问婚姻：位尊金多，可称贵婿。〇问家宅：此宅地位，山环水聚，聚族而居，吉。〇问疾病：心神不定，宜静养。〇问讼事：以讼者爵位隆，声势盛，虽枉得宜。〇问六甲：生女。〇问失物：久后可得，无咎。

占例　一日友人来，请占气运。筮得**萃**之**豫**。

断曰：五爻为**萃**之主，既有其位，又有其众，运无咎也。足下占气运，得此爻象，知足下非卑下之俦，有位有财，非一乡之望，即一家之主也。特一时信义未孚，在众人或怀疑畔，当履道守正，久而不失，斯言寡尤，行寡悔，而万事亨通矣。

上六：赍咨涕洟，无咎。

《象传》曰：赍咨涕洟，未安上也。

“赍咨”，嗟叹之辞。目出曰涕，鼻出曰洟，“赍咨涕洟”，悲泣之状也。上爻阴柔不中，居**萃**之极，三与上为敌应，敌应则无**萃**，孤立于上而安得安乎？知其不安，则忧之深，虑之甚，极之“赍咨涕洟”，悲愁百结，人亦当谅其哀怨而来萃也，故得“无咎”。皖江陈氏以“咨”为资财，“赍”为持，谓财聚民散，是有其财而不能有其众，则坐拥厚资，适以自危，如鹿台巨桥，卒供兴王之恩赏，此诚当痛哭流涕者也。其说亦亲切。

占 问时运：人必年老运退，极至穷极悲苦，为可悯也。然必有怜而救援者，得以无咎。○问营商：孤客无伴，途穷日暮，大可悲虑，幸而得救，无咎。○问功名：时衰运极，难望成名。○问战征：有军众畔离，主将孤立之象。○问婚姻：有生离死别之悲。○问家宅：仳离啜泣，家室不安。○问疾病：病自悲泣过甚而来，宜宽怀调养。○问六甲：生女。

占例 明治二十一年六月，余为谋设摄绵土制造厂，游寓爱知热田，偶过热田神宫，得晤神职某氏，相与讲《易》。时际旱魃，乡农数百，赛社祈雨，余语神职某曰：乡人诚求，神其谆谆然命之乎？神职曰：神何言哉！余曰：神固不言，有足以通神之言者，其惟《易》乎？曷不筮之？筮得萃之否。

断曰：此卦上卦之泽，为受水之地，泽出地上，有泽满水溢之象。《爻辞》曰“赍咨”，在人为悲怨之情，在天为震怒之声，即迅雷也；曰“涕洟”，在人为悲泣之状，在天为滂沱之泽，即大雨也。当此迅雷大雨，洪水暴作，人民罹灾，神亦为之不安，故《象》曰“未安上也”。计其时日，自初至上为六日，当必有验。

时七月十六日也，闻者多未之信。届期天日晴朗，大宫司角田氏谓余曰：大雨之期，占在今日，恐不验也。余曰：余惟就占论占，验不验非余所知，然向来所占，未有不验也。至午后，云涌风起，迄三时，雷公电母，风伯雨师，数驾齐来，顷刻之间，沟浍充盈，平地皆水，于是官司等，惊骇感服，过余称谢。翌年伊藤议长佐野顾问赛热田神宫，向宫司诸人询问余占雨神验，宫司即以断辞上申。两公大感神德之灵应，详询热田神社始祀之由，后宫内省发给祠币十万元，社格列伊势大庙之次。

䷭地风升

卦体**坤**上**巽**下，按**坤**辰在未，未土也，故**坤**为地，**巽**辰在巳，上值轸，轸主风，故**巽**为风。陆绩云："风，土气也。"**巽**为**坤**所生，故风从地而起，即庄子所云"大块噓气，其名为风"也。地上风下，盖风起自地下，顷刻而行于天上，有**升**之象。**升**为十二月之卦，阴气下凝，阳气上升，此其时焉。此卦所以名地风**升**也。

升：元亨。用见大人，勿恤。南征吉。

卦象由**巽**升**坤**，故曰**升**。**巽**本"小亨"，"元"者**坤**之"元"，得夫坤元之气，故曰"元亨"。"大人"谓二，**巽**《传》曰"利见"，此曰"用见"，谓不升则不得见，用升而后可见也，故曰"用见"。得见大人，则大人必相与同升，自可无恤。"南征"者，出幽入明之谓也。**巽**之往**坤**，**坤**之往**巽**，皆必历于南，譬如日月之升，皆南征，而其降也，皆北行，故曰"南征吉"。

《彖传》曰：柔以时升，巽而顺，刚中而应，是以大亨。用见大人，勿恤，有庆也。南征吉，志行也。

巽位在巳，**坤**位在申，其升也，历时而渐进，故曰"柔以时升"。阴始于**巽**，而终于**坤**，柔莫柔于**巽**矣。**巽**《彖》曰"柔顺乎刚"，**坤**《彖》曰"柔顺利贞"，是所谓"巽而顺"也。二为**升**之主，刚而得中，二五相应，谓之"刚中而应"，其亨是以大也。王制升诸司徒，升诸司马，皆为大人，得以用见，是可"勿恤"。柔依刚而立，初得二而**升**之基益固，而**升**之道乃亨，故曰"有庆"。阳称庆，庆在初也。**巽**属东南，**坤**属西南，自下升上，必历**离**之南，乃交于**坤**，南为阳明之方，故"征吉"。得其吉而升之，志于是乎遂，故曰"志行也"。

以此卦拟人事，是人之屈者求伸，穷者求达也，然屈伸穷达，有时存也。刚主动，柔主静，"柔以时升"，当静以待时焉。**巽**柔也，**坤**亦柔也，无刚以作其气，则柔弱不能自树，其何以升哉！故必应以刚中，柔乃得依刚以为立，即**巽**《象》所谓“巽刚而应乎顺”者也，其亨可谓大矣。凡人之求升，必藉大人为之先导，引而进之，登而用之，皆大人之力也，然必先见之，而后得邀其赏识。“用见”者，进见之谓也，举不举未可知也，故不谓之“利见”。然以时而见，必以时而升，当有庆焉，可无忧也。昔吕望之于文王，相见于渭南，孔明之于先主，相见于南阳，南征之吉，是其证也。三代之英，有志得逮，大道之行，人事之亨也。**巽**为风，**坤**为用，正风云际会，用之则行之时也。

以此卦拟国家，**升**为升平也，所谓道隆德隆，国家全盛之时也。其卦自**萃**来，**萃**则得民，得民则国治，国治而后天下平，是治道之大亨也，故**升**曰“元亨”。然一治一乱，时为之也，时未可**升**，宜静以俟之，不宜躁进。“巽而顺”，谓**坤**顺以承天也；“刚中而应”，谓**巽**刚以应时也。得其时，则贤能登进，俊杰超迁，允升天子之阶，用布永清之化，君臣一德，风行俗美，在正时也。“大人”者，恭己南面之大人也，当阳出治，天下之士，咸皆怀抱利器，愿期一见之为荣，斯士无被黜之忧，朝有得人之庆。《说卦传》所云“帝出乎震，齐乎巽，相见乎离”，**离**南方也，故“南征吉”。卦以二五为刚中相应，二曰“有喜”，五曰“大得志”，即可见万年有道，升平之象也。

通观此卦，卦名取地风，卦象取地木，风从地而起，木自地而出；**巽**为风，亦为木，木与风，其为**升**一也。**升**反**萃**，**萃**、**坤**居下，为群众之象，**升**则举于众，而登之民上，是古者论秀书升之制也，故反**萃**为**升**。《彖辞》曰“用见”，曰“征吉”，谓贤士怀抱道德，乐为世用也；曰“大亨”，曰“有庆”，谓朝廷任用俊彦，得奏时雍也。往见者在士，举而用之者在大人，故士之吉，即为大人之吉，大人之“有庆”，亦即为士之庆也。柔依刚而能立，志得**坤**而斯行，《象》曰“积小以高大”，譬如升高，必自卑而登，譬如升阶，必由下而进，盖有愈升而愈上者矣。其大旨惟在“柔以时升”，先时则躁，后时则悔，皆失**升**进之道也。士者出而用世，审时其至要也。《易》之作也，多在殷周之际，周室王化之行，始于二南，所谓征南，是明证也。爻象内三爻为**巽**，初“合志”，二“有喜”，三无疑，是**升**之得其人、得其道也。外三爻为**坤**，四曰“山”，五曰“阶”，六曰“冥”，是**升**有其地、有其时也。总之，二为大人，五应之，则升阶以见；

初得允吉，四应之，则恭顺以事；三尚可**升**，六应之，则其**升**已极。卦体**坤**、**巽**皆柔，如木初出，枝条柔软，及其干霄直上，自然刚健不屈，所谓“巽而顺，刚中而应”者也。

《大象》曰：地中生木，升。君子以顺德，积小以高大。

地中生木，当其萌孽始生，藐乎小矣，及至蔽日干霄，其高大不可限量，盖不知几经岁月，得以积累而至此也。顺德以**坤**为极，**巽**柔在下，**坤**顺在上，由**巽**升**坤**，非积不能。君子法之，以顺其德，积小高大，德必日新而日懋也。人以此而树木者，君子即以此而树德焉。

占 问时运：得春生之气，运途当日进日盛。○问功名：有指日高升之象。○问营商：积累锱铢，可渐成富饶巨室。○问战征：宜平地架列木梯，可以登高攻城。○问婚姻：顺为妇德，有以妾作嫡之象。○问家宅：此宅初时低小，近将改造大厦。○问疾病：是肝木春旺之症，若不顺气宽养，势将日积日重，颇为可危。○问货价：有逐步腾贵之象。○问秋收：风雨调顺，年谷丰登。○问行人：一路顺风，且积蓄颇丰。○问六甲：生女。

初六：允升，大吉。

《象传》曰：允升，大吉，上合志也。

初居**升**之始，为**巽**之主，**升**者下也，而允其升者上也。上允其升，则**升**之志遂矣。上互**震**，**震**雷出地，声闻百里，有**升**之象；下升上允，志同道合，吉莫大焉。**晋**六三曰“众允”，下为二阴所信；**升**初六曰“允升”，上为二阳所信。以阴信阴，悔亡而已，以阴信阳，乃得大吉。

占 问时运：运途大顺，求名求利，无不如志，大吉。○问功名：一举成名，大吉。○问营商：货价高升，大可获利。○问战征：升高窥望，得识敌情，一战可得胜也，大吉。○问婚姻：两姓允合，大吉。○问家宅：有出谷迁乔之兆，吉。○问疾病：爻象本吉，于问病独非吉兆，惟在下痢下陷等症，则吉。○问失物：须就高处觅之。○问讼事：宜上控，吉。○问六甲：生女。

占例 缙绅某来，请占气运。筮得**升**之**泰**。

断曰：卦象取“地中生木”，木得春气，枝叶怒生，渐增渐大，犹人行运得时，渐入佳境之象也。今占得初爻，是初运也。**升**者，自下升上，允者，我求而被允，**升**得其允，斯**升**之志遂，**升**之道行矣。运途得此，所求所谋，于名于利，无不“合志”，大吉之占也。

九二：孚乃利用禴，无咎。

《象传》曰：九二之孚，有喜也。

二居**巽**之中，备刚中之德，即为“用见”之“大人”。初欲升五，必先历二，以求孚于二也。古者求贤审官，得人则告诸宗庙，二既孚初之**升**，特为斋祓以进之。上互**震**，**震**为祭，故“用禴”。**巽**，孟夏之月；“禴”，夏祭。“用禴”者，取“柔以时升”之义也。“禴”，祭之薄者，然输诚求升，虽薄亦孚，在诚不在物也，故“无咎”。《象传》曰“有喜”，即《彖传》所云“有庆”也。**萃**六二以柔应五之刚，**升**九二以刚应五之柔，其至诚感应，则一也，故爻象“用禴”同，“无咎”亦同。

占　问时运：运途得中，必有喜事临门。○问营商：商业全凭信实，有信卖买进出，无诈无虞，自能永远，且可获利。○问功名：定有泥金报喜。○问战征：出师必祭，是类是祃，信为兵家之要，得信则三军一心，无战不克矣。○问婚姻：二五交孚，阴阳合德，大喜。○问家宅：主有喜兆。○问疾病：宜祷。○问六甲：单月生男，双月生女。

占例　友人某来，请占气运。筮得**升**之**谦**。

断曰：**升**者自下升上，有积小高大之象。今足下问气运，占得第二爻，二爻刚中，为卦中之大人。“孚”者，信也，得其信，不特上下交通，即鬼神亦能感格。爻象如此，知足下信谊素著，于朋友上下之间，无不交孚，故得“无咎”，且近日即有升腾喜兆。

占例　明治二十九年，某贵显来，为设立农工银行，占问成否。筮得**升**之**谦**。

断曰：卦体**坤**上**巽**下，**坤**为财，为富，**巽**为商，为利。五行以我克者为财，**巽**木克**坤**土，土为财。**升**者，积小高大，有渐进渐长之象。今贵下占问银行生业，得第二爻，《爻辞》曰“孚”，孚者，信也，金银贸易，最要在信。“利用”者，利于用也，《洪范·六府》“心曰利用”，即此旨也。据此爻辞，银行必成，且有喜兆。

九三：升虚邑。

《象传》曰：升虚邑，无所疑也。

升之三，**巽**之终，**坤**之始也，**坤**为虚，亦为邑，故曰“升虚邑”。《说文》：“虚，大邱。九夫为井，四井为邑，四邑为邱。”邱，谓之虚，《诗》“升彼虚矣”，虚，即墟也。墟为空旷高地，由井升邑，由邑升虚，可见“积小以高大”，历试诸艰，胜任愉快，地日辟而日大，位日进而日高。《象传》曰“无所疑”，信乎三之**升**，**升**之得其任矣。征诸太王居岐，一年成邑，二年成都，三年五倍于初，爻所言升虚升邑，盖谓此也。**升**卦爻象三、四、五三爻，皆隐指周室之事。

占 问时运：目下运途恰好，渐进渐盛。〇问营商：市廛谓之趁虚，言就虚地，会集货物而成市邑，可见商业日盛也。〇问功名：**升**本发达之象，初方“允”，二则“孚”，至三则已升而在上，可无疑也。〇问战征：经此兵燹，城邑空虚，“升虚邑”，夺取空城矣。〇问家宅：有前空虚，后富实之象。〇问婚姻：“虚邑”，犹空房也，不吉。〇问疾病：必是虚弱之症无疑。〇问失物：不得。〇问六甲：九三阳爻，生男。

占例 明治十六年，缙绅某任某县令，将赴任，请占任事吉凶。筮得**升之师**。

断曰：“虚邑”，为凋敝之地，人烟寥落，治理殊难，非盘根错节之才，未易胜任也。今贵下新授某邑知事，行将赴任，占得此爻，以贵下练达之才，任此积衰之邑，必能治剧理繁，为人所难为，当有措之裕如，无容疑也。可为贵下信之矣。

占例 明治廿八年五月，为开垦北海道十胜国利别原野，占其成否。筮得**升之师**。

断曰：爻辞与占象，悉相符合，可谓深切详明。曰“虚邑”，即荒土地，曰“升虚邑”，是辟荒土而成村落也。初则允其升，谓从事开垦者，志相合也；二则孚其升，谓从事开垦者，必“有喜”也；三则升已成矣。事虽难，可无疑也，其成必矣。

占例 明治三十一年，占司法省气运。筮得**升之师**。

断曰：《象》谓积小高大，凡风化之日趋日上，政教之日进日强，皆为**升**也。今占司法省，欲改设公明之法律，为内地杂居之准备，得**升**卦三爻。夫有其邑而不治，谓之“虚邑”，有其法而不用，亦谓之虚法。兹者司法省，新颁法律，将实施之于内地，是升虚而作实也，此令一行，必无阻碍，无容疑虑焉。

六四：王用亨于岐山，吉，无咎。

《象传》曰：王用亨于岐山，顺事也。

岐山为周发祥之地，太王迁之，文王康之，时告祭乔岳，岐山当必在其内也。盖天子祭天地，诸侯祭其境内之山川。“亨于岐山”，岐山在周境内，周先王实主其祀焉。称王者，追王之谓也。迁岐山之始，避狄而来，而积小高大，遂成为王业之基，吉何如也！《象传》以“顺事”释之，盖隐指文王服事之诚，有顺德，无二心也。此周公不言之旨，合前后爻象观之，而可知矣。

占　问时运：事顺适，吉而无咎。○问战征：古者祷战，祈克于上帝，然后接敌，此即用亨之义也。亨而后战，其必克矣，吉。○问营商：货物之生也，多取于山林川谷之间。祭法，民之取财用者，必祭之。谓祭之可获利也。吉。○问功名：“亨于岐山”，易侯而王，大吉之兆。○问家宅：宜祭告宅神，吉。○问疾病：宜祷。○问六甲：生女。

占例　某商人来，请占气运。筮得**升**之**恒**。

断曰：**升**卦诸爻，皆言升，惟二四不言升，其义并取于祭亨，谓人欲升腾发达，必先求神明之保也。四爻辞曰“王用亨于岐山”，岐山为太王避狄之地，寖炽寖昌，大启尔宇，为周室王运发祥之始。今足下占得此爻，知足下气运通顺，正如晓日东升，逐步增高，财运亨通，其中虽由足下计画之精，要亦有神助也。宜斋祓以祷之，吉。

六五：贞吉，升阶。

《象传》曰：贞吉，升阶，大得志也。

五以**坤**德居中，位极其尊，《象传》所称“君子以顺德，积小以高大”，惟五当之。“阶”，天子之阼阶也，升之于阶，尊之至焉。然不正则为新莽，为曹操，其何能吉？古来必如大舜之有鳏在下，侧陋明扬，以至命陟帝位，爻曰“贞吉”，《象》曰“大得志”，惟舜有之矣。而作《易》

之旨，则隐指西伯方百里起，终受周命之事也。

占 问时运：平生志愿，无不得遂，大吉之兆。○问功名：拾级而登，荣宠已极。○问营商：五为中数，凡营财之道，不宜过盈，以得中为吉，故曰“贞吉”。○问战征：凡攻城，必用梯阶，所以升高也。城必可克，故吉。○问婚姻：五与二相应，爻曰“升阶”，有攀结高亲之象，故二曰“有喜”。○问疾病：**升**，增也，病不宜升，乱阶厉阶，皆非吉兆。○问讼事：讼本凶事，是谓祸阶，升阶则讼愈凶，何以得吉？○问失物：当就阶墀间寻之。○问六甲：生女。

占例 某氏来，请占其女运气。筮得**升之井**。

断曰：**升**者谓“柔以时升”，**升**得其时，是以吉也。人之气运，亦以时行，得时则顺，失时则逆，惟在当其可之谓时也。今足下占问子女行运，想必为嫁娶之事也。《诗》咏迨吉，为婚姻之及时。“阶”，上进也。“升阶”，升而愈上也。是必有贵戚订姻，上嫁之象，大吉。后闻此女，果嫁某缙绅。

上六：冥升。利于不息之贞。

《象传》曰：冥升在上，消不富也。

上居**坤**之极，**升**至于上，**升**无可升矣。如日之升，朝而日出，昼而日中，暮而日入。“冥”则昏暮也，**坤**为冥，故曰“冥升”。“不息”者，昼夜循环之谓也，今日月没，明日复升，故曰“利于不息之贞”。**坤**曰“永贞”，即“不息之贞”也。在人之升，至上则禄位已尽，魂升魄散，归入幽冥之域，凡生前富贵利达，消归无有，惟此道德勋名，足以流传于不息耳，故《象传》以“消不富”释之，此之谓也。

占 问时运：好运已过，且待后运重来，可以得利。○问战征：有率军夜进，误入幽谷之象，利于息，待天明可出险也。○问营商：防有人财两失之患。○问功名：**升**至于上，功名已显，防身后萧条。○问婚姻：恐不得偕老。○问家宅：宅运已过，势必中落。○问疾病：大象不利，“冥升”者，魂升于天也。○问六甲：生女，恐不育。

占例 明治二十四年，占国运。筮得**升之蛊**。

断曰：论卦体，**坤**上**巽**下，由**巽**升**坤**，**升**至于六，**坤**位已终，无可再升矣。今占国运，得**升**上爻，我国家自维新以来，一革旧政，悉效欧美之法，以为取彼之长，补我之短，以冀日进于富强也。当时使年轻子弟，游学欧美，以习学其文学言语、政化风俗，三年学成归国，即升为学士、博士之职，使之教授国内子弟。法非不善，意非不良，无如此辈游学子弟，其于我国向时政教，本未谙练，即于外国教育，亦徒窥其皮毛，反以扬扬自得，蔑视老成。其间所谓进步者，如海军陆军，骎骎日上，亦自有可取，而极之教育之原，身心之本，终觉利不胜害，为可慨也。维新迄今，已二十余年，**升**进地步，约计已到上爻。“冥升”者，为日已近暮，无可复升，其利在“不息之贞”。“不息”者，为去而复来，循环不息之谓也。盖谓我国治运所关，凡新法之不善者，皆当反我旧政，以反为**升**，犹是日之没而复升，晦而复明，即所谓“不息之贞也”。斯之谓“利”，斯之谓“贞”。

䷮泽水困

卦体本**乾**、**坤**、否，**坤**以上一阴往**乾**，成**兑**，**乾**以中一阳来**坤**，成**坎**，是为**兑**上**坎**下。易位为**节**，**节**《象》曰“泽中有水”，言泽能节水，不使漏溢，有滋润，无枯涸也。反是为**困**，泽在水上，则水无所节，随泻随下，而泽涸矣。上互**巽**，**巽**为木，泽竭则木槁；下互**离**，**离**为日，“日以烜之”，则水益涸。《序卦传》曰：“升而不已必困，故受之以困。”夫有升必有降，升而不降，上愈升，下愈竭，竭则困，故名其卦曰**困**。

困：亨，贞。大人吉，无咎。有言不信。

“困”字，从木，在口中。木为阳之生气，历**坎**地则凋，逢**兑**金则刑，木斯困矣。必自**兑**而**坎**，转而入**震**，**震**为春，为生，则木道乃亨。古来贤哲，其蒙难艰贞，不知几经困苦，而始得亨通者，类如斯矣，故曰“大人吉，无咎”。“有言不信”者，谓当此困厄之际，身既不用，言何足重？惟宜简默隐忍，以道自守，若复喋喋多言，反足招尤，其谁听信乎！

《彖传》曰：困，刚揜也。险以说，困而不失其所亨，其惟君子乎？贞大人吉，以刚中也。有言不信，尚口乃穷也。

困者，如敌之被困于重围，兽之受困于陷阱，困而不能出，即《彖传》所谓“揜”也。**坎**，刚也，**兑**，柔也，九二为二阴所揜，四五为上六所揜，内卦**坎**阳，为外卦**兑**阴所揜，谓之“刚揜”，揜斯困矣。**坎**险**兑**说，是困在身，而亨在道也。二五刚中，有大人之象，处困能亨，道得其正，惟君子足以当之。以德则称君子，以位则称大人，以其刚中，乃能不失所亨，是以吉也。若文王之幽囚鸣琴，周公之居东赤舄，孔子之被厄兴歌，是之谓险而说，困而亨，乐天知命，有非险阻艰难所得夺其志也。**兑**为口，故“有言”，**坎**为孚，**坎**刚为**兑**柔所揜，故“不信”。人当困厄，或陈书以干进，或立说以矜才，由君子**观**之，窃叹其徒尚口说耳。道既不行于世，言必不信于人，侈侈烦言，益致困穷矣。大人处之，惟在秉刚履中，以济其困而已。

以此卦拟人事，困囚二字形相似，木在口为困，人在口为囚，故困亦有囚禁之义，是人遭穷被厄之时也。困与亨相反，困必不亨，亨必不困，惟君子处之，其身虽困，其心则亨，其遇虽困，其道则亨。所以“不失其所亨”者，要在能守此贞也。贞则不为小人之滥，而为大人之吉，是天之所以玉成大人者，正在此困耳。卦徒以刚为柔揜，刚阳上升，自**升**入**困**，为柔所抑，屈而不伸，则困。卦体下险上说，虽居**坎**险，不失**兑**说，所谓遗佚而不怨，厄穷而不悯，惟争其道之亨不亨，不问其遇之困不困也。卦象为泽无水，泽固以得水为润，无水则泽涸，然泽不以涸而怨水，人亦当不以困而怨命，“致命遂志”，此君子之所为君子也。在不安命之小人，一遭困难，势必怏怏于心，轻举躁动，始则甘言媚世，用以乞怜，乞之不应，激而发为怨言，不知因困而有言，卒至因言而益困，是之谓“有言不信，尚口乃穷也”。玩六爻之辞，多以“往”为凶，“来”为吉。“往”者谓欲前往而争之，是不知命也。“来”者谓待其来而安之，是能俟命也。《易》之大旨不外扶阳抑阴，即所以戒小人而进君子。观小人之处困，困则终困矣，君子之处困，困即为亨也。

以此卦拟国家，在人为困亨，在国为治乱，人不能有亨无困，国亦不能有治无乱。困不终困，秉正以守之，则困亨；乱不终乱，有道以治之，则乱治。乱之由来，在于亲小人，远君子。小人柔也，君子刚也，是柔揜刚也。**坎**为险，**兑**为说，险则为艰难离乱，国家当此，政散民流，上下交困，欲其说而使众也，不亦难乎？苟其险而能说，以**兑**济**坎**，则险不终险，如太王之避狄迁岐，而终得兴周，勾践之卧薪尝胆，而卒能灭吴，皆所谓处困而不失其亨，虽乱而终治也。原其所以治乱者，道在刚中耳。“刚中”指二五而言，二五两爻，皆得中。五，君也，二，臣也，君臣合志，同济时艰，犹文王之得吕望，越王之有范蠡，乱而得治，皆二五之功也。是以“幽谷”不能为之藏，“蒺藜”不能为之刺，“葛藟”不能为之挠。天下事无不可为，惟在居刚履中，应天顺人而已。若徒以空言惑世，则惟口兴戎，适以滋乱，其何益乎！

通观此卦，按**蹇**、**需**、**困**三卦，皆处险：**蹇**“险而能止”，足以避难；**需**险而不陷，义不至穷；**困**卦上下三刚，为柔所揜，而无所容，是**困**也。《彖传》之旨，以险而说，困而亨，爻象之义，以往为凶，来为吉。往者自下往上，来者自上来下，来者龃龉而不得合，往者内外互塞。初之“株木”障内；三之“蒺藜”拒中；上之“葛藟”蒙上。九二在险，九五同德，为拯困之主，而为四所隔，四与初应，而为二所隔，必待四来初，而五乃得与二合。苟三之“蒺藜”不去，则四未得行；上之“葛藟”不去，则五亦未得通。故**困**之害在三上，三上去而可无忧于初矣。总之，**困**之者柔，而为其所困者刚也，即《彖》所谓“刚揜”也。岂知刚**困**而柔亦**困**，刚**困**为“酒食”，为“金车”，为“朱绂”，说而在下，**困**亨之象；柔**困**为木石，为“蒺藜”，为“葛藟”，险而在上，困人之象。惟其险而能说，则险不为陷，法**坎**之信，**坎**可以济，得**兑**之说，**困**可以亨。彼“酒食”、“朱绂”、“金车”，即从木石、“蒺藜”、“劓刖”、“葛藟”而来，其百般而磨折者，正所以试历而成就之也。困愈深，成愈大，孟子所论“天降大任”一章，可作为**困**卦之注脚。

《大象》曰：泽无水，困。君子以致命遂志。

井《象》谓“木上有水”，取其可汲养也；**师**《象》谓“地中有水”，取其能容畜也；**困**之《象》曰“泽无水”，无水则无可汲养，亦无所容畜，而泽困矣。**坎**为水，亦为志，君子观之，谓泽之不得水，犹士之不得志也。孔子曰：得之不得曰有命，命当其困，身可困，志不可夺也。譬如危城孤守，强敌环攻，内兵疲而外援绝，矢穷力尽，一战身亡，以遂靖共之忠，斯不失见危授命之义也，是之谓“君子以致命遂志”。盖命在天，志在我，时当困穷已极，无可奈何；命则听之于天，志则尽夫在我，为道谋不为身谋，计百年不计一日。“困而不失其所亨”，惟君子能之。

占 问时运：困穷至此，宜自安命。〇问战征：是为孤城危急之时，惟竭力图存，生死在所不计也。〇问功名：名成则身难保，身存则名恐败，惟善自处之。〇问营商：资财既竭，时事又危，爻取往凶来吉，不如归来，得可免困。〇问婚姻：《彖》曰“刚揜”，男必夭命，女必守寡。易位为节，女必能守节成名。〇问家宅：宅中有枯井，防致损命。〇问讼事：不特讼不能直，且防因讼损命。〇问行人：在外困苦不堪，且有生命之忧。〇问疾病：肾水亏弱，症象已危。〇问失物：堕入深潭之下，不可复得。〇问六甲：生男。

初六：臀困于株木，入于幽谷，三岁不觌。

《象传》曰：入于幽谷，幽不明也。

坎为臀，初处内卦之下，臀在人身之下，取**坎**下之象。《象传》曰“泽无水”，为漏泽，臀之象亦漏下。**坎**于木为坚多心，“株木”为根在土上者，最在低下。人以臀为下，木以株为下，故为“臀困于株木”。凡人间居失业，谓之株守，可以为证。**兑**为谷，为幽，**坎**为入，为穴，为陷，阴爻亦为穴，“入于幽谷”，是陷**坎**之底。**兑**为见，**坎**为三岁，**坎**伏**兑**下，自初至四，历三爻而**兑**始见，故曰“入于幽谷，三岁不觌”，皆从**坎**为隐伏取象。《象传》以“幽不明”释之，“幽”，暗也，人当困厄之来，宜审机度势，择地而蹈，冀可免厄。“困于株木，入于幽谷”，是困上加困也，亦因其不明所致也耳。

占 问时运：厄运初来，渐入苦境，三年后可望顺适。〇问战征：兵陷险地，如司马氏军入葫芦谷。〇问营商：是贩运材木生意，木在深谷，困于发运。〇问功名：卑下之象，名必不显。〇问家宅：宅在深山，人迹罕到，宜于幽人。〇问疾病：“株木”、“幽谷”，有棺椁山丘之象，凶。〇问婚姻：男家卑微，恐有遇人不淑之叹。〇问行人：三年后可归。〇问六甲：生男。

占例 明治十九年七月，横滨友人某来，谓本年大阪兵库等处，虎列刺疫病流行，幸东京横滨皆得无恙，不料本月横滨花咲町忽有一人患此症，尔来仆居邻近，亦有传染。深为忧虑，请为一筮，以决吉凶。筮得**困**之**兑**。

断曰：**坎**为疾，为灾，显见有病。卦名曰**困**，**困**者难也。卦象“泽无水”，泽在水上，水必下漏，臀为孔，是必泄泻之症。**兑**为秋，**坎**为冬，病起于秋，延及于冬，是时疫也。今占初爻，《爻辞》曰“臀困于株木”，象近棺木，“入于幽谷”，象近葬穴，爻象颇凶；幸在初爻，病在初发，《彖传》曰“困亨”，明示**困**之中，自有得亨之道也。“入于幽谷”，其殆示以避疫之地也；“幽谷”者，必是深山幽僻之所；“三岁不觌”者，自初至四，凡历三爻，四爻人**兑**，**兑**为说，为见，至**兑**则灾脱，而心说，可以出而相见也。三者为数之一变，久则三岁，暂则三月，皆取三也。玩此占辞，君宜暂避于函根、伊香保等处，自可无患。某氏闻之大惊，即日起行，赴伊香保，果得平安无灾。

九二：困于酒食。朱绂方来，利用亨祀。征凶，无咎。

《象传》曰：困于酒食，中有庆也。

三、四、五三爻为刚，皆困于富贵者也。二与五应，二所云服饰祭亨，与五爻同，五虽未言“酒食”，有祭亨必有酒食，义亦可通。**坎**五曰“樽酒簋贰”，故有酒食象。**困**三阴三阳，卦自**乾**、**坤**来，**乾**为衣，亦为朱，**坤**为裳，故有朱绂象。二动体为**萃**，**萃**二曰“利用禴”，故有亨祀象。按：绂，蔽膝祭服；一作韨，《玉藻》曰：“一命缊韨幽衡，再命赤韨幽衡，三命朱绂葱衡。”二为大夫，故祭服用朱绂。二得乾气，方膺大夫之命，故曰“方来”。“酒食”、“朱绂”，谓膏粱足以伤生，文绣因而溺志，富贵之困人，即所谓死于安乐者是也。君子知之，不以酒食自养，不以朱绂自耀，而用诸祭祀，则俎豆馨香，孝孙有庆矣。“征凶”者，以斯而征，坎险在前，为三所阻，故“凶”；幸二居**坎**之中，故得“无咎”，是以《象传》即以“中有庆”释之。

占 问时运：爻象富贵，运非不佳，惜其不知撙节，反为富贵所困也。〇问战征：防有因酒食误事，遂致败北，主将困而招褫绯之辱。〇问营商：因商起家，膏粱文绣，足以荣亨，但再往则有凶也。〇问功名：功名已显，但恐为功名所困耳。〇问疾病：是逸乐过甚，醉饱无度。宜祷。〇问家宅：是富贵之家，住宅六神不安，宜虔祭告。无咎。〇问婚姻：聘礼始备，彩礼方来，一说即成。〇问六甲：生男。

占例 板垣伯占气运，得此爻，断词附载地雷**复**上爻，可以参看。

六三：困于石，据于蒺藜。入于其宫，不见其妻，凶。

《象传》曰：据于蒺藜，乘刚也。入于其宫，不见其妻，不祥也。

初、三、上三爻为柔，皆困于患难者也。柔爻象取草木，三与上应，三曰“蒺藜”，上曰“葛藟”，其象相近。三居**坎**之极，互体为**艮**，**艮**为小石，《象传》谓“泽无水”，无水之地，泥土皆成砂碛，有石之象，故曰“困于石”。**坎**为蒺藜，蒺藜，草之有刺者也。军中有铁蒺藜，形似蒺藜，以铁为之，布之于地，使敌不能前进。三爻陷下，乘二之刚，欲进不能，欲退不得，有似“据于蒺藜”。**坎**为宫为人，**兑**为少女，有妻之象，亦为见。三动体为**大过**，二曰“女妻”，五曰“老妇”，三则曰“栋挠”，则宫崩矣。宫之中已阒无人，何有于“女妻”，何有于“老妇”？故曰“入于其宫，不见其妻”。《系辞》谓“非所困而困，名必辱，非所据而据，身必危”，辱且危，故凶。《象传》以“乘刚”释据“蒺藜”，以三乘二之刚也，以“不祥”释入其宫；以不见妻为凶也。

占　问时运：命运尴尬，进退两难，凶。〇问战征：上布矢石，下设陷阱，前进则身多危，后退则营已陷，大凶之象。〇问功名：身将不保，奚以名为？〇问营商：卜例，妻为财爻，宫即命宫，既丧其命，又失其财，大凶。〇问疾病：《系辞》曰“死期将至”，知病不可救也。〇问婚姻：防有悼亡之戚。〇问失物：不得。〇问讼事：必散。〇问六甲：生男。

占例　明治十九年七月，余为避虎列剌时症，滞留函岭木贺温泉，东京物商藤田某，亦为避疫而来。止宿同馆，出东京来简示余曰：“仆亲戚之妇某氏，忽罹时症，不知死生如何？敢请一占。”筮得**困**之**大过**。

断曰：《系辞》谓**困**三“非所困而困，非所据而据”，死期将至，妻其可得见耶？已明示其凶矣，不待断而可知也。

翌日得电报，此妇已死，计其时刻，昨当揲蓍之顷，适值入棺之候。三变为**大过**，《易》以**大过**为棺椁，其机更为灵妙。

九四；来徐徐，困于金车，吝，有终。

《象传》曰：来徐徐，志在下也。虽不当位，有与也。

兑为金，**坎**为车，九四**震**爻，辰在卯，上值房，石氏曰“房主车驾”，故有金车之象。四与初应，故相往来。“徐徐”，舒迟之状；初居最下，四自外来，为二所间，疑惧不前，故曰“来徐徐”。四为诸侯，得乘金车，是亦乘刚而困于富贵者也。困于**坎**宫，困在身，困于富贵，困在心。四知初之困于柔，若不知己之困于刚也，乘此金车，徐徐来往，而不能以济困，车殆马烦，徒自苦耳，故“吝”。以阳居阴，为履不当位，然虽无二五之中，而自有二五之刚，惟刚足以自立，四得其刚，而二五复为推挽，庶几相与有成，岂至终“困于金车”哉！故曰“有终”。是以《象传》以“有与”释之。

占 问时运：运非不好，但地位不当，致多疑惧，未免为人所鄙。〇问战征：迟缓不进，以致车辙靡乱，幸得救援，不至终败。〇问营商：办事不力，致运载货物，中途失陷，急救得全。〇问功名：始困终亨。〇问家宅：地位不当，为间分间隔，不能联合，待迟缓可以买来乃佳。〇问婚姻：缓缓可成。〇问疾病：病势迟缓，已非一日，想是驰驱劳顿致损。爻曰“有终”，其命永终矣。〇问失物：想遗落车中，寻之可得。〇问讼事：迁延已久，今始可罢。〇问六甲：生女。

占例 友人某来，请占气运。筮得**困**之**坎**。

断曰：君所问在气运，而君意专在借贷，以借贷论。四下与初应，初爻柔为贫，四爻刚为富，当以初爻属君，四爻属货者。在四固有意于初，间为二爻所阻，致四迟疑，不克速允，四亦未免有吝。为今之计，二与五应，必须挽五与二说开，则不相阻而相助，斯借贷终得许允也。后挽人向二说之，果得成就。

九五：劓刖。困于赤绂，乃徐有说。利用祭祀。

《象传》曰：劓刖，志未得也。乃徐有说，以中直也。利用祭祀，受福也。

兑为毁折，亦为刑人，劓截其鼻，刖断其足，古之所谓肉刑也。五居尊位，为**困**之主，是主刑者也。至治之朝，政简刑清，君民相得，不为无耻之幸免，而为有耻之且格，斯可谓之得志矣。若惟恃劓刖之用，自矜明察，上邀受服之荣，下蒙赭衣之苦，槛车毳衣，徒见其困而已，故“困于赤绂”，系诸“劓刖”之下也。**兑**为口，“乃徐有说”，弼教之道，以渐而入，故曰“徐”。知用刑之不得其志，则齐之以刑，不如道之以德，此为教化之渐；而仁义之流，非独肌肤之效也。道惟在于中直，中则无偏，直者无枉，以此中直而临民，即以此中直而事神，则服赤绂而荐馨香，而来亨来格，降尔遐福，斯困于人者，必不困于天矣，故曰“利用祭祀”。《象传》以“受福”释之，九五阳爻属**乾**，**乾**为福，福自**乾**来，既所谓自天受之也。

占 问时运：命运刚强，刚则必折，防有损伤。作事宜筹度舒迟，乃可变祸为福。〇问营商：货物底面，防有溃烂损伤，须拆看收拾，徐徐出售，无咎。〇问功名：防富贵后，致有刑伤，宜祷。〇问战征：主败，须徐缓收兵，可图后胜。〇问家宅：家业却好，主家人有烂鼻跛足之患，宜祈祷。〇问疾病：病在头足，徐徐调养，求神医治，可愈。〇问婚姻：主有残疾，始不合意，后得完好。〇问讼事：防有刑狱之灾，须徐徐辩白，方可免罢。〇问行人：在外有灾，宜祷，后可得意而归。〇问失物：必有破伤，久后可以寻获。〇问六甲：生女。

占例 缙绅某来，请占气运。筮得**困**之**解**。

断曰："劓"，谓截其鼻也，"刖"，谓断其足也。"困于赤绂"，谓富贵而受困也。"乃徐有说，利用祭祀"，谓舒缓开道，利用酒食以和解也。想足下于朋友之间，严厉过甚，令人面目无光，无可退步。今彼故与足下为难，于广众之地，乘足下文绣而来，大施残辱，是所谓"困于赤绂"也。足下须降心下气，徐徐辩说；或复置酒立盟，誓不复记旧恨，乃可转祸为福。否则冤冤相寻，无有已时也。足下占得**困**五爻，爻象如此，余就占而断，合与不合，足下当自知之。

上六：困于葛藟，于臲卼，曰动悔。有悔，征吉。

《象传》曰：困于葛藟，未当也。动悔有悔，吉行也。

兑为附决，孔颖达曰："附决为果瓜之属"，故有葛藟之象。上六居**兑**之极，与初三并为阴爻，故象取草木，是谓困于患难者也。上六去**坎**已远，似可出幽谷而迁乔木矣，乃重柔不中，不能自立，如葛藟之附物蔓延，摇宕不安，故臲卼。臲卼，不安之状；一作杌陧，文异而音义通也。欲脱此困，非动不可，然动则不能无悔，故曰"动悔"；惟知其动之有悔，而审慎以出之，正将因悔以求全，转以有悔而可往。盖道以穷而始达，境由苦而得甘，此迁善所以必先悔过也。由此以往，往无不吉，故曰"吉"。《象传》一则以"未当"释之，谓其为柔所困，柔"未当也"；一则以"吉行"释之，谓其以动得悔，悔亦吉也。

占 问时运：目下苦运已终，本可脱难，缘其心神不安，未能立作变计，一旦改悔，即可获吉。〇问功名：困穷既久，行将风云变动，一举成名。吉。〇问营商："困于葛藟"，必是包扎货物，久不得售，今当时价发动，即可获利。吉。〇问战征：爻曰"征吉"，《象》曰"吉行"，其中虽有灾悔，定可因悔得吉也。〇问疾病：此病必缠绵已久，神志不安，当迁地静养，自然痊愈。〇问家宅：此宅已旧，藤葛丛生，栋柱倾斜，宜动工改作，乃吉。〇问婚姻：其中防有瓜葛未清，看其动静如何，一动之后，斯可成就。吉。〇问讼事：缠绕未休，致多臲卼，必待断结，乃可无事。〇问行人：一时被事纠缠，难归。〇问失物：被物绕住，不见，必移动后，乃可寻获。〇问六甲：生女。

占例 友人某来，请占气运。筮得**困**之**讼**。

断曰：《大象》曰"泽无水"，无水则物不得滋养，而无以生发，犹人无财而无以生活，为困穷之甚也。今占得上爻，上爻**困**之终，本可脱困，**困**卦体柔弱过甚，如葛藟之施木，不能自立，以致飘荡不安，若能决然思奋，动而有为，故曰"征吉"。所谓"征吉"，利于出行，不利坐守。足下宜乎遵此断而行，后运正佳。

䷯水风井

卦体**坎**上**巽**下，**巽**为风，亦为木，风善入，木善出，**巽**在**坎**下，是入水又能出水，有桔槔之象焉。**坎**为水，亦为穴，穴地出水，是为井也。卦自**困**来，**困**则泽涸，故“无水”，反之则有水。**坎**又为平，水之平莫如井，此卦之所以名**井**也。

井：改邑不改井，无丧无得，往来井井。汔至，亦未繘井，羸其瓶，凶。

“井”，通也，物所通用也。古者建设都邑，必凿井以养民，即或邑有改迁，而井之制不改。人得井以为养，而井不因之见损，故“无丧”；井所以养人，而井不以此见功，故“无得”。但见往者往，来者来，人之就养于井者，亦未尝归功于井也。“繘”所以引而下，“瓶”所以盛而上。至若繘未下而瓶已羸，则井为虚设，而繘亦为虚悬矣，故曰“凶”。

《彖传》曰：巽乎水而上水，井养而不穷也。改邑不改井，乃以刚中也。汔至，亦未繘井，未有功也。羸其瓶，是以凶也。

巽木入水，象取桔槔。按《庄子》，凿木为机，后重前轻，挈水若抽，其名曰槔，即井上转水辘轳，故曰“巽乎水而上水”。**巽**为绳，故象繘，**坎**为虚，故象瓶，以繘系瓶，所以引水而上也。井有水，取之而不竭，故曰“井养而不穷也”。三阴三阳，卦体本自**乾**、**坤**来，**坤**为邑，**坤**五化**坎**则成**井**，成**井**则**坤**之邑改，而**坎**之**井**不变，故谓之“改邑不改井”。《传》曰“刚中”，即由**坎**之《彖》辞来，刚中指**坎**五“不盈，祇即平”，**井**之为**井**，在是矣。然井不能自为养也，必有以汲之，而养之功乃见，繘牵之以下水，瓶盛之以上水，繘与瓶，汲水之大用也。至而未繘，井成虚设，功复何有矣；瓶若更羸，繘亦无用，凶已可知矣。“汔”几也，“繘”绠也，“羸”钩羸也。《系辞》曰“井，德之地也”，取其养也。盖井养不穷，喻王者政在养民。汲井期于得水，为政期于得民，不可半途辄止，废弃全功，孟子所谓掘井而不及泉，犹为弃井，亦即此旨。

以此卦拟人事，**井**，节也，井节水以备养，犹人节财以备用也。国有治乱，邑因之改，而井则仍在焉；人汲之无所得，不汲亦无所丧，在井固无关得丧也。人之处财亦然，吾闻有以人弃财者，未闻以财弃人也。攘而往者，为财往；熙熙而来者，为财来。财在地，任人取之而不竭；犹水在井，任人汲之而不穷焉。然汲水非可徒手往也，卦体**坎**水**巽**木，**坎**水为井，**巽**木为桔槔，**巽**亦为绳，互体**离**为瓶，**兑**为口，是井口也，言桔槔以绳引瓶，下入井口，汲水而上。《传》所云"**巽**乎水而上水"，井之象也；随所在而不改，井之德也。至若井而未繘，无以上水，井无功也；瓶而既羸，势将坠井，汲者凶矣。《象》为井言，而不仅为井言也，凡天下事之节其源而通其流者，皆可作井观焉。卦以**坤**五化**坎**，以**乾**初化**巽**，**乾**为用，利用者为财，厚生者为养，皆人事之切要也。有其养而不知所养，井几成为虚器。有其财而不知所用，财终归于虚靡矣。是非财之咎也，在人之不善取耳，君子所以"劳民劝相"，为天下通其源流焉。

以此卦拟国家，井之为言养也。因民之所养而养之，而井不自知其为养也；王者以德养民，因民之所利而利之，而王者亦未尝言利也。**巽**，入也，**坎**，信也，**井**，静也。入故通，而资之不竭；信故深，而改之不迁；静故安，而应之不劳，是刚中之德也。君子法井之德，以渊深者修诸己，以汲养者惠诸民，推己及民，利斯普矣。然君子具此德，而遇不遇听诸天，井能养，而汲不汲在于人，其中或得或丧，或吉或凶，人自招之，君子之德，必不以此而改也。汲水之器有繘瓶，繘而下，瓶而上，其机甚捷，弃而不用，则器废，而井亦废矣。为政之具在德礼，道以德，齐以礼，其化甚神，然弛而不张，则具坏，而政亦坏矣。故作《易》者戒之以无功，惕之以有凶，亦深为功荒垂成者惜也。

通观此卦，**井**反**困**，《序卦传》曰"困乎上者必反下，故受之以井"，《杂卦传》曰"井通而困相遇也"。易位为**涣**，**涣**《传》曰"乘木有功"，**井**之取桔槔而不取舟，其用**巽**木一也。旁通为**噬嗑**，**噬嗑**，养也，有井养之义。下卦为**革**，**革**者，改也，有"改邑不改井"之象。要之，**井**为井，汲之而不穷也，其用取诸养，得地而不改也；其德在夫刚中，或汲或不汲，于井固无得丧也。此汲而彼亦汲，一任人之往来也，苟舍其繘，羸其瓶，以为井不可食也，是自弃其井矣，**井**固无咎，而汲者凶焉。卦体全象主**坎**，是为井中之象，阴虚为出汲之口。初阴在下，故为“井泥”；二承阳无**坎**，故为“敝漏”；三得位应上，故为“受福”；四修德补过，故为“井甃”；五阳刚中正，故为泉美，六井养功成，故为“井收”。以卦时论之，**巽**初当春夏之交，水潦混浊，故**井**有泥；二当**离**夏，而水多鱼。三四两爻为秋，秋水澄清；三为**坤**，泉泄地上；四为**兑**，故其毁折；五六冬也，故**井**寒冽；上爻终**坎**，为水养之终也。大抵下卦**坎**水流行东南，失时不遇，故不吉；上卦水归西北，得其方位，故多吉。

《大象》曰：木上有水，井。君子以劳民劝相。

坎为水，在上，**巽**为木，在下，其象为“木上有水”，即《彖》所谓“巽乎水而上水”之象也。君子玩其象，而修其德，以之“劳民劝相”。“劳”，用民力也；“劝”，劝导也；“相”，辅相也。**坎**为劳卦，互卦**兑**，**兑**为说，说以劳民；**兑**又为口，**巽**为同，为交，有同心协助之象，故曰“相”。天下之民无穷，一人之养难周，君子于是劳来之，劝相之，使比闾族党相亲，贫穷患难相恤，开导诱掖，以尽其相生相养之道，如是则所以养民者，周恤完全，而无一人之漏养者，所谓“井养而不穷”也。

占 问时运：目下交木水相生之运，正可相助成事。〇问战征：有水灭木之象，水军有厄，宜劳力相助，可以出险。〇问功名：“木上有水”，有得春雨发生之象，功名可望。〇问营商：有利过于本之象，吉。〇问家宅：此屋栋柱，恐有水湿溃烂之患，宜急修葺。〇问婚姻：**坎**男**巽**女；男上于女，阴阳之正也，吉。〇问疾病：肾水暴溢，是妄阳之症，宜急调治。〇问六甲：生男。

初六：井泥不食，旧井无禽。

《象传》曰：井泥不食，下也。旧井无禽，时舍也。

“旧井”者，坏而不治之井也；“禽”者，辘轳之轴，运繘者也，轴上刻以禽形，故曰“禽”。或谓轴转之音，似禽鸣也。初居最下，象井底，水涸泥污，故曰“井泥不食”，成为废井，井久有毒，故人不食。其井既废，则辘轳之禽，亦腐朽而无有矣，故曰“旧井无禽”。《象传》以“下也”释“井泥”，谓泥在井下，故不可食，以“时舍”释“旧井”，谓井已废旧，故为时所舍。按：《鲁语》“取名鱼，登川禽”，韦昭注：川禽，鳖蜃之属。《易林》“**遁之井**”曰：“老河空虚，旧井无鱼。”此无禽即蜃蛤鱼蛙之类，说亦有据。

占 问时运：为时过运衰，不为世用。〇问战征：有兵器朽旧，不克制胜之患。〇问营商：货物陈腐，不可贩售。〇问功名：年老无用。〇问家宅：荒芜已久，不可居也。〇问疾病：是旧症也。不治。〇问婚姻：人品卑下，虽属旧亲，不成。〇问讼事：必不得宜。〇问六甲：生男，防难育。

占例 友人某来，请占气运。筮得**井之需**。

断曰：井既旧，有泥无禽，是废井也；在人则运退时衰，必见弃而无用也。占者得此，知其人品行卑下，为人所弃，难望进用之日也。卦爻初与四应，初之旧井，得四修之，即可无咎。今足下犹旧井也，甘辱泥涂，不自悔改，故终为世弃，不可复用也。

九二：井谷射鲋，瓮敝漏。

《象传》曰：井谷射鲋，无与也。

“井谷”者，泉穴也。《汉书·沟洫志》：“井下相通行水为井渠。”井固有旁穿孔穴，二动体**艮**，**艮**为穴也。“鲋”，鱼之小者，《子夏传》谓虾蟆。**井**五月之卦，故有虾蟆；《尔雅翼》：“鲋，鲼也，今作鲫。”二体**巽**，**巽**为风，风主虫，虾蟆与鱼，要皆不离夫介鳞虫类。“射鲋”者，古有射鱼，《淮南·时则训》：“季冬之月，命渔师始渔，天子亲往射鱼。”《史记》：“秦始皇至芝罘射，得巨鱼。”井谷无巨鱼，所射者鲋耳。“瓮”，盛水之器，与瓶相类，二至四互**兑**，象**兑**口，**巽**在下，象底穿，故曰“瓮敝漏”，即《彖》所谓“羸其瓶”也。盖井之为水，以上汲为功，而谷水下注，如敝瓮之无底者，复何与于井养之功哉！而徒以射鲋为能，故君子所不取也。

占 问时运：所得者小，所失者大矣。〇问战征：误中敌计，军入幽谷，致破釜缺养而不得出。〇问功名：弋获虚名，其何能久？〇问营商：为贪意外之财，致失本分之利。〇问婚姻：门地卑微，声名残败，不佳。〇问家宅：此宅有废井，井口残破，水不可食。〇问疾病：是下漏之症，医治可愈。〇问失物：物已敝败，得亦无用。〇问六甲：生男，防此儿有残疾。

占例 友人某来，请占气运。筮得**井**之**蹇**。

断曰：井曰“井养”，然井不能自养，亦在人取之以为养也；乃不取水而取鲋，取非所取，是失**井**之义也。今足下占气运，得**井**二爻，知足下素好学问，亦如井之有源；病在专尚旁门，不务正学，犹是谷水为井之旁穴，射鲋非井之应得，究何与于井养之义也？“瓮敝漏”者，为言井水下注，如人之流品日下也。爻象实为足下示警，足下当求通晓世情，躬行实践，毋徒盗虚誉也。

占例 明治三十年，占司法省气运。筮得**井**之**蹇**。

断曰：此卦下三爻为井中之水，上三爻为汲水以供用也，故下三爻不吉，上三爻皆吉。我国近来许外国人杂居，一仿欧美各邦规则，定为法律，在我国人居住欧美各邦者，亦受欧美之保护，故我国亦保护彼国旅人，如出一辙也。今占得二爻，其立法恐有徒贪小利，转致失其大体，谓之“井谷射鲋，瓮敝漏”。司外务之任者，所宜注意焉。

九三：井渫不食，为我心恻。可用汲，王明，并受其福。

《象传》曰：井渫不食，行恻也。求王明，受福也。

“渫”，治也，谓治井而不停污也。初则“泥”，二则“漏”，三居**巽**之终，**巽**有洁齐之义，故为“井渫”。渫则泥去，漏塞，清洁可食。其有不食者，非井之咎也，犹人澡身浴德，惠泽足以养人，当局者莫之知，旁观者知之矣。“我”，则旁观自谓也，谓如此清泉，而竟弃之如遗，我则为之心恻矣。井既浚治，则可汲而用者，莫如此井也，此而不用，不明甚矣，安得明王出而用之也？是众人祈祷而求其用者也。“王”指五，三至五互**离**，故为明王。阳为福，喻王者登用贤才，则德泽单敷，遐迩受福，贤者之福，即明君之福，亦天下之福也。“并受其福”，是一井之利，遍及万家也。

占 问时运：怀才不用，命为之也。〇问战征：兵器既修，士卒可用，惜无主将，以致士气颓丧，为可惜也。〇问营商：明见货物辐辏，可以获利，不知贩运，徒诿无用耳。〇问功名：有才无命，为世所弃；两年后至五爻，可望登用。〇问婚姻：目下不成，至五爻必得成就，须在二年后也。○问家宅：此宅必有旧井久湮，宜渫治之。得食此水，一家获福，若不渫不食，大为可惜。○问疾病：必是心神不安之症，宜饮井泉可愈。○问失物：必坠入井，须汲取之，可得。○问六甲：生男。

附言 **井**为**震**宫五世之卦，凡问疾厄，得下卦多不治。下卦变则瓶体破，不能汲水，即《彖辞》所谓“羸其瓶，凶”。补治其破，犹病者得医而治也，凶尚可救。其象如此，余二十年来，屡占屡验，无一或爽。

占例 明治二十六年一月，祝贺新年，偶谒某贵显，贵显顾余曰：近来有奇妙之《易》断乎？余曰：易象精微，诚心感格，无不奇妙。昨年十月间，与杉浦重刚诸君，会于星冈茶寮，为占众议院议会结局，得**井**三爻。当时政府与众议院，意见不合，势甚决裂，后上乞天裁，始得平允。是所谓井井有条者也。

断曰：**井**，一也，而食者众，所谓“往来井井”，有众之象焉。想井之始凿，赖众而成，迨井既成，则众皆得井而养，喻言议之建，赖众而倡，迨议既定，则众皆依议而行也。故在众议院，主张人民生活尚多不足，为之节省官费，整理财政，意在开国家富足之源也。在政府，谓议员不谙政体，不通时事，以致两议不协，譬如汲水者，来至井上，互论井水之清浊，而两下停汲，终归无用，究何济乎？局外者未免为之心忧矣，即所谓“井渫不食，为我心恻”者是也。政府既不允议院，议院欲力逼政府，彼此各执一见，遂至冲突，此势之不能中止也，于是惟有仰求宸断，即爻辞所谓“可用汲，王明，并受其福”是也。幸圣上至仁至明，能两酌其平，政府有可让者让之，议院有可容者容之，于适宜之中，立预算之准，以使上下各得其情，斯天下“并受其福”矣。

贵显闻之，谓余能臆测时事，特假《易》以立说也。余曰：此乃易理之先机，能贯彻于事前，余不过就《易》论《易》，而其时事之应验，自不能出于《易》之外也。

占例 明治二十三年七月，新泻审判所长富田祯次郎氏来访。氏，余旧知也，不相见数年矣，得见之余，互谈契阔，氏曰：我今来访，专为道谢往年《易》断也。乃详述从前求卜，得**井**之三爻。

辞曰：“井渫不食，为我心恻。可用汲，王明，并受其福。”是井水本清洁，无人汲之，井养之功无所施；喻人虽有才德，无人用之，则展布之能无所见。必得明王之赏识，拔而用之，斯不特一人受福，天下“并受其福”也。就爻位而推之，以五爻为任用之日，六爻当大任之时，盖即在三年四年间也，谓当必有应验也。至今日，断词一一灵验，不爽毫厘，心窃喜之，特来致谢。

六四：井甃，无咎。

《象传》曰：井甃无咎，修井也。

“甃”者，以砖垒井，防井之败坏者也。此卦三阳为泉，三阴为井，初六最下，曰“泥”，上六最上，曰“收”，四居其间，不失其正，故曰“甃”。凡井之坏，坏于污浊不修，而井率至于无用，四能甃之，故得“无咎”。有四之甃，乃得有五之“寒泉”，是助五以养人，皆赖四之甃也。甃井之功，不可为不大矣。

占 问时运：正当运途改变之时，宜自修饬，不特无咎，可望上进。○问营商：宜整理旧业，自可获利。○问功名：修身立名，二三年后，可大得志。○问战征：诗云“修我矛戟，与子偕作”，在此时也。○问婚姻：尚须待时。○问家宅：此宅宜改修为吉。○问六甲：有弄瓦之象，生女。

占例 横滨港町接近居留地，有鱼鸟菜兽市场，此市场，依各国开港条约所设，其业最为繁盛。一日有友来，曰：近来横滨市场上，商人大起争论，遂至休业，有人欲出而调停，未得处理之方，特请一占。筮得**井**之**大过**。

断曰：就市中商业而论，彼此俱有关系，譬如汲井之用繘瓶也。有井而无繘瓶，则井水将何从而汲？有繘瓶而无井，则繘瓶亦终归无用。同在此市场贸易，知益则俱益，害则俱害，两相斗，必致两败也。今占得三爻，曰“井甃，无咎”，“甃”者治也，因井之败坏而重修之也。今两家商业，因此一争，未免败坏，出而修之者，是在四也。盖四即为居中调停之人，得四调停，而后五之“寒泉”，可以复食。四与五相隔一爻，一爻当一月，则来月必可和解，重复旧业矣。

占例 占清法二国争据安南事由。本年三四月启衅，至今未得和战的耗，诸新闻纸所揭，皆由街谈巷说，未足信凭，余因先筮清国，得**井**之**大过**。

断曰：卦德为井养不穷，谓其井之大，而得其养者众矣。以喻清国之大，物产丰饶，他邦皆愿与贸易，受其润泽。故已汲者去，未汲者来，其贸易之品物无尽，犹井水取之不竭也。但清国航海之术未精，不能由己自输其物产，譬如井水不能自出，必待人汲之，而后能泽物。故今为安南事件，虽欲与法开战，而终归不战者，亦如井水之不能自动，可知清国必不起战也。万一清国决计开战，则于各国贸易，大有障碍，凡局外中立之国，必为之出而调停，曲意保护，犹是以砖垒井，不使污浊之得入也。"井甃，无咎"，此之谓也。自**井**四至**革**四爻，为七年。今后七年，清国必有改革之变，由清国不善处变也。谚曰"唇亡齿寒"，我国亦宜严整预备也。

九五：井冽，寒泉食。

《象传》曰：寒泉之食，中正也。

"冽"，水清也，井水在上，故冽。五为**坎**之主，位居中正，**坎**为寒泉，辰在子，子水也，属北方，故寒。按水之性，冬则温，夏则寒，是阴中纳阳，阳中纳阴，其性然也；**井**为五月之卦，是以冽而且寒。孟子曰："夏日饮水，冬日饮汤。"当此仲夏，汲此寒泉而食之，为得其时焉。盖**井**自三"渫"之，四"甃"之，则"泥"去"漏"塞，而五之"寒泉"乃出，复之者众，斯受福者亦众矣。王者德润生民，遍及万方，亦如是耳。**井**旁通为**噬嗑**，"**噬嗑**食也"，故曰"井冽，寒泉食"。

占 问时运：家道必寒，幸运得其时，可望进用。〇问营商：井出寒泉，喻言财源之长也，可望获利。〇问功名：品行中正，可享鼎养之荣。〇问家宅：有廉泉让水之风。〇问婚姻：家风清白，同甘共苦，夫妇之正也。〇问疾病：是外寒内热之症，宜服寒凉之剂。〇问六甲：生女。

占例 明治二十二年，占山县伯气运。筮得**井**之**升**。

断曰：井者所以养人，然不汲之，则井泉虽冽，亦无所用其养，喻贤者泽足惠民，然不举之，则贤才在下，亦无以施其惠。今占山县伯气运，得**井**之五爻，知伯才德渊深，志操清洁，寒素起家，超升显要，其惠泽之单敷，一如"王明"、"用汲"，"并受其福"于无穷也。爻曰"井冽"，喻言伯之气体清明也；曰"寒泉食"，喻言下民食伯之德者，恍若一酌寒泉，顿觉胸膈凉爽也。伯之恩惠无穷，伯之荣显，亦未有艾也。

此年山县伯果任内阁总理。此占辞，当时上申三条公与伊藤伯。

上六：井收勿幕，有孚元吉。

《象传》曰：元吉在上，大成也。

“收”谓辘轳收缩。“幕”井盖也，“勿幕”者，即《彖》所云“往来井井”。汲者众多，无昼无夜，取之不竭。在井固不擅其有，不私其利，任人汲灌，故“勿幕”也。上居**坎**之极，偶画两开，有“勿幕”之象。“孚”，指五，五为“王明”，能用汲者也。“元吉”，元，大也，谓井之利大，故吉亦大。“在上”者，谓上在井口，养人之功，从此而出。“大成”者，谓井养之道，至此而大成矣，凡爻辞阴柔在上，多不吉，在上“元吉”，惟**井**一卦而已。

占 问时运：功德在世，信用在人，大成元吉，运之极盛者也。〇问功名：有大用大受之象，非一官一邑之微也。〇问营商：商务会集，利益浩繁，可久可大，无往不吉。〇问婚姻：上应在三，三曰“并受其福”，知两姓皆吉。〇问战征：凡军将发则撤幕，“勿幕”即撤幕前进也。一战功成，故曰“大成”。吉。〇问疾病：幕亦作暮，言旦夕可即愈也，吉。〇问六甲：生女。

占例 明治三十年，占贸易景况。筮得**井**之**巽**。

断曰：此卦下**巽**木，上**坎**水，即《彖》所云“巽乎水而上水”，是为汲引井水之象。至上爻，则井之功用已成。“勿幕”者，王弼所谓“不擅其有，不私其利”也。今外商与我商从事贸易，我国不自输出，待外商舶运而往，犹井水之待人而汲。内三爻井水不食，为货物不能旺销，外三爻则泉美可食，汲取者众。四爻当七八月，五爻当九十月，上爻已在井口，当十一二月，正是百货辐辏，销运兴旺之时，即在生丝一业，大宗输出，为贸易最好景况也。

果于上半年，生丝商况不振，七八月以后，逐步发动，十一二月，时价涨至千弗以上，悉为外商所买，国内机织场，反为之休业焉。

䷰泽火革

卦体泽渗下，火炎上，泽动则上者欲下，火动则下者欲上，上下相争，则不相得，不相得则不能不革。**革**之卦自**井**来，**井**《象》首言改，改，犹革也。**革**反为**鼎**，**鼎**三曰“鼎耳革”，是**鼎**亦取**革**之象。**革**易位为**睽**，**睽**五曰“噬肤”，革为皮，肤亦皮也，是**睽**亦有**革**之义。卦象**兑**泽**离**火，上互**乾**，谓之金生水，下互**巽**，谓之木生火，合之谓金克木，水克火，上下相克，相克必相革。《洪范》曰：“金从革”，**兑**西方之卦，属金，故名其卦曰**革**。

革：己日乃孚。元亨利贞，悔亡。

革，改革也。日者**离**象，纳甲，**离**纳己，己为土，位居中。《易》道贵乎得中，过中则变，古人以已有变更之义。《仪礼》：“少牢馈食礼，日用丁己”，郑注：“必丁己者，取其自丁宁、自变更”，是己有革义也。五常以土为信，土即己也。将有改革，先示以信，“己日”者，为信孚于人之日也，故曰“己日乃孚”。**离**火生于**乾**二，**兑**金生于**乾**四，是卦从**乾**来，故“元亨利贞”四德皆具。有孚“悔亡”，己日之功也。王弼曰：“即日不孚，已日乃孚，已读作‘已事遄往’之‘已’。”《疏》与《正义》，皆从其说。然《易》中用甲，用庚，用日，用月，各有精义，王说恐未然。

《彖传》曰：革，水火相息，二女同居，其志不相得，曰革。己日乃孚，革而信之，文明以说，大亨以正，革而当，其悔乃亡。天地革而四时成，汤武革命，顺乎天而应乎人，革之时大矣哉！

《传》曰“水火相息”，火在泽下，火不得上炎，则水息其湿，泽在火上，水不能下流，则火息其燥。息者，止而生也。相制则止，相成则生，息与孟子“日夜之所息”同义。“二女同居”，二索三索，皆从**坤**生，故为“同居”。**离**中女，**兑**少女，**兑**上**离**下，位既不当，**兑**水**离**火，性又不同，故“其志不相得”。志不相得，必生其变，所以为**革**。然水火相克不相得，必得土以调济其中，则**革**乃成，而民乃信。“文明”者，**离**象也；信说者，**兑**象也；“大亨以正”者，体夫**乾**之德也，如是而**革**得其当，如是而悔乃可亡。改过迁善，**革**在吾身也；去旧从新，**革**在人事也；寒往暑来，**革**在天时也；吊民伐罪，**革**在天位也。**革**之为道，不取义，不取用，惟在得时，故曰“革之时大矣哉”。

以此卦拟人事，为泽，为火，是人事所必用也；中女少女，是人事所恒有也。水火者，燥湿殊性，故用虽相济，而适以相害。二女而出自**兑**、**离**，亦各秉水火之性。故初虽“同居”，而终“不相得”，是水火之穷，亦即为人事之穷也。穷则不能不变，变则革矣。夫生物者**乾**，成物者**坤**，**坤**为土，惟土居中，能剂合夫水火之宜，惟土为信，能贯彻夫上下之交。《彖》所云“已日乃孚”者，道在斯耳。盖**革**以信而行，以明而著，以说而从。**兑**曰“亨，利贞”，**离**曰“利贞，亨”，合之谓**革**，曰“大亨以正”。此其四德，亦即从**坤**土而来，由是而革当，由是而悔亡，皆已自之功也。凡人事之最要者，在先求其孚也，有孚，则有革而若不见其革。仰观天地，而岁时之变革著焉；远观殷周，而国社之鼎革昭焉。事有大小，道无异致，人道也，天道也，君道也，皆可于革之时见之矣，故曰“大矣哉”，“革之时”也！

以此卦拟国家，天下之变，势为之也。夫国家苟得久治久安，圣人岂不乐相安于无事？何得好为其变哉！惟法久则弛，俗久则渝，因循日积，酿成大乱，是以因其变，用其权，不得不与天下相更始者，势也。然国家而至变革，大事也，危事也。急遽妄动，则后先易升；权制独任，则谤渎易兴；虑不顾后，则难以图终；计不便民，即无以服众。圣人盖必为之策其全，明以审之，说以顺之，亨贞以成之。初则时犹未至，“巩用黄牛”，而不嫌其固；二则时适其中，已日革之，而自得其吉；三则时当其革，必“三就”以求其孚；四则时处方革，虽“改命”而自无悔；五六时在革后，大人则文明以治，小人即顺从以应，如是而**革**道成矣。观夫殷周之兴，乃知革命之自有真焉：曰“顺天”，孚在天也，曰“应人”，孚在人也。故殷周之革夏商，天下信其革，悦其革，若有不知其革者也。按：汤以乙卯兴，武以甲子兴，乙卯为木，合成金土，甲子木水，合皆为土，据此知殷周革命，时日而兼用土爻，“已日乃孚”，此明证也。至于四时变革，木金水火，各主一时，而土实分旺于中，亦可见土之力也。《彖》曰“君子以治历明时”，唯君子为能得其时之大者矣。

通观此卦，卦自**困**来，时穷世困，天下之乱久矣，幸而出**困**入**井**。**井**者，养也，**井**《彖》曰“改邑不改井”，是知邑可改，而养不可改也。不可改，故必先养其元气，待养之既成，而后可从事于改矣，故**井**先于**革**。《杂卦传》曰“革去故也，鼎取新也”，取新必先去故，故**鼎**后于**革**。古来处革之世，而善用其革者，莫如汤武，汤武之革，非汤武为之，时为之也，顺夫天，应夫人，天人交孚而革乃成矣。下卦三爻，文明以革，初爻未至己日，未可用革；二爻正中己日，乃可用革；三爻革事已成，无容前往矣。上卦三爻，革而成悦，四受天命，五正天位，六天下化成，无不悦服矣。是水得土而受革于人也，故《彖辞》首曰“己日乃孚”。以卦言之，则**离**革**兑**，以爻言之，则阳革阴。**革**之道，首重夫信，**革**之事，惟求其当。而所以革者，贵得夫时，是以天地不能未春而革夏，未秋而革冬。四时之革，皆应夫时，可革而革，此革之时，所以为大也。

《大象》曰：泽中有火，革。君子以治历明时。

泽本有水之所，变而有火，是亦天地之变象也，故曰**革**，君子法之。“治历”者，推日月星辰之迁易；“明时”者，察分至寒暑之往来，故曰“君子以治历明时”。历者，天事也，时者，人事也，是顺天道而治人事也。昼夜为一日之革，晦望为一月之革，分至为一岁之革，即《彖》所云“天地革而四时成”之义也。

占　问时运：譬如有水之处，忽而出火，是气运之反常也，宜顺时改变，乃吉。〇问战征：屯兵之地，防溪谷林木间着火，最宜谨慎。〇问营商：**兑**为金，金入火则金熔矣，消耗之象。宜迁地贸易，乃可无咎。〇问功名：龙门变化，烧尾之象，吉。〇问婚姻：卦体上泽下火，泽有火，是水被火所制，夫为妻所制也。革者有出妻改娶之象。〇问家宅：此宅防有火灾，急宜改迁。〇问疾病：是肾水枯涸，肝火上炎之症，宜改延良医，顺时调养。〇问讼事：此事本无中生有，灾自外来。宜改易讼词，揆度时日，其辩自明，其讼得宜。〇问六甲：生女。凡占此卦，皆女象，惟出月过时，变则成男。

初九：巩用黄牛之革。

《象传》曰：巩用黄牛，不可以有为也。

离为黄牛，**革**为牛皮，“巩”，扬子《方言》谓“火干也”，是皮方去毛，以火干之，犹未成其**革**也。初居**离**之始，其象如之。革者本大有为之事，初爻卑下，其时其地，皆未当革，其才与德，亦不足以任革，恰如取黄牛之革，始用**离**火以干燥之而已，未可躁急而妄改也。《象传》以“不可以有为”释之，谓不可先时而革也。

占 问时运：好运初来，犹宜固守，不可妄动。〇问营商：商业初成，宜先立巩固之基，未可妄事更张也。〇问功名：初出求名，其才未充，其时尚早，必待四五年后，方能变化腾达。〇问婚姻：男女之年尚幼，未可拟亲，俟三年后，可以成就。〇问家宅：此宅新造，屋宇坚固。〇问疾病：病是胃火微弱，脾土过强，致中腹胀硬，有类黄疸之症。药宜消积健脾以治之。〇问讼事：必是健讼，未易断结。〇问六甲：生女。

占例 某友来，为摄绵土生意，愿出资金，与余合业，请卜一卦，以决盈亏。筮得**革**之**咸**。

断曰：卦体泽上火下，泽本为水土之合，火又能生土，**革**者，合水火以革土也，其象与制造摄绵土，适相符合。占得初爻，为生意在发轫之始，《爻辞》曰“巩用黄牛之革”。黄，中央之色。牛属土。“革”，皮也。土之外面，亦称皮。“巩”，坚韧也。摄绵土者，取粘土，和石灰，入灶，用火煅炼，其中有水有土有火，合三者而革成之也。初爻事在始谋，犹未可遽用其革，第示其象之坚韧，如牛革然。就爻而推论之，阅一年而革可行，阅二年而革可成，四年人皆信用其革，五六年则革成之品，愈精愈美。初时所云牛皮，后皆为虎豹，而有文采矣。爻辞详明切合，可信可喜。

六二：己日乃革之，征吉，无咎。

《象传》曰：己日革之，行有嘉也。

二为内卦之主，居**离**之中，《彖》所云“己日乃孚”，二实当之。在《彖》曰“乃孚”，是天人先期其孚也；在爻曰“乃革”，是时会适当可革也。既“孚”，“乃革”，不言孚而孚在其中矣。二与五应，“征”者往也，谓往应大人之命，以共启文明之运，故吉而"无咎"。《象传》以"行有嘉"释之，**离**为火，火主礼，凡国家变革之事，要不外制礼之大法，《周礼·大宗伯》所谓"嘉礼亲万民"者，此也，故曰"行有嘉"也。

占 问时运：行土运可以兴事立业，大佳。〇问战征：宜择戊己日，行军接战，必可获胜。〇问营商：于摄绵土生意最宜。凡新立买卖，必择土日开市大吉。〇问功名：戊己年必可成名，或交土运。〇问婚姻：可称嘉偶。〇问家宅：修理旧宅，宜择土日。〇问行人：戊己日可归。〇问疾病：逢己日可愈，吉。〇问六甲：生女。

占例 缙绅某来，请占气运。筮得**革**之**夬**。

断曰：卦名曰**革**，去旧取新，重兴事业之象。卜得二爻，其地位在适当改革之时，知足下气运正盛，大可有为。"征吉"，征，往也。二应在五，五在外卦，谓当往外而从五，自能获吉。"己日"者，宜择戊己日起行，前往无咎。

九三：征凶，贞厉。革言三就，有孚。

《象传》曰：革言三就，又何之矣。

三、四、五三爻，皆言"有孚"，是就《彖传》"乃孚"之辞，至再至三，而申明告示，以期其孚也。三处**离**之终，二既行**革**，则革之成败，正于三见之。操切行革，反以招败，故"征凶"；革当大事，革而不从，适以启祸，故"贞厉"。是骤革者危，不革亦危也。君子惟先求其孚而已，是以革之事未行，革之言先布，**离**为言，当**离**三爻，故为"三就"。昔盘庚迁殷，周公之告多方多士，皆反复详明，不嫌其言之烦，惟期其民之孚也。言既"三就"，则我之诚意，可深入于民心，民于此时，当必"有孚挛如"矣。或云"三就"者，如《左传》所云："政不可不慎，务三而已，一择人，二因民，三从时。得此三者，而天人交孚矣。"其说亦通。《象传》以"又何之"释之，凡占象如**乾**之**坤**，"之"字皆作变解，谓"三就"而革，复有何变也。

占 问时运：当此有事之秋，一不谨慎，则有凶危立至，宜再三筹度而行，方得众人信服。从此而往，时运大佳。〇问战征：兵，凶事也，危事也，发军之日，先宜号令申明，斯信则人任，往无不利也。〇问营商：

未计其盈，宜先防其亏。贸易之道，以信为主，必得众商信从，乃可获利。○问功名：必三试可就。○问婚姻：得三人为媒，可成。○问家宅：宜三迁。○问讼事：始审再审至大审，三审乃直。○问疾病：症象本危，三日后可愈。○问六甲：生女。

占例 某旧藩士来，请占藩政方向。筮得**革之随**。

断曰：此卦泽水在上，**离**火在下，火盛则灭水，水盛则灭火。《彖传》曰“水火相息”，息或作灭，亦作生，灭而复生，是即去旧取新之义也，故谓之**革**。今占得三爻，三以阴居阳，处**离**之终，按数成于三，三爻为适当革事之成，一革以后，为凶为吉，亦在三爻，知藩政之成败，即在三爻时也。“革言”者，谓用革之议也；“三就”者，谓再三酌议而行之也。如是则人心信从，而革乃无咎，否则骤革固凶，不革亦危，是明示藩政之不可不革，而亦不可骤用其革也，足下其审慎之！

九四：悔亡，有孚，改命吉。

《象传》曰：改命之吉，信志也。

革而议之谓之言，革而行之谓之命。四爻出**离**入**兑**，当改革之交，《彖》曰“革而当，其悔乃亡”，四得专之。**兑**二曰“孚兑，吉”，《象传》谓“孚兑之吉，信志也”，四爻曰“有孚吉”，而《象》亦曰“信志”，谓举大事，动大众，必先得民心，而后可大得志也。是**革**四爻，即**兑**二爻，故其辞同，其象亦同。“改命”者，必上膺天命，下顺人心；改玉改步，鼎革一新，是汤武之革命是也。后世托言汤武，而妄思改命者，类皆灭亡，盖革命必有汤武之志则吉，无汤武之志则凶。“改命”之吉，专指汤武而言。《象传》曰“信志”，亦谓此也。

占 问时运：曰“悔亡”，曰“吉”，是灾悔既亡，而吉运来也。万事皆可改作，无不如志。○问营商：必是旧业重兴，大可得利。○问战征：改旗易辙，重振军令，可以开国，可以辟地，可以转败为胜，吉。○问功名：改武就文，可以成名。○问婚姻：不利元聘，利重婚。○问家宅：改作改造，大吉大利。○问讼事：灾悔已退，讼即可罢。○问失物：可寻得之。○问六甲：生女。

占例 友人某来，请占气运。筮得**革之既济**。

断曰：革者去故取新之卦，在人则衰运去而盛运来也。今占得四爻，知足下之气运方盛，从前灾悔已消，此后事业重新，进而谋事，成就无疑。但不利仍旧，惟利改作，故曰“改命”。“命”，命运也，人生命运，五年一换。《象》取“己日”，以土为用，信亦为土。如丙子运后，换入己丑，土运正旺，故吉。凡平素不利之事，一经改革，无往不利矣。后果然。

占例 明治二十八年一月三十一日，我军陷威海卫，清国北洋舰队，据守刘公岛，抗拒我军。二月五日。筮得**革**之**既济**。

此卦我为内卦，属**离**火，清为外卦，属**兑**金，有以火铄金之象。卦名曰**革**，革者改也，四爻正当变革之时，以火器攻打铁舰，令彼舰轮，改变旗号，归命来降，是全胜之占也。

后果以水雷击沉艨舰，至十二日，北洋舰队悉皆来降，炮台亦归我有，是大振虎变之威也。

九五：大人虎变，未占有孚。

《象传》曰：大人虎变，其文炳也。

五爻得**坤**气，**坤**为虎，**兑**属正西，白虎西方之宿，故五爻有虎象。“虎变”者，虎之毛羽，变而成文，愈变而愈美者也。五居尊位，故称“大人”，为**革**之主，风虎云龙，变化莫测，为**革**之至盛至当者也。“汤武革命”，即在此爻。“未占有孚”者，大人德位俱隆，躬任制作，将为天下更新，大启文明之化，而天下之被其化者，早已输诚悦服，不敢或后，所谓不疑何卜？无容质诸于鬼神，故曰孚在占先也。孚于人，尤孚于天，是天与之，人归之，有见其孚而不见其革者矣。上互**乾**，**乾**为大人，非“乾道变化，各正性命”之大人，曷克臻此？《象传》以“文炳”释之，五处**兑**之中，**兑**为泽，为金，泽谓润泽而有文也，金亦有文象，下应**离**火，**离**为光，为明，其文更著。丙火为**离**，丙即炳，故炳字，从火从丙。

占 问时运：如此大运，非“首出庶物”之大人，不克当此。若常人占得此爻，必能光前裕后，大振家声。〇问战征：虎臣桓桓，威声早著，可不战而来降也。〇问营商：白虎属西方之宿，西属秋，防货价至秋，大有变动。宜先订定价，自可获利，吉。〇问功名：**乾**曰“云从龙，风从虎”，言各得其际会也，吉。〇问婚姻：俗以白虎为不利，婚事未占先孚，犹言未嫁而先从也，为女不贞之象。〇问家宅：虎动，亦不利。〇问疾病：虎属寅，寅为木，是必肝木振动之症。不占先孚，必不药而愈也，吉。〇问六甲：象本生女，一变则为男。

占例 有某诸侯，使其庶子嗣末家，末家者幕府旗下之士也。戊辰之变，旗下之徒数百人，推末家为队长，将谋举事，其家臣五十余人，多与其谋。于是本家忧之，遣使促归，且曰：“若不归藩，恐朝廷有疑于本藩，祸将不测。”于是议论纷起，判成两党，一在促归，一在不归，迄将一月，议终不决。一日使人招余，余应招而往，两党数百之士，充满藩邸，各述其意，余皆闻之，曰：“今日所谋之事，实国家之大事也。国家之大事，关夫天数，非可以私心判决者也，不如问诸易占。”众咸以为是。乃筮得**革之丰**。

断曰：此卦可谓适切今日之事者也。今日诸君之所论，一欲尽忠于幕府，一欲奉朝命而为国，非即《象》所云“二女同居，其志不相得”者乎？在仆观之，卦名曰**革**，是明示以用革之象。爻为君位，辞曰“大人虎变”，“大人”者谓应天承运之大人。虎为百兽之长，“变”即革也，明示其人为当革之人，其时为革之时。时既当革，安得不应天顺人，以应其革乎？诸君之论，半皆泥于仍旧，不知卦象，专在去旧取新，故知仍旧者非，故有虑革之而民弗信，不知二爻三爻，皆曰“有孚”，当未革而先期其孚，至五则革道已成矣，故曰“未占有孚”。且经此一革，不特大受信用，且将率天下之民，日进于文明之化，行见重熙累洽，光被四表，即可见于此日也。宜速去此地，以归本藩，是仆所得天数之占断也。

两党之士，闻之皆愕然，无敢出一辞，于是主君大嘉余之占断，即日整装而归。

上六：君子豹变，小人革面。征凶，居贞吉。

《象传》曰：君子豹变，其文蔚也。小人革面，顺以从君也。

上爻居卦之极，有德无位，必是去位之贤大夫也，故称“君子”。豹饰，大夫之服，故曰“豹变”。盖革之成，始于四，整于五，终于上，是以五之圣君，既得显虎文之灿，而上之大夫，亦得增“豹变”之华。“小人”细民也，“面”者向也，“革面”者向化也。言小人皆潜移默化，于光天之下，革面洗心，欣欣然而有喜色也，是之谓“小人革面”。“征凶”者，上与三应，上之“征凶”，亦即三之“征凶”也。谓大变既定，若复纷更，自取多事，必如汤之昭德建中，惟期裕后，武之修文偃武，不复用兵，是即所谓居贞则吉也。《象传》以“文蔚”释之。“蔚”，深密之貌。豹隐处雾雨，欲泽其身，以成其文，犹言君子相与于文明之治，以增服饰之光也。

占 问时运：运当全盛，光华显著，惟宜守成，无事纷更。〇问营商：创业以来，有名有利，已臻美备，此后宜知足谨守。〇问功名：上居卦之终，功名已极，劝令功成身退，所谓“人死留名，豹死留皮”也。〇问战征：军用多取兽名，兕甲虎贲，皆用之以焕其文而扬其威也。上六爻已终，谓战已定，宜罢兵退守，不可前往。〇问婚姻：上与三应，九三阳也，上六阴也，三曰“三就，有孚”，当再三逑合，自可成就，吉。〇问家宅：爻位在上，其宅基必高。曰“征凶”，知迁移不利；曰“居贞吉”，知居之得安也。〇问失物：物已变革，寻亦不得。〇问六甲：生女。

占例 缙绅某来，请占气运。筮得**革之同人**。

断曰：此卦一变旧弊，改进文明之卦也。今占得上爻，曰“君子豹变”，“君子”者，谓有德无位者也。豹亦为隐居之兽，正合贵下退位闲居之象也。想曩时赞襄维新之治，以成“虎变”之文，贵下固与有功焉。豹较虎而小，虎属五爻为君，知豹变即指贵下。贵下之功绩既著，文明亦显，正可相与守成，无事多求，故曰“征凶，居贞吉”。贵下之气运如是，正可安享纳福。

䷱火风鼎

《序卦传》曰："革物者莫若鼎，故受之以鼎。"鼎者新命之象，昔禹平水土，九州攸同，铸九鼎以象九州，历代宝之。夏亡鼎迁于商，商亡鼎迁于周，故三代革命，以鼎为重器也。卦自革来，兑互乾金居上，火互巽木居下，有铸鼎之象。本卦火上木下，木能生火，有鼎烹之象，故其卦曰鼎。

鼎：元吉，亨。

"元吉，亨"者，巽《彖》曰"小亨"，离《彖》曰"利贞，亨，畜牝牛吉"，皆不言元。卦下互乾；乾备四德，元亨盖自乾来，惟乾于四德外，亦不言吉。王弼曰"吉然后亨"，程子以《彖传》只释元亨，吉为衍文，朱子从之。按鼎为三代革命重器，凡荐神飨宾，莫不用鼎，知器之吉，莫如鼎，用之吉，亦莫如鼎，不得以《彖传》未释，疑其为衍也。窃意亨则无不吉，《彖传》特略之而已。

《彖传》曰：鼎，象也。以木巽火，亨饪也。圣人亨以享上帝，而大亨以养圣贤。巽而耳目聪明，柔进而上行，得中而应乎刚，是以元亨。

凡器莫重于鼎，制器尚象，故曰"鼎，象也"。卦体下巽上离，离为火，巽为风，亦为木，中互泽水，爨以木火，是鼎锅烹饪之象。圣人用之于祭祀，烹犊以享上帝，用之于宾客，大享以养圣贤。鼎者三足两耳，卦体初爻下阴为足，二、三、四三阳象中实，为腹，五阴为耳，上阳为铉，是鼎象也。烹饪者，鼎之用也。下巽，顺也，上离为目，五为耳，有内巽顺而外聪明之象。卦自巽来，阴进居五，下应九二之阳，故其占曰元亨。享帝养贤，是极言鼎之用。巽而耳目聪明，是极言鼎之德。"柔进而上行"，由巽进离也，离为明，能明则通矣。"得中而应乎刚"，以五应二也，二中实，有实则大矣，是以元亨，此所以耳目聪明。三代圣王，皆以鼎为宝，岂徒取寻常烹饪已哉！

以此卦拟人事，卦体火上木下，中互金水，金以铸鼎，鼎以盛水，鼎下以木火炊之，为之烹饪，是古火食之遗制也。此为人事饮食之常，不可一日或缺者也。王者以鼎之贵，用以享帝养贤，而下民则为承祭款宾，亦礼所不废。或椎牛奉祭，感切露霜，或杀鸡欢留，情殷信宿，盖其真诚之意，有假器而形之者也。按《玉篇》云“鼎所以熟物器也”，《说文》云“鼎三足两耳，和五味宝器也”。乃知鼎为调味之具。凡味之变，水最为始，五味三才，九沸九变，火为之纪，时徐时疾，无失其理，鼎中之变，精微纤妙，口弗能言，智弗能喻，要其运用无过。调火，惟离得烹饪之功，惟巽得缓急之用。**离**，火也，火之功藉木而著，火之用藉水而济，遇木则生明，遇水则有声，生明则目可视，有声则耳可听。**鼎**以**离**为目，以五为耳，是内巽顺而外聪明也，故曰“巽而耳目聪明”。“柔进而上行，得中而应乎刚”，鼎有此二德，而鼎所以日用日新，其道乃得大亨也。人事之欲舍旧从新者，皆当取法于**鼎**焉。

以此卦拟国家，古者铸鼎象物，协于上下，以承天休，有德者得之，昏德者失之，是鼎以德为去留，故君子必“正位凝命”，以保此鼎也。推之调和五味，鼎之用在烹饪也；大武一斛，鼎之尊在享帝也；盛馔四簋，鼎之隆在养贤也。而能保守此鼎而不失者，则惟在夫德。德足应天，而天受其享；德能养贤，而贤受其养。然桀有鼎而迁于商，纣有鼎而迁于周，谓鼎无灵也，而俨有灵矣。鼎无耳而能听，鼎无目而能视，天下之物，聪明者莫鼎若也，故曰“巽而耳目聪明”。“柔而上行”者，由**巽**而进**离**，**离**上炎，故曰“上行”。“中而应刚”者，中虚以应二，二“有实”，故曰“应乎刚”，是鼎之所以成鼎，为帝王所世宝者，在此矣。中天之世，所谓明四目，达四聪，总不外此“耳目聪明”之用也哉。

通观此卦，**井**取用于水，**鼎**取用于火，故**井**、**鼎**二卦，爻象相似。盖**井**以**坎**水为主，下象井而上象水；**鼎**以**离**火为主，下象鼎而上象亨。井汲在上，故**坎**居上，而上卦多吉；鼎烹在上，故**离**居上，而上卦亦多吉。二卦居**革**之间，**井**、**革**则修，**鼎**、**革**则迁，鼎者，新也。有王者兴，必以鼎为受命之符，特牲告庙，酒醴飨宾，心之诚，礼之隆，无不以鼎为重焉。“巽而耳目聪明”者，即所谓“亶聪明，作元后”是也。其命维新，其道大亨，其化则柔而上行，其德则中而应刚，其器也，则宗庙享之，子孙保之，所愿万世有道而不迁也。

《大象》曰：木上有火，鼎。君子以正位凝命。

木上有火，为木生火之象，即烹饪之用也。盖鼎，宝物也，三代以鼎相传，鼎之所在，即天命之所归，君子所以“正位凝命”也。“位”君位也，“命”天命也。君子履中居尊，正位而不使之倾，凝命而不使之涣，是所谓恭己以正，南面笃恭，而天下平也。《易·大象》言天命者二，**大有**曰“顺天休命”，**鼎**曰“正位凝命”。**大有**以“遏恶扬善”，故命贵夫顺；**鼎**以亨帝养贤，故命取夫凝。要即《中庸》所云“大德者必受命”是也。

占 问时运：木上升，火上炎，有日进日上之象，大可成事立业。〇问战征：践主帅之位，率三军之命，正有如火如荼之势，马到功成，此其时也。〇问功名：贵不可言。〇问营商：木生火，鼎烹物，得其自然之利，可不劳而获也。〇问家宅：防有祝融之灾，宜谨慎。〇问疾病：必是肝火上冲之症，宜以泄肝顺气治之。〇问婚姻：爻为相生，鼎为重器，必是正配，又得内助。〇问讼事：火势正旺，一时未得罢休，宜定心安命，自然得宜。〇问六甲：生女。

初六：鼎颠趾，利出否。得妾以其子，无咎。

《象传》曰：鼎颠趾，未悖也。利出否，以从贵也。

爻体**巽**为股，初在股下，故曰“趾”，上应九四则“颠”矣。初至五为**大过**，“大过，颠也”，故初为“颠趾”。按《少牢·馈食礼》“雍人概鼎”，概涤也，所以去其宿垢。“趾颠”则鼎倒，而垢自出，“否”即垢也，故“利出否”。“出否”不得谓悖。爻体三之五，互**兑**，**兑**为妾，**鼎**为器。“主器者长子”，故有“得妾以其子”之象，主器，是以谓贵。“无咎”者，盖因败成功，以贱得贵也。陆氏希声曰：“颠趾出否，虽覆未悖，犹妾至贱，不当贵，以其子贵，故得贵焉。”《春秋》之义，母以子贵是也。

占 问时运：有因祸得福，转败为成之兆。〇问营商：初次小损，后获大利，且有商地成家之象。〇问功名：有荣封之喜。〇问家宅：此宅墙基有坏，修之获吉，且必出贵子。〇问婚姻：是为小星，必生贵子。〇问疾病：腹有宿积，利在下泻，无咎。〇问六甲：生男，宜于庶出。

占例 缙绅某来，请占伊夫人之病。筮得**鼎**之**大有**。

断曰：爻辞为“颠趾”、“出否”，是因鼎中有积污，倒鼎而出之也。论之病体，谓胸有积块，宜下泻之，在妇科或有血瘀等患，当破血以下之，不可作怀孕论也。今占夫人之症，得此爻象，知其病在子宫，因房事过度，子宫受损，宿秽未清，急宜调治，用法洗涤；但治疗后，防生育有碍，须另觅小星，据爻象必有贵子，可得。缙绅感悟，果蓄妾而得子。

九二：鼎有实，我仇有疾，不我能即，吉。

《象传》曰：鼎有实，慎所之也。我仇有疾，终无尤也。

“实”者，鼎之实，即为鼎中之肉。阳为实，阴为虚，二爻阳实，位当鼎腹，是鼎有实之象，故曰“鼎有实”，则可亨上帝，可养圣贤。古之人爵高禄厚，每多不免凶祸，是由仇即我也，二应在五，为三四两阳间隔，故曰“我仇有疾”。“仇”者害我者也，“疾”者恼我者也。二自守坚固，不相比附，故曰“不我能即”。人能守正，不正者不能就，所以吉也。鼎之“有实”，犹人之有才，当慎所趋向，斯不陷于非义。故《象传》以“慎所之”释之，谓一鼎不能动，则万夫废，一心不可动，则万议息，慎所之之谓也，“终无尤也”，“无尤”乃所以得吉也。又曰：“疾”字，有妒害之义，入朝见疾是也。小人之为害也，必托为亲爱，以伺其隙，在我既志洁行芳，嫉我者自无隙之可乘，不能即而害之也。

占 问时运：运途正直，奸邪自远，无往不吉。〇问功名：“实”者，实获也。名成之后，多有忌嫉之者，宜慎防之。〇问营商：曰“鼎有实”，即所谓囊有财也，宜防匪人盗窃。〇问婚姻：二与五应，五变为**姤**，**姤**曰“勿用取女”。“仇”，怨偶也。“不我能即”，是不娶也。〇问家宅：“实”者，富足之家，防仇人窥伺。〇问疾病：阳为实，是实热之症，宜对症调治，吉。〇问六甲：生女。

占例 明治十二年夏，大阪豪商藤田传三郎、中野梧一两氏，被疑见拘，护送东京，当时各新闻怪二氏拘留，喋喋评论。一日有友来访，请占二氏祸福。筮得**鼎之旅**。

断曰：鼎为大器，未易摇动者也，今鼎中“有实”，是愈重而不可动也。藤田中野两氏，正当其象。动之者为司法官，今司法官“有疾”，不能展其力，则欲动而卒不能动也，是谓“我仇有疾，不我能即”。两氏之狱，想即日可解脱也。

既而果然。

占例 一日友人某来，曰："近日有冰人来，为余说亲，请占此女娶之如何?"筮得**鼎**之**旅**。

断曰：**鼎**有"耳目聪明"之象，又内卦**巽**为长女，其色白，外卦**离**为明，为丽，其女必有才智，且有美色。然曰"鼎有实"，恐胎已有孕，则有外遇可知也。至此女有妊，两亲必未之知，即冰人亦必不知也，足下毋须道破，婉言辞之可也。

某果善辞谢之。后闻此女所嫁，即为外遇情郎，未匝月而产。后某每面予，谈论此事，赞易理之灵妙也。

占例 明治三十一年，占英国与德国交际。筮得**鼎**之**旅**。

断曰：鼎为调五味之器，能使味之不和者，终归于和也。今占英德两国交际，得**鼎**之二爻，二与五应，当以二属德，以五属英，二五阴阳相应，可见英德相亲，但为四爻障碍其间，故两国意志不能相通。必待四年后，四爻障碍退去，两国自得相亲也。《象传》所谓"慎所之"，言当谨持其向往；"终无尤"，自可得免其仇害。按英国以多年积累之功，建成霸业。德国先帝威廉，联合比邻小国，征挪威、奥地利，克服法国，因此构怨于奥法两国，恐两国潜图复仇，欲借德国之势，联络保护，是以不得不结好于德也。此两国交际上之密意也。

九三：鼎耳革，其行塞，雉膏不食。方雨亏悔，终吉。

《象传》曰：鼎耳革，失其义也。

毛西河云：凡鼎既实，则以铉贯耳，扛近食前，《仪礼》所谓"扃鼎"是也。若未实，则撤铉脱耳，谓之"耳革"。凡物皆以足行，惟鼎以耳行，耳革则不能举之而行，故曰"其行塞"。上**离**为雉，下**巽**为鸡，鸡亦雉类，雉入鼎烹，故曰"雉膏"。雉膏，食之美者也，**鼎**之行既塞，雉膏虽美，人不得而食之矣。三动成**坎**，**坎**为雨，初之三为**睽**，**睽**上曰"遇雨则吉"，**睽**上互**坎**，雨皆取象于**坎**耳。"方雨"，乍雨也，雨之润者，谓之膏雨，喻言"雉膏"之芳润也。**坎**为破，亦为悔，故曰"亏悔"，谓有此美味，而不得食，举鼎者能无悔乎？悔则思变，将耳之革者不革，而行之塞者不塞，始虽悔，终则吉矣。古帝王铸鼎象物，以为世宝，鼎因一成而不易，举鼎之制，亦一成而不改，今欲以旧鼎变新鼎，妄革其耳，率至一步不能行，故曰“失其义也”。**井**、**鼎**九三，皆居下而不用，**井**三“井渫不食”，**鼎**三“雉膏不食”，君子能调和其食，而不能使人之必食。此卦三虽欲革耳，五能以金铉实之，虽始有悔，终乃得吉也。

占 问时运：运非不佳，但妄意变改，以致所行辄阻，是以有悔也。〇问功名：目下虽美不售，改就他途，反多灾悔。〇问营商：业有改迁，致货物呆滞，须俟三年后，可复兴也。〇问战征：兵队有变，恐粮食被劫。〇问家宅：此宅两厢房。防有变动，或有火灾，遇雨得救。〇问婚姻：恐有悔婚改适之变，所谓“失其义”也。〇问六甲：生女。

占例 明治二十年春，晤某贵显，遍论在朝诸公，余曰：若某公者，今年可登显秩。贵显曰：子何知之？余曰：余每年冬至日，占问在朝诸公气运，故得知之。某公今年运当**鼎**之**未济**。

断曰：三爻以阳居阳，才力俱强，与四相比，四爻亦阳，两阳故不相亲。三以位不得中，与五亦不相应，故“耳革”而不能受铉，遂致淹塞而不行也。虽鼎中“雉膏”之美，终不得而食之，喻人有济世之才，无以举之，终不能展其抱负也。“方雨”者，如大旱得雨，足慰民望，民之待泽，无异旱之待雨，所谓斯人不出，如苍生何？故始之“悔亏”，终乃得吉也。某公今年运途，其象如此，是以知其必得升用也，但嫌三爻阳刚过甚，太刚必折，防有不测之灾。某贵显闻之，深感易理之妙。后某公果升封伯爵，荣擢显要。翌年某公，猝遭暴变，致有刖足之患，应在四爻“鼎足折”之兆。

九四：鼎折足，覆公餗，其形渥，凶。

《象传》曰：覆公餗，信如何也。

鼎三足，象三公。案九四辰在午，上值紫微垣。三师，隋《百官志》曰：三师之不主事，不置府僚，与天子坐而论道，盖贵戚近臣也。四下与初应，初为趾，体**大过**为颠，四震爻，**震**为足，上互**兑**，**兑**为毁折，故初之“颠趾”，至四则“足折”矣。鼎之所以安定不动者在足，足折则鼎倒，凡二之“实”，三之“雉膏”，皆为之倾覆矣，故曰“覆公餗”。“餗”，《释文》以为键，《周礼》以为鬖，要皆为鼎实而已。“形渥”，郑作刑剭。案《司烜》“邦若屋诛”，注云：“‘屋’读如‘其刑剭’之‘剭’。谓所杀不于市，而以适甸师氏者也。盖就屋中刑之也。“服虔云：“《周礼》有‘屋诛’，诛大臣于屋，不露也。”四位比近五，盖谓大臣，鼎之折足，喻言臣下旷官，君视臣如手足，足折则臣道失矣，诛之于屋，凶之极也。《象传》曰“信如何”者，言四不胜其任，咎由自取，无可如何也。

占 问时运：运途颠覆，小则损折，大则刑戮，甚为可惧。〇问战征：有损兵折将之祸。〇问功名：未成者难望，已成者必败。〇问营商：资财覆灭，且有身命之忧。〇问婚姻：必男女均有足疾，且于家道不利。〇问家宅：有栋折榱摧之患。〇问疾病：必是足上患疮，难保完体。〇问讼事：凶。〇问六甲：生女，防有残疾。

占例 明治十五年七月，朝鲜国京城内变，杀戮大臣，并逐我公使，盖由其大院君之唆使也。飞报达我国，朝野为之骚然，某贵显过舍，请占。筮得**鼎**之**蛊**。

断曰：鼎三足，象三公，折足则三公有变，正今日朝鲜之谓也。四位近五，是为君之近臣，有专揽大权之象，《系辞传》所谓“德薄而位尊，知小而谋大，力小而任重，鲜不及矣”，大院君当之焉。“覆公餗”者，餗，鼎之实也，足折，则鼎中之实，倾覆无余，言朝鲜变起，其府库之资财，必皆耗散矣。“其形渥”者，形渥读作刑剭，谓重刑也。大院君以君父之尊，纵得免刑，恐遭幽辱。四爻变则为**蛊**，**蛊**者惑也，三虫在皿，有互相吞噬之象，是即开化、守旧、事大三党，互相轧轹而起衅。幸朝鲜当陛贤明，得九二贤臣相辅，不至覆国，幸矣！

贵显听之，唯唯而去。后大院君果为清所幽，国王亲政。

六五：鼎黄耳，金铉，利贞。

《象传》曰：鼎黄耳，中以为实也。

五偶画居鼎端，象鼎耳，**鼎**上卦**离**，**离**为黄，故曰“黄耳”。铉与扃通，所以贯鼎而举之也。按鼎之制，天子饰以黄金，诸侯白金，五为君位，宜用金鼎，故铉为金铉。“利贞”者，鼎为国之重器，利在正固而不动，举鼎者，亦当以正固之心临之，使无颠覆也。挈一鼎者听于耳，挈天下者听于君，耳为一鼎之主，犹君为天下之主也。《象传》曰“中以为实”者，“中”谓鼎耳中虚，贯铉则可举，而鼎之实乃有以亨上帝，养圣贤。是二、三、四，实在鼎腹，五之实，上鼎耳也。

占 问时运：运途贵重，贞守得福。○问功名：大贵之象。○问营商：信息明了，贩运便捷，可获厚利。○问战征：防有洞胸贯耳之灾。○问婚姻：“黄耳”、“金铉”，贵兆也，主联姻贵族。○问家宅：富贵之家。○问六甲：生女。

占例 某商人来，请占气运。筮得**鼎之姤**。

断曰：鼎者国之宝器，其用则能调五味，以供飨享也。今足下占商业，得**鼎**五爻，观爻辞之意，谓鼎有耳，必贯以铉，可以举动，喻言商业有利，必得其术，可以谋获。“黄耳”、“金铉”，珍贵之品，喻言其利之厚也。足下得此爻，财运盛大，正可喜也。

占例 明治三十一年，占改进党气运。筮得**鼎之姤**。

断曰：鼎之枢纽在耳，耳之枢纽在铉，挈其枢纽，虽九鼎之重，可以举而行也。今占改进党进步，得**鼎**五爻，曰“黄耳”、“金铉”，鼎耳有铉，则鼎可扛，喻言党中必有首领，则党议可行也。按改进党，素与自由党不协，今兹两党连合，得并入于议会，是以能达其意旨，可谓得其枢纽者矣。但其事要以正为利耳，不正则终有不利，爻辞详明亲切如此。

后两党果以连合，得并立于政府；然两雄不并立，未既，又因两相猜疑，遂生倾轧，四阅月而复罢斥。此在不审“利贞”之旨也。

上九：鼎玉铉，大吉，无不利。

《象传》曰：玉铉在上，刚柔节也。

上居外卦之极，一阳横亘于鼎耳，有铉象。玉之为物，其性坚刚，其色温润，上以刚居柔，其德似之，故以玉为铉。或谓上处卦外，是为就养之圣贤，而无位者也。按鼎之饰，各有品级，天子黄金，诸侯白金，大夫铜，士铁；五曰“黄耳”、“金铉”，此为天子之鼎，上无位，特以玉铉别之。《集解》引干宝曰“玉又贵于金者”，是其旨也。《象传》曰：“玉铉在上，刚柔节也。”“上”谓在六五之上，“节”者适均之意，言上与五，金玉相配，刚柔相济，得以成鼎养之功，故“大吉，无不利”也。

占 问时运：温润和平，无往不利。〇问战征：六师既张，进无不克，大吉。〇问功名：位超鼎铉，大吉。〇问营商：美玉待沽，其价必善，无往不利也。〇问婚姻：如金如玉，大吉。〇问家宅：此宅地位甚高，大吉。〇问疾病：恐是耳痛之症。〇问六甲：生女。

占例 缙绅某来，请占气运。筮得**鼎**之**恒**。

断曰：**鼎**以火为用，下象鼎而上象烹，其功用在上，故上卦多吉。今足下占气运，得**鼎**上爻，象为鼎铉。鼎重器也，玉，宝物也，以玉饰铉，以铉扛鼎，则鼎可举，而养可及于天下矣。喻言人得其运，则运亨时来，刚柔相济，所作所谋，无不大吉大利矣。

䷲震为雷

“震”字从雨，辰声，《说卦》曰“动也”，《杂卦》曰“起也”。卦体二偶为**坤**，一奇为**乾**，**坤**阴在上，**乾**阳在下，阳伏而不能出，阴迫而不能蒸，于是乎**震**，是所谓“雷出地奋”也，故其卦曰“**震**为雷”。

震：亨。震来虩虩，笑言哑哑，震惊百里，不丧匕鬯。

《说卦》曰：“万物出乎震，震东方也。”按《说文》：“东，动也。”阳气动物，于时为春；春为四时之始，是即乾元之“始而亨者也”，故曰**震**。“虩虩”，恐惧也；“哑哑”，和乐也。**震**为笑，亦为言，谓**震**之发而为怒，则可惧，**震**之发而为喜，则可乐，故曰“震来虩虩，笑言哑哑”。震为诸侯，诸侯受地百里，**震**又为惊惧，故曰“震惊百里”。**震**为鬯，鬯，祭器。“匕”，按《诗》“有捄棘匕”，注：“以棘为匕，所以载鼎肉，升诸俎也。”谓当承祭之时，心存诚敬，虽有迅雷骤作，不能夺其所守，故曰“不丧匕鬯”。

《彖传》曰：震亨。震来虩虩，恐致福也。笑言哑哑，后有则也。震惊百里，惊远而惧迩也。出可以守宗庙社稷，以为祭主也。

震体本**坤**，静极生动。**乾**以一阳来，为**坤**二阴所掩，奋激而出，其象为雷，其德为动，阳气奋发，通达无阻，故曰“震亨”。**震**有二义，**震**在人者，为恐惧，**震**在天者，为震惊，所谓迅雷烈风必变，虽圣人亦时凛天威。是即昭事上帝，聿求多福之诚，故曰“恐致福”。迨至雷止气和，万物得生，人心亦为一快，神清体适，言笑宴宴，不改其常，所谓言而世为天下则也，故曰“后有则”也。一曰：震得乾元，“后有则”者即“乾元用九，乃见天则”，亦通。总之，“虩虩”、“哑哑”，上天以威福并行，圣人以忧乐相感，不伤天地之和，自得生成之乐。盖“虩虩”者应乎**震**也，“哑哑”者得其亨也。“震惊百里”者，谓雷声闻百里，雷之出地迩，而闻声者远，远尚畏惧，迩更警惕也。**震**为长子，足以主器，出者君也，谓君出，而长子得以守宗庙社稷，以为祭主。祭主夫敬，长子肃宫雍庙，虽当事变猝来，要不失奉鬯执匕之诚也。此皆处震之道也，圣人亦法天而已矣。

以此卦拟人事，《玉藻》云：若有疾风迅雷甚雨，则必变，虽夜必兴，君子"恐惧修省"，无时不敬，而遇变则尤加谨。若小人平居放逸，本无"虩虩"、"震惊"之意，一旦雷霆震怒，闻声畏悚，不能自持，甚至一击亡命者，亦间有之，又安望恐以致福哉！盖震虽为天道之变，而实由人事所自召，天未尝于圣人而加宽，亦未尝于常人而加厉，惟震来而能致其敬，斯震退而不改其常，则"哑哑"之乐，亦即从"虩虩"而来。遇变而可以求福者，处常而即可以为则也；地有远迩，敬无先后，故曰"惊远而惧迩也"。震者，动也，动必有静；震者，起也，起必有伏，是即人事动作起居之要旨也。人事之大，莫大于敬神格祖，奉鬯举匕，一一以诚心将之，而不敢陨，时有变而心则定，事可惧而神则安，非中心诚敬，乌能如是哉！

以此卦拟国家，"帝出乎震"，震者，乾之长子，足以代君父而宣威赐福也。天震为雷，帝震为怒，《洪范》所谓"帝乃震"是也。昔武王一怒而天下安，此即震亨之义。震为威，震亦为仁，上天雷霆奋作，而雨泽随之，一时群阴摄服，百物畅生，凛其威者，魂飞而胆落，被其恩者，食德而饮和，是"虩虩"、"哑哑"之象，其即由此而形也。圣王体乾出治，能令群黎畏其威，亦必令群黎怀其德；诸侯之封地百里，威德所暨，始于百里，讫于四海，所谓近悦远来，诚有不限于方隅者矣。震于四时为春，于五行为木，一秉天地之生气。天地以好生为德，王者以爱物为心，巍巍荡荡之德，即在兢兢业业之中，可以为下民造福，亦可为后世垂则也。"守宗庙社稷"者，人君之事，君出，则长子主器，虽未成为君，即可承君父之德位，以为祭主。《正义》谓此即释"不丧匕鬯"之义。

通观此卦，此卦次鼎，《序卦传》曰："主器者莫若长子，故受之以震。""器"者，鼎也。革命既定，必建长子，继体承乾，故曰"主器"，此震之所以承鼎也。震得乾元刚阳之气，应时迅发，其威怒一击者，"天行"之健也，其发育群生者，"资始"之德也，故圣人以兢业为无为，以好生为神武。"虩虩"、"哑哑"，理本一致，以"虩虩"者凛天威，而心不敢肆，以“哑哑”者承天德，而气得其和，是即震雷春发秋藏之旨也。上互**坎**，**坎**为忧，故有恐惧之象；下互**艮**，**艮**为顺，故有和悦之象。**艮**为宗庙，为社稷，故有宗庙社稷之象。**震**为出，为守，故曰“出可以守”；**震**为祭，故曰“为祭主”。**震**之为卦，由**鼎**出**震**，**鼎**取其新，是静而变动；由**震**反**艮**，**艮**取其止，是动而变静。动者声闻百里，静者敬主一心，是以可“致福”，可垂后，可“惊远”，可“惧迩”，可以守，可以祭，而不至丧失也，谓能善处夫**震**者矣。至六爻之义，各应其时：初秉一阳，为**震**之主；二至**巽**，为春夏之交，雷始发声也；三至**离**，四至**坤**，五至**兑**，上至**乾**，阳气伏而**震**道终焉。其爻皆两两相对：初与四对，初为刚，四溺柔，故四之“泥”，不如初之吉；二与五对，二“丧贝”，五“有事”，故二之“勿逐”，不如五之“无丧”；三与上对，三“苏苏”，上“索索”，故上之征有凶，不如三之“行无眚”也。大抵处**震**之道，以“恐惧修省”为主，除初爻之外，皆不得处**震**之道，故《象传》之辞，惟初得专之。

《大象》曰：洊雷，震。君子以恐惧修省。

“洊”者，再也，上下皆**震**，故谓洊雷，犹**坎**之曰“习坎”也。雷者天地威怒之气，阴阳薄击之声，令人闻而悚然色动，非僻之念，为之一消，故“震来虩虩”，无不恐惧。然恐惧在一时，修省则在平日，君子无时不敬，当震而加谨，即震退而反省自修，不敢或懈，喜怒哀乐，皆与天准，惟恐检身不及，致于天变。故以心存恐惧者，仰凛天威，亦以行加修省者，敬承天道，谓之“君子以恐惧修省”。

占 问时运：运当发动，防其过盛，宜谨慎敛抑，可免丧失。〇问战征：有连日接战之象，须临时知惧。〇问营商：震雷出滞，滞者，积滞也，谓积滞货件，一时皆得出而消售。《象》曰“洊雷，震”，知有一二番好卖买也。〇问功名：雷者生发之气，洊雷则有连捷之象。〇问家宅：宅基防有动作，上爻曰“于其邻”，必近邻有兴造之役，宜祭祷。〇问婚姻：**震**为长男，旁通为**巽**，**巽**长女，佳偶也。〇问疾病：是肝木太盛之症，防有变动，可惧。〇问六甲：生男。〇问失物：一动乃见。

初九：震来虩虩，后笑言哑哑，吉。

《象传》曰：震来虩虩，恐致福也。笑言哑哑，后有则也。

“虩虩”者，惊顾之状；“哑哑”者，笑语之声。初爻以阳居阳，得**乾**之刚，为成卦之主，故得系《象》之辞，谓能临事而惧，后事而乐，虩虩哑哑，任天而动，与时偕行，所谓时然后笑，时然后言；“哑哑”之中，仍不忘“虩虩”之意。爻辞添一“后”字，其旨益明。“吉”，即谓“致福”也。凡天下之理，宴安每多招祸，危惧自能致福，《象传》曰“恐致福”，谓恐惧戒慎，可以转祸而招福也。又曰“后有则”，则即乾元之“天则”，谓乐得其时，是能与天合则也。此爻变则为**豫**，**豫**者乐也，亦有“笑言哑哑”之象。爻中**震**有二义，初四两爻，皆以阳震阴，为震动之**震**；二、三、五、上四爻，皆受**震**者，为震惧之**震**。

占 问时运：好运新来，万事皆可振作。先难后易，先忧后乐，百般获吉。○问战征：初时敌势奋勇，可惧，后得胜捷，可喜。○问营商：商业新兴，百般可惧，待经营成就，既获利益，随时欢乐，无不得吉。○问功名：谚云“吃甚苦中苦，方为人上人”，自有先难后获之象。○问家宅：此宅防有变动，其象为先号后笑，可以无咎。○问婚姻：此婚始有忧惧，后得欢乐，吉。○问疾病：先危后乐，勿药有喜。○问六甲：生男。

占例 友人某来，请占气运。筮得**震**之**豫**。

断曰：**震**者雷霆之气，奋出地中，鼓舞元阳，发生万物。“震来”者动而乍来也，“虩虩”者闻其声而惧也，“哑哑”者被其泽而悦也。卦当春夏之交，为雷乃发声之时也。今占得初爻，知足下时运，正得春气透发之象，奋身振作，大可有为；万事始起，保无险难。所当谨慎恐惧，以图厥始，其后坎险悉平，自得言笑之乐。此爻动体为**豫**，所谓“凡事豫则立”者，此也；且**豫**者说也，亦有“笑言哑哑”之象，吉可知也。后果如所占。

占例 某来，请占目前米价输赢。筮得**震**之**豫**。

断曰：《爻辞》曰“震来虩虩”，知一时米价变动，大有陡涨陡落之势，输赢颇巨，大为可惧。足下占得此爻，知现市米价，足下必大受惊恐，须待震定价平，足下自可得利。“笑言哑哑”，乐何如也！

后果如此占。

六二：震来厉，亿丧贝，跻于九陵。勿逐，七日得。

《象传》曰：震来厉，乘刚也。

二得**坤**体，居内卦之中，“震来”者与初爻辞同。威声急激，故曰“厉”。“亿”叹辞，**坤**“东北丧朋”，**震**东方，**震**出则**坤**之朋丧，二贝为朋，“丧朋”即“丧贝”也。古者十朋五贝，皆用为货，是贝为重货。**震**为陵，初居阳九，故曰“九陵”，二据初之上，故曰“跻于九陵”。**震**为逐，**坤**丧其贝，**震**二逐之，不知穷通得失，自有定数，逐之而得，不逐亦未始不得也，故曰“勿逐”。**震**下**坤**上为**复**，**复**曰“反复其道，七日来复”，谓阴阳之数，各极于六，至七则相对而冲，二则反，反则丧于前者，可复得于后也，故曰“七日得”。是**复**之内卦，本为**震**也，**复**曰“朋来无咎”，“朋”即为“贝”，“来”即为“得”。《象传》以“乘刚”释之，谓六二阴柔，下乘初爻之刚，以致丧其资贝，故有“震来厉”之危。

占 问时运：运途尴尬，不无丧失，幸可复得。〇问营商：得失相偿，然亦危矣。〇问功名：既得患失，既失患得，品亦卑矣。〇问战征：一受惊恐，粮饷俱失，移营高阜，危殆已极，幸而得之，未为胜也。〇问婚姻：主夫妻不睦，防有携资潜逃之患。无须追究，缓即来归。〇问家宅：防有凶盗劫掠之祸，所失尚可复得。〇问疾病：疾势颇危，七日后可愈。〇问失物：不寻自得。〇问六甲：生男。

占例 知友益田孝氏，旧幕臣也，尝留学法国，归为骑兵指图役。时竞议攘夷，洋学之徒，屡及暴举，氏乃避地横滨，余聘为通辩。明治元年五月，氏不告而遁，余深忧之，为卜一课。筮得**震**之**归妹**。

断曰：此卦初爻之雷，起而奋击，二爻为雷所震惊，畏难而遁高邱之象，谓之“震来厉，亿丧贝，跻于九陵”。**震**者，东方之卦，必在东京，大受惊恐，遂致舍财远遁，七日之后，当必归来。

一时众人闻此占辞，疑信参半，后益田氏果七日而归。问之乃知为上野战争，官军警备严密，氏不得已，迂道而遁。爻辞之言，一一如见。

占例 华族隐居某君来，曰：“今因有切要之事，吉凶未定，请幸占之。”筮得**震**之**归妹**。

断曰：**震**为长子主器，卦象上下皆**震**，是必兄弟有变，为竞争家督之象。观君相貌魁梧，年未三十，已称隐居，必由家政多故，迫而退隐，不言可知也。今占得二爻，二被初刚所震，致丧其贝，初在二下，知必臣下所困，退位闲居，避地于邱陵之间，故曰“震来厉，亿丧贝，跻于九陵”。暂宜安分隐忍，切勿遽事纷争，以致决裂。要之理有循环，事有更革，当必可失而复得也，故曰“勿逐，七日得”。七者，数之一周，迟则七年，速则七月，定数不可违也。

某氏太感，曰：“予之旧藩地，在南海道。予庶出为长，予季少予二岁，嫡出也。维新之际，严君病没，予以年长，继承家政。后予游学横滨，少不自检，旧臣遂以是为口实，迫予退隐，归弟承绪。予旧领地，有满淹矿，因以资本不足，劝予出资合业。余谋诸东京横滨商人，借得高利之金若干，不料矿产微薄，大受耗折，因此涉讼。顷者货主，以为当时借证，祇称华族，未称隐居，逼索益甚，究不审归何断结。今闻足下占词，谓失者可以复得，不觉闻而心喜。”

六三：震苏苏，震行，无眚。

《象传》曰：震苏苏，位不当也。

“苏苏”，《正义》谓畏惧不安之貌，盖较初虩虩而更觉不安也。三内外之交，内卦之震未止，外之震又来，天之雷，愈震而愈厉，人之心，亦愈震而愈惧，“恐惧修省”，无可暂息，一念之肆，灾咎乘之矣。震为行，震以继震，行乃无咎，盖天以震警人，人即当震承天，承天而行，眚自无焉。《象传》曰“位不当也”，夫人之处世，安能时位皆得其当？惟其不当，一经震动，更宜加谨，斯可免害也。

占 问时运：运途不当，宜谨益加谨，谨慎而行，必无灾咎。〇问营商：销路不得其当，宜改行别路，可免耗失。〇问功名：“位不当”，谓才不胜任也，虽得亦危。〇问战征：震卦全体，皆处危惧之地。“苏苏”谓死而重生，此战难望获胜，仅得逃生而已。〇问婚姻：门户不当。〇问疾病：虽危得以重生。〇问六甲：生男。

占例 余向例以冬至日，占卜诸事，明治二十五年冬，占问摄绵土制造社运。筮得震之丰。

断曰：爻至三而震益厉，在人事必有大惊之象。论该社造品制法精美，社中职工，亦各安其业，似无意外惊恐之事，今占得三爻，玩厥爻辞，殊深恐惧。

不料是年十一月间，浓尾之间，震灾大作，社中烟灶，顿时破裂，职工伤者数名。此灾为三十年来所未有，当时得此爻辞，曾不知灾从何来，今灾后思之，益叹鬼神之有前知也。

九四：震遂泥。

《象传》曰：震遂泥，未光也。

“遂”者，往而不返之意。“泥”者，陷而不拔之象。四为外卦之主，上体互**坎**，介处**坤**中，**坤**为泥，**坎**为雨，**坤**土得雨，为泥涂，故曰“震遂泥”。谓其震也，经一鼓再鼓三鼓之余，阳威已竭，如陷入淤泥之中，而不能自拔，君子“恐惧修省”，故于四尤凛凛焉。《象传》以“未光”释之，四本与初应，四之卦体，即初之体也，然不能如初之体乎乾元。**乾**为光，初得之，四则**乾**阳已息，故曰“未光”。亦爻位为之也。

占 问时运：正运已过，精力既衰，虽欲振作，终觉致远恐泥也。○问战征：战争之交，所谓“一鼓作气”，至三至四，则勇已衰，若卤莽前进，防车马陷入泥淖，被敌所困。○问营商：商业亦佳，但挥财如泥沙，恐终不能积蓄也。○问功名：有曳尾泥涂之象，宜退不宜进也。○问婚姻：遂则必遂，唯相隔如云泥，或名分有上下之别，或道路有南北之分。○问疾病：必中焦有食积泥滞，致腹鸣作痛，药宜开通下焦。○问家宅：此宅为门前积土成堆，屋中沟道，亦多不通，致阳气闭塞，不利。○问六甲：生男。

占例 友人某来，请占气运。筮得**震**之**复**。

断曰：**震**卦为长子克家之象，一爻为一世，至四爻则嗣续既久，世泽已衰，凡厥后人，一不自检，必至渐即慆淫，堕落先业，有如身陷淤泥之中，进退不能自由，复何能光大前烈哉！爻象如是，足下宜“恐惧修省”，务自奋勉。后闻某氏，自知才力不足，让业退隐，以自娱乐。

六五：震往来厉，亿无丧，有事。

《象传》曰：震往来厉，危行也。其事在中，大无丧也。

卦例自内而外曰往，自外而内曰来，五处外卦之中，内**震**乍往，外**震**又来，故曰“往来厉”。二与五应，故爻辞亦相似。“有事”，谓祭事，《春秋》“有事于大庙”、“有事于武宫”是也。五居尊位，秉中德，此心兢业，常如承祭，故能“无丧，有事”。虞氏谓：“无丧”，即《象》之“不丧匕鬯”。按祭仪，主祭助祭，皆欲有事，“无丧”者，不丧其所执之事，不必专指匕鬯，而匕鬯要亦在其中矣。《象传》曰“危行也”，**震**为行，行至于五，迭经往来，皆在震中，其心危，故行亦危也。又曰“大无丧也”，国之大事，在祭与戎，五动体为**随**，**随**上曰“用享”，初之五为**萃**，**萃**《象》曰“假庙”，皆大事也，故曰“大无丧”。

占 问时运：运得中正，虽经历多险，终可完成大事。〇问营商：贩货往来，保无危厉。十万曰亿，财利甚巨，或小有挫损，大必无丧也。〇问功名：此功名必从患难来，可占大用，成大功。〇问婚姻：防婚姻完后，家有祭葬大事。〇问家宅：此宅有厉鬼为祟，幸不丧人，宜祭祷之。〇问讼事：两造皆危，得中人调剂，可不至败。〇问失物：小数难觅，大件无损。〇问六甲：生男，主贵。

占例 友人某来，请占承嗣者气运。筮得**震之随**。

断曰：**震**者，为长男继续父业之卦，卦体四阴在上，二阳在下，是阳为阴制，二阳奋而欲出，故震，其家必向以女主专权。今**震**而至五，则阳气已壮，正可出而任事。虽初至五，往来之途，备尝危厉，惟其“恐惧修省”，兢兢业业，无忝厥宗，所谓宗庙享之，子孙保之，正在此也。故曰“无丧，有事”。后果遵此占。

上六：震索索，视矍矍，征凶。震不于其躬，于其邻，无咎。婚媾有言。

《象传》曰：震索索，中未得也。虽凶无咎，畏邻戒也。

“索”求也，“索索”者内外搜求也。“矍”顾也，“矍矍”者左右惊顾也。**震**至上而已极，五为尊位，上则为宗庙社稷，神明之所至。**震**而在上，如史所书震太庙，震正殿，是必慝之大者，其可惧可畏，不有更甚者乎！由是而索求其天怒之所由来，中心恻惕，甚至顾视彷徨，惊疑不定。惟宜恭默省愆，谨益加谨，若复躁动前往，凶可知也，故曰“征凶”。“其躬”者，上之躬；上与五相邻，“其邻”指五也。五为祭主，居尊任重，索矍之所集也，故曰“不于其躬，于其邻”。君子“恐惧修省”，不以震在邻而或懈，正以震在邻而愈虔，畏与戒相循，故虽凶无咎。“婚媾有言”者，即《象传》“笑言哑哑”之言。上为**震**之终，君子夕惕朝乾，反躬内省，至**震**之终，而得告无咎。当此震威既霁，惧尽欢来，哑哑有言。凡在婚媾，亦得则君子之言以为言，所谓一家之中，忧乐相同，亦君子刑于之化所致也。此即《象传》“虩虩”、“哑哑”之全义，特于上申言之耳。

占 问时运：时当震惊将定，妄进则凶，静守则吉。〇问功名：位高必危，正宜退守，可保无咎。〇问营商：变动已定，不可过贪，见他人亏折，更宜谨守，乃得无咎。〇问战征：时本一战可定，闻邻近营队有变，急宜往救，不得坐视。〇问婚姻：**震**与**巽**有夫妇之象，想近时即有媒妁来言。〇问家宅：震“于其邻”，恐邻宅有震动之象。无咎。〇问疾病：病由心魂不安，致目视不明，宜静养。此人无碍，邻人有病，恐难挽也。〇问六甲：生男，防有目疾。

占例 明治十八年某月，友人茂木充实氏，偕其友山田五郎来，谓曰：此人旧事幕府，明治元年上野之役，东军败走，一家脱走，赴奥州磐城平，以双亲并妹托诸友人，率弟赴仙台，历战磐城相马驹峰等处。后仙台藩归降，并为俘虏，下狱东京，既而遇赦，乃往磐城平，寻访双亲与妹。所托友家，亦不知何去，失望而归，遗憾莫释。请一筮以卜所从。筮得**震**之**噬嗑**。

断曰：**震**属东，互卦为**坎**，**坎**属北，就我国舆图而论，东北之方，为宫城、岩手、青森等县，意者其在此乎？**震**得**乾**之一索而成男，**震**男既长，**乾**、**坤**退位，想老亲必俱亡矣。**震**之中虚成**离**，**离**再索得女，**离**者，离散也，想其妹，虽**离**尚在也。上爻为无位之地，其地必在边僻。《爻辞》曰“震索索”，谓遍处搜索，未必能得；“视矍矍”，谓虽或得遇，有相顾惊骇，不能相认。“不于其躬，于其邻”者，想必于邻近之处，得其“婚媾”者，而传言踪迹也。余就爻象探索之，其方向情节如此。噫！君之二亲不可见，妹则必可遇也。于是其人大感曰：“丰后妇人，有天德氏者，能豫言未来吉凶，曾往叩之。彼曰：‘急索不得，缓寻可见。’问其地，曰：‘在东北，地名落合，然终不详其处。’今足下占断，语亦相同，当再就东北往探。”

占例 明治二十八年，占我国与朝鲜交际。筮得**震**之**噬嗑**。

断曰：震为动，为兴，本有动众兴兵之象。上爻为卦之终，即为事之极。今占我国与朝鲜交际，而得上爻，《爻辞》曰："震索索，视矍矍，征凶。"盖朝鲜之国土，久为外邦所要索，朝鲜之国势，早为外邦所疾视，循是以往，不知改图，其国必凶，故曰"征凶"。朝鲜因与清邻，有事于朝鲜，当先有事于清，谓之"震不于其躬，于其邻"。在清以朝鲜为属国，犹婚媾也，若遽与朝鲜为难，清必出而有言，谓之"婚媾有言"。《象传》曰："震索索，中未得也"，谓清未能有得；又曰"虽凶无咎，畏邻戒也"，谓我国能令清国畏威，即可为朝鲜警戒，故虽凶无咎焉。

䷳艮为山

艮二阴一阳，得地之体，以**坤**之上画，变而成**乾**，故得**乾**最上之一阳。乾为天，天本动也，天之最上一爻，为动极而静，故为止。一阳高踞于**坤**地之上，故象山。卦与**震**反，**震**一阳内起，**艮**一阳外塞，起于内则动，塞于外则止。《序卦传》曰："震者，动也。物不可以终动，止之，故受之以艮。艮者，止也。"此**艮**之所以继**震**也。

艮：艮其背，不获其身，行其庭，不见其人。无咎。

艮之卦一奇巍然居上，二偶分列在下。一奇居上，象人道，二偶分列，象人身。凡人自首以下，前面眉目手足，皆二偶，惟背脊直下成奇，故眉目手足皆动，惟背不动，不动为**艮**，**艮**止也，故曰"艮其背"。夫人必面相对，乃为相见，"艮其背"则相背而不相见，背在后，身在前，故曰"不获其身"。**艮**为门庭，心相背，行亦相背，相背则不相遇，不相遇，必不相见，故曰"行其庭，不见其人"。义皆取诸背也。

《彖传》曰：艮，止也。时止则止，时行则行，动静不失其时，其道光明。艮其止，止其所也。上下敌应，不相与也。是以不获其身，行其庭，不见其人。无咎也。

此卦上下皆山，有两山并峙之象。两山并峙，不相往来，此止之象也。人但见静为止而动为行，不知静有静之止，动亦有动之止，止为止，而行亦为止。"所"者，止之有定者也；"时"者，止之无定者也；止得其时，时即止之所，无定而实有定也。**艮**三上之阳，即**乾**三上之阳，**乾**三曰"与时偕行"，**乾**上曰"与时偕极"。静翕动辟，其时本亘古不失也，天之时不失，即天之止得其所，是故可以止，可以行，可以动，可以静，无纤芥之翳，而为光明之宗也。人能止乎其所，则以人合天，其心体自然光明，而无有障蔽矣。是即《大学》"明德"之旨。由知止，历定静，以至能虑而得，自能与时消息。以"明明德"之体，发而为"明明德"之用，固非释氏"虚无寂灭"之教所得假托哉。"上下敌应，不相与"者，凡应必一刚一柔，若俱刚俱柔，则为“敌应”，“敌应”即为无应。八纯之卦，皆六爻不应，而独于艮言之，以艮兼山，止于所止，屼然对峙，两不相交，得止之义焉。按《韵会》“身北曰背”，背者为耳目所不载，故内不见身，外不见人，是以“不获其身，行其庭，不见其人”也。以其不相与而止，止无咎也。

以此卦拟人事，《彖传》曰“背”，曰“身”，曰“见”，皆取象于人身上，曰“行”，曰“止”，曰“动”，曰“静”，则不外夫人事也。人事有由动入静者，有由静入动者：由静而动者，震也，震二阴在上，一阳发于下，阳动也；由动而静者，艮也，艮二阴在下，一阳踞于上，阳止也。阳止者静而无静，动而无动，亦非无静也，非无动也，时而动，时而静，可以止则止，可以行则行，是以动静贵“不失其时”也。若老氏言玄，释氏言无，皆以静制动，遁入枯槁断灭，其道必幽昧而不明，此以阴止阳，止其所止，非艮之所为止也。艮之所止，审乎其时，得乎其所，是以阳止阴也。艮上一画为乾，乾为明，三至上为离象，离为光，故曰“其道光明”。卦爻上下不相应，故“不相与”，不相与则无所牵动，视若不视，闻若不闻。人能不闻不视，天下事皆无思无虑，是以得乎背，不复获其身，行在我，不复见其人。以此而处人事，人事复有何咎哉！

以此卦拟国家，“艮止也”，所以止暴而定乱也。艮二阴伏下，有潜谋不轨之意，一阳在上制之，使二阴不得潜动，是以为止。“背”者，倍也，为不见之物，“艮其背”，是止之于未见之时，为能于乱之未萌而先防之也。故止之用在得夫时，止之象则取诸身。人身为阳气之会，背则为阴，阴则暗昧，阳则光明，以阳止阴，为止得其所，故“其道光明”。圣天子当阳出治，而群阴退伏，止而不动，皆潜移默化于光天之下，此其象也。六爻以初应四，二应五，三应六，往往上动下应，下动上应，互相牵与，惟八纯上下一体，故不相应。艮曰“兼山”，山有前有后，犹人有身有背，山在前不能见后，人于身不能见背，是两不相与也。故曰“不获其身，行其庭，不见其人”，是以无咎也。

通观此卦，按《说文》，艮本字皀，艮，很也，从匕目。匕目犹目相上，不相下。匕目为皀，狠戾不进之意。《六书本义》：皀，目也，从匕，取两目相比并也。艮《彖》曰：“艮，止也”，即狠戾不进之谓。“不见其人”，即目相上不相下之象，艮为山并立，即取象两目比并也。总之，一动一静，为天地自然之橐龠，一行一止，为人身有定之枢机。卦体一阳止于二阴之上，外实内虚，阴虚居内，阳实搉外，如人北向背立，还视内听，是以“其道光明”。卦位**艮**、**震**相因，**震**因**艮**止，**艮**因**震**动，天下无动不止，无止不动。止而动，故**震**先夫**艮**；动而止，故**艮**继夫**震**也。六爻之象，皆取诸身。[①] 初为“趾”；二为“腓”，腓足肚，在后也；三“夤”，脊膂也；四“身”，不言心，心在前也，不言背，夤即背也；五“辅”，不见面，见其旁辅也；六在卦外，不言所止，而曰“敦艮”，象山之加高也。其爻象，内三爻不如外三爻之吉。二曰“不快”，三曰“薰心”，惟初尚得其利；四曰“无咎”，五曰“悔亡”，六曰“厚终”，故**艮**外多吉。天下事终而能止，未有不善者也，所贵止之得其时也。

《大象》曰：兼山，艮。君子以思不出其位。

卦象一山之外，又有一山，两山相对，其势相连，有兼并之义，谓之兼山。凡八纯卦，皆上下一体，互相联络，惟**艮**则上下两山，各止其所，不相往来，此所以为**艮**止也。君子法**艮**之象，**艮**以山为止之所，人以位为止之所，思之思之，不敢或出焉。此即《中庸》所谓“素其位而行，不愿乎其外”也。

占 问时运：时运平平，宜退守，不宜妄动。〇问战征：宜各守疆界，不得驰域外之想。〇问营商：宜确守本业，不得贪意外之财。〇问功名：宜守旧，毋干幸进。〇问家宅：此宅地位虽狭，不可妄行改造。〇问婚姻：命由前定，不可贪富憎贫。〇问讼事：不可以曲作直。〇问失物：当在原处寻之，可得。〇问疾病：止者终也，带病延年而已。〇问六甲：生女。

初六：艮其趾，无咎。利永贞。

《象传》曰：艮其趾，未失正也。

居**艮**之初，当趾之位。凡人动止，必自趾始，是以欲止其心，先止其身，欲止其身，先止其趾。趾止则不妄动，不妄动，则止得其所，而无失矣，故曰“无咎”。吉凶悔吝，每生乎动，止其趾，止动之初也，是遏人

① 郑同注：身，原文作“夤”。今从上下文意改之。

欲于将萌，存天理于未著，图之于始，尤当持之以永，故曰“利永贞”。《象传》曰“未失正也”，谓以阴居阳，位虽失正，而止其所止，初基正矣，故曰“未失其正”。

占 问时运：运途初交，宜守稳步，不可妄进，自得无咎。〇问战征：屯军山足，宜静守，不宜妄动。〇问营商：宜知足。〇问功名：初步虽微，不失其正。〇问家宅：此宅近在山麓，可以长住，无咎。〇问婚姻：百年好合，无咎。〇问疾病：病是足疾，艰于步履，一时难愈。〇问讼事：不失其正，无咎。〇问行人：因足不能行，一时不归。〇问失物：必不遗失，宜就地下僻处寻之。〇问六甲：生女，防有足疾。

占例 明治二十四年，占某大臣气运。筮得**艮之贲**。

断曰：**艮**者两山并峙之卦，两山并峙，则不能前进，有止而不动之象也。今贵下占气运，得此初爻，“趾”足指也，凡人行动，以足在前，“艮其趾”，则足趾不动，而全体亦因之不动，即《大象》所谓“君子以思不出其位”也。知贵下宜永守其正，葆此爵位，无容再求升用，否则妄动，未免有咎矣。

六二：艮其腓，不拯其随，其心不快。

《象传》曰：不拯其随，未退听也。

“腓”，《本义》释为“足肚”，《说文》云“胫腨”，《正字通》云“胫后肉，腓肠也”。腓上于趾，故二象之。**咸**之二曰“咸其腓”，**咸**主夫感；**艮**二曰“艮其腓”，**艮**主夫止，止则安止不动矣。然趾与腓，皆为动体，本不欲止也，所欲止者心也。心欲止，则趾不能不止；趾既止，而腓亦随之，是腓固随趾为动止者也。“拯”，援也。“不拯其随”者，谓三“限”在上，不肯俯听，趾腓相随而动，故二之心有“不快”也。《象传》曰“未退听也”，谓既不能拯其动，又不能退而听命，以从其止，是以“其心不快”矣。

占 问时运：运途有阻，宜裹足不前，不宜随心而动。〇问战征：止，不进也，坚守不动，又无外援，是以戚戚也。〇问营商：货物止而不售，甚为可忧。〇问功名：不得寸进，又苦无大力之援。〇问疾病：“腓”，病也，《诗》云“百卉具腓”，为秋风所虐也。此病亦必是秋症，恐非药力所能救援也。甚为可忧。〇问婚姻：腓亦为避，宜避绝之。〇问六甲：生女。

占例 应友人石坂氏之请，为占矿山事。筮得**艮之蛊**。

断曰：**艮**为山，腓在山足之上，《象传》曰“艮其背”，背身后也，爻之取象，皆在背后。为占矿山，而得此爻，知矿山之穴，宜在山背。初为趾，二为腓，腓上于趾，知其穴又在股之下，足之上也。“艮，止也”，论其事，谓停止。在趾与腓本喜动，不喜止，曰止，其心必为之不快矣。今必倡始，议将停止，随从者亦无力拯救，固宜作退步为是。必待五爻“悔亡”，得其辅助，可复与也。以爻计之，当在三年之后。

占例 明治二十七年冬至，占战后形势。筮得**艮之蛊**，呈之内阁总理大臣。

断曰：卦体取诸山，卦象取诸身，身本动也，山则止而不动；卦又于身之中取诸背，背无所见，背亦不动也。卦与**震**反，**震**动而**艮**止，所谓动极而止者也。今占战后形势，得**艮**二爻，初为趾，二为腓，腓进于趾，腓能屈能伸，其动尤甚，其力较强，论战后形势，固较昔而尤强也。战后得此巨数偿金，在从征军士，皆自夸威武之力，每每藐视文官。至在朝大臣，总计全局，当以此金拓张军备，是为首要，而不能随从军士之心，其心未免不快也。且《序卦》曰“艮者，止也”，谓大战之后，宜休养，不宜躁动，古称止戈曰武，此其征也。武士之心，固好动，不好静，止而不动，致多郁郁不乐，亦情所必有。观腓之动，凡腓自动，心为之也；在武士之动，亦非武士所能自主，朝廷为之也：是在朝廷静镇之耳。

九三：艮其限，列其夤，厉，薰心。

《象传》曰：艮其限，危薰心也。

“限”者，门限，为内外之界限。三处内外之间，横亘一画，故象限。“列”，分解也，虞氏作裂。“夤”，通作**膑**，马云“夹脊肉”。按**咸**五曰“脢”，《易传》谓“在脊曰脢”，郑云“脢，脊肉”，是夤与脢，字异而义同也。“薰”，通作熏，灼也。三之**艮**限，为隔绝一身上下，使不相通，则将分心背而为二，一若门限之隔绝内外，此释氏所谓“降伏其心”是也。以强伏其心，心者，火也，心火上灼，烛烛炎炎，薰灼于方寸之中，不可扑灭，则其心危矣，《诗》云“忧心如薰”，此之谓也。岂知心本虚灵，感而遂通，**咸**之“咸其脢”，与**艮**之“艮其限”，一感一止，初无二致，《彖》所谓“时止则止，时行则行，动静不失其时”，一任心之自然，而未可以隔绝为止者。隔绝为止，是欲定其心，乃适以危其心，心岂可以强制者哉！夫人一身脉络血气，上下前后，必周流贯通，无所阻隔，而此心自觉泰然，否则上不降，下不升，则脉络不通，血肉分裂，心其能得安乎？故曰“厉”。“薰心”，《象传》易“厉”曰“危”，盖危较厉，为更可惧也。

占　问时运：运途顺逆，皆当顺时，强制者危。○问战征：两军相对，各争疆界，安得画界自守乎？自守者危矣。○问营商：货物务在流通，乃可获利，况今万国通商，输入输出，互相交易，若闭关自限，必穷之道也，可危甚矣。○问功名：专守一艺者，必非大器。○问家宅：治家之道，内外出入，固宜严谨，但不宜隔绝，隔绝则财用不通，而家道危矣。○问婚姻：婚姻之道，本由天合，若拘守门户，不能成两姓之欢。○问疾病：必是隔症，上下不交，血脉不通，病势可危。○问讼事：是上下之情不达，曲直难分。○问六甲：生女，防难产。

占例　某氏来，请占某贵显气运。筮得**艮**之**剥**。

断曰：爻象为血脉不通，心背分裂，势颇可危。今贵下占气运，而得此爻，知贵下于政府内外，情好或多不协。其所由来，在于位置自高，不屑与人往来，遂至势分隔绝，情意不通，其势几成孤立，虽有才知，无所展布，此身危矣。爻辞所云“艮其限，列其夤，厉，薰心”，其象如是，贵下宜旁求诸**咸**。**咸**五曰“咸其脢”，斯无悔矣。

六四：艮其身，无咎。

《象传》曰：艮其身，止诸躬也。

“身”者，总括全体而言，分言之，则一身亦有上下之别。六四居下卦之上，上卦之下，当心之位，在一身之中也。爻得柔正，上比六五，为能“止其所止”，洁身自好，虽不能兼善天下，亦可以独善其身，较之内卦三爻，为稍胜也。但以阴居阴，不堪有为，只能以身为天下模范而已，故曰“艮其身，无咎”。三爻言心，四爻言身，心虚而身实，期人含虚而践实，斯不堕入释氏虚无之弊。《象传》以“止诸躬”释之，躬，犹身也。是以身止心，即《大象》所谓“思不出其位”也。

占 问时运：运途柔顺，能保其身，自得无咎。〇问战征：难望进取，但于我身无所伤败，咎复何有？〇问营商：只能保本。〇问功名：无得无失。〇问家宅：安居无咎。〇问婚姻：平平。〇问疾病：是带病延年之症。〇问失物：即在身上寻之。〇问六甲：生女。

占例 明治二十年，占某贵显气运。筮得**艮**之**旅**。

断曰：四爻介上下之交，当心之位，心内而身外，曰"艮其身"，是兼身心而言也。然**艮**主夫止，止则无所作为，是不足以见功，但求无咎而已。今贵下占气运，得**艮**四爻，爻曰"艮其身"，有保身安命之象。四爻比近尊位，知贵下爵位已显，为宜谨守职分，夙夜弗懈，以保全一身声名禄位，安享此太平之福，复有何咎？《大象》所谓"君子以思不出其位"，惟贵下有焉。

六五：艮其辅，言有序，悔亡。

《象传》曰：艮其辅，以中正也。

五居外卦之中，二偶分列，有辅之象。按**咸**上曰"辅，滕口说也"，是辅所以出言；"艮其辅"，斯言无失言矣。君子之道，寡言则寡悔。"艮其辅"者，固非止其辅而不言也，惟在时然后言耳。时然后言，则言有其序，可以默则默，可以语则语，语默不失其时，故"悔亡"。《象传》以"中正"释之。"艮其辅"，谓上得其中正，是以"言有序"而"无悔"也。

占 问时运：运得中正，故无悔尤。〇问战征：行军之际，最忌谣言妄作，惑乱军心，"艮其辅"使不妄言，斯号令严明，所向无敌矣。〇问营商：商情犹如军情，消息不容漏泄，"艮其辅"则言得其要矣。〇问功名：巧言必黜，昌言则拜，言得中正，立谈可取卿相也。〇问家宅：此宅位得中正，居之无悔。〇问婚姻：媒妁之言，每多虚诳，听者宜慎。〇问疾病：必是牙关紧闭，口不出声，得能发声，病乃可治。〇问六甲：生女。

占例 明治二十四年十一月，贵族院议员日野西公善、神道总裁稻叶正邦来访，曰："今春恶疫流行，三条相国以下二三元老，遽尔薨逝，实国家之不幸也。寻又有大津之暴举，浓尾之震灾，以及伊势神宫庭燎无风自灭。此皆意外凶变，自古罕闻，而适于今年叠见之。所谓国家将兴，必有祯祥，国家将亡，必有妖孽，此其兆也，能不惧乎？今议会开设在近，是为上下臣民，最所注意，请君一卜，以见议院之兴败。”余曰：“仆昨年十二月既占之矣。”以爻辞上呈松方总理、土方宫内二公，卦爻遇**艮之渐**。

断曰：《大象》曰“兼山”，为两山兼峙，阻绝往来，有上下不通之象。今占众议院，得**艮**五爻，《爻辞》曰“艮其辅”，是止众议之辅，使不得以无稽之言妄干上听；曰“言有序”，谓议者所言，当必秩秩有序，斯可听纳。爻象若预知此番众议，必多出言不逊，好与政府为难，卒至奉敕解散，亦势所必有也。即使众议言皆有序，亦但曰“无悔”而已，未足以见功也。众议院之兆如此。

两公听之大感，至十二月，众议院果奉诏敕解散。

上九：敦艮，吉。

《象传》曰：敦艮之吉，以厚终也。

上居**艮**之终，即止之终也。“敦”，加厚也，所谓泰山不让土壤，故能成其高，即敦厚之谓也。上能以敦厚自止，是以获吉。**艮**六爻，惟上言吉，盖**艮**之为道，上爻足以尽之。上能坚守此心，知其所止，是以厚重如山，不可动摇，吉莫大焉。《象传》以“厚终”释之，谓止以敦而乃安，敦以终而弥厚，是**艮**之所“成终”者，在此厚，而所以“成始”者，亦即在此厚也。

占 问时运：运途至此，无可复进，惟厚益加厚，是以得吉。〇问战征：地位至上已极，要在兵力加厚，无不获吉。〇问营商：是上手生意，价高物美，获利必厚。〇问功名：必应上选，吉。〇问家宅：必是世代忠厚之家，吉。〇问婚姻：吉。〇问疾病：素体厚实，不药有喜。〇问六甲：生女。

占例 明治二十七年三月，某贵显来，请占气运。筮得**艮之谦**。

断曰：上处重**艮**之极，即为兼山之上，山以厚重为体，山愈高则愈厚，故全卦之义，归成于上，而上乃独得其吉，即可见晚运之亨通也。今贵下占气运，而得上爻，知贵下身居民上，爵位崇高，人民瞻望，俨同山斗，而素怀忠厚，未尝以势位凌人。“敦”者，厚也，**艮**者，止也，贵下当止其所止，厚益加厚，于己于人，无不获吉。大运之盛，于此可见。

䷴风山渐

《序卦传》曰："艮者，止也。物不可以终止，故受之以渐。渐者，进也。"为卦**艮**下**巽**上，**巽**为风，为木，**艮**为山，风善入，木易长，有进之象；山则止而不动，欲进而为山所止，是以其进不速也。《正义》曰："凡物有变移，徐而不速谓之渐"，此卦之所以名**渐**也。

渐：女归吉，利贞。

渐反为**归妹**，其象同取于女，**归妹**之少女，以悦而归，不如**渐**之长女，以顺而归也。以顺而归，则媒妁言之，父母命之，及长而字，则渐而来，得其正也，故曰"女归吉"。**艮**男**兑**女，其卦曰**咸**，以男娶女也，故先戒以"利贞"，而后曰"取女吉"；**渐**以**艮**男**巽**女，以女归男也，故先曰"女归吉"，而后告以"利贞"。

《彖传》曰：渐之进也，女归吉也。进得位，往有功也。进以正，可以正邦也。其位，刚得中也。止而巽，动不穷也。

渐者，循序而进，以渐进也。卦体三阴三阳，皆从**乾**、**坤**来。**乾**父**坤**母，**乾**三索成**艮**，为少男，**坤**一索成**巽**，为长女，故象取"女归"。女嫁曰归。女子之嫁也，及时而字，纳礼而往，**渐**之义也。盖女归之吉，谓得其渐之进也；女正位乎内，男正位乎外，女进而得位，必得其正矣。女以夫为家，故谓之归，母之嫁女，则谓之往。进而得位，故"往有功也"。**渐**与**蛊**上下易体，**蛊**之九二，进而为**渐**之九五，是为"得位"；九居五，位爻皆正，是为"进以正"。夫妇为王化之原，正家正国，皆基于此，故极其功效，"可以正邦也"。"刚得中"，谓九五也。止而巽，动而不穷，此合二体而言，以止为体，以顺为用，本**艮**之笃实，动而为**巽**之利市，故曰"动不穷也"。

以此卦拟人事，卦名曰**渐**，卦义在进。天下事无不贵进，而进要不贵迅速，而贵舒缓，舒缓之谓渐也。自世好急功，而**渐**之道失矣，惟于"女归"，则犹存其渐之旨焉，故爻象独取"女归"。男女为人伦之始，是人事之至要也。按**屯**二曰“女子贞不字，十年乃字”；**归妹**四曰“归有时”，五曰“位在中”；**家人**《象》曰“正家而天下定”。凡《易》之言婚嫁，多以得时为正，得位为中，由兹而往，足以成内助之功，即足开治国之基。诸卦分言之，而独以渐则合言之，以**渐**九五之吉，为刚而得中也。为卦**艮**以止，**巽**以动，知止而进，其进有序，其用不穷，所谓正一身以正朝廷，正朝廷以正百官，正百官以正天下，道不外是焉。是皆有渐进而渐广之用也。

以此卦拟国家，卦象专取“女归”，六爻亦皆言男女配合之礼，殊于国家无关，而《彖辞》则曰“进以正，可以正邦也”，则知正国之道，基于正家矣。《诗》云“刑于寡妻，以御于家邦”，此之谓也。渐者，为言徐而不速，为政而曰勿欲速，亦取夫**渐**之义也。国家之事，循序而进，教化之行，日进有功。圣天子正位凝命，刚而得中，内而宫闱，外而邦国，罔不本身出治。诗《樛木》、《芣苢》之篇，知王化之行，皆本诸后妃贞静之德，由近及远，渐推渐广，汝濆江汉之间，无不风行俗美，盖其渐积而来者，有由矣。虽《彖辞》首言“女归”，而由齐家以及治国，道本无二致也。“止而巽，动不穷”者，就**艮**、**巽**而括言之，则**艮**为社稷，**巽**为诰命，皆可见其动之不穷也，夫岂第为女子于归言哉！唯在读《易》者玩索而得之。

通观此卦，卦本**乾**、**坤**三四往来，阴进而止乎四，九居五而得中，上六以阴居阴，各得其所。爻与**家人**同，而其所异者，初爻九六之别耳，故渐在家则内外顺，在国则上下安。彖象取“女”，爻象取“鸿”，其卦为**艮**男**巽**女，迨吉于归。《诗》云“弋凫与雁”，是婚礼用雁之证也。雁之飞识时，女之归待聘，**渐**之义也。然鸿飞有序，知长幼之礼，其群有偶，厚夫妇之别，其来有候，适寒暑之期，是物之进而能渐者，莫如鸿焉。是以六爻之象，其始栖息甚近，其终飞翔甚远。初言“干”，象其进之始；二言“磐”，象其进之安；三言“陆”，则非所安；四言“木”，则始危而终安；五言“陵”，则升天位之高；上言“陆”，则出于人位之外。而初之不得所安，无应而不能进也；三之不得所安，无德而不能进也；四乘刚有德，可安也；上九过高，其德犹可则也；二五以中正相应，是以独得其吉也。卦画皆以奇先偶，象鸿飞有序；下卦以一奇率二偶，上卦以一偶随二奇，象鸿飞大者先小者随。阳大阴小，长幼之节，倡随之礼，夫妇之道也。六爻皆言渐，自初至上各有次序，实与《彖辞》渐进之义，足以相发明矣。

《大象》曰：山上有木，渐。君子以居贤德善俗。

山上有木，以木在山，为得其所，犹女子以归为得所。君子法此象，观木之由渐而长，非一时所可成，即知俗之由渐而善，非一旦所能化。要必先居德以为表率，使之渐仁摩义，而风俗自善。古称缺妻之贤，孟光之德，足以化俗，况士君子之躬居贤德者乎？其化民成俗，固有日进而日善者也。全卦皆取巽女，而《大象》独称“君子”，盖艮为贤人，故曰“君子居贤德”。要知君子与淑女，足为配偶，其德同，其化亦同也。“善俗”，王肃本作“风俗”。“居贤德”，《本义》云“贤字衍”。

占 问时运：如木在高山，得逢春生发之象。〇问营商：山藏货财，木能生发，且巽为商，利市三倍，得此卦象，自必能逐渐得利也。〇问功名：足膺贤材之选。〇问战征：防三军前进，在深山茂林之处，有敌兵埋伏。〇问婚姻：必是贤德淑女，是以“君子好逑”。〇问家宅：必是德门仁里，君子居之。〇问疾病：是木克土之症，宜安居调养。〇问六甲：望前生者男，望后生者女。

初六：鸿渐于干，小子厉，有言，无咎。

《象传》曰：小子之厉，义无咎也。

鸿，水禽，来往有时，群飞有序。相传汉土婚礼用雁，取其飞行不乱，失偶不再，有女贞之象。大曰鸿，小曰雁，鸿与雁一也。《彖》曰“女归”，故六爻皆取喻于鸿。“干”，水湄，鸿渐干而得所栖，犹女适人而得所托。但艮为少男，故称“小子”，巽为长女，一长一少，年齿相悬，未免于归愆期，或有不测之变，是为“小子厉”也。《说卦》“成言乎艮”，有言，为有成言也。女子许嫁，唯凭媒妁之言，既有其言，不得以有变而渝，故曰“有言无咎”。初应在上，初与上爻，高下悬殊，即可见夫妇年齿，长幼亦悬殊。女能待年不乱，守礼无失，无所为厉，复有何咎？《象传》以“义无咎”释之，盖谓义在则然，咎自无焉。

占 问时运：人微年少，运途初行，虽危无咎。〇问战征：屯军江干，防有危厉，幸有谍言来告，得以免咎。〇问营商：货物交易，防有小人从中作难，因约言早成，得以无害。○问功名：鸿运亨通，初虽在下，自有渐进之象。○问婚姻：女长男少，妁言既定，当以待年而嫁，无咎也。○问家宅：此宅临水，防小人有疾厄，然无大咎。○问疾病：不利小人，大人无咎。○问六甲：生女。

占例 友人某来，请占事业成否。筮得**渐之家人**。

断曰：**渐**者，渐而进也，**渐**在初爻，为进步之初基也。“干”，水涯，亦低下之处。君占事业，得**渐**初爻，知君此业，必是初次开办，如秋雁初来，尚在江干飞集，未得远翔。凡事业初创，未免有小人出而阻扰，务要把定初志，不改成言，是得无咎。然在初爻，其进犹微，必得四年后，行到上爻，则得其应援，必可大获利益也。

六二：鸿渐于磐，饮食衎衎，吉。

《象传》曰：饮食衎衎，不素饱也。

“磐”者，水中平石。“衎衎”，和乐之貌。“鸿渐于磐”，有水可饮，有蒲鱼稻粱可食，为足乐也。犹女子嫁得其夫，合卺而饮，共牢而食，自见“宜室宜家，和乐且耽”。二与五相应，即为配偶，妇人贤德，足以内助，固非虚食夫家之食者也。《传》以“不素饱”释之，即此意也。

占 问时运：既得安乐，又得醉饱，无忧，吉。○问战征：兵食充足，军心欢悦，自有安似磐石之象。○问营商：二爻居**巽**之中，**巽**为商，为利。就爻辞言，自“干”进“磐”，有渐进渐高之势，吉。○问功名：有嘉宾宴乐之象，成名必矣，吉。○问婚姻：二与五相应，即以二五为婚；二五皆吉，可咏百年偕老矣。○问家宅：此宅地基巩固，一门和乐，吉。○问疾病：饮食过度所致，宜消食安胃，病即日可愈。○问六甲：生女。

占例 明治二十三年，占某贵显气运。筮得**渐之巽**。

断曰：二爻居**巽**之中，**巽**，顺也。《爻辞》曰“鸿渐于磐”，鸿，大雁也，磐，山石之安者。贵下占气运得此爻，知贵下鸿运通顺，持躬涉世，皆得安如磐石，无人得而动摇。由“干”进“磐”，见鸿飞踪迹，逐步增高，喻贵下卒业东北学校，继复游学欧美各邦，学识亦渐步长进。且二爻与五相应，爻以夫妇和谐，即可见君臣之喜乐，至美衣饱食，和乐衎衎，本贵下所素有也，吉何如也！

占例 明治三十二年，占北海道厅气运。筮得**渐**之**巽**。

断曰：**渐**者渐进也，由乱而进于治，由衰而进于盛，皆有渐进之象焉。今占北海道厅气运，而得**渐**之二爻，《爻辞》曰“鸿渐于磐”，由“干”而进于“磐”，是亦渐进而渐高也，知北海道厅治象，当必日进日盛。爻又曰“饮食衎衎”，在北海一带，为鱼盐蜃蛤之乡，其足供饮食者，出产饶富，民居斯土，获斯利，家室丰盈，雍雍和乐，自得“饮食衎衎”之喜。《爻辞》曰“吉”，信可知也。

九三：鸿渐于陆。夫征不复，妇孕不育，凶。利御寇。

《象传》曰：夫征不复，离群丑也。妇孕不育，失其道也。利御寇，顺相保也。

“陆”，高平之地，鸿所集也。九三阳刚为夫，六四阴柔为妇，三又与六正应，六亦曰“陆”。自内往外为征，三往就外之陆，而遂弃内之陆，故“不复”。上互**离**，**离**为大腹，孕之象；下互**坎**，**坎**为灾，为鬼，不育之象。三与四以比邻私通，坏彝伦之大纲，背渐进之大义，安能得室家和睦，夫妇偕老，生育以延嗣续之庥乎？故曰“夫征不复，妇孕不育，凶”。且雁呼芦避缴，巡呼警夜，飞则相随，止则相保，亦有御寇之象，故曰“利御寇”。夫鸿之有雌雄，犹人之有夫妇也，雄飞不返，是离其群矣；胎孕之道，期其长育，孕而不育，是失其道矣。雌雄相守，是所以“御寇”，是“顺相保”也。《象传》逐句释之，有以夫！

占 问时运：运途不正，防有外祸。〇问战征：利于守御，不利往征。〇问营商：难望获利，防有盗劫之虞。〇问功名：唯从事军政，可以得名。〇问婚姻：防有始乱终离之憾。〇问家宅：此宅于生产不利。〇问疾病：妇人生产，恐母子不能两全。〇问六甲：生女。

占例 昔余在囚之日，有狱吏和田某者，突然谓余曰：今兹罪案，曷不卜之？先是余自占气运，得**艮**之**渐**，断辞详纪需三爻；今复一占。筮得**渐**之**观**。

断曰：“夫征不复”，谓此案已往，不复追究矣。“妇孕”者，谓祸胎也；“不育”者，谓此案不致再生枝节矣。“御寇”者，谓审狱之官也；

“顺相保”者，谓必能保护我身也。然所谓相保者，当必在和田氏矣。

后一二旬，前奉行退职，清水某袭其后，和田氏为奉行次席，于是二氏相谋，以五十月徒期，减为二十月，余乃得以出罪。

六四：鸿渐于木，或得其桷，无咎。

《象传》曰：或得其桷，顺以巽也。

四居**巽**之始，**巽**为木。鸿水鸟，本不栖木，“桷”者，枝柯之大而平者也，于木之中，而得方平之桷，则亦可以容足矣。“或”者幸得之辞，此以鸿之失所，喻妇之失所也。四夫在三，三“征不复”，四妇失其所矣，或得其桷而集之，亦无咎焉。巽顺自守，不失妇道之正，虽无夫可也。

占 问时运：运失其正，但以顺自处，随遇得安，亦可无咎。〇问营商：聊有所得，差足免咎。〇问战征：得其倚角，敌势已衰。〇问功名：从事角逐，所得亦微。〇问疾病：病在肝木太盛，宜顺气调养。〇问家宅：此宅多寡居之妇，有遇人不淑之感。〇问行人：在外失所，聊以将顺容身，一时不归。〇问六甲：生男。

占例 旧大垣藩主华族户田氏，奉侍萱堂，借余神奈川别墅，闲居养病者数月，医士户冢文海氏间日自东京来诊。一日户冢氏谓余曰：“诊视户田太君之疾，四五日前，颇为可虑，近少轻快，惟老衰难期速效。”余曰：“顷日代为问卜，筮得**渐**之**遁**，今玩爻辞，知太君近病无妨，恐明后年命限有阻。”户冢氏俯首不语。有松野家老出而问曰：我太君之命，其终于明后年乎？余曰：请勿与外人道也！后三年，太君果仙逝，会葬之日，户冢氏追述前言，感叹易理之前知。盖**渐**为长女，卦为归魂，自四至上，三爻为三年，由是推之，死期可预决也。

九五：鸿渐于陵。妇三岁不孕，终莫之胜，吉。

《象传》曰：终莫之胜，吉，得所愿也。

《尔雅》：“大阜曰陵。”又八陵，北陵、西隃、雁门是也。此陵当是北陵，雁之家也。《月令》：“季秋鸿雁来宾。”鸿之南来为宾，北陵则为家，孕育则在家也。五与二正应，为夫妇，故以“鸿渐于陵”，喻夫妇之居家也。三至五互**离**，**离**为大腹，三动则**离**坏，故“不孕”；自二至五历三爻，象“三岁”。**艮**少男，**巽**长女，女及笄，而男犹未冠，是以不能生育，迨及时而阴阳和合，自然得孕矣。男少女长，似女偏胜，然二五正应，内外得当，夫倡妇随，故曰“终莫之胜”。时至而孕，各得所愿，吉可知也。又云：此卦三五皆言妇，九五以二为妇，正也；九三以四为妇，非正也。故三四相比为夫妇，虽孕而不敢育，女之归不以渐也，故凶；二五以相应为夫妇，不孕而得所愿，女之归以渐也，故吉。

占 问时运：运途中正，三年后，无往不利，吉。〇问战征：屯军大阜，三年后，所向无敌，吉。〇问功名：三年后必成。〇问营商：目下难望获利，至上爻自可独占厚利，盖在三岁后也。〇问婚姻：得子稍迟，吉。〇问家宅：宅在大阜之间，吉。〇问六甲：生男。

占例 某商人来，请占气运。筮得**渐**之**艮**。

断曰：五居外卦之中，进步已高，得渐于大阜之上，无可再进也。足下占气运而得此爻，知足下营商多载，虽事业渐进渐高，而不得一时获利，如鸿鸟雌雄相随，而一大一小，未能即时生育也。鸿待三年后可孕，知商业亦必待三年后，可获大利也。“终莫之胜”者，谓非他人所能及也。《爻辞》曰“吉”，吉可知也。《象》曰“得所愿”，知足下平生之志愿，可遂矣。

上九：鸿渐于陆，其羽可用为仪，吉。

《象传》曰：其羽可用为仪，吉，不可乱也。

上与三皆处卦极，故并称“陆”。**渐**卦六爻，皆取象于鸿，以喻夫妇，即本《彖辞》“女归”之旨。三之**渐**“陆”，夫道不正，致妇失所，不如鸿之雌雄相守；上则犹是陆也，犹是渐也，而以礼相接，人咸称美，不特表闺阃之令范，且足树邦国之合仪矣。一羽本轻，而先王制礼，纳采问名，皆取以为用，非以其有偶而不乱乎？夫妇之道，亦如是焉，故曰“其羽可用为仪”。“女归”之“吉”，其以此乎？

占 问时运：气运正盛，可出而用也，吉。〇问战征：从平陆进军，威仪显赫，攻无不克。〇问营商：货美价高，定可获利。〇问功名：出而用世，可以仪表天下。〇问婚姻：吉。〇问家宅：此宅地位崇高，瞻观有耀，吉。〇问六甲：生男。

占例 明治十九年，虎列剌病流行于横滨，凡横滨店中，家族皆避疫于神奈川别庄，东京之友，皆归东京，余携远来学者八人，赴箱根木贺。一日有东京门人，判事尾藤某来状，其旨曰：今度拜命，赴越后高田裁判所长，临发自筮，爻象不吉，请为再占气运如何？筮得**渐之蹇**。

断曰：全卦以渐进为义，爻至上六，渐进之义已终，进无可进，是暖回冰解，鸿鸟北还之时。今占尾藤氏气运，得此上爻，知为新授北国高田判事之任。爻辞所云"鸿渐于陆"，辞意适合，本是吉象，但此爻《易》三百八十四爻中，为归魂八爻之一，占者当此，生命有阻。因叹曰：氏为余门人中之翘楚，他日继余易学者，在此人也，大为可惜！

一时从者闻此断词，皆谓共在一堂，何得以一筮之下，遽断必死？后尾藤赴任高田，未几果殁。

䷵雷泽归妹

卦体**震**上**兑**下，**震**长男，**兑**少女。凡《象》之取象男女者，如**咸**之少男少女，如**渐**之长女少男，皆言夫妇，而独于**震**男**兑**女，取象兄妹。按女子先生为姊，后生为妹，诸侯一娶九女，姊嫁则妹媵。孔颖达曰："少女谓之妹，从姊而行，谓之归。"此卦之所以曰**归妹**也。

归妹：征凶，无攸利。

归妹少长非偶，夫妇之不正也。女子以夫为家，在男曰娶，在女曰归，故**渐**曰"女归吉"，**咸**曰"取女吉"。"征"者，往也，是私奔也，故凶，所谓锁穴隙相窥，逾墙相从，父母国人皆贱之。女德若此，夫何利焉！故曰"无攸利"，是痛戒而深恶之也。

《彖传》曰：归妹，天地之大义也。天地不交，而万物不兴。归妹，人之终始也。说以动，所归妹也。征凶，位不当也。无攸利，柔乘刚也。

三阳三阴之卦，皆自**乾**、**坤**来，变**乾**上画为偶，而成**兑**，变**坤**下画为奇，而成**震**；**兑**女**震**男，卦名**归妹**，**震**、**兑**之父母，则为**乾**、**坤**，**乾**、**坤**即天地也。天地相交而万物蕃兴，男女相交而生育繁昌，是"天地之大义"，即人伦之终始也。**兑**，悦也，**震**，动也，"说以动"，是以情悦相从也，以此**归妹**，失其正也。"征凶"者，**震**为征，因说而求进，是献媚工谗，意欲以媵而夺嫡也，故《传》斥之曰"位不当也"。"无攸利"者，以柔悦之性，乘刚动之势，一经得宠，便欲挟制**乾**阳，女权如此，不特不利于一身，必将不利于家国矣。《传》特明揭其不正之由，曰此所归之妹，乃"说以动"者也。

以此卦拟人事，**归妹**者，女有家，男有室，人事之终始也。天地之道，以阴阳相交，而化生万物，夫妇亦一阴阳也，但女子之嫁也，以礼而聘，以时而归，如**渐**之止而动，故"女归吉"。反是，女说男动，是私相从也。不待父母之命，媒妁之言，以说而动，岂得谓**归妹**之正乎？其位以阳居阴，为不当也，故“凶”；且一阴据二阳之上，是“柔乘刚”也，故“无攸利”。《传》之一一垂戒，盖深警色升爱选，艳妻煽乱。妇德一乖，而家道因之而亏，此即人事之变也。牝鸡司晨，其祸盖有不可胜言者矣！

以此卦拟国家，妇之从夫，犹臣之从君，夫妇君臣，本人伦之大节，亦即“天地之大义”也。臣之容说得位者，巧言令色，一以谄媚为工，极其奸谋所出，必将结援宫壶，联合阉寺，以作声势。且于佞媚之中，寓以箝制之用，一旦威权在握，几将藐视王灵，不复愿天位之有在，卒之凶祸来临，势败身亡。此女子小人，自古难养，圣人所以痛切而垂警也。**归妹**《彖辞》，首揭“征凶，无攸利”五字，即此旨焉。《传》复进之曰：“说以动，所归妹也。”盖谓**归妹**者人伦之常，“说以动”，为**归妹**之变，其所以“征凶”而“无攸利”者，皆自“说以动”阶之厉也。天下之事说而动，未有能正者，女子与小人，其凶一也，有国家者，最宜凛凛焉。

通观此卦，**归妹**，少女也，少女无知，故称妹；情欲相感，见可悦而昏，动不以礼，是为**归妹**。姊未嫁而妹先归，紊其序也；躬居媵而思夺嫡，越其分也。妇德若此，凶莫大焉，夫何利乎？六爻柔上刚下，内外倒置：二四以阳居阴，男以不正而从女；三五以阴居阳，女以不正而从夫；上卦六五乘九四，下卦六三乘九二，夫屈于妇，妇制其夫；阴反居上，阳降居初，皆失其渐。故**渐**六爻多吉，至上愈吉，**归妹**初爻独吉，至上则“无攸利”矣。是以君子贵**艮**渐而戒轻悦也。

《大象》曰：泽上有雷，归妹。君子以永终知敝。

此卦反**渐**，上卦为雷，下卦为泽，雷动则泽水为之摇漾。以阴感阳，犹女子之挑而可动也，失身败德，不谨其始，安能保其“永终”乎？君子见此象，知悦牵于私，动失其正，始既不善，敝即在后。欲防之于未然，故宜“永终”以“知敝”，斯不以妾为妻，不以贱妨贵。嫡庶正而名分严，足以维大义之不敝也。

占 问时运：一时发动，恐难持久。〇问营商：货价升动，卖客喜悦，但恐不能图终。〇问功名：进不以道，防有后悔。〇问战征：地雷陡发，足以制胜，恐一胜以后，兵力疲敝，无以保终。〇问婚姻：徒恋一时情欲之私者，难期百年偕老也。〇问家宅：地盘有动，已嫁之女，不宜同居母家。〇问疾病："永终"二字，独于占病不利，显见命限已终。〇问讼事：可以终结。〇问六甲：生女。

初九：归妹以娣。跛能履，征吉。

《象传》曰：归妹以娣，以恒也。跛能履，吉相承也。

六爻以五为尊，是正嫡也，其他皆为娣，初爻在最下之位，故曰"归妹以娣"。娣承嫡妻之命，不能专制，犹跛足之不能行，唯守为娣之分，行承顺之道而已，故曰"跛能履"；**震**为足，**兑**为毁折，有跛之象。九居初，为当位，是能安于娣而在下，行不先人，知其无陨越也，故曰"征吉"。就全卦论，以说而动，女子感情说之私，故其征也凶；就一爻论，以刚居刚，女子有贤正之德，故其征也，吉。《象传》以"恒也"释之，谓妹而为娣，礼之恒也；以"相承"释之，谓百事承顺，是以吉也。

占 问时运：运途低微，只可依人成事而已。〇问营商：不能自主，听命而行，幸得获利，吉。〇问功名：偏裨之位。〇问战征：非主帅也，能以偏帅制胜，吉。〇问家宅：此屋必是廊庑偏屋，吉。〇问疾病：必是足疾，不良于行，身命无妨。〇问六甲：生女，防有足疾。

占例 明治十六年，余游上毛伊香保，得遇藤野正启先生。先生当代鸿儒，夙精易理，与余相知最久，兹得相聚客舍，晨夕晤谈，意甚得也。一日先生正襟而言曰：幸为一占仆之气运。筮得**归妹之解**。

先生精羲《易》，既得占爻，自能详判，余复何言？然前余为横滨某商，占得此爻，在此人久游欧美各邦，通晓各国事情，归国之后，横滨某商店，遂雇为主管。其人正道，又能勤勉，凡财货之出入，物品之优绌，以及时价之高低，罔不一一计画，其用心之诚笃，有足使人感者。未几商店解雇，一日某来，请占。筮得**归妹之解**，余为之再三玩索，乃得其解雇之由也。盖娣者从姊而嫁，一切家政，皆当奉命而行，不得自主，譬跛者虽有其足，不能自行也。今某虽尽心从事，未免有专主之嫌，是以有咎。先生今日所占，爻辞正同，乃知先生秉道履中，刚方素著，但于当今世衰道微，所如不合，反若娣之随人，不能自主，先生能卑以自牧，故曰"征吉"，此就爻辞而断也。然余又可虑者，以**归妹**为归魂之卦，至六爻为命终之年，先生固达人也，自初至上，为六年，先生须为注意。先生微笑曰：易理精妙，固如是也。后六年，先生果殁。

占例 某官员来，请占气运。筮得**归妹之解**。

断曰：初居爻下，娣居人下，爻象卑微，是不能出人头地者也。足下占气运得此爻，知足下依人成事，不能独断独行，譬如娣之从姊而嫁，一以顺承为事，若欲擅自作为，反恐如跛者捷行，必致颠仆；不如随人步趋，斯无陨越矣，故曰“征吉”。

九二：眇能视，利幽人之贞。

《象传》曰：利幽人之贞，未变常也。

此爻阳刚得中，亦娣之贤者也。下互**离**，**离**为目，上互**坎**，**坎**为疾，有眇之象。眇一目小也，两目之视正，一目之视偏。妾媵则处于偏者也，不敢正视，故取“眇能视”为喻。二与五正应，二能侧视，得其宠矣，然正未可以宠自恃，故又戒以“利幽人之贞”。“幽人”者，犹云静女也，女子行不逾阈，窥不出户，有幽人之义焉。《象传》曰“未变常也”，谓能守其道，安其分也。幽则至静而不动，贞则至贤而不渝，幽人不以不遇变其道，女子不以失偶改其节，其致一也。

占 问时运：运途不正，宜幽贞自守。〇问营商：以其窥察商情，有独见之明，颇有暗得之利。〇问功名：以高尚不仕为贵。〇问战征：能察幽窥微，有料敌如神之妙。〇问家宅：此宅最宜幽居。〇问婚姻：此女宜作偏房，若在嫡室，恐反目不和。〇问讼事：防有幽禁之灾。〇问六甲：生女。

占例 华族某访余别墅，时方霖雨，闷闷不乐，会招伊藤潮花，特设宴席，藉以侑酒。潮花见余床上筮竹，问曰：“主公好《易》乎?”余曰：“然。”潮花曰：“拙生欲卜生命，请为一筮。”筮得**归妹之震**。

断曰：**归妹**者归魂之卦，今自二爻至上爻为五年，今后五年，子命殆将终乎？上爻之辞曰：“女承筐无实，士刲羊无血。”“女承筐无实”者，谓家计赤贫，筐中无实也；“士刲羊无血”者，死体之象也。

潮花子曰：“主公之言诚当，谚云‘人生四十不为夭’，今吾已六十，命数亦不短矣。虽死期已迫，家计不可不预谋。由是奋然改革家政，计度产业，以期家室盈丰，得能积有余资，实出自主公所赐也。”当时谈笑而去，后至五年六月，潮花竟尔病殁。

占例 明治三十一年，占台湾总督府气运。筮得**归妹**之**震**。

断曰：卦体下互**离**，**离**为目，目所以视也，曰“眇”，只可偏视而已。“幽人”者，幽闲贞静之人也，谓人能幽闲贞静，必无作乱之事矣，故曰“利幽人之贞”。今占台湾总督府政略，得此爻辞，按台湾新入我版图，一切风俗，难以一时遽**革**，只得另眼相视，以示宽容，至其人粗暴，未服教化，往往躁动为乱民，在政府总宜以静默镇之，使之化暴为良，故曰“利幽人之贞”也。

六三：归妹以须，反归以娣。

《象传》曰：归妹以须，未当也。

“须”者，贱女之称。三爻居**兑**之极，为悦之主。“归妹以须”者，以之为须也。三以柔乘刚，务为悦人，故于其始归也，降为之须，虽明知其未当，以故为抑之，不令其工妍献媚，开以妾夺嫡之嫌，所以惩淫泆而正名分者，其旨严矣。迨三能反其说之为，始得复归娣之位，故曰“反归以娣”。《象传》曰“未当也”，谓阴柔不正，不当位也。《正义》以须为待时也，以三未当其时，则宜有待，故曰“归妹以须”，既及其时，以娣乃行，故曰“反归以娣”。亦通。

占 问时运：运途尴尬，受人抑制，是宜忍耐，后可得伸。○问营商：货价低落，不能获利，过后可望提升。○问功名：所得卑微。○问婚姻：必非正娶。○问家宅：此屋非正宅，必是廊庑，地位低小。○问疾病：待时可愈。○问行人：且宜暂待，缓时可归。○问讼事：待时可以断结。○问六甲：生女。

占例 某县人携亲友书来，占求官之成否。筮得**归妹**之**大壮**。

断曰：郑云“须，有才智之称”，《正义》曰“须，女谓贱妾也”，是有才智而屈居下位者也。今足下占求官，得此爻辞，知足下与某显官有旧，乞为代谋官阶，不料某抑之，不与以相当之位置，而授以微末之官阶，即“归妹以须”之象也。足下宜顺受之，切不可妄意干进，后当必有升迁。“反归以娣”，行有待也。

九四：归妹愆期，迟归有时。

《象传》曰：愆期之志，有待而行也。

九四以阳居阴，为动之主，动则急欲于归，但**兑**为少女，故曰“妹”，未可先姊而行也，是宜待年于国，故曰“归妹愆期”。年及而归，未为迟也，故曰“迟归有时”。《诗·江汜》之篇，序谓媵有待年于国，而嫡不与之偕行，其后嫡悔而迎之，亦终归矣，即可作此爻之注脚也。三爻主说，求贵而得贱；四爻主动，求速而反迟，皆深戒“说以动”之必凶也。告之以迟归有待，所以遏其躁动之志，使知待时而行之为得也。

占 问时运：须知顺时而动，行运有时，躁进无益。○问战征：最宜审时度势，无取躁急轻进，致损兵力。○问营商：待时得价，自可获利。○问功名：躁进必败。○问婚姻：待年而归。○问家宅：宅运未来，未可迁居。○问行人：一时不归。○问讼事：宜缓，可了。○问失物：迟久可得。○问六甲：生男。

占例 某商人来，请占买卖之机会。筮得**归妹之临**。

断曰：女子待时而嫁，犹货之待价而贾也。“愆期”者谓期限已过，“迟归”者谓迟久可售也。足下占卖买之机会，得此爻辞，爻象与占象，辞意适合。“归妹愆期”，由于姊犹未嫁，妹因不得先行，故宜迟归待时，知足下必有前售之货，未曾销脱，故于后置之货，行当迟迟有待。此所行不能不待，所售不能不迟也。迟之要自得利，可无忧焉。

六五：帝乙归妹。其君之袂，不如其娣之袂良。月几望，吉。

《象传》曰：帝乙归妹，不如其娣之袂良也。其位在中，以贵行也。

“帝乙”者，殷纣之父；“君”者，小君之称，谓嫡妻也；“袂”者，袖也；“月”者，太阴之精，以象妇德；“望”者，谓月之圆满；“几”者，近也。五爻居**震**之中，**震**长男，下与二应；二居**兑**，**兑**少女，是兄妹也。所谓“帝乙”，乃为**震**兄，“归妹”者，是以天子之妹，下嫁于诸侯，故爻曰“其君”。《传》曰“以贵行”，即所称君夫人曰小君是也。卦体变**乾**成**兑**，**乾**为衣，故曰“袂”。《史记》“长袖善舞”，女子之态也，是袂足以取说。月盈于望，八日**兑**见丁，十五**乾**盈甲，**兑**长至十五始盈，**乾**化**兑**；故曰“几望”。《京房易传》载汤嫁妹之词曰：“阴之从阳，女之从夫，天地之义也。往事尔夫，必以礼义。”其训以礼义者，即戒其不可以袂美取说，亦不可以恃贵而妄动也。六五爻辰在卯，仲春之月，嫁娶男女之礼，故吉。《传》曰“其位在中”，五居**震**中，二居**兑**中，以二嫁五，中与中应，其位悉当；且五爻最贵，故曰“以贵行也”。

占 问时运：事事谦抑，不敢自夸，不敢自满，运途得中，是以吉也。〇问战征：降尊居贱，能得军心；从月夜进兵，出敌不备，可得全胜。〇问营商：前进货品，不如后进者良，约在望前可售，必得高价。〇问功名：如有兄弟，同出求名，弟必获隽。〇问婚姻：当有二女同归，吉。〇问家宅：宅位居中，当有喜事临门。〇问行人：望前可归。〇问疾病：半月可愈。〇问六甲：生男。

占例 有友来访，请占某氏赴任吉凶。筮得**归妹**之**兑**。

断曰：“归妹”者，以女从夫，犹士者出而从政也。今足下占友赴任吉凶，而得**归妹**五爻，细玩爻辞，知此友身分必贵，此次赴任，定是小受，如帝女之下嫁也。其才调之良，当必胜于前任，故曰“其君之袂，不如其娣之袂良”也。“月几望”者，喻其设施之图到，政体之光明，有如三五之月也，而又不敢以谄媚取说，不敢以贵盛自恃。以兹临民，吉可知也。

上六：女承筐，无实，士刲羊，无血，无攸利。

《象传》曰：上六无实，承虚筐也。

“士”者未娶之称，“女”者未嫁之称。《士婚礼》云：“妇人三月而后祭行。”“上”，宗庙爻，故曰“祭”。三月祭行，而后成妇，未承祭，犹称“女”也。宗庙之礼，主妇奉筐，即《诗》所咏“于以盛之，维筐及莒”是也。**兑**为羊，少牢馈食，司马刲羊。“刲”杀也，承筐刲羊，皆助祭事也。《易》例阳为实，阴为虚，三四复位，变**坤**为虚，故曰“承筐无实”；四互**坎**，**坎**为血卦，三四复位成**泰**，**坎**象不见。故曰“刲羊无血”。按祭礼，执盎者宗妇，荐豆者夫人，设黍者主妇，未闻有以娣妾从事者，使娣而与祭，是渎伦也，欲以示宠，适以启祸，亦何利焉？“永终知敝”者，可不戒哉！

占 问时运：万事不利。〇问战征：糗粮不备，戈矛不修，以斯从征，必败之道。〇问营商：资本既虚，货物又匮，奚以获利？〇问功名：空手求名，其何能得？〇问婚姻：婚娶不正，维家之索。〇问家宅：此宅家范不端，防有妾嫡纷争之患。〇问疾病：是虚劳失血之症，不治之象。〇问失物：不得。〇问六甲：生男。

占例 友人某来曰：近欲与友谋兴一业，就余私计，事既可喜，利亦颇丰，但未审吉凶如何？请为一筮。筮得**归妹**之**兑**。

断曰：卦体**兑**悦**震**动，卦象**兑**女**震**男，悦不以道，故夫妇配合，多不利；而凡以资财合业者，亦可推相而知矣。今足下为谋事业，占得此爻，《爻辞》曰“承筐无实”、“刲羊无血”。筐，犹囊也。筐无实，是囊空也。血流行一身，犹财之流通一国，无血则羊死，无财则业败。士与女为合业之人也，女既无实，士又无血，是财力两空，其何能成业乎？故曰“无攸利”。

䷶雷火丰

卦体震上离下，离本乾体，变乾中画而成离，离为日，日本悬象于天也；震本坤体，变坤之下画而成震，震为雷，雷本奋出于地也。“雷以动之，日以暄之”，万物化生，自然丰茂。震，动也，离，明也，明与动合而成丰，此卦之所以名丰也。

丰：亨，王假之。勿忧，宜日中。

《正义》曰：“财多德大，故谓之丰。”财多则足以济世，德大则足以容人，事无窒碍，故“亨”。“王”指殷王，“假”谓感假。萃、涣之假，言殷王假庙也，丰之假，期纣之能假也。期能假夫丰亨之道，自足以统驭万国，照临下土，如日之正中，光明遍被，故曰“勿忧”。离为日，日中则明愈大，故曰“宜日中”。

《彖传》曰：丰，大也。明以动，故丰。王假之，尚大也。勿忧，宜日中，宜照天下也。日中则昃，月盈则食，天地盈虚，与时消息，而况于人乎？况于鬼神乎？

《序卦传》曰：“得其所归必大，故受之以丰。丰者，大也。”卦体以离遇震，震为行，动必以健，离为光，明无不灼，明以动，动则有为，故得亨通而盛大也。“王”指九五，言丰之象本大，王能诚心感假，则更加大矣。五爻曰“有庆”，即庆王之能假也，丰莫大于是焉，假如是，复有何忧？“宜日中”者，是极言“明以动”之象，日至中，其明愈焕，其照愈远，万国九州，明无不被，可知王之“自明明德”，即可明“明德”于天下也，故曰“宜照天下”。然日过中则倾，月既盈则缺，阳极而阴生，盈虚消息，天地循环之运也。《象》曰“日中”，丰至极盛，衰即伏之，《传》欲王益励夙夜之勤勉，明以继明，有以挽回乎造化，使明不为欲蔽，而丰得以长保矣。虽盈则必有虚，消则必有息，与时推移，鬼神亦不能自主，而所以转旋而补救者，总在于人也，人惟自明其“明德”耳。干宝曰：日中之象，殷水德，坎象昼败，而离居之，言周德当天人之心，宜居王位，故“宜日中”。

以此卦拟人事，上互**兑**，**兑**为泽，期其惠泽之丰盈也；下互**巽**，**巽**为利，期其财利之丰富也：有丰无歉，丰斯大矣。然丰于财者多昏，丰于欲者多乱，昏则不明，乱则妄动，无以假之，**丰**所在，忧即伏之矣。卦体上下互**大过**，**大过**者，过乎中也，日过中则昏，月过中则缺，此过盛必衰，过刚必折，盈虚消息，天地四时，自然之运，虽鬼神之盛德，不能过此，而况人事之微乎？《彖》曰“勿忧，宜日中”，传释之曰“宜照天下”，谓**乾**为日，**离**亦为日，**丰**为六月之卦，夏至日在**离**，气禀纯阳，日当午中，光明倍焕。**离**《大象》曰“明两作，离，大人以继明照于四方”者，此之谓也。明以静生，明亦以动见，譬如人闭目静坐，一物不见，一动则双目开豁，明足察物矣，此所谓“明以动，故丰”也。人事之忧，在不丰，不知不丰不足忧，所忧者最在不明耳。明则可静亦可动，可盈亦可虚，**丰**之所大，大在于明，亦大在于动也。是人事之极则，乃可出而与天下相见矣。

以此卦拟国家，国家之大势，不能静而无事，要必当动而有为，所患者动失其道，必至昏庸柔昧，上下交蔽，愈动而愈困耳。困则不亨，不亨则不丰，国事不可为矣。欲求其丰，必先期其明，《彖》是以曰“明以动，故丰”。卦体上**震**下**离**，**震**为动，故能风动四方，**离**为明，故能向明出治。**震**又为帝，故称“王”，**离**为光，故能照，王者克明“明德”，道协大中，明足与天下相见，动可为天下更新，是能昭假夫臣民，光大夫勋业，庶几就之如日，瞻之如云，一时熙熙攘攘，咸沐浴于光天化日之中，而若浑忘其帝力者，丰莫丰于是焉。然一治一乱，一盛一衰，国运也，亦天运也，所谓“日中则昃，月盈则食，天地盈虚，与时消息”，世运推移，皆如是耳。要必文明柔顺，如文王之德之纯，上足以假君，下足以假民，如日月之照临，光被天下，乃能挽既去之天命，重得延六百祀之商社者，此文王之所以文王也。如是则可以长保此丰矣。

通观此卦，《京房易传》曰：“上木下火，气禀纯阳，阳为大，大则必丰。”卦以**离**遇**震**，**震**为君，君作于上，明烛于下，故得成崇隆丰大之业。然有丰必有歉，丰于功者傲，傲则必亡，丰于财者奢，奢则必败，傲与奢，皆由于动之失中也；动失其中则损明，损明则安能长保其丰乎？《杂卦传》曰："丰，多故也。""多故"，是以难保也，道在有以假之耳。王者能推心置腹，上下交孚，假以生明，明以运动，期明无不照，亦动罔不臧，如午日正中，光明遍烛，此**离**象所以为明也。明愈大，丰亦愈大，是可尚也，复何忧乎？卦体**离**日在下，**震**雷在上，互卦**巽**木为蔀，**兑**泽为水，雷施雨，木含日，故自二至四，有晦昧之象。圣人处此，虚以养其明，悦以霁其威，断以决其壅，使上下之情相通也。若六五动而得中，明良际会，则皎日澄空，氛翳全消，纯熙之运至矣，风雨晦冥，其何伤日乎？初爻如日初出，故"往有尚"也；二爻如日方中，故"有孚"吉也；三爻明为沬蔽；四爻明为斗掩；五与二相应，所以资明；上则**丰**极而凶矣。六爻皆有明象，而为"灾"，为"疾"，为"沬"，为"斗"，为"凶"，皆足以蔽其明而害其动，惟五独得其吉，《象》所谓"王假之，尚大也"，在此爻矣。

《大象》曰：雷电皆至，丰。君子以折狱致刑。

此卦**震**为雷，**离**为电，雷电相合，威势盛大。电主明，雷主威，《象》曰"雷电皆至"，有威明兼备之象焉。明以"折狱"，则狱得其情，斯天下无遁情矣；威以"致刑"，则刑当其罪，斯天下无遗奸矣。君子见**丰**之象，推威严光明之德，洞悉奸伪，以明运威，故能察亦能决；以威济明，故无枉亦无私。天之**震**也，雷声之作，电火在先，此其象也。得**离**之明者，为**噬嗑、贲、丰、旅**四卦，《大象》俱有用刑之义。**噬嗑**明在上，象君子在上，故为"明罚敕法"；**丰**明在下，象君子在下，故曰"折狱致刑"。

占　问时运：运气旺盛，但当丰不忘歉，斯丰可长保矣。○问营商：财利丰盛，但须公平谨守，否则恐有讼狱牵连。○问功名：雷电有威名发达之象，宜任刑官。○问战征：雷电皆至，见兵威显赫，声势远扬，攻战必克。○问婚姻：世称雷为公，电为母，是天合也。○问家宅：宅向东南，财气颇丰。○问疾病：是肝火上升之症，宜泄肝泻火之剂，尤宜静养。○问失物：皆速追究，可得。○问行人：防有讼事纠缠。○问六甲：单月生男，双月生女。

初九：遇其配主，虽旬无咎。往有尚。

《象传》曰：虽旬无咎，过旬灾也。

"配"郑作妃，卦体震上离下，初本震爻，为诸侯，初与四应，故以四为"配主"。初九爻辰在子，九四爻辰在午，君南面，臣北面，初以修礼朝四，四以匹敌厚恩遇之，虽留十日，不以为咎。正以十日者，朝聘之礼，自行聘至问大夫，才五六日，即事毕请归，郑注谓主国留之，飨食燕献，无日数，尽殷勤也。主虽绸缪，而客行淹久，乐不可般。旬以内，尚不逾节，故"无咎"。"往有尚"者，其往或因助祭而行朝聘，或因入朝而遇助祭，留之经旬，神人欢洽，故为可尚。然以旬为限，过则非常。《象传》谓过则灾生，盖凛凛于日中之戒，示以盈满为惧也。或以旬始为星名，《史记·天官书》："旬始出于北斗旁，状如雄鸡。"二爻曰"斗"，三爻曰"沫"，斗沫皆星名，言其蔽明也。初以旬始为星，爻象相同，义亦可取。

占 问时运：得其相助，可有十年好运。〇问营商：当有巧当货物可售，旬日之内，即可获利，过旬则不利。〇问功名："邂逅相遇，适我愿兮"，即日当有佳报。〇问战征：两敌相遇，当速进兵，十日外，恐有败象。〇问婚姻：姻缘相当，即日可成，迟则不谐。〇问疾病：得遇良医，旬日可愈，迟久不治。〇问讼事：得遇良吏，即可断结，迟缓不了，恐有外祸。〇问失物：宜速寻。〇问六甲：生女。

占例 明治三十一年，占英法两国交际。筮得丰之小过。

断曰：丰者，雷电相遇，百物丰饶之卦，以国家交际拟之，是两雄并峙，有各不相下之势。今占英法两国交际，得此初爻，初与四应，当以初爻属英，四爻属法。爻象内外相应，就两国外势观之，若相和好，而实则两阳相轧，各挟猜疑，势必隐相侵夺。何则？内离明，外震动，明者多谋，动者多勇，各为其国，亦各用其长，明与勇遇，适足相敌，故曰"遇其配主"。英善谋略，是明也；法长雄武，是勇也。旬，均也，谓其势力相均也。由此而更进焉，明者不自恃其明，且进而明其德，勇者不自恃其勇，且进而勇于义，斯丰者可长保其丰矣，故曰"往有尚"也。

六二：丰其蔀，日中见斗。往得疑疾，有孚发若，吉。

《象传》曰：有孚发若，信以发志也。

六二居离之中，为明之主，日中之象也。"蔀"，虞谓日蔽云中，王弼谓蔀，覆，暧障光明之物。郑作菩，《说文》“菩，草也”；《广韵》“蔀蔀，草名”。震为草，故取象于草。离夏之时，草木蒙密，故曰“丰其蔀”。按诸说取象虽不同，而为蔽明则一也。“斗”者星名，《春秋·运斗枢》曰：北斗七星，第一至第四为魁，第五至第七为杓，合为斗。九四震动，斗柄之象，斗柄左旋，日体右转。日中非见斗之时，“日中见斗”则有斗无日矣。喻言殷纣昏乱，奸臣弄权，俨如昼日掩光，而宵斗腾辉也，故曰“日中见斗”。当群奸蔽惑，虽周文之圣，犹不免羑里之囚，故曰“往得疑疾”。“有孚”者，即《象》所云“王假”也，文以忠贞服事，至诚相假，是以纣志可回，蔽障开而疑疾自去矣，故“有孚发若”，转凶而为吉也。《象传》曰“信以发志”，为言后世人臣，忠而被谗者，能以积诚寤主，无不可假也。

占 问时运：能以蒙难艰贞，自得逢凶化吉。〇问营商：见识不明，浑如白昼昏暗，不能办事，致生疑忌。当以至诚待人，得人扶助，方可获利。〇问功名：始凶终吉。〇问战征：屯军于丰林茂草之间，伏藏不发，往则恐有不利；必待敌兵内应，一发必得大胜。吉。〇问婚姻：始疑终谐。〇问家宅：此宅花木太盛，日光被掩，致窗牖失明，必须开豁明亮，方吉。〇问疾病：是胸襟不明，积疑成疾，宜以婉言开导，疑窦一开，病体自愈。〇问失物：被尘污所掩，宜拨开芜草，可寻得之，或在斗升之间。〇问六甲：生女。

占例 明治三十一年，占自由党气运。筮得**丰**之**大壮**。

断曰：《爻辞》曰“日中见斗”，日阳象，斗为星，星阴象；“丰其蔀”，蔀草也，草亦阴象。日阳为君，星为臣，草则庶民也，白昼见斗，是阴蔽明，臣蔽君也。今占自由党气运，得**丰**二爻，自由党者，本是庶民之私议，欲以上干政府也，其议皆出自草莽之徒，故谓之“丰其蔀”。以下犯上，即以阴掩阳，犹如妖星而犯日也，故谓之“日中见斗”。自由党魁曰星亨，可谓明证矣。星氏论说狂妄，干世疑忌，人多疾恶，故曰“往得疑疾”。自由党如能幡然悔悟，不以势力相凌，而以贞诚相感，斯发言盈廷，咸得顺从也，故曰“有孚发若，吉”。

自由党于十二议会，以反抗政府，致于解散，后当十三议会，星氏有所悔悟，遂顺从政府之议，得以无咎。

九三：丰其沛，日中见沫。折其右肱，无咎。

《象传》曰：丰其沛，不可大事也。折其右肱，终不可用也。

毛西河引刘熙云："沛者，水草相生之名"，《公羊传》"草棘曰沛"是也。"丰其沛"，喻言纣朝，群奸在下，如水草丛生，蒙密而蔽明也。三居内外之间，得**巽**气，**巽**之刚爻为木，柔爻为草，故取沛为水草。"沫"，郑作昧，服虔云"日中而昏"是也。《王莽传》"地皇元年，二月壬申，日正黑，莽恶之，下书曰：日中见昧，阴薄阳，黑气为灾"，即引《易》此文为证。《九家易》云："沫，斗杓后小星"，即辅星也。按：辅星在斗第六星左；《汉书·翟方进传》"辅湛没"，张晏曰："辅沉没不见，则天下之兵销，是辅见则有兵祸。"二说为昏为星，所据不同，要皆为周兴殷亡之兆。"折其右肱"者，臣以君为元首，君以臣为股肱，文为西伯，故曰"右肱"，纣听谗言，囚文于羑里，是"折其右肱"也。然当时虽三分有二，文能笃敬止之节，终身事纣，故右肱虽折而无咎。《传》曰"不可大事"，三居**离**之极，谓人心既离，天下大事，其已去矣。《传》又曰"终不可用"，三与上相应，上处**震**之极，为卦之终，上爻曰"阒其无人"，纣之所以为匹夫，故曰"终不可用"也。

占　问时运：运途颠倒，明明白昼，浑如黑夜，防有灾祸。幸一时身命，尚无恙也。〇问战征："沛"或作旆，谓幡旆飘扬，率军前进，防风云有变，卒时昏暗，右军有失。〇问营商：防货价涨落不测，致被耗折。〇问功名：终不可用。〇问疾病：防右肱有损。〇问家宅：田园荒芜，水草丛生，右庑已倾，暂居而已，终不可用也。〇问六甲：生女。

占例　友人某来，为加入某会社，请占会社之吉凶。筮得**丰**之**震**。

断曰：三爻处**震**、**离**之间，**震**为草，**离**为光，曰"丰其沛，日中见沫"，象为**震**草蒙密，以致日色无光。以会社言，必是社中小人众多，反令君子无权，盖以草喻小人，播弄其间，卒令白昼昏黑，不见天日，即所谓日中而昏也。"折其右肱"者，社中用事之友，即为社中之手足也，手之动用，全在右肱，折者，执而去之也，谓去其社中弄权之尤者，斯会社可无咎矣。爻象如此，劝君以不入为可。友人闻之，因此中止。后会社未几果闭，友人于是感易占之妙也。

九四：丰其蔀，日中见斗。遇其夷主，吉。

《象传》曰：丰其蔀，位未当也。日中见斗，幽不明也。遇其夷主，吉行也。

四居外卦之始，为动之主，其爻象与二同，四之蔀，犹二之蔀也，四之斗，犹二之斗也。但二以阴居阴，离日被掩，四则阳刚发动，王心感假，障蔽开而疑疾消矣。“夷主”之遇，即《彖》所云“王假”也。二以疑疾而囚，四以遇主得释，遇则吉矣，故曰“吉”。《彖》曰“王”，文所称也；爻曰“夷主”，周公据其实而夷之也。丰沛见斗，《传》独于四释之，邪之害正，其蔽始于近习，故曰“位不当”；阴之掩阳，其灾见于白昼，故曰“幽不明”。震为行，行得所遇，故曰“吉行”。

占 问时运：曩时被人蒙蔽，今能幡然改作，得好际遇，可以获吉。○问战征：兵入幽谷，不知去路，不见天日，幸遇向导，得以前行也。○问营商：前因货物，真赝混杂，难以销售，今始得遇受主，方可获利。○问功名：得此绝好际遇，名可立就，吉。○问婚姻：良缘巧遇，吉。○问家宅：此宅苦于地位不当，幽暗不明，得遇其人，动作一新，则吉。○问疾病：病在目中生翳，所视失明，得良医，病可治也。○问六甲：生男。

占例 豪家支配人某来，请占气运。筮得**丰之明夷**。

断曰：“丰其蔀”，言草之盛也；“日中见斗”，斗而昼见，是昼晦也，其害皆足以蔽明。四以阳居阴，爻象是阳为阴所蔽，幸四入震，为动之主，一动则拨开云雾，得以重见天日，以得“遇其夷主”。今足下问气运，得此爻象，知足下曩时必为人所抑制，不得自明，今幸得遇逢其主，可以谋事。但此主素性昏庸，故称曰“夷主”，惟足下诚实素著，得以信任无疑。《传》曰“吉行”，可以获吉矣。

六五：来章有庆，誉吉。

《象传》曰：六五之吉，有庆也。

五居外卦之中，五与二应，二言“往”，五言“来”，盖五视二为来也。“章”，美也；“庆”，赏赐也；“誉”，声誉也。二既得以“往”而“有孚”，五乃因其“来”而“有庆”，盖隐指文献文马，纣锡弓矢之事也。庆出于纣，誉归于文。丰在是，吉亦在是焉。所谓一人有庆，兆民赖之。二之庆，亦五之庆，故二五之吉同也。

占 问时运：盛运大来，实至名归，吉莫大焉。〇问营商：货物往来，无不获利，更可得名。〇问功名：得膺恩赏，名利兼全，大吉。〇问婚姻：天合良缘，门楣既显，嫁资亦丰，吉。〇问战征：可不战而成功也，奏凯而还，得邀封赏，吉。〇问家宅：必是旌表名门，吉。〇问疾病：有名医自来，即可全愈。〇问讼事：讼了，且可得赏。〇问行人：即日可归，且有喜事。〇问失物：不寻自来。〇问秋收：大有丰年。〇问谋财：不求自来。〇问六甲：生男，主贵。

占例 亲友某富翁来，请占气运。筮得**丰**之**革**。

断曰：卦名曰**丰**，必是丰富之家；五爻居尊，为一家之主也。《爻辞》曰“章”，曰“庆”，曰“誉”，曰“吉”，皆全美之象，占者得此，气运之盛，不待言矣。但全卦论之，有**离**明被蔽之象，必是家臣弄权，家主被惑，以致善恶不分，百事颠倒。惟二爻为正直可靠，五能听从二爻之言，知二之美而嘉纳之，赏赐之，二之庆，即五之庆，吉莫大焉。足下于家臣中，宜慎择其人，去邪任贤，斯家道日隆，身运日旺。爻象如此，吉与不吉，即在转移间也。

占例 岩手县闭伊郡田老村商人落合总兵卫者，余之旧交也，虽其人已故，而音问不绝。本年六月，传闻该地海啸，村民死亡靡有孑遗，探问未得复报，心深忧之，乃为一筮，得**丰**之**革**。

断曰：“丰者，大也”，海啸者，灾害之大者也。《爻辞》曰“有庆誉，吉”，料渠一家之中，必有幸脱此灾害者，近日当有来报也。后确知该村当时被灾，全村漂没，落合氏家，惟次男总三郎，四男兵吉，以先时趋赴邻村，得以免祸云。

上六：丰其屋，蔀其家，窥其户，阒其无人，三岁不觌，凶。

《象传》曰：丰其屋，天际翔也。窥其户，阒其无人，自藏也。

“丰其屋”者，自高也；“蔀其家”者，自蔽也。丰大其屋，又障蔽其家，亦有“行其庭，不见其人”之象也。上六重阴，居卦之极，是动极成惫，明极生昏，丰极致衰，极其甚则宗社倾覆，宫室空虚，故曰“窥其户，阒其无人”。“阒”即无人之状。干令升以上爻为说纣之亡，为独得其旨焉。上为宗庙，“三岁不觌”，是必三岁不祀也。《书》曰：自成汤至于帝乙，罔不明德恤祀，至纣不肯事上帝，弃厥先神祇不祀，故庙中虚旷，“三岁不觌”也。纣惟深藏于瑶台璇室，以自娱乐，所谓七世之朝，可以观德者，未几而鞠为丰草矣，故曰凶也。《传》所释“天际翔也”，“际”或作降，“翔”郑王作祥，谓天降祥，祥，变异之通称。又所释“自藏也”。“藏”，诸家作“戕”，王作“残”，郑作“伤”，皆谓国灭而自亡也。

占 问时运：有屋无人，大凶之象。〇问战征：营垒空虚，败亡之象。〇问营商：货物空存，无人经理，凶。〇问功名：身既不保，名于何有？〇问婚姻：凶。〇问家宅：田园虽富，必是破落之户，人丁稀少，凶。〇问疾病：命不久矣，凶。〇问行人：归聚无期。〇问六甲：生男，防不育。

占例 明治十五年某月，予因事至横滨洋银取引所，晤西村氏等三人，谓予曰：今以大藏省增税过重，愿求减轻，未知政府许否？请一筮决之。筮得**丰之离**。

断曰：“丰者，大也”，盛也，当洋银取引所之盛大，日出纳数十万金，其商况之盛，全国罕见，是为“丰其屋，蔀其家”之象也。然取引所出纳虽属丰盛，恐就其内而窥之，亦有所不足矣。至所云愿请减税者，亦恐有其议，未必有其人也，即所谓“阒其无人”也。谓即使请减有人，恐迟之三岁，政府亦未必见许也，故曰“三岁不觌，凶”。于是三氏互相惊视，无语可答。至翌日，该店果然闭歇。

䷷火山旅

为卦内**艮**外**离**。**艮**山也，**离**火也。山者得主而有常，火者附丽而不定。有常者，象所寓之地，不定者，象寄寓之人。“离者，丽也”，别也，别其家，丽于外，此卦之所以名**旅**也。

旅：小亨，旅贞吉。

旅，羁旅也，人当失其本居，寄迹他乡，所谓远适异国，昔人所悲，亦安得曰大亨以正哉！但求得其所依，足以自存，是亦羁旅之“小亨”也。**旅**中之“贞吉”，即在此矣，故曰“旅贞吉”。

《彖传》曰：旅，小亨，柔得中乎外而顺乎刚，止而丽乎明，是以小亨，旅贞吉也。旅之时义大矣哉！

《序卦传》曰：“丰，大也。穷大必失其居，故受之以旅。旅，众也。”众在外，谓之**旅**。三阳三阴，卦从**乾、坤**来，**坤**三上居**乾**五，变**离**，作外卦之主；**乾**五下居**坤**三，变**艮**，作内卦之主。**艮**止为体，**离**明为用，止则得其所，明则知其往，斯不患穷大失居矣。其所以“小亨”、“贞吉”者，柔而“顺乎刚”，谓刚不忤物，柔不损己；“止而丽乎明”，谓止而能定，明而能察，**旅**道之正在斯矣，是以得其“小亨”，贞而获吉也。古人学问，多从羁旅阅历而来，往往于耳之所闻，目之所见，皆足增其知识，故曰“旅之时义大矣哉”。

以此卦拟人事，男子之生似桑弧蓬矢，射天地四方，为志在四方也，故士者负笈而游，商者载货而往。凡有一技一艺，罔不远客他乡，各谋衣食，是旅本人事之常，至离父母，背乡井，廓落无友，惆怅自怜，其穷厄而不亨也，亦无足怪。于不亨之地，而欲求其亨者，道惟在柔和以涉世，明察以审几而已。柔则以悦相亲，而与世无忤，明则以诚相接，而与人无欺，纵不能大有所得，亦可“小亨”，所谓“贞吉”者在此矣。夫行旅之不得其贞者，无他，患在过刚，亦患在不明耳。过刚者傲，刚则无以和众，不明则昧，昧则无以保身，**旅**道穷矣。《彖传》曰“柔顺乎刚，止丽乎明”，所贵刚与柔之适中，明与止之相附，以是为亨，亦即以是为吉也。人生涉世，一往一来，皆旅之时；一动一静，即旅之义。天子有行在，诸侯有朝会，士大夫出疆，农夫越畔，皆旅也，旅之为时为义，所关岂不大哉？

以此卦拟国家，国家之要，首重财用，而所以使财用之流通者，惟赖商旅耳。端木子结驷连骑，管夷吾官山富海，皆所以开商旅之源也。故善策富强者必计内外交通之益，广海陆运输之程，便舟车之往来，课东南之美利，财用由是而亨，而行旅则由是而劳矣。夫遗人有候居之馆，行役无失路之悲，斯行客亦可少安矣。《大象》曰“山上有火”，火光所烛，近者蒙其照，远者见其明，喻言商者，明能烛奸，远近无欺，故曰“旅小亨，旅贞吉”。盖重财利，轻离别，商贾之所以营生也；权什一，通有无，朝廷亦藉以致富也。方今之时，欧美各邦，国税所关，专以商务为重，是以海禁宏开，洋舶辐辏，凿绝岛穷崖而开市，率东夷北狄而来商，商旅之道，于斯为盛。《易》有前知，故曰“旅之时义大矣哉”。

通观此卦，**艮**山止而在内，**离**火明而烛外，下卦为旅客远行之象，上卦为于时庐旅之象，互卦有**大过**，为行迈跋涉之象。六爻中曰“所”，曰“次”，曰“处”，曰“巢”，各有其地也；曰“灾”，曰“焚”，曰“丧”，曰“亡”，各有所失也；曰“怀”，曰“得”，曰“誉”，各有所获也。大凡羁旅之人，宜柔和谐众，不宜刚暴自恃，故六爻以柔为吉，以刚为凶。初以柔居下，是旅之微贱者；二柔中，故兼得；三过刚，故“丧”；四刚居柔，虽得“不快”；五柔中，小费大得；六刚遇高，大丧而凶矣。卦与**丰**反，聚则成**丰**，散则成**旅**。旅而能止，是**旅**之寄迹于外也；旅而遇明，是**旅**之择地而蹈也。总之，明有誉，昏有灾也；得于柔，丧于刚也；为“笑”为“号”，时为之也；曰“贞”曰“厉”，义所在也。圣人之栖栖者，为道而行也；庸人之攘攘者，为利而往也。夫非为旅之故与？其为旅则同；而其义要各有不同者焉。

《大象》曰：山上有火，旅。君子以明慎用刑，而不留狱。

“山上有火”，与**贲**之“山下有火”，相对之文也。**艮**为山，**离**为火，有火焚山之象，野火烧山，过而不留，君子取其象以听讼，片言即折，故

"不留狱"也。明取**离**之照，慎法**艮**之止，执法如山，不可移动也，烛奸如火，无可掩蔽也，以斯用刑，刑无枉矣。卦上互**兑**，**兑**为刑人，故曰"用刑"。反卦**丰**，**丰**象"折狱"，故曰"不留狱"。

占 问时运：运未全盛，宜明以察之，慎以防之，即有灾害，可随即解脱。〇问营商：宜出外贩运，随来随售，不可留积。〇问功名：火在山上，有光明远烛之象，升用在即。〇问战征：须用火攻。〇问家宅：慎防火灾。〇问婚姻：即日可成。〇问疾病：是肝火上炎之症，其势可危，生死在即，宜慎。〇问讼事：即日可了。〇问行人：即归。〇问六甲：上半月生女，下半月生男。

初六：旅琐琐，斯其所取灾。

《象传》曰：旅琐琐，志穷灾也。

初居卦之最下，是始为旅人者。"琐琐"，小也；"斯"，《尔雅》曰"离也"；"所"，即《诗》"爰得我所"之所，谓居处也，与二三爻曰"次"，四曰"处"，皆为旅舍之地也。"斯其所"者，谓旅行在外，因琐琐细故，遂致离其旅处。《序卦》曰："旅而无所容"，离其所，则必无地可容矣，故"取灾"，言其灾由自取耳。《传》推本于"志穷"，以其较量于琐琐之故，一有不遂，则离其旅处，不特旅穷而志亦穷矣，穷则招灾，故曰"志穷灾也"。

占 问时运：出身既微，行运亦陋，孤身作客，恐难获利。〇问营商：资财微细，生业亦卑，难免灾祸。〇问功名：虽得亦卑。〇问战征：按五百人为旅，军力单薄，有败无胜。〇问家宅：地位委琐龌龊，必小户之家也。慎可免灾。〇问婚姻：《诗》"琐琐姻娅，则无膴仕"，知非名门大族也。〇问疾病：有小灾悔，初起可治。〇问六甲：生男。

占例 友人某来，请占气运。筮得**旅之离**。

断曰：旅，羁旅也，为远出他乡，孤身只影，羁旅无亲。爻象以柔为吉，以刚为凶，盖惟柔顺和众，斯不为孤立也。初爻为初次行旅，"琐琐"，小也，为量浅陋，锱铢必较，以是取灾，灾由自取耳。今足下占气运，得此爻辞，夫人生如寄，天地本逆旅也，散财和众，则四海皆兄弟，敛财取怨，则坦途成荆棘。人苟委琐龌龊，逐逐为利，势将无地容身，所谓“旅而无所容”也，灾祸之来，必难免矣。足下宜大度宽容，无吝财，无招怨，和悦处世，所谓“言忠信，行笃敬，虽蛮貊可行”焉。

六二：旅即次，怀其资，得童仆贞。

《象传》曰：得童仆贞，终无尤也。

“即”者，就也；“次”者，舍也；“资”者，货也。幼者童，壮者仆，**艮**为童仆，故曰“童仆”。**离**为资斧，故曰怀资。二爻柔中居正，有“即次”之象。以虚承实，有怀资之象；柔顺，则童仆亦尽其忠信，三事皆得其便宜。内不失己，而己无不安，外不失人，而人无不与，皆由柔顺中正之德所致也，故曰“旅即次，怀其资，得童仆贞”。不言吉者，旅寓之际，得免灾厉为幸耳。《象传》之意，亦不外此也。

占 问时运：有财有人，运途中正，自无尤也。〇问营商：得财则可以谋利，得人则可以共事，千里作客，可以无忧矣。〇问功名：是以财捐纳者。〇问战征：资财，即军饷也；“童仆”，即军卒也。饷足兵强，攻无不克。〇问家宅：必是寄居之宅，喜得财用充裕，童从顺正，家室和平，自无外祸也。〇问婚姻：有富室赘婿之象。〇问疾病：旅处得病，喜有童从，尽心服事，可以调养痊愈。〇问六甲：生男。

占例 明治十七年，余漫游九州，一日往观某石灰坑，其夜有社员过访予寓，曰：君精于干事，今日巡视敝坑，定有高见，幸请教示。余曰：炭坑之业，余素所未谙，辱承诸君下问，敢为一占以决之。筮得**旅之鼎**。

断曰：本社在东京出店，远隔九州，营谋坑业，诸君皆行旅在外者也，故曰“旅即次，怀其资，得童仆贞”。知此坑业，有财有人，可大可久，其所经办，上下用人，皆正直无私，本可无忧矣。但三爻有焚次丧仆之象，明年防有火灾；四爻曰“得其资斧”，后年可以获利，偿其所失；五爻小失大得，坑业声名，得以上达，是为坑务全盛之时；惜上爻曰“鸟焚其巢，先笑后号咷”，此象可虑，约应在五年之内也，宜预为慎防。

九三：旅焚其次，丧其童仆，贞厉。

《象传》曰：旅焚其次，亦以伤矣。以旅与下，其义丧也。

三爻处内卦之极，出**艮**人**离**，**离**为火，故有焚象；**艮**为居，为舍。“次”，旅舍也，故曰“焚其次”。童仆随侍于次者，次焚，而童仆亦丧，是背主而去者也。**艮**为童仆，故曰“丧其童仆”。旅次焚，祸起不测，有由童仆之不戒者，亦有不由于童仆者。三爻“童仆贞”，然虽贞亦危，故曰“贞厉”。旅次经焚，身危资失，旅客固受伤矣，而在童仆，向承使令，一经焚灾，深恐主人责问，舍此而去，亦其义也，故《象传》两释之。

占 问时运：运途颠倒，破败重重，大为可危。○问战征：谨防火攻，尤虑军心涣散，不战自遁。○问营商：防有不测之祸，可危。○问功名：目下难望，必二年后，至五爻曰“终以誉命”，可以成名矣。○问婚姻：一时不成，难期偕老。○问家宅：防有祝融之灾。○问疾病：本人可愈，儿女或童仆，难以保全。○问失物：必是童仆所窃。○问六甲：生男。

占例 真言宗高僧云照律师，博识释典，为一宗之觉士也，余昔游高野西京，时得相晤。明治十八年夏初，云照师遇访余庐，谓余曰：贫衲以虚无为宗，吉凶悔吝，无复罣念，所以眷眷不忘者，惟在宗教之盛衰耳，敢烦一占。筮得**旅**之**晋**。

断曰：夫**旅**亲寡之卦也，在禅家离凡脱俗，身入空门，以四大为禅房，以六道为逆旅，凡一生所涉，悔吝吉凶，悉属幻境而已。今律师占宗教盛衰，得**旅**三爻，在律师脱离本山，云游世外，到处天涯，何有旅舍？随身衣钵，何有童仆？八妄皆空，无所谓贞也；九根无碍，无所谓厉也；三昧之火既消，无所焚也；四禅之缚既脱，无所丧也。爻象所示，不足为律师挂虑。按**旅**三变而为**晋**，**晋**《彖传》曰“晋，进也，明出地上”，**离**者，日也，象如佛日长明，普照大地。禅门之宗教，当有日进日盛之象，是可为律师庆也。

九四：旅于处，得其资斧，我心不快。

《象传》曰：旅于处，未得位也。得其资斧，心未快也。

四居**离**之始，**离**为见，四之旅行，是往而求利见也。得位则进于朝，不得则旅于处，故《传》曰“未得位也”。**离**为资斧，故曰“资斧”，即《春秋传》所谓“居则具一日之积，行则备一夕之卫”是也。资与二怀资不同，二之资，由我而具，四之资，自外而来，故曰“得”。**离**为干戈，有斧象，斧所以为卫也。四之所以仆仆行旅者，惟期得位乘时耳，乃所得而仅在资斧，所愿未偿，故其心不快也。以四初入**离**爻，文采未章，名誉未显，故禄位犹未得也。

占 问时运：盛运未至，所得亦仅耳。〇问营商：出外贩运少有获利，未能满望。〇问功名：一时未得，容待来年，定可成就也。〇问战征：可以掳得敌粮，未能遽获大胜。〇问婚姻：嫁资颇厚，但是偏房，非正嫡也。〇问家宅：地位不当。〇问疾病：是心疾也，因谋望不遂，忧郁所致。〇问失物：可得。〇问六甲：生女。

占例 明治十八年某月，某贵显来访，曰：余知友某氏，今受外国公使之命，在某氏尚别有希望，不知成否？请劳一筮。筮得**旅之艮**。

断曰：**旅**者出内向外之卦，出使外国，即旅行之象。凡使臣远适异国，行则授餐，宿则授馆，固其宜也，故曰"旅于处，得其资斧"。至舍使任而别谋位置，是得陇望蜀，恐未能如愿以偿，宜其中心不快也。迨五爻曰"终以誉命"，则所谋可遂矣。

六五：射雉，一矢亡，终以誉命。

《象传》曰：终以誉命，上逮也。

五爻柔顺文明，为**离**之主，**离**为雉，又为弓矢，故取象"射雉"。五动体**乾**，矢动雉飞，故"一矢亡"。五自**坤**三来，**坤**为终，**离**为誉，下互**巽**，**巽**为命，故曰"终以誉命"。古者士以雉为贽，射雉而得，是士之进身有阶也。五以远适他邦，得以射雉著能，一时翕然称美，名誉上闻，而来锡命之庆也。故《传》释之曰："上逮也。"

占 问时运：运途柔顺，小往大来，终有庆也。〇问营商：虽小失，有大得也，名利兼全。〇问功名：晚运亨通，声名上达。〇问战征：有一翦成功之象。〇问家宅：翚飞鸟革，善美堪称。〇问婚姻：二五得应，世称佳偶。〇问疾病：想是身临矢石，以忠殉难，得有锡命之荣。〇问六甲：有桑弧蓬矢之兆，男喜也。

占例 明治二十四年，占某贵显气运。筮得**旅之遁**。

断曰：五处文明之爻，雉，鸟之有文者也，故"离为雉"；射雉得之，言能取法文明也。矢发于近，及于远，有**旅**之象；一矢虽亡，一雉可获，小费大得，宜其声誉上闻也。今贵下占气运，得此爻，就卦象论，知贵下有奉命远游之象；就爻辞论，知贵下有小往大来之庆。自维新以来，国家政令，多取法欧美，今贵下皇华奉使，远适异国，一以敦两邦之好，一以观上国之风，彼所谓日进文明者，何难一举而得之？譬如射雉，可一矢而中的矣。则贵下之声誉，可远播于四方，贵下之使命，定荣邀夫三锡。是可为贵下预贺焉。

上九：鸟焚其巢，旅人先笑后号咷，丧牛于易，凶。

《象传》曰：以旅在上，其义焚也。丧牛于易，终莫之闻也。

离为鸟，**艮**为止，故曰“巢”。**离**为火，互**巽**为木，故曰“焚其巢”。鸟之有巢，犹**旅**之有次也，三居内卦之极，刚而过中，故其次焚；上居全卦之极，高而忘危，故其巢亦焚，辞虽不同，其义一也。三至五互**兑**，**兑**为说，为口，有笑之象；**离**五曰“出涕沱若”，有号咷之象。先互**兑**，后入**离**，故曰“先笑后号咷”。**离**本**坤**体，**坤**为牛，亦为丧，故曰“丧牛”。牛性最顺，**旅**卦全体，以柔顺者吉，刚暴者凶，上以刚处极，失其顺矣，是谓“丧牛”。“易”，不难也；丧其牛，势必凶矣。《象传》以**旅**处上极，犹如**离**木上槁，故曰“其义焚也”。“终莫之闻”者，“丧牛于易”，犹客死于外，无室无家，终无人过而问之者矣。**大壮**曰“丧羊”，丧其狠也；**旅**曰“丧牛”，丧其顺也。狠可丧，顺不可丧也。

占 问时运：行运已极，高而无与，乐极悲来，凶之道也。〇问战征：防有焚营劫寨之危。〇问营商：先小利，后大损，凶灾叠至，可危可危。〇问功名：有丧无得。〇问家宅：有覆巢累卵之危。〇问婚姻：先成后散，先喜后悲，凶。〇问疾病：属牛者必凶。〇问六甲：生女，不育。

占例 明治廿四年五月，余游寓大阪，一日侵晓，有新闻记者数人，访余旅舍，曰：今回有一大事变，请为一占。余询为何事，曰大津事变也。筮得**旅**之**小过**。

断曰：卦名曰**旅**，无论为名为利，或贵或贱，凡北马南船，遨游天涯，皆旅人也。旅人驰逐风尘，犹鸟之翱翔云霄，鸟之栖集有巢，旅之止宿有所，其义同也。上居高位，有贵人之象；高而可危，有焚巢之虑。巢之未焚，安集可喜，巢之既焚，失所可悲，故有“先笑后号咷”之辞。牛所以驾车而行也，“焚其巢”，既不得其栖；丧其牛，又不便于行，不几依依无之矣！占大津事变，得**旅**上爻，上爻处**艮**之极，**艮**反为**震**，**震**为主器，有太子之象；上爻又在位外，有太子出游在外之象。**离**为火，火炎上，鸟巢于树上，故象为“鸟焚其巢”，是巢之焚，以高而在上取凶也。今番大津之变，亦因俄为强国，太子又在高位，是以有此非常之祸。**离**又为刀，故伤为刀击，伤在头部，亦应上爻。当俄太子始来我国，礼遇之丰，彼此欢洽，忽罹此变，彼此惊叹，即所谓“先笑后号咷”也。是日俄太子游至大津，意在轻车简易，不驾舆卫，不知此一击也，正因其易而来，故曰“丧牛于易”。**离**为牛，故取象于牛；**离**又为甲，闻太子之帽，中有铁甲，故无重伤。卦至上已终，出卦为**巽**，**巽**为归，知太子必即罢游归国矣。《象传》曰“终莫之闻”，料知太子无恙归国，在俄国亦以狂暴目之，置之不闻而已。至凶犯津田三藏之罪，**旅**《大象》曰：“君子以明慎用刑，而不留狱。”当以速决无疑。余明晰以断，新闻记者咸皆惊服。此占为关两国交际，未许刊揭报纸，谨录以呈扈从诸大臣。

后见大阪《朝日新闻报》刊载副岛伯所论，谓津田凶犯，宜速处决，此言正合《易》旨也。

䷸巽为风

《序卦传》曰："旅而无所容，故受之以巽。巽者，入也。"为卦二阳在上，一阴伏下，阳实阴虚，虚则能入。风无形无色，本虚象也；风之所行，无隙不入，是物之虚而善入者，莫如风。**巽**下画二偶为虚，故象风。以卑顺为体，以容入为用，此卦之所以名**巽**也。

巽：小亨。利有攸往，利见大人。

巽本**乾**体，**乾**德元亨，亦称大亨，初动成**巽**，纯刚化柔，故为"小亨"。卦《彖》言"利有攸往"者，**大过**、**恒**、**益**，皆取**巽**也。过刚之人，所往必穷，**巽**以**坤**初一阴入**乾**，以柔济刚，黾勉前往，**巽**为利，故"利有攸往"。"大人"，指二五，**巽**二五皆**乾**体，**乾**二五皆"利见大人"，**巽**之《彖辞》，从**乾**来，**乾**为利，上互**离**，**离**为见，故**巽**《彖》亦曰"利见大人"。

《彖传》曰：重巽以申命。刚巽乎中正而志行，柔皆顺乎刚，是以小亨，利有攸往，利见大人。

卦象上下皆**巽**，谓之"重巽"，**巽**为命，申亦重也。"申命"者，一再告诫也。卦以初四为柔，得**坤**气为卦之主，四刚在上，为卦之用，故《传》特著之曰"刚"。用刚之过，患在不得其中正，而用刚莫善于**巽**，故《传》又曰"刚巽夫中正"。夫是以柔之行，皆刚之行；刚之行，亦柔之行。斯令出风行，捷如影响，而无不如志也。初四之阴柔，适协夫二五之阳刚，故又曰"柔皆顺乎刚"。阳为大，阴为小，故曰"小亨"。自下往上，谓之往，阳刚在上，故利于往。"大人"者，秉阳刚之德者也，故利于见，是即所谓"顺乎刚"也。"顺乎刚"者，必善用柔，此**巽**之所以为**巽**也。

以此卦拟人事，《正义》曰：若施之于人事，无所不容，能自卑**巽**者，亦无所不容，是人事之善，莫善于用巽也。卦体上下皆**巽**，显见**巽**而又**巽**，凡有作为，只能附刚而立，不克自树，所成不大，故曰"小亨"。夫人不能无所往也，亦不能无所见也，往必求其利，见必以大人，固人之所愿也。然卦体一阴为主，二阳俯从，全在用巽，象为“重巽”，是其人秉性柔顺，一言一语，必为之审慎周详，从容晓谕，所谓巽与之言是也。然巽言而人不绎者，弊在偏于巽耳，故巽必兼以刚而巽乃善，谓之刚巽，是法与巽并用，婉而得中，顺以为正，斯令出唯行，谓之“刚巽乎中正而志行”也。究之其志得行，其道未宏，何也？以其“柔皆顺乎刚，是以小亨”。巽为进退，进即往也，风无往而不入，故往有攸利。《说卦传》曰：“齐乎巽，相见乎离，离象为大人，故巽曰“利见大人”。盖人以身涉世，行则有往，用则求见，道宜刚柔相济，义以中正为衡，《大象》曰：“君子以申命行事”，道亦不外乎是矣。

以此卦拟国家，巽之为象，行于天上为风，行于国中为命。风者，彼苍之号令，其入物也无所不至。命者，人君之号令，其入人也又无所不至。故上卦为政府，上顺天命以发命令，而无拂民心；下卦为人民，顺承朝廷之条教，而无敢背违。上以巽道化下，下以巽道事上，上下皆巽，所谓“君子之德风，小人之德草”，草上之风必偃者，为国家安泰之象也。然天下之事，济以阳刚则道宏，处以阴柔则量隘。此卦以阳为主，才力弱，而展布者微，谋为疏，而设施者浅，不中不正，虽亨亦小矣。《系辞传》曰：“巽，德之制也”，又曰“巽以行权”。所谓德者，必柔克刚克之相兼也；所谓权者，必可立可权之并行也。昔者于变之朝，谟陈九德，宽栗刚塞，相辅而行，发号施令，罔不用中于民，而四方于以风动者，有由来矣，此即所谓“刚巽乎中正而志行”也。《大象》曰“随风巽”，《说卦传》曰“挠万物者莫疾乎风”。诰四方者莫不有命，风流令行，政教如此其远布矣。往者以顺而往，见者以顺而见，六爻以其柔顺乎刚，是以多吉；上爻失其所以为巽，则凶矣。

通观此卦，卦体一阴伏二阳之下，阳上阴下，情本相得，而阴又能下，其入阳也，阳遂俯听其令，是以阴为主而阳为从也；故巽之阴，能权能制，非优柔而寡断也。卦画一偶象虚，凡物虚则能入，风亦虚也，故取其象于风。风行而万物鼓舞，令出而万民率从，风有声无形，命亦有声无形，故取其象。善令民者，卑虚以察闾里之情，然后从容晓谕；命之既申，然后画一遵守，以考厥成。所谓“刚巽乎中正而志行”，四之所以

“有获”，五之所以“无不利”也。惟其柔顺乎刚，故六爻多吉。初之“进退”，二之“纷若”，其谋审也，故其命顺；若谋不审，是非不明，可否不衷，徒以甘言为欢娱，其谁顺之！不巽之咎，起于自用，故下卦谋顺出命，上卦行命为事。初“志疑”而不断；二详审折衷；三不中正，不能谋，又不能断；四以断有功，五制命中正而志行；上**巽**懦无能，甚于九三，其究为躁，故凶。**巽**者，选也，与算通，算故能权。权者，谋也。巽“称而隐”，非唯诺谄奉之谓也。“以天下之至柔，驰骋天下之至刚”。《爻辞》曰“武人”，曰“田获”，曰“资斧”，其象为高，为长，故巽非徒柔也。阴阳刚柔，相济为用，若以阳乘阳，则阳无所施，以刚用刚，则刚无所入。阴虚以承阳，柔顺以用刚，故用刚莫如巽，此《彖》所以谓之“小亨”也。然则五之《象》曰“先庚”、“后庚”者，何也？**巽**与**兑**相往来，**巽**位东南，天干甲木，**兑**位正西，天干庚金。木柔而能刚，故从直；金刚而能柔，故从革；木之性上遂，归根于土，故顺下；金之性下沉，利于致用，故说上。顺故从绳而理解，说故从革而响利。**巽**之时为春，**兑**之时为秋，万物齐于**巽**，说于**兑**，一出一入，一始一终，而天地西南之用毕。二卦相资，金反为木，则为“后甲”，故随之**兑**，反为**蛊**之**巽**，**兑**为“先甲”，自秋还春，有事之象也。木反为金，则为“后庚”，故**巽**上反为**兑**下，则**巽**为“先庚”，自春往秋，说利之象。**巽**入而隐伏，则不说，故反**兑**；**兑**出而毁折，则不顺，故反**巽**。然**兑**未有不顺而能说者，金未有不资木而能利者，故**巽**以阳顺阴而来下，**兑**以阳说阴而往上，往来屈伸，自然之法象也。此**巽**之不为**蛊**者，唯以九五之一爻而已。圣人戒人君，制命于未乱，因以**蛊**之《彖辞》，为**巽**之爻辞。在**蛊**振饬更新，治乱相循，故“先甲后甲”，“终则有始”；在**巽**勿劳更始，惟“申命行事”，故“先庚”、“后庚”，无初而自有终也。盖甲有初，庚无可为初，庚后三日，以癸终而已；苟颠覆自用以为命，与委靡阿顺以为**巽**者，皆非申命之治，而**蛊**且至也。是爻所以戒九五也。

《大象》曰：随风，巽。君子以申命行事。

“随”者，相继之义；“申命行事”者，申告君命而奉行之也。**巽**为从，从者，随也；又**巽**为风，以风随风，无乎不入，故曰“随风”。“随风”者，犹言从风，即“重巽”之谓也。风行相随，所向皆靡，号令所施，顺合民心，民无不从，所谓“君子之德风”也。又上卦之**巽**，为大君施命之象。下卦之**巽**，为臣民奉命之象，夫君命臣行，君臣之大义也，故曰“君子以申命行事”。

占 问时运：运途顺遂，百事盛宜。〇问营商：商业最宜随机应变，听命而行，斯可获利。〇问功名：“风从虎”，有虎变之象焉。〇问战征：军令之行，捷如风火，令出唯行，无可迟疑。〇问婚姻：凭父母之命，媒妁之言，礼之正也。夫唱妇随，百年偕老，吉。〇问疾病：是风痹之症，须人扶持而行。〇问讼事：须重申禀诉。〇问失物：为风飘失，须重番寻觅，或可复得。〇问六甲：生女。

初六：进退，利武人之贞。

《象传》曰：进退，志疑也。利武人之贞，志治也。

初爻阴柔居下，为**巽**之主。巽，顺也，柔顺少断，故象为进退。狐疑不决，每见于发念之初，蓄疑败谋，此志之所以不治也。**巽**反成**兑**，**兑**为武人，武人果决，足以断疑，故曰“利武人之贞”。“贞”者，正也，斯刚强奋发之气，可以矫逡巡畏缩之偏。《象传》释以“志治”，是以武治疑，即以**兑**制**巽**也。

占 问时运：运途不正，心神犹豫，是以谋事皆颠倒无成。〇问营商：**巽**本为利，因疑而败，以断而成，知犹豫者必难获利也。〇问功名：就武可成。〇问婚姻：不在彬彬文士，而宜桓桓虎臣。〇问家宅：此宅朝东南，地位不当，进退不便，宜改朝西为利。〇问六甲：生女。

占例 友人某来，请占气运。筮得**巽**之**小畜**。

断曰：巽者，风也，风之为物，或东或西，来去无常，犹多疑之人，进退无定也。“武人”者，取其刚果能断也。今足下占气运，得此初爻，**巽**为七八月之卦，**巽**又为木，知足下现交木运，时值初秋，木因风吹，摇动不定，喻言人心疑虑，以致进退不决。“武人”者肃杀之象也，天以肃杀而成秋，犹人以刚决而成事。足下一味巽柔，临事不断，浑如随风飘荡，毫无定见，本为畏事，不知反以多事。劝足下当以沉潜刚克处之，为得其正矣。

九二：巽在床下。用史巫纷若，吉，无咎。

《象传》曰：纷若之吉，得中也。

巽为床，床下为初，**巽**以一阴在下，故曰“床下”。凡阴气中人，必使其人神魂不定，疑鬼疑神，若有物凭之者焉，非用刚克，不能去其疑妄。“史”者掌卜筮之官，“巫”者掌祓禳之官，皆取诸**兑**象。**兑**又为附决，用史以释疑，用巫以禳灾，斯得感格于上下神祇，而吉祥汇集也，故曰“纷若，吉”。“纷”，众多之称。“若”，语辞。《象传》以“得中”释之，谓能行得其中，以感孚夫神祇，是以有“纷若”之吉也。

占 问时运：得神明保佑，运途多吉。〇问营商：凡贩运货物，有不决者，宜问诸卜筮，自能迪吉。〇问功名：得有神助，吉。〇问战征：地位既低，进退两难，当此之时，惟告求神明，自可获吉。无咎。〇问婚姻：卜之则吉。〇问家宅：宜祷。〇问疾病：宜祭祷床公床婆，自得无咎。〇问六甲：生女。

占例 某缙绅来，请占方今时势。筮得**巽**之**渐**。

断曰：巽者，柔顺也，其为人必柔弱无能，亦优柔寡断。九二曰“巽在床下”，有匍匐床下，俯首乞怜之状也。足下占时势，得此爻辞，知方今时势，朝野上下，一以巽谀成风，以忠厚为迂疏，以奸诈为得计，所谓伺候于公卿之门，奔走于形势之途，今之士大夫所恃为进身之要策也。不知愈趋愈下，世道日衰，而祸患之来，皆其自取。《爻辞》曰“用史巫纷若，吉”，盖明示以卑巽之道，用之权贵，则谓谄谀，用之于神明，则谓诚求，诚求于神，神必佑之，是以吉而无咎也。足下有心挽回时势，可知所从事矣。

九三：频巽，吝。

《象传》曰：频巽之吝，志穷也。

三爻以阳居阳，处下**巽**之极。“频”者，数也，下**巽**终而上**巽**接，故曰“频巽”。所谓“刚巽乎中正”，固非徒取夫巽也，九三乃亟亟于巽以继巽，若一巽为不足，而又加一巽焉，是第知巽之为巽，而不知制**巽**之道，偏于巽者也。偏则吝矣，吝则穷矣。《象传》以“志穷”释之，三居**巽**之终，志卑道屈，是终穷也。

占 问时运：目下运途卑低，未免为人所贱。〇问战征：一味委靡，力弱志衰，难以免辱。〇问功名：卑而又卑，所得亦微矣。〇问营商：巽顺过甚，未能与人争强，何能获利？〇问婚姻：门户低微，成亦可羞。〇问家宅：屋宇低小，必是贫穷之户。〇问讼事：柔弱被欺，咎亦自取。〇问六甲：生女。

占例 友人某来，请占气运。筮得**巽之涣**。

断曰：九三处内外卦之间，巽而又巽，谓之“重巽”，是一味委靡，不能免祸，反致启羞。足下占气运，得此爻辞，知目下气运柔弱，无力奋兴。当以《彖》所谓“刚巽乎中正”者处之，斯巽得其济，而足以自强，则其志可行，其道不穷矣。

占例 明治三十年，占贵族院气运。筮得**巽之涣**。

断曰：爻曰“频巽”，是上下皆**巽**，《正义》以频为频戚忧戚之容，谓志意穷屈，不得申遂，处**巽**之时，只得受其屈辱，故曰“频巽，吝”。今占贵族院，得此爻辞，知方今院中议员，皆以巽顺为怀，行**巽**之道，处**巽**之时，志穷力弱，只得受其屈辱，以致频戚不乐也。本年贵族院，必无功绩可见。

六四：悔亡，田获三品。

《象传》曰：田获三品，有功也。

四为重**巽**之主，得中而顺乎刚，故“悔亡”。四与初同体，初曰“利武人”，取**离**之为甲胄，为弓矢，四曰“田”，亦取**离**之为网罟也，其象亦相同。《周礼》四时之田，皆前期示戒，及其听命，即《大象》所云“申命行事”之义也。“获”，田所获也。“三品”者，一为干豆，二为宾客，三为充君之庖。《象传》以“有功”释之，如《诗·豳风》所咏：“献豜私豵，载续武功”，谓致禽馌兽而有功也。一云，**解**九二曰“田获三狐”，言去小人也；**巽**九四曰“田获三品”，言用君子也。

占 问时运：运途得正，灾悔俱亡，出而有功也。〇问战征：从东南进兵，自得斩获有功。〇问功名：当以献功获赏，出身成名。〇问营商：当以采办皮革羽毛等品致富。〇问婚姻：婚礼，古时弋凫射雀，亦田象。〇问疾病：曰“悔亡”，病必可愈。〇问失物：可得。〇问六甲：生女。

占例 横滨某商来谓曰：仆今欲谋一事，请占其得失。筮得**巽之姤**。

断曰：**巽**为近市利三倍之卦，六四为重**巽**之主，足以当之。今占得四爻，四“悔亡，田获三品”，是明言无悔而有获也。子之谋事，其有大利可知也。子勿疑，举全力而从事可也。

某大喜，乃汇集资金，直赴日光会津地方，采买人参，转售与清商，果得大利云。

九五：贞吉，悔亡，无不利，无初有终。先庚三日，后庚三日，吉。

《象传》曰：九五之吉，位中正也。

九五居卦之尊，中而且正，是即“刚巽乎中正”之大人也，故诸吉俱备。“先庚三日”为丁，丁者，取丁宁告诫之意；“后庚三日”为癸，癸者，取揆度周详之义。卦体五动成**蛊**，**蛊**六五曰“先甲三日”辛，“后甲三日”丁，**巽**九五曰“先庚三日”丁。**蛊**终于丁，而**巽**则始于丁，不始于“先甲”之辛，为“无初”也；癸为十干之终，**巽**终“后庚”之癸，为“有终”矣，故曰“无初有终”。**蛊**为三月之卦，春旺于木，故用甲；**巽**为八月之卦，秋旺于金，故用庚。木腐生虫成**蛊**，**巽**用金克之，斯不至变而为**蛊**矣，故**蛊**用甲，而“小有悔，无大咎”；**巽**用庚，乃得“贞吉”而“悔亡”。《象传》即以位释之，谓其“中正”而得吉也。凡六十四卦中，于九五言“贞吉悔亡”者，惟此一卦而已。

占 问时运：逢丁癸日作事，无往不利，大吉。○问营商：生业宜取木爻，日辰宜用金日，初有小悔，后必大利，吉。○问功名：位得中正，爻曰“贞吉”，逢丁癸之年，必得成名。○问战征：其于师旅，必丁宁以告诫，其于地势，必周详以揆度。临事好谋，先后不怠，故战无不胜，大吉。○问婚姻：丁火癸水，水火相配，吉。○问家宅：其宅坐北向南，地位中正，大吉。○问疾病：三日可愈。○问六甲：生女。

占例 明治二十四年，占某贵显气运。筮得**巽之蛊**。

断曰：据爻象而论，气运以金水为旺相，自丁至癸，七年间正交盛运，所谓“贞吉，悔亡，无不利”也。《大象》曰“位得中正”，知贵下本年必升晋显职，禄位益隆，正当有为之时也；卦体九五动，变六五为**蛊**，蛊者腹内虫也，喻言国政之内乱也。贵下能法乎**巽**之用庚，庚者更也，以**巽**行权，因时制宜，更旧从新，命必以丁宁申之，事必以揆度行之，《彖》所谓“刚巽乎中正而志行”者，是在贵下焉。

上九：巽在床下，丧其资斧，贞凶。

《象传》曰：巽在床下，上穷也。丧其资斧，正乎凶也。

上与初为终始，初在下多疑，既示以“武人之贞”；至于上居卦之极，位高责重，任事益当勇决，何得一味畏葸，自甘退伏，同于二之床下？宜其高而益危，无以自立也。“资斧”者，虞喜《志林》云：“资当作斋。斋戒入庙而受斧，谓上身居高位；入庙受斧，自足振其威权者也。”盖即初利用武人之义，乃巽顺不断，失其威权，是即所谓“丧其斋斧”也。畏事而事益滋，避祸而祸反集，故曰“贞凶”。《传》以“上穷”释“在床下”，以上之高居廊庙，畏首畏尾，无异伏处床笫，其穷为可哀也。以“正乎凶”释“贞凶”，明过巽者之失其正矣。失其正，是以凶也。

占　问时运：运途不正，作事委靡，愈高愈危，有丧无得，凶。〇问战征：身为主帅，畏首畏尾，必致丧师辱国，身亦危矣。〇问营商：可断不断，因循失时，耗损必大。〇问功名：必不能保其终也。〇问婚姻：有惧内之象，难期偕老，凶。〇问家宅：主有丧服，凶。〇问六甲：生女。

占例　明治二十四年，占国运治乱。筮得**巽之井**。

断曰：上九处卦之极，极则思反，正当有为之时。上爻地甚高，更事既多，任事愈重，威权在手，正可独断独行。国家当此隆会，得此人材，奋然振作，力求富强，不以巽懦自安，则反弱为强，转贫为富，不难旦夕期之。所患安于目前，不期上理，委靡不振，甘居人下，一切邦交等事，皆畏葸听从，不自争强，商务来往，既丧其财，国事交涉，又丧其威，是所谓“丧其资斧”也。维新以来，政府所急急图治者，虽以取法欧美为善策，然所取法者，多在皮毛，未得穷其精蕴，故事事出于欧美之下，是即所谓“巽在床下”也。为今之计，当重申命令，相期与天下更新，无因循，无苟且，当奋斧钺之威，以行其刚巽之志，斯武务修明，即驾于欧美之上不难矣。是治道日隆之休也，所愿秉国政者努力图之！

䷹兑为泽

卦体一阴出于二阳之上，二阳在下，上承一阴，象如泽之潴水。泽以润生万物，犹**兑**以说服万民，其义相同，此卦所以取象于**兑**为泽也。

兑：亨，利贞。

兑本**乾**体，**坤**三动来入**乾**，成**兑**，**兑**之“亨，利贞”，即**乾**之德也。**乾**之四德配四时，**兑**主秋，在夏冬之间，得兼三德，独不及元，故曰“兑亨，利贞”。

《彖传》曰：兑，说也。刚中而柔外，说以利贞，是以顺乎天而应乎人。说以先民，民忘其劳，说以犯难，民忘其死，说之大，民劝矣哉！

《序卦传》曰：“巽者，入也。入而后能说之，故受之以兑。兑者，说也。”卦体以二五为中，以三上为外，以九为刚，以六为柔。**兑**二五皆九，故曰“刚中”，三上皆六，故曰“柔外”，合之谓：刚中而柔外”。“利贞”者，刚中之德，诚于中也；“说”者，柔顺之象，形于外也，故曰“说以利贞”。卦以**坤**交**乾**，乾为天，亦为人，刚者天德，说者人心，故曰“顺乎天而应乎人”。孔子论政，曰先之劳之，谓为政者当先以说豫抚民，而后使民任劳，而民不辞其苦，使民犯难，而民不顾其身，是可逸可劳，可生可死，民皆相说于无言，而莫知其故，说之道于是为大。“劝矣哉”，谓民之已说者固说，即未说者亦将闻风而说服矣，为能使民之咸相劝勉也。

以此卦拟人事，《说卦传》曰：“兑，正秋也，万物之所说也”，故曰“说言乎兑”。盖时至秋而成熟，而人得其食用，喜其丰盈，斯百事亨通，人心自然欢说矣，故《传》曰“兑，说也”。**兑**为口舌，是笑言之出于口也；**兑**为辅类，是欢容之见于面也。**兑**属柔，是谓“柔外”，世之好饰外貌者，往往以容说为工，其品愈卑，其心愈伪，胁肩谄笑，无所不为，只各求说，而不知说在“利贞”也；只知媚人，而不知说在顺天也。何也？以其无刚中之德也。**兑**之刚中在二五，故能“刚中而柔外”，“刚中”即“利贞”也。二五之爻，皆曰“孚”。“孚”者，孚于刚中耳。得其孚则事事皆亨，即人人皆说，无劳可也，有劳而人亦不辞；无难可也，有难而人亦不惧。道在有以先之也，惟其先之，乃即所以劝之；有其劝之，乃即所以说之。劝因说，不劝亦说，而人皆欣欣然有喜色矣，是人事之至顺也，亦顺天而已矣。

以此卦拟国家，**兑**《大象》为“丽泽”，“丽”犹连也，是上下皆泽。上以泽敷下，下以泽感上，感斯说矣。然一以柔顺抚民，有恩无威，民必说而不惧，一以刚严御民，有威无恩，民必畏而不说，是未足为利，亦未足为贞也，说亦安可恃乎？兑之所以能说者，在二五之刚得其中耳。二五之刚，主于中，三上之柔，施于外，谓之“刚中而柔外”。说以柔，说以刚，实说以“利贞”也。上**兑**之说，象取顺天；下**兑**之说，象取应人。天德好刚，人心喜柔。顺天而天弗违，应人而人咸格，是所谓“顺乎天而应乎人”也。如是而说以先民，民有任劳而不觉；说以犯难，民有视死而如归。所谓以佚道使民，虽劳不怨，以生道杀民，虽死不怨杀者是也。是以未当求民之说，而民自中心而诚说。忘劳忘死，说之至也，故说道之大，在使其民自劝。《传》不曰“劝民”，而曰“民劝”，是不期其劝而自劝，其欢欣鼓舞之情，可从两忘字中，想像得之矣。上古之世，君臣之间，欢然莫逆，理之所是，则相与都俞，不以为说，理之所非，则更相献替，不以为睽，如盐梅之相和，如水火之相济，此说而正者也，即说之大者也。六爻言**兑**，各分刚柔：四刚皆君子，二柔皆小人，“和兑”、“孚兑”，得其吉矣；“有喜”、“有厉”，当其位矣。三“来兑”，来必多凶；六“引兑”，引亦未光。国家当此，宜抑柔进刚，斯说得其道焉。

通观此卦，此卦次**巽**，**巽**者二阳在上，一阴入下，故阳顺而下来；**兑**者二阳在下，一阴出上，故阳说而上往，与**巽**相反。于方位，**兑**者，西也，利美而和，其气为金，从革而新，其决断快利，其音响铿锵，故其德为说。于四时，**巽**木，春也，**离**火，夏也，**兑**金，秋也，天以三时生物，木气发生，金气收敛，**巽**、**兑**相反，而适以相成，中皆互**离**，三时相因，生克自然之运也。大抵兑说之情，在和顺；而兑说之气，主肃杀。和顺者柔也，肃杀者刚也。故以柔为说，其弊必流于谄谀；以刚为说，其德乃在于“利贞”。卦内初、二、四、五皆刚爻，得其正也；三上皆柔爻，失其正矣。初之“和兑”，得《彖》之“利”；二之“孚兑”，得《彖》之“贞”；四之“喜”，喜即在于利也；五之“厉”，厉即取其贞也；至三之“来兑”，说以要结以来，故有凶；上之“引兑”，牵连而引，故“未光”。是《传》特著其德，曰刚中柔外，示其用，曰“顺天应人”，极其效，曰“民忘其劳”、“民忘其死”，而所以致其说者，其道在先，其功在劝，其义则愈推而愈大。

《大象》曰：丽泽，兑，君子以朋友讲习。

“丽”者连也，“丽泽”谓两泽相丽，是互相滋益也。朋友者，以互相讲习为益，故象朋友；**兑**为口，故象讲习。《论语》首章，以“学而时习”为说，以有朋远来为乐，是说乐之要，莫大于“朋友讲习”，此君子所以取其象于**兑**也。四爻曰“商兑”，商者，相与讲论之义，其象亦取之丽泽。

占 问时运：运途平平，能得众心，自然获吉，惟逢三六之年，不利。〇问营商：得人扶助，可以获利。〇问功名：赖朋友之力可成。〇问战征：屯兵陂泽之地，宜于两后营相约进攻，可以获胜。〇问婚姻：必是朋友旧好。〇问家宅：宅临泽水，宜与朋友同居。〇问疾病：宜延相熟医师并诊，方可全愈。〇问讼事：宜请朋友公评，不必涉讼。〇问六甲：生女。

初九：和兑，吉。

《象传》曰：和兑之吉，行未疑也。

初居卦首，体得**乾**刚，“和兑”者即和说也。**乾**曰利物和义，是和即《彖》之所谓利也。人当初交，便觉和衷相济，以斯而说，说得其正矣，故吉。《传》曰“行未疑也”，谓人私曲疑虑，每生于转念，当其初，一片天心，固未尝间以人欲也。“和兑”在初，顺天而行，疑于何有？故不曰无疑，而曰“未疑”。

占 问时运：运当初爻，以和为贵，万事获吉。〇问战征：师克在和，民兵咸说，有不战来归之象。〇问营商：**兑**为正秋，万实告成，天地自然之美利也。营商得此，吉无不利。〇问功名：得祥和之气，吉。〇问婚姻：有家室和平之乐。〇问家宅：一门和气，吉。〇问行人：行当即归，无疑。〇问讼事：即可和解。〇问六甲：生女。

占例 友人某来，请占谋事成否？筮得**兑之困**。

断曰：此卦一阴在二阳之上，以柔之卑，居刚之上。初爻得阳刚，刚以严，柔以和，以刚制柔，所谓和而不流者也。今足下占谋事得此爻，爻属于初，知其事尚在初起。“和”者，为彼此同心，和衷共济。初与四应，四曰“商兑”，“商”谓商量也，正合谋事之意。初爻《传》曰“行未疑”，谓其事必成无疑也；四爻《传》曰“有庆”，谓其事成后，又有庆福也。足下安心从事可也。

九二：孚兑，吉，悔亡。

《象传》曰：孚兑之吉，信志也。

二居下卦之中，以阳居阴，即《彖》所谓“刚中”也。二与五应，“孚兑”者，二孚于五，五亦孚于二，两相孚，即两相说。二为臣，五为君，是君臣一心，相孚而相说也，故吉。夫上下之心不相孚，则上下必不相说，是以有悔，既得其孚，悔自亡矣。《象传》以“信志”释之，谓孚即信也，以其志之可信，故得吉也。

占 问时运：运得中正，众心交孚，是以有吉，无悔。〇问战征：上下一心，令出惟行，有匹夫不可夺之志，战无不克，吉。〇问营商：贸易虽在逐利，要必以信为本，有信则彼此无欺，而商业乃可通行矣。〇问婚姻：二五相孚，是阴阳相偶也，吉。〇问家宅：“有孚挛如，富以其邻”，谓能与邻家，并力致富也。〇问功名：**中孚**二爻曰“我有好爵，吾与尔靡之”，有父子同升之吉。〇问疾病：是因疑致疾，今既得相孚，灾悔自亡。〇问六甲：生女。

占例 友人某来，请占气运。筮得**兑**之**随**。

断曰：九二爻得刚中，刚中而孚，孚非阿好；既得相孚，无不相说，是以吉而悔亡也。人生气运，亦贵得其刚中耳，刚则任事有肝胆，中则任事无私曲，志气刚强，运途中正，自然事事获吉。今足下占得此爻，知足下目下气运旺相。论**兑**为金运，以金水两运为佳；**兑**为秋，岁时以属秋令为佳。《大象》取“朋友讲习”，足下当择朋友，远小人，近君子，自得相扶为益，悔去而吉来也。

占例 明治二十八年，占我国与美国交际。筮得**兑**之**随**。

断曰：孚者，信也，**中孚**《彖辞》曰“说而巽，孚乃化邦”，是知邦交之道，最宜信义相孚，使两无诈虞，化干戈为玉帛，实两邦之幸福也。

今占我国与美国交际，得此爻辞，可知我国与美，两国交际，此后最为亲密，谓之“孚兑，吉，悔亡”。

六三：来兑，凶。

《象传》曰：来兑之凶，位不当也。

三为**兑**主，即《象》所谓“柔外”也。以柔招说，故谓之“来”。初曰“和”，二曰“孚”，是不期说而自说，有相说于无言耳。若专以阴柔说人，亦以阴柔而致人说，则所以来说者，皆不以其道，则上下相蒙，适以长诈伪之风也，故“凶”。《传》以“不当位”释之，谓一阴居二阳之上，其位不当，欲以柔道致说，其说也，皆由强致而来，是失刚中之德矣。

占 问时运：人品卑鄙，专以谄笑求说，未免为人所贱矣。○问营商：通商之来，固宜和说相招，然说不以道，尔诈我虞，是失商道之正也。○问功名：奔竞而来，虽荣必败。○问战征：要皆招徕乌合之众也，不能久持。○问婚姻：有始合终离之象。○问疾病：病有外祟，其象本凶，三至四隔一爻，早则一日，迟则一月，可望愈快。○问讼事：是外来之祸，凶。○问六甲：生女。

占例 明治二十四年，有友某来，代占某氏气运。筮得**兑**之**夬**。

断曰：兑者，说也，其说宜就心中而出，不贵外袭而来。中出者，诚也，外来者，伪也。三曰“来兑”，是专以饰外为说者也。今君代友占气运，得**兑**三爻，三以阴居阳，为**兑**之主，位本不当，其象专属阴柔，好以巧言说人，知此友心地不正，颇有口蜜腹剑之象，未免凶矣。《大象》曰“朋友讲习”，君既谊属朋友，当随时劝诫，务令去伪存诚，乃得化凶为吉。

九四：商兑未宁，介疾有喜。

《象传》曰：九四之喜，有庆也。

“介”，谓节操坚固之义，同**豫**之六二“介于石”之介；又两间曰介，四爻在三五之间，上承五之刚中，下比三之阴柔，是以一身介君子小人之间者也。“商”，商量也，**兑**为口，有商之象。四与初同体，初为事始，无所疑虑，故不待商；四则处上下之交，用刚用柔，皆须商榷，故曰“商兑”。商之而意难遽定，则中心游移，故曰“未宁”。因忧成病，故曰“介疾”。然未宁者终必宁，介然而疾，亦介然而喜矣。**兑**通**艮**，**艮**上**兑**下为**损**，**损**四曰

"损其疾，使遄有喜"，其旨相同。《象传》以"有庆"释之，谓商而后宁，疾而有喜，则刚柔得中，天人相合，喜在一人，庆在天下矣。

占 问时运：运途未稳，逆则有忧，顺则有喜，万事宜斟酌行之。○问营商："四多惧"，营商在外，必有忧惧不安之事，商量出之，方得有喜。○问功名：功名必从艰苦患难而来者，方得大就。○问婚姻：一时疑惧未成，必待媒妁再三说合，终得成合，有喜。○问家宅：现下宅中不安，致多疾厄。**兑**为秋，必待秋时，得以平安有喜。○问疾病：病由心神不安所致，得逢喜事，胸怀宽说自愈。○问六甲：生女。

占例 某氏来，请占某缙神之气运。筮得**兑**之**节**。

断曰：兑者说也，"未宁"者不说也。兑而曰"商"，是介在说不说之中。"未宁"若有疾，得宁则有喜，赖此一商之功耳。四处内外之间，又当刚柔之交，孰轻孰重，皆须商酌，故曰"商兑未宁，介疾有喜"。今占气运，得**兑**四爻，知人生气运，亦无中立，从正则吉，从邪则凶，在人自取择耳。择而未安，譬若疾之在身，不能无忧；择之既定，自觉病去身安，喜从中来。四近君位，有贵人之象，能以商度事宜，上辅君德，下协民心，庆何如之？此功此德，正赖某缙绅也。

九五：孚于剥，有厉。

《象传》曰：孚于剥，位正当也。

五处外卦之中，秉**乾**之刚，即《象》所谓"刚中"也，说以"利贞"，五得其贞焉。**兑**为秋，**剥**九月之卦，当**兑**之未孚而至**剥**，是孚之极也。其不言**兑**者，至五**兑**说既深，浑若相忘，故不见为**兑**，而只见为**剥**。**剥**者即劳与难之事也，劳之难之，事虽为民，而王者则视之若剥也；忘劳忘死，王者虽以为剥，而民实不知其为剥也，故曰"孚于剥"。至此而民已视危为安，王者犹以安为危，故曰"有厉"。事本无厉，有者在君之心，亦凛凛乎其有也。五居尊位，固当然也。《传》释以"位正当"，谓居此位者，皆当存此心也。

占 问时运：位得其正，运当其盛，盛极则剥，尤当豫访，能时时防剥，斯时时得盛矣。○问战征："孚于剥"者，谓当生死存亡之地，军兵一心，感激奋勇，而不以为剥，诚可谓众志成城，无往不克矣。○问营商：剥者，剥削也，虽有剥削，而深信无疑，必有大利。〇问功名：能安命，虽剥必亨。〇问疾病：有剥肤之疾，速治则愈。〇问六甲：生女。

占例 明治二十二年，友人某来，请占气运。筮得**兑**之**归妹**。

断曰：运当九五，阳刚正中，本届盛运，爻曰“孚于剥”，言其相说无言，虽剥亦孚。安不忘危，有特患豫访之象，亦有持盈保泰之道，《彖》所谓“说以利贞”，惟五当之。今君占气运，得**兑**五爻，知君目下气运得当，刚中柔外，众心咸孚，虽有剥削，亦得相说以解，事事安和，得行其志。但在君心中，若以为剥，若以为厉，则剥无不复，厉无不安也。五与二正应，五虽不言吉，二之吉，即五之吉也。

上六：引兑。

《象传》曰：上六引兑，未光也。

上六辰在巳，得**巽**气，**巽**为绳，有引之象；**兑**又旁通**艮**，**艮**为手，是以能引，故曰“引兑”。六与三同体，三失位，六引之使应己，是因其来而引之；来既不正，引亦不当，而说更失其道矣。爻虽未判吉凶，要之后事之失，亦所难免，故《传》以“未光”释之。**乾**为光，六变**乾**为**坤**，故曰“未光”。凡《易》称“引”者，多在阴爻，**萃**六二曰“引吉”，自五引二，引而升也，引在于上，故吉；此爻曰“引兑”，以六引三，引其来也，引在于后，故“未光”。

占 问时运：上为卦之终，行运已极，必藉人引掖而能行，无吉无凶，平平而已。〇问功名：虽得他人荐引，亦已晚矣。〇问营商：得人引导，方可交易，上在卦外，是出洋经营也。“未光”者，未能大得利也。〇问战征：**兑**属正西，“引兑”者相引而入西也。是引兵向西，与三合队，但当上爻，时会已迟，恐未必能奏功也。〇问疾病：内邪能引而外达，乃得望愈。〇问家宅：宅地纯阴，与三合体，防有内外牵引之患。〇问婚姻：爻象皆柔，恐是勾引而成，非夫妇之正礼也。〇问六甲：生女。

占例 明治二十二年，占某贵显气运。筮得**兑**之**履**。

断曰：上爻处外卦之极，无可复进，凡物极则变，有反而思退之象焉。今某贵显占得此爻，知贵显久居高位，有倦勤之念，意将引身退隐，以自娱乐，谓之“引兑”。是年冬，某贵显辞职归隐。

䷺风水涣

卦体**乾**四与**坤**二易位，**乾**变**巽**，**坤**变**坎**，合而成**涣**。涣者，散也。**坎**为水，水之散，万派分流；**巽**为风，风之散，四郊遍被。**巽**上**坎**下，象取风行水上，是风水相遭。水则悠然长逝，风则过而不留，有涣之象焉，此卦所由名**涣**也。

涣：亨。王假有庙，利涉大川，利贞。

《正义》曰："散难释险，故谓之涣。"难散则理平，险释则心通，故亨。卦体三阴三阳，自**乾**、**坤**来，**乾**为王，故曰"王"。旁通**丰**，**丰**《彖辞》曰"王假之"，故曰"假"。上互**艮**，**艮**为宗庙，故曰"有庙"。**坎**为大川，**巽**为利，下互**震**，**震**为足，有涉之象，故曰"利涉大川"。庙者，鬼神之所在也。《中庸》言"鬼神之德，洋洋乎如在其上，如在其左右"，涣之至盛者也。"大川"，众流之所归也，注焉而不满，酌焉而不竭，涣之显著者也。于假庙见扬诩之盛，于涉川得利济之宏。然**涣**虽主散，形象则发扬于外，而精神贵凝聚于中，故曰"利贞"。

《彖传》曰：涣，亨，刚来而不穷，柔得位乎外而上同。王假有庙，王乃在中也。利涉大川，乘木有功也。

《序卦传》曰："兑者，说也。说而后散之，故受之以涣。"盖以**涣**继**兑**，谓能说则涣，涣则亨，是**涣**之亨，亦即**兑**之亨也。为卦**坎**刚自**乾**而来，**坎**水长流，无有穷极，故曰"刚来而不穷"。**巽**柔得位于外，**巽**风行水，飘然俱往，故曰"柔得位乎外而上同"。是刚在中而不穷于险，柔在外而得与五同，所以能散释险难，而致亨通也。至险难既散，王乃有事庙中，得以精诚上假，故《传》释之曰"王乃在中"，是就其德而言之。涉川者涉难也，即《系辞》所谓"舟楫之利，以济不通，盖取诸涣"者是也，故《传》释之"乘木有功"，是就其象以譬之。

以此卦拟人事，一身所患，胸怀不畅则疾生，意气不舒则争启；一家所患，内外间隔则弊成，上下壅阻则乱作。有以涣之，则百弊解散，而万事亨通矣。譬如云雾阴冥，得风而消解；譬如沟浍污浊，得水而流通。此君子所以取象于**涣**也。人生作事，每患性质之多偏，亦患位置之不当，如能刚来而济柔，动于内而无险困之难，柔往而辅刚，止于外而无违逆之乖，斯无往不利，亦无事而不亨也。行见积其诚以事神，而鬼神来假，因其利以涉难，而舟楫有功，是皆因济而推及之也。盖涣于内则气畅，涣于外而理顺，涣以处己即心平，涣以待人则情洽，一生疑虑，涣然冰解，**涣**之为用甚神矣。

以此卦拟国家，国家之于人民，欲其聚不欲其涣也；国家之于财用，宜其聚复宜其涣也，而独至于险难，则务取其涣焉。险不涣则危无以济，难不涣则乱无以销。王者秉刚中之德，处至尊之位，欲以解天下之纷乱，散天下之郁结，挽回国运之困厄，使斯民咸得其欢说，此**涣**卦之所以次**兑**说也。卦以九二为刚，二自**乾**来，故曰“刚来”；以六四为柔，四为阴位，故曰“得位”。刚不穷而涣乃见其亨，柔同上而涣自得其正焉。推之涣以享祖，假庙所以尽其诚也，于以见鬼神之德之盛矣；涣以致远，涉川所以济其险也，于以见舟楫之功之普矣。盖天以风之疏散，化育群生，地以水之流通，贯注四海。王者亦取其象，以平天下之乱，以解万事之纷者，莫如此涣而已。

通观此卦，“涣者，离也”，离者复合，散者复聚，故全卦有离合散聚之象。刚来不穷，柔而上同，卦之体也；王在庙中，“乘木有功”，卦之用也；曰“亨”，曰“贞”，卦之德也；有“庙”，有“川”，卦之象也。《大象》曰“先王以享帝立庙”，即《彖》所谓假庙之旨也。盖庙立则昭穆之位定，王假则祭享之诚通，斯灵爽藉是而聚，即民心藉是而系焉。**涣**之正所以合之也，故**萃**亦言“王假有庙”。“萃者，聚也”，以萃而假，神志壹焉；以涣而假，精诚通焉。**萃**与**涣**相反，而适以相须，故取象从同。至《易》言“利涉大川”者三，皆取**巽**木，**益**曰“木道乃行”，**中孚**曰“乘木舟虚”，**涣**则曰“乘木有功”，盖谓王者声名洋溢，内则孝享夫祖考，外则化被夫蛮夷，是以舟楫之利，独取诸涣者，此也。六爻言涣，皆隐寓聚象，故初遇险而顺，二阳来脱险，三临险忘身，四成涣忘人，五居尊忘天下，六超然遐举，涣以“远害”，所谓恭己无为，化驰若神者矣。故卦以三阴最吉，三阳次之。说者谓《易》道尚刚，一偏之论也。

《大象》曰：风行水上，涣。先王以享于帝，立庙。

先王见风之虚，得鬼神之象，见**坎**之盈，得祭祀之象。夫风无形，遇水而成形，非水则风不可见；鬼神无睹，入庙而如睹，非庙则上帝祖考不可见。聚则为有，散则为无，鬼神之情状，犹风之行水上也。人心诚敬之所聚，莫如鬼神，故大难始定，人心未宁之时，享帝而告成功，立庙而事祖考，聚将散之神灵，安镇之以接天神，交祖考。盖物本于天，人本于祖，故享帝以报其生成之恩，立庙以报其功德之盛，使天下之人，皆尊尊亲亲，不忘其本，以聚人心之涣散，故曰“先王以享于帝立庙”。

占　问时运：运途亨通，有乘风破浪之概。○问战征：利用海军。○问营商：财水流通，得天神护佑，大利。○问功名：风随帆转，水到渠成，有即日成名之象。○问家宅：宜祷告神祇，自然获福。○问婚姻：中男长女，自成佳偶。○问疾病：“风行水上”，去而不留，病象危矣；立庙”，有魂归窀穸之象，故凶。○问失物：难得。○问六甲：春夏生女，秋冬生男。

初六：用拯马壮，吉。

《象传》曰：初六之吉，顺也。

初处**坎**之下，**坎**为险，初乃始陷于险者也。陷**坎**者，利用拯，何以拯之？初与二近，二得乾气，**乾**为马，**乾**健故“马壮”。初得二拯，如马之因风而走，得以脱险也，故“吉”。按；**明夷**亦曰“用拯马壮，吉”，**明夷**下互**坎**，二动为**乾**，故“用拯”亦取**乾**马，与**涣**初同象。《传》以“顺”释之，初本**坤**体，**坤**为顺，以**坤**之顺，用**乾**之健，是以吉也。**明夷**《传》曰“顺以则也”，其旨亦同。

占　问时运；运多险难，幸而遇救，危而反吉。○问战征：初次临阵，赖战马精良，得以解围出险，故吉。○问营商：资本微薄，深幸同事相助，得以获利。○问功名：行午马运，必可成名。○问家宅：新建大厦，好有禄马临向，吉。○问婚姻：**乾**造以肖马者吉。○问疾病：病宜急治，得遇马姓医士为吉。○问行人：驿马已动，即日可归。○问六甲：生男。

占例　友人某来，请占气运。筮得**涣**之**中孚**。

断曰：初六当**坎**之始，“坎者陷也”，如身陷坎险，一时难以自脱。初爻偶体属阴，用以拯者必藉阳刚，马**乾**象，得**乾**刚之气，故足以拯之，是初以遇拯得吉也，即卜筮书所谓“绝处逢生”之象。今足下占气运，得初爻辞，知足下现时运途，正在困难之中，幸赖朋友，力为救护，得以脱离灾厄。足下惟当顺从其言，自可逢凶化吉。此友或系肖马，或系姓马，当必有暗合其象者。易占之神妙，往往不可测度，足下后当自知之。

九二：涣奔其机，悔亡。

《象传》曰：涣奔其机，得愿也。

九二以阳居阴，象取以阳假阴，故《彖》云假庙，二当之。下互**震**，**震**为奔，上互**艮**，**艮**为坚木，有机之象；二与五应，机，谓五也。“涣奔其机”，谓假庙而奔就神几，机几字通，即《家语》“仰视榱桷，俯察机筵”是也。王在庙中，洞洞属属，以其恍惚，以与神明交，斯涣者假矣，故“悔亡”。《象传》以“得其愿”释之，谓骏奔在庙，得受其福，故曰“得愿也”。

占　问时运：运途顺适，得如所愿，灾悔俱亡。〇问营商：运货贸易，得所凭依，可以如愿而偿也，吉。〇问功名：所愿必遂。〇问战征：虽当涣散败奔，得所依藉，可图恢复，何悔之有？〇问婚姻：内卦**坤**体，二变为**乾**，成**坎**，**坎**为中男；外卦**乾**体，四变为**坤**，成**巽**，**巽**为长女，此配必女长于男。木水相生，佳偶也。〇问家宅：此宅眷属有奔败之难，幸在外得所凭依，所谓适我愿也。〇问疾病：郁郁不乐，隐几而卧，得遇良医，可以无忧。〇问六甲：生男。

占例　友人栀尾某曰：余曩以己地，出押于某华族，订立券证，约以后日得金，准许备价取赎。至今地价腾贵，照曩时押价，一增其三，某华族因之背盟，指不许赎。余遂使代言人及壮士逼索，某华族惧，乃挽余亲戚某，出为谈判。余不得已以若干金，酬报代言人与壮士，属为了事，而壮士意犹不满，迁怒于余，意欲要路狙击，余甚患之。请占其处置如何？筮得**涣之观**。

断曰：内卦为**坎**，**坎**者险也，难也；外卦为**巽**，《系辞》曰“巽以行权”，谓**巽**得行其权变也。二爻曰“涣奔其机”，“奔”，奔避其难也，二与五应，谓奔就于五也。五处**巽**中，谓能“巽以行权”，足以涣散其难，故得“悔亡”。就此爻象，教足下奔避于外，自得有人出而处置，可以无悔。

六三：涣其躬，无悔。

《象传》曰：涣其躬，志在外也。

三体**坎**水，上体**巽**风，三之趋上，如水过风而流，木得水而浮，有相待而涣散者也，故三至上互**艮**，**艮**为躬，曰“涣其躬，无悔”。《象传》曰“志在外”，谓外卦也，志应夫上也。

占　问时运：三处**坎**之极，是运当坎险之时，忘身赴难，得以出险，可免悔也。〇问战征：能国而忘身，忠勇可嘉，去复何悔？〇问营商：运货在外，跋涉风波，备尝艰苦，有重财轻命之象。〇问功名：有杀身成仁，名垂竹帛之荣。〇问婚姻：有捐躯尽节之志，可悲，可嘉。〇问家宅：此宅临**坎**水之上，宅主宜出行在外，得可免灾。〇问行人：未归。〇问六甲：分娩在即，生男。

占例　友人某来，请占气运。筮得**涣**之**巽**。

断曰：**涣**之三爻，正当**坎**难之极，是身陷坎中而不能解脱也；惟赖上爻远来援救，斯得涣然消散，可以无悔。今足下占气运，得**涣**三爻，知足下运途淹蹇，譬如行船入海，正遇风波之险，须得远来巨舟，相为救援，斯能共脱险厄，得远灾悔，以保身命。三爻居内外卦之交，内**坎**外**巽**，**坎**，险也；**巽**，顺也，有出险入顺之象，是以“无悔”。

六四：涣其群，元吉。涣有丘，匪夷所思。

《象传》曰：涣其群，元吉，光大也。

六四居**巽**之始，卦体本**乾**，下画化**坤**成**巽**，**坤**为众，**坤**化**巽**，则其群涣矣。**坎**刚中得**乾**之元，故曰“涣其群，元吉”。上互**艮**，**艮**为丘，丘，聚也，高也，谓既涣其坎险，又复聚而成为高丘，是涣中有聚也，故曰“涣有丘”。四为**巽**卦之主，《系辞》曰“巽，德之制也”，又曰“巽称而隐”，谓**巽**能因事制宜，隐见无常，化裁之妙，有非寻常所可测度者，故曰“匪夷所思”。《传》以“光大”释之，谓四出**坎**入**巽**，所以化险为夷者，正赖此正大光明之作用也。**坤**曰“含宏光大”，四得**坤**气，四之“光大”，即自**坤**来也。

占 问时运：能解脱困难，复成基业，正大运亨通之时。○问营商：绝大手段，能散财济危，又能独成丘壑。○问功名：有独出冠时之概。○问战征：军容之盛，忽散忽聚，忽高忽低，忽而万马无声，忽而一丘高峙，变化之妙，有出意表者，此神化之兵也。○问疾病：散其外邪，又当聚其元气，病自疗矣。○问家宅：邻居旷远，独成一家，自得幽趣，吉。○问讼事："涣其群"，其讼必解矣，吉。○问六甲：生女。

占例 长崎女商大浦阿启，明治七八年间，管理横滨制铁所。一日将乘名古屋船归乡，预电报知家人，期以某日到家。届期有报，名古屋船于周防遭难，家人惊愕，急以电信问余。余不知大浦氏果否乘船，亦不知此船有否遇险，无已，乃为一筮。筮得**涣之讼**。

断曰：此卦**巽**为木，**坎**为水，舟浮海上之象。其辞曰："涣其群，元吉。涣有丘，匪夷所思。""涣其群"者，谓离众人而出险也；"涣有丘"者，谓出险而独在丘上也；"匪夷所思"者，谓不须忧虑也。由是观之，知必脱其难也。

余即以此占，电复长崎，长崎家人得此报，疑信未决。未几大浦有电到家，云已脱险，家人始安。

九五：涣汗其大号，涣王居，无咎。

《象传》曰：王居无咎，正位也。

五为尊位，《彖》所称"王假"，五当之。"号"，令也。"大号"，大政令也。五有刚中之德，以天下之险为已险，欲涣散天下之险，以发此"大号"也。"涣汗"者，刘向云：号令如汗，出而不反者也。王者无私居，畿甸非近，要荒非远，一人之身，涣之即为万民，一人之心，涣之即为万几，布于四海，犹汗出于身，而浃于四体，故曰"涣汗"。天下之困苦，得仁政而解，一身之邪热，得汗出而销，其所涣一也。三至五体**艮**，**艮**为居，"王居"者，京师也。《论语》所云"譬如北辰，居其所，而众星共之"者，王居之谓也。"涣王居"者，号令之涣，自近而远，其单敷万方者，要必正位凝命，自王居始也。"无咎"，即"履帝位而不疚"之意，《象传》以"正位"释之，盖以九五为正位，王者居之，得以号令天下。以一亿兆之心，而济万民之险，皆由君德与君位正当之功也。

占 问时运：运位得正，语默动静，百事皆吉。〇问营商：地位正当，货物流通，所到无不获利。〇问功名：位近至尊，名闻天下，大吉。〇问战征：号令严明，军威整肃，得奏汗马之勋。〇问婚姻：必得贵婿。〇问家宅：此宅非寻常百姓之家。〇问疾病：一汗即愈。〇问六甲：生女，主贵。

占例 明治二十七年六月，朝鲜有东学党之乱，我邦及清国，皆派遣军队。清国军舰炮击我军舰于丰岛，于是两国将启争端。先是有朝鲜人朴泳孝者，流寓我邦，爰念故国，实抱杞忧。请余一占。筮得**涣**之**蒙**。

断曰："涣者，散也"，全卦大意，皆以散难释险为主。五爻居尊为王，"大号"者，王所散布之政令也；"涣汗"者，谓其令出必行，犹汗出于身而不反也。足见号令严明，可以解脱险难，奠厥攸居，斯无咎矣。今朴氏占问伊国治乱，得**涣**五爻，玩其爻辞，知伊国祸逼王居。九五者，王也，王当速发号令，告召天下，涣散凶党，奠定王居，斯可保全而无咎也。卦体下互**震**，**震**属东方，正在我国，则足以救护朝鲜者，必在我国也。朴氏可无忧焉。

占例 明治二十七年六月，山田德明氏，偕美人某来问曰："今回日本兵渡航朝鲜，抑与朝鲜开战乎?"余曰："军事机密，非余所知，惟一占，则可以知之。"筮得**涣**之**蒙**。

断曰：汗者肤腠之所出，出则宣人之壅满，愈人之疾苦；犹王者之有教令，释天下之难，使之各得其所也，故曰"涣汗其大号"。"涣王居"者，谓大号之宣布，始于王居，盖有自近及远、自内及外之旨焉。卦名曰**涣**，其义总在涣散险难也。今占我国与朝鲜机密军事，得**涣**五爻，乃知我国此番得闻朝鲜乱耗，速发号令，大张军威，派遣军舰，远航韩国，旁观者以为我国将与朝鲜启衅，不知我国之遣兵航海，实为涣散朝鲜之祸，并以保护之也。玩此爻辞，可信别无他意。

美人得此断辞，遂译作西文，揭布外国新闻。

上九：涣其血，去逖出，无咎。

《象传》曰：涣其血，远害也。

上与三应，三体**坎**，为血卦，故曰"涣其血"。盖人身血脉以流通为安，以郁结致病。“涣其血”，斯体气舒畅，则忧患自消。“逖”，忧也，**坎**为逖，且上爻居**涣**之极，已出坎险，故曰“去逖出”。逖既去矣，咎自无也。《象传》以“远害”释之，谓上去**坎**已远，故害亦远矣。一说，谓上出卦外，逖，远也，身之有血，犹川之有水，喻言川流通达，风驰远去也。即取《大象》“风行水上”之意。

占 问时运：运途通达，灾去福来。〇问战征：卦体从**乾**、**坤**来，**坤**上曰“龙战于野，其血玄黄”，有战则两伤之象。〇问营商：血者，资财也。商舶远出，贸易亨通，可以获利，自无忧也。〇问功名：有投笔从军之象。〇问婚姻：有远嫁之象。〇问家宅：宅主防有血光之灾，远避可以无咎。〇问疾病：是气血淤结之患，宜疏通血络，可以免灾。〇问失物：此物已去远，不可复得。〇问讼事：宜远出避之，无咎。〇问六甲：生女。

占例 友人某来，请占气运。筮得**涣**之**坎**。

断曰：**涣**者脱难之卦，上处**涣**终，为困难消散之时也。今足下占气运，得**涣**上爻，知足下目下险难已解，譬如病者，血脉融通，忧患悉去，可以无咎矣。上爻**涣**象已终，此后出**涣**入**节**，节财节欲，足下皆当留意焉。

占例 三十一年，占英国与俄国交际。筮得**涣**之**坎**。

断曰：**涣**卦三阴三阳，本从**乾**、**坤**、**否**来，上居**巽**极，即**乾**之上，阳亢则战，有“其血玄黄”之象，故曰“涣其血”。**小畜**所谓“血去惕出”，亦谓**乾**也。“逖”或作“惕”。**小畜**以阴阳感孚而“血去”，**涣**以风水相济而血**涣**，是**涣**卦本有险难，幸得涣散而无咎也。今占英俄两国交际，得**涣**上爻，俄在陆地，英属海疆，当以**巽**为俄，**坎**为英。陆地专以铁道称强，海疆专以轮船示武。陆战者得胜，而后胜者又畏报复，败者更防再袭，扼要据险，不懈兵备，是俄国之所急急也。在英托名商船保护，派舰远出，窃窥海防，得乘其隙，即强生葛藤，逼使割地媾和，此英国之狡计也。是以陆地诸国，多困于军资；唯英国军资，年增年饶，独握富有之权，以争雄于海上；而俄则以陆军之强，陆地之险，蚕食邻邦，故近来宇内诸国，皆视英俄为虎狼之国也。俄尝于西伯利亚铁道未通，憖生事端，为英所镇；地中海要处，为粮食弹药告乏，不能骤动大兵；英又以阿富汗斯坦、波斯等国既款通于俄，恐印度有内乱；且自知久矣垄断富利，受各国之嫌恶。今德、法与俄订为同盟，恐连约合谋，当必起一大役也，故欲教唆支那，以防俄国之跋扈。然英以有海军而乏陆军，亦不能如意，且一朝取败，则濠洲、加奈陀亚、弗利加等要地，恐亦不能保全，故益扩张海军，以当各国。盖俄恃铁道之全通，英恃海军之扩张，恰似两雄相对，爻曰“涣其血”，谓两国宜通其声气，乃可无事，即各国亦可远害矣。此近时之形势也，故《传》曰“涣其血，远害也”。

䷻水泽节

为卦**兑**下**坎**上，**兑**为泽，**坎**为水。水之归泽也，盈则进，**坎**则止，水固自有其分量；泽之容水也，平则受，满则溢，泽亦自有其限制，即**节**之谓也。卦与**困**易位，泽在水上，是谓漏泽，泽漏则无水，故谓之**困**；水在泽上，是谓深泽，泽深则有水，故谓之**节**。此卦所以名水泽**节**也。

节：亨。苦节，不可贞。

卦体上互**艮**，“**艮**，止也”；下互**震**，“**震**，行也。”可行则行，可止则止，行止得中，乃谓之**节**。行止得中，是以能亨，若其矫枉过正，固执自守，节亦苦矣。节而苦，则无余地以处人，亦无余地以自处，有穷而无所入矣，故曰“不可贞”。

《彖传》曰：节，亨，刚柔分而刚得中。苦节，不可贞，其道穷也。说以行险，当位以节，中正以通。天地节而四时成，节以制度，不伤财，不害民。

《序卦传》曰：“涣者，离也。物不可以终离，故受之以节。”**节**者，节也。**节**以节其过中，而使之中节也。卦以三阴三阳，阴阳适均，**坎**刚在上，**兑**柔在下，所谓“刚柔分”也。刚柔分而上下不乱，是得中也，得中则亨，故曰“节亨”。节不得中，如俭不中礼，射不中的，徒自苦耳，不可为正，奚以能亨乎？不亨则穷，非节之咎，节而不中之咎也。《彖》特举而戒之，所以救其偏也。**坎**险**兑**说，以**兑**节**坎**，使人有说愉而无迫戚，是为说以行险也。五居尊位，为**节**之主，是为“当位以节”也。中而且正，位与德并，能裁制群伦，咸得亨通，是为“中正以通”也。卦体本自地天**泰**来，**节**之道，亦自天地始，日月代明，四时错行，寒暑往来，岁功以成，此为天地之节也，故曰“天地节而四时成”。法天地之节，以为制度，则以此节财，而财不伤，以此节民，而民不害。庶几天下皆乐就吾节，乃能行之无阻，放之皆准。其要惟在刚柔之得中焉，夫岂“苦节”之谓哉！

以此卦拟人事，饮食不节而致疾，言语不节则贻羞，财用不节则败家，色欲不节则伤身，皆人事之害也。矫其弊者，为之绝食，为之缄口，为之靳财，为之断欲，**节**虽节矣，不堪其苦，是**节**之不得其中，而反致其穷也，何以能亨乎？夫人事不亨者，皆由刚柔之失中耳，过刚者侈，过柔者吝，道是以穷矣。为卦**坎**上**兑**下，刚柔以分，以**兑**之说，节**坎**之险，使心得其说，而行忘其险，当其位以裁度万事，斯万事咸亨。中且正，无偏陂也；亨而通，无窒碍也。盖人之喜怒哀乐，即天之雨露雷霆也；人之起居食息，即天之昼夜晦明也。人身有自然之制度，天地亦自然之运行，所谓“天地节而四时成”者，此也。人事要不外夫天道而已矣。

以此卦拟国家，国家政务万端，一言蔽之，惟在节以制度而已。制度得其中，则其所节，有甘而无苦也，可亨亦可贞也。刚柔均分，而道乃不穷也；说险相济，而位得其当也。以此理财，而财不伤；以此使民，而民不害。庶几四海之大，万民之众，圣人以制度节之，使人人感其悦，人人忘其险，亦人人乐从其节，所谓“当位以节，中正以通”，道在是矣。要之圣人本说以节险，不偏于刚，不偏于柔，唯法天地之**节**以为节。天地节而四时成，圣人节而万民说，其道一焉。就爻论之，“当位”，谓九五也，以其居中，故曰“甘节”。道穷指上六也，《彖》之“苦节”，上六当之。六四得《彖》之“亨”，故曰“安节”。初之“不出”，慎以节也。二之失位，失其中也。三之“嗟若”，咎自取也。总之，得中则吉，过中则凶，《彖传》所谓“节亨”，首在“刚柔分而刚得中”也。

通观此卦，卦象取下**坎**上**兑**，爻取刚柔均分，当位则吉。阳实阴虚，实塞而虚通。**节**者，竹节也，竹之通处谓空，塞处谓节。凡所称立廉隅，分经界，皆节之义也。故人而无节，犹时而无序。夫寒暑晴雨，推移更代，若失其节，则天地闭塞，岁功不成；人而无节，则昏迷溃乱，行止皆穷，是咎在不知所节也。不知不节固凶，过节亦凶，欲期其节之贞，求其节之亨，唯要在刚柔之得中也。卦体内说外险，刚柔均分，九五当位，刚得其中，说以节险，中而能正，斯其道无往而不通矣。盖在圣人以至中者为**节**，其节也无心；在天地以循运者为**节**，其节也无形；在卦以**坎**、**兑**相成者为**节**，其**节**也有象。圣人下袭水土，故取其象以示人。《彖传》所曰“苦”，曰“穷”，戒其失也；曰“亨”，曰“通”，著其效也；曰“得中”，曰“当位”，示其则也；曰“不伤财”，曰“不害民”，美其德也。其卦又自**泰**来，故于**节**亦可见天地交泰之象焉。水流**坎**止，有通塞之义，是以六爻皆取通塞，以为吉凶。初知塞而塞，故“不出”、“无咎”；二宜通而塞，故“失时”为凶；三不塞而“嗟”，咎复何辞？四塞而能“安”，得《象》之亨；五全卦之主，“中正以通”；六塞而不通，是谓“苦节”。大抵《易》道戒盈，节以防盈，防之过，或迟疑而败事，或鄙啬而失当。违天时，拂人情，均难免于凶咎耳。道以刚中为吉，此圣人所以贵时中也。

《大象》曰：泽上有水，节。君子以制数度，议德行。

“泽无水”曰**困**，泽有水曰**节**，有水而不节，则泽亦涸，是以君子取象于**节**也。“数度”者，权量法度之谓也；“德行”者，道德性命之事也。**兑**自**坤**变，**坤**为重，为寡，象“数度”；**坎**自**乾**变，**乾**为道，为性，象德行。**坎**为平，谓裁制得其平也；**兑**为口，谓议论出自口也。是以君子为之“制数度，议德行”。

占 问时运：运途中正，财源富有，惟宜外节出纳，内节身心。吉。○问战征：节制之军，登高涉险，可守可战。○问营商：泽有水，富饶之象。法制既精，议论亦确，无不获利也。○问功名：品行端正，律度精详，有鱼龙得水之象。○问婚姻：**坎**男**兑**女，水泽相成，吉。○问家宅：宅临大泽，家道富有，吉。○问疾病：病宜节饮食，慎行动。○问六甲：生男。

初九：不出户庭，无咎。

《象传》曰：不出户庭，知通塞也。

初以阳居阳，为**节**之初，阳实阴虚，初当阳刚，一画塞止**兑**口，故为“不出”。上互**艮**，**艮**为牖，为居，有“户庭”之象；**艮**又为止，有不出之象，故曰“不出户庭”。卦继**涣**后，初六涣散甫集，正宜塞而不宜通也，虽户庭之近，亦不敢出，则一步一趋，无非节也，故得“无咎”。初动体**坎**，**坎**水为知，知则能审时度势，可通可塞，可出可入，皆有节制，故《象传》以“知通塞”释之。

占 问时运：运途未盛，宜谨守户庭，得以免咎。○问营商：宜坐贾，不宜行商，无咎。○问功名：目下宜杜门静守，至四爻可以成名。○

问战征：初当离散之余，军民乍聚，宜养其锐气，不宜出战。○问婚姻：初与四相应，四得承顺之道，即妇道之正也，故无咎。○问疾病：宜安居静养，无害。○问失物：尚在户庭之内，可寻得之。○问行人：尚未起行。○问六甲：生女。

占例 友人某来，请占家宅。筮得**节**之**坎**。

断曰：卦象为**兑**西**坎**北，爻象外户内庭。初居**兑**下，阳刚一画，如户庭之有锁钥，以节出入，故曰“不出户庭”；深居避祸，故曰“无咎”。今足下占家宅，得**节**初爻，此宅想是初次迁居，一切家事，正待整理，持盈保泰，宜守节俭之风，杜门谢事，可以无咎矣。

九二：不出门庭，凶。

《象传》曰：不出门庭，凶，失时极也。

户在内，门在外，初为户，二为门，由内而外也。初为内，**坎**水始至，塞之以防其漏；二则渐至于外，水既盛，宜通之，而犹曰“不出门庭”，是知塞不知通也。二爻有刚中之才，正当乘时应变，出而有为，使天下得节之用。卦自初至三互**震**，四至六互**艮**，乃不为**震**之行，而固守**艮**之止，杜门绝迹，坐失时机，是以凶也。故《象传》以失时之极斥之。

占 问时运：运途方盛，时会亦好，咎在因循自误，为可惜也。○问战征：时可进取，乃畏首畏尾，固守不出，反致凶也。○问营商：货物充积，时价得宜，本可获利，乃因拘墟失时，反致耗损。**兑**为毁折，是失象也。○问功名：时会未逢，难望成名。○问婚姻：桃夭失时，难免旷怨，凶。○问家宅：门户闭锁，无人之象，凶。○问疾病：病由步履艰难，几成痿痹。○问失物：是内窃也。○问讼事：恐有囚禁之祸。○问六甲：生女。

占例 有警吏某氏来曰：吾友旧藩士某，维新之际，勤王死节，其后裔落魄无依。余眷念旧情，竭力赈助，以其子弟三人，招使来京，就学十数年，因之耗费，积累至六七千金，然犹以乡里田产，得值万金可偿。讵意利息倍增，迄今已万三千金矣，所有家产，又因价格低落，减数大半，欲偿则数无所出，不偿则债负不清，进退维谷，无以为计，遂至忧郁致病，不能供职。幸请教示。无已，代为一占。筮得**节**之**屯**。

断曰：九二处**兑**之中，《彖》谓“说以行险”，二宜当之；二曰“不出门庭”，是安于陷险，而不能行险也，其不出也，故凶。足下占债负处置，得**节**二爻，爻曰“不出门庭，凶”，则知不出为凶，出则可以免凶矣。然所云“出”者有二：一则出外以避之，一则出所有以偿之，皆谓之出也。此中当必有节制矣，仆就爻辞之意，为足下债负计之。所负总数万三千金，乡里田产低价约售三千金，偿抵债主；再以月俸所得二百金内八十金为家用所费，余百二十金，亦按月归偿，合计一岁中，得偿千四百四十金。是节有余以偿不足者也，约不十年，便可清偿矣。《爻辞》曰“不出门庭，凶”，若明为足下戒也。足下其勿因循畏葸，坐失时机，须当出而与债主相商，先以售产之金偿之，复以月俸之余归之，让其利息，缓其限期。债主而不许，则此债必难归给，债主而许之，则足下不至破产，债主亦终得金收，彼亦何乐而不许也？**兑**为口，为友，有得朋相商之象；**兑**爻曰“商兑，未宁，介疾有喜”，正足下今日之时事也。足下速出而图之，毋失此时会也。

某氏闻而心喜，曰：此最妙之策也。后数日报来云，已遵此断词，出而了事矣。

六三：不节若，则嗟若，无咎。

《象传》曰：不节之嗟，又谁咎也。

三居**兑**之上，上画开口，为漏泽，不节之象。盖**兑**泽至三，**坎**水既盈，一时任意挹取，不知节省，至后将不继，不免咨嗟悔恨，故曰“不节若，则嗟若”。是为说极生悲者，祸由己致，无所怨咎，故曰“无咎”。《象传》曰“又谁咎也”，谓当节不节，“不节”在己，“嗟若”亦在己，又将谁咎乎？

占　问时运：壮不自检，老大徒悲，其将谁怨乎？○问战征：临时不谋，后悔难追。○问营商：当其获利，骄奢无度，一旦耗失，便致哀嗟，咎由自取耳。○问婚姻：有先喜后悲之象。○问功名：随得随失。○问家宅：三以阴居阳，地位不当。必致先富后贫。○问疾病：病由不节饮食所致，幸无大咎。○问失物：付之一叹，不须怨人。○问六甲：生女。

占例　明治二十年十一月，旧大垣藩主户田氏共伯，任澳大利亚全权公使，偕眷属赴任，临发横滨，枉驾余宅。此时送者不下数十人，伯曰：请占海上平安。筮得**节**之**需**。

断曰：三爻居内外卦之交，正合贵下出外远行之兆；**坎**为水，**兑**为泽，有大海之象。三动体**需**，**需**《彖》曰“险在前也”，知此行防有险难。卦反**涣**，**涣**象为“风行水上”，知必有风；**兑**正西，**坎**正北，知其风必自西而北。爻曰“不节若，则嗟若”，谓非秉节而行，必致咨嗟。今贵下皇华出使，节钺在身，必能使海若效顺，百神呵护，即遇风险，必无咎也。**需**《彖辞》又曰“利涉大川，往有功也”，是可为贵下贺焉。

时送行者，如旧藩臣井田五藏、青森县知事菱田文藏、大审院判事鸟居断三、神道教正鸿雪爪咸皆在座，倾听之余，或谓照此判词，海上风波，浑如眼见，未来之事，皆得前知，疑余臆断，未必可信也。鸿雪爪君独云：“高岛君《易》筮，素称入神，多为人所不解者也。”余曰：“余唯凭爻而断，应与不应，非余所知。然向所断，未尝有或爽者。殆可谓如响斯应者矣。”诸士唯唯，不复有言。后四年，户田伯归朝，告余以当时海上困难，一如《易》断。

六四：安节，亨。

《象传》曰：安节之亨，承上道也。

四本**坤**体，**坤**为安，故曰“安”；居**坎**之始，**坎**为险，以**兑**节之，斯得化险为安，故曰“安节”。“安节”者，安而行之，不失其节，则何往不通？故曰“安节，亨”。四得位承五，五“中正以通”，四先通之，是以《彖》之亨，唯归于四；四以承五得亨，而天下无不亨矣。《象传》曰“承上道也”，上指五，道即**节**之道，谓五以节风示天下，四比近五，能首承其道也。

占　问时运：一路平安。〇问战征：善战者在先安军兵，军心安，则临危不惧，而所向有功。〇问营商：四在外卦之始，必是初次贩货出外，能事事节俭，斯得安居外地，而所谋亦得亨通矣。〇问功名：能承上意，必得成名。〇问婚姻：四以阴居阴，得位承阳，自得家室安全。〇问家宅：平安获吉。〇问疾病：病由口入，能节饮食，自得安泰。〇问六甲：生男。

占例 官吏某来，请占官位升迁。筮得**节**之**兑**。

断曰：六四重阴，爻象安静，事事中节，是以亨也。《象传》曰“承上道也”，上谓五，四与五比，能承上旨而行节也。今足下占官途升迁，得**节**四爻，四与初应，初“知通塞”，故四能安分守己，不失其节。唯承上之意旨而行，是以发皆中节，无往而不亨通也，升迁必矣。四与五间一爻，升迁当在明年。

九五：甘节，吉，往有尚。

《象传》曰：甘节之吉，居位中也。

五居尊位，为**节**之主，《彖》所谓“当位以节，中正以通”，惟五当之。《彖》首戒苦节不贞，反苦为甘，其道必贞，贞则吉矣，故曰“甘节，吉”。四居**坎**中，**坎**《彖》曰“行有尚”，**节**四之“往有尚”，盖即由**坎**《彖》而来。“往”即“行”，谓能行斯而往，洵可嘉尚。按五味以甘为得中，咸苦酸辛，皆偏也。节味之偏，而适其中，谓之“甘节”，甘则人皆乐从，而不病其难也，此“甘节”之所以为吉也。《象传》以“居位中”释之，《礼·月令》曰：“中央土，其味甘”，甘位居中，五为君，君位亦居中，《象传》所释之意取此。

占 问时运：运如嚼蔗，到老愈甘。〇问营商：稼穑作甘，当以贩运谷米为吉。“往有尚”，往者往外也，尤当贩米，往外洋销售，定必获利。〇问功名：苦尽甘来，功名必显。〇问家宅：五爻得位，中央为甘，知此宅必地位中正，家风正直，节俭足以嘉尚。〇问婚姻：女之嫁曰“往”。“往有尚”，谓往而成礼。“甘”者，甘心相从，有百年好合之象，吉。〇问疾病：病在中宫，甘则中满，须宜节食为要。〇问六甲：生男。

占例 某商人来，请占商业盈亏。筮得**节**之**临**。

断曰：味之甘者，人所乐嗜，然过甘则味亦变，节之所以适其中，于味然，于万事亦无不然。“往有尚”者，谓由此以往，事皆可尚，事皆获吉矣。今足下占商业盈亏，得**节**四爻，知足下于商业，经营已久，向以不知撙节，致来嗟恨。去岁得安，今年又必获甘味，所当裁而节之。事事从节，毋以盈满自侈，斯盈可长保其盈矣，故吉。“往”者，为遵此**节**道以往；“往有尚”，亦往有功也。足下此后，商业大利。

上六：苦节，贞凶，悔亡。

《象传》曰：苦节贞凶，其道穷也。

六重阴不中，居**节**之极，是过**节**者。《尔雅》："卤，咸苦也。"**坎**水润下作咸。**兑**为刚卤，是味之苦者也。上与初相终始，初在泽底，节以防漏，上在泽口，出纳由之，而竟概节之，是不知通塞也，其困苦之状，物所难堪，有不可终日者矣，故《象》之"苦节"，独归于上。"悔亡"者，谓奢不如俭，以此修身，悔自亡矣。《传》曰"道穷"，即以释《象》者释之。"苦节，贞凶"者，自古之龙逢比干，为国亡身，克全臣节，其祸虽凶，其道则正，足以表式万世，复有何悔？

占 问时运：运途亦正，为固执不通，以致终身穷苦。〇问营商：机会已极，不知变通，以致穷迫，徒自苦耳。〇问功名：其人则守正不阿，困苦自守，难望成名。〇问战征：爻象重阴，柔弱无力，又当地穷势极，只知苦守不出，终必凶矣。〇问疾病：阴盛阳衰，病势已极，凶。〇问六甲：生男。

占例 有商友某氏，请占株式高下。筮得**节**之**中孚**。

断曰：此卦泽上有水之象，泽有水，盈则通之，不盈则塞之。通塞者，是为水之节制也，上爻当泽之上口，宜通而塞，是过于节也。水流而不止，流水甘也，上塞而不流，则为停潦，甘亦苦矣，故曰"苦节，贞凶"。今足下占株式高低，得此爻象，株式者，财用之资，财源犹如水源，宜流通，不宜壅塞；况上爻当时位已极，若塞而不穷，好为垄断，以期高价，令人迫蹙困苦，无以为生，防苦极生变，则苦人者反而自苦，取凶之道，亦取穷之道也。宜速开通，斯可免凶矣。

其人闻之，即日卖脱。后其价随即低落。

占例 三十一年，占北海道厅之治象。筮得**节**之**中孚**。

断曰：上爻当兑泽之口，坎流既盈，又复节而不通，令人不得沾其惠泽，是谓"苦节"，其道必凶。今占北海道厅政治，得此爻象，知其施政，有不合地势，不通民情，上下壅塞，号令不行之象。上爻动为**中孚**，当速变通出之，斯可孚而化邦也。就外象论之，**兑**泽水盈，盈则必溢，**兑**，秋也，防秋时有洪水之灾。

是年九月，果有水难，人民苦之，凶象如是。

占例 三十一年，占外交形势。筮得**节之中孚**。

断曰：上爻之“苦节”，是过节者也，节得其中则甘，过之则苦。天下事皆贵适中，过则困苦随之，凶祸亦随之矣，是势所必然也。今占外交，得此爻象，知当今时势，正是泽水满溢，岌岌可危之际，所宜流通四海，变其节制，以适权宜，斯可免受困苦。若竟吝而不出，固执自守，其凶必矣。

䷼风泽中孚

卦体上**巽**下**兑**，**巽**为风，**兑**为泽，风之应时，春夏秋冬，不愆其候，风之信也；泽之受水，朝潮夕泛，不爽其期，泽之信也。卦象三、四二柔居内，是谓中虚，中虚则通，通则孚；二五两刚得中，是谓中实，中实则诚，诚亦孚也。此卦所以名**中孚**也。

中孚：豚鱼吉。利涉大川，利贞。

孚者，信也。"中孚"者，信发于中也。内卦**兑**，**睽**上曰"豕负涂"，"涂"谓**兑**泽污下，足以牧豕，豕小为豚，故**兑**亦有豚象；外卦**巽**，**巽**为鱼，鱼得水泽以为乐。二物虽微，皆能得**巽**、**兑**之性，以为生活，故曰"豚鱼吉"。"大川"，即泽之大者。**巽**为木，"刳木为舟"，是涉川者所利用也，故曰"利涉大川"。其孚如此，宜无往而不利矣，然其中之邪正诚伪，又不可不辨，故曰"利贞"。

《彖传》曰：中孚，柔在内而刚得中，说而巽，孚乃化邦也。豚鱼吉，信及豚鱼也。利涉大川，乘木舟虚也。中孚以利贞，乃应乎天也。

"孚"字，从爪，从子，如鸟抱子，不失字乳之期，是其信也。发于外者为信，诚存于中为孚，谓之**中孚**。"中孚"者，其心虚灵，其行真实之谓也。为卦三四阴柔，合在两体之内，二五阳刚，各居一卦之中，柔内刚中各当所作，上巽下说，相辅而行，乘天下之所顺，行天下之所说，故曰"说而巽，孚乃化邦也"。"豚鱼"，《正义》分为二物，吴草庐作江豚。江豚处大泽中，盖鱼类而豚形也，每当风起，拜舞江中，视其首之所向，即知风之所自，涉川者以之候风焉，俗呼谓拜江猪。"豚鱼"无知，而能感应风信，故曰"信及豚鱼"，孚之至也。《易》言"利涉大川"，多取**巽**象，**巽**为木，木能水上浮行，语曰"乘桴浮海"，亦取此耳。卦体中虚，故谓"舟虚"。"舟虚"者，中无一物，随风往来，与波上下，任天而行，**中孚**之象也。孟氏卦气，以**中孚**为十一月卦，十一月当天道贞固之时，**中**

孚得之，故能以利贞应天。

以此卦拟人事，孚者，信也。信见于言，言发于外也；孚感于心，心存于中也。人心之用，灵则明，明则诚，内贵虚灵不昧，外宜真实无妄，是所谓“柔在内而刚得中”也。由我之所说，以之而顺人；人亦以其说者，顺从夫我，彼此相说，说乃孚矣。此不特在人己之间也，即推之于邦家，邦家亦相率而化矣；又不特在邦之大也，即极之于庶物，庶物亦相感而信矣，是以吉也。“大川”者，泽水之险者也，非舟楫不克以涉之。“中孚”者，以礼义为干橹，心中自有涉川之具，虽危可涉，无往不利。心中虚，故象虚舟。语云：“言忠信，行笃敬，虽蛮貊行焉”，此物此志也。卦中四刚皆得**乾**体，**乾**为信，是孚之最贞者也。人能以刚德合天，即所谓“中孚以利贞，应乎天也”，夫岂硁硁信果，所可同日语哉！

以此卦拟国家，《檀弓》曰：有虞氏未施信于民，而民信之，施信而民信，孚犹后也；未施信而民信，孚在先也。盖不言而信，有不期其孚而孚者，孚由中出，在民亦不知其何以孚也，是无为而治之休风也。由是而气机所感，龟亦负图，鱼来献瑞，此即“信及豚鱼”之兆也。政教所覃，万邦协和，四海来同，此即“孚乃化邦”之象也。乃知圣天子德盛化神，大则蛮夷率服，小则鱼鳖咸若。治水而乘檋奏绩，济危而作楫有材，皆由履中居正，道协于中，德孚于外，是以天人感应，民物效顺，得以成风同道一之隆也哉。

通观此卦，此卦次**节**，凡事有节，则有常可守，无节则泛滥无据而不信，故喜怒哀乐中节谓之“达道”。“达道”，即信也。《序卦传》曰：“节而信之，故受之以中孚”，此**中孚**所以次**节**也。卦内三四两偶为虚，二五两奇为实，初上两奇包外，恰如甲壳；鸟覆育其卵曰孚，应期而化，子自中出，故曰**中孚**。卦体**巽**上**兑**下，**巽**者东南司春，**兑**者正西司秋，自春至秋，自东至西，天地生物之功毕；**兑**往而归入轧，归于西北，化机敛藏，贞固而为孚甲，遇**巽**复还东南，所以**兑**、**巽**合而为**中孚**也。在五行则**兑**为金，**巽**为木，金克木。造物之理，生杀相因，卵不裂，不可以成鸟，木不刳，不可以为舟，**巽**木之利涉，**兑**金之功。故**兑**毁折而后能说，**巽**鸡伏雏，甲坼而后羽毛见。**中孚**取象于孚卵，**小过**取象于飞鸟，法象之自然也。初象鸟之伏子，其心专一，故有“有它不燕”之辞；二象卵之受伏，其化将成，故有“鹤鸣”、“子和”之辞；三象子之在壳，成败可忧，故有“得敌”之辞；四象卵之将成，盈满有时，故有“月几望”之辞；五象雏之成群，饮啄相呼，故有“有孚挛如”之辞；上象雏之习飞，下上其音，故有“翰音”、“登天”之辞。在人则初上之实为躯，三四之虚为心，二五之实为情。然三四同虚，而有善有不善者，正则善，不正则恶；爻得位则正，失位则不正。初得位存诚，二得中相应，三不当位，四五当位，上九阳亢外驰，故初、二、四、五，孚之善也；三、上，孚之不善也。此贞谅之辨，圣人所谓惓惓者也。

《大象》曰：泽上有风，中孚。君子以议狱缓死。

《象》不曰风在泽上，而曰“泽上有风”，显见泽水本静，因风而生波，犹言人心本平，因争而速狱。**巽**曰“申命”，有议缓之象；**兑**为刑人，有死狱之象；卦下互**震**，**震**为议为生，为缓，有“议狱缓死”之象。《吕刑》曰：狱成而孚，是狱必孚乃定；然狱虽孚，犹必议而缓之，即所谓罪疑惟轻是也。“议狱”者，审其所可疑；“缓死”者，求其所以生，孚之至也，故曰“君子以议狱缓死”。

占 问时运：“泽上有风”，防有风波之险。〇问营商：宜仔细酌议，宽缓行事，斯得免害。〇问战征：当以不嗜杀人为心，斯为心咸孚，所向无敌。〇问功名：一时罪狱未平，功名难望。〇问婚姻：婚媾致寇，因之速狱，宜慎。〇问家宅：主有讼狱之灾。〇问疾病：危则危矣，一时生命可保。〇问讼事：一时未了。〇问六甲：生女。

初九：虞吉，有它不燕。

《象传》曰：初九虞吉，志未变也。

“虞”，虞人也。**巽**四曰“田获三品”，**兑**五曰“孚于剥”，《月令》“冬日剥阴木”，《诗》云“九月剥枣，是谓斩木”，是**巽**、**兑**皆有虞人之象，故**中孚**初爻取之。王制獭祭鱼，然后虞人入泽梁。按虞人入泽梁，在十月中，《周礼》山虞令万民斩材木，《贾疏》“草木零落，然后入山林”，亦在十月中。**中孚**为十一月卦，正当入泽梁，斩材木时也。岁有常期，则渔者樵者，受命于虞人，入泽入林，各从其取，故曰“虞吉”。顺**中孚**之时，不愆其候，不纷其志，无他求也；有他则上下不孚，渔樵失时，焚林竭泽，将自此起，不能安矣，故曰“有它不燕”。“燕”，安也。《象传》以“志未变”释“虞吉”，谓变即有他，有他即不吉矣。唯其初“志未变”，是以吉也。

占 问时运：阳刚当令，用心专一，不惑于他途，故吉。○问营商：安于本业，见异不迁，以交冬令为利。○问功名：有志竟成，吉。○问战征：**巽**初爻曰用利武人之贞，从禽从戎，其义相同，所当专心一志，踊跃前进，自可获胜。吉。○问婚姻：有从一而终之象。○问疾病：病可无虞，但恐有他变，变则危矣。○问讼事：恐有别生枝节。○问六甲：生女。

占例 友人某来，请占商业。筮得**中孚**之**涣**。

断曰：爻曰“虞吉”，“虞”谓虞人。**巽**为鱼，**兑**为泽，故有虞人入泽梁之象。虞人入泽，得其所取，故吉。若他有所求，则取非其时，故不安。今足下占商业，得此爻辞，知所谋之业，必近木近泽，所谋之人，皆已众志相孚。事在初起，不必他求，业无不成。获利以冬季为宜，足下安心从事，可也。

九二：鸣鹤在阴，其子和之。我有好爵，吾与尔靡之。

《象传》曰：其子和之，中心愿也。

“鹤鸣”、“子和”，喻**中孚**之相应也。鹤为阳鸟，二以阳处阴，故曰“在阴”。《春秋·说题》称，鹤夜半则鸣，亦为信鸟，有孚之象。盖鸣者在鹤，和者为子，一鸣一和，同声相应，同气相孚，有得**中孚**感应之妙者矣。“我”谓二，“尔”谓五。“我有好爵，吾与尔靡之”，“靡”共也，为二得此“好爵”，愿与五共之。二五相应，志同道合，一如母子相依，有同鸣共栖之象，其至诚之感孚如此。或疑五为君位，不当言子，不知《易》尚变通，未可拘执一见也。《象传》曰“中心愿也”，谓鸣和乃自然之应，中心相孚，孚之至也。

占 问时运：此唱彼和，适得我愿，正当运途亨通之会。○问营商：主客同心，气谊相投，有交相获利之象。○问功名：有父子同升之庆。○问战征：上下一体，如以臂使手，以手使指，一气相连，有进则共进，退则共退之象，未易攻击者。○问婚姻：得夫妇唱随之乐。○问疾病：是传染之症。〇问家宅：必是贵显之家，且得孝贤之子。〇问六甲：生女。

占例 某贵显伤偶，鳏居数年，友人屡劝续娶，不听。一日闻岐阜县士族，有一良妇，友人皆愿为执斧，恐某贵显固执不从，先为一筮以决之。筮得**中孚之益**。

断曰：此爻曰“鸣”曰“和”，有两心相得，同声同应之象。卦名**中孚**，孚谓鸟抱卵，有育子之象。占娶妇得此爻辞，知娶得此妇，必能夫唱妇随，家室和平。“鹤鸣”、“子和”，“好爵”、“尔靡”，且他日其子又能继承父业，共享荣贵。可谓既得佳妇，又有佳儿也。大吉之兆。占得此爻，友人又惧某贵显严肃，未敢启齿，余又占其媒之成否。筮得**兑之随**。

《爻辞》曰：“九二：孚兑，吉，悔亡。”

断曰：得此爻，其成必矣。孚者，信也，**兑**者，说也，既信且说，复又何疑？余乃先往说，果得允诺。继而又有以阀阅一妇为媒者，或疑前约，将有更变，余再筮之，遇**履之睽**。

《爻辞》曰：“九五：夬履，贞厉。”

断曰：**履**之三爻，为“虎尾”，五爻为虎背也。今某贵显骑虎之势，有不能中止之象，且五爻《象传》曰“夬履，位正当也”，是前约之妇，可为正婚也，知前约之妇，必不能罢。友人不听，进告贵显，贵显决意不允，准从前约，因类记之。

占例 明治三十年，占我国与美国交际。筮得**中孚之益**。

断曰：“鹤鸣”、“子和”者，是谓母子相依，鸣声相和；“好爵”、“尔靡”者，是谓天爵之尊，尔我共有。此中相亲相爱之情，中怀固结，有默相感召者也。今占我国与美国交际，得此爻象，知我二邦，邻交素笃，虽远隔重洋，浑如父子兄弟，共处一室，尔爱我怜，无诈无虞，各保天位，共修天爵。此后交际，当有益见亲睦也。

六三：得敌，或鼓或罢，或泣或歌。

《象传》曰：或鼓或罢，位不当也。

《易》例以俱刚俱柔谓敌应，此爻三四俱柔，敌体也，故曰“得敌”。二至四互**震**，**震**为鼓，又互**艮**，**艮**为止，止即罢也，故曰“或鼓，或罢”。**兑**为口，能歌，**巽**为号，象泣，故曰“或泣，或歌”。“或”者不定之辞，盖三与四敌，始怒而鼓，复惧而罢，继喜而歌，复悲而泣，皆由中心无主，言动改常，其象有如此者。夫人有孚，虽千里相应，孰非吾与？不孚，虽一室相违，皆为吾敌，固不在外貌之相亲，而在内心之相孚也。三居**兑**之极，说不由中，故进退无极，惫可知也。《象传》以“位不当”释之，谓三以阴居阳，位不当也。

占 问时运：目下运途颠倒。○问营商：忽盈忽亏，忽成忽败，皆由主谋不定。○问功名：升降无常，荣辱随之。○问战征：强敌在前，难以制胜。○问婚姻：反复未成。○问家宅：宅神不安，事多颠倒。○问疾病：时重时轻，防有鬼祟。○问行人：欲归复止，一时未定。○问失物：防得而复失。○问六甲：生女。

占例 知友某出仕某县，顷有书来，曰奉内命，得升一级，自憾材力不能胜任，不如仍居现职，诸事熟炼，僚友同心，幸无旷误也，请烦一占。筮得**中孚**之**小畜**。

断曰：爻以敌应在前，以致进退无恒，哀乐不定，有得不足喜，失不足忧之象。今足下占宦途升迁，得此爻象，知足下近有晋级之喜，然其中尚有转折可虑。爻辞所谓“鼓”者进也，“罢”者退也，“泣”者悲也，“歌”者乐也，是明言时事颠倒，心神潦乱，必有忌者为之播弄于其间也。是谓“得敌”，故虽升迁，不如不调，仍服原职为是。

六四：月几望，马匹亡，无咎。

《象传》曰：马匹亡，绝类上也。

六四重阴之爻，月，阴也，故象取月。月至“几望”而始盈，盈则中实，有孚之象。四与五比，五为君位，日也，四为月，月无光，得日之光以为光，是日月交孚也，孚之正者也，故曰“月几望”。“马”者，卦体本**乾**，**乾**为马，四动成**巽**，**乾**象已失，故曰“马匹亡”。“匹”谓初，以四与初，以类相应，谓之匹。**巽**为风，马之良者，能追风，**中孚**十一月，正胡马感北风之时，是**中孚**之气候，有以感之也。《象》以“马匹亡”，释曰“绝类上也”。“类”，上也。初亦**乾**体，象马，如马之离其群匹，绝初之类而上五也。“月几望”者，无盈满之嫌；“马匹亡”者，无党同之累，夫复何咎？窃又别得一说，按马得月之精气而生，月与马自相感孚，故月马并言。“几望”者，为月盈满之时；“匹亡”者，即《传》所谓“绝类”，是马之至良至驯者也。四爻重阴得**坤**气，**坤**为月，亦为牝马，爻象兼取之，以其一气相孚也。亦足备解。

占 问时运：运当全盛，宜保泰持盈，去私从公，得以无咎。○问营商：“月几望”，喻财利之丰盈；“马匹亡”，喻谋事之快利。吉。○问功名：有春风得意之象。○问战征：宜于月夜进攻，马脱蹄，兵衔枚，奋勇而上，定可获胜。○问婚姻；愿望颇丰。“匹亡”者，恐不久有丧偶之灾。○问疾病：三五之期不利。○问家宅：此宅阴气太盛，恐同居中，难免死亡之祸。○问行人：十四五可归。○问六甲：生女。

占例 缙绅某来，请占谋事。筮得**中孚**之**履**。

断曰：爻象取月，取马，月则乘时而满，马者绝尘而趋，是为全盛之象。今足下占谋事，得**中孚**四爻，知足下所谋之事，约在望前可以成就。惟一时同谋诸友，其间有性情契合者，亦有意气不投者，所谓风马牛之不相及也。宜以其不投者，绝谢之，使不致败乃事矣，故无咎也。

九五：有孚挛如，无咎。

《象传》曰：有孚挛如，位正当也。

九五为孚之主，“有孚”一言，惟五足以当之。**巽**为绳，五**艮**为手，象挛，五居君位，二为臣位，五与二相应，即与二相孚。孚曰“挛如”，孚之至也。孚于臣，孚于民，亦可孚于邦，《象》所谓“孚乃化邦”，由是而暨焉。**小畜**五爻，亦曰“有孚挛如”，**中孚**与**小畜**，同体巽顺，故同象。《象传》以“位正当”释之，谓二五之位适当，是以牵系不绝，故能有孚如此。

占 问时运：所谋所求，无不称心。○问营商：同心协力，合伙经营，无不获利。○问功名：有求必成。○问战征：军心团结，戮力同心，自能制胜。○问婚姻：有二人同心，百年好合之庆。○问家宅：一家和乐，百室盈止。○问疾病：病由肝风，致手足牵挛，带病延年，尚无咎也。○问讼事：防有桎梏之灾。○问六甲：生女。

占例 缙绅某来，请占婚。筮得**中孚**之**损**。

断曰：卦象为至诚感孚，心心相印，故曰**中孚**。五爻为爻之主，爻曰

“挛如”，正见其相孚之情，有固结而不解者矣。今占婚姻，得此爻象，知两家必是素相契合，有如手如足之好，此番缔姻，自然夫唱妇随，莫不静好。且五为贵爻，亦必是名门阀阅之家，大喜。

上九：翰音登于天，贞凶。

《象传》曰：翰音登于天，何可长也。

鸡曰翰音，鸡必振羽而复鸣。翰，羽翮也，鸡鸣不失时，孚之象也。鸡本微物，而翰音远闻，人无实德，而有虚声者似之。上居孚极，区区小忠小信，上澈九天，虽正亦凶。《象传》释以“何可长也”，谓其绳盗虚声，何能久乎？

占 问时运：运途亦盛，但虚而无实，转觉可危。〇问营商：场面颇广，声势亦宏，有外观而无内蕴，恐其不能久也。〇问功名：绳盗灵声，君子所耻。〇问婚姻：恐难偕老。〇问家宅：此宅有牝鸡司晨之象，家业难保，凶。〇问疾病：肝风作痛，喊叫声声，病状颇苦，凶。〇问讼事：势将上控，凶。〇问六甲：生女，小儿善啼，恐难育。

占例 一日有自称天爵大神者来，余问其名之何来，并相访之意，彼曰：“余爱知县士族也。为患道路险恶，行者苦之，乃携锹一挺，出东海道，独力修缮。凡至一乡，呼告村人，使咸相助力，率以为常。一日山田大臣经过其地，见余修路，促使相见，余乃陈述心愿，大臣赞之曰：忘身而图公益者，谓之‘天爵大臣’。余因之自号为‘天爵大神’。”问其来意，曰：“今欲架一桥，劝募资助。”余乃将金若干与之。大神又请占气运。筮得**中孚之节**。

断曰：一鸣而声闻于天者，鹤也。鸡乃家禽，而妄窃鸣鹤之声，绳盗虚声，恐干灾祸，故爻曰“贞凶”。今君占气运，得此爻象，适与君之作为，如合符节。君以苦心苦力，修缮道路，事非不正也，然好名之心太重，实欲藉此区区劳力，以博美誉。试观水无源者立涸，木无根者立枯，名而无实，其安能不败乎？且君称名骇异，即取祸之由也。须敛迹自晦，可以免害。

䷽雷山小过

为卦二阳在内，四阴在外，阴为小，谓之小，阴过于阳，谓之过。卦体**震**上**艮**下，**震**动也，**艮**止也，动止宜得其中，若过动过止，皆谓之过。**震**为雷，**艮**为山，若雷过猛，山过险，亦谓之过。以其所过，皆在小事，此卦所以名**小过**也。

小过：亨，利贞。可小事，不可大事。飞鸟遗之音，不宜上，宜下，大吉。

小过者，阴过乎阳，即“行过乎恭，丧过乎哀，用过乎俭”之谓也，过在细故，道乃可通，故曰“小过亨”。“利贞”者，矫世励俗，利在归正，故曰“利贞”。四阴擅权在外，二阳逼处于中，柔弱无力，不足以当大任，只可小受而已，故曰“可小事，不可大事”。**震**为鹄，又为音，故曰“飞鸟遗之音”，遗其音者，哀鸣之声也。飞鸟过高，欲下不得，哀鸣求救，上则愈危，下则犹得安集，故曰“不宜上，宜下，大吉”，吉在下也。

《彖传》曰：小过，小者过而亨也。过以利贞，与时行也。柔得中，是以小事吉也。刚失位而不中，是以不可大事也。有飞鸟之象焉，飞鸟遗之音，不宜上，宜下，大吉，上逆而下顺也。

过当之谓过，过有大小，是以卦名亦分大小过。阳过乎阴，则过大，阴过乎阳，则过小，二卦内外反对，各有偏胜，故为过也。**小过**动而遂止，所过者小，小则可通，故曰“小者过而亨也”。一动一止，宜当其时，当时之谓正，时当**小过**，宜以小过处之，故《彖》曰“利贞”。而《传》则曰“过以利贞，与时行也”，言其因过而得利贞，乃其时之当过也。“可小事”者，谨小慎微，力所优为，以二五之柔得中也；“不可大事”者，遗大投艰，才不胜任，以三四之刚失位也。“飞鸟之象”者，二阳在中，象鸟身，四阴在外，象鸟欲翼而飞也。鸟之徊翔审集，所以避害，一遭矰弋，则鸣声上下，呼群求救，如语所云“鸟之将死，其鸣也哀”，故曰

"飞鸟遗之音"。乘上则逆，逆则必凶，承下则顺，顺则大吉，故曰"不宜上"，而"宜下"也。

以此卦拟人事，**震**动**艮**止，人事不外动止两端，动而过动，动即为过，止而过止，止亦为过，所过者小，是谓**小过**。在人不动不止，则可无过，然不动不止，则亦不亨，唯其有过，乃亦有亨，故曰"小过亨"。所谓过者，往往因时之过刻，而故崇其厚，因时之过猛，而故用其宽，过之不失正，以其能应时而行也。时而宜柔，人唯行其柔耳，柔得其中，故"小事吉"也；时而宜刚，人唯行其刚耳，刚失其位，故"不可大事"也。盖人事之所以得中失中者，唯以时宜为准而已，至所谓"不宜上，宜下"，观夫飞鸟而得其象焉。"飞鸟"，象由**中孚**上六来，**中孚**上曰"翰音登于天，凶"，是即"不宜上，宜下"之旨也。飞鸟上则危，下则安，故曰"上逆而下顺也"。以喻人事，骄亢则危，逊顺则安，乃知谦卑下人者，虽大任不能当，而小事则无不吉也。唯在柔之能行夫时而已矣。

以此卦拟国家，国家之大典，如夏尚忠，殷尚质，周尚文，三王缔造，其制作皆因时而定也。故时宜忠而忠，时宜质而质，时宜文而文，各因其时，即各得其贞，而道无不亨矣；非其时则过于忠，过于质，过于文，皆谓之过也。其过虽小，亦不得谓之非过哉，此过所以分大小过也。**大过**四刚在内，才力盛大，故过亦大；**小过**四柔在外，知识浅少，识小故过亦小。譬如身任国政者，大权在握，其成大，其败亦大；小节自谨，其得小，其失亦小，此皆在刚柔之分也。故柔得中，则小事必吉；刚失位，则大事不可为矣。即凡政事之道，有顺有逆，有上有下，莫不由此而出焉。宜下而下，则谓之顺；宜下而上，则谓之逆。逆者凶，顺者吉。观夫鸟之高飞也，翱翔冥漠，不知所止，不下则不得其食，亦不得其栖，哀鸣嗷嗷，有欲下而不得者矣，凶之道也，为国家者，居高履危，当取象于飞鸟而自警焉，斯知所顺逆矣。

通观此卦，**大过**自**颐**来，口腹之养过度，则有死丧；**小过**自**中孚**来，性情失常，则有灾眚。故**小过**之内，互为**大过**，不中不信，动而不止，必同至灭亡。《彖》曰"亨"者，谓人宜收敛改悔，则自亨通，使亦如**大过**之"不惧"、"无闷"，其咎反甚于**大过**。何则？**大过**有阳刚之才，而**小过**阴柔，飞扬躁扰，尤所深忌也。卦之取象于飞鸟者，亦由**中孚**上爻"翰音登于天”来也，故卦体中，二奇象鸟身，上下四偶象鸟翼。**艮**欲止而**震**欲动，四阴用事，二阳迫处凶惧之地，任阴所往，不能自止，如鸟之振翼高飞，身不自主，翼飞愈远，身愈不安，哀鸣疾呼，求援不得，所谓飞鸟遗音是也。故**小过**之时，下止则吉，上动则凶，所谓“不宜上，宜下”是也。六爻皆取鸟象：初上在外，为翼之翰，皆凶；二五为翼，二无咎，下也，五虽中无功，上也；三四为身，三**艮**止之主，不能止而上应，故凶。四**震**之主，虽动而下应，故无咎。是以《传》所谓“上逆而下顺”者，道由是焉。

《大象》曰：山上有雷，小过。君子以行过乎恭，丧过乎哀，用过乎俭。

震雷者，动而不止，**艮**山者，止而不动。山上有雷，是雷为山所止，雷必小矣，故为**小过**。君子取其象以制行，而行不嫌其过恭；取其象以居丧，而丧不嫌其过哀；取其象以致用，而用不嫌其过俭。盖曰“行”，曰“丧”，曰“用”，皆动也，象**震**；曰“恭”，曰“哀”，曰“俭”，皆止也，象**艮**；其过恭、过哀、过俭，皆所以矫一时之弊也，以其非中行也，谓之**小过**，然亦足矫世而励俗焉。

占 问时运：运途清高，有不屑污同流俗之概。〇问营商：因一时价值过高，不合时宜，买卖均难。〇问功名：以其不谐时俗，反为人忌。〇问战征：屯营山上，地位过高，进退俱难。〇问婚姻：想是老夫女妻，年岁相去过远。〇问家宅：此宅想在高山。〇问疾病：是过寒过热之症，须调剂得中。〇问六甲：生男。

初六：飞鸟以凶。

《象传》曰：飞鸟以凶，不可如何也。

“以”者，即左右之曰以是也。鸟以翼而飞，初与上，象取两翼，故皆言“飞鸟”。**小过**“不宜上，宜下”，初在下，更不宜上，飞则振翼直上，欲下不能，其凶可知也，故曰“飞鸟以凶”。初居**艮**止之始，本无飞象，初与上相终始，上居**震**动之终，上之鸟，动而思飞。初上分为两翼，一翼一飞，一翼不能独止，故飞则俱飞，凶亦俱凶。《象传》释以“不可如何”，谓“上逆而下顺”，初在下，乃不顺下而逆上，是自取其凶也，亦无可如何耳。

占 问时运：不安本分，妄思风腾上进，凶。〇问营商：力小而图大，位卑而谋高，不自量力，必致败也。〇问功名：宜卑小自安。〇问战征：初在**艮**下，宜按兵不动。〇问婚姻：宜门户相当，不宜攀结高亲。〇问家宅：屋宇以低小为宜。〇问疾病：神魂飞越，凶。〇问六甲：生男。

占例 友人某来，请占谋事成否。筮得**小过之丰**。

断曰：鸟本以栖集为安，以飞翔为劳，飞而不下，是鸟不得其栖息矣，是以凶也，犹如人皇皇道路，有不遑安处之状。今君占谋事，得此爻辞，知君所谋，意欲舍小图大，去低就高，为力谋上进之事。就爻象而论，鸟之飞，愈上愈危，欲下不得，喻言君之谋事，愈大愈难，不特其事不成，即他日欲退而就小，而亦不能也。劝君安心退守，不作妄想，斯可免凶也。

占例 二十七年冬至，占二十八年我国与俄国交际。筮得**小过之丰**。

断曰：初爻处**艮**之下，**艮**，止也，本不宜动，乃鸟以动而飞，是失**艮**之止，以从**震**之动，舍顺就逆，是以凶也。《象辞》曰“不宜上，宜下”，鸟能安其在下，则凶可免矣。今占我国与俄国交际，得此爻象，是当以内卦**艮**属我，外卦**震**属俄。在俄，虎视眈眈，只知动兵争强；我以止戈为事，安息民心为尚，现虽与清交战，亦出于势不得已也。乃俄若忌我之胜，有跃跃欲动之意。彼动而我亦不能不动，故初与上，皆言“飞鸟”，是象之发现在此。果若两动，则必两凶，当谨守宜下之戒，则可以免凶。

后我与清国媾和，俄国出而与英德联盟，为清索还辽东。我政府能法顺下之旨，乃得平和结局。

六二：过其祖，遇其妣，不及其君，遇其臣，无咎。

《象传》曰：不及其君，臣不可过也。

《易》例，阴阳相应，为君臣，为夫妇，取其配偶；无应者，或为父子，或为等夷，或为嫡媵，或为妣妇，取其同类。五为父母之位，亦为祖妣之位，阳爻为父为祖，阴爻为母为祖妣。五为父母，则必以二为子；五为祖妣，则必以二为孙。今二五皆阴，而不相应，有妣妇之配，故曰“过其祖，遇其妣”。常例五为君，此卦君当谓上，五则臣也，故臣谓二五。

过四而与五遇，则止于五而不上，故曰“不及其君，遇其臣”。可过而过，不及而不过，为能得经权之中，无过不及之偏，故“无咎”。且二五以柔相亲，五尊二卑，卑之于尊，弗过则可承其礼遇，过则有逾越之嫌，故五视上虽为臣，而二不可遇也。不可遇，则二于上，但觉庙高堂远，瞻仰弗及矣。不可过而不过，安于“宜下”，夫何咎此？此**小过**之最善者也。《象传》之所释者以此。

占 问时运：运途平顺，不得其全，犹得其半，亦可无咎矣。〇问营商：贸资以往，虽未得满载而归，亦足称十得其五矣。〇问功名：不得其上，已获其中。〇问战征：已得斩其将，拔其旗，夫复何咎？〇问疾病：药力未到。〇问婚姻：恐非正配。〇问家宅：宅神不安。〇问六甲：生男。

占例 明治十八年七月，余避暑游伊香保，有号其角堂主人者，工俳谐，访余旅寓，自云：近来俳谐道衰，是愚所叹息也。每年朝廷有和歌御制，许民间咸相赓和，独俳谐无闻，愚窃欲上俳谐天览之议，闻先生通晓神《易》，请占成否。筮得**小过之恒**。

断曰：此爻六二重阴，柔弱无力，爻曰遇妣遇臣，所遇皆阴象，又曰“不及其君”，是明言不能上达君听也。足下占俳谐上呈，得此爻辞，在俳谐为和歌变体，主文谲谏，片字只句，颇得温和厚平之旨，固非徒玩弄风月已也。《爻辞》曰“过其祖，遇其妣，不及其君，遇其臣”，即此论之，虽不及上献九重，或献之于宫闱，或陈之于贵显，当必有风雅相尚者矣，故曰“无咎”。

其角堂主人得此占，大为心喜。

占例 二十九年六月，朝鲜人朴泳孝，归自美国，访我山庄，曰：朝鲜政府，同志者以王内命，促余归国，余犹疑未决，请为一占，以定行止。筮得**小过之恒**。

断曰：《爻辞》曰“不及其君”，已可见促足下归国者，不出于君命，或出自臣下之意也。爻象六二重阴，阳多吉，阴多凶，去恐有祸。且卦体上动下止，贵国政府来召，应外卦之动，内卦**艮**止，已示足下不归之兆。爻象如此，在足下虽故国殷情，还宜自爱，切勿匆匆归去。

朴泳孝闻此占，遂绝归计。后闻朝鲜政府，党类倾轧，廷臣多有以冤罪就刑者。

占例 三十年，占我国与英国交际。筮得**小过之恒**。

断曰：我国与英国，地隔重洋，相距数万里，两国所以连盟者，全藉使臣之通其好耳，即爻辞所云“不及其君，遇其臣”之谓也。就卦位言，内卦属我，外卦属英，二五各居卦中；就卦象言，全卦象取飞鸟，二五为鸟两翼，飞则两翼俱动，足见我两国联合之象，相挟相助，俨同一体，故“无咎”也。

九三：弗过，防之，从或戕之，凶。

《象传》曰：从或戕之，凶如何也。

三处下卦之上，重刚不中，《象》所谓“不可大事”者，三四当之。且三为多凶之地，过将焉往？故爻曰“弗过”。卦体刚阳，一画横亘其中，有防之象，**艮**，止也，有防之义。防者，止其过也，止其过，即当“弗过”。上互**兑**，**兑**为金刀，有戕之象，三逾防而过，或有从而戕之者矣。“或”虽为未然之事，而其势已岌岌可危，故“凶”。《象传》曰“凶如何也”，谓纯刚既足召祸，强进更必致灾，凶由自取，无如何也。

占 问时运：运途不正，谨慎自防，尚可免祸。〇问营商：贩运出外，防遇盗劫之凶，宜勿前进。〇问功名：切弗往求，求则有祸。〇问婚姻：非婚媾，则寇雠也，宜防。〇问家宅：有凶祸临门，宜谨防之。〇问疾病：防是刀伤，凶。〇问失物：不必追寻，方可免灾。〇问讼事：防干大辟。〇问六甲：生男，难育。

占例 横滨商人，橘屋矶兵卫氏来，曰：友人左右田金作，今朝遣店童，送纸币三千元于三井银行，至午后未还，往问三井银行，云并未送来，于是驰人遍索，不得踪迹。请为一占，明示方位。筮得**小过之豫**。

断曰：卦体**震**上**艮**下，**艮**为少男，**震**为长男，三爻重刚不中，正当二男之象。辞曰“弗过，防之，从或戕之，凶”，三在内，四在外，言三须谨防，弗过四处，若逾防而过，恐遭戕贼之祸。据此爻象，此人必已遭害，在谋害者，必是相熟之人，非外来之盗贼也。爻在第三，三为鸟身，一时不能飞逸，五爻曰“公弋取彼在穴”，自三至五，为三日，不出三日，凶手必可捕获也。后三日，果得此死尸于某之米柜中，谋害者名雨宫忠右卫门。捕执鞫问，二人系同乡，常相往来，此日该童携三千金币，过忠右之宅，忠右知其赍大金，顿起不良，缢而杀之，夺其金，隐匿尸体于米柜中，以布裹之，意将托邻人而弃诸江云。

九四：无咎，弗过，遇之。往厉，必戒。勿用，永贞。

《象传》曰：弗过遇之，位不当也。往厉必戒，终不可长也。

四亦阳刚不中，四处外卦之下，以刚居柔，非若三之重刚在上也，故“无咎”。“弗过遇之”，遇者不期而遇者也。**小过**“不宜上，宜下”，不可前往，往则有危，故曰“往厉必戒”，所以戒其妄动也。《彖》曰“过以利贞，与时行也”，时当夫动，以动为贞，时当夫止，以止为贞，贞在随时，不在固守，故曰“勿用永贞”。《象传》以“位不当”释“弗过遇之”，谓以阳居阴，刚而失位，示弗过五也。以“终不可长”释“往厉，必戒”，谓往则有危，不可长守其正也。此爻《九家易》谓“四进则遇五，不复过”，于卦象最合。汉人言象，固有至当不易者。

占 问时运：运以当可之谓时，勿宜妄动轻进。〇问营商：得可而止，切勿过贪。〇问功名：不求躁进，自得巷遇之庆，若妄动希荣，恐反遭祸。〇问战征：四刚而失位，勿宜进攻，乃可无咎。〇问婚姻：自有良缘，得时则遇，勿宜急急媒聘。〇问家宅：安居为宜，无用迁移。〇问六甲：生男。

占例 友人某来，请占借贷钱财。筮得**小过之谦**。

断曰：四处**震**之始，**震**为动，动则思欲前往。自四往上，必先过五，爻曰“弗过”，当自有礼遇，礼遇即在五也。遇则反危，必当戒慎。今占借贷，得**小过**四爻，知足下为借贷而前往。四与五比，不可过也。弗过于五，必有相遇于五也。五爻曰“密云不雨”，则大惠必难望矣；又曰“弋取彼在穴”，则小惠当必得也。若越五而往，不特无获，且致危厉，所当自戒。

六五：密云不雨，自我西郊。公弋取彼在穴。

《象传》曰：密云不雨，已上也。

“密云不雨”，与**小畜**《彖辞》同，言其不能济大事，即《彖辞》所云“不可大事”之义也。六五以阴居尊，阴之盛也，阴盛则有云雨之象。五互**兑**为密，故曰“密云”；**兑**又属西，故曰“西郊”；上**震**下**艮**，**震**动而**艮**止之，故曰“不雨”。盖**小过**盛阴在外，阳气伏藏，是以密云而不雨也。云之占自东而西则雨，自西而东则不雨，故曰“自我西郊”。《易》例，大事称王，小事称公，**小过**“可小事，不可大事”，故曰“公”。卦自**坎**来，**坎**为隐伏，穴之象。**坎**又为弓，为弧，弋之象。弋所以取飞鸟也，故曰“公弋取彼在穴”。“密云不雨”，是“不可大事”也；弋取在穴，是“可小事”也。“不宜上”，故云在上而不雨，宜于下，故穴在下而可弋。五为卦主，故《象》之旨，皆于五发之。《象传》曰“已上也”，亦即以释《象》“不宜上”之意也。

占 问时运：运途平平，难成大事，只可小受。〇问营商：小利可占。〇问功名：伏处山林，当有弓旌下逮。〇问战征：敌于山穴中，设有埋伏，宜先攻取之。〇问婚姻：是钻穴隙以相从者，非正娶也。〇问天时：大旱。〇问失物：当就穴地中觅之。〇问疾病：宜用针刺之法治之。〇问六甲：生男。

占例 三十年，占陆军省气运。筮得**小过之咸**。

断曰：云行雨施者，动象也，**震**动而**艮**止之，故有云而不雨。**艮**为穴，**震**为逐，象弋取，是穴在下，而**震**取之，即《象》“宜下”之谓也。爻象谓雨不下降，是“不可大事”；谓穴而可取，是为可以小事。今占陆军气运，得此爻辞，陆为旱地，本不取雨。西方属金，金兵象，我国居东，兵必西行，西郊正行兵之地也。穴亦陆地，可以伏兵。“公”指陆军之大臣也。弋本军政所必需，或于军隙之暇，猎彼山野，弋取飞鸟，以供军食。弋本小事，无不可也，知本年陆军，无大动作，可相安无事也。

上六：弗遇过之，飞鸟离之，凶，是谓灾眚。

《象传》曰：弗遇过之，已亢也。

上爻重阴不中，居全卦之极，上与初为终始，故初曰“飞鸟”，上亦曰“飞鸟”。四曰“弗过遇之”，上曰“弗遇过之”，其义大反。“弗过”者，谓弗过于五，而自得所遇，遇则无咎也；“弗遇”者，谓不过于五，而复欲过之，过则必凶也。位处卦外，象为鸟翼，与初并飞，初当始飞，已知其凶，上则其飞已极，故凶尤甚。罗网高张，欲脱不得，《诗》所咏

“鱼网之设，鸿则离之”是也。以亢致灾，违“不宜上”之戒也，故《象传》即以“亢”释之。

占 问时运：高而愈危，进而愈厉，不知退守，凶由自取也。〇问功名：躁进取祸。〇问营商：既不遇时，又复妄进，必致取败。〇问战征：凡行军前进，不遇敌兵，知敌军必于暗地设伏，宜即退军，否则必陷险难。〇问婚姻：防堕奸媒之计。〇问六甲：生男。

占例 友人某来，请占其子疾病。筮得**小过之旅**。

断曰：卦象取飞鸟，上为鸟翼，鸿毛遇顺风，飞鸟之所顾也，乃不遇而复过之，是鸟之飞而不止者，取凶之道也。今足下占子病，得此爻辞，上处**震**之极，**震**为长子，知足下必长子患病，爻象重阴不中，知病必是过寒之症，医者不察其过寒，而复以寒凉之剂进之，是以病愈凶也。鸟离罗网，是谓活捕，尚未致死，其病犹可望生。此爻已终，下卦**既济**，**既济**者，谓得济夫险也，如此则病又可挽回矣。

䷾水火既济

卦本地天**泰**，**泰**交故水火济。水在地中，未升于器，火在木中，尚丽于空，卦取润下者加诸火上，取炎上者厝诸水下，是谓**既济**。此卦所以名水火**既济**也。

既济：亨，小利贞。初吉，终乱。

“济”者渡也，“既”者尽也，万事皆济，故曰**既济**。卦取**坎**、**离**，**坎**水润下，**离**火炎上，相交为用，阴阳和会，百务就理，无有不亨。然**既济**之亨，亨犹其小者耳，故曰“亨小”。在处既济者，犹当勿侈其亨，在励其贞，贞于初，亦贞于终，斯有吉无乱矣，故曰“利贞”。若不能长保其贞，则亨通未久，危乱随之，故曰“初吉，终乱”。

《彖传》曰：既济亨，小者亨也。利贞，刚柔正而位当也。初吉，柔得中也。终止则乱，其道穷也。

《序卦传》曰：“有过物者必济，故受之以既济。”譬如有过人之才德者，然后可以济世，此**既济**所以继**小过**也。**既济**。**未济**，处《易》上下经之终，其象皆取诸**坎**、**离**。**坎**、**离**者，天地之大造；水火者，生人之大用。水得火不寒，而资生之利普；火得水不燥，而烹饪之功成。水火相济，谓之**既济**，**既济**者，刚柔得中，物无不济，虽小亦通，故曰“亨小”。《传》曰“小者亨也”，小者尚亨，何况于大？盖亨之道，由既济而来，则得其亨者，更当保其既济，是宜“利贞”。“刚柔正而位当”，**既济**之所以为**既济**者，在此矣，由是而得亨，由是而得贞，亦由是而有始，由是而有终，则有治无乱可也。《传》曰“初吉，终乱”，正为不能持终者戒焉。故凡当既济之时，所贵防微杜渐，持盈保泰，斯汲汲求治，不至有初而鲜终也；若徒拘于目前，而志满气盈，不自乾惕，则治于此止，即乱于此起矣，可不慎哉！《传》以“柔得中”释“初吉”，谓柔小尚得其中，则刚大无不济矣，是以吉也。以道之穷释“终乱”，谓进修既以中止，则前功必难恃矣，是以乱也。

以此卦拟人事，人事之用，莫大乎水火。在人身则以血气为水，以心神为火，在日用则灌溉必需水，烹饪必需火；且水非火，亦无以奏其功，火非水，则无以成其用。盖水火虽相克，而实以相成，相成则相济，相济则相通。使小有来通，即不足谓之济也，既济则无不通矣，故曰“既济亨小”。是既济在人事，大而邦家，小而身心，穷通得失，生死存亡之故，皆在其中。《传》曰“小者亨也”，而大者要亦无不亨矣。卦体以柔居柔，以刚居刚，各得其正，即各当其位，譬如人事之无所偏曲，道在利贞，而邪僻自不得行也。“柔得中”，谓**离**之中虚，虚则明，**离**在下，故曰“初吉”；“止则乱”，谓**坎**之中满，满则危，**坎**在上，故曰“终乱”。凡人事之靡不有初，鲜克有终，观夫**既济**，当知所戒矣。

以此卦拟国家，为卦内**离**外**坎**，**坎**，难也，**离**，明也，是以**离**明而济**坎**难，即**明夷**所云“文明柔顺，而蒙大难”之旨也。以明济难，而难定矣；是之谓**既济**，既济而视若未济，则济于初，亦济于终，斯亨者永亨，贞者永贞，而治道庶乎其不穷矣。若既济而自恃为既济，则止则事止，其道穷也。自古帝王精一危微之传，其在兹乎？《大象》所云思患豫访者，正所以保既济之终也已。

通观此卦，《易》六十四卦，首**乾**、**坤**，《上经》三十卦，终**坎**、**离**，以其为天地之终也；《下经》三十四卦，终**既济**、**未济**，以其为**坎**、**离**之交也。天下之事，**未济**则忧其不济，**既济**则宜图其永济，然无终不初，无往不来，一治一乱者，天也，一阴一阳者，道也，天无无阴之阳，世无不乱之治。今以爻观，六位得所，未有如**既济**者，奇偶各三，其数均也；以阴居阴，以阳居阳，其位当也；六爻上下，刚柔相配，其应正也。**乾**、**坤**以来，三百八十四爻，循环往复，变化交错，而后得**既济**。**离**明在内，**坎**险在外，明以消险，以开济世成功之会，由此而慎始图终，有治无乱，固万世人民之幸福也。然乱极思治，治极思乱，天运剥复，卦象已示其机矣。下**离**而互**坎**，上**坎**而互**离**，反复之象也。以阴而乘阳，初治而终止，盛衰之兆也，故《象》曰“终止则乱”。可知造化之数，不能长治久安者，非人力之强排，可以终济也。又以图数推之，初刚，二柔，三刚，四柔，五刚，六柔，与天一，地二，天三，地四，天五，地六，其数正合，然至六而止，是亦天地无完数也，所以**未济**方来，皆自然之法象。故众人以**既**

济为喜，圣人以**既济**为忧，何者？未治易治，既治难保。六爻之孜孜以保济者，各有次序焉：初为济之始，力求其济者也；二得济之中，不失其济者也；三涉济之险，言其济之甚难也；四处济之时，惧其济而复失也；五受济之福，喜其济之合时也；六当济之极，虑其济之不可久也。凡卦皆至终而穷，**既济**之终，则为**未济**，六十四卦穷于**未济**。**既济**变而为**未济**，岂但**既济**之穷而已哉！则"初吉"其可恃乎哉？

《大象》曰：水在火上，既济。君子以思患而豫防之。

水性润下，火性炎上，水在火上，火在水下，二者相资为用，得以成**既济**之功也。君子玩其象，而凛凛焉，不以**既济**为可恃，更以**既济**为可危。**坎**险在外，防患之象；**离**明在内，豫思之象。祸每生于不测，害即伏于既安，豫时而防之，则可以保其"初吉"，即可以弭其"终乱"，故曰"君子以思患而豫防之"。

占 问时运：运途全盛，盛极必衰，须防后患。○问营商：目下货物，得时得价，正当满足，须留后步。○问功名：居高思危，得防其终。○问战征：大难既平，大险既定，战胜功成，还宜图始保终，毋贻后患。○问家宅：大厦既成，苟完苟合，贻谋孔远。○问婚姻：有好合百年之兆。○问疾病：大病既痊，更宜自保。○问讼事：毋再涉讼。○问六甲：春夏生女，秋冬生男。

初九：曳其轮，濡其尾，无咎。

《象传》曰：曳其轮，义无咎也。

既济爻义，大略与**泰**同。**泰**下卦三爻，为**泰**中之**泰**，上卦三爻，为**泰**中之**否**，**既济**亦然。其所以分内外者，**离**为明，**坎**为险，犹**泰**以**乾**为有余，**坤**为不足也。**既济**初爻，以济渡取义，故有曳轮濡尾之象，**坎**为轮，为曳，初为尾。"曳其轮"者，曳之前进，是用力而求济也。按《诗》"济盈不濡轨，始济而濡及马尾"，言济之难也，然尾虽濡而曳不倦，曳者济矣。初居济之始，力求其济如此，故"无咎"也，《象传》即以无咎释之。

占 问时运：运未脱险，当自奋勉，可以无咎。○问营商：初次经营，跋涉多艰，前而不止，虽危得济，无咎。○问功名：先难后获。○问战征：虽有车脱马蹶之危，一鼓而进，当必可获胜也。○问家宅：初次迁居，虽此宅或轮奂不美，或首尾不完，居之无咎。○问婚姻：火为水妃，初聘则吉。○问疾病：初病，虽危无咎。○问六甲：初胎生女。○问失物：物已沾水，当就车中觅之，可得。○问行人：在途，稍有水灾，无咎。

占例 明治二十一年，缙绅某来，请占气运。筮得**既济**之**蹇**。

断曰："轮"，车轮，涉水之具；"尾"，马尾，为水所濡也。是为曳轮济水，马尾被濡，盖言初济之难。初能用力求济，终得无咎，足见人当涉险之时，奋力脱险，险无不可济也。今贵下占时运，得**既济**初爻，知贵下方今盛运已来，时安身泰，但险难初脱，尚小有灾害，可无患也。明后二三年，犹须谨戒，四年后，则吉福来临，全盛有庆，无往不利。

六二：妇丧其茀，勿逐，七日得。

《象传》曰：七日得，以中道也。

火为水妃，故二**离**象妇。"茀"，车蔽也。《尔雅》"舆革，前谓之艰，后谓之茀；竹，前谓之御，后谓之蔽。"曰"弗"，曰"蔽"，以竹革而异也。《诗》则统谓之茀，"硕人翟茀以朝"。孔疏云："妇人乘车不露，车之前后，皆设障以自隐蔽，谓之茀。丧弗者，失其所蔽也。"二当临济之时，驱车前进，车在前，弗在后，中途丧弗，停车而逐，将有欲济而不及者矣，故示之以"勿逐"。"七日得"者，得犹复也。阴阳之数，至七而复，一卦六爻，循环往复，自二后至七，又值二爻，故不过七日而自得也。《象传》以"中道"释之，日辰十二，七日正当中也。丧茀者，或云二乘车适五，四当其前，四**坎**为盗，是窃茀者也。其说亦通。茀，《释文》："茀，首饰。"马从之。干云"马髴"，按《诗》屡言"茀"，皆作车蔽，且初曰"曳轮"，二曰"车茀"，象正相合，当从郑作车蔽。

占 问时运：小小得失，切勿介意，方得脱大难，成大功也。○问营商：有失而复得之象。○问功名：七年内，定可复职。○问战征：中途被劫，丧其辎重，七日内，必获胜仗。○问婚姻：早则七月，迟则七年，可复团聚。○问家宅：其宅被人占居，七年后，即可归还原主。○问疾病：七日必愈。○问失物：不久可得。○问六甲：七日内可产，生女。

占例 一友访余山庄，谈及某贵显，曰：贵显以未赐勋章为憾，请为一占。筮得**既济**之**需**。

断曰：茀为车蔽，言妇人乘车，设之所以自蔽也，丧茀则失其所蔽矣。“勿逐”者，谓区区小失，不必追逐，不久自可后得，喻言人当建大功，立大业，琐屑微物，得丧本不关荣辱也。今为某贵显占勋章，得此爻象，爻象所言，显然明示，劝贵显不必忧虑。“七日得”者，谓不久定可荣膺宠赐也。

后友人复来曰：占筮甚灵，某贵显已得宠锡勋章，爻辞之言，恰如为某贵显特设者也。

九三：高宗伐鬼方，三年克之。小人勿用。

《象传》曰：三年克之，惫也。

“高宗”，殷中兴之主；“鬼方”，西羌国名。按《竹书纪年》，武丁三十二年伐鬼方，次于荆，三十四年，克鬼方，氐羌来宾，即“高宗伐鬼方，三年克之”，实事也。**既济**爻象，初二皆在济中，至三始济，故取三年克鬼方以为况。高宗贤主，鬼方小国，六师所加，三年乃克，师亦惫矣，以喻济**坎**之难如此。天下之事，每以艰难得之，安乐失之，当其始，数载经营而不足，其后一旦败坏而有余；而其弊皆由于远君子而近小人也，故戒曰“勿用小人”，处**既济**者，所当凛凛焉。**师**上爻曰“开国承家，小人勿用”，与此爻辞，意正同。

占 问时运：忍苦耐劳，所谋必成。○问营商：数载经营，方可获利。○问功名：辛苦而成。○问战征：劳师久征，所攻虽得，然亦惫矣。○问婚姻：三年内可完配。○问家宅：此宅阴象太重，三年后，方可居住。○问疾病：此病一时无恙，三年内，必难保全。○问讼事：三年可了，防小人又复生事，宜戒。○问六甲：生女。

占例 某商人来，请占谋事成否。筮得**既济**之**屯**。

断曰：“高宗伐鬼方”，历三年之久，而乃得克之，以喻三爻处内卦之终，历初二之难，而始得济之，其象正同，观此即可知谋事之非易易也。今君占谋事成否，得此爻辞，知君所谋之事，一时必难就绪，早则三月，迟则三年，方可合议成就。成后二年，定有大来之吉，但其事与君子合谋，自有利益，与小人合谋，必致败坏，君其尤当注意焉。

占例 三十年，杉浦重刚氏来，曰：足尾矿毒事件，纷纷滋议，朝野骚然，请占其结果如何？筮得**既济**之**屯**。

断曰：按九三**艮**爻，**艮**为鬼门，故曰“鬼方”。三居**坎**、**离**之间，**坎**为毒，为疾，**离**为大腹，三与上应，三至上三爻，故曰“三年”。“克之”者，治之也。象为腹受其毒以至死亡，其毒实起于**离**火，出自**坎**水，非一日矣。爻辞所云“高宗伐鬼方”者，“鬼方”喻言其地之险也。高宗贤主，喻言必有能人治之也。今占足尾矿毒，得此爻象，按足尾铜山，每年出铜一千二百万斤，其价不下三百万元，政府收税，得十五万元，矿局夫役，约有一万八千人数，皆赖此为生活，是我国矿山之最大者也。毒由矿铜出丹矾，丹矾有毒，毒入河流，平时未闻其害，因洪水浸田，其毒遂滋。原洪水冲决，由于堤防不固，堤防之害，咎归土木局。至土木局修筑堤防，必需经费，其责又归大藏省。今矿毒事件，纷议未有的目，多为小人从中扇惑所致，恐此案亦将亘三年之久乎？必于此事无甚关系者，不许干涉，谓之“小人勿用”；修筑堤防，以杜**坎**水之害，此案自得终局矣。

六四：繻有衣袽，终日戒。

《象传》曰：终日戒，有所疑也。

按：“繻”为采绘，“袽”为敝衣。四处内外卦之交，出**离**入**坎**，繻有文明之象，盖取诸**离**；袽为败衣，**坎**为破，盖取诸**坎**。言四当**既济**之盛，衣冠济济，文物声名，焕然一新，然天命靡常，盛倏为衰，新倏成故，若不因时弥缝，曾不几时，立成败坏，犹是绘采之华裳，未几而为敝败之残絮矣，故曰“繻有衣袽”。**既济**，由**乾**、**坤**二五相易而来。“终日戒”者，即**乾**“终日乾乾，夕惕若”之意，当**既济**而益励危心，其戒慎无已时也，故曰“终日戒”。《传》释以“有所疑”，**坎**为疑，疑者，未然而忧其或然，亦戒也。“繻”，王弼谓宜作濡，“衣袽”谓以敝衣塞舟漏也。王弼之解，强从济字取义，谓济必有舟，舟或有漏则濡，濡则敝衣塞之。于爻辞“繻有衣袽”一语，添生枝节，自圆其说，未免矫强。

占 问时运：运当全盛，然不豫访，衰即立至，所宜谨戒。〇问营商：如舟行，中流舟漏，急宜补修。〇问功名：有忽锡忽褫之惧。〇问战征：夺帜易帜，胜当虑败，所贵临事而惧。〇问婚姻：古人多以衣服比夫妇，为不可喜新而弃旧也。〇问疾病：是老弱之症也。〇问六甲：生男。

占例 一日西村舍三氏来，曰：予奉职土木局长，数年来为治水巡回全国，已三次矣。溯自维新以前，各藩自保疆土，堤防山林，各有禁令，是以林木畅茂，土脉坚固，无堤防溃决之患也；维新以降，政令一变，山阜陵谷，无不开垦，泥土流出，壅塞河道，以致河流不通，溢出堤上。洪水泛滥，为灾非浅，乏奠平之策。子幸一筮，以示处理之方。筮得**既济**之**革**。

断曰：爻辞"繻有衣袽"，"繻"作濡，为濡漏之象。"衣袽"，敝衣，为塞漏之用。"终日戒"者，为危险之至，非一时可济，须终日防备也。舟漏虽小，而治水之法，爻已显示其象矣。足下占治水之方，得此爻辞，所谓危者防之，漏者塞之。爻曰"衣袽"，第即一物以喻之而已，或用沙土，或用木石，皆可以"衣袽"例之，因地制宜，由小及大，皆在足下酌行之耳。"终日戒"三字，最为切要，所当刻刻豫访，不可稍懈，有危心无危地也。治水之道，无过于此。

占例 知人阪田春雄氏，尝奉命赴澳国博览会，余一日访其家，其母语余曰：前有电信，报告归期，今愆期未归，并无后电，心甚忧之。请余一占。筮得**既济**之**革**。

断曰：此卦上**坎**下**离**，**离**南**坎**北，今四爻出**离**入坎，是船已过赤道，而在北洋之象。依爻辞，知有行舟破漏之患，实为可虑，然**离**阴变为**坎**阳，生命无害。又进一爻，则五爻之阳，变而为阴，是水变为地，即全身上陆之象，其免难也必矣。

时其家有洋学生三人，闻此断语，窃相诽笑。余曰："易理甚妙，非诸君所知也。诸君不信，待春雄君归时，可知灵验矣。"后数日，春雄氏归，曰船抵赤道以北，为暗礁所伤，是以着港，致迟延也。

九五：东邻杀牛，不如西邻之禴祭，实受其福。

《象传》曰：东邻杀牛，不如西邻之时也；实受其福，吉大来也。

五与二相应，犹东与西相对，五为君，二为臣。东邻为君，是纣之国中；西邻为臣，是文王之国中也。按纣都在东，岐周在西，东邻西邻，郑谓殷周是也。**离**为牛，**坎**为豕，杀牛而凶，不如杀豕受福，喻言奢而慢，不如俭而敬也。上卦处**既济**之后，下卦当甫济之时，殷天子祭用太牢，故杀牛；周西伯不得用牛，用豕，故为禴。当时殷道已衰，时为既济；周德方新，时为甫济。既济者，时已去；甫济者，时方来。已去不复也，方来者未有已也，则杀牛不足侈，而禴祭大可恃，故曰“东邻杀牛，不如西邻之禴祭，实受其福”。九五阳爻，阳为实，五体**乾**，**乾**为福，《象传》以“吉大来”释之。**泰**曰“小往大来，吉亨”，自外而内曰来，卦以二五相易，为**乾**成**泰**，谓福自**乾**来也。

占 问时运：已盛则退，方盛则进，宜保俭约，毋侈奢华，吉凶皆由自取也。〇问战征：盛气在西，宜顺天修德，不宜暴兵耀武。〇问营商：合伙同业，殷富者亦奢，不如俭约者，实获其利也。〇问功名：已成者宜慎，未成者大可望也。〇问婚姻：宜就西邻订姻，吉。〇问家宅：宅以西首为吉。〇问疾病：宜祷。〇问六甲：生男。

占例 横滨辨天通橘屋者，余之所知也，其邻家，有岩井屋某，专售西洋家具。明治元年，余因橘屋介绍，卖与木材，价值数千元，岂知彼阳饰富裕，内实贫困，阅数日不偿其价，余乃忧之。以一占决之。筮得**既济之明夷**。

断曰：爻言“东邻杀牛，不如西邻之禴祭”受福，卦以九五为东邻，以六四为西邻，五为主爻，五与二应，是主不如应也。今就所占论之，则以岩井之卖主为东邻，以橘屋之介绍为西邻，如此疑橘屋，有于中取利矣。我将向橘屋索价，橘屋必不能辞责。以橘屋当西邻，爻位属**离**，**离**火也；卖者为木材，木以生火，火得旺势，则**坎**水受煎，东邻亦不能不出而偿价也；且**离**为女，可着女人而往索之。

后余果与橘屋妻女相谋，乃得受值。

上六：濡其首，厉。

《象传》曰：濡其首，厉，何可久也。

上为首，初为尾，是首尾相接也。上处**既济**之极，反之即**未济**。已然者甫能过，未然者早相待，进而不已，身虽未溺，首先犯焉，故曰“濡其首”。夏殷之盛，未几而坏于桀纣；文武之兴，未几而降为幽厉。所谓治日少而乱日多者，古今有同慨焉，故曰“厉”。《象传》曰“何可久”，所以戒之者深矣。

占 问时运：好运已过，深为可危，宜慎。〇问战征：上处坎险之极，上为首，恐首将有不利。〇问营商：头番卖买，必难获利。〇问功名：可许夺元。〇问婚姻：元配有灾，续弦无咎。〇问家宅：此宅长房不利。〇问讼事：防首领难保。〇问疾病：患在首面，可危。〇问六甲：生男。

占例 友人某来，请占行运。筮得**既济**之**家人**。

断曰：上处**既济**之终，不保其终，**既济**即转而为**未济**。上为首，是首先濡矣；喻言人生在世，前运既过，后运将来，既过者其险已平，将来者其险正多。知足下方今，正当交运之时，前运大佳，后运尤当谨慎，可以出险脱危。

䷿火水未济

未济反**既济**，以**既济**之上卦，反而居下；**既济**之下卦，反而居上。火与水相背不交，是炎上者未能成其炎，润下者未能致其润，此卦所以名火水**未济**也。

未济：亨，小狐汔济，濡其尾，无攸利。

不曰不济，而曰“未济”，非安处不济也，未耳。盖**未济**而自有可济，亦未亨而自有可亨，故曰“未济亨”。**坎**为小狐，“汔”，几也。济必登岸，始为**既济**，一步不至，犹未也，“汔济”安得为济哉！小狐力弱，中流失济，尾重不掉，难免濡矣，复有何利？故曰“小狐汔济，濡其尾，无攸利”也。

《彖传》曰：未济，亨，柔得中也。小狐汔济，未出中也。濡其尾，无攸利，不续终也。虽不当位；刚柔应也。

此卦下**坎**上**离**，**坎**为水，**离**为火，火上水下，水火不相交，即水火不相为用，为天地昏而未旦，宇宙混而未开之会也。**既济**、**未济**，《彖》皆言“亨”，**既济**之亨，已然之亨；**未济**之亨，未然之亨。未然之亨，而终可得亨者，以其柔之得中也。小狐不能涉川，不自量力，贸然前进，虽几乎济，而终至不济，未能出险之中也。三四当卦之中，**坎**尽于三，故未出中；未出中，则飘泊中流，欲进不能，欲退不得，是足未登，而尾已濡矣。“不续终”者，谓续**既济**之终也。**既济**之终，乃**未济**之始；**既济**之首，乃**未济**之尾。**既济**之终而濡首，则**既济**几不保其终，所望**未济**续之耳。乃**未济**而濡尾，则不能续**既济**之首，即不能续**既济**之终矣。**既济**、**未济**，首尾相接，终而复始，不续其终，譬如寒暑不错行，日月不代明，而天地亦几于息矣，况于人事乎？故“无攸利”。处**未济**者，所当原始要终，力求其济，勿效“小狐汔济”而濡尾也。在一时之**未济**者，无他，以其位之不当也，然位虽不当，要自有可济之理。**既济**之为**既济**，无非以刚柔之相应，**未济**亦同此刚柔，由未而既，在此一济，即在此一续，则**未济**之终，亦即为**既济**之终，而乾元亦由是而始焉。

以此卦拟人事，人生涉世，不能无险，不能不求其济。当其未济，固不可安于未济，所当黾勉以期其济。安于未济，则终不济矣；黾勉以期其济，虽一时未济，而终必可济也。**未济**而进为**既济**，**既济**之亨即可为**未济**之亨矣，故**未济**亦亨。处未济者，由此济彼，涉夫险中，即出夫险外，必求彼岸之登，不为中道之画。**既济**之首可续，**未济**之尾不濡，复何往而不利者哉！人事当此，绝而复续，终而复始，已然者保而无失，未然者进而无穷，如是则未济者必济矣。而一时犹有未济者，以其位之不当也。按爻位必火在下，则水受其煎，必水在上，则火奏其功，颠倒失位，是两不相用也；不相用，则不相济，然亦非终不济也。卦体上互**离**，下互**坎**，**坎**刚**离**柔，上下相互，即上下相应，**既济**之为既济，在此刚柔之相应，**未济**之进为既济，亦在此刚柔之相应耳。以柔济刚，即以终续始，复有何险之不济哉！天道循环，人事代更，要不外此刚柔之相应而已。

以此卦拟国家，国家之兴衰治乱，颠覆存亡，唯在**既济**与**未济**相续相保而已矣。作《易》者在殷周之际，论者谓**既济**之卦属诸殷纣，**未济**之卦属诸周文，文当蒙难艰贞，正值未济之时也，而小心翼翼，不回厥德，乃所以求其济焉。彼密崇之距侵，皆小狐之汔济，其何能济哉！惟文以柔顺文明，蒙此大难，率能无畔援，无歆羡，诞登道岸。其济也，其亨也，其得天人之相助，而成其济也，庶几大畏小怀，无往而不利者矣。乃能以周继殷，即周之未济，以续殷之既济，则殷之变而为周者，亦即此首尾之相续也。后世继周而值**未济**者，皆当取法于文也。《诗》云“淠彼泾舟，烝徒楫之”，可想见其济之亨也已。

通观此卦，**既济**者功已毕，**未济**者事复始，终而复始，有生生之义焉。“生生之谓易”，《易》所以终于**未济**也。**既济**者水在上，势欲下，火在下，势欲上，二气参和，交致其用；**未济**反是，炎上者上升，流下者反下，分背不交，不相为用。致用则其用已成，不相为用，而其用正有待也，此即五德相乘，四时递嬗，无绝不续之运会也。**坎**、**离**之**既**、**未济**，犹**乾**、**坤**之**泰**、**否**，**泰**极则**否**，**既济**而后**未济**，其象同焉。为卦下三爻为**未济**中之**未济**，上三爻则为**未济**中之**既济**，由未而既，故爻象视**既济**为吉，卦体**坎**上**离**下，**离**为日，**坎**为夜，**离**明**坎**暗，**离**虚**坎**实，德莫大于明，道莫神于虚，故**坎**降而**离**升，**坎**隐在内，**离**明在外，日丽天上，水行地下，**乾**、**坤**正位，法象之自然也。圣人于此，当其既济，不忘未济之念，当其未济，倍切既济之图，业必慎于创始，功不隳于垂成，俾天运得以永贞，治道得以久安，岂不甚愿？无如阴阳倒置，爻位失当，**坎**、**离**各安其宅，水火互藏其用，卦所以为**未济**也。在六爻，位皆不当，而刚柔则各相应也。初濡尾，无济之具也；二曳轮，得济之具也；三涉川，以躁动而凶也。内卦三爻，皆为欲济而犹未济者也。四“有赏”，以**震**伐而行志也；五辉光，以“有孚”而获吉也；上濡首，以饮食而失节也。外卦三爻，皆进**未济**而为**既济**者也。爻以二五为正应，故皆曰“贞吉”；初与四虽应，初当济之始，四得济之中，故初不如四吉；三与上皆处极位，三以**未济**而失利，上以**既济**而失节，故皆示以为戒，戒之正，所以保其终也。《易》之道以不终为终，乃无终而非始，故**乾**曰“无首”，**坤**曰“无终”。六十四卦，不终于**既济**，而终于**未济**，为**既济**者已尽，**未济**者无穷，以既启未，以未续既，**乾**、**坤**之大用，即在**坎**、**离**之相续也。

《大象》曰：火在水上，未济。君子以慎辨物居方。

火热水寒，物之各异其性也；**离**南**坎**北，方之各殊其位也。火在水上，是炎上润下，并失其位，两不相济也，故曰**未济**。君子观其象，而辨之居之，辨其物，使物得其宜，而不相混，居其方，使方从其位，而不相越。皆以审慎而出之，斯知之无不明，处之无不当，而其未济者乃可进于济矣，故曰“君子以慎辨物居方”。

占 问时运：运途颠倒，诸事须慎。〇问营商：货物失当，地位不合，所当谨慎处置，方可获利。〇问功名：未也。〇问战征：营垒器具，各失所宜，不相为用，急宜慎重审察，斯可免败。〇问家宅：方向倒置，须当改易。〇问婚姻：门户不合。〇问疾病：上下焦血络不通，宜升不升，宜降不降，药方最宜审慎。〇问失物：辨明方位，可以寻得。〇问六甲：上月生女，下月生男。

初六：濡其尾，吝。

《象传》曰：濡其尾，亦不知极也。

初居**未济**之始，《彖》所云“小狐汔济，濡其尾”，初爻当之。**未济**之初，与**既济**之上，首尾相接。**既济**之上，以濡首而厉，初踵其后，见上之濡首，反而自惩，未济者亦可免于濡矣，乃前首后尾，同遭其濡，顽不知戒，故曰“吝”也。《象传》以“亦不知极”释之，谓前覆其辙，后又不知而蹈之，故曰亦不知其极也。

占　问时运：不审前后，不顾进退，卤莽从事，是昏而无知者也。○问营商：前既失败，后又不戒，覆辙相仍，其将何以了事乎？○问功名：龙头既失，骥尾亦必难附。○问婚姻：流离琐尾，团聚难矣。○问家宅：此宅前门后户，方位不正。○问疾病：病在下身。○问六甲：生男。

占例　友人某来，请占制造物品生业如何。筮得**未济**之**睽**。

断曰：初居**未济**之初，正在济未将济之时，**既济**之终“濡其首”，**未济**之始“濡其尾”，有首尾不相顾之象。今君占制造生业，得此爻辞，知此业必是旧业，君接其后而重兴也。君乃不知前车之覆，贸然而蹈其后，以致制品所出，一时不能销售。以此质金，反致失利，得失不偿，进退两难，几同“小狐汔济”，而“濡其尾”也，未免吝矣。至二爻曰“曳其轮，贞吉”，在明年当以车运出外，可以贩卖获利也，君可无忧焉。

九二：曳其轮，贞吉。

《象传》曰：九二贞吉，中以行正也。

二居**坎**之中，**坎**为轮，故曰“轮”。轮者，济之具也。**既济**初爻曰曳轮而濡尾，有济之具而濡者也；此曰曳轮，而不曰濡尾，有济之具而不濡者也，视**既济**之初为优矣，故曰“贞吉”。**坎**又为矫輮，按《周礼·考工记》：“行泽者反輮，行山者仄輮”，取其便于曳也。御轮济水，中道而行，其济以正，是为中行以正，吉何如之！《象传》所释，最为明著。

占　问时运：运如轻车渡水，中道以济，无往不利。○问营商：有满载而归之象。○问功名：二与五应，五为君，二为臣，二五皆吉，是君臣相济也。有后车以载之象。○问战征：有曳柴伪遁之谋。○问婚姻：有桓少君鹿车共挽之风，必得贤妇，吉。○问家宅：有轮奂并美之象。○问疾病：必是胸腹作鸣，辘辘如车声，宜开通三焦，使气机舒展，自愈。○问六甲：生男。

占例　明治八年九月，朝鲜国炮击我云扬舰，物论汹汹，朝廷将兴问罪之师。时陆军大佐某氏来请一占。筮得**未济**之**晋**。

断曰：水火不交，不相为用，谓之**未济**。然未济非不济也，时未至则不济，时至则济，故曰“未济亨”。为卦皆取水火，**既济**水在火上，初爻曰曳轮，是为陆道之轮车也；**未济**火在水上，二爻曰曳轮，是为海道之轮船也。今云扬舰被朝鲜炮击，爻曰“曳其轮，贞吉”，想虽被击，尚可曳轮而归，故不失其吉也。《象传》曰“中以行正”，言必得中和之道，以行其正，今年必不致构怨兴兵也。至三爻曰“征凶，利涉大川”，恐明年有事于朝鲜。曰“征凶”者，恐陆军不利；曰“利涉大川”者，知海军必大胜也。九四曰“贞吉，悔亡，震用伐鬼方，三年有赏于大国”，自二至四为后年，必可平定朝鲜矣。当以朝鲜土地，属我版图，以之赏赐有功诸藩。且二爻变而为**晋**，晋者，进也，**晋**五曰“失得勿恤，往吉，无不利”；上曰“晋其角，维用伐邑，厉吉，无咎”，是皆征伐有功之占也。占象如是，知以后必获大功。但**未济**以外卦为**既济**，内卦为将济，占在二爻，故今年未能成事，必待外卦，乃得全济也。

后朝鲜事局平和，征讨不兴，于是某氏来曰：“前日之占，事未甚验。”余曰：“易占无不灵应，但所应有不在一时也。现虽归和平，其‘中以行正’一语，恰好符合，此后占象，君须缓以待之，无不应也。”

六三：未济，征凶。利涉大川。

《象传》曰：未济，征凶，利涉大川，位不当也。

三爻以阴居阳，当内外卦之交，首尾俱不着岸，故爻曰“未济”。专以卦名归之，谓**未济**之所以未济者，在此爻也。三为**坎**之终，地当冲要，进一步则出险，误一步即履危，卤莽前进，一经失足，功败垂成，故曰“征凶”。然**未济**有可济之道，在险有出险之时，自古定大难，建大功者，罔非从“征凶”之时而兴起也。所谓“征凶”者，第戒其不可妄动，非欲其退缩不前。三之地，正当利涉之地，三之时，正当利涉之时，此而不济，则终不济矣，此而得济，则汔济者乃得济矣。《象传》曰“位不当也”，**未济**六爻，位皆不当，三为**坎**之终，故《传》专以不当释之。

占　问时运：宜镇静待时，躁动则凶。〇问战征：宜会集海军，水陆并进，则凶者吉矣。〇问营商：以舟运为利。〇问功名：有涉川作楫之材。○问婚姻：《诗》云"造舟为梁，亲迎于渭"，迎娶则吉，往赘则凶。○问疾病：**艮**为狐，病由狐祟所致，宜涉川以避。○问六甲：生男。

占例 三十年，占众议院气运。筮得**未济**之**鼎**。

断曰：此卦火上水下，水火不相为用，故曰"未济"。三爻居上下内外之交，出**坎**入**离**，正当**未济**之时，是以爻辞直曰"未济"。曰"征凶"者，指初之濡尾也；曰"利涉"者，指二之曳轮也，为利为凶，任人自为之耳。《传》则释曰"位不当"，于此即可见众议院之气运矣。盖在政府欲效欧美之文明，以图富强；在众议员，欲学欧美之自由，以图权利，犹之火上水下，两不相济也。且现时所选议员，多由贿赂而来，是明明位之不当也，由此以往，安得不凶？故曰"征凶"。然于议院之设，苟当其位，而"中以行正"，未始无利，故曰"利涉大川"。但此爻处**坎**之终，犹未出险，今年众议院，正当未济之地，难期盛旺。四爻曰"贞吉，悔亡，震用伐鬼方，三年有赏于大国"，知明年众议院，必得其人，能赞襄国家大事，劳邀厚赐，此盛象也。五曰"君子之光"，五为君，定当入观天颜，武功文德，并焕辉光矣。

九四：贞吉，悔亡。震用伐鬼方，三年有赏于大国。

《象传》曰：贞吉，悔亡，志行也。

未济济在四，**既济**济在三，**未济**之四，即**既济**之三，故爻辞皆曰"伐鬼方"。三居**离**之始，**离**为戈兵，故"用伐"。**坎**为鬼，故取象于"鬼方"。"震"者，威怒之象，所谓一怒而安天下之民也。**未济**则有悔，济则悔亡。故曰"贞吉，悔亡"。"三年"者，言其久也，即**既济**三爻所云"三年克之"也。"有赏"者，为献俘授馘，饮至大赏是也。"大国"谓殷，爻虽不明言高宗，要不出**既济**三爻之义也。《象传》曰"志行"，谓班师奏凯，威震遐方，主三军者，国得行其志矣。**既济**三爻《传》曰"惫也"，为劳师远征而言；此《传》曰"志行"，为振旅告捷而言。

占 问时运：有此大运，贞吉悔亡，名利俱全。○问战征：率军远征，奏凯而还，得以荣邀锡命。○问营商：行商远出，财利丰盈。○问功名：声名远震，得承天宠。○问婚姻：三年可成。○问家宅：贞吉。○问疾病："鬼方"二字不祥，三年后恐难保。○问六甲：生女。

占例 友人某来，请占气运。筮得**未济**之**蒙**。

断曰：此卦下三爻为**未济**之时，上三爻为**既济**之时，今占得四爻，知年来困苦之事，渐次可奏成功，谓之“贞吉，悔亡”。“震用伐鬼方，三年有赏于大国”者，知君于此三年中，得以威名远扬，赏锡荣膺，为生平业成志满之时也。

占例 明治二十七年冬至，谨占二十八年圣运。筮得**未济**之**蒙**。

断曰：四爻当内外之交，出**坎**入**离**，为脱险难而进文明，是由**未济**而抵**既济**也。今占得四爻，爻曰“震用伐鬼方”，是为征清之役，必得全胜也。“三年”者，谓战役之久；“有赏于大国”者，谓奏凯行赏也。庙算之精，圣武之显，远过汤武，洵可谓万年有道之天子也。

六五：贞吉，无悔。君子之光。有孚，吉。

《象传》曰：君子之光，其晖吉也。

五为**未济**一卦之主，居**离**之中，与四相比，与二相应。二以居中行正，四以征伐有功，当此文德昭明，武功显著，臣下之勋业，要即为天子之威光也，故曰“君子之光”。柔得中，故“贞吉，无悔”。**离**为明，为光，德莫盛于明，业莫大于光，六五之君，和顺积中，英华发外，其光皆出于君子之身，天下莫不仰文明之化，故曰“有孚，吉”。《象传》以“晖吉”释之，谓其笃实辉光，自然昭著，吉何如也！

占 问时运：运当全盛，百事皆吉。〇问战征：**师**卦曰“师贞，丈人吉”，可并占之。〇问营商：其营业必关系政府公干，或为军饷，或为军器，得沾朝廷之余泽，故吉。〇问功名：有入觐天颜之象。〇问家宅：此宅大吉，当邀旌锡之劳。〇问婚姻：“君子好逑”，必得。〇问六甲：生女，主贵。

占例 某缙绅来，请占官阶升迁。筮得**未济**之**讼**。

断曰：五爻居**离**之中，**离**为日，为光，五当君位，日有君象，故曰“君子之光”。日光照临，下土遍被，故曰“有孚”。五与二应，二为臣，是先得“君子之光”者也。今足下占禄位升迁，得**未济**五爻，五为尊位，二爻属贵下，二爻曰“曳其轮，贞吉”，轮为日轮，曳轮者，有如羲和御日，是为天子之近臣，沐浴圣化，瞻仰龙光，君明臣良，可为贵下贺焉。

上九：有孚，于饮酒，无咎。濡其首，有孚失是？

《象传》曰：饮酒，濡首，亦不知节也。

上爻当**未济**之终，反为**既济**，坎险已脱，上下交孚，则饮食以燕乐之。《诗》“南有嘉鱼，君子有酒，嘉宾式燕以乐”，《序》曰太平君子至诚。乐与贤者共之，有孚于酒食之义也，故“无咎”。然酒以成礼，不及于乱，立监立史，所以示其节也。“濡其首”，则醉而不出，是谓伐德，亦何取于孚矣，故曰“有孚失是”。是始为有孚而饮酒者，继反为饮酒而失孚也，《象传》以“不知节”释之。《易》之为书，患太过，更甚于防不及，欲不可纵，乐不可极，持盈保泰，无非节也。此特于**未济**之终，借饮酒以为喻耳。

占 问时运：**坎**难已平，众心欢乐，能知撙节，可以永保无咎。〇问战征：此为得胜班师，饮酒策勋之时也。〇问营商：已得厚利而归，从此量入为出，富可永保矣。〇问功名：有得而复失之患。〇问疾病：必是饮食不节所致。〇问讼事：《序卦》曰“饮食必有讼”，知其讼必由于酗酒来也。〇问六甲：生女。

占例 二十八年七月廿七日薄暮，余与友闲叙于书楼，偶闻有叫新闻号外者，客曰：号外所报，不审何事，君试占之。筮得**未济**之**解**。

断曰：号外所报，必因饮酒过度，醉溺水中之祸也。时女仆适赍号外来，展而阅之，为山阳铁道，汽车颠覆中途，致伤旅客之报也。

后数日，会该铁道会社员，问及当时情况，曰：会风雨暴作，劝令止车，机关师某不肯，临行且满酌火酒，启车而进，猝罹此祸，因此伤命云。乃知爻辞，果不虚也。

《易》六十四卦，《上经》首**乾**、**坤**，终**坎**、**离**，《下经》首**咸**、**恒**，终**既**、**未济**。**咸**、**恒**为夫妇，由**乾**、**坤**而生也；**既**、**未济**为水火，由**坎**、**离**而化也。其变万殊，其旨一也。**乾**道尚虚，**坤**道尚实，**坎**象中实，**离**象中虚，《易》始于虚，亦终于虚，虚则灵，灵则变化神焉。交互错综，循环反复，始而复终，终而复始，究之无所谓始，无所谓终，无所谓虚，无所谓实。“变动不居，周流六虚”，《易》之妙用，无非以此虚灵二气，运用于三百八十四爻之中而已矣。

序 跋

《高岛易断》跋

余闻高岛君之名久矣！今兹庚辰五月，君忽访鄙庐，一见而知其为雄伟非常之士；听其谈易理及生平行事，不自觉膝之前席也。尝有罪入狱，偶得《周易》一册，喜曰："此天赐也!"昼读夜思，烂熟贯通。七年而出狱，君如身生羽翼，奋曰："吾出万死而得一生矣！自今吾唯当勇于行善而已。"乃开市廛于横滨。勤于作事，能乘机会，性又忍耐，四年间获金巨万，然其所入，尽用诸义举，不以丝毫自为退守计。苟利于人，则进而当其劳苦，每见善事，则必著之先鞭。始造铁路，自横滨至神奈川，以纳于官；尝有洋商，谋将设街灯于横滨，君先机而造之，终不使赢利归于彼。

常留心观天下之变，预卜其将来，故当其处事孔棘，他人惴惴，束手无措，而君智谋横发，游刃有余。当事之难决，则筮之，其解说奇中，揆诸人事，大小皆验，此书可见其梗概也。

抑君之勇于为善，而致此福运，岂无其因哉！令尊药师寺嘉兵卫，常陆新治郡人，好行善，德谊济众。天保年间，东奥大饥，令尊告闲叟锅岛公，请救之，其纲纪诚实，遂运输肥前米于盛冈，六十万生灵，赖以全活，盖其德格天人矣。

呜呼！天欲授福报于君，先以牢狱，为之学校；畀之患苦，成其材器，使生行善之勇气。自今以往，其所为灼灼在人耳目者，既不胜书；自今而后，其进而行善，岂有所底极哉！

君嘱余跋其卷尾，余因述见闻于君，以谂读是书者。

敬宇　中村正直撰

《高岛易断》序①

《易》也者，天人之道也。天人道，一也。一也者，诚也。诚也者，不息也。不息者，变易也。变易无穷，而一归于诚；诚之至，之曰神。夫天生育万物，而万物统于天，故天地之神明，即吾心之神明；吾心之神明，即天地之神明。然为形气所拘，而不能一，唯至诚可以通神，故曰“诚者，天之道也。思诚者，人之道也。至诚感神，感而遂通天下之故，可以弥纶天地，可以贯串古今。天下治乱兴废，无漏于兹；一身进退，荣辱存亡，不能出于兹矣。是岂非万世无穷之常道也耶！

我皇祖则天垂训，道民以诚；列圣相承，敬神爱民，教以至诚感通之道。伏羲者，古圣人，观天察地，始画八卦，教民以神道；文王周孔继之，大其用，明其理，以诏天下后世，其言至矣尽矣。苟善知者，不籍卜筮，而先天而天弗违，后天而奉天时。疑者，待卜筮而后能知焉，皆无不用其诚也。盖至诚之道，智之明德之积，可以至焉。常人不能，唯卜筮可以立诚。立诚之至，其通神则一也。惜哉，世之知易者鲜矣。是以君子偶中，而不知究其理；百姓或用之，而不知其所以然。学者虽究理，凿智索隐，好利行谲，仁义道德之不修，而不知有诚神感通之妙理，终至真妄错杂、天人间隔而极矣，岂非误谬之甚者乎。

至高岛氏《易断》，则卜筮以立诚，诚心以通神理，活断以达实用，使人知感通之德有于己，其有益于世道不鲜，可谓得不传之易于心者矣。虽然卜筮亦不容易也，未诚好卜细事，是妄也。妄岂通神哉！唯至诚可以决大疑也。书成，索言于余。余非知卜筮者，姑书所见以与之，盖未足以赞高岛氏之《易断》也。

明治十九年丙戌八月于函岭看山听泉楼寓居

东埜六十九翁元田永孚撰并书

---

① 郑同注：以下序跋及题辞，据日文版明治三十九年六月再版之《增补高岛易断》所辑录之《先刊〈易断〉并〈易占〉序跋》一节整理而成。

《高岛易断》序

凡物未有感而不通者也。如孝子之寻亲，始则襁褓相失，经年岁之久，绝不闻其行踪，殆难辨识其面貌，然而崎岖千万里之外，一朝相遇，喜动天地。是何也？如工人之创造新器，始则不得其欛柄，千艰万阻，不屈不挠，费尽资财，竭餍心力，久后恍然若有会者，而得于一旦之间。是何也？不外于诚心之至，感而后通而已矣。语曰："孝弟之至，通于神明。"管子曰："思之思之，又重思之。思之不得，鬼神将通之。"盖人苟以诚心，专用力于事物，未有感而不通、通而不造其极者也。以余亲于高岛君易占之奇中者，不过于诚心之至，感而后通者，亦极易睹之理焉耳。

且夫天下之事，有盛衰消息，有刚柔变化，有来往始终，有吉凶悔吝，以大公无私之心而察之，固无不可前知之理，特以人有利害之念，当其局者，眩乱颠倒，而莫之见焉耳。月晕而风，礎润而雨，朝霞知阴，暮霞知晴，作善吾可以前知其有善报也，作恶吾，可以前知其有恶报也。修养之人，吾可以前知其享永年也。恭俭之君，吾可以前知其长祚胤也。是故，屈瑕举趾高而斗伯比知其心不固矣，赵孟语偷而穆叔知其将死矣，谢玄置屐履必当而识者知其将成就大事矣。人一动一静，一语一默，不能离于吉凶悔吝之内，而天下之情态，千变万化，不能踰于阴阳卦爻之外，故人事之可前知，与易之知来物，均皆理之当然，无足怪者。

《中庸》曰："至诚之道，可以前知。国家将兴，必有祯祥。国家将亡，必有妖孽。见乎蓍龟，动乎四体。祸福将至，善必告知之，不善必先知之。故至诚如神。"是子思所明言于数千载之前，而此理昭然；验于古今之事实，而益可信其必然也。君在囹圄七年，读易反覆熟思，大有所得；及出狱之后，屡占天下大事，无不有验。非有得于至诚之道，而能如是乎？先是，君著《易占》数卷，得声誉于世，然未有以其一家解释法示人者也。此书明白详细，直抒其所自得，不蹈袭前人一句，乃君苦学二十年之结果也，感而后通者也，通而造其极者也。余乌得不嘉而作之叙。

明治十九年七月五日　元老院议官中村正直撰

《高岛易断》序

船发亚丁，东驶三日，海天无风，波平如镜，舟子暇适，除舵师看舵外，绝无一事焉。于是黑奴六七作伴，踞甲板上，为掷篾赌菓戏，篾仅管大，割分两片，人持三片，当额喃祝，仰天掷地而捡之，捡毕复拾，仰者为耦，俯者为奇。一奇二偶，二奇一偶，各有差异。岂山泽通气、雷风相薄之类欤？而三片皆奇为优，三片皆耦为更优，殆若就伏羲氏所画，而寓妇人贵于男子之习者。是戊辰四月，予奉使法国，事毕归途日，所亲睹者也。抑黑奴于今知识未开，书契未造，犹在浑穆世界，而业已解有听天决疑之妙，可谓天地间无不有易之地矣。但其所为，止于赌菓小事，是以未要文王重之之烦，亦犹我太古时也已。予当时深感于心，而未敢语人，顷者友人高岛嘉君，自序所著《易断》曰："易所重在感通，故以诚求之，可代人请于天。又可代天示诸人，而事非至难，夫妇之愚，可以与知焉。"《易断》之书，所述千万言，涉三百八十四爻，无不详悉周备，而至语其要，不过仅仅如此，觉有深触于往感也。及刻成问序于予，因举十九年来所蕴于心者，以应之云尔。

明治十九年八月　匏庵陈人栗本鲲撰

《高岛易断》跋

古闻儒将，今见儒商，其人为谁，高岛嘉右卫门君即是也。君为大都之巨商，而好仁勇义，致力于公益，其事功赫赫在人耳目，非措大高谈，无补于世者之比也。君素精于易义，有大所发明，著其《易断》也。来谓予曰：吾非有师授，多得之实验，故在应用不敢自逊，至文字章句则自歉焉。请君校之，乃自忘固陋之商量矣。呜呼！儒耶商耶，成就君者其《周易》耶？欲知其所以立，则试读其所著《易断》。

明治十九年九月　槐阴斋藤真男撰

《高岛易断》跋

吞象高岛君，以易推人事，无不中矣。世人至有惊以为神者焉。夫易者，人事之定律也。比之泰西理学，虽有精疏之别，到其原理，则消息盈虚，与波动之说，如合符节矣。抑尝闻之，理学之趣旨，在前知变化。前知变化，《易》之事也。然则《易》之与理学，不啻同其理，亦同其用也。已同其理，且同其用，《易》亦理学耳。昔者邵康节，善历数，兼通《易》。历数者，理学之最醇都也。曾有客问以宋朝之命脉，康节即出《晋书·帝纪》示之云。自非通《易》理，焉能得如此乎？余于是益信《易》之与理学有所互相因也。今兹吞象君，刻其所著《易断》，盖君少时，闻西洋理学之说，深说之，大有所得，其好学问如是矣。在狱七年间，悔悟惩艾，深思力索，世故人情，推勘彻底，其富识见如是矣。出狱之后，企大事业，奋勉勇毅，期乎必成，其养力量如此矣。夫以如是学问识见力量，而专心致志于六十四卦之间，以著此书，世人欲学君之《易》，须要如是学问识见力量矣。因聊书所见，以辨卷末云。

明治十九年九月　梅窗　杉浦重刚撰

《高岛易占》初编序

文王之《易》，文王之《易》也；高岛嘉右卫门之《易》，高岛嘉右卫门之《易》也。人固不能无才性高下之殊，而《易》从其人，各为见解，不得言管窥之天，非彼苍苍者。譬犹不龟手药，一以洴澼絖，一以水战制胜，自人见之，则其用虽殊；自药见之，则齐为善用者。抑高岛氏系在囹圄，幽郁七年之久，所亲唯《周易》一卷，反复玩读，验之自家经历，大有所感。尔来每事，必与《易》谋，而决趋避，终至为一家占断，此书即是也。夫煤灯铁路，煌耀于横滨之衢，而蜿蜒于东京之道者，虽不过取于彼而施于我之事，创为之业，得丧不可判。众方在逡巡疑惧中，而高岛氏独奋当之，其胆勇非《易》鼓之而谁居？

明治十三年四月念七

匏庵栗本鲲撰

“胆勇”二字，断尽高岛氏之生平。呜呼！孰想二千年前之文王，镕铸今日之高岛氏，而煤灯铁路之煌耀蜿蜒于横滨东京者，胚胎于阴阳卦爻耶。奇哉！古书之感化。妙哉！人事之变易。固有不可得而测者焉。

四月念八，余在鹰田养病，偶获此文，耽读不能释手，亲写一通，其明日评之。

中村正直僭批

《高岛易占》第二编序

自《高岛易占》第一编之行于世也，人或怪之，以为彼富商也，奈何有此乎。余曰：高岛氏，君子也。所谓君子富好行其德者也。所谓善人富为之赏也。所谓君子将有为也，将有行也，问焉而以言，其受命也如响者也。故其富也天赏也，其《易》也天赐也。二者一也。奚怪焉。且夫均是富也，在君子则为福，在小人则为祸。在君子则久而保之，在小人则暂而失之。然而悠悠者不能辨焉，宜其怪之也。顷者高岛君著《易占》第二编见示，受而读之，愈出愈妙，胜于第一编远矣。其所占，大关天下治乱之故，中有可为一编太平策看者，余作而叹曰：善哉！君既已富其家矣，又更欲以富天下乎？抑不知日本人民，在野可称君子者有几？在朝可称君子者有几？吾恐善人富谓之赏者之未必多也，淫人富谓之罚者之未必无也；吾恐《易》之受命如响者之未必多也。

夫《易》为君子谋，不为小人谋，是故周公于乾之九三，发君子当用《易》之例，曰：君子终日乾乾，夕惕若厉无咎。于师之上九，发小人不可用《易》之例，曰：大君有命，开国承家，小人勿用。孔子于六十四卦《大象》之辞，皆有“君子以”三字，亦有深意焉。穆姜筮得随元亨利贞，而自知其不能当之。南蒯将叛，筮得“黄裳元吉”，子服景伯曰：忠信之事则可，不然必败。且《易》不可以占险。如此类，不遑枚举。由是观之，则用《易》者，其唯君子乎？非以洗以齐戒、神明其德为务者，不足与于此也。

虽然，常人将有为有行，而其事善也，则亦可由君子而问《易》也已。如兹编君之所齐戒卜筮而告于人者，读者其可不肃敬而对之耶？君曰：吾之解《易》，要在简易。盖造化之神，欲阐幽以利民用，岂欲与人类相隔绝哉。《易》者，天人中间之传信机也。太极犹神，两仪犹男女，四象犹春夏秋冬，犹仁义礼智。仁为教法，义为兵备，礼为律法，智为文学。凡此等人，皆可由《易》之传信机而通乎神矣。神远乎哉？余曰：君之言诚是也。盖天人相与，有若影响。君子不动而敬，不言而信，不愧于屋漏者，夫人其可不勗诸？适以题言见请，因书之谂世人，亦以自戒。

明治十六年十二月三日　敬宇　中村正直撰

《高岛易占》第二编序

无咎道人者，今世之畸人也。以豪侠之资，深于《易》，妙于考占，名声施天下。岁壬午秋，余养病在香山，道人亦来寓于同舍，始相见，与谈易，道人语其尝所为人占筮，道人之占，不止取妇嫁女，自天下之大计，追海外诸国之兴废，皆豫言而尽验，而判卦断象，每出人意表。其言曰：易道神也，可以神会，不可以意逆。夫人所禀精气，即两间所充之元气也。则人心之神明，何曾不与天神通。卜筮者，扫除设座，正威仪，瞑目凝神，听命天神，神神默契，所占莫不中，盖吉凶祸福成败兴废，必有理势不得不然者。而见于象数，惟人不能见，故不可得而前知，而天则知之矣。卜筮者任天意立卦爻，象数于是乎见，而成败可以判矣。但私意杂之则不应。又曰：经传虽多，概皆圣贤自述其意见而已。惟《易》包犠氏观于天地而画之，以通神明之德，以类万物之情，其八卦犹以意画之。画重之，为六十四卦，阐幽极赜，则圣知亦所不豫料也。况至其三百八十四爻，每爻各异趣，往来变化，不可究极，则更出于意料之外，经文王周公孔子，其义始发，是天藉手四圣，以观其道也。

今西人自诧异穷理之精，然彼徒即形质，究其源，能详物之所以然，而不能豫知事之未形者，《易》则见于无形，闻于无声，不出户庭，而周通天下之故，非至神孰能与于此哉。道人说《易》，大略如是。吾闻道人，尝有故囚于狱，偶得《周易》一卷读之，初不能解；在狱七年，寤寐思之，遂通其旨。自言比重精神，为此费八分。余谓君性能忖度，自然与《易》相近也。古语云：非其地，树之不生。非其意，教之不成。非君性近《易》，安能得无师授而通旨，占断有验，如持左券而取物乎。君敏乎货殖，出狱未数岁，致财已累巨万，乃先众谋世益，填海滋，兴学校，创铁道，设气灯，其费财百许万，而未尝蹉跌，所谓亿则屡中者，是亦天性近乎《易》之证欤。道人往有《易占》著，今又欲刻二编，问序余，因书其所与语以授之。道人常陆人，本姓药师寺，出狱后冒高岛氏。今籍神奈川县。

明治十六年十二月　海南　藤野正启撰

重野安绎曰：道人说《易》，大有创见。此篇发挥无余蕴。二氏之相遇香山，殆亦自然天数，与庖画文演一般。

《高岛易占》第二编跋

曩者《高岛易占》第一编出矣，四方传观，莫不诧为奇。于是，信者倍加，及至难极疑，前途茫茫，不知所归者，皆来取决，而氏之占境渐广，非复前日之比。余尝序之，意谓一家之活断，非寻常拘局之见，追观二编，益信其言不谬。若于千家教正，述“易居”神人之间，为象胥译司；于福田教正，说三世诸菩萨，跃然于三百八十四爻之类；愈出而愈新，愈新而愈不穷，非别有所得而谁能为此等语者乎？手民告成，因聊蹑前言而跋其后。

癸未十二月　匏菴老人栗本鲲

《高岛易占》第三编序

里有一商，性多拘忌，好询日者，朝暮改变，其所为，避凶趋吉，久之一无所成，家遂败亡。里人传笑之。与高岛氏之用《易》而富其家，遂欲以富国者异矣。或问：此何以然也？中子曰：《周礼》者，周公致太平之书也。王莽一用而败，安石再用而败，孝孺三用而败。物无灵钝，在用之者智愚如何耳。同是参附溲勃也，良医用之则死者活，庸医用之则活者死。拙者之棋，巧者用之，则转败成功；庸将败残之兵，名将用之，则精明一变。推是类也，更仆不尽。中子曰：高岛氏好行善，忧国如家，进乎智矣。

明治十八年五月念三　敬宇　中村正直撰

《高岛易占》第三编跋

夫神者，乾坤之大造主，而佛言之如来藏也。人知其间同异也。否也。然而《易》者丁于神人之间，而对向通门，酬酢接手之针方也。神依之以下监于人，人依之以受辨于神。是此监辨，义安人事，所以令无些少谬戾者，《易》之用也。徒勃窣于卦爻象传之法面，而不知通其神之妙所也。顷日见评《易占》者，皆偏推高岛，而如其神明与易法者，措而不问之者也。盖非论《易》之大体者欤。我友高岛者，居诸恒严神明，及采其筮仪也。肃肃妙发神意，绰绰明中事状，殆达于非凡之乡也。龙云乃严神之明征也，高岛岂独至于如此壁立千仞之老干乎？

明治十八年六月　北畠道龙撰

《高岛易占》第四编序

头头是天，心心是神。头头是天，则是天不可须臾离也。心心是神，则是神不中须臾离也。以其高也谓之天，而其实无处而非天也。以其不可测也谓之神，而其实无时而不有神也。曰天曰神，一而已矣。人者，小天地也。天地者，人之大父母也。心者神之分支也。神者心之大原也。天人之相合，以诚而合也。人心之通乎神，以诚而通也。诚者，真实无妄之谓也。所谓至诚格神，盖由是也。

明治二十一年四月　敬宇　中村正直

日文本《增补高岛易断》跋

明治甲午，我师西征，于陆于海，无占不胜。初，欧米诸邦，概皆谓支那地广民多，财饶兵利，盖日军不能抗衡焉。至今则翻然曰：此精神之优于物质也。夫物质属阴，所谓形而下者；精神属阳，形而上者。阳尊阴卑，固天地之定理也。古书辨阴阳之位，示时措之宜者，未有邃于《易》焉。吞象高岛翁，好《易》最巧，占断百发百中，犹我师战必克、攻必取。曩著《易断》十卷，后又图增修，嘱余曰："易学之不振，久矣。吾将兴之。不啻兴诸我邦，将以传于欧米诸国，使彼知道之本原出于天，与神人感应之方。请幸助之。"余喜其裨补于世道人心也，不敢辞，剪烛阅稿，积十数月竣功。呜呼，翁之于《易》也，勉矣，而又欲传诸西洋也。曰：彼唯知形而下，而未始不知形而上，但未究其蕴奥耳。乃知其书一上译彼将有悦而寻绎之，遂入道学之门者矣。果如是乎，翁之功，亦宣扬我国光也，岂单阐明古圣贤遗旨而已耶。

二千五百五十五年，纪元节后一夜，书广岛大本营下

镇西山人　横井忠直

恭親王生母赫金里氏之弟廣立

奇書讀罷樊傾恍經訓詳明物
理深道遠西京推卦象文傳東
國冠儒林謹嚴善法春秋筆消
息潛通天地心遥指神山齋瀕
首一編鄭重比璆琳　壬寅上元

杏象先生屬　廣立題

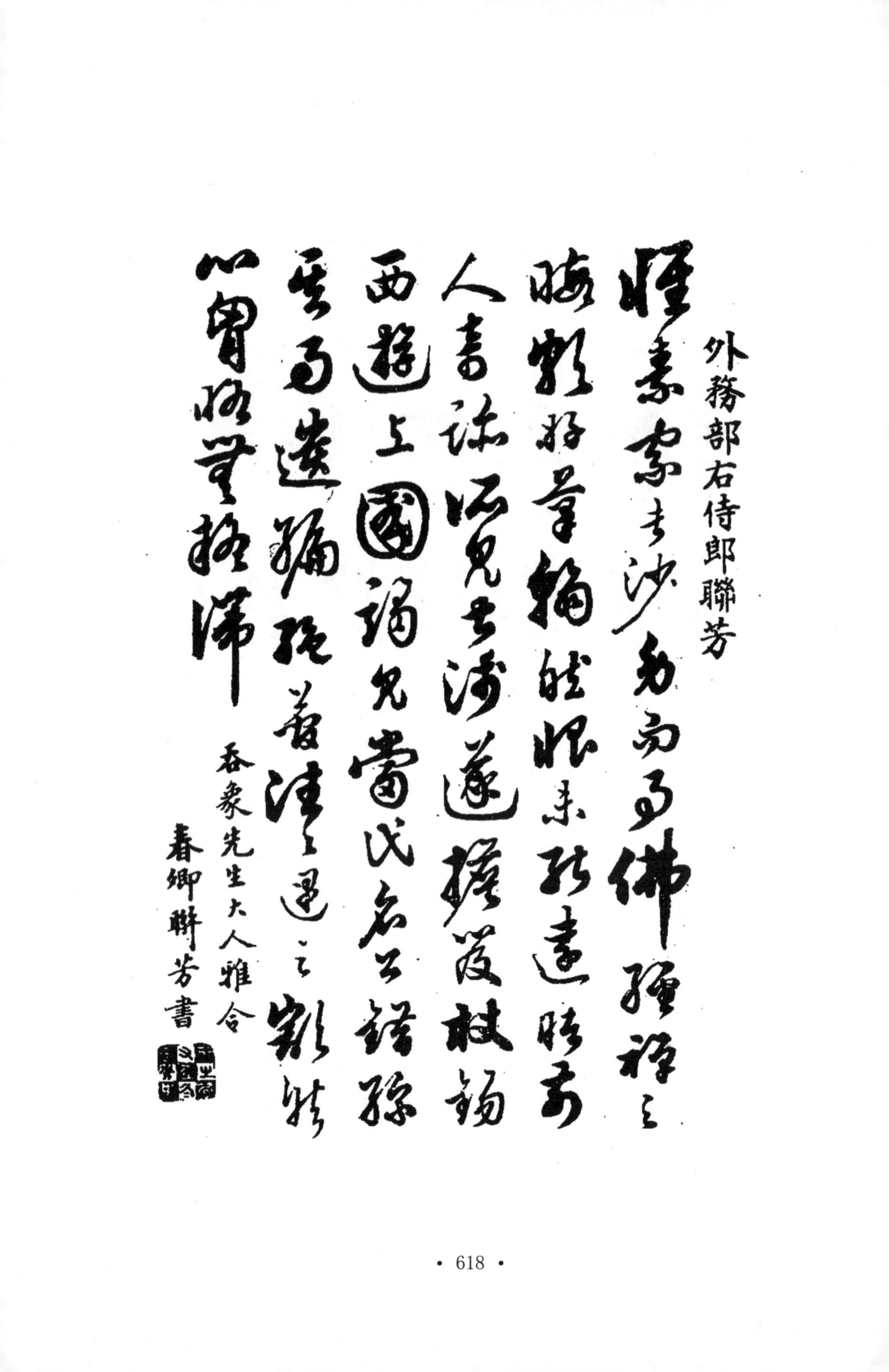

外務部右侍郎聯芳

呑象先生大人雅令

春卿聯芳書

外務部尚書瞿鴻機

仰天曠以遐思古書云邈氣運遷

推嬗機緘見復剝變動周六虛斯

義有先覺潤潤三聖心抗立精且

卓漸海易以東薛往存絕學探微

硅無內形上窮其朔輿探京房手峻

折充宗角神行往知來意遠清止濁

空山風雨中先采蓑奇璞

吞象大雅鑒

瞿鴻禨

江西總督劉坤一

頃誦
惠翰忱接
光儀就諗
勛祺楙介
勛定綏和至爲頌慰易道至深易理甚明可以
參機要贊造化包羅萬象爲用至宏然非超
羣軼倫學識兼優不能窺見奥蘊承
惠高島君易斷一書展誦一通不特解釋論斷
見其學術之純抑且憂世憫時更佩用心之
苦逼拜百朋之錫謹當什襲以藏高島君處
尚祈
代達感忱肅復鳴謝順頌
時祉

内閣大學士宰相榮祿

呑象大雅屬題　壬寅春莫

卜筮之書未經秦火紅徐福當年挾以遊海東
海東世歷二千五百載神山三島疊疊多儒風濤
聲震蕩雲影空濛有人寬衣博帶正危坐拂龜
端策默禱通蒼穹天擇存其空物治愛其同神靈
朝歌鬼夜嘯手振玉簡光玲瓏水火氣化亦麤迹吉
凶禍福非人功九尺之蓍不盈握世界盡入冥心中我言
持經高島翁天道深微未可窮有響如雷氣如虹陰陽
激薄古今已七日起視渤海浩浩呑魚龍

長白榮祿

直隸總督袁世凱

易狂居士閣下去冬接誦
惠函並郵寄
大著增補高島易斷適時本大臣甫受任事
南北交馳俗務紛煩致稽裁答入春以來
簿領稍暇得以披覽
全篇精理名言滔滔不絕令人尋味不盡
尊論云小而可脩一身大而可治家國天下
誠為
深識遠見迴非占驗術數之學所能測其
津涯讀竟益勝佩服復謝敬請
撰祺不具

江西巡撫李興銳

敬復者頃接

貴總領事來函寄贈高島氏易斷二部披閱
之下敬佩莫名易之為書本屬推天道以
明人事左傳所記諸占猶是太古遺法自
漢儒專言象數宋儒專釋義理易道雖明
而古人之占法剷至失傳漢時京焦未嘗
不言占驗而過重灾祥轉不切於民用近
世有錢卜之法藉用易爻而不明易義乃
術士之籍而非經生之書也高島氏此書首
以解明易義為主其後所附占例一以天道
證明人事使人人存樂天知命之心而息角
勝爭强之念原序至以弱肉强食為野蠻未
開之風俗欲以此化導宇内闢智巧以爭生
存之心思真救世之良言矣
貴總領事如有函致高島氏望將本部院欽佩
之忱代達為荷專此敬謝即頌
時祉不宣

閔浙總督許應騤

逹復者昨奉

華函並承

惠賜高島君易斷一書披閱之餘具見

貴國於　先聖哲王之書皆能講貫發明得其要領況易道廣大無所不包舉凡天文地理樂律兵法韻學算術以及製造諸大端皆可援易以為說故中國之言易者無慮數十百家雖漢儒言象數宋儒言義理其宗旨不無區別究之數即寓理言易者不能舍爻象而有臆說也今高島君探賾索隱凡事取斷於筮俾太卜遺法至今猶存觀其自敘所云參陰陽消息之機念天人感應之理而以今世之優勝劣敗弱肉强食者引以為戒此誠有道之士其言足以明天理而靖人心以視中國宋程迥所撰周易占法一卷本朝王宏撰所著周易筮法八卷未識其優絀何如而是書一出吾知大易之為用愈顯然於海內外矣質之

高明且以諗高島君其亦以為知言乎率復鳴

謝順頌

升祉

易斷題詞　大清撫黔使者嶺南鄧華熙

歲在元默攝提格清和月東瀛小田切君因高山大尉過黔寓書於余并貽易斷一書，五是伊藤侯之戚高島氏所著有道之士也。展誦再三，知其挽蓰於商瞿馯臂之儔，神其四十有九之用，揲求盡驗，實能領會四聖之微言大義者矣。夫易之爲書也，廣大悉備，其中有理有象有數，三者有一未詣，不足以言易也。高島以原始要終究其理，仰觀俯察得其象，鈎深致遠窮其數，故禎祥妖孽必先知之。若高島氏者，可謂能讀易之人乎。雖困叢林者七年，而蒙難艱貞，誠歆羑里幽思，沈毅鬼神通之，適得揲爻斷簡一編，研窮奥窔，大悟數往知來之指，礙然示人，毫釐不爽，著爲易斷，闡明吉凶悔吝之故，以警世之憒聾，非但曉人以趨避之幾，蓋使知氣數有定，自當妄念咸銷。吾於高島氏益重其言矣。他日譯以西文，播之寰海，共表我亞洲聖聖相傳之大道，不至勢力强弱，而在吉凶與民同患，保合太和，以成萬國咸甯之運會也。予日望之，爰識言於編端，郵寄小田切君，以質諸高島氏。

大清撫黔使者嶺南鄧華熙

湖南巡撫俞廉三

高島先生大人閣下遠隔重溟未親
雅教比由　小田切君寄到
大著易斷發函雒誦益目清徹
貴邦人士於易經素號精通得
尊著深入顯出尤為有裨實用大序云人間統
理之方不在法律而在道德至哉言乎非歐美
時賢所能見及也大過之九二恆之九三益之九
五於東亞維繫之理能究其真而通其郵知
執事之斯衡時局深謀遠慮非空談名理者比
也創興陰陽寮議啟緒末流讀惕之風使歐
西洋閱此豈明之理道德本原論以真理啟現
理之偏於模仿西學之中仍不廢忠孝節廉
之道其維持世道人心者尤非淺尠至所云浮
薄子弟蔑視漢學小則判一身之邪正大則係
天下之安危大哉言乎小儒昨言誠篤論也引
程子之言曰中庸之書終身用之有不能盡不
言終身學之而不盡識至闡微棄舊學之迂
談而發明儒道經世之要旨佩仰之至已東望
樽桑惟祝
為道自重手此誌謝佚布
亮詧
敝邦啟者鄙人於前代金石略有臧弆謹以
上晉房宣墓誌苻秦呂憲墓誌北魏皇甫驎
墓誌隋周公罕賓墓誌隋寶梁經處觀音
岳墓誌拓本各二分伏希
察納是幸再叩
大祺

陶模 江西總督

高嶋君足下前接
貴國駐滬總領事小田切君來函轉寄到
大著易斷三部又奉
惠函敬悉
足下研究易理驗之世事吉凶悔吝應斷如響聞
風遙企良所景慕模學問淺薄未能深通經術
然微言大義固亦聞其一二蓋易本卜筮之書
而觸類旁通於以明陰陽消長之理天地萬物
之情狀故凡事變之來雖紛紜幻化不可究詰
苟以易理衡之無不可即微以見著本幽以知
顯聖人以天道斷人事者如此迨及後世此道
不明於是日者家言始雜以奇門遁甲術數之
學而大易本義盡失矣
足下此書盡掃支離傅會之說專以易道為人事
徵驗而詮解爻象大旨尤多前人所未發可謂
不朽盛業已
來書謂黄白紛爭恐宇內必至大亂因思以此書應
世務而防禍亂於未萌則所見尤大蓋禍變之生
由於因應之失當而因應之失當由於事幾之未
能察苟其究心易義盡性受命以微觀前知未來
之效驗以之應事固無有失其幾者又

来書謂易術僕他日為歐美人所覺則宇内太平之
福可期而待此語誠然蓋嘗徵之西儒之書矣西
儒之言大率以愛人為宗旨故多主弭兵之説而
其究天人之際探哲學之理者大致與吾儒所
言為近雖亦精深微妙要不出先聖範圍他日
此理益明則戰争日少亦事之無可疑者抑模更
有感焉
貴國自維新以來西學大興久已棄漢學如敝屣而
足下獨以聖經賢傳傳入
貴國為德而亟亟焉謀所以報
君之誠懇可謂至矣此尤模所願九頓以謝者也專
此復謝惟
垂鑒不宜

光緒二十七年七月二十日陶模敬啟

北京学易斋书目

书　　名	作　者	定　价	版别
影印涵芬楼本正统道藏 [宣纸线装;全 512 函 1120 册]	[明]张宇初编	480000.00	九州
影印涵芬楼本正统道藏 [道林纸线装;全 512 函 1120 册]	[明]张宇初编	280000.00	九州
易藏[宣纸线装;全 50 函 200 册]	编委会主编	98000.00	九州
重刊术藏[精装全 100 册]	编委会主编	68000.00	九州
续修术藏[精装全 100 册]	编委会主编	68000.00	九州
易藏[精装全 60 册]	编委会主编	48000.00	九州
道藏[精装全 60 册]	编委会主编	48000.00	九州
御制本草品汇精要[彩版 8 函 32 册]	(明)刘文泰等著	18000.00	海南
御纂医宗金鉴[20 函 80 册]	(清)吴谦等著	28000.00	海南
影宋刻备急千金要方[4 函 16 册]	(唐)孙思邈著	2380.00	海南
影元刻千金翼方[2 函 12 册]	(唐)孙思邈著	2380.00	海南
芥子园画传[彩版 3 函 13 册]	(清) 李渔纂辑	3800.00	华龄
十竹斋书画谱[彩版 2 函 12 册]	(明) 胡正言编印	2800.00	华龄
影印明天启初刻武备志[精装全 16 册]	(明) 茅元仪撰	13800.00	华龄
药王千金方合刊[精装全 16 册]	(唐)孙思邈著	13800.00	华龄
焦循文集[精装全 18 册,库存 1 套]	[清]焦循撰	9800.00	九州
邵子全书[精装全 16 册]	[宋]邵雍撰	12800.00	九州
子部珍本 1:校正全本地学答问	1 函 3 册	680.00	华龄
子部珍本 2:赖仙原本催官经	1 函 1 册	280.00	华龄
子部珍本 3:赖仙催官篇注	1 函 1 册	280.00	华龄
子部珍本 4:尹注赖仙催官篇	1 函 1 册	280.00	华龄
子部珍本 5:赖仙心印	1 函 1 册	280.00	华龄
子部珍本 6:新刻赖太素天星催官解	1 函 2 册	480.00	华龄
子部珍本 7:天机秘传青囊内传	1 函 1 册	280.00	华龄
子部珍本 8:阳宅斗首连篇秘授	1 函 1 册	280.00	华龄
子部珍本 9:精刻编集阳宅真传秘诀	1 函 2 册	480.00	华龄
子部珍本 10:秘传全本六壬玉连环	1 函 2 册	480.00	华龄
子部珍本 11:秘传仙授奇门	1 函 2 册	480.00	华龄
子部珍本 12:祝由科诸符秘卷秘旨合刊	1 函 2 册	480.00	华龄
子部珍本 13:校正古本入地眼图说	1 函 2 册	480.00	华龄
子部珍本 14:校正全本钻地眼图说	1 函 2 册	480.00	华龄
子部珍本 15:赖公七十二葬法	1 函 2 册	480.00	华龄
子部珍本 16:杨筠松秘传开门放水阴阳捷径	1 函 2 册	480.00	华龄
子部珍本 17:校正古本地理五诀	1 函 2 册	480.00	华龄
子部珍本 18:重校古本地理雪心赋	1 函 2 册	480.00	华龄

书　　名	作　　者	定　　价	版别
子部珍本 19:吴景鸾先天后天理气心印补注	1 函 1 册	280.00	华龄
子部珍本 20:宋国师吴景鸾秘传夹竹梅花院纂	1 函 2 册	480.00	华龄
子部珍本 21:影印原本任铁樵注滴天髓阐微	1 函 4 册	1080.00	华龄
子部珍本 22:地理真宝一粒粟	1 函 1 册	280.00	华龄
子部珍本 23:聚珍全本天机一贯	1 函 3 册	680.00	华龄
子部珍本 24:阴宅造福秘诀	1 函 1 册	280.00	华龄
子部珍本 25:增补诹吉宝镜图	1 函 2 册	480.00	华龄
子部珍本 26:诹吉便览宝镜图	1 函 1 册	280.00	华龄
子部珍本 27:诹吉便览八卦图	1 函 1 册	280.00	华龄
子部珍本 28:甲遁真授秘集	1 函 4 册	880.00	华龄
子部珍本 29:太上祝由科	1 函 2 册	680.00	华龄
子部珍本 30:邵康节先生心易梅花数	1 函 1 册	280.00	华龄
子部善本 1:新刊地理玄珠(需预订)	2 函 10 册	3000.00	华龄
子部善本 2:参赞玄机地理仙婆集(需预订)	2 函 8 册	2400.00	华龄
子部善本 3:章仲山地理九种(需预订)	1 函 5 册	1500.00	华龄
子部善本 4:八门九星阴阳二遁全本奇门断	2 函 18 册	5400.00	华龄
子部善本 5:六壬统宗大全(需预订)	2 函 6 册	1800.00	华龄
子部善本 6:太乙统宗宝鉴(需预订)	2 函 8 册	2400.00	华龄
子部善本 7:重刊星海词林(需预订)	14 函 56 册	16800.00	华龄
子部善本 8:万历初刻三命通会(需预订)	2 函 12 册	3600.00	华龄
子部善本 9:增广沈氏玄空学(需预订)	2 函 8 册	2400.00	华龄
子部善本 10:江公择日秘稿(需预订)	2 函 6 册	1800.00	华龄
子部善本 11:刘氏家藏阐微通书(需预订)	3 函 12 册	3600.00	华龄
子部善本 12:影印增补高岛易断(需预订)	2 函 8 册	2400.00	华龄
子部善本 13:清刻足本铁板神数(需预订)	3 函 13 册	3900.00	华龄
子部善本 14:增订天官五星集腋(需预订)	2 函 10 册	3000.00	华龄
子部善本 15:太乙奇门六壬兵备统宗(需预订)	9 函 36 册	10800.00	华龄
子部善本 16:御定景祐奇门大全(需预订)	8 函 32 册	9600.00	华龄
子部善本 17:地理四秘全书十二种(需预订)	4 函 16 册	4800.00	华龄
子部善本 18:全本地理统一全书(需预订)	3 函 15 册	4500.00	华龄
子部善本 19:廖公画策扒砂经(需预订)	1 函 4 册	1200.00	华龄
子部善本 20:明刊玉髓真经(需预订)	7 函 21 册	6300.00	华龄
子部善本 21:蒋大鸿家藏地学捷旨(需预订)	1 函 4 册	1200.00	华龄
子部善本 22:阳宅安居金镜(需预订)	1 函 4 册	1200.00	华龄
子部善本 23:新刊地理紫囊书(需预订)	2 函 6 册	1800.00	华龄
子部善本 24:地理大成五种(需预订)	8 函 24 册	7200.00	华龄
子部善本 25:初刻鳌头通书大全(需预订)	2 函 10 册	3000.00	华龄
子部善本 26:初刻象吉备要通书大全(需预订)	3 函 12 册	3600.00	华龄
子部善本 27:武英殿板钦定协纪辨方书	8 函 24 册	7200.00	华龄
子部善本 28:初刻陈子性藏书(需预订)	2 函 6 册	1800.00	华龄

书　名	作　者	定　价	版别
重刻故宫藏百二汉镜斋秘书四种(一):火珠林	1函1册	300.00	华龄
重刻故宫藏百二汉镜斋秘书四种(二):灵棋经	1函1册	300.00	华龄
重刻故宫藏百二汉镜斋秘书四种(三):滴天髓	1函1册	300.00	华龄
重刻故宫藏百二汉镜斋秘书四种(四):测字秘牒	1函1册	300.00	华龄
中外戏法图说:鹅幻汇编鹅幻余编合刊	1函3册	780.00	华龄
连山[一函一册]	[清]马国翰辑	280.00	华龄
归藏[一函一册]	[清]马国翰辑	280.00	华龄
周易虞氏义笺订[一函六册]	[清]李翊灼订	1180.00	华龄
周易参同契通真义	1函2册	480.00	华龄
御制周易[一函三册]	武英殿影宋本	680.00	华龄
宋刻周易本义[一函四册]	[宋]朱熹撰	980.00	华龄
易学启蒙[一函二册]	[宋]朱熹撰	480.00	华龄
易余[一函二册]	[明]方以智撰	480.00	九州
奇门鸣法	[一函二册]	680.00	华龄
奇门衍象	[一函二册]	480.00	华龄
奇门枢要	[一函二册]	480.00	华龄
奇门仙机[一函三册]	王力军校订	298.00	华龄
奇门心法秘纂[一函三册]	王力军校订	298.00	华龄
御定奇门秘诀[一函三册]	[清]湖海居士辑	680.00	华龄
宫藏奇门大全[线装五函二十五册]	[清]湖海居士辑	6800.00	星易
遁甲奇门秘传要旨大全[线装二函十册]	[清]范阳耐寒子辑	6200.00	星易
增广神相全编[线装一函四册]	[明]袁珙订正	980.00	星易
龙伏山人存世文稿[五函十册]	[清]矫子阳撰	2800.00	九州
奇门遁甲鸣法[一函二册]	[清]矫子阳撰	680.00	九州
奇门遁甲衍象[一函二册]	[清]矫子阳撰	480.00	九州
奇门遁甲枢要[一函二册]	[清]矫子阳撰	480.00	九州
遯甲括囊集[一函三册]	[清]矫子阳撰	980.00	九州
增注蒋公古镜歌[一函一册]	[清]矫子阳撰	180.00	九州
古本皇极经世书[一函三册]	[宋]邵雍撰	980.00	九州
明抄真本梅花易数[一函三册]	[宋]邵雍撰	480.00	九州
订正六壬金口诀[一函六册]	[清]巫国匡辑	1280.00	华龄
六壬神课金口诀[一函三册]	[明]适适子撰	298.00	华龄
改良三命通会[一函四册,第二版]	[明]万民英撰	980.00	华龄
增补选择通书玉匣记[一函二册]	[晋]许逊撰	480.00	华龄
绘图全本鲁班经匠家镜	1函4册	680.00	华龄
菊逸山房地理正书(天函):地理点穴撼龙经	1函3册	680.00	华龄
菊逸山房地理正书(地函):秘藏疑龙经大全	1函1册	280.00	华龄
菊逸山房地理正书(人函):杨公秘本山法备收	1函1册	280.00	华龄
青囊海角经	1函4册	680.00	华龄
阳宅三要	1函3册	298.00	华龄

书　　名	作　者	定　价	版别
子部珍本备要(宣纸线装)		分函售价	九州
001 岣嵝神书	1 函 1 册	280.00	九州
002 地理啖蔗録	1 函 4 册	880.00	九州
003 地理玄珠精选	1 函 4 册	880.00	九州
004 地理琢玉斧峦头歌括	1 函 4 册	880.00	九州
005 金氏地学粹编	3 函 8 册	1840.00	九州
006 风水一书	1 函 4 册	880.00	九州
007 风水二书	1 函 4 册	880.00	九州
008 增注周易神应六亲百章海底眼	1 函 1 册	280.00	九州
009 卜易指南	1 函 1 册	280.00	九州
010 大六壬占验	1 函 1 册	280.00	九州
011 真本六壬神课金口诀	1 函 3 册	680.00	九州
012 太乙指津	1 函 2 册	480.00	九州
013 太乙金钥匙 太乙金钥匙续集	1 函 1 册	280.00	九州
014 奇门遁甲占验天时	1 函 2 册	480.00	九州
015 南阳掌珍遁甲	1 函 1 册	280.00	九州
016 达摩易筋经 易筋经外经图说 八段锦	1 函 1 册	280.00	九州
017 钦天监彩绘真本推背图	1 函 2 册	680.00	九州
018 清抄全本玉函通秘	1 函 3 册	680.00	九州
019 灵棋经	1 函 1 册	280.00	九州
020 道藏灵符秘法	4 函 9 册	2100.00	九州
021 地理青囊玉尺度金针集	1 函 6 册	1280.00	九州
022 奇门秘传九宫纂要	1 函 1 册	280.00	九州
023 影印清抄耕寸集－真本子平真诠	1 函 2 册	480.00	九州
024 新刊合并官板音义评注渊海子平	1 函 2 册	480.00	九州
025 影抄宋本五行精纪	1 函 6 册	1080.00	九州
026 影印明刻阴阳五要奇书 1－郭氏阴阳元经	1 函 2 册	480.00	九州
027 影印明刻阴阳五要奇书 2－克择璇玑括要	1 函 1 册	280.00	九州
028 影印明刻阴阳五要奇书 3－阳明按索图	1 函 2 册	480.00	九州
029 影印明刻阴阳五要奇书 4－佐玄直指	1 函 2 册	480.00	九州
030 影印明刻阴阳五要奇书 5－三白宝海钩玄	1 函 1 册	280.00	九州
031 相命图诀许负相法十六篇合刊	1 函 1 册	280.00	九州
032 玉掌神相神相铁关刀合刊	1 函 1 册	280.00	九州
033 古本太乙淘金歌	1 函 1 册	280.00	九州
034 重刊地理葬埋黑通书	1 函 2 册	480.00	九州
035 壬归	1 函 2 册	480.00	九州
036 大六壬苗公鬼撮脚二种合刊	1 函 1 册	280.00	九州
037 大六壬鬼撮脚射覆	1 函 2 册	480.00	九州
038 大六壬金柜经	1 函 1 册	280.00	九州
039 纪氏奇门秘书仕学备余	1 函 1 册	280.00	九州

书　　名	作　者	定　价	版别
040 八门九星阴阳二遁全本奇门断	2函18册	3680.00	九州
041 李卫公奇门心法	1函1册	280.00	九州
042 武侯行兵遁甲金函玉镜海底眼	1函1册	280.00	九州
043 诸葛武侯奇门千金诀	1函1册	280.00	九州
044 隔夜神算	1函1册	280.00	九州
045 地理五种秘笈合刊	1函1册	280.00	九州
046 地理雪心赋句解	1函2册	480.00	九州
047 九天玄女青囊经	1函1册	280.00	九州
048 考定撼龙经	1函1册	280.00	九州
049 刘江东家藏善本葬书	1函1册	280.00	九州
050 杨公六段玄机赋杨筠松安门楼玉辇经合刊	1函1册	280.00	九州
051 风水金鉴	1函1册	280.00	九州
052 新镌碎玉剖秘地理不求人	1函2册	480.00	九州
053 阳宅八门金光斗临经	1函1册	280.00	九州
054 新镌徐氏家藏罗经顶门针	1函2册	480.00	九州
055 影印乾隆丙午刻本地理五诀	1函4册	880.00	九州
056 地理诀要雪心赋	1函2册	480.00	九州
057 蒋氏平阶家藏善本插泥剑	1函1册	280.00	九州
058 蒋大鸿家传地理归厚录	1函1册	280.00	九州
059 蒋大鸿家传三元地理秘书	1函1册	280.00	九州
060 蒋大鸿家传天星选择秘旨	1函1册	280.00	九州
061 撼龙经批注校补	1函4册	880.00	九州
062 疑龙经批注校补一全	1函1册	280.00	九州
063 种筠书屋较订山法诸书	1函2册	480.00	九州
064 堪舆倒杖诀 拨砂经遗篇 合刊	1函1册	280.00	九州
065 认龙天宝经	1函1册	280.00	九州
066 天机望龙经刘氏心法 杨公骑龙穴诗合刊	1函1册	280.00	九州
067 风水一夜仙秘传三种合刊	1函1册	280.00	九州
068 新镌地理八窍	1函2册	480.00	九州
069 地理解醒	1函1册	280.00	九州
070 峦头指迷	1函3册	680.00	九州
071 茅山上清灵符	1函2册	480.00	九州
072 茅山上清镇禳摄制秘法	1函1册	280.00	九州
073 天医祝由科秘抄	1函2册	480.00	九州
074 千镇百镇桃花镇	1函2册	480.00	九州
075 轩辕碑记医学祝由十三科治病奇书合刊	1函1册	280.00	九州
076 清抄真本祝由科秘诀全书	1函3册	680.00	九州
077 增补秘传万法归宗	1函2册	480.00	九州
078 祝由科诸符秘卷祝由科诸符秘旨合刊	1函1册	280.00	九州
079 辰州符咒大全	1函4册	880.00	九州

书　　名	作　者	定　价	版别
080 万历初刻三命通会	2 函 12 册	2480.00	九州
081 新编三车一览子平渊源注解	1 函 3 册	680.00	九州
082 命理用神精华	1 函 3 册	680.00	九州
083 命学探骊集	1 函 1 册	280.00	九州
084 相诀摘要	1 函 2 册	480.00	九州
085 相法秘传	1 函 1 册	280.00	九州
086 新编相法五总龟	1 函 1 册	280.00	九州
087 相学统宗心易秘传	1 函 2 册	480.00	九州
088 秘本大清相法	1 函 2 册	480.00	九州
089 相法易知	1 函 1 册	280.00	九州
090 星命风水秘传	1 函 1 册	280.00	九州
091 大六壬隔山照	1 函 2 册	480.00	九州
092 大六壬考正	1 函 1 册	280.00	九州
093 大六壬类阐	1 函 2 册	480.00	九州
094 六壬心镜集注	1 函 1 册	280.00	九州
095 遁甲吾学编	1 函 2 册	480.00	九州
096 刘明江家藏善本奇门衍象	1 函 1 册	280.00	九州
097 遁甲天书秘文	1 函 2 册	480.00	九州
098 金枢符应秘文	1 函 2 册	480.00	九州
099 秘传金函奇门隐遁丁甲法书	1 函 2 册	480.00	九州
100 六壬行军指南	2 函 10 册	2080.00	九州
101 家藏阴阳二宅秘诀线法	1 函 2 册	480.00	九州
102 阳宅一书阴宅一书合刊	1 函 1 册	280.00	九州
103 地理法门全书	1 函 1 册	280.00	九州
104 四真全书玉钥匙	1 函 1 册	280.00	九州
105 重刊官板玉髓真经	1 函 4 册	880.00	九州
106 明刊阳宅真诀	1 函 2 册	480.00	九州
107 阳宅指南	1 函 1 册	280.00	九州
108 阳宅秘传三书	1 函 1 册	280.00	九州
109 阳宅都天滚盘珠	1 函 1 册	280.00	九州
110 纪氏地理水法要诀	1 函 1 册	280.00	九州
111 李默斋先生地理辟径集	1 函 2 册	480.00	九州
112 李默斋先生辟径集续篇 地理秘缺	1 函 2 册	480.00	九州
113 地理辨正自解	1 函 1 册	280.00	九州
114 形家五要全编	1 函 4 册	880.00	九州
115 地理辨正抉要	1 函 1 册	280.00	九州
116 地理辨正揭隐	1 函 1 册	280.00	九州
117 地学铁骨秘	1 函 1 册	280.00	九州
118 地理辨正发秘初稿	1 函 1 册	280.00	九州
119 三元宅墓图	1 函 1 册	280.00	九州

书　　名	作　者	定　价	版别
120 参赞玄机地理仙婆集	2 函 8 册	1680.00	九州
121 幕讲禅师玄空秘旨浅注外七种	1 函 1 册	280.00	九州
122 玄空挨星图诀	1 函 1 册	280.00	九州
123 影印稿本玄空地理筌蹄	1 函 1 册	280.00	九州
124 玄空古义四种通释	1 函 2 册	480.00	九州
125 地理疑义答问	1 函 1 册	280.00	九州
126 王元极地理辨正冒禁录	1 函 1 册	280.00	九州
127 王元极校补天元选择辨正	1 函 3 册	680.00	九州
128 王元极选择辨真全书	1 函 1 册	280.00	九州
129 王元极增批地理冰海原本地理冰海合刊	1 函 1 册	280.00	九州
130 王元极三元阳宅萃篇	1 函 2 册	480.00	九州
131 尹一勺先生地理精语	1 函 1 册	280.00	九州
132 古本地理元真	1 函 2 册	480.00	九州
133 杨公秘本搜地灵	1 函 1 册	280.00	九州
134 秘藏千里眼	1 函 1 册	280.00	九州
135 道光刊本地理或问	1 函 1 册	280.00	九州
136 影印稿本地理秘诀	1 函 2 册	480.00	九州
137 地理秘诀隔山照 地理括要 合刊	1 函 1 册	280.00	九州
138 地理前后五十段	1 函 2 册	480.00	九州
139 心耕书屋藏本地经图说	1 函 1 册	280.00	九州
140 地理古本道法双谭	1 函 1 册	280.00	九州
141 奇门遁甲元灵经	1 函 1 册	280.00	九州
142 黄帝遁甲归藏大意 白猿真经 合刊	1 函 1 册	280.00	九州
143 遁甲符应经	1 函 2 册	480.00	九州
144 遁甲通明钤	1 函 1 册	280.00	九州
145 景祐奇门秘纂	1 函 2 册	480.00	九州
146 奇门先天要论	1 函 2 册	480.00	九州
147 御定奇门古本	1 函 2 册	480.00	九州
148 奇门吉凶格解	1 函 1 册	280.00	九州
149 御定奇门宝鉴	1 函 3 册	680.00	九州
150 奇门阐易	1 函 2 册	480.00	九州
151 六壬总论	1 函 1 册	280.00	九州
152 稿抄本大六壬翠羽歌	1 函 1 册	280.00	九州
153 都天六壬神课	1 函 1 册	280.00	九州
154 大六壬易简	1 函 2 册	480.00	九州
155 太上六壬明鉴符阴经	1 函 1 册	280.00	九州
156 增补关煞袖里金百中经	1 函 1 册	280.00	九州
157 演禽三世相法	1 函 2 册	480.00	九州
158 合婚便览 和合婚姻咒 合刊	1 函 1 册	280.00	九州
159 神数十种	1 函 1 册	280.00	九州

书　　名	作　　者	定　价	版别
160 神机灵数一掌经金钱课合刊	1 函 1 册	280.00	九州
161 阴阳二宅易知录	1 函 2 册	480.00	九州
162 阴宅镜	1 函 2 册	480.00	九州
163 阳宅镜	1 函 1 册	280.00	九州
164 清精抄本六圃地学	1 函 1 册	280.00	九州
165 形峦神断书	1 函 1 册	280.00	九州
166 堪舆三昧	1 函 1 册	280.00	九州
167 遁甲奇门捷要	1 函 1 册	280.00	九州
168 奇门遁甲备览	1 函 1 册	280.00	九州
169 原传真本石室藏本圆光真传秘诀合刊	1 函 1 册	280.00	九州
170 明抄全本壬归	1 函 4 册	880.00	九州
171 董德彰水法秘诀水法断诀合刊	1 函 1 册	280.00	九州
172 董德彰先生水法图说	1 函 1 册	280.00	九州
173 董德彰先生泄天机纂要	1 函 2 册	480.00	九州
174 李默斋先生地理秘传	1 函 2 册	480.00	九州
175 新锓希夷陈先生紫微斗数全书	1 函 3 册	680.00	九州
176 海源阁藏明刊麻衣相法全编	1 函 2 册	480.00	九州
177 袁忠彻先生相法秘传	1 函 3 册	680.00	九州
178 火珠林要旨 筮杙	1 函 2 册	480.00	九州
179 火珠林占法秘传 续筮杙	1 函 1 册	280.00	九州
180 六壬类聚	1 函 4 册	880.00	九州
181 新刻麻衣相神异赋	1 函 1 册	280.00	九州
182 诸葛武侯奇门遁甲全书	1 函 2 册	480.00	九州
183 张九仪传地理偶摘	1 函 1 册	280.00	九州
184 张九仪传地理偶注	1 函 1 册	280.00	九州
185 阳宅玄珠	1 函 1 册	280.00	九州
186 阴宅总论	1 函 1 册	280.00	九州
187 新刻杨救贫秘传阴阳二宅便用统宗	1 函 1 册	280.00	九州
188 增补理气图说	1 函 2 册	480.00	九州
189 增补罗经图说	1 函 1 册	280.00	九州
190 重镌官板阳宅大全	1 函 4 册	880.00	九州
191 景祐太乙福应经	1 函 1 册	280.00	九州
192 景祐遁甲符应经	1 函 3 册	680.00	九州
193 景祐六壬神定经	1 函 3 册	680.00	九州
194 御制禽遁符应经	1 函 2 册	480.00	九州
195 秘传匠家鲁班经符法	1 函 3 册	680.00	九州
196 哈佛藏本太史黄际飞注天玉经	1 函 1 册	280.00	九州
197 李三素先生红囊经解	1 函 1 册	280.00	九州
198 杨曾青囊天玉通义	1 函 1 册	280.00	九州
199 重编大清钦天监焦秉贞彩绘历代推背图解	1 函 2 册	680.00	九州

书　　名	作　　者	定　价	版别
200 道光初刻相理衡真	1 函 4 册	880.00	九州
201 新刻袁柳庄先生秘传相法	1 函 3 册	680.00	九州
202 袁忠彻相法古今识鉴	1 函 2 册	480.00	九州
203 袁天纲五星三命指南	1 函 2 册	480.00	九州
204 新刻五星玉镜	1 函 3 册	680.00	九州
205 游艺录:筮遁壬行年斗数相宅	1 函 1 册	280.00	九州
206 新订王氏罗经透解	1 函 2 册	480.00	九州
207 堪舆真诠	1 函 3 册	680.00	九州
208 青囊天机奥旨二种	1 函 1 册	280.00	九州
209 张九仪传地理偶录	1 函 1 册	280.00	九州
210 地学形势集	1 函 8 册	1680.00	九州
211 神相水镜集	1 函 4 册	880.00	九州
212 稀见相学秘笈四种合刊	1 函 2 册	480.00	九州
213 神相金较剪	1 函 1 册	280.00	九州
214 神相证验百条	1 函 2 册	480.00	九州
215 全本神相全编	1 函 3 册	680.00	九州
216 神相全编正义	1 函 3 册	680.00	九州
217 八宅明镜	1 函 2 册	480.00	九州
218 阳宅卜居秘髓	1 函 3 册	680.00	九州
219 地理乾坤法窍	1 函 3 册	680.00	九州
220 秘传廖公画筴拨砂经	1 函 4 册	880.00	九州
221 地理囊金集注	1 函 1 册	280.00	九州
222 赤松子罗经要旨	1 函 1 册	280.00	九州
223 萧仙地理心法堪舆经	1 函 2 册	480.00	九州
224 新刻地理搜龙奥语	1 函 2 册	480.00	九州
225 新刻风水珠神真经	1 函 2 册	480.00	九州
226 寻龙点穴地理索隐	1 函 1 册	280.00	九州
227 杨公撼龙经考注	1 函 2 册	480.00	九州
228 李德贞秘授三元秘诀	1 函 1 册	280.00	九州
229 地理支陇乘气论	1 函 2 册	480.00	九州
230 道光刻全本相山撮要	2 函 6 册	1500.00	九州
231 药王真传祝由科全编	1 函 1 册	280.00	九州
232 梵音斗科符箓秘书	1 函 2 册	580.00	九州
233 御定奇门灵占	1 函 4 册	880.00	九州
234 御定奇门宝镜图	1 函 2 册	480.00	九州
235 汇纂大六壬玉钥匙心诀	1 函 1 册	280.00	九州
236 补完直解六壬五变中黄经	1 函 2 册	480.00	九州
237 六壬节要直讲	1 函 2 册	480.00	九州
238 六壬神课捷要占验	1 函 1 册	280.00	九州
239 六壬袖传神课捷要	1 函 1 册	280.00	九州

书　　名	作　　者	定　价	版别
240 秘藏大六壬大全善本	2 函 8 册	1800.00	九州
241 阳宅藏书	1 函 2 册	480.00	九州
242 阳宅觉元氏新书	1 函 1 册	280.00	九州
243 阳宅拾遗	1 函 2 册	480.00	九州
244 阳基集腋	1 函 2 册	480.00	九州
245 阴阳二宅指正	1 函 2 册	480.00	九州
246 九天玄妙秘书内经	1 函 1 册	280.00	九州
247 青乌葬经葬经翼	1 函 1 册	280.00	九州
248 阳宅六十四卦秘断	1 函 1 册	280.00	九州
249 杨曾地理秘传捷诀	1 函 3 册	680.00	九州
250 三元堪舆秘笈救败全书	1 函 4 册	880.00	九州
251 纪氏地理末学	1 函 2 册	480.00	九州
252 堪舆说原	1 函 1 册	280.00	九州
253 河洛正变喝穴集	1 函 1 册	280.00	九州
254 太上洞玄灵宝素灵真符	1 函 1 册	280.00	九州
255 道家神符霹咒秘传	1 函 1 册	280.00	九州
256 堪舆秘传六十四论记师口诀	1 函 2 册	480.00	九州
257 相法秘笈太乙照神经	1 函 3 册	680.00	九州
258 哈佛藏子平格局解要	1 函 2 册	480.00	九州
259 三车一览命书详论	1 函 2 册	480.00	九州
260 万历初刊平学大成	1 函 4 册	880.00	九州
261 古本推背图说	1 函 2 册	680.00	九州
262 董氏諏吉新书	1 函 2 册	480.00	九州
263 蒋大鸿四十八局图	1 函 1 册	280.00	九州
264 阳宅紫府宝鉴	1 函 2 册	480.00	九州
265 宅经类纂	1 函 3 册	680.00	九州
266 杨公画筴图	1 函 1 册	280.00	九州
267 刘江东秘传金函经	1 函 1 册	280.00	九州
268 茔元总录	1 函 2 册	480.00	九州
269 纪氏奇门占验奇门遁甲要略合刊	1 函 1 册	280.00	九州
270 奇门统宗大全	1 函 4 册	880.00	九州
271 刘天君祛治符法秘卷	1 函 3 册	680.00	九州
272 圣济总录祝由术全编	1 函 2 册	480.00	九州
273 子平星学精华	1 函 1 册	280.00	九州
274 紫微斗数命理宣微	1 函 1 册	280.00	九州
275 火珠林卦爻精究集	1 函 2 册	480.00	九州
276 韩图孤本奇门秘要	1 函 1 册	280.00	九州
277 哈佛藏明抄六壬断易秘诀	1 函 1 册	280.00	九州
278 大六壬会要全集	1 函 3 册	680.00	九州
279 乾隆初刊六壬视斯	1 函 2 册	480.00	九州

书　　名	作　者	定　价	版别
280 精抄历代六壬占验汇选	2 函 6 册	1280.00	九州
281 张九仪先生东湖地学	1 函 1 册	280.00	九州
282 张九仪先生东湖砂法	1 函 1 册	280.00	九州
283 张九仪先生东湖水法	1 函 1 册	280.00	九州
284 姚氏地理辨正图说	1 函 1 册	280.00	九州
285 地理辨正补注	1 函 2 册	480.00	九州
286 地理丛谈元运发微	1 函 1 册	280.00	九州
287 元空宅法举隅	1 函 1 册	280.00	九州
288 平洋地理玉函经	1 函 1 册	280.00	九州
289 元空法鉴三种	1 函 3 册	680.00	九州
290 蒋大鸿先生地理合璧	2 函 7 册	1480.00	九州
291 新刊地理五经图解	1 函 3 册	680.00	九州
292 三元地理辨惑	1 函 1 册	280.00	九州
293 风水内传秘旨	1 函 1 册	280.00	九州
294 杜氏地理图说	1 函 2 册	480.00	九州
295 地学仁孝必读	1 函 5 册	1080.00	九州
296 地理秘珍	1 函 2 册	480.00	九州
297 秘传四课仙机水法	1 函 1 册	280.00	九州
298 地理辨正图诀	1 函 1 册	280.00	九州
299 灵城精义笺	1 函 1 册	280.00	九州
300 仰山子新辑地理条贯	2 函 6 册	1280.00	九州
301 秘传堪舆经传类纂	1 函 1 册	280.00	九州
302 秘传堪舆论状类纂	1 函 1 册	280.00	九州
303 秘传堪舆秘书类纂	1 函 1 册	280.00	九州
304 秘传堪舆诗赋歌诀类纂	1 函 2 册	480.00	九州
305 秘传堪舆问答类纂	1 函 1 册	280.00	九州
306 秘传堪舆杂录类纂	1 函 2 册	480.00	九州
307 秘传堪舆辨惑类纂	1 函 1 册	280.00	九州
308 秘传堪舆断诀类纂	1 函 1 册	280.00	九州
309 秘传堪舆穴法类纂	1 函 1 册	280.00	九州
310 秘传堪舆葬法类纂	1 函 1 册	280.00	九州
311 大六壬兵占三种	1 函 2 册	480.00	九州
312 大六壬秘书四种	1 函 2 册	480.00	九州
313 大六壬毕法注解	1 函 1 册	280.00	九州
314 大六壬课体订讹	1 函 1 册	280.00	九州
315 大六壬类占	1 函 2 册	480.00	九州
316 大六壬全编	1 函 2 册	480.00	九州
317 大六壬杂释	1 函 1 册	280.00	九州
318 大六壬心镜	1 函 2 册	480.00	九州
319 六壬灵课玉洞金书	1 函 1 册	280.00	九州

书　　名	作　者	定　价	版别
320 六壬通仙	1 函 4 册	880.00	九州
321 五种秘窍全书—1—地理秘窍	1 函 1 册	280.00	九州
322 五种秘窍全书—2—选择秘窍	1 函 4 册	880.00	九州
323 五种秘窍全书—3—天星秘窍	1 函 1 册	280.00	九州
324 五种秘窍全书—4—罗经秘窍	1 函 4 册	880.00	九州
325 五种秘窍全书—5—奇门秘窍	1 函 2 册	480.00	九州
326 新编杨曾地理家传心法捷诀一贯堪舆	2 函 8 册	1780.00	九州
327 玉函铜函真经阴阳剪裁图注	1 函 3 册	680.00	九州
328 新刻石函平砂玉尺经全书	1 函 2 册	480.00	九州
329 三元通天照水经	1 函 2 册	480.00	九州
330 堪舆经书	1 函 5 册	1080.00	九州
331 神相汇编	1 函 2 册	480.00	九州
332 管辂神相秘传	1 函 1 册	280.00	九州
333 冰鉴秘本七篇月波洞中记合刊	1 函 1 册	280.00	九州
334 太清神鉴录	1 函 2 册	480.00	九州
335 新刊京本厘正总括天机星学正传	2 函 10 册	2180.00	九州
336 新监七政归垣司台历数袖里璇玑	1 函 4 册	880.00	九州
337 道藏古本紫微斗数	1 函 2 册	480.00	九州
338 增补诸家选择万全玉匣记	1 函 2 册	480.00	九州
339 杨公造命要诀	1 函 1 册	280.00	九州
340 造命宗镜	1 函 6 册	1280.00	九州
341 上清灵宝济度金书符咒大成	2 函 9 册	1980.00	九州
342 青城山铜板祝由十三科	1 函 2 册	480.00	九州
343 抄本祝由科别传	1 函 1 册	280.00	九州
344 遁甲演义	1 函 2 册	480.00	九州
345 武侯奇门遁甲玄机赋	1 函 1 册	280.00	九州
346 北法变化禽书	1 函 1 册	280.00	九州
347 卜筮全书	1 函 6 册	1280 .00	九州
348 卜筮正宗	1 函 4 册	880.00	九州
349 易隐	1 函 4 册	880.00	九州
350 野鹤老人占卜全书	1 函 5 册	1280.00	九州
351 地理会心集	1 函 2 册	480.00	九州
352 罗经会心集	1 函 2 册	480.00	九州
353 阳宅会心集	1 函 1 册	280.00	九州
354 秘传图注龙经全集	1 函 3 册	680.00	九州
355 地理精微集	1 函 2 册	480.00	九州
356 地理拾铅峦头理气合编	1 函 2 册	480.00	九州
357 萧客真诀	1 函 1 册	280.00	九州
358 地理铁案	1 函 2 册	480.00	九州
359 秘传四神课书仙机消纳水法	1 函 2 册	480.00	九州

书　名	作　者	定　价	版别
360 蒋大鸿先生地理真诠	2 函 7 册	1480.00	九州
361 蒋大鸿仙诀小引	1 函 1 册	280.00	九州
362 管氏地理指蒙	1 函 1 册	280.00	九州
363 原本山洋指迷	1 函 2 册	480.00	九州
364 形家集要	1 函 1 册	280.00	九州
365 重镌地理天机会元	3 函 15 册	3080.00	九州
366 地理方外别传	1 函 2 册	480.00	九州
367 堪舆至秘旅寓集	1 函 1 册	280.00	九州
368 堪舆管见	1 函 1 册	280.00	九州
369 四神秘诀	1 函 2 册	480.00	九州
370 地理辨正补	1 函 3 册	680.00	九州
371 金书秘奥地理一片金合刊	1 函 1 册	280.00	九州
372 阳宅玉髓真经阴宅制煞秘法合刊	1 函 1 册	280.00	九州
373 堪舆至秘旅寓集 堪舆秘传	1 函 1 册	280.00	九州
374 地学杂钞连珠水法合刊	1 函 1 册	280.00	九州
375 黄妙应仙师五星仙机制化砂法	1 函 2 册	480.00	九州
376 造葬便览	1 函 1 册	280.00	九州
377 大六壬秘本	1 函 2 册	480.00	九州
378 太乙统类	1 函 1 册	280.00	九州
379 新雕注疏珞琭子三命消息赋	1 函 1 册	280.00	九州
380 新编四家注解经进珞琭子消息赋	1 函 2 册	480.00	九州
381 清代民间实用灵符汇编	1 函 2 册	680.00	九州
382 王国维批校宋本焦氏易林	1 函 2 册	480.00	九州
383 新刊应验天机易卦通神	1 函 1 册	280.00	九州
384 新镌周易数	1 函 5 册	1080.00	九州
增补四库青乌辑要[，全 18 函 59 册]	郑同校	11680.00	九州
第 1 种：宅经[1 册]	[署]黄帝撰	180.00	九州
第 2 种：葬书[1 册]	[晋]郭璞撰	220.00	九州
第 3 种：青囊序青囊奥语天玉经[1 册]	[唐]杨筠松撰	220.00	九州
第 4 种：黄囊经[1 册]	[唐]杨筠松撰	220.00	九州
第 5 种：黑囊经[2 册]	[唐]杨筠松撰	380.00	九州
第 6 种：锦囊经[1 册]	[晋]郭璞撰	200.00	九州
第 7 种：天机贯旨红囊经[2 册]	[清]李三素撰	380.00	九州
第 8 种：玉函天机素书/至宝经[1 册]	[明]董德彰撰	200.00	九州
第 9 种：天机一贯[2 册]	[清]李三素撰辑	380.00	九州
第 10 种：撼龙经[1 册]	[唐]杨筠松撰	200.00	九州
第 11 种：疑龙经葬法倒杖[1 册]	[唐]杨筠松撰	220.00	九州
第 12 种：疑龙经辨正[1 册]	[唐]杨筠松撰	200.00	九州
第 13 种：寻龙记太华经[1 册]	[唐]曾文辿撰	220.00	九州
第 14 种：宅谱要典[2 册]	[清]铫溪野人校	380.00	九州

书　　名	作　　者	定　价	版别
第 15 种:阳宅必用[2 册]	心灯大师校订	380.00	九州
第 16 种:阳宅撮要[2 册]	[清]吴鼒撰	380.00	九州
第 17 种:阳宅正宗[1 册]	[清]姚承舆撰	200.00	九州
第 18 种:阳宅指掌[2 册]	[清]黄海山人撰	380.00	九州
第 19 种:相宅新编[1 册]	[清]焦循校刊	240.00	九州
第 20 种:阳宅井明[2 册]	[清]邓颖出撰	380.00	九州
第 21 种:阴宅井明[1 册]	[清]邓颖出撰	220.00	九州
第 22 种:灵城精义[2 册]	[南唐]何溥撰	380.00	九州
第 23 种:龙穴砂水说[1 册]	清抄秘本	180.00	九州
第 24 种:三元水法秘诀[2 册]	清抄秘本	380.00	九州
第 25 种:罗经秘传[2 册]	[清]傅禹辑	380.00	九州
第 26 种:穿山透地真传[2 册]	[清]张九仪撰	380.00	九州
第 27 种:催官篇发微论[2 册]	[宋]赖文俊撰	380.00	九州
第 28 种:入地眼神断要诀[2 册]	清抄秘本	380.00	九州
第 29 种:玄空大卦秘断[1 册]	清抄秘本	200.00	九州
第 30 种:玄空大五行真传口诀[1 册]	[明]蒋大鸿等撰	220.00	九州
第 31 种:杨曾九宫颠倒打劫图说[1 册]	[唐]杨筠松撰	200.00	九州
第 32 种:乌兔经奇验经[1 册]	[唐]杨筠松撰	180.00	九州
第 33 种:挨星考注[1 册]	[清]汪董缘订定	260.00	九州
第 34 种:地理挨星说汇要[1 册]	[明]蒋大鸿撰辑	220.00	九州
第 35 种:地理捷诀[1 册]	[清]傅禹辑	200.00	九州
第 36 种:地理三仙秘旨[1 册]	清抄秘本	200.00	九州
第 37 种:地理三字经[3 册]	[清]程思乐撰	580.00	九州
第 38 种:地理雪心赋注解[2 册]	[唐]卜则嵬撰	380.00	九州
第 39 种:蒋公天元余义[1 册]	[明]蒋大鸿等撰	220.00	九州
第 40 种:地理真传秘旨[3 册]	[唐]杨筠松撰	580.00	九州
增补四库未收方术汇刊第一辑(全 28 函)	线装影印本	11800.00	九州
第一辑 01 函:火珠林・卜筮正宗	[宋]麻衣道者著	340.00	九州
第一辑 02 函:全本增删卜易・增删卜易真诠	[清]野鹤老人撰	720.00	九州
第一辑 03 函:渊海子平音义评注・子平真诠・命理易知	[明]杨淙增校	360.00	九州
第一辑 04 函:滴天髓:附滴天秘诀・穷通宝鉴:附月谈赋	[宋]京图撰	360.00	九州
第一辑 05 函:参星秘要诹吉便览・玉函斗首三台通书・精校三元总录	[清]俞荣宽撰	460.00	九州
第一辑 06 函:陈子性藏书	[清]陈应选撰	580.00	九州
第一辑 07 函:崇正辟谬永吉通书・选择求真	[清]李奉来辑	500.00	九州
第一辑 08 函:增补选择通书玉匣记・永宁通书	[晋]许逊撰	400.00	九州
第一辑 09 函:新增阳宅爱众篇	[清]张觉正撰	480.00	九州
第一辑 10 函:地理四弹子・地理铅弹子砂水要诀	[清]张九仪注	340.00	九州
第一辑 11 函:地理五诀	[清]赵九峰著	200.00	九州

书　名	作　者	定　价	版别
第一辑 12 函:地理直指原真	[清]释如玉撰	280.00	九州
第一辑 13 函:宫藏真本入地眼全书	[宋]释静道著	680.00	九州
第一辑 14 函:罗经顶门针·罗经解定·罗经透解	[明]徐之镆撰	360.00	九州
第一辑 15 函:校正详图青囊经·平砂玉尺经·地理辨正疏	[清]王宗臣著	300.00	九州
第一辑 16 函:一贯堪舆	[明]唐世友辑	240.00	九州
第一辑 17 函:阳宅大全·阳宅十书	[明]一壑居士集	600.00	九州
第一辑 18 函:阳宅大成五种	[清]魏青江撰	600.00	九州
第一辑 19 函:奇门五总龟·奇门遁甲统宗大全·奇门遁甲元灵经	[明]池纪撰	500.00	九州
第一辑 20 函:奇门遁甲秘笈全书	[明]刘伯温辑	280.00	九州
第一辑 21 函:奇门庐中阐秘	[汉]诸葛武侯撰	600.00	九州
第一辑 22 函:奇门遁甲元机·太乙秘书·六壬大占	[宋]岳珂纂辑	360.00	九州
第一辑 23 函:性命圭旨	[明]尹真人撰	480.00	九州
第一辑 24 函:紫微斗数全书	[宋]陈抟撰	200.00	九州
第一辑 25 函:千镇百镇桃花镇	[清]云石道人校	220.00	九州
第一辑 26 函:清抄真本祝由科秘诀全书·轩辕碑记医学祝由十三科	[上古]黄帝传	800.00	九州
第一辑 27 函:增补秘传万法归宗	[唐]李淳风撰	160.00	九州
第一辑 28 函:神机灵数一掌经金钱课·牙牌神数七种·珍本演禽三世相法	[清]诚文信校	440.00	九州
增补四库未收方术汇刊第二辑(全 36 函)	线装影印本	13800.00	九州
第二辑第 1 函:六爻断易一撮金·卜易秘诀海底眼	[宋]邵雍撰	200.00	九州
第二辑第 2 函:秘传子平渊源	燕山郑同校辑	280.00	九州
第二辑第 3 函:命理探原	[清]袁树珊撰	280.00	九州
第二辑第 4 函:命理正宗	[明]张楠撰集	180.00	九州
第二辑第 5 函:造化玄钥	庄圆校补	220.00	九州
第二辑第 6 函:命理寻源·子平管见	[清]徐乐吾撰	280.00	九州
第二辑第 7 函:京本风鉴相法	[明]回阳子校辑	380.00	九州
第二辑第 8—9 函:钦定协纪辨方书 8 册	[清]允禄编	780.00	九州
第二辑第 10—11 函:鳌头通书 10 册	[明]熊宗立撰辑	880.00	九州
第二辑第 12—13 函:象吉通书	[清]魏明远撰辑	1080.00	九州
第二辑第 14 函:选择宗镜·选择纪要	[朝鲜]南秉吉撰	360.00	九州
第二辑第 15 函:选择正宗	[清]顾宗秀撰辑	480.00	九州
第二辑第 16 函:仪度六壬选日要诀	[清]张九仪撰	680.00	九州
第二辑第 17 函:葬事择日法	郑同校辑	280.00	九州
第二辑第 18 函:地理不求人	[清]吴明初撰辑	240.00	九州
第二辑第 19 函:地理大成一:山法全书	[清]叶九升撰	680.00	九州
第二辑第 20 函:地理大成二:平阳全书	[清]叶九升撰	360.00	九州
第二辑第 21 函:地理大成三:地理六经注·地理大成四:罗经指南拔雾集·地理大成五:理气四诀	[清]叶九升撰	300.00	九州

书　　名	作　者	定　价	版别
第二辑第22函:地理录要	[明]蒋大鸿撰	480.00	九州
第二辑第23函:地理人子须知	[明]徐善继撰	480.00	九州
第二辑第24函:地理四秘全书	[清]尹一勺撰	380.00	九州
第二辑第25—26函:地理天机会元	[明]顾陵冈辑	1080.00	九州
第二辑第27函:地理正宗	[清]蒋宗城校订	280.00	九州
第二辑第28函:全图鲁班经	[明]午荣编	280.00	九州
第二辑第29函:秘传水龙经	[明]蒋大鸿撰	480.00	九州
第二辑第30函:阳宅集成	[清]姚廷銮纂	480.00	九州
第二辑第31函:阴宅集要	[清]姚廷銮纂	240.00	九州
第二辑第32函:辰州符咒大全	[清]觉玄子辑	480.00	九州
第二辑第33函:三元镇宅灵符秘箓·太上洞玄祛病灵符全书	[明]张宇初编	240.00	九州
第二辑第34函:太上混元祈福解灾三部神符	[明]张宇初编	360.00	九州
第二辑第35函:测字秘牒·先天易数·冲天易数/马前课	[清]程省撰	360.00	九州
第二辑第36函:秘传紫微	古朝鲜抄本	240.00	九州
子部善本1:新刊地理玄珠	精装古本影印	380.00	华龄
子部善本2:参赞玄机地理仙婆集	精装古本影印	380.00	华龄
子部善本3:章仲山地理九种(上下)	精装古本影印	760.00	华龄
子部善本4:八门九星阴阳二遁全本奇门断	精装古本影印	760.00	华龄
子部善本5:六壬统宗大全	精装古本影印	380.00	华龄
子部善本6:太乙统宗宝鉴	精装古本影印	380.00	华龄
子部善本7:重刊星海词林(全五册)	精装古本影印	1900.00	华龄
子部善本8:万历初刻三命通会(上下)	精装古本影印	760.00	华龄
子部善本9:增广沈氏玄空学(上下)	精装古本影印	760.00	华龄
子部善本10:江公择日秘稿	精装古本影印	380.00	华龄
子部善本11:刘氏家藏阐微通书(上下)	精装古本影印	760.00	华龄
子部善本12:影印增补高岛易断(上下)	精装古本影印	760.00	华龄
子部善本13:清刻足本铁板神数	精装古本影印	380.00	华龄
子部善本14:增订天官五星集腋(上下)	精装古本影印	760.00	华龄
子部善本15:太乙奇门六壬兵备统宗(上中下)	精装古本影印	1140.00	华龄
子部善本16:御定景祐奇门大全(上下)	精装古本影印	760.00	华龄
子部善本17:地理四秘全书十二种	精装古本影印	380.00	华龄
子部善本18:全本地理统一全书	精装古本影印	380.00	华龄
子部善本19:廖公画策扒砂经(上下)	精装古本影印	760.00	华龄
子部善本20:明刊玉髓真经(上下)	精装古本影印	760.00	华龄
子部善本21:蒋大鸿家藏地学捷旨	精装古本影印	380.00	华龄
子部善本22:阳宅安居金镜(上下)	精装古本影印	760.00	华龄
子部善本23:新刊地理紫囊书(上下)	精装古本影印	760.00	华龄
子部善本24:地理大成五种(上下)	精装古本影印	760.00	华龄

书　　名	作　者	定　价	版别
子部善本 25:初刻鳌头通书大全(上中下)	精装古本影印	1140.00	华龄
子部善本 26:初刻象吉备要通书大全(上中下)	精装古本影印	1140.00	华龄
子部善本 27:武英殿板钦定协纪辨方书(上下)	精装古本影印	760.00	华龄
子部善本 28:初刻陈子性藏书(上下)	精装古本影印	760.00	华龄
子平遗书第 1 辑(断命案例集甲子至戊辰全三册)	精装古本影印	980.00	华龄
子平遗书第 2 辑(断命案例集庚午至甲戌全三册)	精装古本影印	980.00	华龄
子平遗书第 3 辑(断命案例集乙亥至戊子全三册)	精装古本影印	980.00	华龄
子平遗书第 4 辑(断命案例集庚寅至庚子全三册)	精装古本影印	980.00	华龄
子平遗书第 5 辑(断命案例集辛丑至癸丑全三册)	精装古本影印	980.00	华龄
子平遗书第 6 辑(断命案例集甲寅至辛酉全三册)	精装古本影印	980.00	华龄
风水择吉第一书:辨方(简体精装)	李明清著	168.00	华龄
珞琭子三命消息赋古注通疏(精装上下)	一明注疏	188.00	华龄
增补高岛易断(简体横排精装上下)	(清)王治本编译	198.00	华龄
中国古代术数基础理论(精装 1 函 5 册)	刘昌易著	495.00	团结
飞盘奇门:鸣法体系校释(精装上下)	刘金亮撰	198.00	九州
白话高岛易断(上下)	孙正治孙奥麟译	128.00	九州
润德堂丛书全编 1:述卜筮星相学	袁树珊著	38.00	华龄
润德堂丛书全编 2:命理探原	袁树珊著	38.00	华龄
润德堂丛书全编 3:命谱	袁树珊著	68.00	华龄
润德堂丛书全编 4:大六壬探原 养生三要	袁树珊著	38.00	华龄
润德堂丛书全编 5:中西相人探原	袁树珊著	38.00	华龄
润德堂丛书全编 6:选吉探原 八字万年历	袁树珊著	38.00	华龄
润德堂丛书全编 7:中国历代卜人传(上中下)	袁树珊著	168.00	华龄
三式汇刊 1:大六壬口诀纂	[明]林昌长辑	68.00	华龄
三式汇刊 2:大六壬集应钤	[明]黄宾廷撰	198.00	华龄
三式汇刊 3:奇门大全秘纂	[清]湖海居士撰	68.00	华龄
三式汇刊 4:大六壬总归	[宋]郭子晟撰	58.00	华龄
三式汇刊 5:大六壬心镜	[唐]徐道符辑	48.00	华龄
三式汇刊 6:壬窍	[清]无无野人撰	48.00	华龄
青囊汇刊 1:青囊秘要	[晋]郭璞等撰	48.00	华龄
青囊汇刊 2:青囊海角经	[晋]郭璞等撰	48.00	华龄
青囊汇刊 3:阳宅十书	[明]王君荣撰	48.00	华龄
青囊汇刊 4:秘传水龙经	[明]蒋大鸿撰	68.00	华龄
青囊汇刊 5:管氏地理指蒙	[三国]管辂撰	48.00	华龄
青囊汇刊 6:地理山洋指迷	[明]周景一撰	32.00	华龄
青囊汇刊 7:地学答问	[清]魏清江撰	58.00	华龄
青囊汇刊 8:地理铅弹子砂水要诀	[清]张九仪撰	68.00	华龄
青囊汇刊 9:地理啖蔗录	[清]袁守定著	48.00	华龄
青囊汇刊 10:八宅明镜	[清]箬冠道人编	48.00	华龄
青囊汇刊 11:罗经透解	[清]王道亨著	58.00	华龄

书　　名	作　者	定　价	版别
青囊汇刊12:阳宅三要	[清]赵玉材撰	48.00	华龄
青囊汇刊13:一贯堪舆(上下)	[明]唐世友辑	108.00	华龄
青囊汇刊14:地理辨证图诀直解	[唐]杨筠松著	58.00	华龄
青囊汇刊15:地理雪心赋集解	[唐]卜应天著	58.00	华龄
青囊汇刊16:四神秘诀	[元]董德彰撰	58.00	华龄
子平汇刊1:渊海子平大全	[宋]徐子平撰	48.00	华龄
子平汇刊2:秘本子平真诠	[清]沈孝瞻撰	38.00	华龄
子平汇刊3:命理金鉴	[清]志于道撰	38.00	华龄
子平汇刊4:秘授滴天髓阐微	[清]任铁樵注	48.00	华龄
子平汇刊5:穷通宝鉴评注	[清]徐乐吾注	48.00	华龄
子平汇刊6:神峰通考命理正宗	[明]张楠撰	38.00	华龄
子平汇刊7:新校命理探原	[清]袁树珊撰	48.00	华龄
子平汇刊8:重校绘图袁氏命谱	[清]袁树珊撰	68.00	华龄
子平汇刊9:增广汇校三命通会(全三册)	[明]万民英撰	168.00	华龄
纳甲汇刊1:校正全本增删卜易	郑同点校	68.00	华龄
纳甲汇刊2:校正全本卜筮正宗	郑同点校	48.00	华龄
纳甲汇刊3:校正全本易隐	郑同点校	48.00	华龄
纳甲汇刊4:校正全本易冒	郑同点校	48.00	华龄
纳甲汇刊5:校正全本易林补遗	郑同点校	38.00	华龄
纳甲汇刊6:校正全本卜筮全书	郑同点校	68.00	华龄
纳甲汇刊7:火珠林注疏	刘恒注解	48.00	华龄
古今图书集成术数丛刊:卜筮(全二册)	[清]陈梦雷辑	80.00	华龄
古今图书集成术数丛刊:堪舆(全二册)	[清]陈梦雷辑	120.00	华龄
古今图书集成术数丛刊:相术(全一册)	[清]陈梦雷辑	60.00	华龄
古今图书集成术数丛刊:选择(全一册)	[清]陈梦雷辑	50.00	华龄
古今图书集成术数丛刊:星命(全三册)	[清]陈梦雷辑	180.00	华龄
古今图书集成术数丛刊:术数(全三册)	[清]陈梦雷辑	200.00	华龄
四库全书术数初集(全四册)	郑同点校	200.00	华龄
四库全书术数二集(全三册)	郑同点校	150.00	华龄
四库全书术数三集:钦定协纪辨方书(全二册)	郑同点校	98.00	华龄
增广沈氏玄空学	郑同点校	68.00	华龄
地理点穴撼龙经	郑同点校	32.00	华龄
绘图地理人子须知(上下)	郑同点校	78.00	华龄
玉函通秘	郑同点校	48.00	华龄
绘图入地眼全书	郑同点校	28.00	华龄
绘图地理五诀	郑同点校	48.00	华龄
一本书弄懂风水	郑同著	48.00	华龄
风水罗盘全解	傅洪光著	58.00	华龄
堪舆精论	胡一鸣著	29.80	华龄
堪舆的秘密	宝通著	36.00	华龄

书　　名	作　　者	定　　价	版别
中国风水学初探	曾涌哲	58.00	华龄
全息太乙(修订版)	李德润著	68.00	华龄
时空太乙(修订版)	李德润著	68.00	华龄
故宫珍本六壬三书(上下)	张越点校	128.00	华龄
大六壬通解(全三册)	叶飘然著	168.00	华龄
壬占汇选(精抄历代六壬占验汇选)	肖岱宗点校	48.00	华龄
大六壬指南	郑同点校	28.00	华龄
六壬金口诀指玄	郑同点校	28.00	华龄
大六壬寻源编[全三册]	[清]周螭辑录	180.00	华龄
六壬辨疑　毕法案录	郑同点校	32.00	华龄
大六壬断案疏证	刘科乐著	58.00	华龄
六壬时空	刘科乐著	68.00	华龄
御定奇门宝鉴	郑同点校	58.00	华龄
御定奇门阳遁九局	郑同点校	78.00	华龄
御定奇门阴遁九局	郑同点校	78.00	华龄
奇门秘占合编:奇门庐中阐秘·四季开门	[汉]诸葛亮撰	68.00	华龄
奇门探索录	郑同编订	38.00	华龄
奇门遁甲秘笈大全	郑同点校	48.00	华龄
奇门旨归	郑同点校	48.00	华龄
奇门法窍	[清]锡孟樨撰	48.00	华龄
奇门精粹——奇门遁甲典籍大全	郑同点校	68.00	华龄
御定子平	郑同点校	48.00	华龄
增补星平会海全书	郑同点校	68.00	华龄
五行精纪:命理通考五行渊微	郑同点校	38.00	华龄
绘图三元总录	郑同编校	48.00	华龄
绘图全本玉匣记	郑同编校	32.00	华龄
周易初步:易学基础知识 36 讲	张绍金著	32.00	华龄
周易与中医养生:医易心法	成铁智著	32.00	华龄
增广梅花易数(精装)	刘恒注	98.00	华龄
梅花心易阐微	[清]杨体仁撰	48.00	华龄
梅花心易疏证	杨波著	48.00	华龄
梅花易数讲义	郑同著	58.00	华龄
白话梅花易数	郑同编著	30.00	华龄
梅花周易数全集	郑同点校	58.00	华龄
梅花易数	[宋]邵雍撰	28.00	九州
梅花易数(大字本)	[宋]邵雍撰	39.00	九州
河洛理数	[宋]邵雍述	48.00	九州
一本书读懂易经	郑同著	38.00	华龄
白话易经	郑同编著	38.00	华龄
知易术数学:开启术数之门	赵知易著	48.00	华龄

书　　名	作　者	定　价	版别
术数入门——奇门遁甲与京氏易学	王居恭著	48.00	华龄
周易虞氏义笺订(上下)	[清]李翊灼校订	78.00	九州
阴阳五要奇书	[晋]郭璞撰	88.00	九州
壬奇要略(全5册:大六壬集应钤3册,大六壬口诀纂1册,御定奇门秘纂1册)	肖岱宗郑同点校	300.00	九州
周易明义	邸勇强著	73.00	九州
论语明义	邸勇强著	37.00	九州
中国风水史	傅洪光撰	32.00	九州
古本催官篇集注	李佳明校注	48.00	九州
鲁班经讲义	傅洪光著	48.00	九州
天星姓名学	侯景波著	38.00	燕山
解梦书	郑同、傅洪光著	58.00	燕山
命理精论(精装繁体竖排)	胡一鸣著	128.00	燕山
辨方(繁体横排)	张明清著	236.00	星易
古易旁通	刘子扬著	320.00	星易
四柱预测机缄通	明理著	300.00	星易
奇门万年历	刘恒著	58.00	资料
图解新编中医四大名著:温病条辨	周重建、郭号	68.00	天津
图解新编中医四大名著:伤寒论	周重建、郭号	68.00	天津
图解新编中医四大名著:黄帝内经	周重建、郭号	68.00	天津
图解新编中医四大名著:金匮要略	周重建、郭号	68.00	天津
中药学药物速认速查小红书(精装64开)	周重建	88.00	天津
国家药典药物速认速查小红书(精装64开)	高楠楠	88.00	天津